湖北省学术著作出版专项资金
Hubei Special Funds for Academic Publications

新 媒 体 与 数 字 出 版 研 究 丛 书

中宣部宣传思想文化青年英才自主选题阶段性成果
上海理工大学人才科研资助项目《数字出版基础理论研究》成果

A Theory of Digital Publishing Regulation

数字出版调治论

张新新　著

WUHAN UNIVERSITY PRESS
武汉大学出版社

图书在版编目(CIP)数据

数字出版调治论/张新新著.—武汉:武汉大学出版社,2024.4
新媒体与数字出版研究丛书
湖北省学术著作出版专项资金资助项目
ISBN 978-7-307-24177-0

Ⅰ.数… Ⅱ.张… Ⅲ.电子出版物—出版工作 Ⅳ.G237.6

中国国家版本馆 CIP 数据核字(2023)第 234164 号

责任编辑:徐胡乡   责任校对:李孟潇   版式设计:马　佳

出版发行:**武汉大学出版社** （430072 武昌 珞珈山）
（电子邮箱:cbs22@ whu.edu.cn 网址:www.wdp.com.cn）
印刷:武汉中远印务有限公司
开本:720×1000 1/16 印张:45.75 字数:656 千字 插页:2
版次:2024 年 4 月第 1 版 2024 年 4 月第 1 次印刷
ISBN 978-7-307-24177-0 定价:138.00 元

目　　录

第四篇　创新治理体系

绪论："数字科技-出版"原态
——数字出版调治前提

数字出版本体论，是关于数字出版"有"的理论，即"存在"和"存在者"的学说，是关于数字出版存在的根本、根据或理据的学说，回答"数字出版自身是什么、如何是以及怎样是"的基本问题，是数字出版理论中最基本的理论，主要涉及数字出版的假设前提、概念、属性、特征、研究对象等具体理论。

本章在学科本体"研究对象说"和"预设前提说"的基础上，基于肯定、否定和借鉴的方法，将研究对象和预设前提置于统一面的同一维度，共同作为数字出版学科本体的两个核心要素，前者是数字出版学科的"存在者"，后者是数字出版学科的"存在"。

数字出版本体由"存在"和"存在者"构成，"存在者"即研究对象，也就是数字出版活动；"存在"是数字出版学科的假设前提，是"数字科技-出版"原态，这个原态是混沌的状态，是无形的，可以蕴含和幻化出各种数字出版行为、数字出版现象，通过数字出版活动这个"存在者""行为、现象的总和"来加以显示，其自身是不显示的。文章最后，重点围绕"驱动力、新形态和新结构、价值创造活动和出版发展"四个元素论述了"数字科技-出版"原态这一数字出版学科的"存在"。

"数字科技-出版"原态这个数字出版学科本体的提出，形成了数字出版学"存在"和"存在者"的理论框架，实现了数字出版假设前提和研究对象的统一，进一步明确了数字出版的学科方向和价值取向，能够解释出版学研究核心议题的数字化转

1

向，也能够解释出版调节和治理的数字化调适实践。

在西方哲学史上，德国哲学家沃尔夫是第一个为本体论下定义的学者，他认为：本体论是被界定为一门以"是"为核心范畴，讨论"是"以及各种"所是"的范畴间相互关系的学问。① 一般而言，本体论是探究天地万物本原的学说，是探究世间万物产生、存在、发展、变化动因和依据的学说；通俗理解，本体论是关于"是"（Being）的学说，而"是"，则为事物的始基，是事物最普遍、最原始、最基本的实在。② 沃尔夫的定义对本体论做出了重要界定：（1）本体论是专门研究"有"即"存在（是、在）"和"存在者"的学问；（2）本体论的研究对象是"有"或"存在"的各种普遍的哲学范畴；（3）"有"或"存在"是唯一的、善的，是最基础、最根本、最普遍、最高的范畴，其他范畴均可从中推演出来。③ 由此可知，"存在"和"存在者"是本体论研究的两个核心范畴，这两个核心范畴，在各具体学科本体论中也逐步分化为"预设前提"和"研究对象"这两个基础理论的范畴。

科学本体论或曰学科本体论的兴起与发展则是当代自然科学发展的产物，是科学哲学在对科学认识对象与科学的本质、科学发展规律以及科学方法的关系的反思中建立起来的。④ 随着各学科对基础研究的重视程度与日俱增，"科学本体论也就使'本体论'这个往昔纯哲学王国里的'无冕之王'普泛化为任何一门科学都可以在其

---

① 叶纪彬，李玉华. 新时期文学本体论研究的回顾与反思[J]. 文艺理论研究，2021（5）：46-57.

② 董学文. 对"实践存在论美学"的再辨析——兼答复一种反批评的意见[J]. 上海大学学报（社会科学版），2010（3）：53-65.

③ 朱立元. 当代文学、美学研究中对"本体论"的误释[J]. 文学评论，1996（6）：14-24.

④ 刘周全. 科学本体论的兴起和形成[J]. 锦州师范学院学报，2002（6）：40-44.

基础理论领域加以重构的理论基点之一"。① 从某种程度而言，学科本体是哲学本体、哲学本体论在各学科的具体化表达和呈现，是"借用了哲学意义上的本体或本体论范畴，解决的是各自学科的理论基础和学科前提问题"。②

数字出版本体论，是关于数字出版"是"的学说，是关于数字出版"存在"和"存在者"的根本、根据或理据的学说，回答"数字出版自身是什么、如何是以及怎样是"的基本问题，是数字出版理论中最基本的理论，主要涉及数字出版的预设前提、概念、属性、特征、研究对象等具体理论。我们分别在不同的文章中解决了数字出版的元概念、范畴体系、性质理论、特征理论和研究对象的问题之后，本书侧重于回答"数字出版如何是"或曰"数字出版学科的假设前提是什么"这一基本问题，并试图厘清"数字科技-出版"原态和"数字出版活动"之间的区别与联系，在数字出版基础理论层面有效统筹"预设前提"和"研究对象"。

1 学科本体论说

发轫于哲学范畴，后经文学、法学、管理学、经济学、历史学等学者的不断研究，"本体"一词在不同的时代背景、学科语境以及不同的研究者那里，具有着不同的内涵和解读。不同的论说主要集中于两个方面："研究对象说"③和"预设前提说"。

---

① 张欣毅.回眸一个科学本体论的进化史——基于公共信息资源及其认知机制的本体论观照[J].图书馆，2005（1）：31-35，42.

② 方卿.关于出版学学科本体的思考[J].科技与出版，2022（1）：6-13.

③ 在《关于出版学学科本体的思考》一文中，方卿教授提出研究对象说、研究内容说和预设前提说三种学说类型，笔者认为，研究内容说可以被研究对象说所包含，因为研究对象可进一步具体化为研究内容和研究边界。由此，研究对象说可吸收和包含研究内容。学科本体的"研究对象、研究内容、预设前提"三论说和本书提出的"研究对象、预设前提"二论说，并无本质区别。

1.1 研究对象说

研究对象说,是将学科本体界定为学科的研究对象或研究内容的学说统称。研究对象说在各学科都有体现,无论是界定为研究对象抑或研究内容,都是从学科本体的研究对象的关系着手阐述。

在管理学中,有学者提出管理学的本体论就是要回答管理学学科的研究对象问题,并提出中国管理学的本体是管理实践。① 在艺术学中,提出"学科确立是由独特的学科本体确定的,艺术学具有理性本体和实践本体双重特性"②,并指出研究对象对规律的忽视容易取消艺术学赖以存在的基础,这里暗含着在内涵和功能方面将学科本体等同于研究对象的意味。在史学中,强调历史本体问题由"历史的本质、结构、内容和发展规律"③等构成,也是从研究对象的现象、规律等视角来探寻史学之本体。文学本体论的研究一度很热门,先后提出了"以作品、语言为中心的形式主义本体论""以人为本的人类学本体论和生命学本体论"以及"以存在为基础的活动本体论",④ 这些观点更多是从研究对象或研究内容的角度来界定学科本体。

众所周知,研究对象是从事科学研究时作为认识目标的客观存在,是学科基础理论的核心议题,是一门学科区别于其他学科的唯一标准;⑤ 是独立学科的生命线,决定着学科性质、学科体系和方

---

① 吕力.什么是"中国管理学"研究的本体[J].管理观察,2009(16):16-17.

② 甘锋.艺术学学科建设的学科本体和本性与方法论问题[J].云南社会科学,2009(5):147-151.

③ 刘卫,徐国利.对史学价值观与历史本体观关系的历史考察[J].中国社会科学院研究生院学报,2004(4):123-129.

④ 叶纪彬,李玉华.新时期文学本体论研究的回顾与反思[J].文艺理论研究,2021(5):46-57.

⑤ 方卿.关于出版学研究对象的思考[J].中国出版,2020(6):15-23.

法论的形成。① 从这个意义而言，学科本体的"研究对象说"解决了学科存在的核心问题、核心要素，即"学科自身是什么"或"作为'存在'的学科是什么"的问题。

1.2　预设前提说

预设前提说，是将学科本体定位为学科研究的基本假设或预设前提的学说统称。预设前提说在哲学、美学、经济学、法学等领域也有较多阐述，并成为很多成熟学科的重要理论基石。

在哲学中，马克思对拜物教的批判已经包含了对本体的预设，对资本主义社会的批判中也包含一个存在论意义上的社会的预设，但是，这个社会不是作为实体存在的，也不是作为理想实体（如共产主义作为一种实体）存在的。②

在美学中，把审美活动作为研究对象，而预设"美"作为前提，也就是说，以"审美活动"作为研究对象，而以"美"作为美学的本体，成为国内主流美学教材的通行做法。③ 研究者进一步提出了关于美学研究对象与美的本体的"双子星座"观点：对美学研究对象的回答，背后潜藏着各种各样本体论预设前提；美学的研究对象问题是一个看似简单，实际却很复杂的问题，它与美的本体观念息息相关，两者就像是恒星世界中的"双子"结构，互相缠绕着对方在旋转，互相影响、互相制约。

在经济学领域，诞生于 1976 年的发展经济学的调节学派，建立在对新古典经济学所设定的微观经济主体是"理性的个人"（有学

---

① 张新新. 中国特色数字出版学研究对象：研究价值、提炼方法与多维表达[J]. 编辑之友，2020(11)：5-11，30.

② 王晓升. 论本体以及对本体的研究方法——从哲学研究对象的视角看马克思思想中是否包含哲学[J]. 山西师大学报（社会科学版），2021(11)：12-20.

③ 王磊."双子"结构：美学的研究对象与美的本体问题——对国内主流《美学》教材中相关问题的质疑与批判[J]. 江淮论坛，2012(5)：84-89.

者称为"工业范式或科技生产范式,即劳动过程中的技术和分工"①)的批判基础之上,以"有限理性的个人和集团"②为前提假设。同样作为发展经济学分支的新结构经济学,则提出"理性""理性人""个人理性""决策者的理性"是经济学的本体,任何经济学的理论都是建立在该本体论基础之上。③

在法学领域,经济法研究者提出了"理论—认知"层面、"经济—制度"层面、"社会—文化"层面共通性的三维"二元结构"假设,以及"双手并用假设""两个失灵假设""利益主体假设""博弈行为假设""交易成本假设"五种特殊性基本假设,从而确立了经济法理论研究的前提,有利于推动经济法范式结构的转换,以及推进经济法方法论的改进。④ 尽管作者并没有明确提出经济法学本体的问题,但表明这些基本假设类似于发展经济学基本假设的功能和作用,并有可能推动"发展法学"的产生和发展。

上述预设前提说的种种基本假设、预设前提,都将学科本体定位在假设、前提范畴,甚至提出学科本体和学科研究对象的复杂关系,指明学科本体隐藏于学科研究对象背后,学科本体构成了一门学科建立和发展的基础和前提。

1.3 "双子星座"说的批评与建构

回归到"本体"的原始含义,学科本体要解决"学科是什么、如何是以及怎样是"的基本问题,围绕这个基本问题的解决,前述学科本体的研究对象说、预设前提说,都有其进步和积极的一面,同时,也有着各自不足和不完善的一面。

研究对象说的合理性或曰进步性在于,学科研究对象解决了作

---

① 胡海峰. 对法国调节学派及其理论的分析[J]. 教学与研究,2005(3):79-84.

② 吕守军. 抓住中间层次剖析当代资本主义:法国调节学派理论体系的演进[J]. 中国社会科学,2015(6):62-77.

③ 林毅夫. 本体与常无:经济学方法论对话[M]. 北京:北京大学出版社,2012:7,20,68.

④ 张守文. 经济法理论的重构[M]. 北京:人民出版社,2004:30-69.

为学科研究认识目标的客观存在问题,即解决了"学科自身是什么""学科怎样是"的问题,这些问题的解决是通过学科元概念、性质理论、特征理论、研究对象、研究内容和研究边界理论加以实现的;但是,以研究对象来界定学科本体,并没有很好地解决"学科如何是"的问题,即没有回答学科本体从哪里来的问题,或者说在学科"如何是"的问题回答方面显得力有不逮。

预设前提说,则较好地回答了学科"如何是"的问题,通过解决"学科是"或"学科存在"的预设前提、前提假设或基础,从而回答了为什么出现这样的"学科是""学科存在"。但预设前提说:(1)无法解决和涵盖学科本体的全部核心要素,对解决学科本体"是什么、怎样是"的问题则缺乏理论涵括力,如对概念、属性、特征、对象、研究内容和研究边界等问题无法直接、正面予以回答。(2)把"研究对象"和"预设前提"设定为学科本体两个不可共存、非此即彼的范畴,始终无法实现两者之间的理论调和与统一,在理论逻辑上不自洽、难以自圆其说。

前述研究对象和学科本体的"双子星座"观点,提出了研究对象和学科本体相互缠绕、相互影响、相互作用的关系,指明了其复杂的状态,但其令人费解之处在于,除了"对研究对象问题的回答隐藏着本体论预设前提"以外,没有给出肯定的、正面的解决方案。而造成这种"费解"的逻辑成因在于将"学科本体"和"研究对象"置于同一维度、将"预设前提"和"研究对象"进行对立,以及把"预设前提"和"研究对象"都作为不可共存的"学科本体",缺乏对二者之间统一性关系的科学处理。

究其本质,在于研究者对"存在论"的理解和演变历程没有厘清:(1)"预设前提说"的提出,是把学科"存在"理解为不同具体事物的普遍的一般本质,理解为隐匿在现象世界背后的超验的本质;[①] 但在具体学科发展实践中,学者们又试图对这一"超验的本质"做出具体界定,如前述把"美"作为本体,这又和哲学史上"隐

---

① 孙伯鍨,刘怀玉."存在论转向"与方法论革命[J].中国社会科学,2002(5):14-24,203.

7

藏在现象世界之后、只能被信仰而不能被认识的本质"出现了理论背离。(2)"研究对象说"的提出,则是把"存在"界定为"一定存在物"的实体性的本体论理解,认为"存在"即存在着的存在物或"存在者",[1] 如出版学研究对象是"出版现象"、数字出版学研究对象是"数字出版活动"、美学的研究对象是"审美活动"等。这也就是海德格尔认为的传统哲学混淆了"存在"与"存在者",所追问的不是"存在"、不是本体,而是"存在者",是"作为全体的存在者"。[2]

综上所述,无论是"研究对象说"抑或"预设前提说",都无法单独完成学科本体论的建构,无法对学科的"有"理论给出令人满意的答案。而在一个学科中对"预设前提"和"研究对象"进行理论整合性建构,基于"存在"和"存在者"的视角来诠释学科本体理论就显得十分必要且现实可行。换言之,将学科预设前提和研究对象作为学科本体论的构成要素,从本体论的视角进一步完善学科预设前提和研究对象之间的逻辑关系,则能够破解"双子星座"的逻辑困扰,形成学科本体的"存在—存在者"理论结构,此不失为一种学科基础理论统合和建构的有效思路。

2 数字出版本体确定的新思路——存在与存在者

关于本体的研究,一般有三种思路,否定之方法、肯定之方法以及借鉴之方法。

其一,关于否定之方法。即从消极、否定的角度来探讨学科本体,回答学科本体不是什么的问题,从而排除那些不是学科本体的答案。如学科本体不是研究对象,前者是学科的"元问题",是决定学科"生死存亡"的核心范畴,而后者则是学科认识论和方法论

---

[1] 孙伯鍨,刘怀玉."存在论转向"与方法论革命[J].中国社会科学,2002(5):14-24,203.

[2] 陈祥明.存在·理解·言说——海德格尔的本体论解释学[J].陕西师范大学学报(哲学社会科学版),1997(9):36-42,175.

的问题，解决如何认识研究对象的问题。① 同理，本体和本体实体化不是一个概念，本体通过现象显示，但不是现象本身，由此，学科本体和具体化的研究内容也不是一回事。其二，关于肯定之方法。即从正面、肯定的视角来研究学科本体，回答学科本体是什么的问题，从而给出学科本体的正面答案。如经济学的本体是"理性人"、美学的本体是"美"、"广义的文件是档案学本体以及档案学的逻辑起点"②等，都是直接给出具体学科本体的答案。其三，关于借鉴之方法。借鉴的方法，是指通过考察以往学者的研究成果，吸收和借鉴其中的方法和原理，提出特定学科的学科本体观点。借鉴的方法，更多适用于母子学科之间，因其有着更多的借鉴适配性和较强的关联度。如选择"预设前提说"界定出版学的本体是"出版服务"，③ 有助于聚焦和深化对出版学科研究对象的科学认知，有助于规范出版学研究方法和范式，确立出版学发展定位和方向。

实践中，对特定学科本体的研究，往往可综合采取否定的方法、肯定的方法和借鉴的方法，从而形成关于学科本体的科学论断。依此逻辑，我们对数字出版学科本体的界定，一则，基于否定的视角，数字出版学科本体不能等同于数字出版的研究对象或研究内容；二则，基于借鉴的视角，数字出版学科本体的认知，可吸收"预设前提说"的合理成分和积极因素；三则，基于肯定的视角，数字出版学科本体由数字出版"存在"和数字出版"存在者"构成，研究对象包括数字出版"存在者"的数字出版活动和数字出版"存在"的数字出版学假设前提。数字出版本体论，是有关数字出版"有"的理论，是对数字出版"是"什么、"怎样是"以及"如何是"问题的回答，是包含数字出版预设前提、元概念、性质、特征、研究对象及其所含的研究内容、研究边界的基础理论，最重要的是关于

① 方卿. 关于出版学学科本体的思考［J］. 科技与出版，2022（1）：6-13.

② 潘连根. 要重视档案学基础理论——文件、档案本体的研究［J］. 浙江档案，2007（4）：8-10.

③ 方卿. 关于出版学学科本体的思考［J］. 科技与出版，2022（1）：6-13.

数字出版"存在"与"存在者"的理论。

2.1 作为"存在者"的"数字出版活动"

为更好地统筹数字出版研究对象和预设前提之间的关系，打造数字出版预设前提和研究对象之间的逻辑通路，不妨引入本体论之中的"存在"与"存在者"或曰"现相"与"现象"之间的逻辑结构。

德国哲学家马丁·海德格尔作为西方现代哲学史上有独创性的思想家，推动了现代哲学由一般解释学向本体解释学的转变，其本体论思想日益受到重视和关注。海德格尔关于本体论的哲学思想，对于我们理解数字出版本体和研究对象之间的关系，具有较好的启发意义。他指出，"存在"不是某种类似于存在者的东西。① 换言之，他认为传统哲学混淆了"存在"与"存在者"，所追问的不是"存在"、不是本体，而是"存在者"，是"作为全体的存在者"。② 这种"存在"与"存在者"的关系，也有学者表述为"现相"与"现象"③的关系，指出"现相"是本体的显示方式，是和本体相关的；而现象则是与经验知识相关，如肺炎可理解为"现相"，其本身并不会直接显示出来而是就自身显示自身，而肺炎的症状、症候则属于"现象"，把自身不显现的东西(肺炎、现相)显示出来。

这种"存在"与"存在者"或"现相"与"现象"之间的关系，恰恰和出版学、数字出版学本体与研究对象之间的关系极其类似：当选择出版现象作为研究对象、作为出版学研究的"元问题""客观存在"时，出版现象"作为一种有意识的人类社会活动"④，恰恰是出版学本体的显示方式，是作为出版学的"全体存在者"，而非出版

---

① ［德］海德格尔(M Heidegger). 存在与时间［M］. 陈嘉映，王庆节，译. 北京：生活·读书·新知三联书店，2006：3-6.

② 陈祥明. 存在·理解·言说——海德格尔的本体论解释学［J］. 陕西师范大学学报(哲学社会科学版)，1997(9)：36-42，175.

③ 王晓升. 论本体以及对本体的研究方法——从哲学研究对象的视角看马克思思想中是否包含哲学［J］. 山西师大学报(社会科学版)，2021(11)：12-20.

④ 方卿. 关于出版学研究对象的思考［J］. 中国出版，2020(6)：15-23.

学"存在"本身。而当选择数字出版活动作为研究对象时，作为数字出版行为总和的数字出版活动，则更是数字出版本体"全体存在者"的最佳诠释。

2.2 作为"存在"的"数字科技-出版"原态

既然数字出版研究对象是数字出版本体的"存在者"，那么究竟什么是数字出版学的本体呢？什么是数字出版学的"存在"呢？我们认为"数字科技-出版"原态可以承担数字出版学"存在"的角色，换言之，"数字科技-出版"原态是数字出版学"存在"，是数字出版学的假设前提。

首先，技术或科技作为学科本体，有可供遵循的学术先例。例如，在福柯哲学中，"技术无疑是福柯哲学中一个原始的和基本的概念，是福柯的世界中一切现实存在的基础和源泉"，① 技术是实在的，技术是本体，是第一性的决定性因素，是更为本原的存在，是福柯哲学无法还原的始基。后期的海德格尔对技术的规定，也可堪称一种"技术存在论"——技术是一种存在方式，技术或技术要素是"存在者"层次上的，而"技术之本质"是在"存在论"层次上的。②

其次，发展经济学的"技术范式""技术-经济范式""科技生产范式"在不同阶段的发展经济学中，均被作为"独特的理论假设前提"，属于本体范畴；而不同学科之间的基本的、重要的本体论概念范畴则是可以共用或借用的。"数字科技-出版"原态这种不同学科组合式的概念，自然具有构成数字出版学科本体的理论可行性。

最后，"原态"的提出，符合本体论的理论属性和特征。有学者提出"把研究客观事物本来面貌或对象本质及其内在固有规律的

---

① 贾玉树．米歇尔．福柯的技术本体论[J]．哲学分析，2015(8)：121-132，199.

② 王宏健．存在论与诠释学视域下的技术哲学——海德格尔论技术的本质[J]．自然辩证法研究，2019(5)：15-20.

各门实证科学称为原态理论，① 可见原态是与“本质”等本体范畴紧密相关的。我们用“原态”来刻画数字出版学“存在”，因其符合本体论的属性特征：一则，原态是一种理论假设，并非实际存在的状态，是理想状况下的数字科技和出版相互作用、融合条件下所涉及的技术、分工等状态，是数字科技与出版的交集部分，类似于调节学派的“科技生产范式”的理论假设。二则，原态是一种初始、原始状态，一如“道”源自对“混沌”的哲学概括，符合“隐匿在现象世界之后的本质”的特征，符合“存在”的特征。事实上，从数字出版发展史来看，“数字科技-出版”原态最早可追溯到1951年(甚至是更早的时间)美国麻省理工学院的 P. R. Bagley 对利用计算机检索代码做文摘进行的可行性研究，由此导致了“电子出版物雏形”②的诞生。三则，原态是最基础、最根本、最高、最普遍的范畴，其他理论范畴均可从中演化出来。“数字科技-出版”原态的理论定位，类似于“太极”；“数字科技-出版”原态范畴与其他范畴之间的关系，就像“太极生两仪，两仪生四象，四象生八卦”一样，能够推导出数字出版理论的各层次、各维度范畴。“数字科技-出版”原态，基于数字科技和出版调节，衍生出数字出版调节范畴，基于数字科技和出版治理，衍生出数字出版治理范畴；数字科技和出版产业链环节的融合，又衍生出数字出版产品、技术和运维的基本范畴，和出版治理体系的融合，衍生出数字出版规划治理、数字出版财政治理、数字出版标准治理等数字出版治理基本范畴；在不同时空维度的“数字科技”和“出版”，又演化出不同的数字出版阶段、结构和形态，从最早的电子出版到音像出版、光盘出版、增强现实出版、虚拟现实出版，直至最新的智能出版，甚至生成式智能出版等。

2.3 数字出版学科本体的价值分析

在上述对数字出版活动这个数字出版学“存在者”以及“数字科

---

① 张青松. 源态理论、原态理论与元态理论——“广义元理论”研究之一[J]. 理论探讨，2005(3)：92-94.

② 徐丽芳. 数字出版：概念与形态[J]. 出版发行研究，2005(7)：5-12.

技-出版"原态这个数字出版学科"存在"进行分析以后，我们较为完整地回答了数字出版"有"的理论，亦即数字出版学科本体的理论。数字出版本体理论的提出，具有以下几个方面的意义：

一则，明确了数字出版学科本体研究的对象，确立了数字出版学"存在"和"存在者"的理论框架，有效地统筹了数字出版基础理论，实现了数字出版学研究对象与假设前提的有机统一。数字出版学"存在者"和数字出版学"存在"作为一枚硬币的两面，分别构成了数字出版学"有"的理论、数字出版学本体的两个研究对象。"数字科技-出版"原态这个"存在"，蕴涵着无数的、无穷尽的、有形或无形的数字出版"存在者"，也就是各种数字出版行为的总和。同时，每个数字出版"存在者"和每种数字出版行为都拥有数字出版学"存在"的内在规定性，是数字出版学"存在"，是"数字科技-出版"原态的具体表现和外化。

二则，数字出版学本体理论的建构和研究，有助于明晰数字出版的学科方向和价值取向。基于"数字科技-出版"原态的本体视角，数字出版甚至出版学的研究视域、研究范围、关注焦点、核心议题等都在发生变化：浅层次来看，出版学者对出版数字技术应用、场景的关注和研究，呈现出研究者范围逐步扩大、研究成果数量逐步增加以及学术水平逐步提升的特点；中间层次来看，对出版技术原理的思考和探寻，成为数字科技应用于出版的重点研究方向，数字科技原理与出版业的耦合机理，是出版业数字技术应用或数字出版技术概论所聚焦的主要内核之一；深层次来看，出版学头部学者基于技术哲学、出版哲学的视角，对技术向善、技术理性等技术价值论进行了学术思考和研究，并陆续产出了出版学原创的学术成果。数字出版学科本体的提出，有助于认清出版学研究正在进行的数字化转向趋势，也有助于理解基于数字化的数字出版价值体系重构。

三则，引发出版产业实践的数字化转向，出版调节和治理都在进行数字化重整和调适。"数字科技-出版"原态提出的实践意义在于：在产业层面，数字科技作为出版的内生要素之一，已然成为不可逆转的趋势，数字技术影响和变革着选题策划、编校印发各环节,变革着新产品、新业态和新模式,这种变革的速度甚至已经超出我们的想象,由此,基于数字化的出版产业链调节、项目调节和主体调节等产业行为已陆续出现并将继续涌现。在治理层面,规划治理的数字化统筹、财政治理的数字化项目设置、法律治理的数字化考量以及出版业数据治理等数字化治理实践已日臻丰富,数字化产业实践也提出了出版业数字治理体系和治理能力现代化转型这一新命题。

综上,我们可以得出结论,"数字科技-出版"原态构成了数字出版学"存在",和作为数字出版学"存在者"的"数字出版学研究对象"一同形成了数字出版本体论的两个主要研究内核。数字出版学科本体理论的提出,形成了数字出版学"存在"和"存在者"的理论框架,实现了数字出版假设前提和研究对象的统一,进一步明确了数字出版的学科方向和价值取向,也能够解释出版调节和治理的数字化调适实践。

3 作为数字出版假设前提的"数字科技-出版"原态

围绕着"数字出版是什么、怎样是"的基本问题,笔者曾在系列文章中给予解答:数字出版的元范畴,即数字出版是"以数字技术将作品编辑加工后,经过复制进行传播的新型出版";[①] 数字出版的特质是指四种内在的"质"的规定性,即"意识形态属性、文化属性、产业属性和数字技术属性";[②] 数字出版具有四个外在的"象"的体现性,即外在的概括性的标志为"数字化、现代性、开放性和互动性";[③] 作为数字出版研究的认知目标的"存在",亦即数

[①] 张新新. 数字出版概念述评与新解——数字出版概念 20 年综述与思考[J]. 科技与出版,2020(7):43-56.

[②] 张新新. 论数字出版的性质[J]. 出版与印刷,2021(2):27-34.

[③] 张新新,陈奎连. 数字出版特征理论研究与思考[J]. 中国出版,2021(2):8-14.

字出版的研究对象是数字出版活动，① 即数字出版活动主体、内容、客体和效应所构成的客观存在；数字出版研究内容则包括数字出版基础理论、数字出版调节活动、数字出版治理活动、国际数字出版以及数字出版发展史。而围绕着数字出版本体论的"预设前提"，依据上述学科本体论说以及确定思路，我们可提炼为：数字出版学科的预设前提或理论假设是"数字科技-出版"原态，是由驱动力、新结构和新形态、价值体系和出版发展所构成的系统总体。

"数字科技-出版"原态是基于预设前提所提出的数字出版本体核心要素之一，和数字出版研究对象——数字出版活动共同构成了数字出版本体的两大基点：前者是隐藏于研究对象之后，解决了"数字出版如何是""数字出版存在"的基本问题，决定着数字出版学的发展方向和理论前提；后者作为数字出版学科认知目标的客观存在，回答了"数字出版是什么""数字出版存在者"的问题，决定着数字出版的学科性质、学科地位、研究内容等，关系到数字出版学科是否成立。数字出版活动作为数字出版研究对象，彰显着数字出版学科的独立性；而"数字科技-出版"原态，则是从"方法论维度锚定学科的定位、牵引学科的发展方向"；② "数字科技-出版"原态是数字出版"存在"，是数字出版本体"质"的规定性，数字出版活动是数字出版"存在者"，是数字出版本体"象"的规定性，每个数字出版"存在者"或曰每种数字出版行为都蕴含着数字出版本体要素、属性，都是"数字科技-出版"原态的具象化体现。

"数字科技-出版"原态作为一种新范式，一定在某种驱动力的作用下，形成新结构、新形态，并通过最终结果形成新的价值创造。由此，"数字科技-出版"原态结构须由驱动力、新结构和新形态、价值创造活动和出版发展（最终结果）四个元素组成。

那么，"数字科技-出版"原态的具体元素是如何运作的呢？

① 张新新. 中国特色数字出版学研究对象：研究价值、提炼方法与多维表达[J]. 编辑之友，2020(11)：5-11, 30.

② 方卿. 关于出版学学科本体的思考[J]. 科技与出版，2022(1)：6-13.

3.1 驱动力：数字科技驱动下的新型出版生产力

本质而言，数字出版较之传统出版，是一种新型的出版生产力。这种新型的出版生产力，在"数字科技-出版"原态上，就已注定蕴含着无数的发展可能性。"数字科技-出版"原态，意味着出版和数字科技的融合，意味着数字科技成为出版的内生性要素，进而表征着出版系统发生了质的改变。

"数字科技-出版"原态所带来的出版系统动力体系变革，可从三个层次加以解析。

首先，从根本上提供了一种新型出版生产力。数字科技-出版原态为出版生产力系统的各要素都注入了新的内在规定性：(1)在劳动对象方面，随着数字科技的不断发展，作者创作内容的规模进一步扩大，效率进一步提升，内容丰富程度进一步提高，换言之，出版学所面对的哲学、自然科学、社会科学作品呈现大规模迸发、产业化生产的新形势。(2)在劳动资料方面，数字科技所带来的互联网、计算机设备、移动通信设备、多维度数字技术等，为出版策划、编辑、校对、印制和发行提供了新工具和新手段，如智能审校系统、按需印刷、全媒体营销矩阵等，进而提升了出版业生产效率。(3)在劳动者方面，数字化赋能出版从业者内在素质由政治素质、出版专业能力扩展为"政治素质、出版专业能力以及数字素养与技能"三位一体的素质；外在变化是推动数字出版编辑这一新兴职业群体的出现，并通过出版职称制度改革，设立并评价数字出版内容编辑、数字出版技术编辑和数字出版运维编辑。

其次，形成了数字科技与出版系统之间相互作用、相互联系的基本动力体系或曰总体动力体系。"数字科技-出版"原态的出现，把原本不属于出版系统的数字科技元素引入出版系统，并通过数字科技与出版之间的作用与反作用机制，形成推动数字出版发展的基本动力、总体动力。一方面，数字科技作用于出版，数字科技应用与出版流程紧密结合，数字科技原理与出版场景深度融合，数字科技元素成为出版业内生要素，形成数字出版新流程、新产品、新服务、新业态、新模式和新路径，推动基于数字科技的出版新阶段或新形态的出现；另一方面，出版作用于数字科技，推介数字科技原理，总结数字科技发展经验，传播和传承数字科技革命成果，从而进一步促进数字科技的发展和壮大。

最后，"数字科技-出版"原态驱动力的时代表达、当下表达是出版创新体系，即由数字技术引领下的出版内容、营销、服务、模式、管理等所构成的出版全面创新体系。人工智能、5G、区块链等数字科技体系是"数字科技-出版"原态的最新引领性动力、支撑性动力，出版创新体系的形成源于数字科技的创新与应用，源于数字科技全面渗透出版各环节、各领域和各业态。(1)内容创新是出版创新体系的根本，在数字科技的引领下，信息、数据和知识作为出版业全要素生产率提高的关键因素，分别以创新性策划、创新性呈现、创造性表达以及创新性传播的形态出现。基于数字科技的内容策划的效率进一步提升，可以应用大数据等技术提高空白选题的策划数量、质量和水平；基于数字科技引领的内容呈现形式进一步丰富，在原有的文字、图片、声音、影像基础之上，3D 模型、虚拟数字化环境等新的多模态素材将进一步提升内容展现的效果和用户体验；基于数字科技引领的内容创造性表达将更加多元化，在口语叙事、文字叙事、电子叙事基础之上的数字叙事、虚拟现实媒介叙事将提升内容表达的张力和吸引力；基于数字科技引领的内容创新性传播将更加立体化，线上线下一体化的传播理念将日益增强，短视频、网络直播、视频号等全媒体传播矩阵将得以形成并彰显出全天候、全方位、多层次的传播效能和影响力。(2)出版科技创新引领产品创新，是指技术创新和内容创新的融合、协同，引领出版产品服务创新，推动生产和制作数字化、高质量的出版物。(3)出版科技创新引领营销创新，是指通过数字技术的创新性应用，充分发挥其支撑引领作用，一方面对传统出版的营销渠道进行创新性发展，赋予图书发行渠道以新的内涵和功能；另一方面构建基于数字技术的新渠道，建立健全原创的、独立的数字出版产品营销渠道。(4)出版科技创新引领模式创新，是指在先进科技的引领和支撑下，创新商业模式和消费模式，由过去 B2B、B2C 为主的线下实体模式，转为更多依赖数字经济，发展和壮大移动支付、智能消费、无接触消费等线上消费模式，丰富和扩展 B2G、B2F、O2O 等多元化、多维度的商业模式，激发和增强出版业发展的数字新动能。（5）出版科技创新引领服务创新，是指出版业以先进科技为引领和支撑，由基于内容制造业的内容提供商、图书产品提供商转型为基于服务业的知识服务提供商，① 由提供单一的图书产品转型为提供信息服务、知识产品、知识解决方案三位一体的综合性知识服务。（6）出版科技创新引领制度创新，是指坚持制度创新和技术创新等量齐观，建立健全创新导向的制度体系和治理体系。综上，"数字科技-出版"原态形成的过程，也是技术、数据等新要素赋能的过程，"是技术要素转移至出版产业的过程，是技术要素与知识生产、传播深度融合的过程"，② 自此，数字科技成为出版业发展的内在要素，逐步演化为出版业发展的数字科技子系统。

综上，"数字科技-出版"原态的驱动力机制从根本动力、基本动力和直接动力的角度诠释了数字出版为何会产生，以及数字出版何以持续发展。

3.2 新结构和新形态：数字出版的二元结构

每次出版范式的转换，都会带来全新的出版形态和出版结构。"数字科技-出版"原态的出现，也推动着基于数字化的出版业新结构和新形态不断涌现。

在新形态方面，从早期的电子书、数据库、专题知识库，到后来的知识服务、增强现实出版、虚拟现实出版、智能出版、智慧出版甚至元宇宙出版等出版新业态不断出现，彰显着原创型数字出版或曰"独立数字出版业态"③——数字化出版的强大创新力和持久生命力；同时，出版编辑、编辑室（分社）和出版机构数字化转型"三

---

① 方卿，王一鸣．论出版的知识服务属性与出版转型路径[J]．出版科学，2020（1）：22-29．

② 方卿，张新新．推进出版业高质量发展的几个面向[J]．科技与出版，2020（5）：6-13．

③ 张新新．基于出版业数字化战略视角的"十四五"数字出版发展刍议[J]．科技与出版，2021（1）：65-76．

层次"，以及出版产品的数字化转型、出版技术的创新性应用、出版流程数字化再造、出版营销数字化重塑和出版制度全方位梳理的数字化转型"五方面"体系，形成了转化型数字出版——出版数字化的路径和过程。此外，基建、资源、平台等数字化新基建，构成了出版数字化和数字化出版的公共底座，为出版业新形态和新结构的形成提供了有力依据。

出版业的新结构体现在，首先，出版系统由文化子系统、经济子系统的两位一体扩展为文化子系统、经济子系统、数字技术子系统"三位一体"的新构成，为产生出版新功能、实现出版价值创造奠定了结构基础；其次，数字化战略的深入实施，出现了出版事业数字化建设—出版产业数字化战略的二元结构，出版产业和出版公共服务的数字化进程将进一步提速；最后，基于"数字科技-出版"原态假设的数字出版的出现，进一步形成了客观存在的一系列"二元结构"，包括"调节-治理"二元结构、"传统出版-新兴出版"二元结构、"图书出版-数字出版"二元结构、"出版数字化转型-作为独立业态的数字出版"二元结构、"数字出版-出版融合发展"二元结构，等等。

这些新形态和新结构的形成，不可避免地产生了对立统一效应：一方面，新业态的出现，作为新的增长点，激发和创造了出版业的发展活力和发展动力，预示着出版业创新发展、高质量发展的种种可能；另一方面，短期内所形成的新结构，也制造和激化了新旧出版业态之间的矛盾，存在独立冲突的问题，如数字出版的"张力"和图书出版的"定力"之间的客观矛盾、传统出版流程和数字出版流程的"两张皮"问题等。这些新结构、新形态的出现，也构成了数字出版的预设前提，有助于确立数字出版学的基本分析框架，蕴含着"矛盾分析法"等数字出版研究的基本方法。

3.3 价值创造活动

托马斯·库恩认为，范式转换的本质是价值观的转换，"数字科技-出版"原态本身就意味着出版的价值体系进一步扩充，价值实现活动发生了变化，也深刻影响着出版科研共同体的价值取向以及出版学科定位。

"数字科技-出版"原态的价值创造，即在原有纸质图书价值的基础上创造出来新的数字化价值——进行新的价值创造，形成新的价值体系。就我国出版业而言，以价值构成为视角，综合分析这些年新闻出版单位所经历和开展的转型升级业务，得出这样一个结论：出版产品具备直接价值、数字化价值和数据化价值，这三个层次的价值体系构成了大数据应用于新闻出版业的内容前提。[①] (1) 直接价值。是指经过出版单位策划、编辑、审校、印制和发行过程而创造和实现的纸介质出版产品的价值，以传统的图书、报纸和期刊为主要产品形态。一直以来，出版单位的主要经济效益指标的完成、日常经营管理的主要收入来源，均来自对纸质产品价值的创造和实现。(2)数字化价值。是指在出版业转型升级过程中，通过对纸质产品数字化、碎片化的过程，基于"出版数字化"路径而新创造和实现的价值，主要产品形态为电子书、数字图书馆、专业数据库等。数字化价值的实现依托于数字出版发展历程的数字化阶段和碎片化阶段。[②] 数字化价值是在直接价值基础之上的价值创造，也是纸质书报刊二次价值的挖掘和体现。(3)数据化价值。是指数据作为新生产要素所贡献的价值，是在资源数字化和碎片化的基础上，对数字内容资源进行多维度、立体化知识标引，经过知识关联、知识计算，通过大数据模型构建数据服务层，所产生和输出的二次数据所创造的价值。二次数据所创造的价值，也是纸质书报刊三次价值的挖掘和再提升。可以说，出版业数字化转型升级阶段，主要是促进和推动传统出版单位尽快挖掘出纸质产品的数字化价值，而随着数字化战略的深入实施，数据要素贡献、数据价值挖掘将成为出版价值创造和实现的重点和关键。诚如维克托·迈尔-舍恩伯格所言："出版社多年来也一直致力于电子书领域的开发，但

---

① 张新新. 新闻出版业大数据应用的思索与展望[J]. 科技与出版, 2016(1)：4-8.

② 廖文峰，张新新. 数字出版发展三阶段论[J]. 科技与出版, 2015 (7).

是他们都只是把书籍内容作为核心价值，而没有把书籍看作一种数据并纳入自己的商业模式中。因此，他们没有做到把书籍的数据价值挖掘出来，也不允许别人这样做。他们没有看到数据化的需求，也意识不到书籍的数据化潜力。"①这种描述，在不久的将来将得到纠正和改进。

在价值体系方面，数字化时代的到来，"数字科技-出版"原态的出现，推动着出版业的形式价值和目的价值体系进一步丰富。在形式价值方面，除了更加"凸显其（出版）文化与意识形态价值"②以外，出版的政治功能、文化功能、教育功能都有些新的变化和特点；同时，出版的数字技术功能将在多维展示、知识增值、知识发现、数字传播、优化体验、流程再造等方面得到强化和充分体现，数字技术功能将成为"数字出版较之其他出版形态所特有的功能、价值"。③ 在目的价值方面，善用数字技术，通过数字出版的发展与治理，满足人民群众个性化、定制化、数字化美好精神文化生活需要的能力将进一步提升。

在价值实现的过程中，数字出版部门由"职能部门、业务部门、支撑部门"的职能定位转向数字化"战略主体"④的职能定位，以切实推进文化数字化战略、出版深度融合发展战略、精品化战略、高质量发展战略的落地和实施；来自出版业转型升级、提质增效以及生产力提高的价值实现内驱力和来自落实国家战略的上位外驱力、同行竞争的中位外驱力以及原材料、技术支撑环节的下位外驱力，将成为数字出版价值实现的综合动力体系；以价值引导为主、价值服从为辅的数字出版价值实现模式将不断完善和优化。

---

① ［英］维克托·迈尔-舍恩伯格，肯尼思·库克耶. 大数据时代［M］. 周涛，等，译. 杭州：浙江人民出版社，2013：112.

② 方卿. 关于出版学"学科范式"的思考［J］. 出版发行研究，2020（5）：5-13.

③ 张新新. 数字出版价值论（上）：价值认知到价值认同［J］. 出版科学，2022（1）：5-14.

④ 张新新，龙星竹. 数字出版价值论（下）：价值定位到价值实现［J］. 出版科学，2022（2）：24-31.

上述出版产业价值创造、价值体系和价值实现的新内涵，也推动着出版科研共同体的价值取向和出版学科定位发生变化。出版学数字化议题的研究成果数量不断增加，研究质量也不断提升，意味着出版学研究议题已逐步进行数字化转向。这一点，可从部分学术期刊的数字出版学术成果占比已经超过 20% 的事例得到证实。基于政治、文化、经济的传统维度研究出版议题，逐步转变为基于政治、文化、经济、技术、教育等多元价值融合维度开展出版学研究，这预示着出版科研共同体在价值取向方面正逐步达成共识，也进一步昭示着基于相同或相似价值取向的出版学科定位将相对稳定和趋同。

综上，"数字科技-出版"原态的价值创造活动，蕴含着出版直接价值向直接价值、数字化价值、数据化价值扩充，推动着出版形式价值和目的价值体系的进一步完善，也变革着出版价值实现的定位、动力和模式，最后深刻影响着出版学科的价值取向和学科定位。

3.4 出版发展

"数字技术-出版"原态演化是出版发展的最终结果，亦即蕴含文化自信、高质量增长、技术赋能三位一体的协同创新发展，也就是出版业高质量发展。"数字科技-出版"原态，提供了一种新型出版生产力和出版业发展基本动力，并为出版业高质量发展提供了出版全面创新体这一直接驱动力；出版创新体系驱动着出版新业态和新结构的产生，出版新业态、新结构创造了新的价值体系并推动价值取向达成共识，而出版新价值又引领着出版发展，驱动着出版业实现创新、协同的高质量发展。从数字出版产值的不断攀升以及我国数字出版产值的不断提高，可以看出数字出版确实能够带来出版业的发展，从而证实了"数字科技-出版"原态结构的合理性。

"数字科技-出版"原态结构及其内在逻辑能够解释数字出版为何能被广泛接受，其如何运行以及如何实现内生性、高质量的出版发展；也正是由于数字出版的最终目标和结果是出版高质量发展，因而"数字科技-出版"原态能够被接受为数字出版"存在"、数字出版本体以及出版发展的新范式结构。

4 小结

学科本体的定位，在研究对象和预设前提之间的艰难抉择，给从事基础理论研究的学者们造成了费解和困扰。本书将研究对象和预设前提作为统一面而非对立面，共同设定为数字出版本体的核心要素，共同作为数字出版本体论的核心研究议题，前者着力解决"数字出版是什么以及怎样是"的基本问题，后者侧重解决"数字出版如何是"的基本问题，由此形成了数字出版活动这个"存在者"，以及作为假设前提的"数字科技-出版"原态这个数字出版"存在"。

正是由驱动力、新形态与新结构、价值创造活动和出版发展的最终结果所构成的"数字科技-出版"原态，为数字出版活动，也为数字出版研究、数字出版调节、数字出版治理以及国际数字出版行为的总和提供了前提和假设，担任了数字出版学假设前提的角色。当然，作为引玉之砖，"数字科技-出版"原态的构成要素和逻辑关系还有待进一步细化研究，我们也期待着数字出版本体的探讨有更多和更高水平成果的产出。

第一篇

数字出版调治论的提出

第一章　数字出版概念述评与新解

　　本章述评近20年的数字出版概念，分析数字出版的规定性内涵，盘点数字出版的认识性内涵，总结出二进制说、数字技术说和全媒体说三类观点流派，阐述数字出版概念研究的价值和提炼方法，得出"数字出版是指以数字技术将作品编辑加工后，经过复制进行传播的新型出版"的概念，并对数字出版概念的内涵和外延进行详细解读。

　　"数字出版"的提法两次出现在国家级五年发展规划纲要文件中，首次出现是2006年颁发的《中华人民共和国国民经济和社会发展第十一个五年规划纲要》指出："发展现代出版发行业，积极发展数字出版，重视网络媒体建设。大力推广普通话。"第二次出现是在2016年，《中华人民共和国国民经济和社会发展第十三个五年规划纲要》指出："加快发展网络视听、移动多媒体、数字出版、动漫游戏等新兴产业，推动出版发行、影视制作、工艺美术等传统产业转型升级。"两次出现的"数字出版"概念的内涵和外延不尽相同，甚至可用大相径庭来形容。2010年，原国家新闻出版总署颁布了《关于加快我国数字出版产业发展的若干意见》，明确了数字出版的规定性内涵，首次系统、全面地对"数字出版"的内涵、外延、特征等做出了界定和诠释。到2020年，历经"十二五""十三五"两个五年规划，数字出版的内涵和外延与当初又出现了较大差别，因此，有必要对数字出版的概念进行系统梳理，从本源逻辑、种属逻辑、时间逻辑的维度去认真分析数字出版的本质属性、特有属性究竟是什么。

1.1　数字出版概念述评

从目前可搜集的资料来看，数字出版概念最早是由北京大学的谢新洲教授于 2002 年在《数字出版技术》一书中提出。当然，在该书中，谢教授在定义数字出版概念的同时，还提出一种观点"电子出版是数字出版的另一种提法，两者在本质上是一致的"。[①] 如果从这个观点出发，谢教授早在 1997 年就在《情报理论与实践》上发表了对"电子出版物知识讲座（一）、（二）、（三）、（四）"的论文，数字出版概念历史可追溯到 20 世纪 90 年代。关于"电子出版"与"数字出版"的概念辨别，囿于篇幅限制，本章不作探讨和定性。

2002—2006 年，学者们集中研究数字出版概念的比较多，如周荣庭、却咏梅、徐丽芳、张立等，也因此促成了"数字出版"的提法列入国民经济和社会发展"十一五"规划纲要。2010 年，数字出版概念的规定性内涵，由原国家新闻出版总署系统地提出并作出解释。此后，一直到 2019 年，学者们持续研究数字出版概念的热情仍然没有消退，纷纷试图从不同的维度对"数字出版究竟是什么、数字出版包含什么"两个问题作出解答，也就是对数字出版的内涵和外延作出界定和梳理。

笔者梳理了近 20 年关于数字出版概念的规定性内涵以及认识性内涵的各种观点，分门别类进行归纳以飨读者。

1.1.1　规定性内涵

规定性内涵，是人们根据实践需要，通过人为规定方式加以确立的内涵。[②] 规定性内涵只有满足"一、规定者具备法定性和权威性；二、规定本身具有合理性"两个条件，其所确立的内涵才能得到承认和接受。就此而言，2010 年 8 月，原国家新闻出版总署颁布了《关于加快我国数字出版产业发展的若干意见》（以下简称《意

---

① 谢新洲．数字出版技术[M]．北京：北京大学出版社，2002：12-13.
② 雍琦．法律逻辑学[M]．北京：法律出版社，2004：23-35.

见》），《意见》指出："数字出版是指利用数字技术进行内容编辑加工，并通过网络传播数字内容产品的一种新型出版方式，其主要特征为内容生产数字化、管理过程数字化、产品形态数字化和传播渠道网络化。"①这个界定是目前为止最广为接受的概念，分别被全国出版专业技术人员职业资格考试辅导教材、北京市新闻系列（数字编辑）专业资格考试指导用书所采纳：前者指出这是数字出版的"工作定义"，并指明数字技术需用于出版的全部业务环节，方可称为数字出版；②后者直接予以采用，并指出"数字出版有广义和狭义之分"，"广义的数字出版与数字传播具有相同的基本属性，狭义的数字出版内涵和外延比较明确，疆界也比较清晰"。③

　　原国家新闻出版总署所确立的这个规定性内涵，或曰"法定内涵"，得到了数字出版政产学研用各界的公认，被出版共同体、数字出版共同体所广为接受，其中"数字技术"的提法，在学者们后续的数字出版概念的认识性内涵表达中被广泛引用，具有广泛的学术影响力和社会效益价值。之所以如此，是因为：一则《意见》的颁发部门是当时新闻出版最高政府主管部门，其制定主体的法定性和权威性毫无疑义。二则该内涵指出了"数字技术"作用于出版的编辑、复制、发行各环节，并对内容、管理、产品、传播的"四化"特征进行了明确界定，具有较充分的合理性。三则该内涵坚持了概念的继承性和创新性：一方面，指出数字出版具有出版的固有属性——"将作品编辑加工后、经过复制向公众发行"④，这是继承性体现；另一方面，指明数字出版是一种新型出版，数字化、

---

①　新闻出版总署关于加快我国数字出版产业发展的若干意见［EB/OL］.（2010-08-16）［2020-05-20］. http：//www.gov.cn/gongbao/content/2011/content_1778072.htm.

②　国家新闻出版广电总局出版专业资格考试办公室.数字出版基础（2015年版）［M］.北京：电子工业出版社，2015：1-4.

③　数字编辑专业技术资格考试委员会.数字编辑基础与实务（初级）［M］.北京：北京联合出版公司，2015：2-5.

④　罗紫初，吴赟，王秋林.出版学基础［M］.太原：山西人民出版社，2005：1-5.

网络化是数字出版区别于其他出版业态的独有属性，这是创新性所在。

1.1.2　认识性内涵

　　认识性内涵，是通过对象间性质的比较而确立的，它是人们关于概念所指称的那类对象认识的成果。[①] 认识性内涵，或曰"意定内涵"，区别于规定性内涵，更多体现为"仁者见仁、智者见智"的"百花齐放、百家争鸣"的学术观点，有助于人们从不同角度、不同方面、不同层次去理解和认知概念所指称对象的独有属性。数字出版的认识性内涵，凡二十年，大致可分为延续出版血脉的"二进制说""数字技术说"，力图拓新变革的"全媒体说"两大类观点(如图 1-1)：

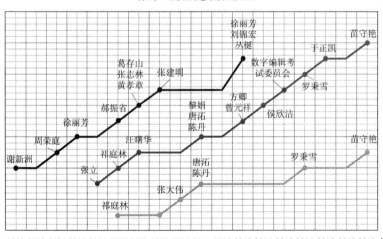

图 1-1　2002—2020 年数字出版概念学说演变示意图

---

　　①　雍琦．法律逻辑学[M]．北京：法律出版社，2004：23-35.

"二进制说"和"数字技术说"的共同点包括：（1）其概念在继承的基础上有创新，坚持在出版的前提下谈数字出版，认为数字出版是一种新的出版形态或业态，强调无论何种新兴出版，都离不开出版的"编辑加工、复制、发行"的固有内核，同时指明数字出版具有"二进制、数字化、网络化、介质演变"等创新特征；（2）在对数字出版独有属性进行描述的基础上，落脚点往往都放在"数字出版是一种新型出版方式、出版形式、出版行为、出版活动或出版业态"；（3）更多侧重于对出版的产业链环节、经营方面的描述，也有对管理要素的描述；（4）在依托出版母体的基础上，还有一批学者从狭义、广义两个角度对数字出版做出阐述。

1.1.2.1　二进制说

二进制说，是用"二进制"去指称数字出版的对象属性、定义数字出版内涵的学说统称。最早一批对数字出版概念做出界定的学者，创新性地将"二进制"的提法纳入数字出版内涵之中，以揭示数字出版依托于二进制技术的特有属性，突显数字出版是建立在计算机技术的基础之上，与之前的"音像出版""电子出版"等业态有着显著不同，这便是"二进制说"的由来。这种学术研究方法和理论创新、创造的精神值得数字出版共同体学习和借鉴。"二进制说"将数字化技术的本质上升到二进制技术的源头，在定义数字出版时，旗帜鲜明地以"二进制"的提法来进行界定和表达，甚至对"0、1"代码做出阐述和解读，以便于读者接受和理解。

在2010年以前的数字出版概念流派中，"二进制说"占据了主流地位，历时近十年，不同院系、不同流派、不同学术背景的学者对"二进制说"均青睐有加，持续加以研究和论述。"二进制说"主要由学界发起，是对数字出版认识性内涵提炼和总结的丰碑式的理论成果，是从数字出版概念提出到规定性内涵公布以来的理论创新、集大成者（见表1-1）。

表 1-1 "二进制说"主要流派及观点

时间	作者	观点	关键词
2002	谢新洲	数字出版是在整个出版过程中，从编辑、制作到发行，所有信息都以统一的二进制代码的数字化形式存储于光、磁介质中，信息的处理与传递必须借助计算机或类似设备来进行的一种出版形式	二进制代码存储；借助计算机或类似设备；出版形式；
2004	周荣庭	数字出版就是对数字化内容的创建、管理和传送的过程 数字出版或数字化出版，是在整个出版过程中，从编辑、制作到发行，所有信息都以统一的二进制代码的数字化形式存储于光、磁等介质中，信息的处理与传递必须借助计算机或类似设备来进行的一种出版形式	数字内容创建、管理、传送；数字化出版；数字化出版形式；
2005	徐丽芳	数字出版，就是以二进制代码的形式从编辑加工、制作生产到发行传播过程中的所有信息生产、传播过程中，必须借助计算机、光、磁、电等介质或类似设备未进行的出版	二进制代码；光、磁、电等介质；借助计算机或类似设备
2007	郝振省	数字出版是用数字化（二进制）的技术手段从事的出版活动	数字化（二进制）技术手段；出版活动
2008	葛存山 张志林 黄孝章	数字出版是采用二进制数字代码创建、存储、传输、再现和管理数字内容的出版方式与活动	二进制数字代码；创建、存储、传输、再现、管理；出版方式与活动；
2009	张建明	数字出版包括原创作品、编辑加工、印刷复制、发行销售和阅读消费的数字化，涉及出版所有环节。广义上说，只要使用二进制技术手段对出版的任一环节进行操作，都属于数字出版的范畴	二进制技术手段操作；出版任一环节
2013	徐丽芳 刘锦宏 丛挺	数字出版，是指利用数字技术对出版物内容（母版）以二进制代码形式未进行内容的编辑加工，复制或发行，出版形态复制品存货的出版活动	二进制数字代码；编辑加工、复制或发行；没有物理形态复制品存货；

2002 年，谢新洲教授在《数字出版技术》一书中指出："所谓数字出版，是指在整个出版过程中，从编辑、制作到发行，所有信息都以统一的二进制代码的数字化形式存储于光、磁介质中，信息的处理与传递必须借助计算机或类似设备来进行的一种出版形式。"①谢教授提出，数字出版是一种新的出版形式，以二进制代码形式存储，依赖光、磁介质，同时指出必须借助计算机或类似设备。

2004 年，周荣庭教授认为："数字出版就是对数字内容的创建、管理和传送的过程。""数字出版或者数字化出版，是指在整个出版过程中，从编辑、制作到发行，所有信息都以统一的二进制代码的数字化形式存储于光、磁等介质中，信息的处理与传递必须借助计算机或类似设备来进行的一种出版形式。"②该观点与谢新洲教授观点类似，不过，周教授认为数字出版或数字化出版都可做出上述界定。

2005 年，徐丽芳教授在《数字出版：概念与形态》一文中指出："所谓数字出版，就是指从编辑加工、制作生产到发行传播过程中的所有信息都以二进制代码的形式存储于光、磁、电等介质中，必须借助计算机或类似设备来使用和传递信息的出版。"③2013 年，徐丽芳、刘锦宏、丛挺所著的《数字出版概论》一书中，指出"所谓数字出版，是指利用数字技术进行内容的编辑加工、复制或发行，出版物内容(母版)以二进制代码形式存在且没有物理形态复制品存货的出版活动"。④徐教授对于之前的观点进行了修正，融入了数字技术的要素，强调了数字出版物的无形性和虚拟性：没有物理形态复制品存货，同时落脚点放在出版活动上。

2007 年郝振省主编的《2005—2006 年度中国数字出版产业年度报告》一书，指出数字出版的定义是"用数字化(二进制)的技术手

---

① 谢新洲. 数字出版技术[M]. 北京：北京大学出版社，2002：12-13.

② 周荣庭. 网络出版[M]. 北京：科学技术出版社，2004.

③ 徐丽芳. 数字出版：概念与形态[J]. 出版发行研究，2005(7)：5-12.

④ 徐丽芳，刘锦宏，丛挺. 数字出版概论[M]. 北京：电子工业出版社，2013：37-38.

段从事的出版活动"①，其中明确了两点：一是数字化技术，并将数字化技术等同于二进制技术；二是出版活动，而非出版介质。

2008 年，葛存山、张志林和黄孝章指出："数字出版(Digital Publishing)就是采用二进制数字代码创建、存储、传输、再现和管理数字内容(Digital Content) 的出版方式与活动。"②在强调二进制代码的同时，该观点还对数字出版的产业链环节进行了创新，包含了"管理"要素，突出用二进制代码对数字内容的"创建、存储、传输、再现和管理"，同时明确数字出版是一种新的出版方式和出版活动。

2009 年，张建明在《论数字出版泛化的出版概念对出版产业的影响》一文中指出："数字出版包括原创作品、编辑加工、印刷复制、发行销售和阅读消费的数字化，涉及出版所有环节。从广义上说，只要使用二进制技术手段对出版的任一环节进行操作，都属于数字出版的范畴。"③与其他"二进制说"一样，该观点强调二进制技术手段对出版环节的影响，指出只要对任一环节进行操作，都可认为是数字出版。同时，该观点关注到当时数字出版的新业态，即网络文学的崛起，强调原创作品的数字化，包括对编校印发各出版环节的数字化。但是，该观点"数字技术应用于任一环节均属于数字出版范畴"的论断，与全国出版专业技术人员职业资格考试辅导教材《数字出版基础(2015 年版)》的观点相左，后者明确指出："数字技术如果只用于出版的某些业务环节，并不能称为数字出版。"④与《2005—2006 年度中国数字出版产业年度报告》的提法也有冲突，后者指出，"只要使用二进制技术手段对出版的整个环节

① 郝振省.2005—2006 中国数字出版产业年度报告[M].北京：中国书籍出版社，2007：1-10.
② 葛存山，张志林，黄孝章.数字出版的概念和运作模式分析[J].北京印刷学院学报，2008(5)：1-4.
③ 张建明.论数字出版泛化的出版概念对出版产业的影响[J].出版发行研究，2009(3)：52-54.
④ 国家新闻出版广电总局出版专业资格考试办公室.数字出版基础(2015 年版)[M].北京：电子工业出版社，2015：1-4.

进行了操作，都是数字出版"①。

1.1.2.2　数字技术说

数字技术说，是用"数字技术"指称数字出版的对象属性、定义数字出版内涵的学说统称。数字技术说的提出，有两个重要的宏观调控文件作为支撑和推动，第一，2006年公布的《中华人民共和国国民经济和社会发展第十一个五年规划纲要》。"数字出版"被首次写入国民经济和社会发展规划纲要后，一批嗅觉敏锐、思路前瞻的学者已经开始用"数字技术""数字化技术"来描述数字出版的特有属性。第二，数字出版发展史上的一个里程碑意义的政策出台——2010年《关于加快我国数字出版产业发展的若干意见》。《意见》提出了数字出版的规定性内涵、法定定义和法定解释，明确了"数字技术"赋能编辑加工、传播的全过程。自此以后，学界对数字出版的概念界定，毫无例外地都转向了"数字技术说"：沿着"数字技术+出版""出版吸收数字技术""出版融合数字技术""技术赋能出版""技术应用到出版环节"的路线，把数字技术、数字化技术、数字出版技术或互联网技术等关键要素纳入数字出版的内涵界定（见表1-2）。②

数字技术说的代表性观点如下：

2006年，张立指出，"数字出版是指用数字化的技术从事的出版活动"。③ 指明数字出版是一种新的出版活动，是用"数字化技术"从事的出版活动。这是目前笔者查阅的公开文献之中，首先提出以"数字化的技术"来界定数字出版内涵的观点，而不再沿用"二进制"的表述方式。

_____

① 余敏. 共建中国数字出版平台——在首届数字出版博览会新闻发布会上的讲话[J]. 传媒，2005(5)：26-27.

② 徐丽芳教授2013年提出的数字出版概念，系对2005年概念界定的部分修正。

③ 张立. 数字出版相关概念的比较分析[J]. 中国出版，2006(12)：11-14.

表 1-2　"数字技术说"主要流派及观点

时间	作者	观点	关键词
2006	张立	数字出版是用数字化技术从事的出版活动	数字化的技术；出版活动
2007	祁庭林	数字出版是提供商将作品数字化，经过对内容的选择和编辑加工，再通过复制的手段复制或传送到某种或多种载体上，以满足受众需要的出版行为。这里的载体可以是光盘、互联网、电视，甚至纸质载体	数字化，选择、编辑加工、复制、传送；光盘、互联网、电视、纸质载体
2008	汪曙华	数字出版是对数字化作品内容进行编辑加工，并将其复本向公众传播的过程	数字化作品内容编辑加工；复本向公众传播；过程
2011	唐丹 陈洁	数字出版是各种出版物在网络上（包括无线网络）直接创作、生产制作及传播，从"出版数字化"和"数字化的出版"两方面理解	网络；创作、生产制作、传播；出版数字化、数字化出版
2011	黎娟	数字出版是内容与数字技术的深度融合，用数字技术去深度表现传统出版的内容，依靠数字技术实现传统出版流程再造，从而形成一种以内容管理为核心的、全新的出版形态	数字技术；内容与技术融合；以管理为核心；全新的出版形态
2013	方卿 曾元祥	数字出版是基于数字技术的出版产品及服务生产与传播的新兴出版业态	数字技术；出版产品及服务；新兴出版业态
2014	侯欣洁	数字出版是用数字化手段重塑传统出版行业新形态并萌生新形态的出版行业领域	数字技术；出版行为重塑；出版行为领域
2015	数字编辑考试委员会	广义数字出版是建立在计算机技术、通信技术、流媒体技术、网络技术等高新技术基础上，融合并超越了传统出版内容而发展起来的新兴出版产业；狭义数字出版包括数字图书、数字报纸、数字期刊、数据库出版，按需印刷等15种具体形态	数字技术细化；广义：新兴出版产业；狭义：15种出版形态
2016	罗秉雪	狭义来看，数字出版的概念仍应建构在传统意义上的出版内容范畴之内，将数字技术对传统文本内容进行转化和呈现，以数字技术为支撑的文本传播活动	数字技术；内容核心；内容转化；呈现；融合；文本传播活动
2017	于正凯	数字出版是以版权为核心，以数字网络技术为载体，包括编辑、发行、复制和传播的全过程	数字网络技术；版权核心；出版全过程
2019	苗守艳	数字出版是采用数字信号技术将信息内容相关的信息内容进行编辑、复制和传播，出版物的阅读需用计算机或相应设备的新兴出版行为	数字信号技术；信息内容编辑、复制、传播；借助计算机或相应阅读设备；新兴出版行为

2007 年，祁庭林提出，"数字出版是内容提供商将著作权人的作品数字化，经过对内容的选择和编辑加工，再通过数字化的手段复制或传送到某种或多种载体上，以满足受众需要的行为。这里的载体可以是光盘、互联网、电视，甚至纸质载体"①。这种观点，突出了数字化的手段，同时对数字出版的载体进行了罗列，包括新兴介质、载体，如互联网和电视，也包括传统介质和载体，如纸质载体和光盘，应该说包含了融合出版物的思维。

2008 年，汪曙华指出，数字出版应是"对数字化作品内容进行编辑加工，并将其复本向公众传播的过程"②。该观点，将数字出版作为出版过程，注重数字化出版的形态特征，用到了传播的提法，体现了出版的传播属性；同时更强调流程的数字化、从创作到传播的全过程数字化。

2011 年，唐沰、陈丹认为：数字出版"是指各种出版物在网络上（包括无线网络）直接创作、编辑、生产制作及传播"，"对数字出版的理解，最早是传统出版的数字化"，"从'出版的数字化'和'数字化的出版'两方面可以更好地理解'数字出版'这个概念。其中'出版的数字化'主要指利用数字出版技术对传统出版业的各个业务流程进行改造，是传统出版业在内容和形式上的延伸和扩展"。③该观点创新性在于同时将互联网、无线网络都纳入数字出版的载体，指明数字出版是出版物在网络上的创作、编辑、生产制作、传播，强调数字出版所依托的载体或介质是网络。

2011 年，黎娟指出，数字出版"应是内容出版与数字技术的深度融合，用数字技术去深度表现传统出版的内容，依靠数字技术实现传统出版业流程再造，从而形成一种以内容管理为核心的、全新

---

　　①　祁庭林.传统出版该如何应对数字出版的挑战[J].编辑之友，2007（4）：4-6.

　　②　汪曙华.也谈数字出版的概念界定和发展路径选择[J].怀化学院学报，2008（12）：155-157.

　　③　唐沰，陈丹.传统出版的数字化和数字化出版的比较研究[J].陕西广播电视大学学报，2011（2）：70-73.

的出版形态"。① 该观点融入了"融合"思维，强调数字技术对传统内容的深度表现、对传统出版流程的再造，通过内容和技术的二元互动，指出数字出版是一种"以内容管理为核心"的全新的出版形态。

2013 年，方卿、曾元祥在"十二五"国家重点图书出版规划项目、国家出版基金支持出版的《数字出版产业管理》一书中指出，数字出版，是"基于数字技术的出版产品及服务生产与传播的新兴出版业态"。② 该观点创新之处在于：其一，将服务的理念纳入数字出版概念，不再局限于出版产品、数字内容产品；其二，将数字出版定义为一种新兴出版业态，定义为新兴出版业务经营的形式与状态；其三，该观点引入了"新兴出版"的提法，引发对数字出版、新兴出版的边界的思考，应该说数字出版是新兴出版的一种，但不是全部。"新兴出版"的提法，被 2015 年公布的《关于推动传统出版和新兴出版融合发展的指导意见》所采纳，但是并未对其作出概念界定和诠释。

2014 年，侯欣洁指出数字出版"是指用数字化手段重塑传统出版形态并萌生新形态的出版行为领域"。③ 该观点突出数字化手段的作用，指明数字化手段的作用在于重塑传统出版形态、再萌生新形态，落脚点放在出版行为领域，将数字出版作为一种新的出版行为领域来看待。

2015 年，北京市新闻系列（数字编辑）专业资格考试指导用书数字编辑专业技术资格考试委员会所编的《数字编辑基础与实务（初级）》指出："数字出版有广义和狭义之分。广义的数字出版与数字传播，二者具有相同的基本属性。数字出版也是建立在计算机技术、通信技术、网络技术、流媒体技术、存储技术、显示技术等

---

① 黎娟. 数字出版概念研究[J]. 新闻传播，2011(8)：116-118.

② 方卿，曾元祥，敖然. 数字出版产业管理[M]. 北京：电子工业出版社，2013：1-3.

③ 侯欣洁. 数字出版概念界定的再认识[J]. 现代出版，2014(5)：44-46.

高新技术基础上，融合并超越了传统出版内容而发展起来的新兴出版产业"，"狭义的数字出版专指数字图书、数字报纸、数字期刊、手机书、手机报、手机刊、手机音乐、数据库出版物、电子书、数字音像制品、网络出版物、网络地图、网络游戏、动漫产品和按需印刷这 15 种具体形态"，"数字出版是数字传播的一种形式，数字出版从属于数字传播"。① 该观点的创新点包括：其一，对数字技术的具体类型做了解读，包括计算机技术、通信技术、网络技术、流媒体技术、存储技术、显示技术等；其二，表明数字出版是对传统出版的继承、融合和超越；其三，狭义的数字出版，其实是对数字出版部分外延的界定；其四，对数字出版和数字传播的从属关系作出了论断，指明二者的共同属性，并指出数字出版是数字传播的一种形式。

2016 年，罗秉雪指出："狭义来看，数字出版的概念仍应建构在传统意义上的出版内容范畴之内，是以数字技术对传统文本内容进行转化和呈现，将数字技术与内容融合，以内容为核心，以数字技术为支撑的文本传播活动。"②该观点与前述黎娟观点有类似之处，都在概念定义中对"内容""技术"给予重点强调并探寻二者之间的辩证关系。同时，该观点立足媒体融合、出版融合的时代背景，仍然在出版说的范畴内探讨，并对数字技术与融合关系作出了说明，明确内容为核心、技术为支撑，将数字出版定义为以数字技术对内容进行转化和呈现，并进行文本传播。

2017 年，于正凯指出，数字出版是"以版权为核心，以数字网络为技术和载体，包括编辑、发行、传播的全过程"。③ 该观点指明数字出版的核心是版权，技术、载体和介质是数字网络技术，明确数字出版是过程，包含编辑、发行和传播环节。这里对出版的

① 数字编辑专业技术资格考试委员会．数字编辑基础与实务（初级）［M］．北京：北京联合出版公司，2015：2-5.

② 罗秉雪．数字出版：新语境下的概念演变与界定［J］．出版发行研究，2016(1)：26-29.

③ 于正凯．再谈数字出版的概念及融合发展的关键［J］．传媒，2017(23)：70-72.

"编辑、加工、复制、发行"的出版过程和环节进行了修改，没有体现"复制"的环节。

2019 年，苗守艳从语义视角论述对"数字出版"的再认识，指出数字出版是"指采用数字信号技术将相关的信息内容进行编辑、复制和传播，出版物的阅读需用计算机或相应的阅读设备的新兴出版行为"。① 该观点提到了"数字信号技术"作用于信息内容的编辑、复制和传播过程，同时强调了计算机及类似阅读设备的载体和介质。

综上，"数字技术说"受到主管部门对于数字出版宏观调控的影响，以数字出版的规定性内涵为蓝本，把数字技术、数字化技术、数字信号技术、数字网络技术体现在概念界定之中，突出数字技术在编辑、复制、发行/传播过程中的赋能作用，指明数字出版是一种新的出版活动、出版方式、出版形式、出版行为或是出版业态。

同时，数字技术说还有另外的具体化或曰非典型性表现形式，即把"互联网"纳入概念表达。如：2005 年 4 月，时任中国出版科学研究所主持工作副所长、党委书记余敏在首届中国数字出版博览会新闻发布会上指出"数字出版是指以互联网为流通渠道，以数字内容为流通介质，以网上支付为主要交易手段的出版和发行方式"。② 后来《中国教育报》记者却咏梅在 2005 年 5 月的报道《数字出版：路在何方？》一文中对该观点进行了引用。从文献考究的角度来看，余敏是该观点的提出者，而诸多学者以却咏梅的文章作为引用该观点的参考文献，应该说治学是不严谨的。

2013 年，阎晓宏在《关于出版、数字出版和版权的几个问题》一文中指出，比较赞同的一个观点是"数字出版概念的核心是重复

① 苗守艳. 基于语义学视角对"数字出版"的再认识[J]. 河北民族师范学院学报，2019，39(4)：50-56.
② 却咏梅. 数字出版：路在何方？[N]. 中国教育报，2005-05-16(18).

使用"　"数字出版是依靠互联网，并以之为传播渠道的出版形式"。① 上述两种观点，说明数字出版的特有属性在于把互联网作为载体或介质，作为传播渠道。

1.1.2.3　全媒体说

全媒体说，是用"全媒体"指称数字出版的对象属性、定义数字出版内涵的学说统称。"二进制说""数字技术说"的诸多流派，无论观点有多大不同，其核心在于对"数字出版仍属于出版"的坚守，坚持在出版的上位概念基础上界定数字出版，坚持数字出版是对出版概念的继承和扬弃，坚持用出版的"编校印发"的基本理论内核界定数字出版。而"全媒体说"与前述两种观点的逻辑则是泾渭分明，完全是跳出出版看出版，跳出出版的框架来界定数字出版的定义，试图用"媒体"理论指称和界定数字出版，彰显了较强的开拓精神和理论勇气。

"全媒体说"的共同点在于，作者的新闻传播学术背景较突出，大多把广义的数字出版定义为全媒体出版，以"数字媒体""全媒体"等字眼来定义数字出版，揭示其特有属性。但"全媒体说"大多较为模糊，对"全媒体""数字媒体"究竟是什么、包含哪些却往往语焉不详。其主要观点见表1-3。

2007年，祁庭林指出，数字出版实际上包括两方面的内容：一方面是传统出版业的数字化；另一方面是新兴数字传媒的崛起。② 这是较早提出数字出版的外延包括新兴数字媒体的论断，首次对出版业的数字化和独立的新兴数字媒体做出了区分。

2010年，复旦大学张大伟在《数字出版即全媒体出版论》一文中，破天荒地直接将数字出版等同于全媒体出版，把两个概念定性为全同关系，即其内涵和外延完全一致。认为数字出版"可以界定

---

① 阎晓宏. 关于出版、数字出版和版权的几个问题[J]. 现代出版，2013(3)：5-9.

② 祁庭林. 传统出版该如何应对数字出版的挑战[J]. 编辑之友，2007(4)：4-6.

表 1-3　　　　　　　　**"全媒体说"主要流派及观点**

时间	作者	观　　点	关键词
2007	祁庭林	数字出版包括两方面的内容：一方面是传统出版业的数字化；另一方面是新兴数字传媒的崛起	新兴数字媒体
2010	张大伟	数字出版是以标记语言为基础，以全媒体为显示形式，以强大的链接、搜索功能和个性化定制功能为主要特点的知识组织和生产方式 数字出版是人类历史上成本最低的出版形态、全媒体出版、基于文章的出版、现代管理流程	全媒体显示形式；全媒体出版；标记语言；强大的链接、搜索、定制功能；成本最低的出版形态、基于文章的出版、现代管理流程
2011	唐　沺陈　丹	数字化的出版包括新兴的数字媒体或个人生产并发布数字内容的整个过程和结果	新兴的数字媒体；生产发布数字内容；过程、结果
2016	罗秉雪	数字出版可定义为以"全媒体出版"为特点，数字技术为支撑，立足于内容层面的复合出版活动	全媒体出版；数字技术支撑复合出版活动
2019	苗守艳	鉴于目前新媒体融合背景，数字出版应有更广义的界定，属于全媒体的"数字出版"。在全媒体领域的数字出版仍然离不开核心要素"出版内容、技术、阅读设备出版活动"	全媒体的"数字出版"；新媒体融合；内容、技术、阅读设备、出版活动

为：以标记语言为基础，以全媒体为显示形式，以强大的链接、搜索功能和个性化定制功能为主要特点的知识组织和生产方式"。[①]并指出数字出版是"人类历史上成本最低的出版形态、全媒体出版、基于文章的出版、现代管理流程"。该观点完全跳出出版的特有属性——编辑、加工、复制、发行，而是从 XML 等标记语言的逻辑起点出发，通过归纳总结链接、搜索、定制等特点，最后以全

---

①　张大伟. 数字出版即全媒体出版论——对"数字出版"概念生成语境的一种分析[J]. 新闻大学，2010(1)：113-120.

媒体显示形式来界定数字出版，并将落脚点放在知识服务，指出数字出版是"一种知识组织和生产方式"。

2011年，唐洊、陈丹指出："数字化的出版"则"包括了新兴的数字媒体或个人生产并发布数字内容的整个过程和结果"。① 该观点是在出版数字化和数字化出版二元关系上界定数字化的出版，突出了数字出版(相对于传统出版)在创作、编辑、加工、复制和发行方面的原创性和独立性。

2016年，罗秉雪指出，"广义上的数字出版界定，即数字出版可定义为以'全媒体出版'为特点，数字技术为支撑，立足于内容层面的复合出版活动"。② 该观点明确指出数字出版以全媒体出版为特有属性，以数字技术为支撑，并总结出内容生产加工、传播发布等产业链环节的"全媒体化""多媒体复合"的特点，甚至考虑了数字出版与广播影视、网络视听等其他产业融合。该观点的时效性较强，时代烙印较为深刻，受到了原国家新闻出版总署与国家广播电视总局合并大背景的深刻影响。

2019年，苗守艳指出，鉴于目前新媒体融合背景，数字出版应该还有更广义的界定，属于全媒体的"数字出版"。在全媒体领域的数字出版仍然离不开核心要素"出版内容、技术、阅读设备和出版活动"。③ 该观点注重从出版内容、出版载体和出版活动三个维度定义数字出版，但对于全媒体究竟是什么、包含哪些，即全媒体的"所指"和"所谓"没有做出具体阐释。

国内最早的全媒体出版概念，是指"图书一方面以传统方式进行纸质图书出版；另一方面，以数字图书的形式通过互联网、手

---

① 唐洊，陈丹. 传统出版的数字化和数字化出版的比较研究[J]. 陕西广播电视大学学报，2011(2)：70-73.

② 罗秉雪. 数字出版：新语境下的概念演变与界定[J]. 出版发行研究，2016(1)：26-29，22.

③ 苗守艳. 基于语义视角对"数字出版"的再认识[J]. 河北民族师范学院学报，2019(11)：50-56.

机、手持阅读器等终端数字设备进行同步出版"。① 用全媒体界定
数字出版，时效性较强、提法比较时髦，但是往往局限于媒体素材
的丰富性、媒体传播渠道的多样化、媒体传播手段的多元化等方
面，没有从数字出版的本质属性、特有属性角度去深度揭示数字出
版的内涵。

综上，"全媒体说"侧重媒体特征，强调文字、图片、声音、
影像、影视的媒体素材的综合运用，突出全方位、立体化的传播展
示，通过多种传播手段进行传输，从媒体素材、媒体传播、媒体展
示等方面揭示了数字出版的属性，但是，失之于简、失之于浅，没
能上升到本质属性、特有属性的高度指称数字出版的对象。

1.2　数字出版概念价值与提炼

数字出版作为出版学的二级学科，其理论自足是学术之切、实
践之要、时代之需，其以"本体论、价值论、规范论、运行论"为
主体的基础理论体系亟待建构，以"产品体系、技术体系、营销体
系、管理体系、标准体系、制度体系"为主干的市场调节体系有待
梳理，由"规划调控、财政调控、税收调控、价格调控"所主导的
宏观调控体系尚待总结。

数字出版的概念，是指通过反映本质属性、特有属性来指称数
字出版的思维形式。确定数字出版的概念，要反映数字出版特有而
其他出版业态缺乏的属性，要体现数字出版区别于音像出版、电子
出版、图书出版等其他出版业态的根本特征。作为数字出版本体论
的第一块理论基石，数字出版概念是对整个数字出版认识的高度浓
缩，是对数字出版特有属性的归纳，是构建数字出版基础理论体
系、市场调节体系、宏观调控体系的逻辑起点，其重要性不言
而喻。

---

① 田丽丽. 三问三解"全媒体出版"［N］. 中国图书商报，2009-07-24
（A01）.

1.2.1 数字出版概念研究价值

近二十年以来，政产学研各界对数字出版概念的研究一直未有中断，始终保持乐此不疲的态度。究其根本，其研究价值有三：

其一，节约交流成本。通过对概念的研究，解决数字出版的内涵问题，确立数字出版的根本特征，即数字出版的"所指"，明确数字出版是什么；解答数字出版的外延问题，即数字出版的"所谓"，数字出版有哪些形态。在此基础上，"车同轨，书同文，行同伦"，出版共同体——政产学研各界，可以在相同或相似的内涵、外延前提下，去探讨数字出版的学术问题和实务问题，最大程度避免误会和误解，以节约各种交流成本，包括时间成本、学术成本和经济成本等。

其二，增进理论自信。数字出版概念是数字出版理论体系形成的起点，从数字出版的概念到特征、地位、价值，进而到市场调节体系和宏观调控体系，数字出版概念的研究是理论自足的首要因素和第一环节。

其三，推动学派形成。对数字出版基本概念的提炼和运用，由此建立起相应的理论，对于学派的形成至关重要，也是考量一个学科是否成熟的重要标志。如前所述，"二进制说""数字技术说""全媒体说"分别代表了新闻传播学、出版学之中的不同院系、不同学派之间的典型观点，有助于逐步推动数字出版不同流派的建立和健全。

1.2.2 数字出版概念提炼方法

数字出版概念的提炼要遵循以下几个逻辑。

1.2.2.1 种属逻辑

数字出版与出版的关系，是种属关系，学者们对数字出版的概念大多表述为"数字出版……的出版形式/方式/活动/行为/业态"。数字出版是出版的一种，是出版的下位概念，无论数字出版如何定义，都要遵循概念的继承性，在出版的大前提下界定概念的内涵和外延。从逻辑学上讲，该公式可以概括为"属+种差"。"属"是指数字出版也是"一种出版"；"种差"是指数字出版的特有属性、根本特征，是数字出版独有而其他出版形态所没有的，是数字出版区别于其他出版之所在。

1.2.2.2　时间逻辑

从时间逻辑来评判三类观点，对于数字出版概念的"变"与"不变"值得总结和归纳，在"变"与"不变"的逻辑关系中把握数字出版的本质、特有属性。二进制说界定数字出版内涵，上升到了数字技术的源头，其可接受度和传承度相对受限；全媒体说突出和强化了数字出版的外化特征，在对本源的追溯方面失之于"浅"和"简"。相比之下，"数字技术"说，一方面，将数字出版的特有属性归结为数字技术的应用，上升到数字技术源头的高度；另一方面，可接受度和传播范围将会不断扩展，有利于产业拓展和学科发展。

1.2.2.3　本源逻辑

从本源逻辑来看，概念是通过反映对象的特有属性来指称对象的思维方式。概念的"所指"，即概念是什么，也就是概念的内涵，内涵必须体现所指称对象的特有属性和独有特征；概念的"所谓"，即概念所指称的对象有哪些，也就是概念的外延。从内涵和外延两个角度把握数字出版，对数字出版进行精准的画像画出最大的同心圆，提炼出版共同体能够公认的概念。

数字出版的特有属性、独有特征究竟是什么？数字出版区别于图书出版、音像出版等其他出版形态的地方是什么？早在2010年，方卿教授指出："数字出版，与传统出版的本质区别同样也是源于出版技术手段的进步。以信息处理与传播为核心的数字技术的进步给传统出版业带来了巨大影响，催生了今天的所谓数字出版业。"[①]因此，可得出结论，审视内涵，数字出版定义之关键在于"数字技

---

① 方卿. 资源、技术与共享：数字出版的三种模式[J]. 出版科学，2011(.1)：28-32.

术"：数字技术是数字出版的特有属性所在，使得数字出版区别于其他出版形态；数字出版，是数字技术作用于出版各环节，是利用数字技术对作品进行编辑加工、复制和传播。数字出版的外延包括哪些？包括但不限于出版产品的数字化、出版数字化技术应用、出版营销的数字化、出版流程的数字化等。

1.3　数字出版概念的内涵与外延

综上，根据种属逻辑、时间逻辑和本源逻辑，我们可以得出结论，数字出版概念的内涵中需要包含"出版""新型""数字技术"等要素。

1.3.1　数字出版的内涵

用定义的方法来揭示数字出版的内涵，可以归纳如下：数字出版是指以数字技术将作品编辑加工后，经过复制进行传播的新型出版。

为更好地理解上述数字出版定义，可从以下三个方面着手：

1.3.1.1　数字出版对出版概念的继承

数字出版仍然是"出版"，是对"出版"的继承性概念。上述定义方式，体现了对出版的坚守，延续了出版的血脉。数字出版的核心环节仍然是"编辑加工、复制、发行"等出版的本质性要素，仍然是在出版的范畴内谈数字出版；编辑加工、复制、发行，仍然是数字出版产业链的核心内容。数字出版的基本要素、基本环节包括：一是对作品的选择、优化、提升的"编辑加工"，是去粗取精、去伪存真的过程；二是对作品进行复制，依托于多样化的介质，进行大量副本的供给；三是对编辑加工复制后的产品进行传播，面向个人客户或机构客户，专业用户或大众用户。

1.3.1.2　数字出版是对出版概念的扬弃

数字出版，区别于传统出版，是出版的创新性概念、拓展性概念。数字出版将出版的概念化有形为无形，从形而下延伸到形而上；将出版的外延拓展到了新的领域，将出版的认知提升到了新的高度，赋予出版产业链环节新的内涵。编辑加工环节，采用数字化的协同编纂工具、数字化校对工具；复制环节，副本不再单纯以纸质载体呈现，而是以光、磁、电、网的介质出现或者纸介质+新介质的融合介质出现（如 AR 出版物）；发行环节，从延时性传播转为即时性传播，从线下有形的存储、物流、配送转为无形的网络传播、线上传播。很多情况下，数字出版产品一经审核完毕，就步入传播环节，甚至是即时传播，不再像传统的出版产业，要经过入库、出库、物流等周期较长的发行环节。

1.3.1.3　数字出版是一种新型出版

相对于图书出版而言，数字出版是一种新型出版，新在何处？其一，"版"的概念在淡化：对版面、版心不再提出严格要求，甚至 epub、mobi 等流式文件的受欢迎度远超过版式文件。其二，介质的多样化：介质由单一的纸张转变为互联网、计算机、终端设备、阅读设备等，即便是融合出版物，其二维码的关联指向、AR 模型的关联指向也都是特定的互联网、APP 等网络介质载体。其三，用户取代读者，"用户"的使用程度远超过读者，如某知识库的用户是谁，而不是读者是谁。其四，双向性、互动性特征明显：数字出版能够实现对产品的实时互动、反馈和响应；内容数据、交互数据，尤其是用户数据能够实现回溯，实现出版数据的生态闭环。因此，数字出版是一种新型出版，至于是新型的出版方式、出版活动，还是出版行为、出版业态，则可根据具体语境而灵活加以适用。

1.3.1.4　数字出版的特有属性是数字技术赋能

数字出版是数字技术作用下的出版，是数字技术赋能的出版。

其一，数字出版的特有属性在于对数字技术的运用。"数字技术，是一项与电子计算机相伴相生的科学技术，它是指借助一定的设备，将各种信息转化为电子计算机能识别的二进制数字'0'和

'1'后进行运算、加工、存储、传送、传播、还原的技术。"①由于在运算、存储等环节要借助计算机对信息进行编码、压缩、解码等，因此也称为数码技术、计算机数字技术、数字控制技术等。

其二，用"数字技术"揭示数字出版的概念，其外延大于用"二进制"指称数字出版。需要指出的是，数字技术一般都采用二进制，这也是本章前述的"二进制说"一段时间内成为数字出版概念主要流派的原因。但是，从理论上来讲，数字技术还可能采用三机制或者多进制。关于三进制：三进制数码包含"0，1，2"，逢三进一，退一换三。事实上，三进制计算机在历史上曾经出现过，20世纪60年代，莫斯科国立大学研究员设计了第一批三进制计算机Сетунь 和 Сетунь70，后来由于种种原因该项目叫停。然而，历史总是螺旋式地上升，历史上曾经停滞的事物，往往在条件具备时又会获得新生，如机器学习，作为人工智能第二次浪潮失败的产物，在第三次人工智能浪潮到来时却实现了逆袭。关于多进制：生物计算机等可能采用四进制；量子计算机区别于传统的二进制计算机，量子比特除了处于"0"态或"1"态外，还可处于叠加态，叠加态是"0"态和"1"态的任意线性叠加，因此有人指出，量子比特、量子计算机的进制数是无限的。《新闻出版业科技"十三五"时期发展规划》指出：鼓励其他领域高新技术在新闻出版行业的应用研究。随着数字技术的飞速发展，以数字技术应用于出版业为特有属性的数字出版外延也将不断扩大。

其三，用数字技术揭示数字出版的本质特征，能够更容易理解、接受和传承。数字技术是"多种数字化技术的集成，包括区块链、大数据、云计算、人工智能等"。② 数字出版所用到的数字技术，宏观而言，包括传感技术、计算机与智能技术、通信技术和控制技术等；中观而言，包括数字图书馆技术、知识服务技术、大数

---

① 房国志. 数字电子技术 [M]. 北京：高等教育出版社，2019：1-2.

② 刘绪尧，陈杰. 李礼辉：数字技术发展将大幅提升经济效率 [EB/OL]. [2020-06-10]. http：//www.xinhuanet.com/fortune/2019-12/18/c_112535 7568. htm.

据、云计算、区块链、5G 技术、AR 技术、VR 技术、智能机器人技术等；微观而言，包括电子书制作的格式技术、数字版权保护技术、数字印刷技术等。总之，几乎所有能够应用于出版的数字技术，都可以采取拿来主义，为我所用。随着数字技术的日新月异，对于经济、社会、科技发展的诸多领域，都开始以"数字"来表达，如数字经济、数字社会，那么，用数字技术来揭示数字出版的本质特征，会具有更好的理解、传播和推广效果。

其四，数字技术应用于出版的任一环节或整个环节，都可称为数字出版。数字技术应用于整个出版流程，就产生了出版的数字化流程再造，也就是出版的数字化。数字技术应用于产品创作，如在计算机或互联网上创作文学作品并进行传播，就构成了网络文学；数字技术应用于产品加工，如纸质图书的数字化加工制作，便形成了电子图书；数字技术应用于产品复制，如向高校图书馆提供数字图书的多副本供给，便产生了数字图书馆；数字技术应用于产品发行，如最新的网红直播带货，便构成了出版营销的数字化转型。

1.3.2　数字出版的外延

数字出版的外延，是指数字出版内涵反映的特有属性的每一个对象，表明数字出版指称的对象范围。换言之，数字出版的外延，是指具有数字出版内涵构成性质的那些对象，也就是可用数字出版来指称的所有被指称者。

对于数字出版的外延究竟包含哪些，历来众说纷纭，外延大的，可多达数十种形态，无所不包，甚至触角延伸至传播学、广告学等领域；外延小的，甚至仅仅局限于传统出版的数字化，停留在书报刊的数字化方面。从产业链视角来分析，有学者提出了相对完整的数字出版外延："创作数字化、编辑数字化、出版数字化、发行数字化、标识数字化、管理数字化。"[①]

这里的问题，就在于对数字出版外延是否达成了共识，以及达

---

① 聂震宁. 数字出版：距离成熟还有长路要走[J]. 出版科学，2009（1）：5-9，77.

成了多大范围的共识。

1.3.2.1 数字出版外延的确定性

外延的确定性，是指数字出版所指称的稳定的对象范围，能够取得出版共同体的认同，在大家心目中属于约定俗成的数字出版范围。经过长期的学术研究和实践发展，下述相对成熟、稳定的数字出版形态得到了人们的公认和接纳，主要包括：电子书、数字图书馆、数据库产品、手机出版物、网络出版物、终端阅读出版物、数字游戏、数字动漫等。而创新性的数字出版，被明确列入国家标准和行业标准的，又包括：知识服务、知识库产品、大型开放式网络课程MOOC（massive open online courses）、个性化知识解决方案、小规模限制性在线课程（Small Private Online Course，SPOC）、智能知识服务等。

1.3.2.2 数字出版外延的不确定性

外延的不确定性，主要包括扩展性和模糊性两方面。外延的扩展性，是指由于数字出版的内涵随着人们对客观对象认识的深化而变化，或者基于形势的发展或来自实践需要的变化而变化，导致内涵构成性质有所改变，从而导致数字出版外延发生相应的变化。这是数字出版外延不确定性的一种体现。如AR出版物是2016年以后才集中出现在数字出版领域，但是其发展迅速，影响力不断扩大，甚至专门出台了《出版物AR技术应用规范》行业标准。进而导致数字出版的指称对象中，又多了一个AR出版物："应用三维（3D）模型等数字媒体与印刷图文及图文中的坐标点、空间位置等信息关联，满足用户增强现实体验需求的报纸、期刊、图书、网络出版物等。"[①]

外延的模糊性，是指客观对象中有难以界定是否属于数字出版外延的两种情形，会导致外延的模糊性，这是数字出版外延不确定性的另一种体现。如，对于互联网广告是否归属于数字出版？是广

---

① 出版物AR技术应用规范CY/T 178—2019[S]. 2019.

告学的范畴，还是数字出版的范畴？知识短视频等数字视听，是广播电视领域，还是数字出版领域？两边各说纷纭、各执一词。类似的现象还有新近出现的网红直播售书，是数字出版的营销数字化，还是属于传统图书发行，等等。

综上，概念问题，是数字出版理论体系的逻辑起点，是数字出版入门的钥匙。数字出版概念包括内涵和外延：内涵，即数字出版"所指"，数字出版是什么？外延，即数字出版"所谓"，数字出版有哪些？数字出版的规定性内涵，首次对数字出版概念做出了权威和法定的界定；数字出版的认识性内涵，经历了"二进制说""数字技术说""全媒体说"的演变，其中"数字技术说"的影响力一直延续至今。数字出版的外延，包括确定性、扩展性和模糊性三个特征，其症结在于对象范围是否达成了共识以及达成了多大范围的共识。

对数字出版概念研究的价值在于节约交流成本，达成专业共识，增进理论自足，推动学派形成。以种属逻辑、时间逻辑和本源逻辑作为提炼方法，可得出结论："数字出版，是指以数字技术将作品编辑加工后，经过复制进行传播的新型出版。"从该定义可以看出，数字出版是出版的继承性概念，也是出版的创新性概念，数字出版是一种新型出版，其特有属性是数字技术的赋能。

数字出版概念的研究，关系到数字出版的特征理论和研究对象，前者是数字出版的地位/话语权问题，后者决定了数字出版能否成其为一个独立学科，区别于其他出版形态。为加深对数字出版概念的认知，有必要对数字出版的范畴体系和研究对象加以研究，进而构建和形成数字出版调节和治理两大核心范畴。

第二章　中国特色数字出版范畴体系

　　本章认为中国特色数字出版话语体系的建构要加快建立和完善新概念、新范畴和新表达体系，新范畴旨在解决数字出版话语框架问题。首先，指出数字出版范畴是反映数字出版本质和普遍联系的基本概念，是数字出版理论体系的基本概念，是数字出版客观存在在脑海中印证、固定和积淀下来的重复认知模式和框架。继而，文章提出数字出版范畴体系建构的"自主原则、学术原则和开放原则"三个基本原则和"实践抽象、范畴继承、范畴改造、范畴移植、范畴融合、范畴扬弃"六个建构方法。随后，文章概括了由数字出版"本体论、运行论、进化论、主体论、客体论、价值论、方法论"范畴所构成的范畴体系框架结构。最后，文章提出了数字出版范畴体系是由元范畴、核心范畴、基本范畴和一般范畴所构成的逻辑统一体，并重点论述了 15 个基本范畴、"调节"和"治理"两大核心范畴以及"数字出版"这一元范畴。

　　恩格斯在评价马克思经济学的科学成就时曾经指出："一门科学提出的每一种新见解都包含这门科学的术语的革命。"①"术语革命"体现了一门学科体系所蕴含的揭示客观规律、体现创新价值的"概念体系和基本范畴"以及"这些概念和范畴之间的科学逻辑关系

---

　　①　马克思恩格斯文集(第5卷)[M].北京：人民出版社，2009：32-33.

及其知识体系"。① 概念体系和范畴体系构成了一门学科的逻辑起点和基础，且二者之间有着科学的、内在的、有机的逻辑关联，并非只是术语和名词的简单堆砌罗列。相较于哲学、法学、经济学、社会学等成熟学科，我国出版学，从出版学基础理论、出版经营管理到数字出版学，范畴体系建设和研究始终是薄弱环节，甚至是学术空白(就数字出版而言)。因此，数字出版科研共同体应增强范畴意识，基于科学的范畴体系建构原则和方法，建立和完善数字出版范畴框架和范畴体系，以推动学术进步和理论自足。

中国特色数字出版话语体系的建设，要加快建立和完善数字出版新概念、新范畴和新表达体系，其中，数字出版新概念解决数字出版话语的内容和符号问题，数字出版新范畴解决数字出版话语框架问题，数字出版新表达解决数字出版话语权和话语表达形式创新问题。笔者在《数字出版概念述评与新解——数字出版概念 20 年综述与思考》一文中，解决了数字出版的新概念、元概念问题，即认为"数字出版是指以数字技术将作品编辑加工后，经过复制进行传播的新型出版"。② 本章拟为读者分析和揭示数字出版新范畴，建构和解析由基石范畴、核心范畴、基本范畴和普通范畴所构成的数字出版范畴体系，从而推动中国特色数字出版话语框架的建立和完善。

2.1　由范畴到数字出版范畴

范畴，本为哲学概念，属于认识论范畴，是客观实在无数次在脑海中印证、固定、沉淀下来的重复性的认知模式和框架。从现象学和认识论的角度来审视，"范畴是辅助概念，是人为创造出来并

---

① 权衡. 以"术语革命"引领中国特色社会主义政治经济学构建[EB/OL].（2018-06-01）[2022-04-27]. http：//theory. people. com. cn/n1/2018/0601/c40531-30029217. html.

② 张新新. 数字出版概念述评与新解——数字出版概念 20 年综述与思考[J]. 科技与出版，2020(7)：43-56.

加以组织化而形成的相对比较稳定的认知框架"。① 在我国，范畴源于《尚书》，箕子对周武王说"鲧则殛死，禹乃嗣兴，天乃锡禹洪范九畴，彝伦攸叙"；随后，箕子提炼出"五行、五事、八政、五纪、皇极、三德、稽疑、庶征、五福"②等治国理政的九种范畴、九个方面的认识框架并说与周武王。在西方，亚里士多德在《范畴篇》中对哲学概念进行划分，提出"实体、数量、性质、关系、场所、时间、姿势、状态、动作、承受"③10个范畴；康德基于先验逻辑的判断分类，推导出四类范畴："量的范畴、质的范畴、关系范畴、样式范畴"④；此外，柏拉图等其他哲学家也提出了其他不同范畴分类法，不过，这些皆属于本体论意义上的范畴。哲学意义上的范畴包括本体论范畴、方法论范畴和价值论范畴等，其发展变迁首先始于以本体为核心的哲学范畴，并先后经历了从本体论范畴到"认识论转向""语言学转向"以及"价值论转向"的过程。⑤

范畴和概念之间的关系。范畴是反映事物本质和普遍联系的基本概念，是人类理性思维的逻辑形式，"是概括和反映客观事物的普遍本质联系的思维形式，是各种理论体系中的基本概念，是人类认识世界的思维'工具'"⑥。二者之间本无实质性区别，因此许多学者对概念和范畴不加区别地使用，如"概念是最基础的范畴，是关于学科研究对象认知的最精练的概括，也是学科共同体交流对话得以实现的最基本学术单元"。⑦ 需要强调的是，范畴与概念相比，

---

① 刘涛．新概念　新范畴　新表述：对外话语体系创新的修辞学观念与路径[J]．新闻与传播研究，2017(2)：6-19.

② 尚书[M]．顾迁，译注．北京：中华书局，2016：136-154.

③ 王天成．从传统范畴论到先验范畴论——康德的先验逻辑对传统形而上学范畴论的批判改造[J]．社会科学战线，2004(2)：34.

④ 钱广华．康德的范畴理论[J]．安徽大学学报，2001(3)：1-7.

⑤ 孙伟平．哲学转向与哲学范畴的变迁[J]．求索，2004(1)：128-130.

⑥ 《逻辑学辞典》编辑委员会．逻辑学辞典[M]．长春：吉林人民出版社，1983：436-439.

⑦ 方卿．关于出版学"学科范式"的思考[J]．出版发行研究，2020(5)：5-13.

是"内容更为抽象、概括性也更大的概念"①，范畴表示的是一个大的类别的概念，覆盖特定事物的领域和界限，是对客观事物的个别方面、不同方面的分析、归类和反映；而概念则往往是就某一问题或具体认识水平而言。

数字出版范畴，是指反映数字出版本质和普遍联系的基本概念，是数字出版理论体系的基本概念，是数字出版客观存在(数字出版活动②)在脑海中印证、固定和积淀下来的重复认知模式和框架。"范畴及其体系是人类在一定历史阶段理论思维发展水平的指示器，也是各门科学成熟程度的标志。"③每门科学都有自己特有的范畴，如数学的点、线、面以及正与负等；化学中的分解、化合；政治经济学中的价值、使用价值；新闻学中的"事实、报道、新闻"④三个特有范畴；马克思主义哲学的现象与本质、必然与偶然、形式与内容、原因与结果、可能性与现实性，等等。历经 20 年的产业发展，数字出版范畴有着厚植的实践土壤，也有着一批自觉或自发推动数字出版范畴化的科研队伍，形成了具有一定规模的数字出版范畴集群，只不过这些范畴集群没有被系统地归纳、总结和梳理出来。

数字出版范畴的特征体现为主观性与客观性、确定性与相对性的统一。数字出版范畴的主观性，是指数字出版范畴本身就是数字出版理论思维和理性认识的形式之一，是对数字出版客观实践抽象的结果和产物，是对数字出版概念的发展，是构建数字出版理论体系的基础和前提。数字出版范畴的客观性，是指数字出版范畴基于实践而提出，反映的内容也是数字出版活动这个客观存在，无论是

---

① 高清海. 高清海哲学文存(第 2 卷)[M]. 长春：吉林人民出版社，1997：285.

② 张新新. 中国特色数字出版学研究对象：研究价值、提炼方法与多维表达[J]. 编辑之友，2020(11)：5-11，30.

③ 张文显. 法哲学范畴研究[M]. 北京：中国政法大学出版社，2001：1.

④ 刘九洲. 新闻学范畴引论[M]. 武汉：华中师范大学出版社，1995：12-15.

数字出版主体范畴、客体范畴、内容范畴抑或效应范畴，数字出版范畴所反映的内容，所反映的属性及其联系，都是客体所客观存在的，如"数字出版"这个元范畴，其特有属性为数字技术赋能，固有属性包括文化属性和经济属性，这些都是客观存在的，不是臆想出来的。由此，数字出版范畴是主观性与客观性的统一，同时，也是确定性与相对性的统一。确定性体现为数字出版范畴所揭示的特有属性、相互联系等客体内容是确定的，不能随意增加或删减其内容，也不能随意扩大或缩小其适用范围。例如，"数字编辑"（规定性内涵）范畴所统摄的"数字出版内容编辑、数字出版技术编辑、数字出版运维编辑"①，在内容、技术、运维之外再进行外延的扩充，则与数字编辑范畴的确定性相违背。相对性体现在，数字出版范畴是随着实践的发展、人们认识的深化，而在内容、意义、范围等方面不断地发展和拓新，如"数字出版治理"这一范畴，是在数字出版管理的基础上发展而来，包含规划治理、财政治理、税收治理、法律治理、行政治理等常规治理内容，而近几年又逐步扩充了数字治理、应急治理、安全治理等新的内容、新的外延，其适用范围进一步扩大。

　　数字出版范畴体系，是个别数字出版范畴的有机集合，是由不同类型、不同层次数字出版范畴组成的有机联系的整体。数字出版范畴体系有以下几个方面的特征，其一，系统整体性。数字出版范畴体系是一个由一系列单个范畴构成的整体，单个范畴和数字出版范畴体系是局部与整体、要素与系统的关系。数字出版单个范畴揭示了数字出版部分、个别方面的属性，而数字出版范畴体系则揭示了数字出版活动这一客观存在的现象与本质。数字出版单个范畴和范畴体系是不可分割的，一旦分离出去或缺失哪些个别范畴，则数字出版范畴体系的整体性将缺失，就不再是数字出版范畴体系，而分离出去的个别范畴也失去了其意义。其二，逻辑一致性。数字出版范畴体系是逻辑自洽、逻辑协调和逻

---

①　张新新. 我国数字编辑职业化历程回顾与价值分析[J]. 出版广角，2016(5)：17-19.

辑一致的，任何单个范畴之间都不存在逻辑矛盾或冲突的地方，否则不能称其为范畴体系。其三，有机协同性。在数字出版范畴体系内部，范畴与范畴之间相互联系、相互作用，产生非线性相干效应，即协同效应，共同推动着数字出版范畴体系的存在、运行和演化；每个范畴都存在于范畴体系中特定的节点或位次，单个范畴必然可通过逻辑推理建立起与其他范畴以及范畴体系之间的逻辑关系，不存在任何意义上的单个范畴处于"孤岛"的情况，否则，就不能形成系统的数字出版理论。

数字出版范畴体系的建立要通过数字出版范畴化来实现。数字出版范畴化，是指基于数字出版活动这个客观存在，从千差万别、千变万化的数字出版事物的性质、关系、功能中找寻其相似性，并由此实现相同类属划分，从而形成概念的过程和能力；数字出版范畴化赋予数字出版客观存在以"某种构造形态，从而将它由无序变成有条不紊的理性活动方式"①，它是人们认识数字出版活动这一研究对象的重要方法。数字出版范畴化依赖于数字出版从业者的思维能力，遵循从简单到复杂、从低级到高级的思维运动规律，要借助一定的认知模型。数字出版范畴化的认知模型，可借鉴和采纳直陈其意的"命题模型"、形体赋予思维的"意象图式"模型(如"容器")、由具体的源域范畴映射抽象的目标域范畴的跨认知域"隐喻模型"以及基于同一认知域由源域向目标域映射的"转喻模型"等。② 数字出版范畴化的最终结果，是形成体系化、类型化的数字出版概念，即形成单个的数字出版范畴以及数字出版范畴体系；随着数字出版实践的发展以及数字出版科研群体认识的逐步加深，数字出版范畴体系将不断得以丰富和发展。

---

① 陈雪薇.国内近五年范畴理论研究综述[J].品味·经典，2022(4)：60-63.

② 成军.范畴化及其认知模型[J].四川外语学院学报，2006(1)：65-70.

综上，数字出版有着一系列相互作用、相互联系的范畴。正是这些特有的范畴体系，反映着数字出版活动的发展和变化，反映着数字出版的现象，揭示着数字出版的发展规律，推动着数字出版成为一门科学。数字出版范畴体系是数字出版概念和数字出版理论之间的桥梁，是数字出版个体化、分散性的概念走向数字出版理论体系的必经之路。数字出版理论，就是系统化的数字出版理性认识，是数字出版概念和范畴的体系。

2.2　数字出版范畴体系建构原则

数字出版范畴体系建构原则，是指建构数字出版范畴体系所依据的准则或标准。2010 年，相关学者曾就出版学范畴体系建构提出过"逻辑与历史相统一、宏观与微观相统一、认识与实践相统一、原生与借用相统一"①四个基本原则，这些准则对数字出版范畴体系建构也同样适用。不过，数字出版经过 20 年的发展，尤其是近十年来的蓬勃发展，我国数字出版学研究所面临的国内外环境都发生了深刻的变化，立足新时代，结合数字出版发展新阶段、新格局和新趋势，提出适用于中国特色数字出版范畴体系的建构原则，更富有时代意义和紧迫性。2018 年，有学者提出包含学术概念、范畴和表达三个层面在内的中国特色新闻学话语体系建构原则："自主原则、学术原则和普遍原则。"②笔者以为该原则对时下的数字出版范畴体系建立有着相似的准则功能。

其一，自主原则。我国数字出版学范畴体系要以自主性姿态进行自觉性构建，要立足中国数字出版实践，反映中国数字出版发展特色，体现中国数字出版特殊发展规律，揭示中国数字出版特殊本质，展现数字出版领域的中国道路、中国实践、中国制度和中国理

---

① 李新祥. 出版学核心：基于学科范式的范畴、方法与体系研究［M］. 北京：中国书籍出版社，2010：138-142.

② 胡钰，虞鑫. 中国特色新闻学话语体系论纲：概念、范畴、表述［J］. 全球传媒学刊，2018，5(1)：1-18.

论。曾经有一段时间，国内学术研究的独立性、创新性品格下降，"言必称希腊""以重复西方话语作为先进的、创新的话语，在重复式的发展史中沾沾自喜"。① 事实上，如果对我国数字出版发展史有所了解，就会明白国外数字出版和中国数字出版发展的属性、动因、路径、过程以及宗旨等都是大相径庭的，由此，从数字出版发展的中国实际出发，从中国特色数字出版的元概念出发，确立起范畴建构的自主原则，才能真正从根本上、从源头上为中国特色数字出版话语体系建立正本、定向和铸魂。

其二，学术原则。数字出版范畴体系的建构要明确每一个范畴的内涵和外延，揭示数字出版范畴的特有属性、本质属性和固有属性，要符合学理性要求和逻辑解释准则，注重进行严谨的、规范的学理性建构，"而不是单纯的立场表态与感性表达"②。梁启超尝言："学而不足以应用于术者，无益之学也；术而不以科学上之真理为基础者，欺世误人之术也。""以科学上之真理为基础"是数字出版范畴体系建构的前提性条件，现在有些学术研究在提出数字出版领域的新概念之后，便再无下文，继而无法在推动该领域理论体系建构上有所作为，究其根本，在于对数字出版研究的学术原理、学术原则和学术立场的认知和坚守不够。

其三，开放原则。数字出版范畴体系的建构要坚持开放立场，秉持开放心态，遵循开放准则。一方面，面向世界开放，所建构的范畴体系要能够反映和揭示中国的和世界的普遍性的数字出版发展规律，具有融通中外的解释力和传播力，继而提高中国数字出版的国际话语权和国际传播效能；另一方面，面向未来开放，要通过持续的理论工作、科研努力和思维运动，把不断发展变化的数字出版新实践、新事物、新现象进行及时的概念化和范畴化，建构与时偕行、面向未来的数字出版范畴体系。

---

① 黄力之．先进文化论[M]．上海：上海三联书店，2002：244.

② 胡钰，虞鑫．中国特色新闻学话语体系论纲：概念、范畴、表述[J]．全球传媒学刊，2018，5（1）：1-18.

2.3　数字出版范畴体系建构方法

关于范畴体系的建构方法，有学者认为包括"范畴继承、范畴改造、范畴移植以及范畴新建"①四种方法；也有学者提出包括"公理性方法、矛盾分析法、移植方法、融合方法、扬弃方法以及增殖分化方法"②。笔者以为数字出版范畴体系的建构方法大致可包括以下几种：

（1）实践抽象。根据数字出版发展实践的变化，以及数字出版科研需要，抽象出新的范畴，具体可根据逻辑性准则，运用概念、命题、推理等思维形式，来建立新的数字出版范畴。例如，"数字出版关系分析法""'双效统一'分析法""数字出版案例研究法""数字出版技术研究法"③这一组数字出版专门研究方法范畴，就是基于数字出版实践的总结和抽象，运用逻辑思维形式和准则所提炼出来的。

（2）范畴继承。梳理出版学范畴体系，找寻匹配性和一致性，从数字出版的母学科出版学那里直接承接、沿用以往的范畴，并不改变其内涵和外延，如"社会效益""经济效益"这一组范畴。

（3）范畴改造。对原有的属于出版学的范畴进行修改、变更，以适应数字出版新发展的需要，如"数字出版产品、数字出版营销"这一组产业链范畴，是对出版学原有的"出版物、发行"改造的结果。改造的理由是，尽管都是指向可用以盈利的特殊商品，但是在数字出版语境下，"物"的概念在淡化，更多是无形的数字出版产品取代有形的数字出版物；同样，"发行"这个概念和互联网环境的不适配性，也导致了"营销"取代"发行"。

---

① 程恩富，王朝科.中国政治经济学三大体系创新：方法、范畴与科学［J］.政治经济学研究，2020（1）：10-13.

② 张文显.论法学范畴体系［J］.江西社会科学，2004（4）：22-30.

③ 张新新.数字出版方法论：研究价值与范式创新［J］.科技与出版，2021（8）：5-18.

(4)范畴移植。数字出版范畴体系中，也存在着大量从其他学科移植范畴的情形，在移植的过程中，该范畴的内涵、外延、特有属性、固有属性等并没有发生变化。例如，"5G、AR、VR、区块链、大数据、人工智能"等数字技术这一组范畴。基于移植和融合的数字出版范畴占比很大，这主要是由数字出版的新文科性质、交叉学科性质所决定的。

(5)范畴融合。范畴融合是指数字出版范畴体系中源源不断地涌出为数众多的融合类型范畴，这些范畴本来是独立的、孤立的，后来随着数字出版实践的发展，数字出版科研群体认识的深化，这些孤立范畴经过相互吸收、共生共存的协同，统一成为新的范畴。比如"数字出版"这一元范畴，就是数字技术范畴和出版范畴融合的结果；"AR出版物、VR出版物、数字图书馆、电子书、出版知识服务"等数字出版产品范畴体系，都属于数字技术和出版物范畴融合的产物。

(6)范畴扬弃。对基于纸质媒介时代的出版范畴，在数字出版学中，否定其消极要素，肯定其积极因素，或者进行创新性发展，使其内涵、外延以及范畴之间的关系进行新的扩充，即为范畴扬弃。如"文化功能、经济功能、政治功能"这一组功能范畴，在数字出版价值论中，一方面，其内涵和外延都因为数字技术要素的赋能而使得内涵外延发生变化；另一方面，进一步新增了数字技术功能这一新的范畴。

2.4 数字出版范畴体系的框架结构

数字出版范畴体系的建构，具有能动性和被动性双重特点，一方面，数字出版范畴体系的建构离不开数字出版科研群体的理性认知和努力，没有数字出版学者对数字出版现象的深入观察、思考和抽象，就不可能出现数字出版范畴及其体系；另一方面，所建构的数字出版范畴体系，受到数字出版实践的制约，是数字出版实践的反映，同时随着数字出版实践活动的发展变化而变化。

从数字出版范畴类型来看，数字出版范畴体系由数字出版本体论范畴、运行论范畴、进化论范畴、主体论范畴、客体论范畴、价值论范畴以及方法论范畴七个方面所构成。

数字出版本体论范畴，是对数字出版的存在及本质的认知框架和高度概括，反映数字出版基质和本原，数字出版是什么、不是什么以及何以如此，数字出版构成要素、结构形式、存在形式和基本功能等。学科本体论"是借用了哲学意义上的本体或本体论范畴，它需要解决的是各自学科的理论基础和学科前提问题"①。数字出版学本体论乃至出版学本体论都属于学科新范畴，其研究尚处于起步阶段，对于什么是"本体"这一众说纷纭的问题，需要先界定清楚。数字出版学的研究对象，无论是数字出版现象、数字出版活动、数字出版矛盾、数字出版要素及其关系等，都无法涵盖或等同于数字出版学本体这一范畴。如果我们沿着范畴移植的方法，哲学意义上的"本体论所涉及的不是现象而是现相(本体的显示方式)"，"总体被理解为本体，是一种现相，是具有原始含义的公开者"②，那么数字出版本体可显示为"数字出版现相"或"数字出版总体"。基于此，本章认为，数字出版本体论范畴体系主要由数字出版、数字出版活动、调节、治理、数字出版文化等构成。

数字出版运行论范畴，是对数字出版运转、操作和实现各个环节的认知框架和概括，反映数字出版发展的基本环节和基本机制。主要的数字出版运行论范畴包括数字出版产品研发，数字出版技术应用，数字出版市场营销，数字出版调控政策的制定、实施、修订和废止，数字出版标准规范的研制、宣传、实施和修订等。

数字出版进化论范畴，是对数字出版产生、发展、壮大到消亡的过程及其规律的认知框架和概括，反映数字出版发展历程及其经验、规律等。主要的数字出版进化论范畴有数字出版流派、数字出

---

① 方卿. 关于出版学学科本体的思考[J]. 科技与出版，2022(1)：6-13.

② 王晓升. 论本体以及对本体的研究方法——从哲学研究对象的视角看马克思思想中是否包含哲学[J]. 山西师大学报(社会科学版)，2021(11)：12-20.

版产品类型、数字出版阶段等。

数字出版主体论范畴，是对数字出版活动主体及其相互关系的认知框架和概括，反映从事数字出版经营、治理、科研等活动的个人或组织体。主要的数字出版主体论范畴包括数字编辑、数字出版企业、数字出版主管部门、数字出版科研工作者等。

数字出版客体论范畴，是对数字出版活动之所附的客体及其相互关系的认知框架和概括，反映数字出版活动客体的属性和意义等。主要的数字出版客体论范畴包括数字出版环境、数字出版政策文件、数字出版产品等。

数字出版价值论范畴，是对数字出版价值及其实现的认知框架和概括，反映数字出版的有用性、对人们精神文化需要的满足以及价值冲突之间的调处机制。主要的数字出版价值论范畴包括"形式价值、目的价值和价值准则"[①]及其所属的文化功能、政治功能、经济功能、技术功能等；认知和价值构建、价值定位和价值实现[②]这一组范畴等。

数字出版方法论范畴，是对数字出版研究采取的步骤、手段、途径、工具等方面的认知框架和高度概括，反映围绕数字出版研究问题的解决而形成的研究方法及其内部的条件、要素和原理，研究方法之间的相互关系等。主要的数字出版方法论范畴包括哲学方法、逻辑方法、经验方法、横断学科方法、数字出版关系分析法等数字出版专门研究方法等。[③]

2.5　数字出版范畴体系的逻辑系统

上述七种类型的数字出版范畴并不是简单地线性相加，而是非

---

① 张新新. 数字出版价值论（上）：价值认知到价值认同[J]. 出版科学，2022（1）：5-14.

② 张新新，龙星竹. 数字出版价值论（下）：价值定位到价值实现[J]. 出版科学，2022，30（2）：24-31.

③ 张新新. 数字出版方法论：研究价值与范式创新[J]. 科技与出版，2021（8）：5-18.

线性地融合在一起，形成一个相互协同、层层推演、逻辑自洽的范畴体系；而数字出版范畴体系及其逻辑系统的展开，则形成了数字出版基本理论。

关于范畴体系的构成，在法学领域，张文显教授提出法哲学的范畴体系是由"一般范畴、基本范畴、中心范畴和基石范畴构成的逻辑统一体"[①]；钱理群进一步对上述四层次范畴的着力点进行了分析，即侧重于对"某个侧面、基本方面、普遍本质以及逻辑起点"[②]的抽象和概括。应该说，这四个层次范畴所构成的逻辑系统具有较强的覆盖力和理论穿透力，同样适用于数字出版这一年轻的学科。

数字出版范畴体系的建构尚属首次，不妨从母学科出版学那里取得学理支持。早在21世纪伊始，袁亮提出出版学的基本范畴包括："出版物、出版工作、出版人员、出版系统、出版过程。"[③]后来，李新祥由"出版"这一核心范畴出发，阐述了由出版过程（出版人、作品、出版物）和出版发展（古代出版、近代出版、现代出版）两个基本、次属范畴所构成的逻辑体系。[④] 在最新的出版学基础研究成果中，方卿教授曾透露出"出版"作为基石范畴，"出版"所统摄的"价值、要素、作业、管理和时空"作为核心范畴的意味。[⑤]

基于上述有关范畴体系的研究成果，在对数字出版实践进行概括和抽象的基础上，根据各范畴抽象的程度，反映数字出版活动的深度、广度和高度的不同，以及所包含的结构层次和知识容量的不同，本章认为数字出版范畴体系是由元范畴、核心范畴、基本范畴

[①]　张文显. 法哲学范畴研究[M]. 北京：中国政法大学出版社，2001：2-11.

[②]　钱继磊. 试论法理作为法理学的元范畴———一种法理学学科的维度[J]. 北方法学，2020(3)：111-123.

[③]　袁亮. 出版学概论[M]. 沈阳：辽海出版社，2000：16-17.

[④]　李新祥. 出版学核心：基于学科范式的范畴、方法与体系研究[M]. 北京：中国书籍出版社，2010：138-142.

[⑤]　方卿. 关于出版学"学科范式"的思考[J]. 出版发行研究，2020(5)：5-13.

和一般范畴所构成的逻辑统一体，其层次结构如图 2-1 所示。

图 2-1　数字出版范畴层次结构图

2.5.1　数字出版范畴体系的普通范畴

普通范畴，是对数字出版现象的具体过程、具体联系、具体侧面的简单抽象，属于初级范畴。普通范畴的数量最多、群体最大，普遍存在于数字出版理论之中，如社会效益和经济效益，又如专业出版、大众出版、教育出版等，再如数字出版业务流程确定的"产品策划、资源组织、产品设计、内容审校、加工制作、产品发布、运营维护、售后服务"①等具体环节。

2.5.2　数字出版范畴体系的基本范畴

基本范畴，是以数字出版活动总体为背景，对数字出版基本方面、基本过程、基本环节或初级本质的抽象，属于数字出版理论的基本概念。普通范畴和基本范畴的关系，可举例加以说明，如数字

----

①　数字出版业务流程与管理规范 CY/T 158—2017［S］. 2017.

编辑、数字出版学者、数字出版主管部门等属于普通范畴，是对从事数字出版生产、科研、管理活动的人以及机构的初级抽象和分别概括，而"数字出版主体"则是一个基本范畴，是对从事各类数字出版活动的各类型主体的高级抽象和共同概括。又如数字出版文化功能、政治功能、经济功能、数字技术功能等是普通范畴，是对数字出版自身客观功用的分别概括和初级抽象，而"数字出版功能"则属于基本范畴，是对数字出版所具有的客观功用的高级抽象和共同概括。再如，电子书、知识库、AR 出版物、VR 出版物、数字图书馆、智能知识服务等是对数字出版制作、生产的成果物的初级抽象和分别概括，而"数字出版产品"则是对单一型、集合型、融合型等各种形态的、满足人们精神文化需要的数字出版有形物品以及无形服务的高级抽象和共同概括。

数字出版的基本范畴包括数字出版调节论的数字出版产品、数字出版技术、数字出版营销、数字编辑、数字出版项目、数字出版制度；数字出版治理论的规划治理、法律治理、财政治理、税收治理、安全治理、应急治理、标准治理、智库治理、数字治理等。

2.5.3 数字出版范畴体系的核心范畴

核心范畴，是对数字出版活动总体的普遍联系、普遍本质和一般规律的高度抽象，是对数字出版活动全过程、各方面、各层次、各环节的总体抽象，在数字出版范畴体系中处于中心地位，起到承上启下的关键性作用。一方面，数字出版核心范畴统摄基本范畴和普通范畴，核心范畴规定和制约着基本范畴和普通范畴的特有属性、固有属性以及外延边界；离开核心范畴，基本范畴和普通范畴则如一盘散沙，如散落一地的珍珠，如一个个概念孤岛，难以组成数字出版范畴体系。另一方面，核心范畴也是对普通范畴和基本范畴的再拔高、再凝练和再抽象，离开普通范畴和基本范围，核心范畴便是无源之水、无本之木。

本章认为，数字出版范畴体系的核心范畴为"调节"和"治理"。调节，是指出版系统内化吸收数字技术，调整自身以发展到数字出版高级有序结构；治理，是指多元主体为适应数字化需要，创新理

念方式以协同管理和服务数字出版。把"调节"和"治理"确定为数字出版范畴体系的核心范畴,其主要理由如下:

(1)调节和治理及其相互关系是数字出版的核心问题。数字出版的核心问题是由数字出版元问题直接派生出来的、贯穿于数字出版发展始终、体现在数字出版研究对象和研究内容之中的中心问题。数字出版的元问题,即数字出版活动,① 而数字出版活动派生出"调节活动和治理活动",② 简称"调治活动"。数字出版调节和治理是贯穿于数字出版发展始终的中心问题,是研究内容的核心部分,是研究对象的内核所在。

从数字出版本体来看,调节和治理是数字出版的基本粒子、基本要素。数字出版是由调节、治理两种要素的相互作用、综合作用所形成的结构。任何一种数字出版活动,都或者是调节活动,或者是治理互动,抑或调治活动以及调治活动所衍生出来的数字出版科研活动,经济、政治、文化、技术活动等。正是基于数字技术赋能,出版系统的自我调节和出版治理的动态调整,在调节和治理两种粒子的独立运动以及协同运动下,推动了数字出版本体的产生。

从历史维度分析,调节和治理贯穿于数字出版诞生、发展、繁荣、壮大的各个阶段,一部 20 年的数字出版发展简史,就是一部调节治理史,或者说调治史。就调节来看,数字出版不断吸收数字技术,将数字技术要素内化吸收为出版技术子系统,进而发挥数字技术赋能的作用,推动蕴含"数字技术赋能特有属性"③的数字出版的产生;基于此,持续吸收最新的数字技术,催生出增强现实出版、虚拟现实出版、出版知识服务等数字出版业态,推动数字出版走向更高级有序的结构。就治理来看,自 2006 年起,政府引导始

---

① 张新新. 中国特色数字出版学研究对象:研究价值、提炼方法与多维表达[J]. 编辑之友,2020(11):5-11,30.

② 笔者系列文章中曾用"数字出版调控""数字出版宏观调控",是"数字出版治理"的核心部分,之前语境中,实质上是将"调控"做"治理"的相同含义对待;后文同。

③ 张新新. 数字出版概念述评与新解——数字出版概念 20 年综述与思考[J]. 科技与出版,2020(7):43-56.

终贯穿数字出版发展全过程，数字出版先后三次被写入我国国民经济和社会发展规划，推动数字出版发展的产业政策持续出台，其实质为出版自身转型升级的数字出版，离不开数字技术赋能的同时，也离不开政府治理的支持。

（2）调节和治理是基本范畴的内在指称和实质意涵，由抽象上升到具体，推动数字出版基本范畴的形成。调节和治理是基本范畴的内在指称，赋予了基本范畴实质意义：微观来讲，数字出版行为，是蕴含着调节、治理、调治或调治衍生意义的行为；数字出版关系，要么是在生产经营中所形成的调节关系，要么是在管理服务中所形成的治理关系，抑或对调节、治理进行研究中所形成的科研关系。调节范畴，从宏观来看，不断发展变化的数字出版调节和治理实践，是"数字出版理论体系形成的外在逻辑，是数字出版话语体系（范畴体系是内容和框架）建构的依据和来源，也是数字出版话语权表达和彰显的重要途径"。① 整个"十三五"时期，已基本形成了"强化导向、政府引导、尊重市场、企业主体、整体转型、深度融合、高质发展"的治理格局以及"以市场为导向，通过优化完善数字出版产品、技术、营销、人才、科研、流程等产业链环节来达到提质增效、逐步实现产业化"②的调节体系。

关于由抽象上升到具体："内化吸收数字技术"这个特有属性，一方面，在"调节"这个核心范畴中得以抽象和凝结；另一方面，通过在"数字出版产品、数字出版技术、数字出版营销、数字编辑、数字出版制度"等基本范畴中得到具体和完整地反映。"协同管理和服务"这个特有属性，一方面，在"治理"这个核心范畴中得到知识的结晶；另一方面，在"规划治理、财政治理、税收治理、法律治理、行政治理、安全治理、标准规范治理"等基本范畴中进一步开展和具体化呈现。数字出版项目作为一个基本范畴，其特殊

---

① 张新新．中国特色数字出版话语体系初探：实践与框架［J］．科技与出版，2021（3）：86-97.

② 张新新．数字出版调控与市场的二元互动——"十三五"时期数字出版述评与盘点［J］．科技与出版，2020（9）：43-56.

性在于由治理行为发生，在调节中实施和完成，既包含治理的内在规定性，也蕴含着调节的内在规定性，是数字出版调治具体化的反映和呈现。

从数字出版的研究对象来看，数字出版活动之内容，即数字出版活动之本体，包括基于市场视角、调节维度的活动，也包括基于调控视角、治理维度的活动；并以"调治活动"为中心，关联出调治活动之主体、客体和效应，即主体为数字出版调治活动之所属，客体为数字出版调治活动之所附，效应为数字出版调治活动之所成。由此，亦可得知"调节活动和治理活动"构成了数字出版活动这个客观存在的核心领域、核心范畴。

最后，从数字出版学科体系来看，数字出版学科体系以数字出版市场（调节）学和数字出版调控（治理）学为中心，涵盖调节领域和治理领域的全部知识体系；经过进一步抽象，形成本体论、价值论、方法论等数字出版基础理论；基于时空拓展，形成数字出版发展史和国际数字出版学。数字出版学是以数字出版（调治）活动为研究对象，以"数字出版基础理论、数字出版市场（调节）学、数字出版调控（治理）学、数字出版发展史和国际数字出版五大分支学科"[1]为主体构成的数字出版全领域知识体系。

（3）调节和治理是数字出版元范畴的基本粒子，由具体上升到抽象，即形成数字出版元范畴。"研究的范畴越抽象，其统摄面就越广，包容性就越强，也就越容易在广大范围内把握住事物之间的共性。"[2]我们继续对调节和治理做进一步的抽象，就会发现，数字出版调节是出版系统内化吸收数字技术新要素的过程，是数字技术赋能出版业的过程；数字出版治理是基于数字化需要、基于数字政府建设的需要、基于提升出版治理体系和治理能力现代化的需要，由党政管理、社会自治、企业自律所构成的三位一体的协同化、现

---

① 张新新，张莉婧. 中国特色数字出版学科体系建设的思考［J］. 编辑之友，2021（5）：89-97.

② 陈作平. 新闻理论新思路——新闻理论范式的转型与超越［M］. 北京：中国传媒大学出版社，2006：77-83.

代化治理，是数字技术赋能出版治理的结果。因此，可推导出数字出版调节的实质是数字技术赋能出版业而出现的数字出版创新发展，数字出版治理的实质是数字技术赋能出版管理和服务而产生的数字出版协同治理；进一步推演出数字出版是数字技术赋能出版业各环节和各领域，赋能出版管理服务的全部过程和各种形式的新型出版，是数字技术赋能出版调节、治理的新型出版，简言之，即数字出版是数字技术赋能的新型出版。从而，我们基于数字技术赋能，通过相互作用、协同作用而上升到数字出版元范畴的逻辑推导，或者说是数字出版调节和数字出版治理进一步抽象和融合产生"数字出版"这一元范畴的逻辑推导。

2.5.4　数字出版范畴体系的元范畴

元范畴，也可称为"母范畴"[1]、基石范畴，是数字出版范畴体系的逻辑起点、逻辑始项，是中国特色数字出版理论体系的基石，构成了数字出版理论体系的"基石、压舱石、定盘星和逻辑起点"。[2]

我们认为，数字出版学范畴体系的元范畴是"数字出版"，应该说"数字出版"这个元范畴，类似于数字出版学范畴体系的"奇点"，一经诞生便产生了"数字出版知识大爆炸"的效应，催生了大大小小的数字出版范畴，并且数字出版新范畴越来越多、出现的时间越来越短。这个"奇点"产生的时间是 2010 年，《关于加快推动我国数字出版产业发展的若干意见》出台，自此以后，数字出版的发展步入繁荣时期、壮大时期，也由此推动着大大小小的数字出版事物被抽象为数字出版范畴，不断丰富和健全着数字出版范畴体系。

数字出版以其竞争力最强而在范畴演化中获得元范畴资格，数

---

①　杨丽梅．原型范畴理论视野下的词汇教学实践[J]．天中学刊，2010，25(2)：121-123．

②　钱继磊．试论法理作为法理学的元范畴——一种法理学学科的维度[J]．北方法学，2020(3)：111-123．

字出版的元范畴资格是历史选择的结果。数字出版作为数字出版学范畴体系的元范畴，并非其出现的时间最早，而是由其竞争力决定的，是优胜劣汰的进化结果。早期出现的"电子出版""电子书""网络出版"都有成为数字出版学范畴体系的潜质，并且也都曾火爆了一阵子，成为数字出版话语的流行语，但后来都被数字出版取代。数字出版之所以能够在历史的竞争中胜出，是因为数字出版是范畴体系中最核心、最具高度概括性的概念。数字出版，尤其是其中的"数字技术说"，将"数字""数字技术"作为其特有属性，较之"电子""网络"等，显得更加抽象，更具高度概括性，更有涵括力；实践也证明，后来随着新技术的日新月异，大数据、5G技术、区块链、人工智能等纷纷融入出版领域，作为出版系统的新要素并渐渐成为数字出版新的范畴，但是都置身于数字出版这个元范畴的位次之下，仍然是数字出版的普通范畴或一般范畴。

数字出版的最广为接受、最广传播力、最大影响力等特点推动其成为数字出版学元范畴。"数字出版"是法定内涵和意定内涵的统一，是规定性内涵和认识性内涵的统一，是迄今为止数字出版学领域研究数量最多、程度最深、范围最宽广的范畴，是数字编辑执证上岗所接触的第一个内涵。数字出版是长期、深刻烙印在数字出版共同体脑海之中的基本概念和认知模型，已经成为出版业所共知、共认的最基本范畴。数字出版曾三次被写入国民经济和社会发展计划，是出版范畴体系中，除"出版"这个范畴之外，出现频次最高的新范畴，该范畴所指称的数字出版事物被作为战略性新兴产业而具有最广泛的影响力和传播力。由此，"数字出版"作为数字出版学元范畴、理论基石殆无异议。

数字出版作为元范畴、母范畴，孕育数字出版的核心范畴，即调节和治理，它们分别从市场、政府两个方面反映数字出版的本质规定和特有属性。前述调节、治理作为数字出版这个元范畴的基本粒子，二者相互作用、相互协同，产生数字出版这一元范畴；反之，数字技术赋能出版这一特有属性，在市场一侧的体现即呈现为数字出版市场调节，在政府一侧的体现即呈现为数字出版治理，由此派生出调节和治理这一对数字出版学范畴体系的核心范畴。

　　从学科角度来看，数字出版作为元范畴，能够更好地引领数字出版学科体系建设以及更好地实现出版学其他学科的交流。数字出版作为元范畴，一方面，有利于推动基于数字出版理论、历史、调治以及比较研究的学科体系长期性发展，推进"数字出版基础理论、数字出版调节学、数字出版治理学、数字出版发展史、国际数字出版"五位一体的数字出版学科体系建设，为学科体系建设和数字出版理论建构提供逻辑始项和理论基石。另一方面，元范畴贯穿于数字出版知识体系和理论体系，能够统率和指引以"数字出版"为实质指称的学科体系发展方向和发展趋势；能够有效区分数字出版学与出版学其他学科，并可秉持数字赋能的独立理论品格，实现与出版学其他学科的深入交流互动。作为一门研究数字出版现象及其规律的学科，数字出版学以数字出版作为元范畴，建构数字出版范畴体系，既合理，也合乎表达。

　　数字出版范畴体系，是数字出版概念和基础理论之间的桥梁，是数字出版理论体系建构的必经之路，是数字出版学科成熟度的重要标志，解决了数字出版的认知模式和研究框架问题。基于数字出版这一元范畴，在"调节—治理"核心范畴的展开下所形成的中国特色数字出版范畴体系，一方面，要解决数字出版基础理论的普遍性问题，反映数字出版范畴体系建设融通中外的一般性规律；另一方面，要解决中国特色数字出版基础理论的特殊性问题，揭示数字出版范畴体系具有中国特色的特殊性规律。数字出版范畴体系的建立以及基于此的解释和逻辑延展，就形成了中国特色数字出版基础理论的蓝图和概貌。

第三章 中国特色数字出版研究对象

　　本章阐述了数字出版学研究对象在"学科独立性、基础理论自足、学科体系和学科地位"方面的研究价值，总结了"找寻元问题、具体到抽象、边界合理化、表述科学化"四个提炼方法，得出了"数字出版学的研究对象是数字出版活动，即数字出版活动主体、内容、客体和效应所构成的客观存在"这个结论。其中，数字出版调节活动和治理活动，亦即数字出版调治活动，构成了研究内容的核心部分，是研究对象的内核所在。

　　时下，有多位学者、专家呼吁将"出版学"作为一级学科纳入国家《学位授予和人才培养学科目录》，分别从"国家、产业、学科与人才培养层面"①"必要性与可行性"②"出版学研究对象"③"出版学学科范式"④"出版学学科性质"⑤"出版学科体系建设"⑥等方面

　　① 陈丹，宋佳庚．构建中国特色出版学体系理论思考和现实期待——增设出版学一级学科的必要性与可行性分析[J]．中国出版，2020（2）（下）：8-11.

　　② 张志强，杨阳．时代之需：出版学设为一级学科的必要性与可行性[J]．中国出版，2020（2）（下）：3-8.

　　③ 方卿．关于出版学研究对象的思考[J]．中国出版，2020（6）：15-23.

　　④ 方卿．关于出版学"学科范式"的思考[J]．出版发行研究，2020（5）：5-13.

　　⑤ 方卿．关于出版学学科性质的思考[J]．出版科学，2020（3）：5-12.

　　⑥ 万安伦，庞明慧．比较视域下的中国特色出版学科体系建设[J]．科技与出版，2020（6）：5-14.

加以论证和阐述。同时，学者们进一步提出了二级学科设置方案，不约而同地将"数字出版"作为二级学科，至于具体的名称，有学者建议为"数字出版"①，有学者建议为"数字出版与数字阅读"②，还有学者建议为"数字出版实务与技术"，并对数字出版学科体系提出了颇有价值、可资借鉴的解决方案。

截至 2020 年，随着闽南师范大学、山西传媒学院在其新闻传播学院设立数字出版本科专业以来，开设数字出版本科专业的院校已经达到 21 所。伴随数字出版产值不断攀升，调控政策频频出台，从业者规模不断扩大，开设专业的高校越来越多，数字出版学作为一门新兴的学科，渐成"显学"发展之态势。在此背景下，对数字出版本体论、方法论、价值论等基础理论进行研究具有现实的、迫切的重要性和必要性(见表 3-1)。

表 3-1　　　　**2020 年数字出版本科专业院校概况一览表**

序号	高校名称	类型	类别	所属院系	教育部批复招生年份
1	武汉大学	公立	综合	信息管理学院	2012
2	中南大学	公立	综合	文学与新闻传播学院	2013
3	湘潭大学	公立	综合	公共管理学院	2013
4	北京印刷学院	公立	理工	新闻出版学院	2013
5	天津科技大学	公立	理工	包装与印刷工程学院	2013
6	浙江传媒学院	公立	语言	新闻与传播学院	2014
7	金陵科学院	公立	理工	人文学院	2014

---

① 孙海悦.全国政协委员、中国期刊协会会长吴尚之：独立设置"出版学"一级学科　夯实出版人才培养基础[N].中国新闻出版广电报，2020-05-27(01).

② 万安伦，庞明慧.比较视域下的中国特色出版学科体系建设[J].科技与出版，2020(6)：5-14.

续表

序号	高校名称	类型	类别	所属院系	教育部批复招生年份
8	曲阜师范大学	公立	师范	传媒学院	2014
9	电子科技大学成都学院	独立学院	工科	艺术与科技学院	2014
10	四川传媒学院	民办	艺术	融合媒体学院	2014
11	西北师范大学	公立	综合	教育科技学院	2015
12	西安欧亚学院	民办	财经	文化传媒学院	2015
13	绥化学院	公立	综合	文学与传媒学院	2016
14	兰州文理学院	公立	综合	新闻传播学院	2017
15	辽宁传媒学院	民办	艺术	新闻传播系	2017
16	重庆工商大融智学院	独立学院	财经	商务学院	2017
17	西北民族大学	公立	综合	新闻传播学院	2018
18	广西师范大学漓江学院	民办	师范	中文系	2018
19	河北传媒学院	民办	艺术	新闻传播学院	2019
20	闽南师范大学	公立	师范	新闻传播学院	2020
21	山西传媒学院	公立	艺术	新闻传播学院	2020

　　但是，囿于理论自足程度不高、年轻学者忙于"为稻粱谋"、学术研究的自发性有余而自觉性不足等因素，对数字出版学的研究出现了"重应用研究、轻基础理论""专注时下热点、忽略基础理论"的问题：数字出版基础理论的研究止步于概念辨析层面，至于研究对象、特征理论、学科性质、学科地位、学科体系等理论研究领域则几乎无人问津，鲜有学者涉足。须知，实践千变万化，而理论之树常青；基础理论越牢固，学科发展才能越久远，学科生命力才能更加旺盛。

　　"美国科学哲学家夏佩尔认为：当学科发展到某一阶段，人们会把某些具有内在联系的、相关的事物或现象归在一起，形成一个信息群，构成一个统一的课题或领域，作为科学在这个发展阶段的研究对象，这是科学发展的必然。"①研究对象，是独立学科的生命线，是一门学科独立性的标志，是基础理论的学术内核，决定着学科性质、学科体系和学科方法论的形成。"明确研究对象是一门学科创立的最重要的前提，出版学也不例外"②；作为二级学科的数字出版学，也不例外。下面，笔者从研究价值、提炼方法和多维度表达三个方面阐述数字出版学研究对象。

3.1　研究价值

关于研究对象与研究客体之间的关系，学界有诸多争议，其他学科也有学者认为研究客体高于研究对象，是一个更大的概念，"研究对象是研究客体的侧面、部分或者成分"③。而出版学对研究对象与研究客体的关系，往往定性为前者包含后者，或者二者是全同关系。这里还是沿用出版学的传统观点。出版学的研究对象，是指"人们从事科学研究时作为认识目标的事物与客体"。④ 这样表述，可以看出研究对象的概念大于研究客体；对数字出版学的研究对象，可界定为"人们从事数字出版科学研究时作为认识目标的客观存在"。

对数字出版学的研究对象进行研究，其价值或曰重要性体现在以下几个方面：

其一，关系到数字出版有"学"无"学"，可否独立成"学"。传统观点认为，特有的学科对象、专门的研究方法和独特的理论体系

① 朱静雯.面向新世纪的出版学研究[J].出版发行研究，1999(5)：19-20.

② 林穗芳.明确"出版"概念　加强出版学研究[J].出版发行研究，1990(6)：13-20，1，12.

③ 赵维贤.选择研究的客体、对象、问题和目的[J].教育科学研究，1991(4)：37-39，23.

④ 罗紫初，吴赟，王秋林.出版学基础[M].太原：山西人民出版社，2005：10-13.

是学科独立的标志，这其中，特有的研究对象重要性居于第一位。数字出版学能否成为一门独立的学科，取决于有无特有的研究对象；研究对象，是数字出版学作为独立学科客观存在与发展的前提。

2010 年 12 月，教育部办公厅发布的《授予博士、硕士学位和培养研究生的二级学科自主设置实施细则》中明确规定，二级学科设置的基本条件包括："与所属一级学科下的其他二级学科有相近的理论基础，或是所属一级学科研究对象的不同方面。"①基于数字技术而进行的数字出版活动，是数字出版学与出版学研究对象的"不同方面"和"显著差异"，构成了数字出版学独特的研究对象。

其二，关系到数字出版基础理论体系建设。如前所述，数字出版的基础理论研究，目前停留于概念层面，而对于数字出版的特征、价值、地位、体系等本体论的研究付之阙如，对数字出版价值、宗旨、基本原则等价值论的研究也是凤毛麟角，对数字出版方法论的研究更是理论空白。这些方面，也成为有人诟病数字出版无"学"的把柄所在，或者把"数字出版学"等同于"数字出版实务""出版技术"等错误认知的根源性因素所在。追根溯源，是没有明确数字出版的研究对象，从而无法为数字出版学基础理论研究起到举旗定向、纲举目张的作用。

其三，决定着数字出版研究内容、研究范围、学科性质、学科体系等问题。"研究对象"是一门学科奠定的基石与研究的起点，对学科的构建和发展方向有着决定性的作用。② 研究对象是抽象的、概况的，是形而上的，是对数字出版学研究内容的抽象和提升。研究对象决定了研究内容的实质构成和细分组成，决定了研究范围的宽窄程度和边界所在。数字出版学的研究对象，也注定着数

---

① 教育部办公厅关于印发《授予博士、硕士学位和培养研究生的二级学科自主设置实施细则》的通知［EB/OL］．［2020-07-17］．http：//www.moe. gov. cn/srcsite/A22/s7065/201012/t20101224_1135 08. html.

② 金胜勇，刘志辉．图书馆学研究对象析论［J］．图书馆理论与实践，2007（1）：4-7.

字出版作为一门社会科学、交叉学科、应用学科的学科性质。学科体系根植于研究对象，发轫于研究对象；数字出版学的研究对象，同时还决定着数字出版的学科体系建设问题，规定着基础理论研究的范畴，框定着数字出版市场调节体系（数字出版产品、技术、运维、流程等）与数字出版宏观调控体系（规划调控、财政调控、税收调控、价格调控等）的内涵与外延。

其四，关系到数字出版学科地位和话语体系。倘若以一级学科定位出版学，无论是"理论出版学、应用出版学、数字出版与数字阅读"的二级学科方案，还是"编辑学、出版经营管理学、数字出版与技术、出版史与出版文化"的二级学科方案，抑或"出版理论与历史、出版实务优化、数字出版"的二级学科方案设置，数字出版学作为二级学科，始终都占有一席之地。而这主要归功于数字技术对出版的赋能，归功于数字出版学独特的研究对象。关于话语体系，有学者指出："通过对话语体系的结构分析，将其划分为意识形态、理论、话语权三个部分，意识形态是话语体系的核心内容，理论是话语体系的外在形式，话语权是话语体系的现实手段。"[1]数字出版话语体系的构建，关键在于建立和完善理体体系，通过产业地位、学科地位的提升来增强话语权，进而将数字出版学明显区分于理论出版学、出版史与出版文化等出版学其他二级学科，而其理论源头、肇始动力在于明确研究对象。

3.2　提炼方法

在明确了数字出版学的研究价值之后，需要解决提炼方法的问题，这样我们离数字出版学的研究对象就更近了一步。总体来讲，数字出版学研究对象的归纳和提炼，可以尝试从"找寻元问题""具体到抽象""边界合理化""表达科学化"几个方面进行。

---

① 刘勇，郑召利.中国话语体系的结构分析及其构建路径[J].宁夏社会科学，2018：5-12.

3.2.1　找寻元问题

方卿教授对于出版学研究对象的思考，是目前学界的最新观点，他指出："一门学科的研究对象必须是该学科的'元问题'。因此，界定出版学研究对象的第一步就是要找到出版学学科的所谓'元问题'，即最根本、最基础的问题，或者说学科中的第一问题，而不是其他各类衍生问题。"[①]数字出版学，作为出版学的二级学科，遵循找寻元问题的思路来确定研究对象，是合理和可行的。那么，数字出版的元问题、最根本的问题，究竟是什么呢？是什么导致了数字出版与"理论出版学""应用出版学""编辑学"之间的根本差异呢？是"数字"和"数字技术"。同在出版学的学科家族中，数字出版，是"指以数字技术将作品编辑加工后，经过复制进行传播的新型出版。数字出版的特有属性是数字技术赋能，对数字技术的运用"。[②] 由此，可归纳出，数字出版学研究对象的界定要包含"数字"的要素和特征。同时，既然是元问题，作为研究对象的是客观存在，不能将元问题衍生出来的问题作为研究对象，由此，"规律"不能出现在数字出版学研究对象的表述之中。

3.2.2　具体到抽象

目前对数字出版的研究内容多集中在具体层面、产业层面、实务层面，鲜有涉及抽象层面、调控层面、理论层面。如，有教材揭示了"数字出版概念、特征、形态""数字出版产品""数字出版技术""数字出版市场与盈利模式"；[③] 有学者深入"数字出版流程""数字出版权利管理""数字出版标准""数字出版教育与培训"等领

[①]　方卿. 关于出版学研究对象的思考[J]. 中国出版，2020(6)：15-23.

[②]　张新新. 数字出版概念述评与新解——数字出版概念 20 年综述与思考[J]. 科技与出版，2020(7)：43-56.

[③]　刘银娣. 数字出版概论[M]. 广州：华南理工大学出版社，2018.

域;① 有学者涉猎了"数字出版政府与市场的关系""数字出版发展阶段"等部分理论问题;② 全国出版专业技术人员职业资格考试辅导教材,则以"数字出版的影响"一节部分揭示了数字出版价值论的内容。③ 上述属于数字出版学研究内容的范畴,研究内容与研究对象的区别在于:前者是具体的,后者是抽象的;前者是形而下的,后者是形而上的。联系在于:前者决定于后者,是后者派生出来的。

　　正如图书馆学研究对象"是对图书馆本质的抽象揭示"④,数字出版学的研究对象也要抽象出其本质,不能停留在具体、表象的层面,要从具体的"形而下"跃迁到抽象的"形而上"层面。尽管目前没有一篇文章在阐述和论证数字出版学的研究对象,但是从各高校的课程设置和教材编纂来看,对数字出版对象的认知,处于具体、中观、微观的认识阶段,需要上升到整体的、抽象的认识阶段。而以宏观、整体、抽象的视角来思考研究对象,就不能止步于数字出版实务层面,更不能具体化到数字出版产品、技术、市场、标准、项目等细分领域,而要以眼睛向上的态度,抽出身往上走,把思维力量再向上引导,从数字出版基础理论、数字出版市场调节、数字出版宏观调控的维度去思考,再抽象一步,从"形而下"走到"形而上",凝练到数字出版的"要素""活动""现象""关系""行为"等高度去指称和定义数字出版学的研究对象。作为出版学的二级学科,数字出版学和出版学具有相近的理论基础,数字出版学在确定研究对象时,可借鉴和吸收出版"活动说"的合理性因素,用"活动"来指称和描述数字出版学的研究对象,该点将在后文详述。

---

　　① 徐丽芳,刘锦宏,丛挺.数字出版概论[M].北京:电子工业出版社,2013.

　　② 张新新.变革时代的数字出版[M].北京:知识产权出版社,2016.

　　③ 国家新闻出版广电总局出版专业资格考试办公室.数字出版基础(2015年版)[M].北京:电子工业出版社,2015:42-57.

　　④ 马恒通.知识传播论——图书馆学研究对象新探[J].图书馆,2007(1):15-21.

3.2.3 边界合理化

数字出版学研究对象不宜太宽，也不宜太窄，要有合理的边界。确定数字出版学研究对象合理的边界，要解决两个问题：其一，研究对象特定化；其二，研究范围合理化。

关于研究对象特定化，要聚焦"数字"出版，不管是将研究对象定位为"活动""关系""规律""矛盾""现象"的任何一种，都是围绕数字出版开展，围绕"数字技术"作用于出版形成的新事物进行。

关于研究范围的合理化，是指边界要合适。一方面，不能限定为"出版数字化"，而将研究范围界定过于狭窄，不能仅围绕传统出版的数字化转型，只考虑图书出版的内部数字化流程再造，基于报纸、期刊、图书出版母体所衍生出来的数字出版产品、技术、运营等；要把原创性的数字出版，如网络文学等业态，纳入研究范围。另一方面，不能过于宽泛，不是漫无目的，不能陷入基于扩张学术地盘的无谓之争，把边界扩展到其他学科的领域。作为一门新兴学科，研究范围的边界合理化，是一个逐步规范的过程，直至取得学术共同体的认可。数字出版产业分类的逐步确定化，为研究范围的界定提供了一个值得借鉴的视角：最新的《文化及相关产业分类（2018）》，为体现当前新产业新业态新模式的发展状况，对部分行业小类进行了细化和拆分，增加了 15 个行业小类，在"出版服务"中，增加了"数字出版（8626）"的小类，以及"图书出版（8621）、期刊出版（8623）、音像制品出版（8624）、电子出版物出版（8625），以及其他出版业（8629）"；在"数字内容服务"中，规定了"多媒体、游戏动漫和数字出版软件开发（6513＊）"；在"出版物发行"中，规定了"音像制品、电子和数字出版物批发（5145）""音像制品、电子和数字出版物零售（5244）"。① 由此可知，数字出版与音像出版、电子出版、数字游戏、网络动漫等产业边界应该

① 国家统计局关于印发《文化及相关产业分类（2018）》的通知［EB/OL］.［2020-07-17］. http：//www. stats. gov. cn/tjgz/tzgb/201804/t20180423_1595390. html.

是相对清晰的；相应地，学术研究范围也应该对数字出版做出及时的调整和明确，数字出版的研究范围就不能扩张到数字"新闻"、数字"试听"、数字"游戏"、数字"动漫"等领域，后者是"数字传播"的范畴。

3.2.4　表述科学化

如何科学表述和指称数字出版学的研究对象？具体有两种方式：一种是以内涵为核心；另一种是以外延为核心。以内涵为核心表述学科研究对象，"要抓住本质属性""尽可能详细地研究科学对象的结构、组成要素、本质、特征、功能、运动规律、内在联系等"①。以外延为核心表述学科研究对象，要明确三个问题："该学科是以什么为其认识对象？该学科的研究范围是什么？该学科与其他学科的界限是什么？"②鉴于以内涵为核心的表述，容易触碰到数字出版元问题之上的衍生问题——"规律"，以及为更明确、更具体地诠释数字出版学的研究对象，笔者采纳"以外延为核心"的表述方式，以尽可能地让数字出版学的研究对象、研究内容和研究范围能够取得共识。

3.3　多维表达

出版学研究对象，通说大致有"规律说""矛盾说""文化现象说""出版要素及其关系说""出版活动说""五说"观点。最新学术观点在归纳元问题、厘清学科边界、分析学术共同体认可的基础上，去掉"规律"的表述，又总结出"出版现象"说，并指明出版现象的研究"大致涉及出版现象的价值、要素、作业、管理和时空五

---

① 黄宗忠. 关于图书馆学研究对象、定义、功能的新思考(上)[J]. 图书馆论坛，2003(6)：4-12，25.

② 黄宗忠. 关于图书馆学研究对象、定义、功能的新思考(上)[J]. 图书馆论坛，2003(6)：4-12，25.

个维度的内容"。① 考虑数字出版学是社会科学领域的一门应用学科、交叉学科，可将研究对象确定为"行为"或"活动"作为首选。

3.3.1　研究对象

综上，可尝试得出结论：数字出版学的研究对象，是数字出版活动，即数字出版活动主体、内容、客体和效应所构成的客观存在。之所以将"数字出版活动"作为数字出版学的研究对象，其理由主要如下：

首先，从理论视角分析，出版"活动说"具有较强的科学性与合理性，为数字出版学的研究对象是"数字出版活动"提供了脚注和依据。

"出版活动说"的倡导者不在少数，是描述作为出版学研究对象"客观实在"的较有影响力的学说。如李频明确指出："出版活动是出版学研究的对象"②；中国出版科学研究所主编的《编辑实用全书》指明出版学"是研究'出版'这一社会活动发展规律的科学"③；《中国大百科全书·新闻出版卷》指明出版学"研究出版活动的内在规律、出版各环节之间的联系和出版所产生的社会影响，探索出版发生、发展的历史以及对人类文明的作用"④。此其一。

"规律说""矛盾说""出版要素及关系说""文化现象说"也都引入了"出版活动"的概念，并着力强调规律是出版活动过程的规律，矛盾是出版活动或运动所特有的矛盾，要素是出版活动所包含的要素，文化现象是出版活动所导致的现象。如，出版学研究对象是

---

① 黄宗忠. 关于图书馆学研究对象、定义、功能的新思考（上）[J]. 图书馆论坛，2003（6）：4-12，25.

② 李频. 论出版学的核心与边界[J]. 陕西师范大学学报（哲学社会科学版），2009（4）：31-41.

③ 孙鲁燕. 有关出版学研究的回顾[J]. 出版发行研究，2000（2）：20-21.

④ 孙鲁燕. 有关出版学研究的回顾[J]. 出版发行研究，2000（2）：20-21.

"知识信息的整理、交流和积累的规律，书刊编辑、制作和销售的规律……"①（出版"活动"的具体形态以及衍生出来的规律）；是"研究出版活动中的内在规律、出版各个环节之间的联系和发生的社会影响"（出版"活动"的内在规律及衍生影响）；"研究内容是由研究对象所决定的，出版学的研究内容也就由出版物生产和流通的矛盾运动所决定"②（出版物生产、流通等"活动"的矛盾运动）；"出版学的研究对象包含 3 个主要成分：读者（阅听人）、出版物、出版业"③（出版"活动"的主体及衍生出来的出版要素），等等。此其二。

即便是最新关于出版学研究对象的定位——"出版现象"的提出者也指出，"'出版活动说'是五种代表性学术中唯一可能正确的观点。'规律''矛盾'或'要素'均是从'出版''出版现象'或'出版活动'等更为基础性的'客观存在'衍生而来"。此其三。

其次，从实务视角来判断，"数字出版活动"能够涵盖近年来数字出版学研究的所有热点和焦点。

一门学科的研究热点和焦点，往往是学科研究对象在特定时间、特定区域、特定主题方面的细化和具体化；无论哪些方面的研究热点和焦点，都具有学科研究对象的特有属性，是学科研究对象所指称的外延的具体表现。

从研究方向来看，自 2002 年数字出版概念诞生以来，有学者统计了数字出版的研究主要集中于"数字出版产业、数字出版业务模式、数字出版技术、数字版权保护、传统出版转型"五个方向。④可以看出，这五个方向都可归属于数字出版活动的"主体、内容、客体和效应"的范畴：如"数字版权保护""传统出版转型""数字出版业务模式"属于数字出版活动内容，即本体范畴；"数字出版技

---

① 叶再生.编辑出版学概论[M].武汉：湖北人民出版社，1988：1.

② 彭建炎.出版学概论[M].长春：吉林大学出版社，1992：70-72.

③ 林穗芳.明确"出版"概念　加强出版学研究[J].出版发行研究，1990(6)：13-20，1，12.

④ 陈洁，吴申伦.面向数字化的编辑出版学转型——21 世纪以来数字出版研究综述[J].出版广角，2019(9 月下)：32-36.

术"是数字出版活动所附着或指向的对象，即客体范畴；"数字出版产业"是数字出版活动作用的结果，即效应范畴（如图3-1）。

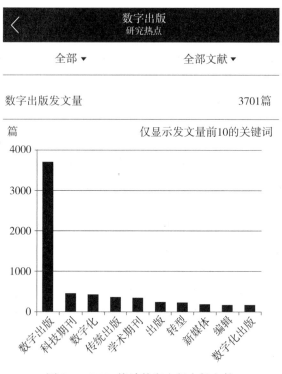

图 3-1　CNKI 统计数字出版全部文献

从关键词来分析，截至 2020 年 7 月，中国知网收集的全部学术文献显示，数字出版的前十位研究热点关键词，分别是数字出版、科技期刊、数字化、传统出版、学术期刊、出版、转型、新媒体、编辑、数字化出版。由此可分析出，数字出版的研究热点属于数字出版活动本体或者本体衍生事物："数字出版、数字化、转型、数字化出版"属于典型的数字出版活动内容或曰本体，要么是数字出版内部的流程再造活动，如"数字化""转型"；要么属于数字出版活动所产生的新业态、新模式或新状态，如"数字出版""数字化出版"。"编辑"属于数字出版活动主体范畴，这里的"编辑"往往是置于数字出版、出版转型等语境下的编辑研究。"科技期刊、学术期刊、新媒体"属于数字出版活动客体，指从事数字出版研究活动所附着、指向的载体或数字出版物。"传统出版、出版"，是作为数字出版的对应面同时出现的，一般与数字化转型、数字出版对应使用，也属于数字出版活动衍生出来的对应关键词。

最后，从本质视角来思考，数字出版"活动"构成了数字出版学研究"客观存在"的全部。

数字出版活动，是数字出版共同体基于共同目的联合起来完成社会职能的行为总和。将数字出版活动作为数字出版学研究对象，通过对活动主体、活动内容、活动客体和活动效应的研究，能够涵盖数字出版学研究对象的整体，基本构成了作为数字出版学"客观存在"的全部。

数字出版活动主体，即数字出版活动之所属，活动附属的机构和个人，如出版人才、出版机构、出版科研机构、行业协会、主管部门等。数字出版活动内容，即数字出版活动之本体，包括基于市场视角的数字出版产品研发、技术运用、市场营销以及出版流程再造、出版制度制修订等数字出版市场调节活动，也包括基于治理视角的数字出版规划治理、财政治理、税收治理、价格治理等治理活动，还包括抽象治理行为和具体治理行为。数字出版活动客体，即数字出版活动之所附，是指活动附着或指向的对象，如数字出版环境、数字出版物、数字出版技术、治理政策文件等。数字出版活动效应，即数字出版活动之所成，是指数字出版活动所产生的作用和影响等，如数字出版发展历史、数字出版效益等。

3.3.2　研究内容

数字出版学研究内容决定于研究对象，是数字出版学研究对象的具体化和细分化，侧重于研究对象的内部构造。总体而言，数字出版研究内容可分为基础理论、数字出版调节活动和数字出版治理活动。

目前，数字出版学研究内容方面存在的问题有：其一，本位主义：各院校往往基于学科优势而设置数字出版课程，课程名称尽管一致，但是课程内容大相径庭，甚至有学者将传统出版技术内置于数字出版技术的重要章节。其二，实践脱节：高校学者研究数字出版，往往存在坐而论道的特点，学术研究较少关注前沿实践发展，很难上升到国家治理趋势、特点和规律的高度。其三，体系不周延：大部分数字出版基础或数字出版学的内容体系不能形成闭环，没有完全反映数字出版的意识形态属性、文化属性、产业属性、技术属性，而是更多聚焦于产业层面；即便是产业层面研究，也没有对数字出版产品、技术、项目、营销、管理形成完整链条论述。

数字出版调节活动研究，是对市场调节领域范畴的数字出版活动进行现象和规律的钻研和考究。数字出版市场调节活动是按照市场机制决定性作用所形成的包含数字出版产品体系、技术体系、营销体系、人才建设、制度体系等在内的调节体系。对数字出版市场调节活动的研究，是当下的研究热点和焦点所在，也是理论研究试图解决行业痛点的价值所在。主要包括：对数字出版理念、战略和制度体系的研究，对出版流程数字化再造的研究，对数字出版产品服务现象和规律的研究，对宏观、中观和微观数字技术应用的研究，对数字出版营销现象和规律的研究，对数字出版人才培养政策和制度的研究，对数字出版理念、战略和制度体系的研究等。当下，对数字出版市场调节活动的研究，从"知识服务、融合发展、出版智库、高新技术运用"等专题领域进行纵深展开。

数字出版治理活动研究，是对治理领域范畴的数字出版活动进行现象和规律的钻研和考究。数字出版治理活动"是由习近平新时代中国特色社会主义思想为指导的，包含计划治理、财政治理、税收治理、投资治理、价格治理等多种治理手段在内的治理体系"。坚持马克思主义意识形态领域指导地位的根本制度，是开展中国特色数字出版学研究的根本特征。"数字出版治理活动"研究，是中国特色社会主义数字出版学研究内容的重要组成，也是我国数字出版学区别于欧美数字出版学研究的差异之处。对数字出版治理活动的研究，可以"项目"为中心，聚焦文化产业项目的策划、申报、实施、管理和验收环节，去辐射总结规划、财政、税收、价格、标准规范等治理活动作用于数字出版的特点和规律。目前，对数字出版治理的研究整体较为薄弱，现有的研究大多停留在实务层面，关注时事热点，很少有上升到治理原则、治理机制、治理体系、治理规律等立体化、深层次的研究，这或许是以后治理活动研究的方向之一。

数字出版基础理论研究，是对数字出版学基本概念、范畴和原理进行钻研和考究。这方面，更是处于"除概念研究以外，其他处于大面积的理论空白"的状态。基本理论研究要回应和关切数字出版学概念研究、特征理论、研究对象、研究内容、学科性质、学科地位、学科体系等数字出版学"本体论"的研究；要思考和构筑数字出版产品、技术、营销的"运行论"体系；探索和建构数字出版指导思想、基本原则、社会效益和经济效益等"价值论"体系；总结和提炼数字出版调节、治理行为和制度的"规范论"体系；更要拓新和抽象出包括数字出版领域的哲学方法、经验方法、逻辑方法、横断学科方法以及专门科学方法在内的"方法论"体系。

此外，从时间维度，可将眼光向过去投射，向未来延展，可从事数字出版发展历程、阶段等数字出版史方面的研究，也可开展前瞻高新技术应用于出版业的出版未来学方面的研究；从空间维度，还可跨越空间距离，进行不同区域、不同地域、不同国别、不同文化传统的数字出版比较研究。

3.3.3　研究范围

数字出版学的研究范围，是指数字出版研究的边界问题，侧重于研究对象的外部联系，包括内部边界、外部边界以及衍生出来的边界模糊性问题。研究范围也是由研究对象决定的，数字出版学的研究范围宜围绕"数字出版活动"而展开，同时在遇到出版学内部二级学科、出版学外部学科时，应予以限缩和收拢。

内部边界：数字出版学研究范围的内部边界，通俗地说，也就是数字出版学的研究要界定在"数字"出版活动范围内。数字出版学研究范围要与出版学内部的其他二级学科相区分，如音像出版、电子出版、图书出版、出版技术、出版理论等。内部边界要求数字出版学的研究范围应限定在基于数字技术的出版活动范畴，限定于依托计算机、互联网等载体的出版活动，而不能越界到基于音像、光盘、磁盘、纸质载体的出版活动。

外部边界：数字出版学研究范围的外部边界，通俗地说，也就是数字出版学的研究要界定在数字"出版"活动范围内，而不是数字"新闻"、数字"试听"、数字"游戏"、"数字"动漫等领域。外部边界意味着学术自觉，不能进行盲目地扩地盘而违背科学研究规律；数字出版学的研究范围要限定在基于数字技术的"编辑、加工、复制、传播"的出版活动，而不是数字技术赋能的新闻资讯、视听领域、游戏动漫等其他数字传播学科。

边界模糊性：随着媒体融合发展的深入推进，出版与新闻传媒的其他学科、出版内部学科之间均出现了一定的研究范围交叉、融合问题，进而衍生出数字出版学研究范围的模糊性问题。如知识视频化、视频知识化所导致的数字出版与数字视听的外部边界融合问题；AR 出版、VR 出版等融合出版物导致的数字出版与图书出版的内部边界交叉问题等。解决数字出版学研究范围的边界模糊性问题，要遵循一个原则：将研究范围限定在基于数字技术的出版活动内核，重心和焦点放在数字出版活动范围；而对于并非基于数字技术的出版活动、基于数字技术的其他数字传播活动的研究，可以有所涉及，但要保持理性和审慎的研究态度，守住"基于'数字技术'的'出版'活动"这条界线。

数字出版自概念提出以来，已近 20 年；自第一个本科专业设立以来，已近 10 年。正值多位出版学者建言将出版学设置为一级学科之际，且从找寻元问题、从具体到抽象、边界合理化、表述科学化四个角度，来探索数字出版学的研究对象，以验证数字出版学是否有"学"、可否独立成"学"，以倡议数字出版同仁关注基础理论研究、推动学科体系建设。笔者认为，数字出版学的研究对象，是"数字出版活动，即数字出版活动主体、内容、客体和效应所构成的客观存在"。数字出版学的研究内容，主要包括基础理论、数字出版调节活动和数字出版治理活动。数字出版学的研究范围，要限定在"基于'数字技术'的'出版'活动"这个内核。

一言以蔽之，数字出版学的研究对象、研究内容和研究范围，要经过争鸣才能明确和清晰，才能达成最大多数的共识，才能越来越接近于规律性认识，所谓真理越辩越明。权抛此砖，以求引玉。

DIGITAL PUBLISHING

第二篇

数字出版调节论

第四章　数字出版调节论的理论渊源与科学内涵

　　　数字出版调节论是基于出版学基础理论、出版经营理论以及调节学派的理论体系所提出的。调节学派为数字出版发展提供了积累体制、调节模式、发展模式等方面的方法论启示，并在马克思主义方法、进化论方法以及横断科学方法等多维度提供了方法论启迪。数字出版调节论是基于"发展""调节"两个基本概念，立足数字出版产业链调节、数字出版主体调节、数字出版项目调节和数字出版制度调节等基本范畴，由数字出版生产方式、调节模式、积累体制和发展模式所构成的范畴逻辑系统和知识体系整体，也是数字出版自主知识体系建构的一次尝试。

　　数字出版自身所具有的意识形态、文化、经济和数字技术属性，决定着数字出版发展是多维度的发展，要实现预期的主流意识形态维护与传播功能，发挥文化建构、选择、承载和传播功能，践行使以出版业为核心领域的文化产业成为国民经济支柱性产业的贡献功能，以及实现数字技术赋能出版内部流程和外部产品服务的功能。

　　党的二十大报告有关"坚持中国特色社会主义文化发展道路""实施国家文化数字化战略""健全现代文化产业体系和市场体系，实施重大文化产业项目带动战略"①等相关规定，为解决文化产业

---

　　①　习近平. 高举中国特色社会主义伟大旗帜　为全面建设社会主义现代化国家而团结奋斗——在中国共产党第二十次全国代表大会上的报告[EB/OL]. [2022-11-01]. http：//www. gov. cn/xinwen/2022-10/25/content_5721685. htm.

核心领域的数字出版发展问题指明了前进方向，提供了根本遵循。而解决数字出版发展问题的"调节"思维，则包括宏观层面的"发展模式、发展道路"、中观层面的"产业链调节、制度调节和项目调节"，以及微观层面的基于新科技革命的出版传播新范式等丰富内涵。

数字出版调节和数字出版治理，是贯穿于数字出版活动的中心问题，是研究内容的核心部分，是研究对象的内核所在。① 事实上，整个数字出版活动的两大基本问题是数字出版发展问题和数字出版治理问题，即调节活动和治理活动，构成了数字出版活动这一研究对象的主体内容。

数字出版调节，是指出版系统吸收内化数字技术，调整自身产业链各环节及相关领域，以形成有序或高级有序的结构或状态。数字出版调节，主要解决的是数字出版的发展问题，由此涉及数字出版产品研发、技术应用、市场营销的产业链基本环节，作为数字出版活动主体的数字出版人才，作为系统外部力量的数字出版项目，贯穿于数字出版各环节的数字出版制度，以及覆盖数字出版各领域的数字出版标准。由此进一步可知，数字出版调节论，是关于数字出版发展的理论，是立足于特定发展阶段，由数字出版产品、数字出版技术、数字出版运营、数字出版人才、数字出版项目、数字出版标准和数字出版制度等构成的、具有特定逻辑结构的知识体系整体。

我们选择用"调节"来涵括数字出版的发展问题，而不采用"产业""竞争""市场"等，是因为数字出版发展不唯是经济问题、不唯是产业问题，也不唯是市场问题，还涉及文化的建构、选择、承载和传播等，涉及意识形态的传播和维护，涉及数字技术的识别、采纳和应用；数字出版发展也不唯是竞争性领域的发展，而是处于不完全竞争领域的发展，是介于完全垄断和完全竞争之间的"中等程

---

① 张新新. 论中国特色数字出版范畴体系[J]. 编辑之友，2022(10)：79-87，112.

度竞争的市场结构"①的发展。总之，数字出版调节，是带有自然垄断性质的发展问题，是包含意识形态、文化、经济、技术等要素在内的协同发展问题。

本章将着重介绍数字出版调节论的理论渊源、理论适配性分析以及其丰富的内涵组成。

4.1　数字出版调节论的理论渊源

数字出版调节论的主要理论渊源，一是出版学基础理论；二是出版经营理论；三是调节学派的理论体系。

出版学基础理论，是指"出版学的核心概念、研究范畴与基本问题"，是出版学"存在和被认可的核心与基础"。② 出版学基础理论是数字出版调节论的根本渊源，为数字出版调节论提供了关于研究数字出版调节基本问题、基本概念和基本范畴的一般性规律，为数字出版调节论提供了本体、方法、价值等基础性建构的母学科研究范式和基本方法遵循。

出版经营理论，是关于出版产品生产销售活动的理论，是有关出版企业经营、出版产业发展的理论，具体包括"出版经营定位、经营目标、经营计划和经营模式等方面"③的理论。出版经营理论，是出版企业和产业实践在学术中的反映，旨在揭示出版企业经营规律和出版产业发展规律。出版经营理论，是数字出版调节论的直接理论渊源，为数字出版调节研究提供了出版主体、出版资源、出版流程等出版产业链环节直接的、具体的认知框架、研究思路和方法借鉴。

除了上述出版学理论以外，数字出版调节论最重要的理论渊源

---

① 叶明. 技术创新理论的由来与发展[J]. 软科学，1990(3)：7-10.

② 方卿，许洁，等. 出版学基础[M]. 武汉：武汉大学出版社，2022：25-26，10.

③ 肖东发. 出版经营管理(第 2 版)[M]. 北京：北京大学出版社，2021：20.

是调节学派理论体系。调节学派的理论体系，为数字出版调节论提供了重要的理论渊源和崭新的方法论启示。

诞生于 20 世纪 70 年代末的调节学派，以马克思经济学为理论基础，对凯恩斯经济学进行范式综合，提出了以调节为核心的概念、范畴体系、理论框架和分析工具，通过对资本主义积累体制、调节模式、制度形成和发展模式等深入分析，回答了资本主义经济危机产生的原因以及如何通过调节的方式走出经济危机等问题。"米歇尔·阿格利埃塔的著作《调节与资本主义危机》是调节学派产生的标志。"①调节学派最显著的理论贡献是"运用调节方法的框架对第二次世界大战后美欧资本主义社会的主要发展形态——从福特主义向后福特主义的转变进行了独特的分析"。②

调节理论经历了两代发展，第一代调节理论是在 20 世纪 70 年代经济危机的背景下产生的，根据杰瑟普的划分，共计包括七个学派③：阿姆斯特丹学派、西德调节主义、北欧模式学派、美国社会积累结构学派以及法国的格勒诺布尔学派、巴黎学派和国家垄断资本主义学派，其中法国的巴黎学派最具有代表性和影响力，其代表性人物、被誉为法国调节学派"三剑客"的分别是米歇尔·阿格利埃塔、阿兰·利配茨和罗布尔·布瓦耶等。第二代调节理论形成于 21 世纪初，一般认为 2003 年、2004 年调节学派年会在法国的召开标志着调节学派的新老交替。阿玛布尔、罗尔敦、帕劳姆巴利尼等是第二代调节学派的代表性人物，他们在对第一代学者的理论框架和方法体系批判、继承和完善的基础上，"突出调节理论的独特性，重新发现独特的以结构主义为源泉的方法论，通过吸收比较制

---

① 李其庆. 法国调节学派评析[J]. 经济社会体制比较，2004（2）：123-134.

② 胡海峰. 对法国调节学派及其理论的分析[J]. 教学与研究，2005（3）：79-84.

③ Jessop Bob. Regulation Theories in Retrospect and Prospect[J]. Economy and Society，1990（19）：155.

度分析学派的成果,对变化着的制度的各种形态进行研究",[1] 开创了"资本主义多样性""制度形成"等理论体系。

调节理论以积累体制、调节模式和发展模式为概念基础,以宏观、中观和微观三个层面为分析框架和理论结构。

在微观层面,建立在对新古典经济学所设定的微观经济主体是"理性的个人"(有学者称为"工业范式或科技生产范式,即劳动过程中的技术和分工"[2])的批判基础之上,调节理论以有限理性的个人和集团为前提假设。在宏观层面,以资本的"积累体制"为研究对象,指出积累体制是维持生产和消费平衡的再生产模式,是资本主义各时期各国家中长期宏观经济发展状况(内涵型积累、外延型积累,两种积累体制),是"一种可以在相当长时期内存在的生产和消费的互补模式"[3];并进一步提出"内涵型积累和外延型积累"两种积累体制:外延型积累指的是资本积累主要依靠增加劳动时间和劳动力等生产要素投入资本积累,而内涵型积累指的是主要依靠提高劳动生产率的资本积累。[4] 在微观的"有限理性"个人、集团和宏观的资本的积累体制之间,调节理论提出了独特的中观层面——"制度形式","它具有对微观主体的行动进行调节,使其符合资本积累体制发展需要的作用",这在中观层面发展了马克思的理论。[5]制度形式旨在说明特定历史时期经济再生产的规律性,主要包括货币信贷关系、雇佣劳动关系或曰工资关系、企业形式及其所包含的竞争形式、国家制度、国家参与国际体系的制度形式五种类型。

---

① 李梁栋. 方法、逻辑与视域:调节理论对构建中国特色社会主义政治经济学的启示[J]. 政治经济学报,2022(2):117-131.

② 胡海峰. 对法国调节学派及其理论的分析[J]. 教学与研究,2005(3):79-84.

③ Jessop Bob. Survey Article: The Regulation Approach[J]. The Journal of Political Philosophy,1997,5(3):291.

④ 吕守军. 抓住中间层次剖析当代资本主义——法国调节学派理论体系的演进[J]. 中国社会科学,2015(6):62-77.

⑤ 吕守军. 抓住中间层次剖析当代资本主义——法国调节学派理论体系的演进[J]. 中国社会科学,2015(6):62-77.

调节模式一般采用上述五种制度形式来加以分析。调节模式指的是使积累得以稳定的习俗、传统、规范、制度、组织形式、社会网络、行为类型的集合，主要包括"竞争性调节模式和垄断性调节模式"①两种类型。调节模式的功能在于使人们遵守规则和规范，形成体制再生产的模式，进而维持积累体制的有效和稳定。

发展模式，是指积累体制、调节模式（制度形式）和工业范式相互契合，并能推动长时期经济稳定发展，这样的发展称为发展模式。发展模式的具体内容包括"社会各阶级及各集团的动态变化、经济调节的性质、经济增长的强度、通货膨胀或通货紧缩指数、经济危机的性质等"②。

调节学派在进一步丰富和发展马克思主义经济学理论的基础上，还对新制度经济学、新古典经济学、发展经济学等学派产生了重要影响。就方法论而言，该学派把哲学、意识形态、政治学、经济学、历史学、文化学等多学科研究方法相融合，使之成为交叉科学研究关注的重点领域；除了在经济学中的贡献以外，还对哲学、政治学、历史学、文化学、社会学、人类学等学科理论发展产生了重大影响，也引起了我国哲学、政治学、经济学等领域学者的关注。

4.2　调节理论对数字出版调节的启迪

自 20 世纪 80 年代以来，调节理论"被运用到对转型经济、发展中经济和全球化的研究之中"③，成为发展经济学的一个分支流派，用以解释和指导经济如何发展的问题。应该说，调节理论的基本概念、范畴体系、理论框架和方法论，对正处于转型发展之中的数字出版具有多方面的启发和借鉴价值，这也是调节理论构成数字

① 张旭. 调节学派的比较资本主义研究及其启示[J]. 山东社会科学，2016(2)：40-47.

② 吕守军. 抓住中间层次剖析当代资本主义——法国调节学派理论体系的演进[J]. 中国社会科学，2015(6)：62-77.

③ 贾根良. 法国调节学派制度与演化经济学概述[J]. 经济学动态，2003(9)：56-59.

出版调节论理论渊源的重要依据。

4.2.1　理论框架的启示

应该说，调节学派的积累体制（体系）、调节模式（制度形成）以及发展模式的基本理论框架，对数字出版调节论都或多或少具有理论启发意义。

首先，在积累体制方面，调节理论所提出的内涵型积累和外延型积累的二分法，对数字出版该如何发展、走什么样的发展道路有重要的理论启迪。曾几何时，数字出版走过一条依靠铺新摊子、增加要素投入、新设部门或公司、扩充人员队伍的粗放式发展道路，即依靠要素驱动发展或是依靠投资驱动发展的道路。但实践证明，这种外延型积累的发展道路行不通，那么多数字出版内容企业、技术公司和销售企业的关、停、并、转，就是典型的例证。数字出版的发展，应坚持内涵型积累体制，主要依靠创新驱动发展，不断提高劳动生产率，以"出版科技创新引领和带动的出版内容、产品、销售、服务、模式、管理等构成的出版全面创新体系"①为核心动力，走出一条蕴含文化自信、高质量增长和数字技术赋能的高质量发展新道路。

其次，在调节模式方面，要高度重视制度的重要性，把制度形成、制度创新作为推动数字出版发展的内生性要素。制度建设对数字出版发展起着重要的保障作用，贯穿于数字出版产业链各环节，贯穿于数字出版各领域和各方面。《出版业"十四五"时期发展规划》②所规定、列举的制度建设和落实的任务就多达 10 余项，涵盖了出版、数字出版工作的方方面面，主要包括：（1）坚持出版主管主办制度、属地管理制度和意识形态工作责任制；（2）党管出版的体制机制和出版领域法规制度体系更加健全和完备；（3）落实重大

---

① 张新新，钟慧婷．出版业高质量发展的战略协同机制思考——基于协同论的视角[J]．出版广角，2022（9）：60-66.

② 出版业"十四五"时期发展规划[EB/OL]．[2022-02-21]．http://www.nppa.gov.cn/nppa/contents/279/102953.shtml.

选题备案制度，确保正确的政治方向、出版导向和价值取向；（4）健全有文化特色的现代出版企业制度，提升经营管理水平，激发、释放市场主体活力；（5）建立健全出版单位及从业者违规行为和信用管理制度；（6）完善出版领域重大问题分析研判机制，健全出版工作重点任务落实制度；（7）改进、完善著作权登记和集体管理制度；（8）深化出版职称制度改革；（9）推进重点领域和重要行业软件正版化工作制度化规范化，推动行业协会制度化规范化；（10）加强政策供给，完善出版业高质量发展制度保障体系，等等。在数字出版制度体系中，出版企业推动数字出版高质量发展所要着力创新、形成的两种重要制度类型包括：以组织架构创新和业务权限创新为内核的数字出版体制，以资源机制、产品机制、技术机制、运营机制、人才机制和项目机制为主体内容的数字出版机制。① 与此同时，从调节模式来看，近年来数字出版的一系列重大举措，本质上都是调节的过程：一如"数字化转型升级"，本身就是一种自我调节、数字化转型和自我升级；二如"出版融合发展"，是数字出版系统与外界进行物质、信息和能量交换以推动数字出版向上发展的过程，也是出版系统基于开放性原理，面向技术等其他系统开放以进行"内部-外部"调节的过程；三如出版"高质量发展"，也是一种调节，是发展动力由要素驱动、投资驱动向创新驱动转变的发展动力转换的调节。

最后，在发展模式方面，与内涵型积累体制以及包含规范、制度、组织形式等在内的调节模式相适应的可持续、高质量发展模式，是数字出版调节着重探索和寻求的，也是数字出版调节论的重要组成部分。曾经一度，国内关于数字出版发展模式大致有 4 种："部门制发展模式、公司制发展模式、双轨制发展模式、股份制发展模式。"②而在演化发展进程中，股份制模式基本宣告失败，也鲜

---

① 张新新. 变革时代的数字出版［M］. 北京：知识产权出版社，2016：55-60.

② 张颖，陆自荣，张新新. 数字出版发展模式梳理与展望［J］. 科技与出版，2016(10)：36-40.

有新的范例出现；部门制模式根据发展态势的不同，选择予以维持
或向着公司制的方向演进；双轨制模式，是改革不彻底的中间状
态，最终或是回归到部门制，或是走向公司制。公司制成为最具发
展质量、最有发展前途的模式：近几年来，商务印书馆、中国建筑
工业出版社、中国农业科技出版社等纷纷成立数字出版公司，探索
以现代企业制度来推动数字出版发展；而人民法院出版社、知识产
权出版社、人民卫生出版社等所辖的数字出版公司，则在原有发展
基础之上呈现出稳定、持续发展的良好态势。

4.2.2　方法论的启迪

调节学派对数字出版发展的研究、对数字出版调节论的建构，
还具有多维度的方法论意义：

一则，调节学派坚持和运用马克思主义立场、观点和方法。

在观点和理论方面，调节学派在理论体系上与马克思的理论和
观点保持了高度一致，马克思的理论和观点始终贯穿其中，如"剩
余价值理论、生产方式理论等"[1]；甚至说他们"直接继承了马克思
经济学中的核心理论与范畴，如资本积累、利润率下降等"[2]，因
此，"被看作新马克思主义经济学的一个重要流派"[3]。

在方法论方面，调节学派：（1）"坚持了马克思历史唯物主义
观点并有所发展"[4]：基于历史特定性的不同，对资本主义不同阶
段的不同调节模式进行历史性的分析，试图诠释资本主义经济的阶
段性特征，对特定的发展阶段进行分期考察。事实上，由于解释资
本主义现实发展的需要，调节学派从一开始"就把研究资本主义特

---

① 吕守军，严成男. 法国调节学派及其理论创新研究[J]. 上海交通大
学学报（哲学社会科学版），2013（3）：33-40.

② 杨虎涛. 马克思经济学对法国调节学派的影响[J]. 马克思主义研究，
2009（9）：121-126，160.

③ 吕守军. 法国调节学派的制度理论[J]. 上海交通大学学报（哲学社
会科学版），2009，17（6）：23-28.

④ 李其庆. 法国调节学派评析[J]. 经济社会体制比较，2004（2）：123-
134.

定发展阶段的稳定存在条件及其发展阶段的转变作为要研究的核心问题"。① 这种历史的分析方法，和我们置身于数字出版转型升级的过程，对数字出版"数字化、碎片化、数据化"②和智能化发展阶段的分析和研究思路，是不谋而合的。（2）由抽象上升到具体：调节学派承认现象和本质之间的关系，认为"马克思在事物的现象与本质之关系问题上的观点是建立在辩证法基础上的"③，进而认可由抽象上升到具体的方法论。但是碍于其阶级立场的不同，调节学派认为工人阶级和资本之间是可以妥协的，其本质对立并不存在，由此，导致其对"抽象"（"价值"而非"交换价值"）的认识不如马克思那么深刻和彻底。正如笔者所认为的那样，包含数字出版调节论在内的数字出版学研究，应坚持"作为最高层次的马克思主义方法"，遵循包括"归纳和演绎相统一、分析和综合相统一、从抽象到具体、逻辑和历史相统一"等辩证逻辑方法。在方法论渊源方面，调节学派的马克思主义历史分析、辩证分析等方法论的运用和数字出版研究殊途同归，具有较高的相似性。

二则，调节学派将进化论的研究方法引入经济调节。

正如调节学派代表性人物米歇尔·阿格利埃塔所宣称的那样："生物学的方法最适合于对再生产的研究。"调节学派"把生物进化论作为方法论的一个源泉"④。我国的调节学派也认为，应"从人类社会演化的历史大背景⑤去观察经济调节的变化脉络"，从"社会经济制度和社会发展阶段的演化中"探究决定调节机制变化的经济环

---

① 张旭. 调节学派的比较资本主义研究及其启示[J]. 山东社会科学，2016(2)：40-47.

② 廖文峰，张新新. 数字出版发展三阶段论[J]. 科技与出版，2015(7)：87-90.

③ 唐正东. 法国调节学派的后马克思主义经济哲学方法[J]. 南京社会科学，2003(12)：16-21.

④ 吕守军. 国际马克思主义经济学调节学派最新发展述评[J]. 毛泽东邓小平理论研究，2015(12)：82-88.

⑤ 张新新. 数字出版方法论[J]. 科技与出版，2021(8)：5-18.

境和体制类型。① 同时，以调节学派作为分支流派的发展经济学也认为经济研究的核心不在于静态的存在，而在于动态的发展过程，"以过程研究为主要研究方法，以主体的互动过程作为主要研究内容，分析框架是以生物学类比或 Popper 哲学（其核心概念是'证伪'）为基础的变异、选择和遗传机制"②。

三则，调节学派注重横断科学方法的运用。系统论、协同论等横断学科的方法论，注重多种具体研究方法的综合，也是调节学派的方法论特点之一。"调节"（régulation）的概念，在法语中，更接近于系统论的含义：系统的各个不同部分或过程在某种条件下交互调整从而产生某些有序的动态。③ 而数字出版发展本身就是文化子系统、经济子系统和技术子系统相互联系、相互作用进而产生相干效应、融合效应，走向低级有序或高级有序发展状态的过程，是数字出版的子系统通过调整以产生有序状态的发展过程。在采用多学科方法方面，调节学派把经济学、文化学、政治学、社会学、历史学、意识形态相融合的研究方法，同样值得在数字出版研究中予以借鉴和采纳。

综上，调节理论在理论观点和方法论等方面和数字出版调节活动有着较好的适配性，调节理论对于数字出版调节论的建构有着多方面的启迪意义，也因此，构成了数字出版调节论的理论渊源之一。

4.3　数字出版调节论的概念基础、基本范畴与逻辑系统

数字出版调节论的建构，要立足中国数字出版发展问题，充分

---

① 程恩富. 经济组合·经济体制·经济调节[J]. 探索与争鸣，1990（5）：6-9.

② 章华，金雪军. 制度演化分析的两种范式比较——新制度经济学与演化经济学评析[J]. 经济学家，2005（5）：11-17.

③ 贾根良. 法国调节学派制度与演化经济学概述[J]. 经济学动态，2003（9）：56-59.

反映我国丰富多彩的数字出版实践，构建中国自主数字出版知识体系，体现数字出版的中国风格和中国气派。数字出版调节论的中国特色，具体体现在概念基础、基本范畴和逻辑系统三个方面。

4.3.1　"发展"和"调节"两个基础概念

如前所述，发展问题是数字出版两大基本问题之一。所谓发展，是指事物由小到大、由简单到复杂、由低级到高级的运动变化过程；数字出版发展，则是数字出版这一新兴出版产业由小而大、由简到繁、由无序到有序、从低级有序到高级有序的运动变化过程。事实上，自数字出版概念诞生以来，凡二十年，发展问题一直是摆在数字出版产业、摆在数字出版人才面前的元问题、问题的问题。由这个元问题衍生出来发展理念、发展模式、发展道路、发展主体、发展动力、发展促进、发展保障等一系列制约数字出版发展的具体问题。

近年来，数字出版发展的不平衡、不充分、不规范、不可持续等问题凸显，俯拾皆是。曾一度成为数字出版弄潮儿的现象级数字出版机构，最后终归是昙花一现。如何实现更加平衡、更加充分、更为规范、更可持续的高质量发展，如何在发展理念、模式、道路、主体、动力、保障等方面实现突破和创新，是"十四五"时期数字出版人须正面回答的一道考题。

调节的词源本义是指从数量上或程度上调整，使适合要求。在数字出版语境中，数字出版调节是指数字出版调整产业链环节及其相关领域，进而适应发展要求，形成有序或高级有序的结构或状态；这里的"有序"是指发展，"高级有序"是指高质量发展，即文化高质量、经济高质量、科技含金量三位一体的协同创新发展。[①]由此，数字出版调节是解决数字出版发展问题的方法论。数字出版发展的过程，实质上是调节的过程：通过提高产业链质量，通过项目、制度和标准的调适，通过提升数字出版主体的素质，来推动数

---

① 张新新，钟惠婷. 出版业高质量发展的战略协同机制思考——基于协同论的视角[J]. 出版广角，2022(9)：60-66.

字出版高质量发展。

数字出版调节的具体过程：一方面，调整产业链、提升产业链环节质量以满足数字出版发展需要。数字出版产业链基本环节为数字出版产品、数字出版技术和数字出版运营，三者构成了数字出版的基本产业链环节，调节的方式分别是提高数字出版产品质量、发挥数字技术赋能以及数字出版运营环节的提质增效。另一方面，调整数字出版产业链相关领域以促进和保障数字出版发展。以数字出版产业链为中心，数字出版人才是主体，激发数字出版编辑的积极性、主动性和能动性，扩展"数字出版编辑的政治素质、专业技能、数字素养与技能所构成的三位一体的素质体系"；① 数字出版项目是外部动力，依据系统论的开放性原理，分别在数字出版产品、技术、营销环节进行赋能，为促进数字出版发展提供了物质、信息和能量；数字出版标准是衡量尺度，是通过标准化活动，衡量数字出版各种活动或其结果规范性及其实现效果的重要体现，具有秩序价值和效率价值。数字出版制度是发展保障，数字出版体制为发展提供了业务权限和组织架构等方面的坚实基础，使得数字出版发展成为可能，数字出版机制则涉及产品环节、技术环节和营销环节，覆盖项目机制和人才机制，更是为数字出版的结构优化和功能提升起到保障护航的积极作用。

4.3.2 数字出版调节论基本范畴

由上可知，数字出版调节的基本范畴包括产业链调节、主体调节、项目调节、标准调节和制度调节。

关于产业链调节。从生产流程来看，产业链是指"在一种最终产品的生产加工过程中——从最初的自然资源到最终产品到达消费者手中——所包含的各个环节所构成的整个的生产链条"。② 数字

① 张新新. 数字出版编辑论：概念·特征·范畴[J]. 科技与出版, 2022(9)：19-27.

② 郁义鸿. 产业链类型与产业链效率基准[J]. 中国工业经济, 2015(11)：35-42.

出版产业链是指从数字内容资源到数字出版成品所构成的整个生产链条，其基本环节是数字出版产品、数字出版技术以及数字出版运营。应该说，数字出版产业链是在对出版产业链解构基础之上的再造，以往的编校印发产业链环节不再适用，取而代之的是"产品—技术—营销"的基本环节。这一点，在北京市数字出版职称序列的"数字出版内容编辑、数字出版技术编辑、数字出版运维编辑"的"三分法"中可得到侧面验证和确认。

数字出版产品是指运用数字技术编辑、加工、复制以进行传播的精神文化产品，包括有形的产品和无形的服务。相较于传统纸质形态的出版产品，数字出版产品具有以数字化信息知识为构成内容、内容要素多样、传播速度快捷、目标用户定位准确、产品功能交互性强、服务方式个性化和定制化、物理空间利用高效以及定价灵活等方面的显著特征。数字出版产品在数字出版产业链中处于核心位置，数字编辑和制作、数字出版运营、数字出版项目设立等数字出版具体活动均是围绕数字出版产品展开，而数字出版产品质量的优劣以及市场接受度、用户反馈等则反映了数字出版效能和发展水平，也直接决定着能否满足人们的数字化阅读学习需求以及满足程度如何。

数字出版技术是指蕴含于数字出版流程、产品或服务之中的数字技术。数字出版技术既包括内生于数字出版产业之中的数字技术，也包括基于"拿来主义"内化吸收而来的其他领域的数字技术。正是"数字技术赋能"①这一特有属性，有效区分了图书出版与数字出版，也支撑起数字出版新概念。数字技术是多种数字化技术的集成，也是具有通用目的的技术，具有可编辑性、可扩展性、抗干扰能力强、数字信号稳定性强且精度高、保密性高、通用性强等显著特征。数字出版是由数字技术赋能的出版活动和实践，因此技术要素在数字出版中占据基础性和关键性地位。同时，数字技术的应用贯穿数字产品生产流程和产品服务本身，是识别数字出版产品和实

---

① 张新新. 数字出版概念述评与新解——数字出版概念 20 年综述与思考[J]. 科技与出版，2020(7)：43-56.

践的重要标志。

数字出版运营是数字出版企业对数字出版生产经营活动的组织、实施和控制等，主要包括数字出版发行销售、推广传播、平台运营、售后服务、品牌建设、版权运营等具体工作内容，涵盖了数字出版产品研发、销售和企业经营管理的各个环节。数字出版运营是推动数字出版产品价值实现的关键环节，是数字出版产品从价值到价格跃迁的必经之路，也是数字出版技术赋能得以实现的最后一个环节。作为数字出版活动的重要组成部分，数字出版运营是一项系统性工程，其要素众多、流程繁复，且在经营上任务繁重，并具有较高的风险性和不确定性。对于数字出版企业而言，其运营管理水平和能力决定了企业发展方向和发展趋势，以及其所生产的数字出版产品和服务能否最大程度发挥出社会效益，获取合理的经济效益和经济回报，进而实现企业的可持续、高质量发展。因此，数字出版运营对促进数字出版市场和产业繁荣具有重要意义。

综上，数字出版产业链调节，是最重要、最基本的数字出版调节方式，为解决数字出版发展问题提供产品供给、技术供给和渠道供给，解决了从数字内容资源到数字出版成品的问题，为数字出版走向有序和高级有序提供了前提和可能。

关于主体调节。数字出版主体调节，是指通过提升数字出版主体素质与能力，进而提高数字出版产品、技术、运维各环节活动质量，来促进数字出版发展的一种调节方式。数字出版主体是数字出版活动的发起者，是指以数字出版人才为主体，由"数字出版领军人才、管理人才、内容人才、技术人才、销售人才"[1]所构成的数字出版人力资源体系。数字出版主体调节方式主要包括以下几个方面：其一，提升数字出版人才素质与能力，增强数字出版人才的政治素质、出版专业技能以及数字化适应力、胜任力和创造力等数字素养技能，为数字出版发展提供主体性力量和发展原动力；其二，丰富数字出版人才类型，建立健全包含内容、技术、运维、资本、

---

① 张新新. 全方位布局与培养数字出版人才[J]. 出版广角，2016(6)：5-7.

管理等各种类型人才在内的队伍体系，以适应数字出版不同领域、不同环节的发展需要；其三，建立健全数字出版人才机制，构建引进、使用、培养、晋升、激励与约束机制体系，进而提高数字出版活动质量，为促进数字出版发展提供保障体系。2022年7月，"数字出版编辑"列入《中华人民共和国职业分类大典》，标志着数字出版编辑职业化发展进入标准化、规范化和制度化发展新阶段，也为推进数字出版调节、健康有序发展提供了基础性、关键性人才保障。

关于项目调节。数字出版项目调节，是指通过设定、审批、拨付、实施、管理和验收项目，从外部为数字出版发展提供要素供给、技术供给、渠道供给等，进而促进数字出版发展的一种重要调节方式。数字出版项目调节集中展现了数字出版的中国特色，是政府引导型发展的体现，是集中力量办大事的体制优势所在，也是将市场机制和政府作用有机结合的一种调节方式。数字出版项目是指中宣部、财政部和原新闻出版广电总局等数字出版主管部门为促进和支持数字出版产业繁荣与发展，而设置和投入的财政项目，主要包括新闻出版改革发展项目库项目、文化产业发展专项资金项目和国有资本经营预算专项等。数字出版项目对提高数字出版发展整体实力、统筹和规划未来数字出版发展方向、落实和推进国家宏观经济政策、文化产业政策、区域发展政策及公共财政实施具有重要意义。从实践来看，当前数字出版项目的策划、申报、实施、验收和管理是新常态下数字出版从业者的主要工作内容之一，也是中国特色数字出版理论的重要组成部分，是中国特色文化发展道路的题中应有之义。

关于标准调节。数字出版标准是数字出版活动规范性调节和效率性调节的体系，指通过标准化活动，按照规定的程序经协商一致制定，为数字出版各种活动或结果提供规则、指南，供共同使用和重复使用的文件。数字出版标准调节主要解决数字出版发展中的秩序问题和效率问题，通过对基础设施、赋能元素、动力机制、应用场景和产品服务等现实或潜在问题制定规范，强制或引导出版业遵循贯彻，以此实现技术赋能出版业高质量发展的高效率和一致性效果。其既能够成为约束出版活动及其出版主体的"柔性条款"，也能够最大程度地帮助出版主体规范化、规模化、模块化地开展出版实践，降低不必要的试错成本、提高出版活动的效率。

关于制度调节。数字出版制度调节是保障性调节，为数字出版发展提供保障体系。微观层面的数字出版制度调节，是指数字出版企业规范数字出版主体行为的工作规程或行动准则，涉及数字出版企业的管理制度、体制机制等；宏观层面的数字出版制度调节，实质则是以此为本义、本源的数字出版治理论，即主管部门牵头制定和实施的数字出版规划、财政、税收等法律法规，也同样起着促进数字出版发展、保障数字出版的作用，该内容将在第三篇作具体论述。微观意义上讲，数字出版制度调节具体包括数字出版企业的战略规划、运营管理、产品管理、人才队伍、版权保护、资本运营、风险防控、激励约束等各方面的规程规范，这方面内容又渗透在数字出版产品、技术、运营、人才、项目、标准的基本范畴的实践内容中。就数字出版制度调节的功能而言，其最终目的在于为数字出版发展提供规范性、可持续的行为准则，确保数字出版发展的可预期性，提高数字出版发展活动的效率和秩序价值。数字出版制度调节的关键在于推进数字出版体制机制创新，形成适合数字化的组织架构和业务权限，构建适应创新驱动的数字出版机制体系，为深化数字出版可持续、高质量发展提供根本动力。总之，贯彻和落实数字出版制度是实现数字出版健康有序和高质量发展、满足人民群众数字化高品质的精神文化生活的协同管理与服务活动需要的重要保障。

综上所述，数字出版调节作为数字出版学的核心范畴，其下位的数字出版调节基本范畴是指以数字出版调节活动总体为背景，对数字出版调节基本方面、基本过程、基本环节或初级本质的抽象，属于数字出版调节理论的基本概念体系。数字出版调节基本范畴主要包括数字出版产品、数字出版技术、数字出版运营、数字出版人才、数字出版项目、数字出版标准、数字出版制度等方面。

4.3.3 数字出版调节范畴的逻辑系统

"任何理论,实际上都是由范畴逻辑系统所构成,或者说范畴逻辑系统是力量的架构,理论是范畴逻辑系统的展开。"①数字出版调节论的形成,仅仅依靠上述基本范畴是远远不够的,还需要建构起数字出版生产范式、调节体系、积累体制和发展模式之间的逻辑体系,如图4-1所示。

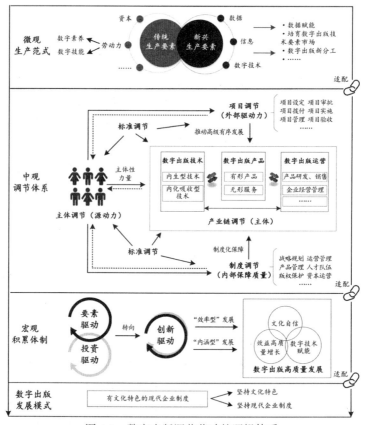

图 4-1 数字出版调节范畴的逻辑体系

---

① 刘九洲. 新闻学范畴引论[M]. 武汉:华中师范大学出版社,1995:8.

　　数字出版调节是由积累体制、调节模式和发展模式所构成的三位一体的整体，是以产业链调节为核心和主体，以主体调节、制度调节和项目调节为辅助和支撑的有机统一调节体系。

　　在微观方面，数字出版调节面临着新的生产范式，数字出版流程出现了新的技术和分工。除了资本等传统生产要素外，一方面，劳动力作为传统生产要素，须具备数字素养和技能，"培养数字化适应力、学习力、认知力、理解力和胜任力，需要拥有内容创新力、技术创新力、渠道创新力以及出版企业文化创新力等数字化创造力"①。另一方面，信息、数据和数字技术作为新兴生产要素，被纳入数字出版流程并持久发挥赋能作用。确立数据赋能理念，推动数据赋能，完善数据建设流程，推进数据治理，成为数字出版发展的必然趋势；依靠出版科技创新动力，培育数字出版技术要素市场，建立出版科技与标准协同创新体系，高度重视技术赋能价值，贯彻落实出版业数字化战略，成为数字出版发展的内在要求。伴随生产要素系统的革新，数字出版新的分工开始出现：区别于以往编校印发的分工模式，数字出版内容编辑、技术编辑和运维编辑成为相对固定的分工框架。

　　在中观方面，以产业链调节为主体，以主体调节、制度调节、标准调节和项目调节为支撑的数字出版调节体系已然形成，并致力于产生和维持内涵型数字出版积累体制。在数字出版调节体系中，产业链调节是主体，是最基本、最重要的调节方式，调节目标在于形成数字出版精品，发挥数字技术多维赋能效应，实现数字出版运营切实提质增效的预期结果；主体调节是原动力，调节目标是培养适应数字出版发展要求的政治素质、出版专业技能、数字素养与技能三位一体的数字出版人才队伍；项目调节是外部驱动力量，调节目标是充分发挥精品项目的杠杆效应和示范效应，促进形成数字出版发展所需的新产品、新技术、新模式、新业态和新消费；标准调节是衡量尺度，调节目标是约束数字出版产品、数字出版技术、数

---

　　① 张新新，刘一燃．数字社会编辑数字素养与技能体系建构——基于出版深度融合发展战略的思考[J]．中国编辑，2022(6)：4-10.

字出版运营、数字出版人才、数字出版项目及数字出版制度的行为，并提高其活动效率。制度调节是内部质量保障，为数字出版内容资源建设、产品设计研发、数字技术应用、数字出版运营、数字出版标准开发与应用提供常态化、稳定性的保障体系，形成统筹发展和安全的意识形态、文化建构、经济发展和技术赋能的制度体系。

在宏观方面，以创新驱动增长、提高劳动生产率为特征的内涵型积累体制，是数字出版调节目标。数字出版调节，旨在由要素驱动、投资驱动转变为创新驱动，达成数字出版发展动力的转换，进而提供高质量数字出版产品，发挥数字技术赋能作用，实现数字出版运营的提质增效，最终实现整个社会数字出版产品服务总供给和总需求的平衡。数字出版调节解决发展问题，所提供的是"效率型""内涵型"发展的解决方案，是一种以创新为动力、以精品为内核、以数字技术为支撑的发展，是蕴含文化自信、效益高质量增长、数字技术赋能三位一体的协同创新发展，换言之，是数字出版高质量发展。

数字出版生产范式、调节体系和积累体制相互适配所形成的发展模式，即数字出版发展模式。数字出版的发展，应坚定不移地走"中国特色社会主义文化发展道路"①，建立健全有文化特色的现代企业制度。同时，"公司制是现代企业制度的有效组织形式，也是建立健全有文化特色现代企业制度的必然要求"②。由此，中国特色数字出版的发展模式是有文化特色的现代公司制。有文化特色的现代公司制，要坚持文化特色、现代企业制度二者并重，将文化特色放在首位，实现文化特色和现代企业制度的有机统一。一方面，要坚持文化特色，坚定文化自信，强调数字出版的意识形态属性，

---

① 习近平. 高举中国特色社会主义伟大旗帜　为全面建设社会主义现代化国家而团结奋斗——在中国共产党第二十次全国代表大会上的报告［EB/OL］.［2022-11-01］. http：//www. gov. cn/xinwen/2022-10/25/content_5721685. htm.

② 财政部，中共中央宣传部. 中央文化企业公司制改制工作实施方案［S］. 2018.

坚持马克思主义在意识形态领域指导地位的根本制度，充分发挥数字出版在文化选择、文化建构、文化传播和文化传承中的作用和功能；另一方面，要坚持现代企业制度，完善党委领导和法人治理结构相结合的出版体制，形成有效制衡的公司法人治理结构和灵活高效的市场化经营机制，坚持把社会效益放在首位，坚持社会价值优先，努力实现社会效益和经济效益的双跃升、双丰收，推动数字出版企业、数字出版产业高质量发展。

　　"核心知识'概念化'是出版学科范式养成中至关重要的部分，应该引起出版学科共同体的高度重视。"①以解决数字出版发展问题为己任的数字出版调节论的提出过程中，笔者认识到理论建构的两个层次：第一层，理论对实践的反映：数字出版乃至出版学中很多重要的概念、核心知识都还处于对实践反映的概念层次，是对出版实践学术化反映的结果。第二层，理论对实践的抽象：基于对数字出版实践的认知，通过理性思考和理论探索，实现对实践的抽象，以揭示其规律，这或许是理论建构的第二个层次。相对于法学、经济学等成熟学科，迄今为止，出版学之所以没能形成百家争鸣的学术流派格局，原因众多，但无论如何，"基于实践抽象进行理论建构"的努力不够和成果不多是其中一个重要原因。

　　①　方卿. 关于出版学"学科范式"的思考[J]. 出版发行研究，2020(5)：6-13.

第五章　数字出版发展阶段

本章把数字出版特定发展阶段的阅读和业态变化及其发展阶段的转变作为研究的核心问题，这也正是数字出版调节的范式、方法的题中应有之义。

数字出版的发展，从产品演变的角度来看，经历了数字化、碎片化、数据化和智能化发展阶段；从阅读心理的角度分析，经历了浅阅读到深阅读直至深浅阅读融合发展的阶段。上述两个维度的发展，是高新技术不断应用于出版业，进而导致的数字出版业态创新的体现和外化。经过多年的发展，数字出版大致经历了数字化、碎片化和数据化发展三个阶段，正在经历智能化发展阶段。每个阶段都有不同的阶段特征，同时伴随代表性的数字出版产品出现，每个阶段都是下一阶段的准备和铺垫，同时也是上一阶段的提高和升华。

数字化阶段，赋予了传统出版物以新生命，使得传统书报刊能够以崭新的媒介、强大的功能、丰富的内容进行更广泛的传播，其代表性产品形态是数字图书、数字期刊和数字报纸。

碎片化阶段，打破了结构化的"书"的形态，新闻出版企业能够面向特定的用户提供个性化、定制化、条目化的知识解决方案，其代表性产品形态是数据库产品和原创网络文学。

数据化阶段，以知识体系为内在逻辑主线，把所有数字化、碎片化的知识片段串联起来，运用语义标引技术和云计算技术，进行知识数据的智能整理，实现知识发现的预期效果，为实现知识图谱和大数据知识服务提供了可能，并有可能催生出数据出版这一智慧化的出版新业态。

智能化阶段，人工智能作用于新闻出版流程内部，以协同化、同步化、一体化为典型特征，新的出版流程将在群体智能理念的引导下得以建立和健全，进而构建起智能策划与协同撰稿、智能审校、智能数据挖掘与加工、智能印刷、智能发行等新闻出版生产管理流程；人工智能与新闻出版业相结合，将产生一系列智能出版新业态和新模式，如 AR 出版、VR 出版、智能阅读机器人、智能销售机器人、知识服务与专家系统、新闻推荐、智能教育助理等。

四个阶段的发展历程是由出版业态的创新推动的，这种创新包括产品创新、销售方式创新和消费群体创新；业态的创新，最终潜移默化地推动着用户的阅读习惯由纸质书时代的深阅读，向着数字化时代的浅阅读转型；同时，随着数字出版的普及和传播，数字化时代的深阅读习惯也在逐步建立；智能阅读，这一"调动多维感官，获取、理解、领悟智能出版物内容的强交互、便捷性、适人化的阅读方式"越来越受到读者和出版社青睐。

5.1 数字出版发展四阶段论

在我国"十一五"到"十四五"期间，随着科技与出版业的不断融合，数字化转型升级步伐的不断加快，我国数字出版取得了突飞猛进的发展，无论是在产业发展方面，还是在学科发展方面，抑或是研究应用层面，产学研一体化发展的雏形都已经具备。在产值领域，自 2009 年我国数字出版产值首次超过传统出版以来，在连续经历多年年均增速超过 50% 的爆发式增长阶段之后，2013 年数字出版产值再创新高，达到 2500 多亿元;[①] 2018 年，国内数字出版产业整体收入更是达到了 8330.78 亿元，比上年增长了 17.8%。在学科领域，数字出版实务的发展，对复合型人才提出了更高要求，

---

① 2013 年我国数字出版收入逾 2500 亿元［EB/OL］.［2015-06-15］. http：//www. iprchn. com/Index_NewsContent. aspx? newsId=74989.

进而驱动了数字出版学科的兴起与壮大，使得数字出版渐成显学之态势。截至 2013 年年底，武汉大学、北京印刷学院、中南大学等 5 所高校先后开设数字出版专业。在研究应用领域，新闻出版界高度关注大数据、知识服务、人工智能、5G 等高新技术，并致力于将这些技术与出版业转型升级、出版业融合发展相结合，写入新的五年发展规划，促进传统出版与新兴出版的融合协同。

值得思考的是，在产学研一体化、协同化发展的同时，我们回顾数字出版近十年来的发展轨迹，可以发现：数字出版大致经历了以数字图书、数字期刊、数字报纸为代表的数字化发展阶段；经历了以数据库产品、网络原创文学为代表的碎片化阶段；正在经历以知识体系为逻辑内核、以语义标引为技术基础、以云计算为技术支撑和以大数据知识服务为外在表现形态的体系化发展阶段，体系化的发展有可能催生出数据出版这一新的出版业态。

5.1.1　数字化阶段(2009—2010 年)

2009 年，开启了日本的电子书元年；2010 年，被誉为中国的电子书元年。彼时中国的电子书市场处于方兴未艾的阶段，无论是以终端阅读为代表的电子书产品，还是以数字图书馆为代表的在线电子书均展示出了强劲的市场前景，数字出版数字化阶段的代表性产品形态——数字图书从那时起开始发力。

对习惯于传统出版的出版人而言，当初以电子书(数字图书)、数字期刊、数字报纸为代表的数字出版，是个新生事物，面对这个新生事物，编辑们存在以下几种态度：质疑、观望、恐慌。旗帜鲜明地支持的人并不多，明确反对的人也不多，各个出版社皆如此。传统出版的编辑能够认清数字出版是未来方向，是不可逆转的大趋势。但是，基于情感或者利益的束缚，往往不能主动地实现转型。

数字出版的数字化阶段主要有以下特征。

首先，数字图书、数字期刊、数字报纸是数字出版的主要产品形态，表现形式多样化。以数字图书为例，其表现形式可能为手持终端式电子书，如汉王阅读器；可能为电子图书馆，如方正阿帕比的中华数字书苑；也可能为专业性的数字图书馆，如法律出版社的法官电子图书馆、法学院电子图书馆。

其次，功能强大，使用便捷，极大地提高了阅读和使用的效率。相对于传统图书而言，阅读、使用电子书，可以通过复制、粘贴、全文检索等功能，很快地实现资料检阅、研究查询，很大程度上方便了阅读、学习和研究的需要。

最后，浅阅读和功利性阅读趋势加强，深阅读和全民阅读的比例下降。相对于纸质阅读而言，一方面，电子书阅读体现出功利性特征，很多用户基于特定查询、研究、引用的需要，为了提高效率而广泛使用电子书；另一方面，体现出浅阅读特征，阅读电子书进行深入思考并进行系统整理和标记的用户相对较少，大部分用户基于娱乐、休闲而选择阅读电子书，也就是所谓的"快餐式"阅读。

随着人们阅读需求的不断提高，电子书的用户体验已经不能够完全满足人们的使用需要，在这种情况下，受到境外出版集团、民营信息服务商的启发，诸多出版社纷纷试水数据库产品，还有的出版社开展了以片段化、碎片化为主要特征的网络文学业务，数字出版步入了以数据库产品为代表的碎片化发展阶段。

5.1.2　碎片化阶段(2010—2013 年)

2010—2013 年，众多出版社尝试进入数据库市场，纷纷打造专业领域的数据产品，力图在数据库市场分一杯羹，取得自己的一席之地。在数字出版碎片化发展阶段，各新闻出版企业侧重于将数字产品向数据库方向过渡和转型，一方面，将作为存量资源的传统图书进行碎片化加工，拆分到章节甚至是段落；另一方面，重视在制资源和增量数字资源的引入和加工，力图扩充所属领域数据库的数量和质量。

在碎片化阶段，民营信息提供商往往走在了出版社的前面，例如，在法律领域，北大法律信息网提供的北大法宝数据库、同方知网提供的法律数据库、北大法意提供的法意数据库、超星公司暗中打造的法源搜索引擎等；在建筑领域，正保教育集团打造的建设工程教育网。同时，汤森路透、励德爱思维尔(现已更名为励讯集团)等境外出版传媒集团也纷纷在法律、医疗、金融等领域推出自己的数据库产品,不断开拓着我国的个人和机构用户市场。应该说,无论是民营企业,还是境外企业,他们的数据库产品技术功能、市场占有率远远超过我国传统的出版单位,有所不同的是,民营企业占据的是我们的企业用户、事业单位用户和政府机关用户市场,而境外企业多是在企业用户、事业单位用户市场占有优势,政府机关用户市场还没有成功地打开和突破。

如果说传统纸质图书、电子图书传递的是一个个"知识孤岛",那么数据库产品传递的是个性化、定制化的知识碎片,这些知识碎片往往更能够满足用户特定方面的知识需求,同时能够以性价比更高的方式实现产品运营和信息服务。这是传统出版单位纷纷进军数据库市场的最深层次的驱动因素。这方面走在前列的如人民卫生出版社人民医学网推出的医学教学素材库、健康数据库、人民医学百科数据库等系列数据库产品;人民出版社投入大量人、财、物资源倾力打造的中国共产党思想理论资源数据库;法律出版社联合香港中华法律网打造的法律门数据库,等等。

出版企业着力打造的数据库产品,和民营企业、境外出版商相比有以下几个方面的特征:

其一,在内容质量方面,更加专业和权威。我国出版社的成立方式及经营体制,决定了每家出版社,尤其是专业性出版社,在特定行业、特定领域积累了庞大、丰富和权威的专业知识和专业资源;这些专业资源是民营信息服务商、境外出版商都无法获取的,资源的专业性和权威性是保障出版单位的数据库产品立足市场、打开市场的决定性因素。

其二,在目标价值层面,围绕用户的知识问题,以提供知识解决方案为主。专业性质的数据库产品,都在以提供特定专业、特定领域的问题解决方案为目标,并尽可能梳理出各个行业领域的知识解决方案体系。例如,地质出版社打造的"国土悦读"移动知识服务平台,提供的资讯、舆情均围绕国土地质领域的专业用户而精心设计;社科文献出版社研发的"皮书数据库"产品,旨在为社会科学各行业提供科研的智库和决策参考。

其三,在技术应用层面,打破传统静态数据库的设计,力图融合领域本体要素。传统的数据库产品，民营企业或境外出版商研发和在销的各种专业性数据库，都属于静态数据库，条目与条目之间、子库与子库之间并没有实现知识关联，原因在于其数据库底层设计没有考虑知识元、知识关联、知识图谱的因素，没有将领域本体的构建作为终极目标；而随着大数据、云计算、语义标引技术逐步被重视，多家出版社开始考虑重构数据库的形态，以知识体系为核心构建动态、互通、可自动成长的数据库，例如，人民出版社打造的中国共产党思想理论资源数据库，就做了大量的知识标引工作，研发了概念关联系统，实现了知识标引和关联的预期效果，并且聘请了顶尖专家进行把关和审核。

碎片化阶段的数字出版，已经孕育了数据化发展的因素，部分出版社布局动态数据库的做法，预示着数据化阶段的数字出版即将到来；而在政府调控层面，2014 年，原新闻出版广电总局、财政部文资办联合推动了特色资源库项目，2015 年年初，数字出版主管部门发起了专业数字资源知识服务模式试点工作，从政策引导方面，鼓励新闻出版企业向着以知识体系为内核，以知识发现、知识图谱构建为目标的数字出版体系化发展阶段迈进。

5.1.3　数据化阶段(2013—2016 年)

2013—2016 年，数字出版发展的第三阶段——数据化发展阶段，其主要特征有：以知识体系为逻辑内核，以知识服务为新的产品(服务)形态，以大数据、云计算、语义分析、移动互联网为技术支撑，以存量资源、在制资源、增量资源为服务基础，出版业态呈现出数据化出版和智慧化出版的态势，呈现出内在逻辑清晰、外化形态合理、服务提供全面、知识自动成长的生态圈特征。

数字出版数据化发展阶段以知识体系为逻辑内核，这意味着，数字出版产业链的四个环节——内容提供、技术支持、市场运营和衍生服务，均围绕着知识体系的嵌入、融入、延伸而展开。数字产品的研发需要围绕知识元的建设与应用、知识层级体系建立、知识交叉关联规则确立等方面来组织文字、图片、音视频等知识素材；数字出版技术的应用，需要以实现知识发现、知识自动成长和知识服务为最终目标；数字出版的市场运营，需要针对不同领域的目标用户，从知识体系出发，提供个性化、定制化、交互式的知识服务。在知识体系研发方面，2016年，地质出版社研发出由23个学科、8个层级、38000多条的知识点所构成的地质学知识体系，并将该知识体系作为标引依据，形成了3000多万条知识关联关系，构建了中国地质专业大数据知识服务平台。

数字出版的数据化发展阶段以知识服务为最终产品(服务)形态。知识服务具备以下几个特征：用户驱动服务模式产生、问题导向出发提供知识解决方案、直联直供直销的即时响应方案、综合运用多种高新技术、注重知识增值服务等。

数字出版的数据化发展阶段，是以大数据、云计算、语义分析、移动互联网等高新技术为支撑的阶段。知识标引技术是数字出版体系化发展阶段的标志性技术，云计算技术是知识服务开展的关键性技术，大数据平台是知识服务外化的最佳表现形式，移动互联网技术的应用最容易产生弯道超车的跨越式发展效果。

数字出版的数据化发展阶段，极有可能催生出数据出版的新业态。数据出版，是指以数据作为生产要素，将文字、图片、音视频、游戏动漫都视为数据的一种表现形式，围绕数据的挖掘、采集、标引、存储、计算开展出版工作，通过数据模型的建构，最终上升到数据应用和数据服务的层面。在数据采集和挖掘层面，可能需要用到特定的挖掘采集工作；在数据标引层面，需要用到知识标引技术；在数据计算层面，需要用到离线计算、分布式计算等多种计算方法；在数据模型建构层面，需要结合特定专业的知识解决方案，将专业与大数据技术相结合，建构一定的数据模型；在数据服务层面，针对个人用户、机构用户的不同需求，提供在线和离线等多种形式的数据知识服务。在数据出版领域，值得借鉴和思考的是，出版业之外的其他行业已经先行，甚至产生了较显著的成果，例如，福建省高级人民法院研发的福建法院司法大数据分析平台，已经将全省自中华人民共和国成立以来的数百万的案件输入，并能够随时做出案由、时间、地点、趋势等多方面的数据分析报告。

5.1.4　智能化阶段(2016年至今)

自2016年人工智能元年开启以来，数字出版的发展便进入了智能化发展阶段，并催生了智能出版新业态。所谓智能出版，是数字出版发展的高级阶段，是将智能化的数字技术应用于出版产业链的结果，是以智能化的数字技术作用于编辑、复制、加工、传播等环节的新型出版，是出版业内部流程和外部产品(服务)都呈现出自动化、自主化、智能化特点的出版新模式、新阶段与新业态。

从新闻出版业内部来看，人工智能对新闻出版产业链流程的内部作用和改造：积极抓住人工智能技术重塑出版流程的时代机遇，全方位研究推动人工智能在出版社智能策划与协同撰稿、智能审校、智能数据加工、智能印刷、智能发行等领域的应用，为新闻出版行业加速转型升级带来更多的可能。

从新闻出版业外部来看，人工智能配合新闻出版业对外提供精准化、智能化、多样化智能产品服务，未来新闻出版的智能化新模式与新形态包括：内容推荐、机器撰稿、AR智能建模、智能知识服务、智能教育助理与智能教育机器人，这些产品服务的普及将成为行业发展的新增长点。

智能化阶段的特征主要有：(1)技术支撑为智能技术体系，以5G技术、区块链技术、人工智能技术为主体。其中人工智能技术又是一个"以大数据和深度学习为两大基石，以数据、算法和算力为三要素，由增强现实、虚拟仿真、智能机器人、机器撰稿、智能助理、机器视觉"等多项综合技术组成的技术生态体系。(2)产品形态以智能化出版产品服务为主，旨在为用户提供沉浸交互、智慧便捷、安全可靠的学习阅读服务，如AR出版物、VR出版物、智能知识服务、智能阅读机器人、5G出版产品、版权区块链等多元化、融合化、智慧化的产品服务。(3)出版流程在时间戳技术、群体智能技术、智能编校排技术等支撑下，可以实现传统出版和新兴出版生产管理流程的"一体化、协同化、同步化"，进而可优化出版要素配置，提高出版业生产效率。(4)技术赋能达到智慧赋能程度，一方面可基于出版创新型智库，调用出版系统内外部的创意资源和智力成果，辅助治理决策和推动产业发展；另一方面，可基于智能化技术，推动出版流程和产品的自动化、自主化、绿色化和适人化，推动出版业更高质量、更好效益、更加智能地发展。智能化阶段的产品服务数不胜数，每年推出的数字出版精品项目、有声读物精品项目大部分是智能化出版产品服务。

正如人类社会的跨越式发展一样，数字出版的发展阶段也存在跨越式发展的情形，在特定的条件下，个别新闻出版单位能够实现直接从数字化阶段跨越到数据化发展阶段，或同时开展数字化、碎片化、数据化和智能化发展的各项工作。这种跨越式发展现象的出现，一方面，源自新闻出版企业内部的发展动力，内部的转型升级动力和外部的市场竞争压力促成了许多出版社在研发数字图书、从事数字化工作的同时，开展存量资源、再制资源的碎片化加工，进行知识体系建设，逐步研发出版大数据等智能化产品服务；另一方面，政府鼓励引导文化产业发展的各项政策资金，推动着新闻出版企业尽快完成碎片化发展阶段，实现向数据化和智能化发展阶段的过渡和转型。

5.2 数字出版时代阅读变迁

深阅读，是深度阅读的简称，大致包含了解、思考、联想、记忆、掌握几个流程和步骤，王国维读书的第三境界"众里寻他千百度，蓦然回首，那人却在灯火阑珊处"便是深阅读的经典诠释；浅阅读，是浅度阅读的简称，是快餐文化的必然产物，是基于猎奇、兴趣而进行的阅读，"好读书，不求甚解"便是浅阅读的表现之一。

"深阅读"是基于培养人们的思考能力、逻辑能力和感悟能力，能让人们更深刻地领悟知识，汲取营养的阅读，深阅读有助于增进社会的文明程度，增进民族的文化底蕴和创造力。"浅阅读"是基于浏览式、随意性、跳跃性、碎片化、娱乐化的阅读，虽然这种阅读习惯有可能弱化思维能力，最终导致文化底蕴散失，但在当前信息爆炸的数字时代，人们生活和工作的节奏快捷，时间被碎片化，浅阅读有其存在的价值。

传统出版向数字出版的过渡，从某种意义来讲，是人们的阅读习惯由深阅读时代向浅阅读时代的过渡；而当数字出版发展到一定阶段，又会出现浅阅读向深阅读迈进，最终达到深阅读与浅阅读并存、融合的状态。

5.2.1　数字出版时代的浅阅读

近年来，伴随互联网技术和移动通信技术的应用和普及，国民阅读习惯和环境发生了明显变化，我国数字出版产业的产值在短短几年内突飞猛进，实现了跨越式发展，呈现出电子书发展迅速、网络出版大量普及、手机出版异军突起、电子阅读器风生水起、数字出版营利模式不断创新的发展特点。

就数字出版的主流业务而言，大部分由文字的具象化设计的表形功能与文字的表意功能共同构成了数字出版物"文字"这一设计要素的完整概念。随着数字出版设计观念的不断发展和计算机设计软件技术的不断提高，文字具象化设计必将不断拓展出更广阔的应用空间。

在数字图书领域，基于尽快实现营利的考虑，目前出版商率先将传统出版资源转换成数字内容，主要集中于大众图书方面，这与大众类电子书潜在市场大、回款周期短存在紧密联系；而许多专业性图书、学术性著作、教材教辅等转换成数字的较少，即使有转换，用户订购、阅读也为数不多。这是因为大众电子书的阅读方式主要以浅阅读为主，读者多以书中内容作为茶余饭后的谈资。

在手机阅读领域，第一，从内容方面来看，中国移动手机阅读平台进行的图书分类包括"都市言情；穿越幻想、玄幻奇幻；武侠仙侠、游戏竞技；浪漫青春、历史军事；灵异悬疑、名著传记；科幻小说、影视剧本；时尚生活、官场职场；经管励志、教育社科；短篇小品"等，其中大部分主要适合浅阅读，只有"教育社科"类比较适合深度阅读。第二，从读者群体来看，手机书的用户群集中在青少年，青少年的阅读兴趣偏向于青春文学、玄幻武侠等，他们是不太可能将手机书当作教科书一样进行深度阅读、学习、思考和掌握的。第三，从阅读场所来看，手机书的阅读场所主要在地铁、公交车、火车等交通工具上，这种"I"型的阅读姿势（而非"L型"的阅读姿势），辅之以周围嘈杂、喧嚣的环境，注定了阅读方式不会是深度阅读，而是基于好奇心、满足求知欲的浅阅读。

在网络出版领域，目前具备互联网出版许可资质的除了出版社以外，还有大量的网络公司，如盛大文学。相对于出版商而言，它们具有资金、技术、网络平台等优势来发展网络出版，但网络公司发展网络出版业务，主要的潮流仍是快餐文化，主要的产品方向仍难以脱离基于浅阅读范畴的青春文学、玄幻小说，主要读者仍是青少年网民，很难拥有专业图书、学术著作等深阅读的读者。

那么，数字出版产品就不适合深阅读了吗？答案是否定的。

5.2.2　数字出版时代的深阅读

如前所述，数字出版发展到一定阶段，必将引导读者由浅阅读转向深度阅读，使其适应并习惯于对数字内容进行深入思考，并在此基础上做数字笔记，如亚马逊 Kindle、掌阅电子书等就具备智能笔记的功能。数字出版产品的深度阅读，在产品形态、目标读者、订购客户方面都有其特殊性。

在产品形态方面，适合深度阅读的数字产品主要分布于科研创作、行业应用和教育应用方面。在科研创作领域，数字出版商已经成功地将其传统资源转换为数字图书，如法律出版社旗下法讯公司的法律门电子图书馆的运营销售，上海世纪出版集团推出了"辞海悦读器"，其内置了我国大型综合辞典《辞海》《中华文化通志》等大部头书籍，成为我国首个由出版机构出品的阅读器。

在行业应用领域，同样存在电子图书的深阅读利用，比如中国铁道出版社推出的铁路行业标准、各工种操作实务等，对于指导基层读者的学习和工作起着越来越重要的作用。

在教育应用领域，外语教学与研究出版社对其长期积累的出版物内容资源系统整合，开发外语类远程教学网，通过提供各种出版物、师资力量、课程设置等系列业务，建立起线上、线下相结合的个性化外语平台，引导读者深度阅读。高等教育出版社研发内容结构化标准、内容元数据标准，为不同读者提供个性化的数字出版服务，引导深阅读。人民教育出版社开发电子书包，也是一个重要的深阅读载体。出版商的数字资源与数字化校园建设如果顺利对接，将引导教师授课方式、学生学习方式发生深刻变化，将改变传统学校"一块黑板、一个黑板擦"的教育方式。

从订购客户来讲，将电子书、手机书等用于深阅读的消费方往往是以团体的形式，采用 B2B 的业务模式进行订购。比如，高等院校为建设数字化图书馆，订购教育类电子书，其最终目的是引导学生改变学习方式，实现学习无纸化的变革。再比如，法院贯彻执行法院信息化建设的任务，订购法律出版社法官电子图书馆，其目的是引导法官加强业务学习、提升自身素质，而该目标的达成，需要通过对电子书的深阅读来实现。当然，也不排除有少量的读者，通过采取 B2C 的方式单独购买电子书，用于学习、研究和作为实务工作的工具。就国内现状而言，数字出版产品形态中，适合浅阅读的居多，适合深阅读的暂时还比较少。

5.2.3 浅阅读向深阅读的转变

浅阅读对于读者获取海量的信息是有存在价值的，但对于整个国家社会，对于传统文化的传承和民族素质的提升，深阅读万不可废。浅阅读，能够造就千千万万个"知道分子"，但是很难培育精深广博的大家。浅阅读有其存在的合理性，可以快速获得信息，扩大知识面，但是缺乏纵深的思考，容易让思维趋向平面化。作为文化的传承者，出版社在积极应对数字化的同时，要做好数字化深阅读的引导，实现"双效"。从出版社的角度，引导深阅读，要做好以下方面工作。

5.2.3.1 数字出版与传统出版协同推进

数字阅读的内容更新并不及时，大部分出版社很滞后，纸书出版了几个月甚至半年或一年之后，才拿出电子版，这是一个普遍存在的问题。导致这一现象的主要原因：一是出版社对数字出版还不习惯或者说积极性还不高，传统出版部门对数字出版有着天然的抵触性；二是当前我国版权保护力度让出版社心有余悸，谨防版权被盗窃或者流失；三是作者的积极性不高，由此导致信息网络传播权的授权比例不高，授权不及时。

由此形成一怪圈，读者难以找到符合需求的深阅读数字产品，出版社有深阅读产品但不愿意提供，读者更难找到符合深阅读需求的数字产品，形成恶性循环。解决这个问题，一方面，需要政府主管部门加大版权保护力度，保护著作权人和出版社的合法权益。另一方面，出版社要有前瞻性，积极做好传统和数字的复合出版，在传统出版的同时同步出版网络版、手机版、阅读器版；要借助新媒体做好宣传，形成数字出版与传统出版的互动，越主动，越有可能占据未来竞争的制高点。

5.2.3.2　内容提供商向知识服务商转变

2010 年，互联网期刊、电子图书、数字报纸（网络版）的总收入为 18.49 亿元，在数字出版的总收入中所占比例约为 1.76%，这说明单纯地将纸质出版物数字化，由于缺乏原创内容，难以在市场上立足。为此，出版社要根据出版社自身的特点，加大原创内容的提供和服务力度，围绕读者深阅读的需求和变化进行选题策划和加工。一些出版社迎合快餐文化，要么片面追求经济利益，放弃出版有文化品位的图书或有厚重感的学术著作，要么出版图书过于晦涩难懂，使读者难以深阅读。为了满足读者深阅读的需求，出版社要沉下去调研读者的阅读需求，分析其变化走势，拓展图书选题范围，适应变化，选择合适的作者，推出适销对路的产品，坚定不移地做好做强内容。《明朝那些事儿》等书的热销让我们坚信，不是缺少深阅读，关键在于要有适合深阅读的内容。随着数据库等技术的发展，机构用户和专业人员对数字出版产品的需求发生了明显变化，为此，我们要改变单一的内容出版业务，提高内容的附加值，为读者提供更多的选择，以及全面、个性化的信息与知识服务，推动数字出版向纵深发展，满足读者对数字出版的灵活性和实用性的需求，做好内容服务商。如中国铁道出版社出版的网络版、电子版旅客列车时刻表，由于检索方便，免费查阅，更新及时，深得旅客喜爱，日在线用户最高达到 60 多万人，广告效益明显。知识产权出版社将专利内容进行加工，开展数据库形式的数字出版，年盈利在千万元左右。人民法院出版社的法信大数据平台、法官数字图书馆等数字产品的用户达到数百万人，收入近 2000 万元。

5.2.3.3　行业内外知识资源的整合与转化

传统出版行业以外的各种资本、机构正在寻求机会进入数字出版领域，并且各具优势，互相渗透。出版社要把握机遇，整合行业内外的各种资源：行业内可以考虑与其他出版机构进行联合，丰富图书资源；行业外可以与电信等运营商合作，加大手机出版的力度，还可以与终端合作，进行资源内置，借助新媒体进行精准营销。深阅读的引导，除了出版社外，政府主管部门责无旁贷。一要加大版权保护的力度，切实保护著作权人和出版社的合法权益，解除他们的后顾之忧，同时要解决好版权保护与用户体验的矛盾；二要推动平台建设，平衡利益各方，推动传统出版部门、数字出版部门、作者方三方数字权益分配机制的建立健全；三要制定并统一标准，保证各种格式之间的兼容，避免人为制造障碍。

总之，大量的浅阅读提高了阅读的基数，使浅阅读向深阅读的转变成为可能；大量终端、平台的出现，给用户带来多样化的选择和良好的阅读体验，也使浅阅读转变为深阅读成为可能。我们要积极引导深阅读，同时也要对浅阅读给予足够的宽容。

继 2014 年两会政府工作首次提出"全民阅读"倡议后，2015 年3 月，时任国务院总理李克强在政府工作报告中进一步指出，要"倡导全民阅读，建设书香社会"。书香社会是未来社会发展的宏观愿景和方向，其核心要素始终离不开出版物的高品质供给和社会阅读基础设施的完善，唯有如此，才能满足不断增长的全民阅读需求。2020 年 10 月，中央宣传部印发《关于促进全民阅读工作的意见》（以下简称《意见》），《意见》指出，要着力打造"书香中国"全国性阅读活动品牌，加强对"书香之家""书香社区""书香之乡（镇、街道）""书香城市""书香军营"等的宣传，以加强全民阅读的宣传推广；另外，《意见》提出，要丰富出版产品的内容、载体和形式，完善全民阅读基础设施和服务体系，加大优质内容的网上供给力度，提高数字化阅读质量和水平。基于智能技术的智能阅读可能成为继纸质阅读、移动阅读、数字阅读等阅读方式的新趋势。[①] 影响智能阅读发展走向的关键因素之一是书香城市建设的具体方针与调控策略。只有当二者在发展目标和方向适配时，才可能实现双方协同发展，从而加快推进全民阅读进程。

阅读方式的变革与技术发展密切相关，并与书写载体、阅读介质的变化相辅相成。阅读载体先后经历了简牍、纸张、软盘、光盘、计算机、智能手机等发展的变迁，阅读形态也相应由纸质阅读向数字阅读、移动阅读、智能阅读演变。回溯阅读方式的演化历程，不难看出，阅读方式随着硬件设备的变化而逐步从相对固定的场景中解放出来，同时，以人工智能为代表的新技术应用为移动阅读带来许多创新，智能阅读朝着智慧化的方向发展，[②] 阅读方式和活动也在人为算法的干涉和优化中不断向满足人们需求方面发展和进化。

阅读，其本源意义是指"看（书报等）并领会其内容"，其最初的介质、载体是有形的物质，最初调动的感官主要是眼睛。智能阅读，是调动多维感官，获取、理解、领悟智能出版物内容的强交互、便捷性、适人化的阅读方式。即区别于传统的纸质阅读，智能阅读是综合调用"眼、耳、鼻、舌、身"等多种感官进行阅读，以实现最佳的获取、理解、领悟和内化出版物内容的效果。同时，智能阅读行为能够在作为主体的读者和作为客体的智能出版物之间产生较强的双向联系，能够使读者与阅读场景之间发生双向联系，能够实现随时随地交互、协同和互动。此外，便捷性，是指读者获取智能出版物、出版物内容的方便和快捷，而适人化，则是指出版物本身更容易让人理解知识、接受知识、领悟体验，以更符合思维规律、更为人性化的方式让人获得知识、陶冶情操和升华精神。

---

① 方卿，王欣月，王嘉昀. 智能阅读：新时代阅读的新趋势[J]. 科技与出版，2021(5)：15-21.

② 徐延章. 算法赋能：移动阅读的智慧体验进化策略[J]. 出版发行研究，2021(3)：54-60.

倘以"数字出版关系分析法"来研究阅读行为，可以知晓：阅读是人（主体）看（行为）书报刊数字出版物等（客体/对象）领会内容的过程。随着智能移动终端的普及以及各智能技术在出版业中的应用，国民阅读需求、阅读动机和阅读方式都在发生嬗变，[①] 与之相对，阅读传播渠道、传播载体、呈现形式等也在发生"智能化"的深刻变化，即阅读方式智能化、阅读客体智能化和阅读场景智能化。

（1）阅读方式智能化

智能阅读一则拓宽了感官的调用；二则由单向获取升级为双向交互；三则可借助外在设备以增强阅读体验感。

多维感官的调动。智能阅读不仅通过"眼睛"去看书，也通过"耳朵"去"看"书，这便是有声读物阅读过程的典型体现。文学作品中"以耳代目"的场景，在智能阅读时代，体现在让"耳朵"去"看"书，而集"眼""鼻"感官综合调用的智能出版物包括 AR 图书、VR 图书等。

同步交互的特点突出。从传播视角来看，读者对 AR 图书、VR 图书等智能出版物的使用情况可进行在线反馈，这种反馈几乎可同步被产品研发机构获取，进而产生大量的交互数据，用以改进产品研发、改善产品质量和进一步提高用户的阅读体验。与此同时，借助内容推荐、资讯推荐等技术功能，读者阅读资讯、图书后，将在下一次登录平台时，获得相同或相似阅读产品的推荐。

辅助设备的运用，实现更友好的阅读体验。AR 出版物、VR 出版物的阅读，除纸质书面文字、图片以外，还对图书内容附加了增强现实、虚拟仿真的技术服务，这些融合出版物能够让读者产生视觉冲击、沉浸其中、身临其境的阅读体验感。

（2）阅读客体智能化

智能阅读的客体，简称智能读物，包括 AR 图书、VR 图书、

① 邓香莲，刘佳卓. 一把打开深阅读的钥匙：基于场景的沉浸式阅读——以互动解谜游戏书的沉浸式阅读体验建构为例［J］. 出版广角，2021（5）：18-21.

增强型电子书、增强型期刊、富媒体数据库、融媒体新闻等智能化产品服务。智能阅读环境下,阅读不再局限于单一文字、图片、音频被用户接受的过程,而是成为集娱乐、视听、互动于一体的全新体验。①

从内容生成和制作角度来看,智能读物借助语义分析等智能技术,可实现对内容的结构化整理、定制化生成与自动化转化。同时,人工智能技术可实现机器对文本、图片、音频、视频、虚拟动画等的深度学习,实现不同媒体间的语义理解与内容转换,从而可根据推送和阅读媒介的特点对内容进行再加工与特色化编辑,实现内容的自动转化。

从传递和推送层面来看,智能读物通过构建用户行为画像和数据库,不仅可根据阅读主体的阅读活动区域、阅读时间、阅读载体、阅读内容类型等数据进行分析,还可对读者的性别、年龄、职业、专业等个人静态数据以及阅读关注、交流、讨论、评价等相关阅读社交信息数据进行全面综合的考量判断,以精准识别不同读者阅读的内在动力、内在规律与内在方向,从而准确筛选出符合目标阅读消费者阅读偏好的内容,保证所需的阅读内容能持续精准传递。

从内容呈现与展示方式层面来看,AR、VR以及全息技术的迅猛发展为智能读物的内容呈现方式提供了立体化、多样化选择。读者在获得沉浸式阅读体验的同时,还可与虚拟环境中的事物进行交互,参与叙事文本的构建,这种方式可激发读者的创造性思维、想象力和阅读积极性,让他们收获娱乐化的阅读体验。

(3)阅读场景智能化

阅读场景与方法的智能化主要包括多元主体之间的互动性、场景转化调整的智能化以及阅读服务的智能化。

多元主体互动。相较于具备一定交互性的数字阅读和移动阅读,智能阅读进一步强调多主体间的智能参与与互动。智能阅读可通过应用算法和模型,将具有相似阅读兴趣和喜好的阅读主体聚集

---

① 李柯毅.智能阅读:不要观望　立即行动[J].出版参考,2012(2):72.

到一起，共同参与阅读内容的创作。同时，多个阅读主体的深度交流与协作将促进集体阅读智慧的形成，帮助读者在阅读社交网络中找到阅读的归属感，实现内容共创共享，同时还能约束和修正读者的阅读行为，让他们持续培养良好的阅读习惯。

阅读场景转化调整。阅读场景转化和调整的智能化是智能阅读场景发展的重要方向，也是目前各地推进书香城市建设的亮点所在和趋势体现。场景不仅是空间环境因素，还包括媒介信息所营造的行为与心理环境。未来，"情景""情境"即"景"的影响将得到强化。"情景"不仅涉及个性化阅读需求及阅读主体当下的心理与情绪状态，也包含社交性阅读需求。此外，近年来出现的"新华生活+24小时无人智慧书店"以及"小交""小图""小图丁"等智能管理机器人，不仅为读者提供了便捷性、适人化、创新型的阅读场景和智能体验，而且表明有形的阅读场景正转向"有形+无形"的阅读场景，"人+图书"所构成的阅读场景逐步转换为"机器人+图书"的阅读场景。如全流程的智能阅读体验。智能化贯穿"阅读前、阅读中、阅读后"的阅读服务全过程，是一种双向的机器学习和推进过程。人工智能在收集和学习用户信息和行为数据的同时，不断完善自身用户画像数据库，以及不同层次用户的阅读轨迹和知识轨迹，从而提升各种服务的精准度。此外，智能阅读的发展推动阅读活动从一种单向活动输出和推荐，转向双向学习和推进，以进一步完善阅读体验和活动。

综上，智能阅读的发展是数字阅读和移动阅读发展的高阶形态，也是未来阅读发展的重要方向，甚至从一定意义上而言，智能阅读是阅读方式的一种颠覆性转变。其不仅关注阅读主体的实用主义需要，也通过技术和算法优化的方式，尽可能满足不同年龄、社会层次、教育背景等社会大众的内在精神需求。当前正处于书香城市建设和发展阶段，在传统阅读背景之下，书香城市发展面临供求信息不对称、受众兴趣低迷、阅读能力参差等问题，阻碍了书香城市建设和全民阅读活动的开展。从这个意义上说，智能阅读的出现和发展对提升书香城市建设的质量和水平、激发市场活力、盘活阅读资源等方面将发挥积极作用。

5.3　数字出版业态创新

日本安士敏先生认为："业态是定义为营业的形态。"它是形态和效能的统一，通俗理解就是卖给谁、卖什么和如何卖的具体经营形式。在法律出版社建社 55 周年之际，面对未来的发展目标，出版社的定位是："引领内容，领先技术，创新业态，主导市场。"随着人工智能技术、5G 技术加速在社会各行各业的应用，一系列新业态、新模式层出不穷，新概念如泉涌般出现，如 AR 出版物、MPR 出版物等。就新闻出版业而言，最大的"创新业态"指的是实现传统出版向数字出版的创新。具体而言，出版社提供的产品要创新，技术应用要创新，销售方式要创新，目标读者同样也要创新。

5.3.1　业态创新：什么在创新？

出版业态实现由传统出版向数字出版的转型，首先意味着向读者提供的产品种类和产品形式实现重大创新。在产品定位方面，以往各出版社的定位是：图书出版商和信息提供商，其中图书的形式主要是纸质图书；国内只有外研社、知识产权出版社在官方网站的企业发展定位中，将"知识服务""教育服务"提供商作为企业未来的发展方向。如今，在互联网技术和移动通信技术渗透出版业以后，出版社向读者提供的产品除了有形的纸质图书、音像光盘制品外，还应包括无形的手机书、电子书、原创网络图书、信息舆情资讯服务、专业性数据库，甚至知识解决方案。

5.3.1.1　产品研发创新

具体地讲，出版业态的创新，要求出版社提供的产品外延扩展至以下方面。

第一，产品形式上，由有形图书延展至无形图书，包括手机书、电子书和网络图书等。其中，手机书是以手机为阅读载体，以移动通信技术为支撑的产品形态，以中国移动、中国电信、中国联通三大电信运营商的手机阅读平台为销售场所的图书，特点是价格低廉、与手机绑定等。电子书，是纸质图书的数字化产物，如法律出版社法官电子图书馆的电子书，具有可复制性、价格优惠、严格DRM保护、检索查阅便捷等特点。网络书，是互联网出版的一种形式，不需拥有书号，具有主体合法性、交易电子化、出版个性化等特点。

第二，产品内容上，选题策划要创新。数字出版要求编辑树立宏观的出版观，综合考虑选题的传统出版与数字出版绩效，除考虑图书的纸书效益外，在选题策划之初，还要连带考虑该纸书的数字产品效益大小；申报项目时，其经济效益一项，应该是纸质书和数字图书的整体经济效益。由此，编辑选题策划灵感就不能单单局限于专业领域，如法律类编辑策划图书，就不能将策划思维封闭于法律领域，而应该发散至文学、小说等大众畅销书领域。如中国移动推出的《斗破苍穹》一书，2010年收入为1200万元，其中作者稿费可达到480万元。如果大众类出版社的编辑，能策划类似的奇幻玄幻类图书，其经济效益将无可限量，哪怕该书不需要出版纸质书，而是直接采取网络出版的形式。

5.3.1.2 销售方式创新

出版社进军数字出版业，除产品需进行创新外，仓储和销售方式也需要创新。在仓储方面，传统出版面临高库存、高租金的问题，仓储成本占据出版成本的比例较高；在运输方面，传统出版需借助邮政、快递公司、铁路运输甚至航空运输等形式，将图书产品送达至读者手中，其物流成本所占比例也不低；在销售方面，纸质书需借助新华书店、民营书店或者出版社自有书店进行销售，其人力、物力、财力成本都不低。

从数字出版的角度来看销售，上述高成本的因素均不存在。在仓储方面，无论是手机书还是电子书，其存储载体是互联网或者移动通信网络，均不需要出版社支付相应的费用；在运输方面，数字化图书的送达通过互联网或者移动光缆的形式，相应成本无须出版社支付；在销售方面，电子书需要通过出版社的数字出版部门员工进行营销，而手机书的营销、推广和销售均由移动、电信或联通的阅读基地进行，出版社只需提供文本，而后"坐享其成"，无需直接介入销售环节。

5.3.1.3　技术应用创新

第三次科技革命的深入推进，导致大数据、增强现实、虚拟仿真、人工智能、5G 技术等一系列高新技术不断作用于国民经济各行业，新闻出版业也不例外。数字出版的业态创新，其关键在于认知、理解和把握高新技术原理，探索和创造高新技术应用于出版业的各种场景。

经过多年的实践，数字出版业已初步把握了一些关键技术应用于出版产业链的原理，如：大数据技术在出版业的应用原理，主要在于遵循"数据采集、数据加工、数据标引、数据计算、数据建模、二次数据和数据服务"的"七步法"路径；AR 出版物研发的主要原理在于把握住"3D 模型库、AR 编辑器和输出展示系统"关键环节；知识服务的基本流程是"知识资源准备——知识体系建设，知识资源组织——知识关联、知识计算、知识图谱形成，知识资源发布，知识资源的运营与维护，知识服务的评估与反馈"。

至于高新技术应用场景，在新闻出版业比比皆是，仅以智能机器人为例，新闻出版业智能机器人的应用场景包括：智慧图书馆的智能管理机器人、礼仪盘点等；撰稿机器人以其报道客观、发稿高效等优势，已广泛应用于新闻出版领域；仓储、教育和销售领域，不断推动"出版+人工智能"新模式、新业态的涌现和升级。

5.3.1.4　目标用户创新

伴随数字出版而来的是其目标读者发生新的扩容。以法律类出版机构而言，作为专业性出版社，其纸质书的消费群体多为法律职业共同体，仅有法律法规类产品、大众类产品以及少部分文艺产品涉及普通公民。而数字化图书的目标读者，将不再局限于法律人士，更多是面向公民大众。

具体而言，电子书和网络书的读者群仍主要为法律从业者，但手机书的消费群体则是多达近 3 亿的手机阅读用户，且伴随手机书内容的不断创新，手机书的读者主要集中在数量庞大的青少年中，而非所占比例不高的法律人士。例如，法律出版社通过中国移动首发的《心盲》一书，点击量已超过30万次，CP点播人数接近3万次，加上CP包月收入，最终其收益可能超过纸书的收益。在众多的点播读者以及包月读者中，大部分用户为非法律人士。

将消费群体扩展至广大的公民大众，有利于出版社产品覆盖更多的目标读者，有利于提高知名度与影响力，最终有利于在更多人群中、在更大范围内实现弘扬主旋律、传播正能量的社会效益目标。

5.3.2 如何迎接出版业态创新？

作为新闻出版业的"正规军"和"国家队"，传统出版企业要想顺利开展数字出版业务，需在市场准入、编辑观念、人才培养、版权保护、技术提升和作者权益保护方面，制定出相关的配套措施，以保障数字出版业务在合法、合理的前提下，有步骤、按秩序地稳步进行。

5.3.2.1 关注相关法律政策，及时申报相关资质

创新出版业态，开展数字出版，需要先解决市场准入问题。在市场准入问题上，解决得好不好，将直接关系所开展的业务是否合法、能否持续、所得收益是多是少等关键问题。

各个出版社开展数字出版业务，都需要在合乎法律规定的前提下进行。鉴于我国数字出版业近十年突飞猛进的发展，相关的法律、法规、规章、政策和标准也在紧锣密鼓地起草和出台。

在网络出版领域，大部分国有数字出版企业在2010年前后已取得互联网出版许可证，具备了开展网络出版业务的合法资质；在手机出版领域，数十家出版社的手机出版业务开展得如火如荼，并取得了较为可观的收入。

目前，在市场准入方面，尚未解决资质问题的是电子书领域。2010年11月，新闻出版总署向21家企业颁发了电子书资质，包括电子书出版资质、复制资质、总发行资质、进口资质。其中，中

国出版集团数字传媒有限公司、汉王科技股份有限公司、上海盛大网络发展有限公司、北京纽曼理想数码科技有限公司、爱国者数码科技有限公司、北京方正飞阅传媒技术有限公司等 21 家公司成为首批获准电子书从业资质的企业。①

据之前报道，从 2011 年起，新闻出版总署将逐步开展电子出版物书号网络实名申领工作，通过网上选题报送和书号配送的形式，为企业提供规范的服务。但截至目前，各出版社开展网络出版，仍采用的是企业标准，没有参照类似书号审核制的网络出版资质审核政策出台。

从法律层面来看数字出版，我国相关的法规规章亟待完善。如前面所述，诸多出版社具备互联网出版资质，互联网出版许可证的业务范围包括网络图书；而总署又于 2010 年向 21 家企业颁发电子书资质，首批有 4 家出版单位。电子书与网络书有何不同？是否具

---

① 以下为四类电子书资质获得企业名单：

一、获准电子书出版资质单位名单：

1. 中版集团数字传媒有限公司 2. 人民出版社 3. 上海人民出版社 4. 甘肃人民出版社

二、获准电子书复制资质单位名单：

1. 中版集团数字传媒有限公司 2. 汉王科技股份有限公司 3. 北京纽曼理想数码科技有限公司 4. 爱国者数码科技有限公司 5. 北京方正飞阅传媒技术有限公司 6. 北京汉龙思琪数码科技有限公司 7. 天津津科电子系统工程有限公司 8. 广州金蟾软件研发中心有限公司 9. 读者甘肃数码科技有限公司 10. 上海盛大网络发展有限公司 11. 上海世纪创荣数字信息科技有限公司 12. 湖南省青苹果数据中心有限公司 13. 方正国际软件有限公司

三、获准电子书总发行资质单位名单：

1. 中版集团数字传媒有限公司 2. 汉王科技股份有限公司 3. 北京纽曼理想数码科技有限公司 4. 爱国者数码科技有限公司 5. 北京方正飞阅传媒技术有限公司 6. 广州金蟾软件研发中心有限公司 7. 读者甘肃数码有限公司 8. 上海盛大网络发展有限公司

四、获准电子书进口资质单位名单：

1. 中国图书进出口（集团）总公司 2. 中国教育图书进出口公司 3. 中国国际图书贸易总公司 4. 北京中科进出口有限责任公司 5. 上海外文图书公司

备网络出版资质的出版社即具备电子书出版资质？不具备电子书资质的企业是否也可以开展电子书业务？这些问题需要数字出版从业者高度关注。

鉴于各出版社在数字出版主要业务领域的市场准入现状，开展数字出版业务，需要在以下几个方面做好准入工作：

第一，高度关注电子书资质的申请标准、办法条件、申请期限等，关注最新网络出版与电子书关系的相关文件，在具备申请条件时，尽快申请电子书资质。

第二，关注电子书行业标准的出台时间及具体内容，做好应对工作，在合规的前提下健康有序地稳步发展电子书业务。

2010年7月7日，原国家新闻出版总署科技与数字出版司、全国新闻出版标准化技术委员会等单位在京成立了"电子书（内容）标准项目组"，并宣布将于近期研究制订相关电子书标准。2013—2015年，《电子书内容标准体系表》《电子书内容术语》《电子书内容格式基本要求》《电子书内容版权保护通用规范》《电子书内容平台基本要求》《电子书内容平台服务基本功能》等行业标准陆续发布，成为指导数字出版领域电子书内容建设的行业指南。

第三，关注网络出版号的相关规定。《互联网出版管理暂行规定》《标准网络出版发行管理规定（试行）》等规章都未规定网络出版的书号申领、审校程序等问题，目前各个出版社各行其是，按照企业标准的形式进行自我管理和约束。

5.3.2.2　革新编辑理念，统筹两种业态

对于业态创新，对于数字出版，编辑们大致有几种态度：质疑、观望、恐慌。旗帜鲜明地支持的，不多；明确反对的，也不多，各个出版社皆如此。传统出版的编辑能够认清数字出版是未来方向，是大的趋势，大势不可逆转。但是，基于情感或者利益的束缚，往往不能主动地实现转型。这就需要出版社的决策层自上而下地推动业态转型。

质疑的编辑，对数字出版能否产生收益，能产生多大收益，缺乏足够的自信；尤其是观念较为陈旧的编辑，宁愿安于现状，出版

纸书能完成任务、养家糊口或者安居乐业，就满足了。

观望的编辑，觉得数字出版能够有收益，但是收益能否与传统出版业媲美，何时能够实现二者的均衡，不能给出确定答案。机会主义心理作祟，使得他们骑墙于两种业态之间。

恐慌的编辑，提前夸大了数字出版的发展态势，感觉好像数字出版一发展，电子书一出，他们的纸书销量就不行了，直接影响到他们的收益，任务完不成了，等等。需要说明的是，质疑、观望抑或恐慌的编辑，考虑问题的出发点还是从出版业大局考虑，而非从个人利益出发。

反对的编辑，是怕数字出版影响到他们任务指标的完成，因为业态转型对于他们的奖金、福利等待遇构成了威胁。有这种想法的编辑，往往站位较低，他们不是从出版社发展出发、不是从出版业大局来考虑问题，而是从个人的利益得失出发来对待业态格局。

对于编辑们的种种态度，笔者有以下看法：

第一，数字出版是整体的趋势，出版业态转型是未来方向，这是任何个人、任何团体都无法扭转的。数字出版是趋势，但传统出版优势依旧，在很长一段时间内，数字出版将与传统出版长期共存，互相推动，而并非取而代之。

第二，在条件暂不具备时，对助力数字出版业务的编辑，以单笔数字出版业务所产生的收益，与编辑进行利益提成；在条件具备时，将编辑的数字出版业务收益纳入考核机制，作为确定奖金的依据之一。

第三，建立定期交流机制。增强数字出版部门、公司与出版社本部编辑的沟通与互动，就数字出版、传统出版的关系与利弊进行面对面交流与协商。

第四，在数字出版收入市场化、稳定化的基础上，构建传统出版与数字出版一体化的绩效考核机制，对数字出版所取得的收入和利润，传统出版部门、数字出版部门、作者方面，均可以分一杯羹。

5.3.2.3　培养复合型出版人才，打造数字出版队伍

所谓复合型人才，指的是对传统出版流程和数字技术及经营管理都比较熟悉或精通的人才。[①] 传统出版社发展数字出版业务，除了在市场准入资质、编辑理念更新方面需要努力以外，更需要解决数字队伍建设问题。数字出版队伍的建设，关系数字出版业务能否顺利开展，关系到数字出版能否产生应有的效益，关系到两种出版业态格局的重整与融合，进而最终关系到出版业的转型升级。

数字出版人才队伍，大致包括领军人才、管理人才、内容人才、技术人才和销售人才等。而这五类人才，都必须具备复合型特征，需要横跨传统出版与数字出版两大领域，既对传统出版熟悉，也对新技术、新产品、新的传播方式了解。

5.3.2.4　创造一切条件，走出一条先进、独立、完善的技术之路

独立、先进、完善的技术是数字出版业务发展的硬道理。技术不独立，开展数字出版业务，便会受制于技术提供方，造成诸多不便，甚至可能因为协调不力而导致订单失去。技术不先进，目标客户使用起来不便捷、操作起来较麻烦，便不会订购出版社的电子图书。技术不完善，即便是既存的消费群体，也会在更新产品的时候，不再续订出版社的数字产品。

从顺序来讲，出版社对于数字出版技术的要求应该是：第一，先进；第二，完善；第三，独立。先进的技术，宏观而言，包括大数据、云计算、知识服务、物联网等相关技术；微观而言，包含知识元系统建构、知识体系建设、4D 特效电影、增强现实、语义分析技术等。完善的技术，是指我们的数据库、电子书、应用商城、手机书等技术互相配合、遥相呼应，能满足用户多方面的使用需求。独立的技术，需要建立在先进、完善的基础之上，也是出版社数字出版技术发展的最终目标，意味着较多的技术投入和多样化的

---

① 郝振省，等 . 2007—2008 中国数字出版产业年度报告［M］. 北京：中国书籍出版社，2008.

技术开发应用。

一切的问题都只能在发展中予以解决，大力发展数字出版业务是解决技术难题的唯一出路。具体而言：

首先，数字出版部门必须在数字图书馆、手机阅读、网络出版、专业数据库、终端阅读业务等几个重要盈利点方面取得突破，在"十三五"期间让这些新的经济增长点百花齐放，各显神通，以使公司扭亏为盈、稳步发展。这是解决技术难题的前提和基础。

其次，技术部工作人员必须以解决技术难题为己任，怀着高度的工作热情，不能仅仅停留在处理网站日常技术问题的阶段，不能满足于网站正常运营的状态，而要从思想的高度、战略的高度来思考技术对于数字出版业务的重要性，不断解决技术的独立性、完善性、先进性等重大问题。同时，技术人员要多学习、多实践、多参加实务培训，在 DRM 版权保护、云计算应用、大数据挖掘等核心技术研发上取得突破，开发出具有核心知识产权的数字出版相关技术。

最后，在必要的时候，数字出版业务的日常开支向技术投入方面倾斜，即便捉襟见肘，在技术上的花费也不能克减，尤其要加大在高新技术建设、高端人才引进等方面的投入，因为这是关系数字出版由内容优势向技术优势转型升级、长远发展的战略性问题。

经过十年的发展，业内诸多国有出版企业已经纷纷建立起自己的技术队伍，在技术研发、技术应用方面走出了一条技术自主自足之路，如知识产权出版社的中知智慧公司、大地出版传媒集团的中地数媒公司、人民法院出版社的音像电子出版社等。这些国有数字出版企业，除了实现技术自足，还能够为其他新闻出版企业提供大数据、知识服务等方面的技术开发服务，属于"技术驱动型"知识服务的典型代表。

5.3.2.5 建立健全作者权益保护机制，推行传统数字一体化考核

开展数字出版，实现出版业态创新，出版社是主体，作者是衣食父母，版权是源头，获益者是单位与员工。

在传统出版领域，相对民营公司而言，出版社在作者权益保护

方面做得比较规范。无论是学术类作者，还是实务类作者，在申报项目、签订合同之时，都已明确规定了其版权比例和支付时间，鲜有克扣作者版权的情况。尽管在有些出版社，有个别作者以未在版权页上标出印数为由，提起仲裁，但这纯属作者为博取名利而进行的事件营销。

数字出版一旦开展，在数字图书馆、专业数据库、知识解决方案等领域的数字版税机制亟待建立，并需要在业务实践中适时调整，以使之不断健全和完善。随着数字出版业务的日益壮大，越来越多的作者会争取和强调信息网络传播权授予后的稿酬或者版税。作为传统出版单位，与其遮遮掩掩，倒不如敞开胸怀，承认和制定数字版权的稿费制度。在实践过程中，有的出版社已经成功将信息网络传播权条款规定于图书出版合同之中，且规定作者的数字稿费比例为收益的15%或者利润的50%。

关于作者的数字版税，需要注意以下几个问题：

第一，作者数字版税的适用情况是单一性数字产品，集合性数字产品支付数字版税的时机尚未成熟。理由是，在实践中，单一性数字产品的数字版税相对容易计算和发放，其收入透明、计算公式简单，也能够为编辑和作者所接受。比如，法律出版社的《心盲》一书在中移动阅读基地首发上线，该手机书的收入约为20万元，相应的作者的数字版税为3万元，已经实际与作者结算完毕。而集合性数字产品，比如专业性数据库、数字图书馆所产生的收益，很难与作者结算数字版税：法律出版社的《法官数字图书馆》销售至某县法院，售价为30000元，共计包含3000种数字图书，以价格计算平均每本10元，以图书价格与电子书价格折抵计算则无法计算每本电子书的实际价格；即便3万元中可以计算出数字版税为4500元，这4500元如何分配便是极大的问题，按照简单书籍数量平均分配？还是按照图书价格比例分配？实践中根本无法操作。

第二，一旦确立了作者的数字版税制度，就需要同时推行编辑的传统图书收益与数字产品收益一体化考核机制。因为，作为数字产品源头的纸质图书，出版发行过程中，策划编辑也付出了较大的工作量，策划编辑会以"没有纸质书便没有电子书"为理由，要求数字出版部门在利润分配过程中考虑纸质书编辑的数字化绩效奖金。实践过程中，建议出版单位可以考虑在单一性数字产品的盈利方面，考虑推行传统出版考核与数字出版考核一体化的考核机制，以便最大限度地调动编辑的积极性，进而不断提高纸质图书的信息网络传播权授权比例。

信息网络传播权，作者不授予，很难自己折腾出效益，但是一旦授予，通过出版社的平台，必将产生较大的经济效益和社会效益，并与数字版税机制相配合，反馈给作者适当的利润。笔者担心的不是作者的因素，而是相关编辑、相关部门基于本位主义、部门利益的考虑，不做作者工作，不去争取信息网络传播权。

第六章　数字出版顶层设计

随着国家第一批、第二批数字出版转型示范单位的遴选和公布，在全国范围内数字出版发展走在前列的报社、期刊社和出版社基本已步入了数字出版示范单位的行列，在这种情况下，"能进能出、能上能下"的原则必然将示范评比推入"动态评估"的工作新阶段。

在未来的数字出版发展历程中，数字出版发展将步入深水区，走向高质量发展，势必要触及顶层设计方面的下述问题：

(1)顶层设计与业务配置是否适配？高瞻远瞩、科学合理的顶层设计能够指导全面丰富的业务布局，反之，顶层设计不清晰、不科学，则会严重拖延整体业务配置，导致产品研发不足、运营销售乏力等一系列负面效应的出现。

(2)体制机制创新与市场运营开拓是否适配？高效、创新的体制和机制有利于调动市场运营部门的积极性和主动性，进而实现预期的数字出版市场收益和社会效益；反之，则会制约市场开拓的范围和速度，挫伤市场运营人员的工作积极性和开拓动力。

(3)数字出版公司制与部门制发展模式可否同时推进？答案是肯定的。数字出版部门制的发展模式有利于尽快转化传统出版资源，协调出版社内部各部门之间的工作关系，同时可高效、统一地安排财政项目的策划、申报、实施和验收工作；数字出版公司制的发展模式，有利于体制机制创新，能够在较短的时间内推进数字产品的市场化，推动数字出版向着规模化、产业化的方向发展。

(4)国家标准、行业标准、项目标准和企业标准的制定可否同步开展？答案是肯定的。出版社应该充分用好各项现有数字出版国际标准和国家标准，同时，在力所能及的范围内参与行业标准和项目标准的制定过程，最后，在具体的业务开展过程中，可根据市场需要和企业自身实际情况，逐步开展数字出版各项企业标准的研制工作。

（5）数字出版制度建设与业务发展是否合拍？随着数字出版产品体系的逐步建立、技术研发的逐步开展、市场销售的不断开拓、人才队伍的不断成长，与之配套的制度建设也应不断开展，以适应、推动和提升数字出版的发展和繁荣。

6.1　顶层设计概述

顶层设计是运用系统论的方法，从全局的角度，对某项任务或者某个项目的各方面、各层次、各要素统筹规划，以集中有效资源，高效快捷地实现目标。数字出版的顶层设计，是指包括战略定位、发展模式、业务体系、财政项目、技术供应、人才布局等在内的系统性规划，是实现传统出版向现代出版转型升级的战略性统筹，是指围绕数字出版社会效益和经济效益的实现而做出的全方位、多层次、立体化的设计和安排。

许多出版单位仍然把数字出版作为补充或者作为应景性的业务，由总编室主任、办公室主任、信息办主任或出版部主任以兼职的方式来开展工作，这种情况反映出其顶层设计不清晰、战略定位不重视，因此，也很难期待数字出版能有较大作为，更谈不上会有多大的经济效益产生。

数字出版顶层设计如同其他领域的顶层设计一样，具有全局性、最高决定性、整体关联性和可操作性等特征。为此，数字出版的顶层设计应该由数字出版部门提出建议稿或者草稿，由出版社领导层加以讨论并最终研究通过；同时，应该由社领导层出任顶层设计小组的组长，由数字出版部门主任作为承担实施任务的副组长，由出版社其他相关部门主任作为成员加入规划和设计工作(如图 6-1)。

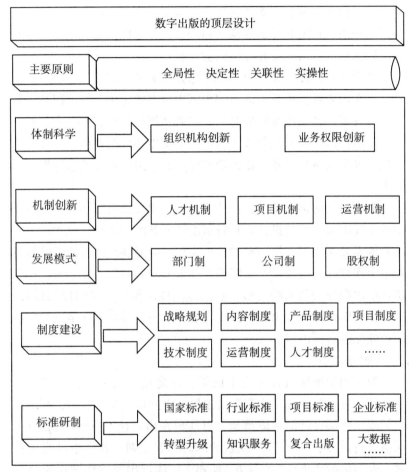

图 6-1 数字出版顶层设计

数字出版顶层设计的具体特征如下:

(1)全局性

顶层设计的全局性,是指顶层设计是涵盖数字出版产业链的全面性规划,是包含人、财、物等各种发展要素的统筹性设计,是正确处理传统出版和新兴出版关系的通盘性考虑。

各类型的出版社，无论是专业社、大众社还是教育社，所做的数字出版顶层设计，都需要打通数字出版产品研发、技术供应、市场运营、衍生服务的产业链各环节，需要在产品、技术、运营、服务四个环节进行宏观性的安排和布局，只有这样，才有可能实现数字出版预期的社会效益和经济效益目标。

数字出版的顶层设计要充分考虑开展业务所需的人、财、物要素，要在出版社整体投入的范围内划出合理的比例、范围以扶持数字出版发展，推动出版转型升级。出版社领导层要安排一定规模的人力资源投入，要从出版社自有资金中支出相应的费用，要安排出合理的办公场所和设备，以保障和促进数字出版业务的迅速发展和壮大。

数字出版的顶层设计，是关乎正确处理传统出版和新兴出版关系的重要因素。顶层设计需具备前瞻性和务实性特点，既考虑当下的发展需要又能够支撑未来的发展需求，既能够在现有的经营管理基础上保增长、做增量，又能够看到未来发展的潜力和空间，体现出数字出版作为新的经济增长点的战略性定位。这样的顶层设计，一方面能够保证传统出版的稳步发展；另一方面也能够孕育数字出版产业化的各种因素。

（2）决定性

数字出版顶层设计是自上而下、自高端向低端展开的设计方法，核心理念与目标定位都源自顶层，因此顶层决定底层，高端决定低端。顶层设计的具体落地，可体现在出版社的五年规划之中，时值各行业开展"十三五"规划的调研和制定期。各出版社有无单独、专门的数字出版"十三五"规划，可体现出其整体顶层设计是否开展数字出版，以及开展是否科学、是否重视。

顶层设计的决定性体现在很多方面，首先，无论是数字出版部门的设立，还是数字出版公司的成立，都源自出版社决策层；其次，无论数字出版的定位是服务性部门，还是经营性部门，也都出自出版社领导层的考量；最后，数字出版部门主任的级别、待遇、员工薪酬体系也都需要经过出版社党委、社长办公会的讨论和研究加以确定。

（3）关联性

顶层设计的关联性，是指顶层设计强调设计对象内部要素之间所形成的关联、匹配与有机衔接。整体而言，数字出版的产品研发需要专门技术做支撑，而技术应用的方向、产品研发的领域又需要从市场考虑，服从于市场的决定性作用，与此同时，产品研发、技术应用和市场运营都依赖敬业、精干、开拓性的人才队伍加以实施和开展。因此，数字出版的顶层设计是一个由产品、技术、运营和人才相互作用、相互关联所形成的设计，是一个由人力资源、资本投入、设备场所共同保障、共同推进的规划设计。

（4）可操作性

顶层设计的可操作性，体现在表述简洁明确、目标科学合理和成果实践可行三个方面。数字出版顶层设计的相应文件表述，无论是整体表述，还是分项表述，都要言简意赅、微言大义，避免啰嗦、词不达意，更不能出现似是而非的描述和定位。数字出版顶层设计的长远目标要具备前瞻性、中期目标要具备挑战性、近期目标要具备可实现性特点，这样才能确定数字出版效益目标体系的层层推进和逐步实现。数字出版的量化成果，无论是宏观成果还是微观成绩，都要能够以看得见的方式加以实现，以此来增强员工的发展信心，提升出版社转型升级的动力。

可操作性不当，容易导致员工信心滑坡，甚至出现人才队伍人心涣散，乃至集体离职的不良后果。举例言之：

某出版社的数字出版公司，还处于亏损阶段，董事长自招聘开始就对员工灌输会在三年内上市的宏伟目标，并以原始股持有的激励来招募公司管理层。在业务开展初期，公司招募到了合适的管理层，实现了预期的年度盈利目标，这种上市目标和期权激励起到了一定的作用。

但是，在继续发展的过程中，由于薪酬体系不合理、待遇保障严重缺陷，公司的发展出现了离心力，董事长在年终大会上仍以上市和股权来鼓励和激励员工队伍，而没有着力解决当下的待遇保障问题。结果，年后公司的骨干员工纷纷离职，数字出版业务又面临重新起步的状态。

在该案例中，公司最高层以公司上市、期权激励作为相应的发展目标，该目标作为长远目标无疑是前瞻性的，也是科学的，但是，当员工队伍因待遇保障、薪酬低下而呈现出离职前兆时，决策层非但没有引起足够的重视，适当降低目标，切实解决薪资待遇等关系员工生产生活切身利益的问题，反而仍然采取"望梅止渴""画饼充饥"的办法，继续鼓吹长远目标，这种做法最终导致人心涣散、骨干员工集体离职。

6.2　体制机制创新

2014 年，在部分新闻出版企业的"推进新闻出版转型务虚工作会"上，主管部门负责人提出："必须以壮士断腕、刮骨疗毒的决心推进体制机制改革，才能适应数字化转型升级的需要。"体制，从管理学角度来说，指的是国家机关、企事业单位的机构设置和管理权限划分及其相应关系的制度。

数字出版体制是指出版社内部关于数字出版的部门设置、业务权限范围以及其相互关系的制度，主要包括数字出版的组织架构、数字出版部门(公司)的权限范围以及相互关系。数字出版机制是指协调数字出版各要素之间关系以更好地发挥作用的具体运行方式，包括资源机制、产品机制、技术机制、运营机制、人才机制、项目机制等。

就当前的数字出版发展状况而言，数字出版的体制革新主要包括在数字出版组织机构方面进行改革和在数字出版业务权限方面进行创新两方面。组织机构改革，包括成立常态化的领导小组进行统筹，设立独立的数字出版部门或者公司；业务权限的创新，是指要对数字出版部门在合理约束的基础上，进行充分授权，以推动其尽快完成出版社的资源转化、产品研发和数字产品市场销售等工作。数字出版机制创新涵盖了资源建设、产品研发、技术供应、市场销售、衍生服务等数字出版产业链的全部环节，其中人才机制创新是数字出版业务发展的主要抓手，项目机制创新是推动转型升级的内在动力，运营机制创新是数字出版产业化的重要驱动。

6.2.1　体制革新

数字出版的体制革新，主要解决数字出版的定位问题，解决数字编辑的地位问题，直接反映了出版机构是将数字出版看作职能机构、管理机构还是经营机构，视为战略补充、战略后备，还是战略性经济增长点。

就当前的数字出版发展状况而言，数字出版的体制革新主要包括在数字出版组织架构方面进行改革和在数字出版业务权限方面进行创新两方面。

6.2.1.1　组织架构改革

组织架构的改革，是指在原有的出版社各业务部门、管理部门的基础上，通过成立独立的部门或者企业来发展数字出版业务。数字出版组织架构的革新有以下几种体现方式：

其一，采取"部门制"发展模式。就大部分出版社而言，"部门制"发展模式已经得到了较好的贯彻和落实，尽管名称叫法不一样，例如，电子工业出版社成立数字出版中心，中国法制出版社成立数字出版部，地质出版社成立数字出版分社等。但是，仍然有一些认知不清、改革魄力不足的出版单位没有成立单独的数字出版部门，而是将相关职能交由总编室、办公室、信息部或者出版部代为履行。

其二，设立常态化的领导小组。这里需要着重提出的是，除了常规、固定的新部门设立以外，对数字出版业务，各出版社还分别成立了以社领导为首的领导小组，例如，信息化建设领导小组、数字化转型升级领导小组、数字出版领导小组、融合发展领导小组等。如法律出版社成立信息化领导小组、中国建筑工业出版社成立数字出版领导小组、地质出版社成立融合发展领导小组等。这种以特别任务、特定目标的实现为成立初衷的领导小组往往规格更高、决策权限更大，进而对数字出版的大力发展、迅速布局也具有更强的推动力。

其三，采取"公司制"发展模式。公司制发展模式，是指出版集团或者单体出版社设立独立的数字出版公司来发展数字出版业务。公司制的发展模式，有利于打破传统出版的体制机制束缚，充分发挥市场的决定性作用，完全按照市场规律开展业务经营和管理。目前，国内大型出版集团，例如，中国出版集团、中南出版集团、江苏凤凰出版集团、四川新华文轩出版集团、重庆出版集团等纷纷设立单独的数字出版公司开展数字出版业务；同时，规模较大、实力较强的单体出版社也纷纷成立数字出版公司，以求在未来的竞争格局中占有一席之地，如地质出版社成立中地数媒科技文化公司、人民卫生出版社成立人卫数媒公司、人民法院出版社成立音像电子公司等；值得一提的是，地质出版社、知识产权出版社还采取了"跨所有制、跨领域、跨地域"的方式，联合睿泰集团成立了数字出版领域的企业管理咨询公司，为公司制的发展进一步提供了创新的方向。

目前在组织机构创新方面存在的问题是，各社推动力度不一样，仅就新部门队伍建设规模而言，外研社数字出版从业者300多人，人民法院出版社近100人，人民卫生出版社60多人，中少社30多人，而有的出版社数字出版部只有2~3人，甚至还有的出版社数字出版部是"光杆司令"，数字出版部的主任既是领导也是员工。数字出版已经步入了稳定发展的新常态，在新常态下，政府项目越来越多、产品研发与日俱增、技术变革日新月异、市场销售刻不容缓；要适应数字出版的新常态，就需要维持一定的数字出版人才规模，以开展相应的数字出版业务，否则即便成立了独立部门也很难取得成效。

6.2.1.2　业务权限创新

业务权限的创新，是指要对数字出版部门在合理约束的基础上，进行充分授权，以推动其尽快完成出版社的资源转化、产品研发和数字产品市场销售等工作。业务权限创新体现在以下几个方面：

首先，要授予数字出版部门资源整合的权限。数字出版业务起步于资源建设，传统出版社存在大量的排版文件、纸质样书，这些存量资源亟须进行数字化和碎片化工作，以便为后续的数字产品研发做准备；同时，存量资源的数字化还能够将出版社自建社以来的所有已出版图书进行整理，建成出版社自身的"数字内容资源库"，这项工作对于出版社的后续发展具有重要的作用，也是出版社历史的一个回顾和缩影。不过在转化出版资源的过程中，需要总编室、资料室、档案室等相关部门的配合，以尽快完成预定的资源加工工作。

其次，要授予数字出版部门产品研发自主权。数字出版部门往往处于市场一线，一方面，了解目标用户的阅读需求；另一方面，经常和出版技术商接触，因此具备自主研发数字产品的多项优势。出版社需要授权数字出版部门根据数字产品市场总体供需状况，立足出版社自身实际情况来研发电子书、数据库、数字视听产品和动漫游戏产品等。

最后，要授予数字出版部门运营销售的权限。有的出版社的数字产品销售由单独的部门负责，或者由传统图书的市场销售部负责，这种做法是不可取的。第一，健全的数字出版部只有在内部设有产品研发部、技术支持部、市场销售部和政府项目部，才能实现产品研发和市场销售环节的顺畅对接；第二，交由其他部门负责运营会增加内部交流成本，同时，市场信息反馈周期长会导致产品更新难以适应市场变化；第三，传统图书市场销售和数字产品市场销售存在目标用户群、消费决策权限、服务提供方式等多方面的差异，传统市场销售员工难以适应数字产品的销售任务。

6.2.2 机制创新

数字出版的机制创新，直接关系到数字出版从业者的社会地位、工作状态和薪资待遇，也直接体现了出版机构对于数字出版的资源、产品、技术、运营等产业链环节的重视程度和调节方式。

如前所述，数字出版机制创新涵盖了资源建设、产品研发、技术供应、市场销售、衍生服务等数字出版产业链的全部环节，这里仅选取人才机制、项目机制和运营机制三个方面加以分析。

6.2.2.1　人才机制创新

数字出版的人才机制创新，是指打破传统出版的依靠资历、行政级别、工作年限的限制，而纯粹按照市场竞争规律对人才进行聘用、使用和发放薪资待遇，主要包括人才引进创新、薪资机制创新和人才使用创新等。

在人才引进方面，许多出版社越来越重视领军人才、骨干人才对于出版社数字出版业务的推动作用。各出版社不再局限于内部培养的方式来发现和提拔数字出版人才，而是积极采用对外公开招聘的方式来延揽人才。例如，法制出版社、人民法院出版社、地质出版社、作家出版社等的数字出版主任均是采取社会招聘的方式，将优秀的人才吸纳进本社。

在薪资待遇方面，有的出版社在公开招聘数字出版主任时，已经摒弃原有的行政级别制的工资机制，而是遵循"老人老办法，新人新办法"的原则，正式启用协议工资机制。协议工资制的实现完全由应聘者提出薪资待遇预期，出版单位决策层根据其面试表现，确定相应的绩效考核任务，继而给予相应的协议工资。协议工资在传统出版单位的出现，既是对原有工资机制的挑战，也体现了传统出版社在引入数字出版人才方面的创新魄力和实质性动作。据了解，目前已有部分出版企业的数字出版领军人才，其薪资水平超过了所在企业的社领导待遇，这是协议工资机制对原有工资机制的挑战和对比。

在人才使用方面，理念前瞻的出版社完全是按照"量才使用、唯才是用"的原则来安排数字出版人才的职位和权限，甚至破格提拔和使用数字出版主任。"非常之事，必待非常之人。"在数字出版发展的初期，往往需要出版社的决策层按照"不拘一格降人才"的办法，打破学历、出身、专业等方面的束缚，来发现、识别和引进数字出版高端人才，以尽快实现本社传统出版向数字出版的转型过渡，以加速实现传统出版和新兴出版的融合发展。

6.2.2.2　项目机制创新

财政项目也是数字出版顶层设计所要着力解决的核心问题。顶层设计中，应包括完整的政府项目策划机制、申报机制、实施机制、验收机制和项目成果转化机制。同时，还需具备与这些环节相匹配的制度措施，例如，财政项目奖励管理办法、财政项目责任制度、财政项目绩效考核制度等。项目机制创新，是指出版社要将项目策划、申报、实施、验收工作与项目团队的约束机制、激励机制相结合，以顺利推进项目的申报和实施，加速实现项目成果转化为文化生产力。

就约束机制而言，数字出版部门必须按照出版社既定的数字出版战略，逐步推进出版社的项目体系，确保每个项目都能完成预期的战略价值；就单个项目而言，项目应该成立工作组，包括领导组、内容组、技术组等相关小组，以确保目标一致、相互制约、相互配合。在约束机制上，地质出版社对于财政项目的组织，已经形成了数字出版分社负责策划、申报和实施，竞标管理小组负责项目招投标程序、项目管理办公室负责项目进度管理的项目机制，三个部门之间互相制约、互相监督，共同推进项目完成预期目标，共同致力于财政项目的成果转化。

与此同时，考虑到出版社在软件技术方面与项目承接方存在的信息不对称问题，可以考虑引进"第三方项目监理"制度。目前已有出版社正在实行项目监理在文化产业项目、国资预算项目中的工作思路和制度创新。2016年9月，知识产权出版社、地质出版社和睿泰集团联合成立了中地睿知企业管理咨询公司，打造了数字出版领域的第一个高端智库——"融智库"；融智库的职能之一便是提供财政项目的管理和监理服务。

就激励机制而言，出版社可以将项目的申报、实施与项目奖励相结合，按照"比例式计提、分布式发放"的原则，以获批的财政资金数额为基数，从出版社自有资金中拿出一定数额的奖励资金用于奖励项目申报和实施团队。例如，2017年发布的《数字出版业务流程与管理规范》行业标准中，明确规定了数字出版项目的奖励机制，建议各出版企业对于财政项目的申报和实施，可引入激励机制，以提升项目实施质量，提高项目管理水平，促进项目的成果转化。

6.2.2.3　运营机制创新

传统出版的市场销售机制相对比较成熟，一方面，有着新华书店这样庞大的发行网络；另一方面，各出版社均有大量的专业书店经销商。并且，通过数十年的发展，大部分出版社建立起了稳定、连续性的销售渠道，有着忠诚度较高、客户黏度较强的大批固定读者群体。相比之下，数字产品的销售渠道则处于全新的开拓中，要付出艰辛的努力，这种努力可体现在传统销售渠道的转化方面，也可体现在独立建构销售渠道方面。

所以，数字产品的运营和销售制度要能够调动全方位、各方面的积极性，以求在较短的时间内形成相对健全、相对畅通和不断扩大的运营分销网络。在这方面，有的出版社，如法律出版社、地质出版社对数字产品的销售人员采取合同金额 40% 包干制的奖励制度，大大提高了员工的销售积极性，也在短期内取得了较为可喜的销售业绩。地质出版社的国土资源数字图书馆 2015 年甫一上市就取得了数十万元的销售业绩，同样也是采用了 40% 包干制的销售奖励机制。

6.3　发展路径模式

在数字出版顶层设计要素体系之中，发展模式居于承上启下的关键性位置：一方面，发展模式是战略定位、发展规划的落实载体；另一方面，发展模式可以下辖业务体系、财政项目、技术供应和人才布局等要素。数字出版发展模式解决的是数字出版业态市场主体的转型升级问题，解决的是内涵型积累、可持续发展的问题以及高质量发展方式的问题。"十三五"时期新闻出版业科技工作所遵循的六点原则包括：第一，坚持把创新驱动作为发展战略；第二，坚持把融合发展作为主要方向；第三，坚持把统筹兼顾作为根本方法；第四，坚持把项目带动作为重要抓手；第五，坚持把市场主体作为创新源泉；第六，坚持把以人为本作为基本要求。"①其中第五点，讲的就是数字出版发展模式的创新对于整个业态发展的助力作用。

在未来的数字出版发展历程中，数字出版发展将步入提质增效阶段，将凸显"吉光片羽"效应，数字产品市场化与产业化的推进势必要触及顶层设计的下述问题：(1)顶层设计与业务配置是否适配？(2)体制机制创新与市场运营开拓能否衔接？(3)国家标准、行业标准、项目标准和企业标准的制定可否同步开展？(4)数字出版制度建设与业务发展是否合拍？(5)数字出版公司制与部门制发展模式可否同时推进？②

上述前四个问题涉及范畴更为广阔，本节主要回答最后一个问题：关于数字出版部门制、公司制等发展模式可否同步推进？答案是肯定的。数字出版部门制的发展模式有利于尽快转化传统出版资源，协调出版社内部各部门之间的工作关系，同时可高效、统一地安排财政项目的策划、申报、实施和验收工作；数字出版公司制的发展模式，有利于体制机制创新，能够在较短的时间内推进数字产品的市场化，推动数字出版向着规模化、产业化的方向发展；而将股权激励政策在合适的时机、条件下融入公司制发展模式则属于更为前瞻、需不断探索尝试的重大课题。

6.3.1　发展模式演进

在"十二五"时期，曾经出现了电子书产业发展的五大模式："终端厂商主导模式、运营商主导模式、电子书门户模式、电商平台主导模式、出版社主导模式。"③这些模式的出现，在当时的经

————————

① 冯宏声．新闻出版业"十三五"时期的科技工作思考[J]．科技与出版，2016，258(6)：28-35．

② 张新新．变革时代的数字出版[M]．北京：知识产权出版社，2016：51．

③ 杜晓沫．我国电子书市场的五种经营模式[J]．出版参考，2012(21)：14．

济、社会条件下，代表了数字出版发展的最新趋势，但是，时过境迁，随着信息技术更替、企业经营不力、盈利模式不清等因素的出现，这几种发展模式都陆续被新的发展路径所取代，唯一保持市场坚挺、一路高歌的是运营商主导模式——移动出版始终呈现逐年上涨的发展态势。与上述电子书产业模式不同的是，传统出版社转型升级过程中采取的部门制、公司制等发展模式，主要立足体制机制以及组织架构的视角，由特定的发展模式统领具体的终端、网络、产品、服务和人才发展。

6.3.2　发展模式综述

数字出版发展模式属于数字出版顶层设计的范畴，顶层设计要解决的主要问题之一便是数字出版的发展路径模式。目前，国内关于数字出版的发展模式大致有三种：第一，部门制发展模式；第二，公司制发展模式；第三，"双轨制"发展模式。此外，"股份制"发展模式初现端倪。从现实出发，部门制发展模式是当下传统出版企业发展数字出版的主流模式；从未来展望，公司制发展模式是未来数字出版发展模式的演进和迭代；"双轨制"集合了部门制和公司制两种模式的优点，属于最佳的发展模式；股份制模式处于"小马过河"的阶段，其适用范围、适用条件、发展前景仍然存在诸多不确定之处，不过，却代表着最新的发展趋势。

部门制发展模式，是指成立单独的数字出版部、数字出版分社或者数字出版中心，来承担数字出版的财政项目、产品研发和市场运营等职能，该模式是目前大多数出版社采取的主流发展模式。

公司制发展模式，是指设立独立法人、自负盈亏，成立独立的数字出版公司来发展数字出版业务。数字出版公司目前大部分是以国有企业设立全资子公司的方式而成立，也有部分数字出版公司含有民营资金的成分。

"双轨制"发展模式，是指在出版社中既有独立的数字出版部，也有独立的数字出版公司，以数字出版部承担政府项目的策划、申报、实施和验收等工作，以数字出版公司完成项目成果转化，进行数字产品研发和运营的发展模式。

"股份制"发展模式，是指采取公私合营的方式，由管理层持股，来推动数字出版业务的发展。股份制发展模式的主要价值在于充分调动管理层、高新技术人才的积极性，有利于将企业的发展和个人激励进行有效统一和整合。

6.3.2.1　部门制模式

部门制发展模式的优势是，设立程序相对简洁，承接政府项目具有天然合理性，同时便于和出版社其他部门沟通和协调，员工认同感和归属感较强。

就设立程序而言，部门制发展模式仅需要出版机构或者出版机构的主管部门通过设立编制、部门的方式来加以实现。部门制发展模式是目前全国出版企业采取的主流发展模式，就具体名称而言，因"社"而异，有的采取"数字出版中心"，如天津大学出版社数字出版中心、化学工业出版社数字出版中心、石油工业出版社数字出版中心等；有的称呼"数字出版分社"，如社科文献出版社、九州出版社、地质出版社等，地质出版社数字出版分社于2015年成立，由项目管理部、产品运营部、技术支持部和市场营销部四个部门组成，其中每个部门主任的级别设置为副处级，分社目前队伍规模为10多人。其他大部分出版社称为"数字出版部"，如中国方正出版社、中国海关出版社等。值得一提的是，2016年，中国商务出版社、中国计划出版社设置了独立的数字出版部门，进入数字出版"部门制"发展模式的方阵，这标志着央企级出版企业大部分已经完成了独立数字出版部门的建制。

部门制的发展模式，有利于传统出版机构的数字出版部门与其他部门进行交流和衔接，便于传统出版和数字出版业务在资源、人员、机制、薪资等方面的统一协调和调度。同时，就数字出版从业者而言，与编辑出版部门采取相同或者类似的机构设置，有利于增强其身份认同，有利于出版企业和谐文化的构建和发展。但是，部门制发展模式的弊端在于，仍然没有摆脱传统出版发展模式的束缚，从传统出版的视野来看待和从事数字出版，"作坊式"的生产关系继续在发挥主要作用。

6.3.2.2　公司制模式

公司制的发展模式，有利于打破传统出版的体制机制束缚，充分发挥市场的决定性作用，完全按照市场规律开展业务经营和管理。公司制发展模式，是体制机制的改进，有利于推动传统出版企业彻底、深入实现数字化转型升级，按照市场规律办事，充分发挥市场配置资源的决定性作用；是人才评价的改进，有利于推动数字编辑职称制度的全面推广，有利于数字出版人才在国有体制、民营企业之间互相流动；是技术应用的改进，公司化的数字出版业务，往往能够在大数据、增强现实、动漫影视等新技术、跨界业务的开拓方面取得更加显著的成效，技术应用和技术成果转化的能力和速度将会得到显著提升。①

公司制发展模式相对于部门制发展模式而言，其核心差异在于：数字出版业务开展、人才引进、经营管理要遵循企业法人的股东会、董事会、监事会和经理层的议事规则，要按照现代企业制度、现代企业的法人治理结构来决策、执行和监督。如果仅有公司的外壳，在经营管理层面仍然按照传统出版的决策体制来进行，那么这样的公司只是徒有其表。

公司制发展模式的不足之处在于：为数字出版从业者提供了良好的"进路机制"，却没有为数字出版从业者提供"退路机制"。传统出版社数字出版部门人员的人事、组织关系如何与数字出版公司有机协调？容错纠错机制如何设立？经营失利甚至经营失败后，公司和原有部门之间能否实现再次转换？这些都是公司制发展模式需要谨慎处理好的问题。

从设立主体的角度来看，公司制发展模式的类型主要如下：

其一，出版集团设立的数字出版公司。目前，国内大型出版集团，例如，中国出版集团、中南出版集团、江苏凤凰出版集团、四川新华文轩出版集团、重庆出版集团等纷纷设立单独的数字出版公

---

① 任晓宁. 数字出版：转型升级亟待模式创新[N]. 中国新闻出版广电报，2016-07-04.

司开展数字出版业务。出版集团设立数字出版公司的时间较单体出版社而言，往往时间较早，规模也相对较大。

其二，单体出版社成立数字出版公司。规模较大、实力较强的单体出版社也纷纷成立数字出版公司，以求在未来的竞争格局中占有一席之地，如法律出版社成立北京法讯网络技术有限公司、地质出版社成立中地数媒科技文化公司、重庆大学出版社成立重庆迪帕数字传媒有限公司、人民法院出版社成立东方法律文化传媒有限公司等。

从企业性质的角度分析公司制发展模式，主要包括以下两种：

第一，出版企业设立全资子公司的模式。目前国内的数字出版公司大多属于纯国有资本的性质，纯国有性质的数字出版公司设立程序相对简单，与原有出版社的业务关联较为紧密。这种类型的公司在经营管理、薪资待遇、队伍结构等方面很大程度上借鉴了传统出版企业的模式，但是在人才引进尤其是科技型人才引进方面有了较大突破，能够按照"新人新办法"的思路，奉行协议机制，进而招徕骨干人才甚至领军人才。

第二，企业联合设立合资公司的模式。在数字出版高歌猛进的同时，单打独斗、闭门造车的发展思路最终会遇到现实的阻碍，于是许多出版机构考虑"社际联合"，甚至引入民营资本，成立混合所有制的数字出版公司。例如，贵州出版集团成立的漫动亚青数字传媒公司，人民交通社成立的北京行翼科技有限公司就引入了自然人股东；地质出版社、知识产权出版社则是联合江苏睿泰，引入了民营企业作为法人股东。合资公司的模式，有利于充分调动各方力量，聚集行业优势资源，实现数字出版市场化的放大效应，进而为数字出版产业化提供了现实的可能性。

6.3.2.3 "双轨制"模式

双轨制发展模式，即"部门制+公司制"的发展模式，是指在出版社中既有独立的数字出版部，也有独立的数字出版公司，以数字出版部承担政府项目的策划、申报、实施和验收等工作，以数字出版公司完成项目成果转化，进行数字产品研发和运营的发展模式。

例如，地质出版社、人民交通出版社和法律出版社均采取这种发展模式。

双轨制发展模式在战略定位方面有着严格的区分：数字出版部门主要定位于政府项目，承担政府在文化产业上宏观调控的指标实现，如对数字出版项目的策划、申报、实施、管理和验收；数字出版公司主要定位于市场，充分发挥市场在配置资源方面的决定性作用，按照市场规律进行经营和管理，充分对财政项目进行成果转化、进行市场化对接。

对广大的数字出版人而言，"双轨制"发展模式为他们提供了"进可攻、退可守"的良好境遇：在改革创新方面，能够义无反顾、全力以赴地进行数字出版市场化销售和向产业化迈进，在短时间内形成数字出版业务的"自我造血"机制；在容错纠错方面，能够确保在经历了探索开拓而不得其法之后，继续留存于传统出版的体制内，不忘初心、继续尝试，直至找到适合企业实际、符合行业趋势的合理商业模式。

6.3.2.4 股份制发展模式

近些年来，我国文化产业的快速发展，对国有文化企业的法人治理机构提出了更高的要求，然而"缺乏有效的经营者激励约束机制决定了现代企业制度的核心——公司治理机制的不科学、不健全"。① 股份制发展模式，是指对数字出版公司进行股权激励，允许或者鼓励高新技术人才、管理层持股，进而有效统一员工个人利益与公司长远的发展目标。股份制发展模式在文化产业领域尚处于试点阶段，有部分出版企业进行了尝试。

近几年，在科技文化领域，中央及地方政府主管部门先后出台了一系列股权激励的相关政策和规定：2014 年 7 月，国务院办公厅发布了《关于印发文化体制改革中经营性文化事业单位转制为企业和进一步支持文化企业发展两个规定的通知》；2015 年 3 月 13

---

① 郭全中. 推进国有文化企业股权激励制度改革 打造利益共同体 [J]. 中国报业，2014(7).

日，中共中央、国务院出台了《关于深化体制机制改革加快实施创新驱动发展战略的若干意见》；2015 年 5 月，福建省科技厅着手牵头起草了《福建省企业科技创新股权和分红激励试行办法》；2016 年 2 月，财政部、科技部、国资委联合下发了《国有科技型企业股权和分红激励暂行办法》；2016 年 9 月，国税总局、财政部联合下发了《关于完善股权激励和技术入股有关所得税政策的通知》。这些政策和文件的共同特点在于：第一，大多鲜明地提出了"股权激励"的机制，鼓励国有文化企业、科技企业尝试探索股权激励方案；第二，确保国有文化企业、科技企业的意识形态属性，以特殊管理股等创新措施保障国有企业改革方向的正确性；第三，鲜明指出股权激励的对象分别是管理层、高新技术人才和企业员工，激励的方式包括奖励、购置和期权等多种形式；第四，坚持稳健和审慎的原则，以"探索""尝试"等方式来推动股权激励的实施，而不是一拥而上、全面铺开。

上述科技文化领域股权激励政策的出台，对处于快速发展的数字出版业务而言，具有较大的推进作用，同时也为那些数字出版先行者们提供了机制创新、改革前行的政策依据。在实践操作层面，人民交通出版社成立了"北京行翼科技有限公司"，其中引入了管理层持股、技术人才持股的机制，开启了出版领域企业探索股权激励机制的新征程。然而，即便如此，出版业的意识形态属性决定了数字出版的管理层不可能一边以国企中层管理者的身份自居，一边还享受着股权奖励、股权购置等股权激励政策的红利。可以说，数字出版的股份制发展模式道路尚远，还需要体制机制的进一步松绑和创新作为支撑。

6.3.2.5　演进、迭代和升级

综上所述，数字出版从部门制、公司制、双轨制发展到具有雏形的"股份制"，首先，是互联网技术、移动互联网技术综合作用于出版业的结果，是互联网思维、现代企业思维与出版业相结合的产物；其次，这种发展过程也反映了数字出版发展的大好形势，是数字出版业态呼唤上层生产关系变革和创新的体现，是不同时期数

字出版生产关系的演进、迭代和升级；最后，这种演进和迭代，有利于推动管理层、企业员工和高新技术人才分享数字出版发展的成果，将个人权益和公司利益有机结合，进而实现贡献、收入和发展三者之间的和谐统一。

第七章　出版业数字化战略的
内涵与路径

　　本章基于产业组织理论、业态理论、生态理论，围绕出版业数字化战略的主题，界定了出版业数字化战略的内涵，对"数字科技、数据、产业链、价值、要素"等关键词进行了解读。同时，在分析出版业数字化战略的"两个方面"、与转型升级、融合发展、数字出版的"三个关系"后，得出一个基本判断：出版业数字化战略是一项系统工程。进而，提出了战略实施的三条路径——"新型出版企业、新型出版业态、出版业新生态链"，分析了其重要性、必要性、现状问题与发展对策；提出未来数字出版发展的三方面展望，即数字出版的意识形态属性将更加凸显，体现出产业体系智能化、治理体系现代化的特质，数字出版的市场调节体系和宏观调控体系将更加健全、完善和优化。

　　数字化作为一种生活方式、生产方式和治理方式，已经深刻影响到政治、经济、文化、社会等各个领域，并推动着数字经济、数字社会、数字政府和数字文化的建设与发展。于文化产业而言，《中华人民共和国国民经济和社会发展第十四个五年规划和2035年远景目标纲要》（简称"十四五"规划）指出："实施文化产业数字化战略，加快发展新型文化企业、文化业态、文化消费模式，壮大数字创意、网络视听、数字出版、数字娱乐、线上演播等产业。"①

----

　　①　中华人民共和国国民经济和社会发展第十四个五年规划和 2035 年远景目标纲要［EB/OL］.（2020-03-13）［2020-04-02］. http：//www.gov.cn/xinwen/2021-03/13/content_5592681.htm.

7.1　出版业数字化战略内涵解读

出版产业数字化战略，可尝试归纳为，"在新一代数字科技支撑和引领下，以数据为关键要素，以数据赋能为主线，以价值释放和创造为核心，对产业链上下游的全要素数字化转型、升级、重塑和再造的战略"①。该概念囊括了几个关键词：

关键词一，数字科技：以人工智能、5G 技术、区块链技术为主体的数字技术赋能出版产业链各环节、赋能出版业产品和服务，是出版产业数字化战略的题中应有之义。数字技术的本质在于借助特定的设备，将各种信息转换为二进制数字"0"和"1"后，进行运算、加工、存储、传播和还原。数字技术赋能传统产业的过程，便开始了数字化的进程，其中涵盖"3 个层次、5 个方面"的数字化转型——"编辑转型、编辑室(分社)转型、出版机构转型；出版产品转型、技术运用、流程再造、营销转型、制度重塑"。②

关键词二，数据：以数据为视角，以数据为生产要素，出版业的数据类型大致可分为"内容数据、用户数据、交互数据"或者"条数据"与"块数据"，按照数据建设流程，数据采集、存储、标引、关联、计算、可视化、二次数据的形成，组成了出版业大数据建构的基本原理和应用场景。

关键词三，价值：出版业数字化战略的初衷和使命在于实现价值释放、价值创造、价值增值、价值链重塑等。出版业数字化战略的核心在于通过数字化、网络化、智能化的内部流程再造和外部产品(服务)升级，来实现传统的、线下的流程、产品、渠道的价值扩充和进一步释放，进而对内提高出版质量、对外提升出版效益。

关键词四，产业链：数字化战略要涵盖出版产业链的每一个环

---

① 张新新. 基于出版业数字化战略视角的"十四五"数字出版发展刍议[J]. 科技与出版，2021(1)：65-76.

② 张新新. 出版转型的体系性思考与理论建构[J]. 中国编辑，2020(9)：54-59.

节，实现全环节的战略传导和战略转型，无论是选题策划、编辑加工，抑或校对设计、印制发行；并由产业链延伸到价值链、创新链的数字化重塑和再造。这将是一个长期的、持续的、思想解放的过程。

关键词五，要素：要实现出版业数字化战略，需充分将信息、数据、知识、技术、人才、标准等新要素进行充分配置，发挥要素驱动的功能，实现出版业的质量、效率和动力变革。

关键词六，战略：作为一项战略，出版企业制定数字化战略要形成涵盖战略制定、战略实施、战略评估、战略反馈、战略修订在内的完整的战略闭环。从功能定位来看，应将数字化战略作为长策大略，作为未来很长时间内出版业高质量发展的重要抓手，作为出版企业制定长期规划、中期规划和短期规划的主体战略，保持战略自信、战略耐心和战略定力。

出版产业数字化战略主要包含两个方向：数字出版、融合发展，前者是出版企业独立的经济增长点所在，是自 2010 年以来一直处于蓬勃发展期的出版新业态；后者是媒体融合战略落地到出版产业的结果，是传统出版和新兴出版在内容、技术、运维、平台、管理、人才等多方面交融、互融、通融的结果。同时，准确理解出版业数字化战略，切不可将"数字化转型升级"等同于"数字化战略"，前者侧重于基础设施、资源、平台的数字化，后者强调提质增效、强调发展的质量和效益，是更高水平、更严标准、更为宏观的战略性考量。

7.2　基本判断：出版业数字化战略——系统工程

基于出版业数字化战略，对比深入思考可知：文化产业数字化战略，包含着出版产业数字化战略，即数字出版产业角度的方向设定；而公共文化数字化建设，则包含着出版事业的数字化考量，为数字出版公共服务、公益数字出版等模式的落地实施提供了注脚和可能；同时，出版业数字化战略与数字化转型升级、融合发展、深度融合以及未来出版业态密不可分，作为战略层面的出版业数字化可尝试归纳为初级、中级、高级阶段以及最终目标，如图 7-1 所示。

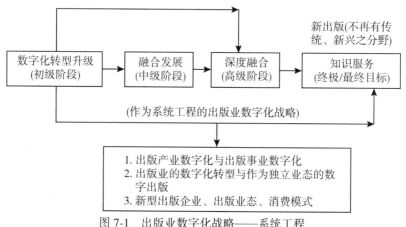

图 7-1　出版业数字化战略——系统工程

7.2.1　出版业数字化战略的两个方面

"数字化"作为一种思维方式、工作方式和生活方式，将影响当今社会的各个行业、各个领域和大部分公民。"数字化"的规律认识和运用，也将深入文化事业和产业，深入出版事业和产业。这也是数字出版得以长久存在、持续发展的根本原因。出版业的数字化，先后经历了试点示范、央企转型、整体转型、深化转型、融合发展几个阶段，下一步正迈向深度融合、提质增效。而"十四五"开局之年，随着文化产业数字化战略的实施，数字出版的发展趋势将会不断强化：数字化的发展理念需要深化，数字化的制度体系亟待健全，数字化的实践将会日益丰富。

作为文化产业数字化战略的重要组成部分，出版业数字化包含出版产业数字化战略和出版事业数字化建设两个方面，同时，出版产业数字化战略的落地实施，要处理好传统出版的数字化转型和数字出版产业发展两个问题。

7.2.1.1　出版产业数字化战略与出版事业数字化建设

出版产业数字化战略，可尝试归纳为"在新一代数字科技支撑和引领下，以数据为关键要素，以数据赋能为主线，以价值释放和创造为核心，对产业链上下游的全要素数字化转型、升级、重塑和再造的战略"。健全现代出版产业体系，离不开优质内容供给，离不开实施出版产业数字化战略，离不开新型出版企业、出版业态、出版消费模式、出版生态体系的发展与演进。出版产业数字化，先后经历了数字化转型升级阶段（2012—2017）、融合发展阶段（2014—2019）、深度融合（2019年至今）阶段，目前已经步入最新提出的数字化"战略"阶段。

出版事业数字化，一方面，包含公益数字出版模式，即出版单位践行社会责任、实现社会效益而进行的数字出版产品研发、技术应用和市场推广活动，如2020年疫情期间，200多家出版社免费开放数字资源，开启公益数字出版之旅。另一方面，包含公共文化服务的数字化建设，即以数字化出版产品、出版服务推进城乡公共文化服务体系建设、实施文化惠民工程、广泛开展群众性文化活动，包括但不限于实施数字农家书屋、卫星农家书屋、全民数字阅读、少数民族出版工程等。

7.2.1.2 出版业的数字化转型与作为独立业态的数字出版

目前来看，出版业始终存在传统出版和数字出版在发展理念、体制机制、生产流程、人员队伍、渠道建设等方面的"两张皮""两股道"现象。《关于传统出版和新兴出版融合发展的指导意见》中，也将传统出版和新兴出版作为两种独立的形态。由此，就出版产业数字化战略而言，要处理好两个方面：其一，出版业数字化转型，涉及策划、审校、印制、发行的全流程数字化，包含"三个层次、五个方面"的转型——"编辑转型、编辑室（分社）转型、出版机构转型；出版产品转型、技术运用、营销转型、流程再造、制度重塑"①的转型。应该把数字化转型作为战略，旗帜鲜明地提出来，并在五年规划中予以体现和保障，在业务实践中不断推进和落实。

---

① 张新新. 出版转型的体系性思考与理论建构［J］. 中国编辑，2020（9）：54-59.

其二，作为独立业态的数字出版。数字出版是指"以数字技术将作品编辑加工后，经过复制进行传播的新型出版"①。数字出版产业，是数字出版作为独立出版业态、出版形态的市场化、规模化发展。在相当长一段时间内，数字出版仍将承担着推动转型、促进融合的重任，数字出版从业者仍将在理念、制度和实践层面，成为推动出版业数字化转型的排头兵和先锋队。传统、新兴两种出版的二元界分、二元并存状态将长期存在，直至最后，出版机构完成从内容提供商向知识服务提供商的顺利过渡，届时，集传统出版、数字出版要素、特征、功能于一身的新出版业态将出现。

7.2.2　出版业数字化战略与转型升级

出版业数字化转型升级的内涵，是指"运用新技术，挖掘新业态，优化生产要素，重塑生产流程，强化网络空间话语权，协同推进数字出版产业发展与事业提升"。② 转型升级，萌芽于 2012 年，肇始于 2013 年，先后经历了：（1）基础设施数字化阶段（2013 年），以《关于做好中央文化企业数字化转型升级项目国有资本经营预算编制的通知》的发布为标志，旨在解决数字化转型升级的软件配备、硬件购置和部分内容资源建设问题；（2）资源数字化阶段（2014 年），以《关于做好中央文化企业数字资源库建设项目国有资本经营预算编制的通知》的颁发为标志，主要任务是开展数字资源管理，构建知识资源体系；（3）平台数字化阶段（2015 年），以《关于做好中央文化企业数字内容运营平台项目国有资本经营预算编制的通知》的发布为标志，开展的主要工作是运营平台标准规范建设、数字内容产品研发以及行业级数字内容运营平台建设；（4）深化数字化转型升级阶段（2017 年以后），主要任务包括优化软硬件装备、开展数据共享与应用、探索知识服务模式、持续开展创新和

---

① 张新新. 数字出版概念述评与新解——数字出版概念 20 年综述与思考［J］. 科技与出版，2020（7）：43-56.

② 张新新. 吉光片羽：人工智能时代的出版转型［M］. 北京：清华大学出版社，2019：224-226.

加快人才培养等。

转型升级阶段还有两个重要调控政策，其一，2014 年，主管部门发布了《关于推动新闻出版业数字化转型升级的指导意见》，由试点转型步入整体转型，将中央文化企业数字化转型升级扩展到整个新闻出版业的数字化转型升级；其二，2017 年，发布了《关于深化新闻出版业数字化转型升级工作的通知》，主要目标设定为：推动新闻出版企业加快完成数字化转型升级，初步建成支撑新闻出版业数字化转型升级的行业服务体系。

出版业转型升级，历经近十年的持续推进，在企业实践中遇到的困难或问题，有若干情形，如："成本过高、资金储备不足"的"不能转"心态，"立足传统主业强大、组织模式不灵"的"不愿转"心理，基于"影响纸书销售、盈利模式不清晰"的"不敢转"心态，"战略不清、转型定位不明、战略定力不足"的"不善转"表现，以及在转型过程中"人才储备不足、转型能力不强"的"不会转"结果。

转型升级是一个过程，是一个有起点无终点的连续过程，出版业需要长期开展转型升级并将长期处于转型升级的过程之中，就出版业数字化战略而言，"转型升级"是实现数字化战略目标的重要举措、抓手工程、起步阶段。而完整的数字化战略目标设定、主要任务、战略实施和战略评估，则是一个系统工程，是一个生态体系。

转型升级之后的下一阶段，参照其他传统产业的数字化过程，或许该以"提质增效"来确定，分别是对内提高发展质量，促进高质量发展，对外进行效益量化，提升社会效益和经济效益，实现二者的有机统一。出版社数字化之"提质增效"要解决两个关键问题：其一，以内容为根本，以产品为核心，研发畅销型产品、长销型产品、工匠型产品，发挥工匠精神，打磨和锻造一系列数字出版精品，提升出版业的内在价值；其二，强化渠道建设，自建数字产品销售渠道，推动传统图书销售渠道转化，实现销售渠道融合，进而打通出版业数字化战略实施路径，切实解决数字出版的收入、效益问题，实现数字出版由价值到价格的转换，为数字化战略评估做好充分准备，直至最终形成出版业数字化战略闭环效应。

7.2.3　出版业数字化战略与融合发展

2020年12月21日，第十届中国数字出版博览会在京开幕。中宣部副部长张建春出席会议并作题为《大力实施数字化战略　推动出版强国建设》的主旨讲话。讲话中指出，"要加强顶层设计，引领发展方向。把融合发展和数字出版产业作为一个主攻方向，作出系统规划部署，坚持分类指导，坚持扶优助强，坚持重点项目带动，推动出版业数字化水平在'十四五'时期上一个大台阶"。① 由此可知，融合发展、数字出版产业是出版业数字化战略的主攻方向和重要抓手。

融合发展，是一种状态，是传统出版和新兴出版的融合，是传统出版和数字出版的融合，是传统出版和数字出版在内容、技术、平台、渠道、经营、管理、资本等层面的交融、互融、通融、共融的状态。自2014年起，媒体融合发展战略，在新闻出版广电等领域先后有一些重要的调控政策出台：2014年8月18日，中央全面深化改革领导小组第四次会议审议通过了《关于推动传统媒体和新兴媒体融合发展的指导意见》；2015年，3月《关于推动传统出版和新兴出版融合发展的指导意见》出台；2016年7月，《关于进一步加快广播电视媒体与新兴媒体融合发展的意见》发布；2019年8月，《关于促进文化和科技深度融合的指导意见》公布。2020年9月，中共中央办公厅、国务院办公厅印发了《关于加快推进媒体深度融合发展的意见》，指出要坚持正确方向、一体发展、移动优先、科学布局、改革创新，推动传统媒体和新兴媒体在体制机制、政策措施、流程管理、人才技术等方面加快融合步伐。

推进出版业深度融合发展，要牢牢把握基本问题和关键环节：

---

① 章红雨，尹琨．第十届中国数字出版博览会在京举行　张建春作主旨讲话提出五方面要求［EB/OL］．［2020-12-22］．https：//www.nppa.gov.cn/nppa/contents/719/75455.shtml.

"全媒为本、导向为先、内容为王、技术为要、改革为重、人才为宝"①；要坚持正确的政治方向、内容导向和价值取向；坚持内容建设为根本，先进技术为支撑，内容为本技术为用，将先进内容与先进技术紧密结合，传统出版与新兴出版有机融合；要强化科技赋能，运用先进技术驱动引领融合发展，推动"出版+人工智能""出版+5G""出版+区块链"等新业态新模式不断涌现；要大力培养全媒体人才，充分释放人才活力，构建更加积极、开放、有效的人才引进、培养、使用机制，以吸引人才、留住人才、用好人才。

关于转型升级和融合发展的关系，"转型升级是融合发展的前提和基础，融合发展是转型升级的目标和归宿。没有转型升级作基础，融合发展就无从实现；不以融合发展为目标，转型升级将迷失方向"。② 应该说，融合发展的前提是转型升级，出版业只有实现了"三个层次、五个方面"的转型，才能加快推进融合发展。融合发展的两方是传统出版和新兴出版，新兴出版的主要构成是数字出版，传统出版和数字出版的深度融合，是出版业融合发展的核心要义。从实施出版业数字化战略的视角来审视，数字化转型升级是初级阶段，融合发展是中级阶段，深度融合则步入了高级阶段。

随着出版业数字化战略的深入推进，出版业融合发展也将从"相加"走到"相融"再到"深融"的阶段，从物理组合过渡到化学反应，从"你就是你，我就是我"到"你中有我，我中有你"的阶段，最终到达"你就是我，我就是你"的"合二为一"状态。届时，将不会再有传统出版和数字出版之分野，二者统一归属、演变成一种全新的出版形态。出版业整体都将呈现出数字化、智能化、融合化的

① 付敬懿. 徐麟：中国媒体融合进入全面发力、构建体系的新阶段［EB/OL］.［2020-11-19］. https：//www.chinanews.com/gn/2020/11-19/9342344.shtml.

② 深化改革融合发展　打造精品再攀高峰［N］. 新闻出版广电报，2017-03-02.

状态：复合式的人才、数字化的流程、融合化的产品、数字化技术、网络化渠道等。

7.2.4　出版业数字化战略与数字出版

出版产业数字化战略是否等同于数字出版？答案非也。那么，出版产业数字化战略和数字出版之间是什么关系？区别与联系又在哪里？如前所述，大力实施出版业数字化战略，要把数字出版产业作为主攻方向之一。出版业数字化战略，一方面解决传统出版的数字化转型问题；另一方面解决数字出版的发展问题，最终解决两个出版融合、合二为一——"新出版"的问题。至此，出版业数字化战略的使命完成。这里，解决几个认知问题：

其一，关于传统出版和数字出版的二元逻辑。首先，在提法上，传统出版的提法，按照逻辑关系，应该对应"现代出版"或"新兴出版"，但是，传统出版却往往与"数字出版"同时出现，并且作为二元关系的方式出现。传统出版和新兴出版的对应，大多出现在融合发展的语境中，以《关于推动传统出版和新兴出版融合发展的指导意见》为代表。那么，是否还有除了数字出版的新兴出版业态呢？是有的，典型的"图书+文创产品"形式，例如，镶嵌天然化石的图书——《走过大自然的痕迹——鱼化石》，图书+大米的"米书"形态等，这些图书属于新兴出版的业态，但是并非基于数字技术的数字出版。不过，应该说新兴出版的最主要构成是数字出版，这一代表着最新生产力、科技赋能力的出版新业态。其次，在实践中，目前绝大部分出版机构，是将数字出版作为一种独立的业态，一个新的经济增长点，一种与图书出版并行、并列的业态来看待。数字出版与传统出版由此形成了一种二元并立关系，而这种并立关系恰恰人为造成了数字出版发展的滞后和缓慢，即便先发展起来的数字出版业务，也会因为这种二元对立逻辑所演化出来的过高期望、过分索取而陷入夭折或中断的结局。"十四五"，或者直至2035，要解决一个问题：不再把数字出版部门作为先锋者，不再把数字出版作为独立业务部门，而是以数字化的理念、制度、实践对整个出版业进行再造和重塑，这或许是出版业数字化战略的核心要义。出版业数字化战略，是包含内容、技术、流程、渠道、人才、理念、制度等在内的全方位数字化。其实就是将新兴出版/数字出版的理念、制度与实践与传统出版紧密结合、有机融合，最终使出版业各方面、各种形态、各个环节、各种流程、各种角色都呈现出数字化特征、数字化功能的状态。最后，在角色上，出版业数字化战略实施中，数字出版构成了"传统出版数字化转型""数字出版产业发展"两极中的一极。数字出版是实施出版业数字化战略的主体性构成之一，数字出版作为一种独立的、重要的、显著的出版新业态，还将长期存在和扮演重要角色。一方面，数字出版需按照提质增效的要求，进一步提升收入、效益，进而增强行业话语权、学术话语权和国际话语权；另一方面，数字出版还肩负着引领、带动、支撑传统出版数字化转型的重任。

其二，数字出版的长期性与生命力。一度有些人质疑数字出版是否像历史上出现的其他出版形态一样，盛极一时而又昙花一现，一度有些人唱衰数字出版，一些人离开了数字出版，甚至在实践中，部分企业出现了取消、调整、合并相关部门的做法。可以坚信，数字出版的长期发展与走向繁荣，是一个不可阻挡的历史趋势，不因一种错误观念、一项短期行为、一个企业组织改变而改变。从历史发展的规律来看，数字出版作为新事物，符合历史发展规律，吸收了积极、前瞻、正能量的因素，因而具有强大的生命力，能够不断壮大和发展。然而新事物的发展历程并非一帆风顺，甚至可能道路曲折、荆棘密布，不过，最终前途是光明的。一如人工智能经历了 70 多年的发展才步入第三次浪潮，虚拟仿真从 1989 年概念的提出到今天成为社会热点也经历了 30 多年，区块链技术成为社会热潮，也是历经 12 年的艰辛发展。从介质的角度分析，的确，新介质取代旧介质有时是很短暂的时间，以音像出版为例，盒带终结唱片，盒带又被 MP3 替代，MP3 也被智能手机所取代，这是短短几十年发生的事情。历史地分析，出版介质先后经历了简策、版牍、缣帛、纸张、唱片、磁带、光盘、互联网、计算机、智能终端等，其中某些介质从发明到普及用了很短时间，如"唱片用了 30 年的时间，磁带用了 20 年，互联网不到10年"①；而同样，其从顶峰到走向消亡，也仅仅用了几十年甚至几年。但是，不同于音像出版等出版形态，数字出版的介质主要是互联网、计算机和智能终端(如手机、平板电脑、笔记本电脑等)，这些介质在人们日常生活、思考和工作中处于不可或缺的状态，很长一段时间内，很难有哪种介质能实现对数字出版上述介质的颠覆和革命。综上，从历史的视角、介质的维度都可得出一个结论，数字出版具有长期的生命力，将长期存在并繁荣发展。

其三，项目驱动战略的重要性。作为财政调控重要手段的项目驱动与技术赋能是传统产业数字化转型升级的两翼、两轮、两个重要引擎。项目驱动在数字出版蓬勃发展的十年间发挥了重要作用，为传统出版业数字化转型升级奠定了扎实的基础。放眼未来，重点项目带动、扶优扶强的财政调控策略仍将在出版业数字化战略的实施过程中起到重要作用，以推动出版业数字化能够迈上一个新台阶。实践中，出现了部分企业出于考核、绩效等方面的顾虑而放弃项目申报，不再积极主动争取项目支持，应该说这种做法并不明智。在着眼宏观、注重绩效、更好发挥政府作用的原则指引下，项目驱动将在出版业数字化战略布局、战略实施、资金保障等方面发挥更加重要、更加积极、更加科学、更加合理的作用。

其四，传统书刊报数字化的话语权问题。根据新近发布的2019年度数字出版产业报告，数字出版产值已逼近万亿规模，达到了9881.43亿元，较去年增长11.16%。而传统书报刊数字化收入由85.68亿元增长为89.08亿元，尽管保持了4.0%的增长幅度，在数字出版整体收入中的占比却由1.03%下降为0.9%，不能不令人唏嘘。这里便提出了一个严峻的问题，就是传统出版业数字出版收入的提质增效问题，经历过转型升级阶段的出版业，应该在提质增效阶段花大力气、下大工夫，切实提高数字出版产品服务的收入水平和价值贡献度，因为这涉及出版业主阵地、主力军的话语权问题。国有数字出版企业，"亟须创新产品形式、加速技术应用和强

---

① 郝振省，等.2005—2006中国数字出版产业年度报告[M].北京：中国书籍出版社，2007：5-10.

化渠道建设，进而奋起直追日新月异的数字出版新业态、新模式与新路径"。① 值得欣慰的是，一批产值过千万元甚至过亿元的国有数字出版企业正在不断涌现，逐步改写数字出版的产业生态；与此同时，有一批传统出版企业将错过数字出版发展的战略机遇期，数字出版的"吉光片羽""优胜劣汰"效应将逐步显现。

其五，智能出版是数字出版的未来出路。传统出版的数字化转型升级，在数字化战略实施过程中，将步入深度融合、提质增效的新阶段；而作为独立业态的数字出版，则将步入数据化、智能化的发展新里程。智能出版，"是数字出版发展的高级阶段，是将智能化的数字技术应用于出版产业链的结果，是出版业内部流程和外部产品都呈现自动化、智能化特点的出版新模式、新阶段与新业态"。② 智能出版的基本特征是：基于智能技术赋能，对内实现编校印发流程同步化、协同化、一体化的智能化重塑和再造，对外提供 AR 出版物、VR 出版、出版+5G、出版+区块链等智能化产品和服务。

综上所述，可得出一个基本判断：数字出版承担着引领出版业数字化的重任，还将在较长时间内存在，直至多种出版形态合一，全行业呈现出数字化、数据化、智能化的特征。从"十四五"的近景目标乃至 2035 年的远景目标来看，数字出版仍是战略性新兴产业，是产业数字化的结果，也是数字产业化的实现，是出版业数字化战略的重要组成部分，其话语体系将不断丰富，话语权将不断增强，两极分化效应将逐步加大。

7.3 出版业数字化战略路径思考

制定和实施出版业数字化战略，须抓关键、扭住牛鼻子，围绕

① 张新新. 传统出版与新兴出版深度融合，推进数字出版高质量发展——2019 年度数字出版盘点[J]. 科技与出版，2020(3)：13-27.

② 张新新，杜方伟. 科技赋能出版："十三五"时期出版业数字技术的应用[J]. 中国编辑，2020(12)：4-11.

决定性、关键性路径展开，即新型出版企业、新型出版业态、出版业新生态链，三条路径分别对应着出版业数字化战略实施的主体、活动以及关系问题。

7.3.1　新型出版企业

新型出版企业，即出版业市场主体的塑造问题，包含传统出版企业的数字化升级和新兴文化企业的创新性发展两个方面。之所以将新型出版企业作为落实出版业数字化战略的首要路径，是因为市场主体的塑造，是出版业数字化战略实施的首要工程，是数字化战略实施的主体所在，也是历来党和政府主管部门推动文化改革的重要内容和关键部分。

市场主体的塑造，包含两个方面：

其一，传统出版企业转型。宏观而言，传统出版企业转型是指出版体制改革，是指出版产业整体转型，这最早可追溯到 2010 年出版企业转企改制，由事业单位转为经营性企业，发挥市场机制配置资源的基础性作用，初步确立了市场主体地位，促进了出版产业的跨越式发展。2018 年，为加快构建有文化特色的现代企业制度，重塑出版企业的市场主体地位，实现公司法人治理结构的有效制衡、市场化经营机制的灵活高效，中央文化企业公司制改制工作正式启动，进一步推动了出版企业转向现代公司制。微观来看，传统出版企业转型是指经营机制的转型，是企业内部结构的高级化过程。2013 年，中宣部、原国家新闻出版广电总局、财政部等主管部门联合发起了中央文化企业数字化转型升级，包含基础设施数字化再造、数字资源库建设、内部流程数字化再造、数字运营平台构建、知识服务转型等核心主题。传统出版企业数字化深度转型是"十四五"乃至今后出版业数字化战略的主体部分，是事关国有出版业的核心竞争力的问题，是事关意识形态阵地守好筑牢的重要问题，是事关一大批国有主流媒体的建成问题，是事关中国特色社会主义发展道路文化建设和方向的关键性问题。

其二，新兴市场主体数字化创新发展。出版领域的新兴文化企业是我国出版业的重要组成部分。在出版业发展历程中，中文在线、盛大文学、快手、抖音、喜马拉雅等新兴文化企业在拉动经济、刺激消费、文化供给、带动就业等方面发挥了重要作用。例如，从 2010 年左右的"五大电子书模式"的新兴数字出版企业，到"十二五"期间蓬勃发展的手机阅读公司，再到"数字出版第一股"的中文在线在"十三五"期间实现收入增长 156%、作为代表企业被写入北京文化产业"十三五"成绩单，直至近期处于上升发展期的掌阅、抖音、快手等数字阅读、数字视听企业等。在"文化+金融"战略的引领下，"优政策、搭平台、建体系、强服务"的文化金融融合北京模式已经结出硕果。① 在出版业数字化战略实施的过程中，必须毫不动摇地鼓励、支持和引导新兴文化企业加入，推动其在社会主义核心价值观的引领下，实现健康、可持续、高质量发展。

如何深入落实出版业数字化战略，推进新型市场主体建设？不妨从以下方面着力：

（1）发挥重大项目、重大工程带动作用，深入推进传统出版企业数字化工程，旗帜鲜明地将"提质增效"作为"后转型升级"工程，作为传统文化企业，尤其是中央文化企业的数字化战略子工程加以推进和实施；"坚持线上线下一个标准、一体管理，以主流价值导向驾驭'算法'，推动出版融合发展，促进传统出版业转型升级"。② "融合出版"已成为传统出版企业数字化转型的战略性方向。以文化和科技的深度融合为战略性指导方向，以《关于促进文化和科技深度融合的指导意见》③为指导性文件，致力于文化和科技领域关键技术的研发，积极探索和尝试"融合出版"模式，从内容、平台、组织结构、管理机制、人才队伍建设等方面推进新型出版企业的融合发展。

---

① 中文在线被写入北京文化产业"十三五"成绩单［EB/OL］.（2021-03-31）［2021-04-02］. https：//www.chineseall.com/p/323.html.

② 孙海悦. 2021 年度出版工作电视电话会议召开［EB/OL］.（2020-04-01）［2020-04-02］. https：//www.chinaxwcb.com/info/570476.

③ 方卿，张新新. 推进出版业高质量发展的几个面向［J］. 科技与出版，2020（5）：6-13.

（2）解决传统文化企业现存的"企业化形态、事业化管理"的问题，深入推进现代企业制度的建立健全，不断提高传统出版企业的治理体系和治理能力现代化水平。习近平总书记在全国国有企业党的建设工作会议上提出的两个"一以贯之"，坚持党对国有企业的领导和建立现代企业制度为数字出版顶层设计优化、体制机制完善指明了方向。①

（3）在市场准入方面，对新兴文化企业在高标准、严要求的前提下，不妨在网络出版等领域适度放开，保障导向正确、效益明显、示范效应显著的新型文化企业能够得到更多的政策红利，成为出版业数字化战略深入实施的重要组成部分。

7.3.2 新型出版业态

新型业态是市场主体、产业生态之间承上启下的环节，是市场主体深化改革的主要抓手，是市场主体活动形成的营业状态，是产业生态形成的基础条件和前置环节。"业态"用语，源于日本，主要应用于零售语境。其定义主要包括三类："经营战略的总和；与消费者购买习惯的变化相适应的经营形态；相同经营方式、技术、方法的机构集合。"②此外，还有学者从广义和狭义的角度进行界定，狭义的业态是指"营销要素组合形式"，广义的业态还包括"运营组织、所有制形式、经营形态及企业形态等"，参考上述理论原型，可尝试归纳出版新型业态，是指出版企业基于战略需要为满足不同读者的精神文化消费需求进行要素组合而形成的经营形态。

出版业数字化战略的实施，要围绕战略目标，组织资源、产品、技术、流程、人才、渠道等要素，创新经营形式和经营状态。出版业数字化战略的实施，将催生、引导出现一系列数字化出版新

① 张新新. 传统出版与新兴出版深度融合，推进数字出版高质量发展——2019年度数字出版盘点[J]. 科技与出版，2020（3）：13-27.

② 夏春玉. 零售业态变迁理论及其新发展[J]. 当代经济科学，2002（4）：70-77.

业态，新业态是数字化战略实施所要解决的关键性问题之一，是数字化战略实施的主体性内容。

　　具体来讲，实施出版业数字化战略，拟解决以下几个新业态问题：

　　(1)对"出版+数字技术"业态的理解与把握。基于三大宏观数字技术——人工智能、区块链、5G 所催生的一系列新业态：如智能出版、新闻出版大数据，MOOCs，SPOCs 等；5G 条件下的网络视听新业务，如 AR 视听、VR 视听、全息视听、5G+短视频、5G+中视频等；区块链+版权，区块链+知识服务，区块链+新闻等。正确理解与把握"出版+数字技术"业态，可从技术原理和应用场景两个方面展开：首先，人工智能的共性技术原理在于如何实现自主感知、决策、执行、控制，进而推动传统产业的自动化、智能化水平，无论是对增强现实阅读的体验、对虚拟仿真情景的交互，还是更为智能的 AI 主播、图书零售机器人等；其次，5G 技术原理大多在于如何通过内容分发、移动云计算、情景感知等关键技术，与出版产业相融合、赋能出版业各环节，为用户提供更加超高速、低迟延、宽覆盖的数字阅读产品和服务，进而实现"信息随心至，万物触手及"的 5G 愿景；最后，区块链技术原理在于如何通过"基础层、驱动层、应用层、标准层"的四层架构，运用时间戳、非对称加密、智能合约等关键技术，找寻版权保护、新闻溯源、选题策划、知识服务等公有链、联盟链、私有链的应用场景。

　　(2)要素体系的充分、平衡配置。2015 年 11 月中央首次提出供给侧结构性改革以来，受到社会各界的持续关注，成为解决我国经济运行主要矛盾的重要抓手。作为出版业新型业态的数字出版，其数字化供给和需求的不完全适配、不平衡对应问题仍然存在，精品不多、质量不高、叫好不叫座的数字出版产品现状亟待改善，深入调研、主动策划、不断满足用户多元化消费形态的能力急需提升。具体而言，一是基于供给侧的数字化供给内容优化：坚持供给创造需求，以内容建设为根本，以创新驱动、高质量供给引领和创造新的数字文化需求，提升出版业数字化供给体系的韧性和对国内需求的适配性，持续推进主题出版数字化、精品出版数字化、融合发展深度化、数字视听、平台经济、直播业态、沉浸式业态、云演播业态、云展览业态等，从不同方面推进数字出版的创新性、高质量发展。二是基于需求侧的数字化需求潜力激发：坚持需求牵引供给，以内循环为主体，双循环相互促进，适应数字化、网络化、智能化时代发展需要，深度挖掘数字精神文化消费需求，引导和激发数字消费、互动消费、定制消费、体验消费、智能消费等消费新形态，将线上消费与线下消费有机融合、无缝衔接。三是坚持要素市场化配置，健全要素市场体系，促进要素有序流动，提高要素配置效率，充分发挥信息、数据、知识、人才、技术、资本等要素在出版业数字化战略落实中的关键性作用，逐步健全与出版业数字化战略匹配的资本要素、人才要素、技术要素、数据要素、标准要素等市场化配置体系，逐步建立上述要素市场化交易、服务、监管、应急配置的市场运行机制。

（3）数字化人才体系的重视与优化。人才要素，作为劳动力要素体系的中坚力量，是实现出版业数字化战略的第一资源。出版企业开展数字化人才体系建设工程，始于数字素养的培育，成于全员数字化转型的实现，需提升出版业人才的数字素养，不断增强"从获取、理解、整合到评价、交流的整个过程中使用数字资源"[①]的能力，培育数字资源的获取、给予和转化能力，培养关键少数领军人才和绝大多数骨干人才，逐步打造一支复合型、全媒型、现代化、国际化的数字化人才队伍。培养数字出版人才是任何发展阶段、任何数字出版主体的长期使命，也是推动整个新闻出版行业升级、开展知识服务转型的主要抓手。强化数字出版人才队伍建设，不断提高政治判断力、政治领悟力、政治执行力，"改革人才引进、使用、培养和晋升机制"，"推进人才评估、管理体系的健全"[②]，持续完善数字出版人才的待遇保障、考核评价、激励机制

---

① 郭晓天，司晓，马化腾，等．数字经济：中国创新增长新动能［M］．北京：中信出版社，2017：42-43.

② 张新新．"十三五"的数字出版人才政策与实践研究——以政产学研一体化为视角［J］．出版广角，2016（19）：18-20.

和约束机制，重点布局五类人才，打造"横跨传统出版与数字出版两大领域，既对传统出版熟悉，也对新技术、新产品、新的传播方式了解"①的复合型、全媒体型人才队伍，从数字出版领军人才、管理人才、内容人才、技术人才和销售人才五个方面推进数字出版从业者的转型升级，构成了数字出版人才工作的主体格局和主要内容。

（4）业务流程重塑再造。内部生产流程，作为新型出版业态的内部构成，在数字化战略的落实中，也将继续进行深化重塑和数字再造。围绕数字化战略的深入实施，重塑数字化采编发、协同并进的新闻业务流程；探索和推进智能编校印发的出版流程再造；以"智能化""协同化""群体性"等理念，引导和推进广播电视、网络视听、文化创意设计等产业流程的数字化改造等，这些构成了数字化战略语境下文化产业的内部流程再造场景。于出版业而言，肇始于2013年的中央文化企业数字化转型升级工程一直致力内部流程的数字化再造，当初的设想是支持采购包括"数字化加工软件、内容资源管理系统、编辑加工系统、产品发布系统"在内的完整的流程数字化改造系统，进而实现预期的出版业数字化流程再造目标。然而时至今日也没有出现特别突出的样板和典型，尽管出现了"方正"智能编校排、"中知编校"智能编校排等产品，但是，"让机器适应人、还是让人适应机器"的逻辑冲突和矛盾，仍然是出版流程再造所遇到的难题，依此来看，业务流程重塑再造的路程还很漫长，仍需不断探索。

要解决上述问题，实现出版业态的创新，落实出版业数字化战略，可从以下入手：一是综合运用战略管理、数字化战略原理，陆续制定并落实出版业新型业态发展的指导意见，在规划、财政、税收、金融、标准规范等层面，引导、推动新型业态的创新发展、高质量发展。二是推动传统出版企业、新兴文化企业内部业务流程智能再造，外部用好技术赋能、政策红利，加快推进数字化、智能化

---

① 张新新. 全方位布局与培养数字出版人才[J]. 出版参考，2016（6）：5-7.

产品和服务，不断打造、健全和规范数字出版业新型业态。三是高度重视要素体系建设，以数据要素、人才要素为重点，建立健全数字化、全媒体型数字出版人才引进、培养、使用、晋升、激励等方面制度的制定、执行、反馈、评估与再修订生态体系，提升出版业数字人才治理体系和治理能力现代化。

7.3.3　出版业新生态链

产业新生态链的形成，是市场主体重塑、数字业态创新的高级阶段和最终结果，是出版业数字化战略实施的最高目标，也是本节研究在实践层面反馈的终极目标。出版业新生态链，是新型出版企业在深入实施数字化战略、创新出版业态的过程中形成的相互联系、相互依存的链式关系。出版业新生态链的提出，旨在通过充分的实践和理论总结，归纳和探索出新型出版业动态平衡、自我调节、自我修复、良性循环、健康发展的生态系统解决方案。

下面从内部视角和外部视角来分析出版业新生态链的若干问题：

一则，内部视角的多链分析。从内部视角分析，出版业数字化战略的深入实施，势必影响出版业的各环节、各方面和全过程，将赋予各环节、各方面、全过程以新的内涵，将在产业链、价值链、生态链等方面带来一系列全新的变化和发展。有学者分析数字出版的多链并存问题，"产业链关注产业化活动，价值链关注价值增值，生态链关注生态效率；产业链基于产业理论，价值链基于价值理论，生态链基于生态学理论；产业链为解决产业整体发展问题，价值链为解决企业价值实现与增值问题，产业链则致力于生态平衡与效率问题"①。于产业链而言，出版业数字化战略的实施，旨在建设基于数字化的出版业链，形成基于数字技术的"内容、技术、销售"的产业链环节，实现"建链、强链、延链、补链"的创新链条，将数字出版产业链与物联网、旅游、金融等其他产业链相衔

---

① 殷克涛. 数字出版生态链研究——构建、资源流转及生态效率[D].
武汉：武汉大学，2016.

接，逐步形成高效互动、动态平衡的智能化数字出版产业链体系。于价值链而言，出版业数字化战略的实施，是在原有图书出版价值链的基础上，通过对资源数字化加工、数字技术运用、数字化销售等来实现数字经济的增值目标。于生态链而言，出版业数字化战略的推进，力求达成图书出版与新型出版业态的相得益彰、良性互动，力争实现传统出版与新型出版业态生产流程的一体化、同步化、协同化、智能化再造，进而提高生产效率，优化生产关系。

此外，内部视角分析，还涉及新型消费模式问题。"出版事业数字化发展""出版产业数字化战略"都蕴含在"十四五"规划文件之中，两个重要方向涵盖主题出版、精品出版、融合出版等重要出版领域，包含有声读物、AR 出版物、VR 出版物、无人值守书店等新型出版业态，同时关涉众多新型数字消费模式。出版业数字化战略的深入实施，将会促发"数字消费、无接触式消费、线上线下融合消费、数字文旅消费、在线教育消费、5G 多场景消费"①等一系列新型消费模式。如基于移动通信技术的语境："虚拟出版在 4G 数字出版阶段，以手机为主要传播载体，基于社交网络构建了人际关系网，从而建构了全新的消费模式，产生了诸如微信读书、樊登读书、得到等在线阅读平台。5G 时代虚拟出版消费模式将为传统出版移动化、数字化、智能化和大脑意识化转型提供独特的审查视角和运营参考。"②

二则，内部视角的融合。从出版业内部来看，数字化战略的贯彻落实，还涉及"出版业数字化战略与转型升级、出版融合发展、数字出版"③之间的区别与联系问题。简而言之，可概括为：数字化转型升级是出版业数字化战略的重要组成部分，是前提条件和基础工程，转型升级之后，出版业数字化战略实施将步入提质增效阶

---

① 关于印发《加快培育新型消费实施方案》的通知[EB/OL].[2021-04-04]. http://www.gov.cn/zhengce/zhengceku/2021-03/25/content_5595689.htm.

② 万安伦，王剑飞.虚拟出版消费模式重构：产品转型、场景重塑、路径变迁[J].科技与出版，2019(11)：100-103.

③ 张新新.基于出版业数字化战略视角的"十四五"数字出版发展刍议[J].科技与出版，2021(1)：65-76.

段；出版业融合发展，被明确列入"十四五"规划的专栏13"社会主义文化繁荣发展工程"的03"全媒体传播和数字文化"，是落实数字化战略的重要助手和主攻方向之一，处于数字化战略实施的中高级阶段；数字出版发展与传统出版数字化是出版业数字化战略所要解决的两个问题，数字出版是出版业数字化战略的重要组成部分，也是主攻方向之一。

三则，外部视角的融合。出版业数字化战略的深入实施，还涉及出版业与相关产业的融合问题，包含文化产业细分领域内部融合（新闻、出版、广电、视听、文艺、文创等）、出版业与除文化外的其他产业融合，如与科技、金融、旅游的深度融合等。我国出版业特殊的产业格局，决定着数字化战略的深入实施、知识服务的纵深开展，将会在专业出版领域出现出版业与垂直行业的融合、教育出版领域出现出版业与教育的融合、大众出版领域出现出版业与科技产业的融合等情景。这些产业之间的生态关系，都是深入实施数字化战略要考虑的路径融合问题，关系出版业数字化战略的纵深实施和成效评估。

四则，外部视角的协同。运用系统工程学原理，贯彻出版业数字化战略，还需纵深研究出版产业数字化战略与出版事业数字化发展、出版业数字化战略与满足人民精神文化需求、提高社会文明程度之间的协同问题；尚需配套研究出版业的"数字化战略"与"融合战略""精品战略""网信战略"等其他战略之间的协同实施、良性互动的关系。在数字技术的驱动下，未来数字出版的意识形态属性将更加受到重视，出版产业的数字化战略、公共文化服务数字化发展将得以深入推进和提升。公共文化服务的数字化建设以数字化的出版产品、出版服务来推进，实施文化惠民工程，开展群众性的文化活动，如数字农家书屋、卫星农家书屋、全民阅读、少数民族出版工程等。

为更好地建设数字化战略的出版业新生态链，使之沿着动态平衡、良性循环的方向发展，可从以下维度展开：第一，充分发挥市场机制的决定性作用，在出版业内部推动"员工+企业"整体转型、"传统业态+新兴业态"一体化考核、"知识产权授权、使用、资产转化"等倒逼性改革举措。第二，更好发挥政府作用，注重财政工具的实效性，注重项目绩效，将事前补贴机制转换为事后褒奖机制，以引导健康、有序、可持续的数字出版业生态链的形成。第三，出版企业内部确立项目激励机制，采取物质激励、精神激励和综合激励三种类型，以调动项目负责人和实施团队的积极性，充分发挥项目驱动、创新驱动的出版业数字化战略实施的作用。

出版业数字化战略，是文化产业数字化战略落实到出版业的结果，是在数字化转型升级、出版融合发展工程的基础上，从构建数字经济、数字社会、数字政府的高度，所提炼出的"数字化"认识和规律在出版业市场体系和治理体系之中的成功运用，是出版业创新驱动、高质量发展的题中应有之义和不二选择。作为一项系统工程，出版业数字化战略的制订和实施，要根据出版企业的规模、实力、人员储备等具体情况而因地制宜、因社而异。然而，无论采取哪种具体的数字化战略实施方式，都要建立在对出版业数字化战略内涵正确认知的基础上，都要围绕新型出版企业的构建、新型出版业态的发展、出版业新生态链的形成这三个主题而逐步展开。

7.4　基于出版业数字化战略的发展思考与展望

未来，数字出版将坚持以下发展原则：坚持根本制度，以导向为引领，促进双效相统一；以内容建设为根本，以先进技术为支撑，形成发展新动能；以数字化为途径，以智能化为方向，谋求发展新优势；统筹市场和政府作用，坚持调控与调节互动，构筑发展新格局。在微观层面，通过出版业数字化战略的实施，将推动市场主体重塑，打造出一批新型出版企业；中观层面，通过产业层面的提质增效，将革新出版业新业态；宏观层面，通过新消费模式的推动，将逐步形成出版业数字化的生态链、生态圈。

7.4.1　正确出版导向

意识形态属性是数字出版的固有属性、天然属性、与生俱来的属性。

对数字出版而言，正确的政治方向、内容导向和价值取向是首要坚持。"导向问题是旗帜，是方向，是谋篇布局、举旗定向的根本问题。导向正确与否，是关系到举什么旗、走什么路、为什么人的本质性问题。"①

《中共中央关于制定国民经济和社会发展第十四个五年规划和二〇三五年远景目标的建议》（以下简称《建议》）指出，繁荣发展文化事业和文化产业，提高国家文化软实力，要"坚持马克思主义在意识形态领域的指导地位"。继《中共中央关于坚持和完善中国特色社会主义制度、推进国家治理体系和治理能力现代化若干重大问题的决定》第一次明确马克思主义在意识形态领域指导地位的根本制度以后，《建议》再次将"马克思主义在意识形态领域的指导地位"在文化事业、文化产业发展的部分作出明确规定，且作为该部分内容的第一句出现。马克思主义在意识形态领域指导地位的根本制度，是繁荣发展文化事业和文化产业的首要坚持，是"关系党和国家事业长远发展、关系我国文化前进方向和发展道路的重大制度创新"②，标志着"以习近平同志为核心的党中央对社会主义文化建设规律的认识进入了一个新的境界"③。

以此为基础，未来数字出版的发展，一则需坚持和巩固这一根本制度，要"用马克思主义中国化最新成果统一思想、统一意志、统一行动"④，要确立习近平新时代中国特色社会主义思想的指导地位，创新数字传播方式方法，把学习贯彻习近平新时代中国特色社会主义思想主题教育作为首要政治任务，加强对出版领域重大战略性任务的统筹落实和重大问题的战略研判。要将这一根本制度贯

① 方卿，张新新. 推进出版业高质量发展的几个面向[J]. 科技与出版，2020(5)：6-13.
② 黄坤明. 坚持马克思主义在意识形态领域指导地位的根本制度[N]. 人民日报，2019-11-20.
③ 黄坤明. 坚持马克思主义在意识形态领域指导地位的根本制度[N]. 人民日报，2019-11-20.
④ 习近平. 论党的宣传思想工作[M]. 北京：中央文献出版社，2020：413.

穿于数字出版的理念、制度和实践之中，落实在数字出版调控活动和市场活动的方方面面，落细在产品研发、技术应用、运营销售、人才建设、流程重塑、标准研制等产业链各个环节。要压紧压实意识形态工作责任制，坚持主管主办原则、属地管理原则，融入选题策划、编辑加工、印制发行全过程，重点关注网络意识形态安全问题，防范和化解网络意识形态安全风险，贯通于传统出版和新兴领域出版两种业态，切实做到出版阵地守好筑牢、可管可控。

二则，应用好互联网，发挥数字化优势，弘扬主旋律、正能量，培育和践行社会主义核心价值观，巩固壮大主流思想舆论，用正确的价值观抵制错误价值观，以主流价值观引导非主流意识。应多出一些弘扬中华优秀传统文化、革命文化和社会主义先进文化的精品力作，通过出版精品战略、出版业数字化战略，赋予中华文化新内涵，创造中华文化新表达，推动创造性转化，实现创新性发展。近几年的数字出版精品遴选、有声读物精品出版工程，精品出版主题化就是很好的例证。入选的项目、产品"导向正确、内容优质、创新突出、双效俱佳"，体现了数字出版的新进展新成效，彰显了数字出版在"打赢疫情防控阻击战、满足群众新型阅读需求、推动出版业高质量发展中的积极作用"。①

三则，应坚持以人民为中心的发展思想，坚持为人民服务、为社会主义服务的方针，不断满足人民群众对数字精神文化的新需求，实现人民群众对精神文化生活的新期待，持续增强人民精神力量，不断推动社会文明程度得到新提高。应坚持百家争鸣、百花齐放的方针，营造学术探讨和研究的良好环境，探索各有千秋的数字出版发展道路；应坚持古为今用、洋为中用的方针，面向历史，深度挖掘，推进内涵式发展；面向国际，促进双循环，推动外延式发展。

四则，应坚持社会效益放在首位、社会效益和经济效益相统一

---

① 国家新闻出版署关于公布数字出版精品遴选推荐计划 2020 年度入选项目的通知[EB/OL].[2020-12-26].http：//www.nppa.gov.cn/nppa/contents/279/75362.shtml.

的出版体制机制：要"正确处理社会效益和经济效益、社会价值和市场价值的关系"，"正确处理文化的意识形态属性与产业属性之间的关系"①，应"坚守正确的效益观，切实把社会效益放在首位，强化社会效益的刚性约束，不做市场的奴隶，不能唯利润而出版"②，不能让资本操纵舆论，不能让资本操控内容导向。当两个效益、两种价值、两种属性发生冲突或矛盾时，做到经济效益服从社会效益、市场价值服从社会价值、产业属性服从意识形态属性。

7.4.2　产业智能化

数字化战略视域下的数字出版，还要充分发挥市场机制的决定性作用，在之前数字化的基础上，再迈出一步，步入智能出版的发展阶段。"所谓智能出版，是数字出版发展的高级阶段、第四阶段，是将智能化的数字技术应用于出版产业链的结果，是以智能化的数字技术作用于编辑、复制、加工、传播等环节的新型出版，是出版业内部流程和外部产品(服务)都呈现出自动化、自主化、智能化特点的出版新模式、新阶段与新业态。"③

智能出版的未来场景是：健全市场调节，推动数字出版产业体系智能化，以出版深度融合为重点、为抓手、为枢纽，以主题出版、精品出版、融合出版为主体，优化供给品质，提升科技含量，智能重塑和再造出版流程，创新智能产品服务形态，尊重和用好数字出版人才体系，加速5G技术、区块链和人工智能在出版领域的市场化、规模化和产业化应用。

关于新理念。要明确数字出版的战略定位，将出版业数字化作为战略方向，而非选择性之一；将数字出版作为主路、作为战略主

---

①　中办国办印发《关于推动国有文化企业把社会效益放在首位、实现社会效益和经济效益相统一的指导意见》[EB/OL]．[2020-12-26]．http：//www.gov.cn/zhengce/2015-09/14/content_2931 745.htm.

②　方卿，张新新．推进出版业高质量发展的几个面向[J]．科技与出版，2020(5)：6-13.

③　张莉婧，张新新．基于人工智能技术的出版流程智能再造——智能出版研究述略[J]．出版与印刷，2020(3)：1-11.

体，而非辅路或战略补充。根据出版企业的单位体量、商业模式、人才储备、资金实力等实际情况的不同，不同单位可以采取不同的数字出版发展模式，如部门制或公司制；同一单位在不同的阶段也可以采取灵活的体制机制，如项目激励、协议薪酬、科研激励机制等，以不断推动数字出版的迭代式发展、跨越式发展。主业强的，可致力于统筹图书出版与数字出版，做到二者之间此涨彼涨、相得益彰；主业不强的，不妨尝试将数字出版作为战略主攻方向，找寻和用好出版业数字化战略机遇期。总之，确立数字出版是战略实施路径的理念，理念是行动的先导，有了先进的理念引导，才有数字化转型成功、智能化发展见效的可能。

关于新基建。确立出版业数字化战略的"新基建"实施路径。无论是调控层面还是市场方面，都要高度重视出版业数字化基础设施建设，进一步夯实数字化转型升级的软硬件基础，建立健全支撑出版业数字化战略实施的数字转型、智能升级、融合创新等服务的基础设施体系。可考虑重点构建出版企业自身的数字化博物馆、出版企业营销智能化决策系统、出版业大数据应用和服务工程、智能阅读设备的研发和应用等，如基于 AR 出版、VR 出版的智能眼镜、可穿戴设备等。

关于新流程。从统筹两种业态、减少资源浪费的角度来考虑，正视并重视当前出版业传统出版与数字出版生产管理流程"两张皮、两股道"的问题，创新技术研发，加大研发力度，应用和推广"纸质图书"与电子书、条目数据、知识库等"数字出版物"一体化生产、协同化审校、同步化上线的智能出版生产管理平台。部分出版 ERP 企业虽然在尝试技术革新，若干专业出版社也试图引进一体化的 ERP 系统，但最终没有实现全流程贯通；如果一体化的图书 ERP 系统研发成功并大范围推广，将在整个出版业重塑传统出版、数字出版的发展格局，成为出版业数字化战略实施的重要里程碑之一。

关于新产品。目前，数字出版创新性产品，如 AR 出版物、VR 出版物、出版大数据、知识库、智能营销机器人、智能教育机器人等已层出不穷；未来，将会有更多的数字出版新产品涌现，如

"出版+5G"类产品、"出版+区块链类"产品，以及数量更多的"出版+AI"类产品。从供给侧视角来看，创新驱动、供给创造需求的产品研发模式将继续沿用，出版机构研发的数字出版产品，将奉行精品战略，以"优质内容+先进技术"的形态出现，其中内容的优质性、精品化将成为趋势和定势；从需求侧视角审视，消费导向、需求牵引供给，读者、网民、社会公众对个性化、定制化、高标准、高品位的数字精神文化需求将更加旺盛，由此，数字出版产品的个性化、定制化趋势将不断加强，并推动数字出版盈利模式的重心由机构客户转向个人用户。

关于新技术。5G、区块链、人工智能三大数字技术作用于出版业、赋能出版业的格局已基本形成，对数字技术原理的把握和出版产业应用场景的找寻将成为数字技术驱动出版智能化的重要内核。而高新技术应用所带来的负面性、安全问题也将更加受到重视，成为出版治理的重难点和创新点，成为出版调控的重要考量和内容。"出版+技术"的标准化体系将进一步健全，在目前 AR 技术应用于出版、出版物 VR 技术应用、区块链应用于版权、新闻出版知识服务系列标准的基础上，将不断扩充规模、提升质量，逐步形成以智能出版为特质的标准规范矩阵。

关于新营销。当出版业数字化战略由转型升级阶段迈向提质增效阶段时，数字出版营销的重要性立刻凸显，营销能力、营销策略、营销渠道的数字出版营销体系建设将步入常态化阶段。"营销能力建设是前提，是基础，是内功；数字出版营销策略选择是关键，是规律，是技巧；数字出版营销渠道构建是主体工程，是长策大略。"[①]同时，将会跃迁出许多营销新模式，如和 AR、VR、全息技术相融合，网红直播营销的创新性发展；智能机器人在图书新零售领域的商业化应用和市场化推广；基于大数据的出版业营销系统重塑，有助于用户数据、销售数据的回流、分析和再利用。此外，数字出版的盈利模式将随着营销手段的丰富、营销渠道的健全，而

---

① 张新新.数字出版营销能力、策略及渠道[J].中国出版，2020（16）：33-38.

实现以 B2B 为中心的模式向 B2C 为中心的商业模式变迁，这将是历史性的变化，成为数字出版可持续发展、创新性发展、高质量发展的标志之一。

关于新人才。人才是第一资源，是全媒体时代的核心竞争力。出版业数字化战略的深入实施，数字出版的高质量发展，离不开高素质的人才建设。高素质的数字出版人才建设，"不仅仅是出版业务能力建设，更应该进一步强化媒体融合、智慧出版、数字阅读背景下的思想政治建设"①。出版企业的决策层应具备数字化理念，进行数字化转型，适应数字化战略背景下的经营管理新变化。"媒体领导班子里如果还有一位专管新媒体的，做传统媒体和新媒体的如果还是两拨人，说明仍是'两张皮'。现在看来，这个现象依然普遍存在。"②因此，数字出版，必须打破人才瓶颈、破解人才难题，创新人才引进、使用、激励机制，释放人才活力，充分发挥人才在数字化战略中的关键作用。数字出版企业人才建设应构建产学研一体化机制，打造全媒体型人才、复合型人才、现代化人才，重视"80 后""90 后"人才队伍已经成为各行业主力军的现实，着力打造涵盖领军人才、管理人才、内容人才、技术人才、营销人才等在内的综合型体系，不断强化数字出版人才的思想淬炼、政治历练、实践锻炼和专业训练，为出版业数字化战略实施、出版强国建设打造一支理想信念坚定、堪当时代重任的新型人才队伍。

关于新智库。数字出版产业的智能化发展，一方面依托于智能化的数字技术赋能，将先进技术与先进内容紧密结合；另一方面需要借助专家智慧、智力资源的辅助支撑，重视智库外脑、第四部门的重要作用。走向未来，作为出版治理体系和治理能力现代化的重要内容，作为数字出版企业科学民主合理决策的重要支撑，新型出

---

① 方卿. 加强出版学科建设应提上议事日程[J]. 出版科学，2020(1)：1.

② 徐麟. 从六个方面加快推进媒体深度融合的理念、路径和方法[EB/OL]. [2020-12-26]. http：//news.china.com.cn/txt/2020-11/19/content_76927372.htm.

版智库建设应进一步加强和完善。经过这些年的发展，建筑、农业、自然资源、知识产权等出版领域已经涌现出一批新型智库，研发了一批智库产品，并取得了一定成效。下一步，无论是数字出版治理，抑或数字出版产业，都应重视用好新型智库，充分发挥科技型智库的技术赋能作用、高校智库的理论建构作用、官方智库的建言献策作用、企业智库的产业发展作用，深入研究新型智库的"成员管理机制、成果推广机制、资金筹募机制、旋转门机制和智库评价机制"①等代表性运行机制，进一步探索和推广旋转门机制的适用范围，即在客观评价、独立评价、全面评价的基础上继续完善和优化智库评价机制，以充分挖掘数字出版智库的建言献策、辅助决策、领航产业、引领发展的重要价值。

7.4.3　治理现代化

未来的数字出版，应更好发挥政府作用，优化宏观调控，推进治理体系现代化。数字出版治理体系现代化，是指数字出版调控在理念、制度和实践层面，都融合着现代科技水平的色彩，呈现出创新、探索、发展等特点，调控主体更加理性、多元，治理结构更加开放、科学，调控方式更加法治、民主，现代化色彩体现在调控主体、调控方式、调控举措等多个方面。

数字出版治理体系现代化的内容可包含：规划调控尊重出版事业和产业发展规律，坚持总量平衡、结构优化、调控适度和调控绩效原则；财政调控，优化完善，将主要依靠补贴资助的方式转向"事前补贴与事后褒奖相结合"的调控方式；安全调控，应坚持总体国家安全观，维护政治安全、文化安全和意识形态安全，加强互联网内容生态治理，推动全媒体传播在安全和法治的轨道上运行；税收调控，多措并举，探索建立推动数字出版发展的税收调控优惠政策体系；标准规范调控，注重技术原理和应用，进一步丰富和健全智能出版标准体系。

---

①　张新新. 新闻出版智库运行机制研究［J］. 科技与出版，2019（10）：35-40.

192

集中统一领导与调控主体多元化。出版治理主体或曰调控主体，从 1949 年起，先后经历了党政合一到党政分开再到党政合一的变迁。"十三五"时期，"我国出版管理发生的历史性变化就是重新建立了党政合一的管理体制"①，"实现了从'管出版'向'服务出版'的转变"、"微观管理向宏观管理的转变"，"一方面强化了出版导向的宏观控制，另一方面释放了企业自主经营的积极性"。② 未来数字出版的调控呈现出集中统一领导、调控主体立体化、调库举措多元化、各司其职、齐抓共管的态势：（1）党委宣传部门。2019 年 6 月 29 日，中共中央印发《中国共产党宣传工作条例》（以下简称《条例》），《条例》规定宣传部门承担的 16 项工作职责，其中，与数字出版密切相关的主要包括："管理新闻出版和电影工作，统筹指导广播电视工作，组织指导'扫黄打非'工作"；"统筹协调精神文化产品创作和生产，协调组织中华优秀传统文化传承发展的有关工作"；"指导协调文化体制改革和文化事业、文化产业以及旅游业发展"；"宏观指导互联网宣传和信息内容建设管理工作，统筹协调新媒体建设与管理"，等等。③（2）新闻出版部门。2018 年，《深化党和国家机构改革方案》明确指出：为加强党对新闻舆论工作的集中统一领导，加强对出版活动的管理，发展和繁荣中国特色社会主义出版事业，将原国家新闻出版广电总局的新闻出版管理职责划入中央宣传部。中央宣传部对外加挂国家新闻出版署（国家版权局）牌子。至此，"党统一管理出版活动、党政一体的出版管理体制正式确立"。④（3）财政部门。财政主管部门在中央层面主要由财政部科教和文化司（中央文化企业国有资产监督管理领导小组

---

① 周蔚华."十三五"时期我国出版管理发展回顾［J］. 科技与出版，2020（9）：6-17.

② 方卿，王一鸣. 40 年新闻出版事业与产业发展．［J］. 中国出版，2018（22）（10 月下）：3-7.

③ 《宣传工作条例》，共 13 章 53 条！如何解读？［EB/OL］.［2020-12-27］. https：//www.sohu.com/a/337848549_613537.

④ 周蔚华."十三五"时期我国出版管理发展回顾［J］. 科技与出版，2020（9）：6-17.

办公室)负责,其主要职责是:承担宣传、文化和旅游、科技、教育、体育等方面的部门预算和相关领域预算支出有关工作,提出相关财政政策建议;承担财政部代表国务院履行出资人职责的中央文化企业相关工作。作为财政调控主体,在地方也由相应配套隶属的财政部门负责。于数字出版而言,财政部门主要采取相应的财政项目、国资预算、转移支付等财政调控举措,鼓励、支持和引导出版产业数字化战略的推进和落实。(4)网信部门。2018年,国务院下发《国务院关于机构设置的通知》,指出:国家互联网信息办公室与中央网络安全和信息化委员会办公室,一个机构两块牌子,列入中共中央直属机构序列。就数字出版而言,网信部门负责网络新闻业务及其他相关业务的审批和日常监管,指导做好网络游戏、网络视听、网络出版等网络文化领域业务布局规划,指导、协调、督促加强互联网信息内容管理等。网信部门在意识形态安全、网络安全、文化安全等安全调控领域发挥着日益重要的作用,属于安全调控权行使主体。

规划调控。规划调控主要具有"预测引导、政策协调、宏观调控"①三方面的功能。从《建议》中可以看出,2035年社会主义现代化远景目标所提及的"文化强国、社会文明程度新高度、国家文化软实力"等方面与数字出版息息相关,对数字出版的发展提出了更高要求和更严标准;"十四五"建议则更为翔实,提出"公共文化数字化建设""文化产业数字化战略"两个重要方向,同时包含了主题出版、精品出版、融合出版等重要领域,对新型出版企业、新型数字出版业态、新型数字消费模式等也做出了相应规定,对未来数字出版的发展将起到举旗定向、谋篇布局的重要作用。从当前的调控方向来看,出版业数字化战略将与融合战略、精品战略、网信战略、人才强国战略、创新驱动发展战略等有机协调、同频共振,分别在不同层次、不同方面、不同领域共同指引着数字出版的创新性发展、高质量发展。

① 张新新.数字出版调控与市场的二元互动——"十三五"时期数字出版述评与盘点[J].科技与出版,2020(9):43-56.

财政调控。数字出版财政调控将呈现以下几个方面的趋势：其一，"调控效益"原则将会得到强化。将不断注重调控绩效，无论是单体数字出版企业的效益抑或整个数字出版产业的效益。在过紧日子的大背景下，财政资金花在刀刃上的要求将更加严格，绩效管理将全面推进，财政调控的提质增效将更加凸显。其二，调控方式将会更加丰富。以项目补贴为主的调控方式或将与国有资本金注入、产业投资引导基金等多种调控举措并用，以起到助力出版业数字化战略实施、数字出版高质量发展的预期效果。其三，调控程度更加合理。遵循"退后一步、站高一层"的原则，在尊重市场机制决定性作用的基础上更好发挥政府作用，扶优助强、着眼点放在产业层面，不再对单体项目进行考核，而是注重深入和落实企业整体、产业整体的考核。

安全调控。坚持总体国家安全观，以科技安全、网络安全和文化安全为重点，全面提升数字出版领域的安全调控能力。一直以来，数字出版直面互联网这个意识形态前沿阵地，而对于产业高度重视的同时，需要更加关注文化安全、信息安全、网络意识形态问题。2019 年 1 月 25 日，习近平总书记在主持中央政治局第十二次集体学习时强调："要从维护国家政治安全、文化安全、意识形态安全的高度，加强网络内容建设，使全媒体传播在法治轨道上运行。"数字出版在用好科技赋能优势的同时，要防范技术应用所带来的隐私泄露、绑架舆论等安全隐患和负面效应；要强化网络信息内容生态治理，以培育和践行社会主义核心价值观为根本，以网络信息内容为主要治理对象，审视和重视政府、企业、社会、网民在网络生态治理中的功能和作用，做到多元参与、协同共治，严禁触碰红线，坚决抵制不良信息内容的传播，建立健全网络信息内容生态治理体系，形成良好的网络信息内容生态格局；要关注威胁文化健康发展的隐形因素，以社会主义核心价值观为核心，自觉维护国家文化安全，不断提升数字出版产业核心竞争力，提高守护国家文化安全的能力和实力。

标准规范。坚持高质量发展的路线，持续加强数字出版领域标准的研制和宣传。进一步建立健全数字出版标准体系，形成以智能出版为核心的标准矩阵，一方面，继续研制 VR 技术、区块链技术、5G 技术应用于出版等技术赋能出版的标准；另一方面，适时对有关标准规范进行升格，将关涉重要领域、重大价值、重点问题的标准逐步上升为行业标准、国家标准，以充分发挥标准规范的引导、规制、定向作用，不断提升数字出版标准的话语权，不断丰富出版业数字化标准的话语体系。

此外，出版治理的现代化，还涉及税收调控，如何解决数字出版企业税收问题，争取出台更多税收减免的优惠政策，也将成为出版治理的重要内容；涉及价格调控，如何防止垄断组织、垄断行为对数字出版市场价格体系的不良影响，将成为数字出版高质量发展所要考虑的治理范畴。

在出版业数字化战略的指引下，数字出版无论是"按照市场决定性机制形成的包含数字出版产品体系、技术体系、营销体系、人才建设、制度体系等在内的"市场调节体系，① 还是"以习近平新时代中国特色社会主义思想为指导的，包含计划调控、财政调控、税收调控、安全调控、投资调控、价格调控、标准规范等多种调控手段在内的"宏观调控体系，② 都将获得新发展机遇，被赋予新的内涵，实现迭代式、创新性的发展，实现市场调节与宏观调控的良性互动、交相辉映。

诗人摩尔说过："胜利不会向我走来，我必须自己走向胜利。"数字出版共同体须继续发扬艰苦奋斗、时不我待的精神，坚持正确的出版导向，充分发挥内容产业优势，把握现代出版技术原理，探索数字技术应用场景，持续推进数字出版的市场化运营和产业化发展，抓住机遇，迎接挑战，在转型升级的基础上，切实做到提质增效，才能实现数字出版在智能时代的创新性发展、高质量发展、跨越式发展。

---

① 张新新. 中国特色数字出版学研究对象：研究价值、提炼方法与多维表达[J]. 编辑之友，2020(11)：5-11，30.

② 张新新. 传统出版与新兴出版深度融合，推进数字出版高质量发展——2019 年度数字出版盘点[J]. 科技与出版，2020(3)：13-27.

第八章　数字出版产品

　　数字出版产品是指由数字新闻产品、数字出版产品、数字视听产品、数字游戏产品和数字动漫产品所共同组成的有机体系。数字出版产品既包括主流数字出版产品，例如，数字图书馆、专业数据库、网络出版物等；也包括创新性数字出版产品，例如，MOOC 产品、SPOC 产品、AR 出版物、VR 出版物、知识解决方案、数字决策工具等。

　　数字出版产品体系的确立，是考量一个出版单位是否真正开展数字出版业务的主要标志：一方面，数字出版产品体系是传统出版资源数字化、碎片化工作的延伸，是数字化、碎片化的必然结果；另一方面，数字出版产品体系是数字出版市场运营的前提和基础，是实现数字出版市场化、规模化发展的业务支柱和主要依赖。

8.1　数字出版产品的概念与特征

　　随着内容文化产业与计算机、互联网、无线通信、电子商务等方面新技术的融合，人工智能、增强现实、虚拟仿真、大数据、智能机器人、5G 技术、区块链技术等高新技术对文化产业的渗透不断加速，使得文化产业进入了一个大变革、大调整、大发展的新时期。在此背景下，数字内容资源的载体形式、呈现方式、传播方式、营销方式、管理理念等都发生了革命性变化，由此衍生了多样化、多元化的数字产品，深刻影响着人们的内容使用方式和习惯，也丰富了人们的生活。

8.1.1　数字出版产品概念

数字产品的出现与数字传播实践密切相关。数字传播是指通过高新数字技术手段，对信息、数据和知识进行编辑加工，并通过数字化媒介传播 AR、VR、图像、声音、语言、文字等多模态资源的一种社会实践活动。广义上说，数字出版产品是数字产品，是数字传播的产品形态，是新闻、出版、动漫、游戏、广播影视等传统产品在数字化、数据化、智能化时代的最新产品体系，主要包括数字阅读产品、数字动漫产品、网络游戏产品和数字视听产品等。从狭义上说，数字出版产品，是指以数字传播为目的、存贮信息知识并依托一定介质形态的任何东西，包括有形的产品，也包括无形的服务。狭义的数字出版产品，包括传统出版产品的数字化形态以及原生的数字出版产品服务。

8.1.2　数字出版产品特征

融入了互联网技术、移动互联网等数字技术元素后，相较于传统以纸质载体为主要形态的出版产品，数字出版产品具有以下九个显著特点。

第一，以数字化信息知识为构成内容。数字出版产品中，储存着用户感兴趣的、经过数字化编辑加工的信息知识，以满足用户的数字精神文化需要。数字化信息知识是数字出版产品的核心，也是区别于传统出版产品最显著的特征之一。

第二，内容要素多种多样。数字产品可以根据用户的具体需求，综合调用图片、文字、声音、影像、游戏、动漫、3D 模型等多种内容素材，为目标用户提供全方位、多角度、立体化、智能化的知识服务和产品体验。

第三，传播速度方便快捷。数字产品通过互联网进行传递，能够以极高的速度进行信息传输，时间不再是信息交流的障碍。数字产品可以随时进行修改，因此，消费者可随时获取最新的信息。同时，数字产品的传播不需要进行物质包装和物流运输，而是借助电流或电磁波进行即时传递，打破了地理边界的限制。

　　第四，目标用户定位准确。数字产品采用的知识关联和自动推荐技术，可以让消费者在网络上十分方便地找到与某个主题相关的、丰富的信息资源内容，从而拉近内容与消费者的距离，让内容主动找寻消费者。

　　第五，产品功能交互性强。互联网提供了海量多元的信息供消费者参与并且选择，消费者不仅可以实现同步交互，还可以进行异步交互。强交互性不仅可丰富消费者的用户体验，满足消费者的个性化需求，同时有助于收集消费者针对信息、事件本身的表达和反馈，为产品的升级和完善提供参考。例如，AR出版物作为内容呈现极佳的一种数字产品，其3D模型的人机交互在教学、体验中表现出了较强的交互性，深受广大用户喜爱。

　　第六，存储介质耐用环保。由于纸张容易霉烂、变质、虫蛀，因此，印刷出版物不仅占用较大空间，而且难以长期保存；数字产品采用了数字信息存储技术，不仅存储容量大，占用空间小而且寿命长，不会变质，不易损坏，因此，可以长久保存。数字产品原则上可以无限地、大量地复制，且不需要纸张、塑料等实体材料，亦不产生任何废弃物，其复制成本几乎可以不计，且极为绿色环保。但正是这种低成本、易复制的特性，使得数字产品在为人们共享信息提供方便的同时，其版权保护问题也受到严峻挑战。

　　第七，服务方式量身定做。该特点使得数字出版企业可以对数字产品进行定制化、个性化制作和加工。利用数字产品的可改变性来克服由不可破坏性带来的问题，即消费者购买了数字产品后，可以对其进行收藏、标注、组合等个性化操作，以满足自身的个性化需求。

　　第八，物理空间高效利用。数字产品主要利用光、电、磁等介质作为存储载体。与纸张等载体相比，在相同的单位空间内可以存储的信息量更多，多到无法相比的程度，而且还能集文、图、音、像于一体。因此，数字产品可以集合在网络上供消费者选择，形成海量的信息资源。

　　第九，定价方式灵活多变。传统纸质图书的价格一旦确定，批次产品便很难作出变更，只能采用促销等方式加以调适；而数字产品则可以根据用户数量多寡，或个人用户还是机构用户等作出灵活适宜的价格调整，调价区间和调价时限较为宽松和灵活。

从现有的发展来看，根据数字产品内容要素和外观形态为划分标准，数字产品大致可以分为数字阅读类产品、数字游戏类产品、数字动漫类产品和数字出版知识服务类产品。本章后续小节将对上述四类数字出版产品进行详细介绍。

8.2　数字阅读类产品

近年来，随着移动互联网的快速发展，涌现出一系列网站、新媒体、自媒体产品，晋江文学、起点文学等数字阅读网站以及微博、微信等社交媒体平台经济效益和社会影响力不断提升，已然成为人们的一种新的生活方式。

8.2.1　数字阅读类产品概念与特征

数字阅读类产品是数字出版产品的重要组成部分，其由来源于数字阅读的兴起和发展。数字阅读指阅读的数字化，主要有两层含义：一是阅读对象的数字化，即阅读的内容以数字化方式呈现，如网络小说、电子地图、数码照片、博客、网页等；二是阅读方式的数字化，即阅读的载体、终端不是二维平面的纸张，而是带屏幕显示的电子仪器，如 PC 电脑、PDA、MP3、MP4、笔记本电脑、手机、阅读器等电子设备和仪器。广义的数字阅读包括以数字文件为内容载体的公开出版物，包括电子书、漫画、数字报纸杂志以及有声读物文件等。而狭义的数字阅读则指通过 PC、手机、平板电脑等互联网设备进行文学作品的在线或离线阅读，阅读对象仅包括网络文学与出版物的电子版。

数字阅读类产品指承载数字阅读对象，服务于数字阅读活动的产品形态，从内容上划分，数字阅读类产品可分为数字新闻产品和数字出版产品，其具体形态主要包括数字新闻、数字图书馆、数据库产品、手机图书产品、网络原创产品、终端阅读类出版物等。数字阅读产品具有以下几点显著特征：

第一，阅读内容的立体化。相较于印刷出版物，数字阅读产品的阅读内容包括有声书、视频、动画等多元形态，让故事人物、情景跃于纸上，鲜活呈现于消费者眼前，从视、听、说等多维度，给予消费者感官、情感、思考、联想、行动等联动的阅读体验。

第二，阅读载体的多元化。PC端、移动终端和终端阅读器等多种阅读介质可超越时间和空间限制，实现万物皆屏。数字阅读产品致力于让消费者可在任何时间、任何地点、任何屏幕(包括虚拟屏幕)上进行阅读，并在消费者的周围形成一种数字化、人性化的阅读空间，从载体层面丰富消费者的阅读选择。

第三，阅读过程的数字化和智能化。数字阅读产品往往借助AI技术、大数据技术、智能算法等实现精准阅读服务推荐与干预，帮助消费者从产品检索、选择、阅读到互动、收藏、分享等数字阅读全过程，都可实现智能化、数字化操作。

8.2.2　主要数字阅读类产品类型

8.2.2.1　数字新闻

数字新闻是指在计算机技术和移动通信技术的推动下，以数字或图表为主要表现形式，并体现一定新闻价值的新闻信息报道。数字新闻作为新闻传播中的一种特殊报道体例，是伴随数字社会应运而生的，是时代的产物。数字新闻的出现，不仅丰富了新闻传播实践，而且对新闻理论研究提出了新的要求。

数字新闻主要有以下几个方面的特征：

第一，数字新闻是第三次科技革命的产物。数字新闻类产品产生的时代背景是现代计算机技术和移动通信技术的快速发展，换言之，数字新闻是数字时代和信息时代的产物。

第二，用数字和图表说话。数字新闻的主要表现形式是数字和图表，相对于传统新闻报道，数字新闻多用数字表现，能够增加新闻报道的真实性和权威性；数字新闻多用图表表现，能够增加新闻报道的直观性和形象性，同时能够满足现代社会人们快节奏获取新闻资讯的需求。

第三，产品形式多元化。随着信息技术的快速发展，数字新闻以多种形式出现在人们的视野中，一种是基于互联网技术的各种网页新闻；另一种是基于客户端的移动网页新闻。

数字新闻的出现，在很大程度上削弱了传统报纸的发行量，给传统的报社造成了颠覆性的冲击，致使很多大型报业集团经营难以为继，有些历史悠久的报业集团宣布破产或者倒闭。如 2013 年 8 月，《华盛顿邮报》在新媒体的冲击下，经营每况愈下，最终被亚马逊创始人贝索斯以 2.5 亿美元价格收购。如今，国内外的各大报业正通过积极的转型实现自我救赎，转型的主要路径在于探索网络电子版订阅的推广和全媒体运营的开展。

值得关注的是，数字新闻领域发展的最新态势是人工智能技术不断应用于数字新闻，形成了新闻推荐和机器撰稿等新业态。例如，今日头条广泛采用的新闻推荐技术，让用户总是在阅读特定资讯的同时，可以获取关联度极高的相似资讯；而 2017 年 8 月 11 日，我国地震网机器人撰写了关于九寨沟地震的新闻，用时 25 秒，成为国内机器人撰稿的范例。

8.2.2.2　电子书

电子书又称 e-book，是指将文字、图片、声音、影像等内容数字化后制作而成的电子版图书。通常以 PDF、DOC、CEB、TXT、ePub 或者图片格式存储，以数字方式记录在光、电、磁为介质的设备中，并借助于特定的设备来读取、复制、传输。近年来，以多功能、富媒体、强交互为主要特征的创新型电子书如雨后春笋般涌现，电子书的发展步入了更高、更快、更便捷的阶段。相较于传统的纸质图书，电子书具有以下三个显著特征。

第一，电子化载体。电子图书不再像纸质图书那样需要依托于纸张作为载体，而是以互联网为载体，以计算机、平板电脑、电子阅读器等为输出终端。电子化载体是电子书区别于传统纸质图书最为显著的特征之一。

第二，交易和使用方式的数字化。用户在购买电子书时，需要通过在线支付的方式。交易完成后，用户即可借助电子书阅读器、手机、平板电脑等设备下载、在线阅读电子书。

第三，产品功能和呈现方式多样。一方面，用户可以在线订阅或从网上自动下载电子书，且在阅读过程中，用户可使用检索、超链接、书签等多元功能。另外，电子书产品往往具备多种内容显示方式和多媒体展示方式，可在最大程度上丰富用户阅读体验。

根据 2013 年度中央文化企业数字化转型升级项目标准——《数字出版业务流程标准》的规定，电子书包括原创型电子书和转化型电子书。目前国内传统出版单位经营的数字图书馆主要是以转化型电子书为核心产品单元，而新兴互联网内容企业则是以原创型电子书为核心产品单元。

原创型电子书，是指不依托于传统出版，直接采用电子书加工制作流程生产的电子书。其特征是：电子书的生产与纸质图书生产过程同步化，或者电子书的生产先于纸质图书的生产。

转化型电子书，是指依托于传统出版，在纸质图书的基础上加以转化而产生的电子书。其特征是：电子书的生产过程明显滞后于纸质图书，电子书是在纸质图书原文件的基础上加以转化而产生的，或者是对纸质图书进行扫描、识别、加工、制作而产生的。

8.2.2.3　数字图书馆

数字图书馆，也称为电子图书馆，是指依托一定的数字资源平台，按照特定专业或者特定领域，对海量的电子图书进行汇聚而形成的集合型数字出版产品，电子书是构成数字图书馆的主要组成部分和要素。数字图书馆是目前数字阅读类产品中最具典型性、代表性的数字出版物。出版社大多拥有自身的数字图书馆产品，如中国法制出版社的法制书屋、中国建筑工业出版社的建筑数字图书馆、人民法院出版社的最高人民法院数字图书馆等。

数字图书馆的主要特征如下：

第一，依托特定的数字资源平台。该平台往往具有注册登记、资源管理、收藏阅读、资源分类、查询检索、复制粘贴等功能。

第二，按照特定专业或者特定领域建立。服务于专业群体、职业群体往往是数字图书馆的建立初衷，有的按照学科体系进行建设，有的按照职业体系进行研发。总之，数字图书馆的名称就最直接体现了其服务的对象，例如，人民军医数字图书馆、中国法官电子图书馆、中国少儿数字图书馆，等等。

第三，汇聚海量电子图书。数字图书馆的数字图书保有量至少在数百种、数千种的规模，否则难以体现其专业性、权威性和综合性。例如，方正阿帕比的中华数字书苑，其数字图书保有量在几万种。

第四，数字图书馆属于综合性数字出版物。数字出版物按照种类数量、经营模式的不同，分为单一性数字出版物和综合性数字出版物。单一性数字出版物往往是以单本数字图书、单条信息数据作为产品形态，采用 B2C 的盈利模式，面向广大个人用户市场进行销售；综合性数字出版物往往是汇聚海量数字资源，以整批数字图书、整批信息数据作为产品形态，采用 B2B 或者 B2G 的盈利模式，面向政府客户、企业客户、事业单位客户等机构客户进行销售。数字图书馆属于综合性数字出版产品的典型代表。

在数字图书馆的研发过程中，最重要的不是电子书的格式、电子书的展现效果或者电子书总量的多少，而是采取合适的分类法对馆藏的数字图书进行分类。当前大部分出版技术商、传统出版专家的想法都倾向于对数字图书馆采取较为成熟的中图法分类，以便于和相关标准衔接和互通。

总体而言，数字图书馆可以算是传统出版社最容易研发的数字产品，但在实践过程中，却鲜有出版社制作出专业性、权威性、影响力较大的数字图书馆产品。在部分数字出版从业者眼里，数字图书馆是依托于传统出版而衍生出来的产品，其技术含量不高，不能够代表数字出版的先进性，因而被弃之不用。然而，事实上，数字图书馆拥有庞大的用户群体和畅通的销售渠道，能够最大程度转化和借用传统图书的销售渠道，并为出版社原有的读者群体所接受。如法律出版社所研发的中国法官电子图书馆已被全国 17 个省份、400 多家法院安装，人民法院出版社的法官数字图书馆也已经覆盖了全国 3500 多家法院。可见，数字图书馆的专业性、权威性、品种丰富性可保障相关产品在市场上占有一席之地，取得预期的市场收入和社会效益。

8.2.2.4　数据库产品

数据库产品，是指按照特定专业或者学科，汇集海量条目数据，为个人用户或者机构用户提供知识服务的数字出版物。数据库产品和数字图书馆一样，是目前数字出版业态的主流、典型的数字出版物。

数据库产品的主要特征如下：

第一，以条目数据为产品构成基本单元。数据库产品的基本单元是条目数据，这些条目数据的信息量大小不尽相同，性质多样，包含新闻资讯性质、概念定义性质、解决方案性质、理论研讨性质等。不同属性的条目数据，按照专业学科或者职业领域的不同，围绕知识提供和知识服务的开展，形成了内容丰富、体系健全、逻辑严密、规模庞大的知识数据库。

第二，以海量资源聚集为主要表现形态。目前，无论是国内的数据库信息内容提供商，还是国外的数据库供应商，均将海量资源优势作为市场竞争的制胜方略。无论是医学、法律，还是税务、金融领域的数据库，其数据量动辄数百万条，所包含的信息节点往往多达数十亿汉字的规模。

第三，以强大的查询检索功能为技术支撑。以海量资源作为内容支撑的数据库，需要借助检索查询技术，为用户提供便捷知识服务。目前业态主要是提供关键词的查询检索，也有部分数据库厂商在推广知识导航查询。

第四，数据来源途径多样化，市场准入门槛相对较低。相对于数字图书馆产品，数据库产品的数据来源较为广阔，不局限于以标准书号为属性限制的图书，而是可以通过互联网资源抓取、行业资源置换、政府资源合作等多种方式来实现条目数据的扩充和增值。同时，数据库领域的市场准入门槛也相对较低，出版社、拥有一定平台技术和专业优势的网络公司、企业等均可以进军数据库服务市场，甚至在法律、医药等许多领域，民营企业、境外企业的数据库产品远远早于传统出版社的规划和布局。

目前的数据库类型很多，从数据库收录的内容来分，主要有全文数据库、二次文献数据库和混合型数据库。首先，全文数据库是典型的科技期刊聚合模式，集检索、期刊、文章链接、阅读、下载阅读服务器于一体，如中国期刊全文数据库、中文科技期刊数据库、万方系统的数字化期刊全文数据库等。全文数据库能检索并提供全文，提供全文字段检索，方便读者对文献的查询和判断。其次，二次文献数据库如 CA（化学文摘）、MEDLINE（医学文献数据库）、SCI（科学引文索引）、CBM（中国生物医学文献数据库）等，是指按照一定的原则，对一次文献进行加工、整理之后，定期出版的一种文献，如目录索引、引文索引、文摘等。二次文献汇集了某个特定范围的一次文献线索，可为查找一次文献提供线索，并使一次文献有序化，因此，二次文献数据库具有明显的汇集性、系统性和可检索性，有助于减少查找一次文献所花费的时间，且能高效率地捕捉有效信息，以全面、系统地反映某个学科、专业或专题在一定时空范围内的文献线索，是积累、报道和检索文献资料的有效手段。最后，混合型数据库是既包含书目记录又包含全文记录的文献数据库，如万方数据库等，目前以信息服务提供商为主要开发者。从内容上看，混合型数据库有出版物与科学数据混合，出版物和专利混合，还有按照专业方向的细分内容混合等。

总体而言，我国各领域数据库产品的研发往往发端于民营企业，如北大法宝的北大法律信息网，已出现近 30 年。而出版社在数据库研发方面起步较晚，经验相对欠缺，所购置的技术也相对落后，因此最终的结果是其市场开拓情况不容乐观，市场占有率相对较低。对此，部分出版社开始结合自身资源优势，奉行蓝海战略，如 2011 年，法律出版社将法律职业数字图书馆作为主打产品推出，在短短的三四年时间内便取得了遍地开花、市场社会效益双丰收的良好效果。自 2013 年以后，人民法院出版社、知识产权出版社等诸多出版社直接实现跨越式发展，不再建设传统的静态数据库，而是从资源的数字化、碎片化到数据化建设，遵循知识元研发、知识体系建设、知识标引、知识关联、知识计算、知识服务的路径，上升到构建知识库、大数据平台的阶段，构建自身的专业数字资源大数据知识服务平台，实现了数据库产品的突破和发展。

8.2.2.5　手机出版物

手机出版物，是以手机为载体的出版形态，指手机出版服务提供者使用文字、图片、音频、视频等表现形式，将自己创作或他人创作的作品经过选择和编辑加工制作成数字化出版物，通过无线网络、有线互联网络或内嵌在手机载体上，供用户利用手机或类似的移动终端阅读、使用或者下载的传播行为。广义上，手机出版物包含手机铃声、彩信、彩铃、图片、动漫、手机游戏、手机图书杂志等；而狭义的手机出版物仅指手机图书、杂志等手机阅读产品。手机出版物主要有以下几点特征：

第一，移动性、便携性，该特征源于作为内容载体的手机的特性。过去，人们往往在地铁或公交车上翻看报纸，或用平板电脑等进行阅读，消磨通勤时间，如今，人们更青睐于选择更为便携、轻巧的手机进行阅读和资讯浏览，手机出版物的普及和受欢迎程度可见一斑。

第二，传播范围广。随着3G、4G、5G技术的迭代升级，无线上网速度得到极大提升，手机出版物的传播可打破地理空间的影响和限制，用户可在手机网络覆盖的任何地方进行阅读。

第三，节省成本，零库存，价格低廉，付费便捷。手机出版不仅可以节省传统出版中的附加费用，还可降低因市场预期不足带来的库存风险。在交易过程中，受众可以通过话费、支付宝或其他支付方式实现订阅，随时随地可进行费用支付；付费方式的低廉性和便捷性，加之超大规模的手机用户群体，促使手机出版物发展成为目前我国数字出版业态中唯一一种能够在B2C盈利模式下取得大规模、高增长盈利的数字出版产品。

第四，互动性强，更新速度快，信息容量灵活。手机出版不受篇幅、长度限制，内容可以随时修改调整，实时更新。手机出版促成了读者和作者之间的互动，打通了两者之间长期存在的鸿沟，每一部手机都是出版体系中的一环，能够实现对出版物销售跟踪、意见反馈等多方面的功能，为读者和出版企业都提供了更便捷的服务，实现了广泛、迅速的互动。

自 2011 年起，以法律出版社为代表的部分出版社便先后与中国移动手机阅读基地、中国电信手机阅读基地签订了合作协议书，步入了手机出版的新阶段。经过两年的发展，法律出版社充分结合手机移动基地用户的阅读习惯，选取大众普法类图书、社科文艺类图书上线运营，取得了较为突出的成就和经营效果。但当作为渠道运营方的手机通信商完成其内容、资源方面的布局后，开始调整手机出版策略，对出版社实行评级制，同时开始推动"政企书屋"，意图将出版社的传统销售渠道客户向手机阅读基地分流，实现渠道、用户的第二次积累。然而缺乏商业运营能力的出版机构习惯了传统体制，还没有足够的能力在政企书屋方面有所作为，致使营收快速下滑。传统出版社在手机出版物发展历程的兴衰表明，在数字时代，出版社仍应回归内容资源，若失去了资源的唯一性和独有性优势，出版社必将面临失去在"互联网＋"时代的竞争筹码和比较优势。

8.2.2.6　网络出版物

网络出版物，是指拥有互联网出版许可资质的企业，根据互联网和移动互联网数字传播的规律，组织专业人员创作的仅在互联网和移动互联网上进行营销和销售的数字出版物。原国家新闻出版广电总局设有专门的互联网出版管理部门，每年还对授予互联网出版许可证的出版企业进行年度核验，由此可见，网络出版业务在我国数字出版的版图中占有重要的一席之地。简单地说，网络出版物具备如下几点特征：

第一，网络出版物的生产者需要具备互联网出版许可资质。不具备互联网出版许可资质的企业不能独立从事网络出版业务，另外，出于对国家网络安全、文化安全和信息安全的考虑，我国相关部门目前还未曾向境外传媒企业授予互联网出版的许可。

第二，网络出版物传播形态以章节、段落为主。网络出版业务的作者大多是年轻的网络作家，主题集中于情感、穿越、玄幻等领域。网络出版物的作品不再以整本图书形态出现，而是根据传播需要以章节或片段的形式进行传播。

第三，网络出版物主要是通过互联网和移动互联网进行传播和销售。互联网、移动互联网是网络出版物的主要传播载体，近年来，网络文学大量通过中国移动手机阅读基地、中国电信手机阅读基地等移动互联网进行销售，取得了社会效益和经济效益的双丰收。

伴随青少年数字化阅读的群体不断扩大，网络文学成为网络出版物发展最快的领域，呈现出作品规模逐年扩大、作品质量不断提升、社会效益与经济效益俱佳的良好发展态势。目前，网络出版物已经出现了以内容为核心，IP全版权运营的发展模式，向出版、影视、动漫、游戏、音乐等领域发展，受到中央和地方政府的支持。

8.2.2.7　终端阅读出版物

终端阅读出版物，是指以存储设备、电子阅读器等为载体，以特定领域的电子图书、条目数据等为内容，通过在线或者离线的方式为用户提供知识服务的数字出版产品。2011年，国内数字出版界盛行的五大运营模式主要包括"汉王模式""方正模式""移动模式""上海世纪模式"和"盛大模式"。这五大模式中的"汉王模式"和"上海世纪模式"便是将终端阅读器作为发展战略的重要组成部分。在数字出版发展历程中，有许多出版社、技术公司都曾推广过终端阅读出版物，如人民军医出版社的"军医掌上图书馆"、当当网的"多看阅读器"、掌阅的iReader Smart阅读器、科大讯飞的R1以及汉王科技的手写电纸本N10等。

相较于其他数字阅读类产品，终端阅读出版物主要具备以下两点特征。

第一，依托有形的载体。终端阅读出版物需要依托看得见的载体，这种载体包括U盘、软磁盘、硬磁盘、光盘等存储设备，也包括电子阅读器、平板电脑等可视化载体。

第二，采用离线或者在线的知识提供模式。从知识服务提供的角度来看，终端阅读出版物包括两种：一种是采取在线方式，借助电子阅读器或者平板电脑，向数字知识平台下载、购置所需的电子图书、条目数据等产品；另一种是离线的方式，将电子图书、数据库等事先预装在 U 盘、平板电脑等载体中，供用户长久甚至终身使用。

2022 年 6 月 2 日，美国亚马逊宣布 kindle 将退出中国市场。一代终端阅读出版物出版巨头在中国的陨落，却为以掌阅科技、科大讯飞等为代表的本土终端阅读出版和服务机构发展留出更广阔的市场和空间。掌阅科技发布 10.3 寸的 iReader Smart 3，带有智能物理按键，方便单手持握，可支持用户自定义个性化操作，在任何场景下享受高效便捷的使用体验。科大讯飞的 R1 阅读器主打开放生态，内置咪咕和讯飞两大书城资源，拥有 80 万+优质书库，15 万册免费图书，机身自带 8GB 存储空间，可存储上千本电子图书；同时，R1 自带扬声器，且采用科大讯飞特有语音合成技术，支持在线或离线听读。总体而言，随着数字技术的发展，终端阅读器在版本兼容、内容资源、服务种类和功能等方面不断提升，为终端阅读出版物的多元化、多样化、可持续发展提供良好技术环境和基础。

8.3 数字游戏类产品

数字游戏作为新型的艺术化电子娱乐产品，既脱胎于又不同于动漫和影视。动漫影视是观赏式娱乐，而游戏是体验式娱乐。数字游戏不仅是互动的，而且常常形成一种沉浸氛围，具有润物细无声的人文教化作用和影响。

8.3.1 数字游戏的概念与特征

数字游戏本质上是提供休闲娱乐的计算机程序软件产品，属于数字娱乐范畴。国外一般将数字游戏细分为视频图像游戏和听觉游戏，国内则统称为电子游戏或数字游戏，指依托电子、数字媒体平台进行的娱乐行为。从内容和选题上看，游戏设计多依托于文学故事情节，题材内容多种多样。数字游戏可分为角色扮演类，模拟人生、养成、经营类，冒险类，动作格斗类，射击类，体育类，棋牌类，武侠类，休闲类，魔幻类，科幻类，战争类等。如今，游戏的美工画面丰富多彩，又分为卡通类，KO 类等。

作为一种技术产物与文学艺术作品的集合体，数字游戏的特征可总结为以下三点。

第一，目标导向性和规则性，即数字游戏产品的构成和运行等都是以一定目标为前提和指引，以一定的规则为基础开展的。正是在这种目标和规则之下，用户才能够理解、接纳、学习和享受游戏。可以说，目标导向性和规则性几乎是所有游戏产品的核心和基本特征，揭示了游戏的存在方式和运行方式。①

第二，以数字技术为基础。相较于以弹珠、纸牌等有形实物为载体的传统游戏，数字游戏的基本特征和基础属性在于以数字技术为基础，即游戏中的人物和场景等美工形象，以及音响效果等艺术元素，都是通过计算机程序语言来完成的。同时，借助数字技术，数字游戏跳脱了传统游戏对游戏载体、环境等的束缚，带来更为丰富的体验感和趣味性。

第三，交互性与沉浸式。交互性和沉浸式是数字游戏的重要特性，有利于用户学习和理解游戏。数字游戏在设计时，往往会根据情节发展配上音乐、动画、视频等，或借助人工智能技术、3D 技术、5G 技术等智能合成游戏角色或场景，让用户可置身游戏情景中，犹如身临其境，通过与其他玩家或与游戏角色的交互，加深对游戏理念和概念的理解。

8.3.2 主要的数字游戏产品形态

这里仅介绍固定端数字游戏和移动端数字游戏两种产品形态。

8.3.2.1 固定端数字游戏

最早的数字游戏以 PC 端的单机版游戏为主。单机版游戏，也

---

① 北京大学互联网发展研究中心. 游戏学[M]. 北京：中国人民大学，2019：12.

称单人游戏，一般指游戏只需要通过一台电脑，或其他电子设备就可以完成的电子游戏。单机版游戏往往依托故事梗概为背景展开，玩家进入故事情节扮演某个角色，与故事情节互动。其程序系统包括游戏引擎和渲染系统及实用系统，运行时按故事情节的先后顺序演示。

随着互联网的发展，出现了网络版游戏，即线上游戏、网游，一般指多名玩家透过计算机网际网络进行互动娱乐的电子游戏，部分网络版游戏能通过连接网络服务器进行联机对战、在线云端存档。借助互联网，玩家可在网络游戏中扮演某个角色，与故事情节、其他玩家、团队等进行多向互动。网络游戏的软件系统庞大而复杂，其游戏引擎和渲染系统及实用系统，包含所有的场景、人物、道具及玩家注册等有关资料，都存放在服务器端。而在客户端，也要安装或下载软件系统，包括游戏引擎和渲染及实用系统，还有运行时要用到的有关资料。玩家在赏玩运行网络游戏时，客户端和服务器两个系统是交叉互动的。这即是网络版的客户端游戏，英文名称 Online Game，又称网络在线游戏，简称端游。随着技术的发展，后期客户端软件系统微型化，不必下载客户端系统，而将此系统隐藏在浏览器中，玩家可在页面直接操作，赏玩运行游戏，简便易行。这即是网络版的网页游戏，英文名称 Web Game，简称页游。

总之，从程序软件的维度，固定端数字游戏可分为单机版游戏和网络版游戏，网络版游戏还可分为客户端游戏和网页游戏，即端游和页游。单机版游戏运行时，基本上是按顺序来演示。网络版游戏则是在服务器端和客户端同时存放两套软件系统，在游戏赏玩运行时，这两套系统交叉互动。早期的单机版游戏，以光盘形式发行，现在多从网上下载。早期的网络版客户端软件也以光盘形式发行，现在也多从网上下载。

8.3.2.2 移动端数字游戏

随着智能手机的发展和平板电脑的面市，以文字为主的小型手机游戏，扩展为移动游戏，在市场上迅速兴起。移动端数字游戏主要指运行于手机、平板等移动通信设备上的游戏产品，具有代表性的移动端数字游戏如植物大战僵尸、愤怒的小鸟、王者荣耀等。与固定端数字游戏相似，移动端数字游戏中，也存在单机版游戏和网络版的页游及端游之分。

相较于固定端数字游戏，移动端数字游戏具有显著的便携性、移动性。用户可以随时随地打开移动通信设备，进行游戏。因此，移动端数字游戏拥有庞大的潜在用户，且随着各信息服务运营商应用商店产品和服务的不断扩充，移动端数字游戏的支持渠道不断拓展，用户数量早已超越了固定端数字游戏。2022 年 3 月伽马数据发布的《2021—2022 中国游戏企业研发竞争力报告》显示，2021 年，中国移动游戏市场实际销售收入达到 2255.38 亿元，占比为 76.06%。但从现有发展来看，移动端数字游戏也存在同质化、创新性不足、质量较为粗糙、产品生命周期较短等问题，亟须游戏供应商、运营推广平台和用户等共同解决，以推动移动端数字游戏向精细化、精品化、多元化等方向发展。

由于起步较晚，我国游戏产业仍存在游戏利益分配不均、高端游戏人才缺乏、恶性竞争时有发生以及法律保护存在漏洞等问题。但随着数字游戏产业的快速推进，我国在游戏用户数量和数字游戏市场规模上都有着突飞猛进的增长。巨大商机下，我国游戏企业除引进代理过期产品外，也加大了自主研发能力，国内自主研发的原创游戏比例不断攀升。同时，中国自主研发、产品精良、富含中国传统文化元素的国产游戏也开始走向世界，给中国和世界游戏产业带来了强劲的发展后劲。

8.4 数字动漫类产品

动漫产业，是指以创意为核心，以艺术和科技为支撑，以动画和漫画为表现形式，以创作动漫直接作品为基础，以开发产品形象衍生品为延伸，从而形成巨大版权价值链的产业。近几年来，我国动漫产业规模不断扩大，成为新的经济增长点，被称为 21 世纪的朝阳产业。

8.4.1　数字动漫类产品概念与特征

数字动漫，是指在互联网和移动互联网技术的推动下，在手机、平板电脑等新移动终端市场的影响下，动漫的数字化内涵和外延都得到延展。数字动漫可以是纸质漫画的电子版，也可以借助软件，使漫画动态化，并辅助一定的声响效果，使其具有一定的动感及互动性，创造一种全新阅读体验，并有可能催生新的盈利模式。

我国数字动漫产业链环节主要由内容、运营、技术和平台四部分组成。内容是数字动漫产业链的源头，也是数字动漫产业链的上游环节，数字动漫产业链上游内容的质量直接影响终端用户的购买力。在数字动漫产业中，内容型的公司主要包括传统的动画、漫画公司和提供应用型数字动漫内容的公司两类。运营环节在整个数字动漫产业链中扮演关键角色，运营型公司主要指针对动漫版权产业的运营。在我国，运营型公司主要分为版权代理公司和全版权运营公司两种类型。技术环节在中国数字动漫产业链中，属于支撑环节。随着数字终端硬件产品越来越多样化，技术的变革将对传统动漫的内容进行技术转化，并移植到数字渠道上传播，技术演化未来可能颠覆传统动漫作品生产的生态链。平台是指能够通过汇聚动漫内容从而聚合用户的数字动漫展示平台，主要分为互联网动漫平台和移动互联网动漫平台两类。

相较于传统印刷于纸张的动漫，数字动漫具有以下几个显著特征。

首先，虚拟性。虚拟性是动画产品的本质属性之一。动画艺术最大的特点便是无限的想象力和表现力。动画产品在生产和创作过程中均融入了创作者的主观想象和设计，且与一般的影视作品不同，动画作品不需要进行现实的复现，因此，创作者完全可以按照自己的主观设想对内容情节和呈现方式进行设计，且随着 3D、人工智能等数字技术的不断融入和增强，动漫产品的虚拟性从内容本身延展至呈现环境，为用户带来更为丰富的感官体验。

其次，声、画、触一体的立体叙事。借助数字技术，数字动画在叙事手段方面可实现声音、画面和触感一体的立体叙事，采用声、画、触对应、分立或对比等叙事手法，让用户走进创作者设计的动漫世界，并与动漫人物与情节展开互动，加深对动漫产品和情节的理解。

最后，传播的广泛性。传统印刷于纸张的动漫作品主要通过书店、报刊亭等方式传播，传播场景有限，广泛性受到制约。而数字动漫可以通过 U 盘、光盘、互联网等进行传播，且其传播方式和路径日益呈现多元化趋势。如今，已经出现了"快看""腾讯动漫""咚漫漫画"等移动端数字动漫应用，不少创作者会在第一时间借助微博等社交媒体传播自己的最新作品，用户也可通过一键分享，传播自己喜爱的动漫作品，数字动漫传播的广度、深度和效率迅速提升。

8.4.2 主要数字动漫类产品形态

8.4.2.1 网络动漫

网络动漫是高科技技术发展的产物之一。计算机技术和信息技术的进步为网络动漫的出现和发展筑牢基石，成为现代动漫技术的关键和基础(如 CG 技术)，极大地促进了动漫发展(如三维动画)，并拓展了动漫的外延领域(如网络互动游戏)。网络动漫的发展经历了从传统逐帧制作到计算机二维动画，再到现在的三维动画的过程。借助互联网的迅速发展，网络动漫进一步发展起来，其前景相当可观。

目前，中国数字动漫产业链中主要存在运营型公司和平台型公司两类、共四种不同盈利模式的公司。其中，运营型公司主要分为自有知识产权的运营公司和版权代理公司。平台型公司根据盈利模式来划分，可分为广告盈利模式和付费下载模式。广告模式，指动漫类网站通过搭建动漫内容发行平台，采购优质的动漫版权内容，吸引网站流量，增加用户黏度，通过广告销售的模式实现收入；付费下载模式则是指通过动漫基地的建立，搭建基于手机的动漫内容发行平台，实现手机 wap 网站、手机客户端以及多元化数字动漫衍生品的产品传递，通过让手机用户付费下载的方式实现盈利。

我国网络动漫发展具有天然优势。第一，10 岁以上动漫爱好者群体庞大，且这类用户参与动漫互动的方式多样，如看动画片、看漫画、使用动漫表情和插图、下载壁纸等，可推动网络动漫作品的迅速传播和成长。第二，近年来，动漫 IP 迅速崛起，且具有较为显著的长尾效应，快速推动动漫周边衍生品产业化发展。第三，社交媒体的发展对动漫作品抓住粉丝、建立用户关系、实现商业价值的转化和成长具有重要意义，这也直接影响着动漫制作公司的商业模式和盈利模式。对于网络动漫产业价值链而言，互联网的发展使得动漫公司可迅速建立起动漫小产业链，包括原创、传播推广、商业合作、电子商务、线下贸易关系等，帮助动漫企业实现文化价值与商业价值的转化。对于动漫制作公司而言，互联网新契机为其广告收益提供了可拓展的空间。未来视频点播模式，可以把视频作为货架，观众看一下或者点一个暂停，可能就会有类似的品牌弹出，动画片是可以跟电商结合起来的。

当然，基于互联网发展的网络动漫产品仍然存在不少问题。例如，由于互联网上信息泛滥，基于互联网发展的动漫形象不易获得知名度；目标用户定位不明确，忽视"85"后、"90"后乃至老年人等群体的动漫需求等。因此，对于网络动漫制作公司而言，在保证内容质量的前提下，亟须树立"全民动漫"的概念，考察细分市场，把握不同年龄段观众心理、观看行为和喜好，丰富创作资源，以满足不同人群的动漫需求；同时，推进动漫从网络出版，走向电影、电视等全媒体发展，在降低风险的同时，实现网络动漫产业的阶梯式向前发展。

8.4.2.2　手机动漫

手机动漫业务是整合传统动漫产业资源，并以短信、彩信、wap、手机客户端等移动互联网通道为承载平台，为用户提供动画、漫画作品浏览服务和动漫数字衍生品服务的业务序列。世界动漫产业发展有 3 次浪潮式变革，从以传统纸质出版物和传统艺术动漫电影为主的传播形式及单一发展模式到以日本和美国为主的电视动画、图书、衍生产品相融合的"内容+商品"的产业化模式，第三次浪潮正是我们正在经历的，以网络动漫和手机动漫为主的发展浪潮。中国是手机用户大国，截至2021年，中国拥有近16.5亿手机用户，有最具创新能力和实力的互联网、移动互联网、电子商务、移动电子商务企业。以此为支撑，手机动漫可为中国的动漫产业发展插上腾飞的翅膀，超越动漫强国。

当前，手机动漫平台，主要集中在中国移动、中国电信和中国联通三大运营商。中国移动手机动漫基地目前已经推出了自己的手机漫画制作工具，并搭建了手机漫画制作团队，为500多家移动动漫基地的CP提供手机漫画切图服务。动漫内容的创作者和提供方可通过合作的方式将拥有版权的动漫作品授权给中国移动，利用中国移动的渠道优势进行动漫内容和产品的发行。中国移动在接受授权之后，一方面对动漫内容进行创新，通过彩信、WAP、Web及客户端等方式为用户提供丰富的动漫产品；另一方面，对动漫产品进行运营，加入用户参与元素，为个人用户提供动漫内容DIY渠道，调动终端用户的积极性。中国电信手机动漫运营中心是中国电信集团公司授权筹建的全国性动漫产品基地，于2012年正式面向全国运营推广。中国电信动漫运营中心运用3G移动互联网技术应用，将动漫领域作品延伸到移动终端平台，利用天翼手机及宽带全国统一认证系统，实现"一点接入、一号通行、合账收费"功能。中国联通沃动漫基地成立于2012年，"沃动漫"是顺应移动互联网开放、合作、创新、共赢的发展趋势，强力依托中国联通的品牌、用户、网络、终端、推广等优势，携手内容提供商、衍生品生产商、原创作者、APP开发者等产业链各方合作伙伴，以引领推动中国动漫产业发展为己任。

未来，手机动漫可能呈现以下趋势：第一，引起动漫内容制作与传播技术的巨大变革，与数字新媒体的结合将更加紧密。第二，动漫语言模式的变革，借助移动终端和相关技术，提升动漫用户的参与度，以及与数字动漫产品间的互动性。第三，全新消费模式与文化产品生产模式的创新，移动智能终端的迅速普及使内容创作者可以与读者进行直接沟通，实体物流销售也因移动电商的商业模式

217

而发生根本变化，全新的消费模式与文化产品生产模式或将由此开启。第四，引发原创内容经济收入模式变革，与传统模式相比，手机动漫作品稿酬同运营商的分成具有很大的优越性，在优质内容低投入与高产出的激励下，可催生一大批高品质、高创意的优秀作品。

第九章　数字出版技术

　　作为现代出版新业态之一，数字出版是数字技术作用下的出版，也是数字技术赋能的出版。本章先对数字出版技术概念进行了论述，指出数字出版技术是以出版活动的二进制序列编码为基础，对出版活动中的信息进行数字化描述、加工、存储和传输，以实现技术赋能，最终服务出版发展的出版技术。在此基础上，进一步明晰数字出版技术的特征、原理和应用场景，继而对人工智能技术、5G技术、区块链技术等数字出版技术形态，技术外包、技术合作、技术自足等阶段布局进行阐释。

9.1　数字出版技术概述

　　出版业产生和发展的历程表明，出版是一个高度的技术依赖型行业。从造纸术、活字印刷术到激光照排技术、计算机桌面出版系统和网络出版系统，出版业的每一次重大进步都与出版关联技术的发展密不可分。① 作为现代出版新业态之一，数字出版是数字技术作用下的出版，也是数字技术赋能的出版。数字技术的变革带来了数字出版产业的迅猛发展，人类知识生产、编辑、加工、组织、利用、传播、阅读、分享等方式发生深刻变革，延伸了人类听觉、视觉、触觉和中枢神经，成为人类认识世界、改变世界的重要媒介。

---

　　① 方卿. 资源、技术与共享：数字出版的三种基本模式[J]. 出版科学，2011，19(1)：28-32.

如今，我们可以在 Kindle、智能手机等智能终端随时随地阅读、注释和分享出版物，也可身临其境，"走进"出版物，同主角一道探索用思想和想象构建的世界。

可见，对于数字出版而言，数字技术是基础性、关键性的核心要素。那么，何为数字技术？数字出版中的数字技术具备什么样的特征，又有哪些技术形态和技术路线呢？

9.1.1 数字出版技术概念与特征

准确把握数字出版技术的内涵与外延是掌握数字出版技术理论的基础。数字出版技术的内涵指反映在概念中的对象（即数字出版技术）的本质属性；外延则指概念的适用范围，即数字出版技术包括哪些。其中，数字出版技术概念的内涵规定着其外延，而外延也影响着内涵的生成，两者是"所指"和"所谓"的关系，而定义则揭示数字出版技术内涵与外延的基本方法。

9.1.1.1 数字出版技术的科学内涵

厘清数字出版技术的科学内涵其实是要回答数字出版技术是什么这一核心问题。从逻辑学上看，给概念下定义最常见的形式是亚里士多德最早提出的"属+种差"的定义方法，即在找出被定义项邻近的"属"之后，将被定义项所反映的对象同该"属"中其他的"种"进行比较，然后加上被定义项所反映的对象与其他"种"之间的差别——"种差"。如"逻辑学"的定义为逻辑学（被定义项），是研究思维（种差）的科学（属）。而寻求临近的属，就是明确被定义项的上位概念，对上位概念的寻求与选择则无明确的标准，通常是基于学术问题和学术研究的实际需要而做出取舍。

基于词源的词组搭配来看，"数字出版技术"既可视为"数字"与"出版技术"的组合，也可视为"数字出版"与"技术"的组合，数字出版技术的上位概念包括"技术"和"出版技术"两类，分别衍生出"数字出版中的技术"和"（被）数字化的出版技术"两种不同的基本理解。在本书中，我们着重探讨的为"（被）数字化的出版技术"，因此选择"出版技术"而非"技术"作为数字出版技术的"属"。基于前文所述的技术概念，出版技术从广义上来看则指出版主体在出版活动中应用的一切手段和方法的总和。而"种差"则指数字出版技术的特有属性、根本特征，是数字出版技术所独有而其他出版技术形态所没有的，也是数字出版技术区别于其他出版技术之所在。作为出版技术中的一类，数字出版技术与网络出版技术、电子出版技术、传统出版技术等技术形态的不同之处在于"数字化"：一则，就发展关系而言，数字出版技术是传统出版技术发展的高级阶段，即数字出版技术以数字化的方式对传统出版技术进行继承与改造。同时，数字出版技术又是网络出版技术、电子出版技术等出版技术发展的基础，虽然数字出版技术、网络出版技术、电子出版技术等出版技术形态都是计算机、通信技术发展的时代产物，但从技术的演进阶段及其特点来看，① 数字出版技术是其他出版技术形态出现并得以发展的基础。二则，从出版技术的本质特征来看，数字出版技术是"数字化的"或"被数字化的"出版技术，而非"（被）网络化的""（被）电子化的"出版技术，这意味着数字出版技术都是以数字信号的方式、即用 0 和 1 二进制序列②对出版对象进行编码，并以数字化方式描述、加工、储存和传输相应出版内容及载体的技术手段。三则，从出版技术的服务旨归来看，数字出版技术的引进、应用与创新的逻辑起点在于实现出版业的数字化转型升级，并不断解决"数字"和"出版"融合过程中不平衡、不充分发展的基本问题，目标则是实现数字出版技术赋能，服务出版的创新性、高质量发展。因此，数字出版技术的科学内涵可以揭示如下：

数字出版技术是以出版活动的二进制序列编码为基础，对出版活动中的信息进行数字化描述、加工、存储和传输，以实现技术赋能，最终服务出版发展的出版技术。数字出版技术是出版业吸收数字技术的结果，是数字技术作用于出版业发展的结果，是数字技术和出版两个异质系统相互作用、相互融合而产生的交集和新质。数

① 姚媛. 数字化、电子化、网络化和虚拟化名词的本质概念及应用[J]. 大学图书馆学报，2009，27（5）：13-17.

② 蔡曙山. 论数字化[J]. 中国社会科学，2001（4）：33-42，203-204.

字出版技术既是数字技术的重要组成部分，是数字技术在出版业渗透作用的产物，也是出版业的重要组成部分，是出版业吸收数字技术要素而产生的数字技术子系统。

（1）出版活动。出版活动以二进制的形式进行，所有信息的编辑、加工、复制和发行均以二进制技术编码、描述、加工、存储和传播。这里的出版活动，泛指出版行为的总和，包括出版活动主体、出版对象、出版活动客体，以及出版活动效应，包括但不限于出版物、出版人、出版流程、出版行为、出版环境、出版用户等。

（2）数字化。数字化即出版活动转变为数字性质或数字状态，向着数字的方向转化。如图书、期刊出版物向数字出版产品或服务的方向转变，出版流程向着数字化流程再造的方向转变，出版人的素养在原有的政治素质、专业能力的基础上扩充为政治素质、专业能力、数字素养与技能三位一体，读者作为出版用户也发生数字阅读、智能阅读等阅读习惯和方式的转变，等等。出版活动的数字化，首先，表现为出版的文化选择传播过程，即出版的编校印发过程所产生的信息以二进制形式编码的过程；其次，表现为这些信息以二进制代码的形式存储于数字介质；最后，表现为这些信息以二进制代码的形式进行处理、传输、再现和管理。

（3）技术赋能。技术赋能或曰数字技术赋能，技术赋能，是由"技术"和"赋能"两个词汇组合而成。这里的"技术"是指数字技术。"赋能"是来自西方的舶来品，其英文单词为 enable 或 enablement，《牛津大辞典》给出的解释是：（一）给（某人）做某事的权威或方法，使……成为可能；（二）使（某种设备或系统）运作成功；激发。[①] 由此可见，赋能并非简单地赋予能力或是权力，而是指通过一定的方法、步骤、程序或路径，激发和增强特定系统或设备的运行原理、新旧动能或价值功能，使得实现某种更为高级的状态、目标成为可能。技术赋能，是指数字技术通过一定的方法、步骤、程序或路径，激发和增强特定系统或设备的运行原理、新旧

---

① Oxford Dictionary［EB/OL］.［2022-02-21］. https：//en.oxforddictionaries. com/definition/enable.

动能和价值功能以实现更为高级的状态和目标。

那么，出版业的技术赋能，就是指数字技术通过一定的方法、步骤、程序或路径，激发和增强出版业发展原理、新旧动能和价值功能以实现出版发展的状态和目标。技术赋能出版的本质是技术子系统和文化子系统、经济子系统之间通过相互联系、相互作用，产生协同作用和相干效应，也就是融合效应（非相加效应），推动着出版业发展升级到高级有序的高质量发展新形态。

（4）出版发展。数字出版技术应用的结果，是推动出版高质量发展，即蕴含文化自信、高质量增长、技术赋能三位一体的协同创新发展。出版发展，是由低级有序走向高级有序的过程，是数字技术要素被吸收到出版系统、成长为数字技术子系统的过程，也是数字技术子系统充分发挥协同效应，与文化子系统、经济子系统一起，协同推进出版业积极健康、高级有序的运行过程。

9.1.1.2　数字出版技术的多维外延

数字出版技术的外延，是指数字出版技术反映的特有属性的一切对象，反映数字出版技术指称的具体范围和具体技术。数字出版技术的多维外延能够以多种视角加以界定，如可基于数字出版技术的应用环节、数字出版技术的前沿性等维度进行划分。然而，前者应用环节的穷尽性列举易造成遗漏或重复的可能，后者技术前沿性的判断又具有一定的时代背景和主观性。因此，我们以数字出版技术的来源为依据，将数字出版技术的外延分为内生型数字出版技术与外引型数字出版技术两大类。

内生型数字出版技术。内生型数字出版技术是指出版主体基于出版活动的发展需要，自主创新研发的数字出版技术，如网络编辑技术、数字标引校验技术等数字化编辑技术，计算机网上出版技术、在机直接制版印刷技术等数字化复制技术，数字信息库出版技术、桌面出版系统等数字出版系统集成技术。方正电子智能编校排技术，便是出版内部对传统编校排技术进行数字化升级、改革的结果。内生型数字出版技术的优势在于：（1）出版业能够在持续的技术研发、技术创新的基础上，不断积累出版业自身的科技力量，在提高出版领域的科技创新能力和科技创新水平的同时，形成与其他国家出版业及相关文化产业的独特的技术竞争优势。(2)内生型数字出版技术通常能够直接对接出版业发展的痛点问题，更好地服务出版经济效益与社会效益的实现。(3)借助内生型数字出版技术的研究与开发，出版业能够形成一批兼具出版数字素养和出版技术素养的复合型、专业型、数字化的出版人才，为出版强国的建设提供有力的条件保障和智力支持。当然，内生型数字出版技术对出版业自身的自主创新与实现能力也有极高的要求，在目前出版业科技人才相对匮乏、技术研发条件不完善的背景下，出版业要借此推动形成以出版企业为主体、以出版市场为导向、产学研用相衔接的数字出版技术创新体系还有很长的一段路要走。

外引型数字出版技术。外引型数字出版技术则是出版主体有计划、有步骤地从其他领域引入数字技术并内化吸收为出版活动中的一部分相关技术，是出版业内化吸收数字技术，使之成为自身要素、数字技术子系统的产物，增强现实技术、虚拟现实技术、大数据技术、知识服务技术、人工智能技术等与出版领域的融合便是典型。相较于内生型数字出版技术，外引型数字出版技术也有其独到的优势：(1)出版能够以技术引进的方式与诸多先进、前沿的数字技术手段相对接，丰富数字出版技术的种类与应用范围，为出版提供更优质的发展平台与发展机会。(2)对外引型数字出版技术的学习与应用，能够进一步拓宽与活化出版主体的技术思维，从外部激发出版主体的技术创新活力，促进内生型数字出版技术创新实现，如数字版权保护技术的兴起已经推动了电子书数字水印的研发。(3)鉴于出版业高端数字出版技术创新人才的不足，外引型数字出版技术的普及与应用能够在为内生型数字出版技术创新研发提供时间保障的基础上，保持出版业与社会技术发展水平的整体一致。外引型数字出版技术的引进与应用须处理好以下几个问题，一则，引入的数字出版技术与出版活动自身的适用性不强。这些外引型技术的研发初衷并非出于出版的考量，出版主体因其符合出版发展的需求而将其引入，两者之间存在是否适配、耦合的问题。二则，外引型数字出版技术的引进与内化吸收的成本较高，其又是一个复杂的系统过程，涉及人才、设备、资金等多方面因素，这些因素若无法有效协同则可能导致技术引进的"夭折"或无法最大程度发挥技术自身的效用。三则，出版主体若长期将外引型数字出版技术作为优化出版活动的主要手段，则可能形成对外部数字技术的依赖而逐渐减弱自身的自主创新能力，这将不利于出版业自身的可持续发展。

9.1.2 数字出版的技术原理

技术原理是指技术背后的实现思想、架构设计等。解释数字出版的技术原理，需要对数字出版与数字技术关系进行阐释，进而阐释促成和实现数字出版活动的数字技术实现思想及架构设计。

对数字出版与数字技术关系而言，从内涵来看，数字出版定义之关键在于"数字技术"，即数字出版是数字技术作用于出版各环节，使用数字技术进行作品的编辑加工、复制和传播，其技术外延包括但不限于出版产品的数字化、出版数字化技术应用、出版营销的数字化、出版流程的数字化等。数字技术是使得数字出版区别于图书出版、音像出版等其他出版形态的特有属性，数字技术原理则贯穿数字产品生产流程和产品本身，是识别数字出版产品和实践的重要标志。

在技术实现思想方面，数字技术一般采用二进制，三进制或者多进制进行编码，从而实现和延伸数字出版具体功能。三进制数码包含"0，1，2"，逢三进一，退一换三。相较于二进制，"三进制"逻辑更接近人类大脑的思维方式。因为在一般情况下，我们对问题的看法不是只有"真"和"假"两种答案，还有"不知道"。在三进制逻辑学中，符号"1"代表"真"；符号"2"代表"假"；符号"0"代表"不知道"，这种逻辑表达方式显然更符合计算机在人工智能方面的发展趋势。关于多进制，如生物计算机等可能采用四进制；量子计算机区别于传统的二进制计算机，量子比特除了处于"0"态或"1"态外，还可处于"0"态和"1"态的任意线性叠加态，因此量子比特、量子计算机的进制数是无限的。数制规则和形态的进化为数字技术反映和实现用户需求提供底层支撑，在生物、计算机、光、电、量子力学等领域已受到广泛关注，并进行了积极尝试。对此，

《新闻出版业科技"十三五"时期发展规划》指出：要鼓励其他领域高新技术在新闻出版行业的应用研究。在外来高新技术的支持下，以数字技术应用于出版业为特有属性的数字出版外延也将不断扩大。

架构设计方面，数字出版在宏观架设过程中需借助现代信息技术、计算机技术、互联网、移动互联网等，为资源统筹、汇集、流通提供技术支撑；中观层面，数字出版需引入数字图书馆技术、知识服务技术、大数据、云计算、区块链、5G技术、AR技术、VR技术、智能机器人技术等，实现数字出版产品和功能，以及不同产品之间的连接与互动；而从微观层面，即在数字出版编、印、发等具体生产和运作过程中，需借助电子书制作的格式技术、数字版权保护技术、数字印刷技术、智能编校排技术等，支撑具体功能的实现。总之，几乎所有的、能够应用于出版的数字技术，都可以采取拿来主义的方法加以运用和进行架构设计。

9.1.3　数字出版的技术场景

数字出版是高度依赖于科技创新和技术赋能的出版形态，数字技术对出版业的重塑和再造，是数字出版区别于传统出版的主要标志，因而数字出版的技术场景极为广泛，常贯穿于出版活动的任一环节或全流程。

数字技术和出版业是否耦合以及耦合程度的高低，注定着数字技术在出版业应用场景的有无以及多少。如智能编校排版技术应用于出版流程，就推动着出版流程的数字化再造和智能化重塑；AR技术应用于出版业就催生出AR出版物这一对现实进行增强的新的出版物形态；VR技术应用于出版业，创造出VR出版物、VR知识服务、VR出版展览展示、VR课件视频等众多VR出版场景；区块链技术应用于出版产业，则创新出版权保护、版权溯源、知识服务联盟链等众多新业态和新场景。

近年来，数字出版高速发展，不仅研发了一批形态多样、专业优势明显的数字产品，也加速了出版业态与人工智能、大数据、知识服务等高新技术的应用。相信在未来，数字出版的技术场景将延伸至更多元、多维和多样化环节和环境中。

9.2　数字出版技术的技术形态

《新闻出版业科技"十三五"时期发展规划》指出，鼓励其他领域高新技术在新闻出版行业的应用研究。当前，大数据、增强现实、虚拟现实、人工智能等数字技术形态已被引入，并广泛应用于数字出版流程、产品和服务中，成为数字出版实务的重要组成部分。

9.2.1　人工智能技术

2017 年 7 月，国务院印发《新一代人工智能发展规划》，将人工智能定位在国际竞争的新焦点、经济发展的新引擎和社会建设的新机遇。人工智能的加速发展，正在引发链式突破，推动经济社会各领域从数字化、网络化向智能化加速跃升。2017 年 9 月发布的《新闻出版广播影视"十三五"发展规划》指出：研发应用人工智能技术，包括基于深度学习、类脑智能的机器写作、机器翻译、机器智能选题策划、智能内容分发的关键技术。人工智能涉及领域丰富，既包含硬件，也包含软件，是推进数字出版数字化、智能化转型和发展的、最主要的数字技术之一。

2021 年 12 月发布的《出版业"十四五"时期发展规划》指出："实施数字化战略，强化新一代信息技术支撑引领作用，引导出版单位深化认识、系统谋划……创新出版业态、传播方式和运营模式，推进出版产业数字化和数字产业化，大力提升行业数字化数据化智能化水平，系统推进出版深度融合发展，壮大出版发展新引擎。""健全完善数字出版科技创新体系。突出科技创新在推动出版业数字化转型升级、实现深度融合发展中的重要作用，大力推动 5G、大数据、云计算、人工智能、区块链、物联网、虚拟现实和增强现实等技术在出版领域的应用，推动国家出版发行信息公共服务平台的应用。"

9.2.1.1　人工智能的概念与发展历程

　　人工智能，是相对于自然智能而言。人工智能的本质是对人类思维中信息过程的一种模拟甚至超越。具体的定义包括：（1）人工智能，是让人觉得不可思议的计算机程序；（2）人工智能，是与人类思考方式相似的计算机程序；（3）人工智能，是与人类行为相似的计算机程序；（4）人工智能，是会学习的计算机程序；（5）人工智能，是根据对环境的感知做出合理的行动，并获得最大收益的计算机程序。其中，最后一种的定义较为全面和科学，但是也体现出对伦理、情感、法律等方面的考虑不足，进而会引发一系列的问题。根据现代决策体系，本书认为，人工智能是能够自主感知、决策、执行和控制的计算机软件程序或硬件设备。

　　人工智能是计算机科学的一个分支，除此以外，人工智能还涉及信息论、控制论、自动化、仿生学、生物学、心理学、数理逻辑、语言学、医学和哲学等多门学科。人工智能学科研究的主要内容包括：知识表示、自动推理和搜索方法、机器学习和知识获取、知识处理系统、自然语言理解、计算机视觉、智能机器人、自动程序设计等方面。

　　人工智能的基础理论研究方向包括：大数据智能、跨媒体感知计算、人机混合智能、群体智能、自主协同与决策等方面的基础理论研究。人工智能的前沿基础理论研究主要包括：高级机器学习、类脑智能计算、量子智能计算等跨领域基础理论研究。人工智能的跨学科探索性研究，主要包括研究人工智能与神经科学、认知科学、量子科学、心理学、数学、经济学、社会学等相关基础学科的交叉融合。

　　人工智能的发展，大致可划分为三个阶段。早在 1950 年，计算机科学和密码学的先驱阿兰·麦席森·图灵发表了一篇论文《计算机器与智能》，试图解决究竟什么是人工智能的问题。这篇论文成为划时代之作，也正是这篇文章，为图灵赢得了"人工智能之父"的桂冠。1956 年，在美国达特茅斯大学开了一次会，希望确立人工智能作为一门科学的任务和完整路径。达特茅斯会议标志着人工智能的正式诞生。

20世纪60年代末70年代初，斯坦福大学费根鲍姆等人成功研制了分析化合物分子结构的专家系统"DENDRAL"，开启了AI研究的第二次热潮。与利用推理等简单规则的第一次人工智能浪潮的方式不同，第二次人工智能开始走向专业化，即可通过大量学习某个领域专家水平的知识与经验，对具体问题进行推理和判断，模拟人类专家的决策过程，以解决那些需要人类专家处理的复杂问题，然而，20世纪70至90年代，台式计算机的出现和兴起，逐步取代了人工智能"专家系统"所使用的Symbolics和Lisp等机器，致使人工智能浪潮面临寒冬。

第三次AI浪潮，是由深度学习携手大数据共同促成的。深度学习的概念源于人工神经网络的研究，是机器学习研究中的一个新的领域，其动机在于建立、模拟人脑进行分析学习的神经网络，以模仿人脑的机制来解释数据。大数据作为人工智能的基石，其价值在于数据分析、数据挖掘和智能决策。将深度学习与大数据结合，可借助大数据对机器进行训练，进而从中归纳出可以被计算机运用在类似数据上的知识或规律，从而实现真正的人工智能。

9.2.1.2　人工智能的特征及在出版业的应用

普遍认为，人工智能具有以下五个特点：

第一，大数据驱动的知识学习。相较于传统通过人脑进行的知识和经验归纳、总结和知识表达，人工智能的显著特征之一在于以深度的机器学习为基础，对已有的人类成果和经验进行学习和分析，进而试图以人脑思维解决具体问题，进行智能决策。

第二，从分类型处理的多媒体数据转向跨媒体的认知、学习和推理。这里的"媒体"指的是界面或者环境，即人工智能可跨越不同媒介的复杂关联特性，根据不同媒体的数据特点，以多模态人类智能为目标，构建跨模态、跨平台内容的语义贯通机制，对具体问题进行问答、处理、交互和推理。跨媒体智能是实现机器认知外界环境的基础智能，在语言、视觉、图形和听觉之间的语义贯通，是实现联想、设计、概括、创造等智能行为的关键。

第三，高水平的人机、脑机相互协同和融合。相较于过去追求智能机器，人工智能强调以人为本，用人的思维解决问题，因此人工智能与脑科学的交叉是未来人工智能发展的一个前沿方向，其目的是建立起一些计算模型，通过大脑与计算机的融合交叉，或人机交互，产生一种互补型的、增强型的智能系统或新的智能形态。

第四，人工智能是基于互联网和大数据的群体智能。即当人类共同面临挑战时，往往会处于相当混乱的协作网络和情绪之中，人工智能可充当信息存储库，帮助人类在纷乱中建立良好的联系，促进不同部门之间的交流，并把很多人的智能集聚融合起来变成群体智能，服务于团队决策。

第五，在研究和实践理念方面，人工智能技术的发展从关注智能机器人转向广阔的智能自主系统，即将人工智能技术与家居、制造业、经济、医疗等多样化产业集合，改造各种机械、装备和产品，打造智能工厂、智能无人机系统等智能自主系统，引领各产业走向智能化发展道路。

当前，人工智能技术正在加速进入新闻出版行业，对新闻出版产业内外部发展产生了深远影响。一方面，人工智能重塑了新闻出版产业流程，推动出版社智能策划与协同撰稿、智能审校、智能印刷、智能数据加工、智能印刷、智能发行等活动开展，为新闻出版行业加速转型升级带来更多的可能；另一方面，人工智能可为新闻出版业对外提供精准化、智能化、多样化智能产品服务提供技术支撑，如通过新闻推荐、知识服务、智能社交、智能机器人等算法和应用，精准推送信息与服务，满足用户个性化需求（如图9-1）。

9.2.2　5G技术

2019年6月6日，工信部向中国移动、中国联通、中国电信、中国广播电视网络有限公司四家企业颁发了5G牌照，正式标志着中国进入5G时代。如今，5G已成为移动通信的主要发展方向和主体内容，是社会各行各业热衷探讨的热门话题。5G的赋能、助智，对进一步推动新闻出版业向着数字化、数据化、智能化的方向转型升级奠定通信技术根基，是推动新闻出版业高质量、高效率发展的重要数字技术之一。

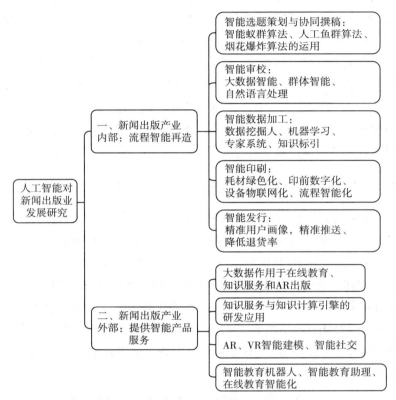

图 9-1　人工智能在新闻出版产业领域的应用

9.2.2.1　5G 技术概念

5G 是指第五代无线网络技术。相对于前四代移动通信技术而言，5G 具备低成本、低能耗、安全可靠的特点，同时用户体验数据速率提高 10~100 倍，峰值传输速率达到 10G/s，并具有 1 毫秒（ms）量级的超低延迟。[①] 从通信技术发展历程来看，1G 解决了用

---

① 赵国锋，陈婧，韩远兵，徐川 . 5G 移动通信网络关键技术综述[J].
重庆邮电大学学报(自然科学版)，2015，27(4)：441-452.

户电话通信问题，2G 解决了短信发送问题，3G 解决了用户上网浏览图片问题，4G 解决了用户数字音频听取和数字视频观看问题，5G 则会突破时空限制，在超高速传输、低时间延迟的前提下给用户带来最佳体验感，包括现实体验感和增强现实体验感。5G 技术所具有的大容量、高可靠、低功耗等特点，决定了其将会在国民经济各行业大放异彩，不仅改变人们的日常生活，并将重塑整个社会。而 5G 的赋能、注智，将进一步推动新闻出版业向着数字化、数据化、智能化的方向转型升级，推进新闻出版业向着更高质量、更有效率的方向迈进。

9.2.2.2　5G 技术特征及出版业应用的关键技术

相较于前四代移动通信技术，5G 技术具备以下三个特点。

第一，超高速传输。5G 技术的传输速率，理论峰值可达到 20G/s，是目前 4G 传输的 20 倍。打个比方，若在 5G 网络下，下载一部高清电影，仅仅需要几秒钟的时间。超高速传输不仅可以保证 4K 等超高清视频平均 18Mbit/s 的带宽需求，还可以保证 VR 视频体验 175Mbp 以上的带宽需要。超高速传输的特点，能够极大地带动和推进 AR 业务、VR 业务、全息业务的发展和普及，为用户提供绝佳的体验。

第二，低延迟。3G 技术的端到端延迟时长为数百毫秒，4G 可以达到 10 到 100 毫秒，而 5G 时代的端到端延迟时长为 1 到 10 毫秒，是 4G 的 10%。低延迟特点，为远程医疗、智能制造的远程操作、自动驾驶等提供了无限发展可能，能够加速推进社会智能化建设进程。

第三，宽覆盖。5G 技术的全年应用，将会覆盖除了城市等热点地区以外的边远山区，进而将移动互联服务推送到更广的范围。2019 年 6 月，中国移动表示将会在当年实现 40 个城市的 5G 覆盖，其中北京实现二环以内的覆盖。2019 年 7 月 9 日，在华为公司的大力拓展下，摩纳哥成为全球第一个实现 5G 全国覆盖的国家。由于我国国土面积广阔，且地势、自然条件复杂多样，若在我国实现

5G 技术全面覆盖，还需要一定的时间。①

5G 技术涉及的关键技术广泛，如超密集网络异构技术、自组织网络、内容分发网络、设备到设备通信、机器对机器通信、信息中心网络、移动云计算、软件定义网络、软件定义无线网络、情境感知等。其中和新闻出版业紧密相关的技术主要包括内容分发网络、移动云计算技术和情境感知技术。

内容分发网络是为解决用户大量访问互联网导致的网络拥堵而提出的技术解决方案，即在传统网络中添加新的层次，即智能虚拟网络。在以往的数字图书馆、专业出版知识库销售过程中，经常会遇到的问题便是打开页面时间过长，进而造成用户的满意度下降，影响数字产品和服务的销售进程。而内容分发网络，将有助于改善目标用户阅读体验，提升分发内容的有效性，同时能够降低用户访问迟延时间，给用户访问网络平台内容提供较好的体验。尤其是在提供镜像服务的情境下，能够优化和改善数字产品和服务的 B2B 用户反馈，从侧面协助市场销售工作的开展。

移动云计算技术是将云计算的概念引入移动互联网的产物。在新闻出版业"十三五"科技发展规划的预研究课题中，云计算以及物联网、大数据、语义分析作为四项重要的技术被提上研究日程。其中，云计算对数字出版的影响包括特殊的容错措施、数字资源格式和设备标准化以降低成本、减少出版企业系统软件的投资等。② 作为 5G 关键技术之一，移动云计算技术能够解决智能终端的访问质量和速度问题，同时也为移动医疗、移动学习、移动教育、移动型知识服务平台的建设与推广提供了技术的现实可能性。

情境感知技术，是指借助可穿戴设备、无线通信技术、传感技术等，感知用户所处的环境，并根据获得的信息，为用户主动、智能、个性化地推送服务的技术。情境感知技术因其科技含量高，应

---

① 代小佩.5G 全面覆盖至少还要 5 年[N].科技日报，2019-01-16.

② 国家新闻出版广电总局数字出版司.新闻出版业科技十三五时期发展规划预研究成果汇编[M].北京：中国书籍出版社，2015：176-178.

用潜力巨大，已成为构建智慧图书馆的基石。① 未来，情境感知技术将会大量应用于个性化、定制化的知识服务的推送、智能机器人+阅读、智能管理机器人、礼仪机器人、智能盘点机器人等新兴出版场景;② 同时，智能终端设备依托情境感知技术，可在捕获用户位置、阅读偏好、交通状况等信息的基础上，改善和实现智能新闻的内容推荐功能。

9.2.3 区块链技术

近年来，随着以比特币为代表的虚拟货币的迅猛发展，其底层技术和基础架构"区块链"受到社会广泛关注。区块链技术被认为是"继大型计算机、个人计算机、互联网、移动社交之后的第 5 次颠覆式计算范式，是人类信用进化史上继血亲信用、贵金属信用、央行纸币信用之后的第 4 个里程碑"。③ 作为一种创造信任的机制，区块链技术不仅可以作为比特币应用的共识达成机制，而且可以承载交易等多种与价值相关的信息。④

9.2.3.1 区块链技术的概念

"区块链"的概念起源于 2008 年中本聪在密码学邮件组发表的论文《比特币：一种点对点电子现金系统》，其中中本聪提出"时间戳服务器通过对以区块(block)形式存在的一组数据实施随机散列而加上时间戳，并将该随机散列进行广播。每个时间戳应当将前一个时间戳纳入其随机散列值中，每一个随后的时间戳都对之前的一个时间戳进行增强(reinforcing)，这样就形成了一个链条(Chain)，

---

① 韩业江，董颖，等.基于情境感知技术的智慧图书馆服务策略研究[J].情报科学，2019，37(8):87-91.

② 张新新.新闻出版业智能机器人的应用原理与场景分析[J].科技与出版，2018(11):43-48.

③ Swan M. Blockchain: Blueprint for a New Economy[M]. USA: O'Reilly Media Inc., 2015.

④ 许洁，王嘉昀.基于区块链技术的学术出版信任建设[J].出版科学，2017，25(6):19-24.

即'区块链'"。2009 年，中本聪创立了比特币，并开发出第一个区块，被称为"创世区块"。

从概念来看，狭义的区块链，即分布式记账本，是一种数据，一种新型数据，即区块链是一种按照时间顺序将数据区块以链条的方式组合成特定数据结构，并以密码学方式保证的不可篡改和不可伪造的去中心化共享总账（Decentralized shared ledger），能够安全简单存储的、有先后关系的、能在系统内验证的数据。① 而广义的区块链是一种全新的基础架构和分布式计算范式，是完整的带有数学证明的系统框架，是利用加密链式区块结构来验证与存储数据、利用分布式节点共识算法来生成和更新数据、利用自动化脚本代码（智能合约）来编程和操作数据的一种全新的去中心化基础架构与分布式计算范式。② 因此从本质来说，区块链是一个去中心化的分布式账本数据库，③ 为价值互联网的实现奠定了技术基础。④

9.2.3.2　区块链技术的特征及在出版业的应用

区块链的特征主要包括：去中心化、时序数据、广泛参与性、安全可靠性、可编程等特点。

第一，去中心化，指区块链的信用关系构建是基于分布式系统结构，不依赖中心化的第三方机构或设施，基于协商一致的规范和协议（如哈希算法），各节点数据自我验证、记账、存储、维护和传输，这是区块链最突出的特有属性。从信用机理的角度来看，区块链是以去中心化的算法信用（软件定义的信用）来取代中心化的机构信用甚至是国家信用，如比特币的信用体系和现行货币中心化

---

① 袁勇，王飞跃. 区块链技术发展现状与展望[J]. 自动化学报，2016，42（4）：481-494.

② 袁勇，王飞跃. 区块链技术发展现状与展望[J]. 自动化学报，2016，42（4）：481-494.

③ 徐明星，刘勇，等. 区块链：重塑经济与世界[M]. 北京：中信出版集团，2016：22-24.

④ 蒋海. 区块链：开启价值交换新时代[J]. 金融科技时代，2016（7）：27-29.

信用体系的关系。

第二，时序数据，指区块链的链式区块结构数据带有时间戳，被增加了时间维度，进而可验证和可追溯，这是时间戳服务应用的结果。该特征使得区块链技术在产品和服务溯源、版权确权等方面会有较广阔的应用前景。

第三，广泛参与性。区块链是建立在开源代码和技术之上的技术，即区块中的数据对所有人开放，任何人都可以通过公开接口查询区块链数据和开发相关应用。① 因此，区块链技术具有广泛参与性和集体维护性，用户可通过激励机制来参与数据区块的验证过程，并通过共识算法来选择特定的节点将新区块添加到区块链。②

第四，安全可靠性。区块链在运行和架构中，采用非对称加密技术，通过工作量证明的共识算法所形成的强大算力来确保区块链数据的不可篡改和不可伪造。除非达到全部数据节点/全部算力的51%以上，否则无法修改区块数据。然而以比特币为例，随着计算机计算能力的不断进步，F2Pool、BTCChina Pool、Huobi Pool 等中国大型矿池部分已可达到约60%的算力，这就意味着比特币的安全性在理论上无法得到确保，区块链的安全可靠性受到挑战。

第五，可编程性，即区块链技术可通过共享海量、灵活的脚本代码系统为用户研发高级的智能合约、货币或其他去中心化应用提供支持，如以太坊的智能合约平台所提供的图灵完备的脚本语言，以供用户构建任何可以精确定义的智能合约或交易类型。可编程特点的不断凸显，推动区块链技术模式的不断升级，从1.0版的可编程数字加密货币体系，到2.0版的可编程金融系统（目前区块链处于2.0版早期阶段），直至最终的3.0版可编程社会。

2018年5月，工信部发布《2018年中国区块链产业白皮书》，其中指出，区块链作为一项颠覆性技术正在引领全球新一轮技术变

① 姚忠将，葛敬国. 关于区块链原理及应用的综述[J]. 科研信息化技术与应用，2017，8(2)：3-17.
② 袁勇，王飞跃. 区块链技术发展现状与展望[J]. 自动化学报，2016，42(4)：481-494.

革和产业变革，有望成为全球技术创新和模式创新的"策源地"，推动信息互联网向价值互联网变迁。① 在出版领域，区块链技术的运用，主要体现在版权保护、选题策划、智库建设等方面。

版权保护。区块链的多项关键技术几乎可涵盖版权登记、使用、管理和保护的各个环节。版权确权环节，时间戳技术可确认作品发表时间，进而确认权利归属。版权交易环节，共识节点的广泛共识和记录，具有不可篡改、不可伪造的特点，可用于版权公证和审计；智能合约的完善和应用，不受时间和地域限制，可快速达成版权交易，提高版权交易效率。版权管理环节，可通过版权联盟链的方式，以时间为纵轴，以知识体系为横轴，分门别类地对各个时期的各类版权进行有序管理和使用。版权保护环节，基于版权联盟链或私有链，调取带有时间戳的版权数据，形成完整的版权证据链，最大限度地形成版权侵权威慑，及时高效地制止版权侵权行为。

选题策划。一是，可以依托于人工智能，"基于群体智能的'众智众创众筹'理念，优化运用智能蚁群算法、人工鱼群算法、烟花爆炸算法等群体智能的算法，可探索研发出众创撰稿、协同创作的工具系统，以起到众筹众智、集中专业领域智慧提供个性化、定制化知识解决方案的效果"②。二是，可运用区块链的技术原理，构建专业出版领域的联盟链，如法律出版联盟链、生态文明出版联盟链，或者构建出版企业的私有链，如某出版社私有链。在联盟链或私有链中，静态层面：在基础层建设含有时间戳的选题区块链，辅以知识标引技术，逐步建立健全某细分选题的历史顺序数据库，可追寻细分选题领域的区块链内第一个作者至最近的作者，便于进行选题的归纳和梳理。动态层面：可运用传播机制，就细分选题向

---

① 工业和信息化部信息中心.2018 年中国区块链产业白皮书［EB/OL］.［2022-06-21］.https：//www.miit.gov.cn/n1146290/n1146402/n1146445/c6180238/part/6180297.pdf.

② 刘华东，马维娜，张新新."出版+人工智能"：智能出版流程再造［J］.出版广角，2018(1)：14-16.

全网节点发起广播，得到大多数的共识以后(采用 DPoS 机制)，通过代币发行和分配奖励机制，高效、全面地聚集起细分选题的全链区域内的智力资源，最终以去中心化的方式全面、高效地完成选题策划和组稿工作。

智库建设。区块链技术赋能出版智库建设，主要围绕智库专家思想及其外化的论文、著作等数据展开。以联盟区块链的形式，推动融智库的发展和壮大，可着手以下步骤：首先，进行论文、著作、课题的区块数据建设，采用时间戳、非对称加密技术，赋予智库以公钥、赋予专家以私钥；其次，在链内全网进行广播，发起科研成果版权交易，得到验收和达成共识后，采用代币奖励和分配机制，激励"矿工"节点；最后，建立和完善智能合约机制，符合规定条件和程序的交易，自动化执行交易。出版智库联盟链的研发和应用，将有助于共享学术成果，打破学术资源垄断，鼓励智库专家内部思想交流，以去中心化的方式，构建出一个更加开放、更加安全、更加公平的智库思想交流平台。

9.3　数字技术阶段布局

为适应图书出版与科技、信息化浪潮相结合的整体趋势，发挥数字技术对传统出版的赋能作用，出版企业在市场定位和转型方面已初步达成共识，即要实现由内容提供商向技术应用商、服务提供商的角色转变。这种转变反映在数字技术布局中，则可分为三个阶段，即技术外包、技术合作和技术自主。

9.3.1　技术外包

技术外包，是指出版企业专注于自己的核心业务，将其信息化、硬件、软件业务全部或部分外包给专业的信息技术服务公司。技术外包符合社会化分工的规律，由专业的群体负责专业的事宜，能够提高效率，使得出版社可以专注于自身在内容资源、产品渠道方面的布局和实施。但从实施来看，数字出版在技术外包的过程中也面临若干问题，这些问题在一定程度上影响了项目预期目标的实现，也导致了项目成果转化率不高。

第一，出版技术企业提供的技术落后于数字出版业务发展现状。当前，部分数字出版企业已步入完全市场化运营阶段，需改进门户网站的技术和功能，提高市场运营方面的效率。然而，传统的出版技术企业，仍然是以排版文件转换、数字化加工DRM版权保护、数字图书馆建设、数据库开发作为核心技术，在现有业务能够满足其经营指标的情况下，相关出版技术企业不再继续推出新业务、研发新技术，致使其提供的技术难以满足数字出版企业发展需要。

第二，出版技术企业多采用租赁的方式为数字出版企业提供技术支持，一定程度上制约和阻碍了数字出版企业技术发展和转型升级。传统出版技术企业在成长和发展过程中需研发和掌握一定关键技术，该技术是出版技术企业的核心竞争力，也是使得出版技术企业可在激烈的市场竞争中占据一席之地的"秘密法宝"。因此，出于商业机密保护等原因，传统出版技术企业往往不愿意出售或让出版社直接占有和操控其核心技术，而采用租赁的方式，即由技术提供方提供安装盘或技术支持，该种方式在某种程度上影响和制约了出版社在数字出版领域的发展，以及向技术应用商和服务提供商的转型升级。

第三，技术企业提供的软件系统多是固定的，致使个性化、定制化服务缺失。大型、老牌的技术企业提供的技术方案多是程式化、固定化的，且出于对成本收益的考量，相关技术企业不愿根据出版机构客户的实际情况作出重大变化或进行技术革新。这种被业界称为"技术产品化"的路线从技术企业角度考虑，有其合理性，可降低产品成本，确保利润的最大化。但在出版企业看来，由于无法满足特定出版领域的技术需求，可能导致相关项目难以获得预期的技术实现效果，甚至由于软件系统适配性差而被大量搁置，造成资金和资源浪费。

9.3.2　技术合作

鉴于技术外包方式的突出弊端，部分有着明确战略定位、清晰发展思路的数字出版机构在面临出版技术问题时，可能采取"技术合作"的策略。技术合作主要有两种具体路径。

第一种方式，即出版社作为出资方，购置技术企业的软件技术，使得出版社本身对该项技术享有所有权和使用权；出版社在进行数字产品运营推广时，可将该项技术应用于自己的目标客户，为目标客户提供"内容+技术"的全套服务方案。还有一种技术合作路径，即出版社与技术企业联合成立"内容+技术"的公司实体，出版企业以自身的内容资源、运营渠道等作为投入，而技术合作方则提供符合出版企业要求的、相关领域的高新技术，双方共同出资打造面向特定出版领域的法人实体。如由科大讯飞股份有限公司与北京师范大学出版集团共同投资成立的、致力于采用"出版+AI"技术，进行互联网教育服务的北京京师讯飞教育科技有限公司(简称"京师讯飞")便是第二种技术合作的成功案例。该公司不仅整合了北京师范大学出版社丰富的学术资源、教育资源和渠道资源，也充分发挥科大讯飞的语音识别、机器人制造等人工智能技术优势，是出版企业开创融媒体出版、布局"出版+AI"前瞻业态的经典案例，也是开展个性化、定制化、智能化数字教育的重要尝试。

总之，技术合作，是出版社走向自我掌握技术、应用技术的关键性步骤，也是出版社在与技术提供商谈判过程中具有里程碑意义的一个阶段，为出版社实现技术自足、自我研发奠定了丰富的实践经验和业务能力。在技术合作阶段，出版企业开展数字出版业务，可分别在锻造人才队伍、应用高新技术、熟悉项目管理、储备无形资产等方面进行积累和着力。

9.3.3　技术自足

技术自足，是指出版机构能够自主研发和集成应用数字出版相关技术，尤其是能够拥有数字出版核心技术，并将相关核心技术转变为自身的知识产权、无形资产，能够集成应用数字出版前沿性技术。技术自主是大型单体出版社、出版传媒集团发展数字出版、实现出版转型的必由之路，也是越来越多的出版企业主动选择的发展路径。

出版企业技术自足对传统图书出版企业向现代知识服务提供商转型具有重要意义和价值。第一，出版企业技术自足有助于提升出版社的自主研发能力，满足互联网+时代发展需要，支撑出版社技术创新和系统维护，储备信息化建设的人力资源和技术资源。第二，出版企业技术自足有利于提高项目成果的转化能力，即技术自足不仅可降低出版企业运营和维护成本，且可让出版企业切实了解和主动衔接市场，从而更好地满足国民经济各行业、出版企业市场的技术开发需求和功能需要，为数字产品销售、项目成果转化提供坚实的技术基础和保障。第三，出版企业技术自足可帮助出版企业打通数字出版产业链，在内容资源优势的基础上，实现技术嫁接，占据数字出版产业链制高点。从而在较短的时间内，推动数字出版部门和企业具备资源建设、内容生产、技术开发、市场销售的数字出版全产业链操作能力和研发实力。第四，出版企业技术自足可成为发掘企业新经济增长点的重要渠道，即数字出版企业可面向出版企业、行业市场需求，提供智库支持系统、知识服务系统、数字产品平台等各类技术产品和服务，发掘新的盈利点。第五，出版企业技术自足也可提高资助项目的使用绩效，避免"转移支付"的消极后果，即在坚持专业化分工、职业化发展的基础上，提高项目资金的使用效率，以尽可能经济的价格，实现最优服务、最佳产品、最合理的技术设计，避免项目资金浪费，或资金由出版社最终流入社会化技术公司，却不能起到实质性支撑转型升级的作用。第六，出版企业技术自足也可加大其潜在市场机会，提升企业发展速度，如具备技术自足实力的数字出版企业，可申请国家高新技术企业认证或"双软"企业认证，享受国家税收优惠政策，且可获得进入招投标市场的资质，对开拓市场、把握机遇具有较大的促进作用。

作为出版机构数字化转型的高阶阶段，出版单位实现技术自足需要具备以下五点前提和条件。

其一，在理念上，出版机构需具备从内容提供商到技术提供商转变的战略定位。知识服务时代，出版社若想提供层次鲜明的信息服务、知识产品、知识解决方案，需要以自主技术为支撑。因此，技术自足的第一位要素便是在出版机构战略定位中，将由内容提供商向技术提供商转变作为重要战略目标。现有国内外大型的出版机构、出版集团无不是兼具内容优势和技术优势，如励讯集团的数字决策工具系统，由其自主研发；知识产权出版社也在积极布局自身的大数据公司和专利文献知识服务技术。

其二，出版机构需要保证充足的项目资金和自有资金支撑技术研发。目前各级财政部门都将文化产业作为重要的扶持方向和投入方向，规模大、实力强的出版社每年都可获得数千万元的财政项目支持。这些财政项目可为出版机构实现技术自主提供财务支持。同时，出版机构本身亦需投入一定的资金用于研发核心技术，培养骨干技术团队，以最终形成自身的数字出版前沿技术。

其三，在组织层面，出版机构可成立单独的数字出版公司，并将高新技术作为公司的主营业务之一。在理念前瞻、资金充足的前提下，传统的数字出版部门无法承担自主技术研发的工程，技术自足的任务需要交由独立的数字出版公司来实现，并且该公司必须将高新技术作为主营业务之一。目前，国内已有一部分出版机构成立了专门的数字出版科技公司，专门进行技术研发、技术提供和技术服务，为出版机构提供必要和个性化技术支持。

其四，在人才队伍建设方面，技术自足的实现，离不开技术领头人和技术骨干团队。出版机构可通过技术并购、项目带动和反向工程等方式，如引进成熟的技术团队，或通过项目合作理解和掌握相关技术研发与应用，或通过公开渠道获取数字产品和平台，并进行拆卸、分析、统计、改进等以获得有关技术信息，从而实现对内支撑出版企业项目开发、信息化建设，对外提供技术开发服务的目标。

其五，在制度上，出版机构需及时进行新兴出版制度的立改废，形成鼓励先进技术应用与赋能、将先进技术与先进内容相结合、传统媒体与新兴媒体深度融合的制度文化氛围，不断提升出版企业新兴出版治理体系和治理能力的现代化。

第十章 数字出版运营

本章对数字出版运营的内容进行了阐述，提出数字出版平台化战略、精品化战略、多元化战略、国际化战略四大运营战略，B2C、B2B、B2G、B2F、O2O 五类商业模式。同时，从数字出版的市场调研和市场预测两个运营基本环节出发，对数字出版市场调研的意义、调研类型、调研程序、调研方法与技术，数字出版市场预测的类型、内容和方法进行了系统论述。最后，围绕数字出版的营销观念、营销能力、营销重点、营销渠道和全媒体营销，对数字出版的营销管理这一重要内容进行了探讨。

长期以来，数字出版的市场运营并没有得到出版社的重视，数字出版收益在出版社总收入中占比较小，数字出版项目在财政资金的扶持下推进。随着文化产业发展专项资金对于重大项目的扶持力度减半到完全取消，对出版企业，尤其是地方出版企业推进转型升级、发展数字出版而言，是个严峻考验，数字出版的市场化经营、产业化盈利已经刻不容缓。

数字市场运营的开展与见效，应该以丰富的产品集群为内容依托，以多维度的营销手段为助力，以清晰而有效的盈利模式为突破口，运用机构营销、大客户营销、买赠结合等多种商业化手段，最终才可取得数字出版的市场化、规模化和产业化的良好效果。

10.1 数字出版的运营概述

出版经营管理是指面向出版业进行的各种出版物的生产销售活

动，以及对这些活动的计划、组织、协调、实施和监控。① 数字出版运营是数字出版工作的重要内容，是指采用合适的平台和商业模式，通过计划、组织和控制对数字出版产品实施营销和管理的全过程。数字出版运营管理的目的是提高数字出版生产经营的绩效，增强数字出版企业实力和市场竞争力。

10.1.1　数字出版运营的内容

数字出版运营内涵丰富，是衔接数字出版产品和数字出版收入的关键，几乎涵盖数字出版产品、技术、营销等各个环节。其中产品开发、生产制作管理、发行销售和版权运管是数字出版运营管理的重点。

数字出版产品开发。数字出版产品开发是数字出版企业经营的基础，数字出版企业开发出适销对路的优质产品，是赢得读者市场，塑造品牌，形成竞争力的关键。数字出版产品类别众多，包括电子书、数字音频产品、数字视频产品、游戏动漫产品、AR/VR产品、数据库产品、直播产品等，还包括数字出版知识服务、信息服务等。出版企业要立足自己掌握的各种资源，进行市场调研，洞悉读者需求的空白点和痛点，进行产品的创意策划，选题立项，开发出优质数字出版产品和出版服务，满足读者的多样化和个性化需求，才能有效实现企业的社会效益和经济效益。

数字出版的生产制作管理。数字出版的生产制作目前已形成完整的产业链和供应链。基于内容资源开发与销售的出版产业是一个完整的产业链，由包括出版策划、编辑加工、生产与复制、出版物发行以及版权保护与贸易在内的多个产业部门共同组成的一个整体。② 数字出版物的生产制作需要大量上下游机构的协同才能顺利完成，作者、版权经纪人、出版工作室、应用软件开发商、硬件设备提供商等大量机构参与了数字出版产品的生产制作与发行。在数字出版产品和服务的开发过程中，信息流、资金流在产业链和供应

---

① 肖东发.出版营销管理[M].北京：北京大学出版社，2008：18.
② 方卿.出版业产业链研究[M].北京：高等教育出版社，2011：21.

链之中流动，数字出版企业要能够有效组织生产活动，并能够掌控数字出版产品品质，协调处理好不同参与者的关系，提高数字出版生产的效能。数字出版企业在生产中还要注意遵守格式和标准规范。如电子书出版商们根据技术、市场和阅读设备情况开发了几十种电子书格式，每种格式都有自身的特点，Adobe 公司的 PDF 格式兼容性强，适用范围广；方正公司的 CEB 格式具有中文完全高保真特点；华康公司的 WDL 格式可以保留原有版面设计；微软的 XPS 文本结构清晰；国际数字出版论坛的 EPUB 开放的标准格式；亚马逊 kindle 的 AZW 格式是封闭的格式；书生公司的 SEP 格式支持传统纸张特性。这些技术标准和规范，能够确保数字出版产品适应不同的应用平台和销售渠道。

数字出版的发行销售。发行销售是数字出版的变现环节，决定了数字出版社会效益和经济效益能否得到实现。数字出版的销售与传统出版业发行有较大差异，数字出版企业需要自建发行渠道，数字出版产品的销售渠道和销售方式多元化。可以根据现实需要灵活采取直接销售、代理销售等多种销售形式。如电子书的销售模式主要有代销制度、VIP 会员销售、馆藏 PDA 模式、付费订阅、捆绑销售、自助出版与众筹出版等。代销制是电商平台采取的主要模式，2014 年，亚马逊与五大出版社达成代理协议，把电子书的定价权转让给大型出版社，电子书的价格逐年上涨。VIP 会员制和付费订阅制相似，读者按一定时间周期购买会员或订阅后就可以阅读平台上所有的内容，是网络文学和阅读类应用采取的主要模式，也是最畅销的模式。馆藏 PDA、捆绑销售应用范围较窄，自助出版和众筹出版在国内还处于起步阶段。

数字出版的版权运营。版权是数字出版的核心资源，数字出版企业可以将产品版权进行深度开发，获取更大收益，数字出版的版权运营方式灵活多样，包括版权输出、IP 打造、衍生品开发、影视剧改编、游戏改编等。版权运营可以最大限度开发数字出版产品的文化价值和商业价值，延长数字出版价值链，提高数字出版企业经营效益。如在网络文学市场，优质的原创作品具有广泛的读者基础，进行影视改编后，在大众市场放大了内容的影响力，IP 迅速增值，进入文化和娱乐产业链进行深度开发，可以实现持续变现，优质的 IP 可以带来巨大的收益。

10.1.2　数字出版运营的原则

数字出版的运营是个复杂的系统性工程，工作上要素众多、流程繁复，经营上任务重、风险高。数字出版企业的运营管理水平和能力决定了数字出版产品和服务能否最大程度发挥出社会效益，获取合理的经济回报，实现企业的快速发展。数字出版在运营中要坚持正确的出版导向，将社会效益放在首位，遵守出版管理法规，保护版权等基本原则。

10.1.2.1　坚持正确的政治方向和出版导向

出版业具有意识形态属性和文化属性，数字出版企业在经营过程中必须坚持正确的政治导向，把握好先进文化的发展方向。出版导向直接体现了出版工作的性质、宗旨以及出版工作者的政治立场。在我国，出版业是社会主义文化事业的重要组成部分，是党的意识形态工作主阵地。我国出版工作要坚持党的领导，树立正确的政治方向，坚持出版工作为人民服务、为社会主义服务的根本方针。数字出版企业要坚持和加强党的全面领导，坚持正确的出版导向，严格执行党和国家的出版政策和法规，把好产品和服务内容的意识形态关。出版业主要从事文化生产与传播活动，数字出版企业要牢牢把握先进文化的发展方向，具备良好的文化追求和精神品格。

10.1.2.2　将社会效益放在首位，坚持社会效益与经济效益相统一

2015 年 9 月，中共中央办公厅、国务院办公厅印发《关于推动国有文化企业把社会效益放在首位、实现社会效益和经济效益相统一的指导意见》，强调指出，文化企业提供精神产品，传播思想信息，担负文化传承使命，必须始终坚持把社会效益放在首位、实现社会效益和经济效益相统一。2017 年 9 月发布的《新闻出版广播影视"十三五"发展规划》指出，"深化新闻出版广播影视改革，健全确保把社会效益放在首位、实现社会效益和经济效益相统一的体制

机制"。2021 年发布的《出版业"十四五"时期发展规划》指出，"在坚持把社会效益放在首位的前提下，努力实现社会效益和经济效益双跃升、双丰收"。我国出版事业是党领导下的社会主义文化事业的重要组成部分。数字出版承担着传承文化、传播知识、传递信息、服务社会等重任。数字出版在经营管理中聚焦为广大人民群众生产和提供质优价廉的出版产品和服务，以满足人民群众的精神文化生活需求作为数字出版工作的出发点和落脚点。数字出版企业不能单纯以经济效益作为经营的指标，还要考察出版产品和服务的社会效益，两者不可偏废，要坚持社会效益与经济效益相统一。

10.1.2.3　遵守出版管理法规，坚持数字出版质量标准

数字出版企业要坚守出版管理规定、出版质量标准和技术标准。数字出版作为出版新业态，在设立和经营管理过程中必须严格遵守国家有关出版的法律法规。如《出版管理条例》《音像制品管理条例》《地图编制出版管理条例》《广告管理条例》《著作权法》等。数字出版还需要遵循相关的出版质量标准体系，国家在通用语言文字、标点符号用法、出版数字规范、文献格式、出版物编校、语义出版、知识服务、有声出版等领域均制定了相关的国家标准。数字出版要依据法规和标准要求，建立符合数字出版工作实际、明晰完善的产品质量标准和品控机制。数字出版生产制作需要大量的软件支持，还必须遵守《计算机软件保护条例》《计算机软件产品管理办法》《电子商务法》等。

10.1.2.4　建立版权保护机制，保障内容创作者和企业的正当权益

版权确权和版权保护对于数字出版至关重要，出版内容数字化后极容易被盗版和侵权，损害内容创作者和数字出版企业的正当权益。数字作品的版权生产周期短、范围广、形态多样。移动互联环境下知识生产传播的即时性、互动性和微型化大幅提高了版权生产的速度，大量的内容创作者每日向数字出版平台上传海量的内容资源，规模庞大的用户群提升了版权使用的频次和密度，版权确权的主体、对象以及版权交易需求激增，需要数字出版建立高效的版权

登记、确权和版权保护机制。出版业版权保护机制需要多措并举。利用大数据和人工智能技术，建立科学完善的版权审核机制，对上传到数字出版平台的内容产品进行预先审查；对导向不正确、编校质量低、违规与侵权作品主动进行下架处理。利用数字加密技术、数字水印、时间戳、区块链等数字版权保护技术，建立高效安全的版权登记和确权系统。数字出版企业还要与第三方机构配合，建立完善的版权交易机制。

10.2　数字出版的运营战略

数字出版运营战略是数字出版企业根据企业定位、市场竞争情况，对企业经营和发展路径所做的战略规划和统筹安排，明确数字出版的经营重点，指明数字出版的发展方向，对数字出版繁荣发展具有重要指导意义。当前数字出版发展进入了深度融合和高质量发展的新阶段，平台化战略、精品化战略、多元化战略与国际化战略是数字出版运营战略的现实选择。

10.2.1　数字出版的平台化战略

目前，基于网络构建的数字化平台在社会经济生活中发挥着越来越重要的作用。平台化是数字经济时代企业和产业组织变革和结构调整的过程。数字出版的平台化战略是指构建数字出版平台，让平台成为数字出版企业主要的生产方式和经营模式，通过平台聚集、分发数字出版内容资源与服务，通过平台向读者提供个性化服务。数字出版平台是由出版机构负责建设和运营的数字化出版平台。数字出版平台建设是近年来出版企业数字化转型的重要举措，成绩显著。出版企业加大了网络平台建设的力度，在知识服务、在线教育、学术出版、数据库以及专业应用等领域建设了大量数字出版平台，为用户提供个性化、场景化和智能化的出版服务。平台化成为数字出版企业转型发展的重要战略选择。

国内 500 余家图书出版社，大部分开发建设了不同类型的数字化平台。这些平台成为出版企业改革经营模式、提升服务质量、开拓新市场，提高经营绩效，实现创新发展的重要途径。如人民卫生出版社开发的"人卫临床助手""人卫医药助手""人卫E教平台""中国医学教育题库"等为医务工作者学习、工作、培训提供了全方位的知识服务。人民法院出版社开发的"法信"，是中国首家深度融合法律知识服务与案例大数据服务的数字化网络平台，汇集系统、全面的法律、裁判规则、案例检索和法律文献版权资源，通过"法信大纲"和业内领先的类案检索、同案智推、智能问答大数据和人工智能引擎，为用户提供一站式精准、高效的法律专业服务。出版知识服务的繁荣推动了出版企业向服务提供商转型。

目前数字出版平台建设的主体多是新兴的互联网企业，领域集中在知识服务、在线教育、有声出版、网络文学等大众出版市场。如音频分享平台喜马拉雅，为内容创作者、用户以及第三方机构搭建了共同成长的平台，数量众多的创作者制作了海量的内容资源，吸引了数以亿计的用户，形成了规模庞大的音频产业生态系统。在知识服务领域，有知乎、分答、得到、36氪、简书等，读者采取付费订阅或付费问答的形式获取知识和信息服务，作者可以开设专栏、回答读者提问，与用户进行交流互动。在有声出版领域，有喜马拉雅、蜻蜓FM、荔枝FM、懒人听书、企鹅FM等，创作者可以在平台上开设专栏，上传作品，供用户付费订阅或免费收听。在网络文学领域，有起点中文网、纵横中文网、创世中文网、云起书院、潇湘书院等，网络文学作者和读者可以在平台上互动，网络文学作者可以根据作者反馈调整创作思路和进度，获得读者的订阅和打赏等收益，读者可以订阅、打赏、催更、评价、分享等，与作者进行交流互动。

数字出版平台立足出版企业优质的内容资源，通过资源整合和深度加工，借助网络向用户提供专业化服务，提高知识分发的效率，取得了一定的成效，初步形成了"内容+平台+应用"的形态。数字出版平台在内容生产者和内容需求者之间架起了一座桥梁，实现了内容的优质供给和高效匹配，极大地提升了出版服务的能力和水平，取得了良好的经济效益和社会效益，为出版业平台化转型发展积累了丰富的经验。

10.2.2 数字出版的精品化战略

数字出版精品化发展战略是指以精品理念为统领、以精品产品（服务）为主体，以高新技术应用为支撑，以指标评价为依据，统筹国内数字出版内循环发展与双循环相互促进的发展战略。出版精品是对优质出版物的最高评价。精品力作是图书出版单位的立身之本和品牌根基。到底什么样的作品才能称为"精品"，习近平总书记在文艺工作座谈会上指出，精品之所以"精"，就在于其"思想精深、艺术精湛、制作精良"。出版精品是品位高雅、品质精良、卓尔不凡的优美出版产品。精品出版物应该包含"内容精、形式精、效果精"三个方面。出版精品具有长久的生命力，能"立得住，传得开、留得下"，经受岁月的洗礼而成就经典。从内容、制作和市场等方面概括精品出版物的特征：即具有正确的政治方向和出版导向，丰富的思想内涵和较高的知识文化价值；编校质量过硬，装帧设计精美；读者欢迎，社会效益显著等。精品是思想性、艺术性的有机融合，优秀内容和完美形式的和谐统一。

国家新闻出版署组织实施的"数字出版精品遴选推荐计划"中对数字出版精品的描述是"导向正确、内容优质、创新突出、双效俱佳"。数字出版精品是"导向正确、质量优良、情趣健康、有思想、有灵魂、有价值、有深度";[①] 这理应包含"精品规划、精品策划、先进内容、精品编校、精准传播等要素"。[②] 由此可以看出，在政治方向、出版导向、优质内容的重要性、社会效益与经济效益统一等方面，数字出版精品化内涵要求和传统图书出版是高度一致的，这体现了数字出版对出版血脉的延续和出版责任的坚守。数字出版的精品内涵还应该包含以下特征。

其一，数字和信息技术的创新应用。数字出版的生产、复制、

---

① 张立.2014—2015年中国数字出版产业年度报告[M].北京：中国书籍出版社，2015：25.

② 张新新，陈奎莲.坚持出版导向，引领5G时代数字出版新变化[J].出版发行研究，2020(3)：38-44.

发行、传播、营销等环节均是数字化的。"数字信息技术和互联网思维贯穿于产品的全生命周期。"①数字出版精品化发展要紧跟新一代信息技术革命的步伐，把云计算、大数据、物联网、虚拟现实、人工智能、区块链、5G 等新技术融合应用到数字出版创新发展之中。

其二，开放性。数字出版的内容、平台、产品、服务均可以对用户和其他机构开放，根据用户反馈进行内容调整和功能优化。内容的开放获得了海量用户创作资源，技术的开放加速了产品迭代升级，平台的开放促进了市场整合，产品的开放提升了企业创新能力。

其三，交互性。与用户的交互贯穿数字出版的始终，从项目立项调研、功能设计、内容编辑到营销传播等每个环节，都要充分考虑用户的需求和使用习惯，数字出版精品建立在对用户的大量、广泛、高频的交互和深入洞察的基础之上。数字出版的交互性不仅体现在人机之间的视觉交互、听觉交互和情感交互，还应该包括数字出版与其他系统之间的智能交互，已经有部分数字出版企业与其他业态联合开发具有交互阅读功能的智能硬件，适用于更多不同的阅读场景。

其四，商业模式的创新。数字出版在价值创造、价值传递与价值获取等核心商业环节的创新程度决定了其能否持续繁荣发展。数字出版价值创造从价值链向价值网转移，价值传播与价值生产同步进行，价值获取方式多元化。

数字和网络信息技术赋予数字出版无限的创新可能，使得数字内容能以非常多样化的形式存在，真正实现了"一种知识来源，多种呈现方式"。麦克卢汉称"媒介即信息"，媒介和信息是传播的一体两面，互为表里，媒介的发展演变呈现出媒介嵌套和累积并进的景观。数字出版从实体产品到虚拟在线服务，从各种应用平台到数字出版生态，向着系列化、复合型、生态型数字出版演进。

---

① 张新新，陈奎莲. 数字出版特征理论研究与思考[J]. 中国出版，2021（2）：8-14.

数字出版精品的形式包括：数字出版精品产品、数字出版精品服务、数字出版精品平台、数字出版精品生态等。

数字出版精品产品，是由出版机构策划、一次性制作完成的单体数字出版物。形式包括电子书、数字报刊、电子词典、电子书包、有声读物、融媒体出版物、AR/VR出版物、数字影像、数字教材、软件应用等。如人民教育出版社研发的第三代人教数字教材，融教材、数字资源、学科工具、应用数据于一体，满足了信息化教学的应用和个性化学习的需求。故宫出版社推出《迷宫·如意琳琅图谱》，引导读者在游戏式互动阅读体验中了解历史。安徽出版集团推出"皮影中国AR绘本"，借助AR技术立体化呈现中国皮影艺术魅力。人民出版社推出党员学习平台"党员小书包"，有效推动党建工作拥抱"互联网+"。这类产品是数字出版的基础形态，结构功能简单，借助一定的电子设备阅读使用，其出版流程、商业模式与传统出版类似。

数字出版精品服务，是由数字出版机构负责制作内容，向个人或组织提供文献服务、信息服务和知识服务。具体形式包括文献数据库、数字图书馆、在线教育、知识服务项目、网络游戏、移动学习系统、数字阅读服务、测评服务系统、慕课、知识社区、在线问答等。人民法院出版集团建设运营的国家级法律和案例大数据融合平台"法信"，为用户提供全面、精准、高效的一站式法律知识解决方案和案例大数据智推服务。"得到"致力于知识服务领域，以知识服务为中心开发了学院化音频课程、每天听本书、知识发布会、罗辑思维、"时间的朋友"跨年演讲、"知识就是力量"视频节目、"少年得到"APP、得到高研院、得到训练营、电子书等多种产品形式，为用户提供线上线下融合的多样化知识服务。数字出版精品服务针对细分市场提供专业化服务，充分满足用户个性化需求。出版本质上就是知识服务，通过对信息搜寻、组织、呈现，对知识进行连接、引导、提炼、聚合、重组，完成数字出版的知识服务。① 当前社会

---

① 方卿，王一鸣．论出版的知识服务属性与出版转型路径[J]．出版科学，2020，28（1）：22-29.

对知识服务有着旺盛的需求，数字出版企业正逐步由产品生产商向知识服务商转型，在出版精品服务方面大有可为。

数字出版精品平台，由出版机构负责平台建设、内容制作、运营管理的集成数字出版平台。出版平台是对数字出版产品和服务的升级，平台既是内容载体，又是服务渠道，后端架构根植各种资源数据库，前端应用服务万千消费者，中端数据流提供大数据分析和智能研判，是当前数字出版转型升级和精品化建设的重点。如上海外语教育出版社打造的"WE 外语智慧教育平台"，是集教、学、评、测、研于一体的新一代外语教育数字服务平台，为高校师生提供海量与优质的数字化教学科研资源与服务。还有"科普中国""智汇三农"等精品平台。

数字出版精品生态，由出版机构或者网络公司搭建平台并进行运营管理，服务于内容创作者、用户和第三方机构，平台内容来源多元化，出版机构、专业制作者、普通作者都可以在平台开设账户，上传作品；用户付费订阅，创作者根据作品在平台的经营收益获得分成收入。平台围绕内容、用户流量资源进行运营开发，构建出一套新的创新体系、用户社群和价值网，遵循平台经济规律，服务多边市场，其生产方式、传播渠道、商业模式已经与传统出版大相径庭，呈现出生态化发展的景象。如音频分享平台喜马拉雅，为内容创作者、用户以及第三方机构搭建了共同成长的平台，数量众多的创作者制作了海量的内容资源吸引了数以亿计的用户，形成了规模庞大的音频产业生态系统。还有阅文集团旗下的 QQ 阅读、起点中文网等对网络文学生态的塑造。

10.2.3　数字出版的多元化战略

多元化战略是数字出版经营的重要特征和发展趋势。数字出版企业基于版权可以实现数字出版产品的多元化运营，延伸数字出版的价值链，获得更大收益。数字出版企业可以通过版权输出、IP打造、影视剧改编、游戏改编、衍生品开发、品牌延伸、电子商务、硬件销售、广告经营等多元化方式实现数字出版产品的深度开发和价值增值。

在版权贸易方面，出版企业可以通过版权贸易将作品输出到海外，或者在国外建设运营出版平台等方式获取收益。出版企业通过版权贸易，将作品成功输出到海外市场。2004 年，起点中文网开始向国外出售网络小说版权，2014 年，海外翻译网站 Wuxiaworld 和 Gravity Tales 建立。2018 年，推文科技自主研发了全球首个网文 AI 智能翻译系统，将翻译内容一键分发至全球近 50 家海外主流数字出版平台，提高了网文出海的质量和效率。

在 IP 运营方面，IP 是拥有一定基础并且有能力超越媒体平台，对影视、游戏、动漫以及周边衍生品等在内的多种形式进行多维度开发的优质版权。优质的原创作品具有广泛的读者基础，进行影视改编后，在大众市场放大了内容的影响力，IP 迅速增值，进入文化和娱乐产业链进行深度开发，可以达到持续变现的目的，优质的 IP 可以带来巨大的收益。仅 2020 年，阅文就对外授权约 200 个 IP 改编权，版权运营下半年收入达 27.3 亿元，较上半年环比增长 280%。IP 时代的网文界迅速形成了线上生产+线下推广、数字版权+实体版权相结合的模式，以网络小说为核心融合各类媒介资源打造一整条多元化、泛娱乐产业链。① 网络文学 IP 通过与影视、出版、游戏、动漫等产业的联动，实现产业链的增值，与各产业深度融合形成首尾贯通的泛娱乐产业新生态。

在影视剧、动漫、游戏改编方面。作为网络文学平台版权运营的一种形式，网络文学出版平台将平台作品授权给影视制作公司进行改编，拍摄制作电影、电视剧、网络大电影等。截至 2017 年 12 月，根据各文学网站原创作品改编的电影达 1195 部、改编的电视剧达 1232 部、改编的游戏达 605 部、改编的动漫达 712 部，出版的纸质图书 6942 部。② 2019 年，阅文集团授予第三方改编的文学作品约有 160 部，除了影视剧外，还包括动漫、游戏等多种形式。2019 年，阅文集团版权运营收入同比激增 341%，至 44.2 亿。《斗

---

① 汤俏 . 网络文学"IP 热"研究[J]. 当代文坛，2018(5)：147-153.

② 禹建湘 . 网络文学产业化的三种形态[J]. 广西师范学院学报（哲学社会科学版），2018，39(4)：8-13.

破苍穹》改编的系列动画累计播放量超过 80 亿，《择天记》改编电视剧累计播放量达到 304.1 亿。这些影视和动漫改编为阅文集团带来了可观的收益。琳琅满目的作品题材，规模庞大的作品数量，持续不断的高效产出，使得网络文学成为文化和泛娱乐产业最优质的内容源头。

在网络广告运营方面。广告运营收益是数字出版重要的收入方式。数字出版平台拥有规模庞大的用户群和海量内容资源，对接大量参与者，这些都可以成为广告开发资源。出版企业与广告商对接，将出版平台和内容展示页上预留的广告位信息传递给广告商的广告交易平台，进行竞价售卖，程序化广告交易模式可以针对不同的读者推送具有针对性的广告信息。数字出版能够提供的广告形式包括信息流广告、内容植入广告、品牌标签页广告、应用开屏广告、原生广告等。

10.2.4 数字出版的国际化战略

"走出去"是我国出版业转型发展的重要战略，是提升我国出版业国际影响力和竞争力的重要途径。数字出版"走出去"对于文化交流、传播中国声音、争取国际话语权具有重要作用。海外规模庞大的读者群、强劲的阅读需求孕育着巨大的发展潜力，我国数字出版在内容输出、版权贸易、动漫游戏、软件技术等方面在海外均有广阔的市场和发展空间。目前，阅文集团和起点国际把中国网络文学成功推向海外市场，截至 2019 年，我国已经输出网络文学作品超过 1 万部，网文品种达到 200 余种，海外中国网络文学用户达到 3193.5 万，覆盖了东南亚、北美、欧洲等 40 多个国家和地区。① 网络文学从网文出海到外文原创，实现了文化内容输出到文化模式输出的提升，为其他数字出版"走出去"提供了很好的镜鉴。

数字出版"走出去"需要大量优质的作品，作品既能够体现我国传统文化精神，又能够与海外读者的价值观相契合，体现中国特

---

① 中国网络文学出海研究报告 2020 年［C］.艾瑞咨询系列研究报告，2020(8).

色，以海外读者喜闻乐见的表达方式和产品形态呈现出来，才能对海外用户产生感染力和影响力。要把国内对创作者的培养、扶持、激励与约束机制应用到海外市场，培养出更多的优秀创作者，形成稳定的创作群体。海外数字出版的 IP 运营目前还处于发展初期，部分优质作品实现了版权输出，如《庆余年》《许你万丈光芒好》授权在泰国和越南出版和改编，由《全职高手》改编的影视剧登录美国 Netflix 平台。数字出版作品出海在解决了版权问题、翻译问题、文化差异之后，要积极拓宽海外分发渠道，与海外主流平台建立深度合作关系，提高读者覆盖面，加大中国数字出版作品的海外传播力度。

我国有着悠久的历史、灿烂的文化，经典名作多如繁星，要借助国家"一带一路"倡议、"丝路书香工程"和各种文化交流项目，把我国精品文化资源推广到海外市场。通过构建海外数字出版传播平台，与大型出版集团合作，加大版权输出的力度等方式，把数字出版精品源源不断地介绍给海外读者，通过丰富多彩的中国故事、博大精深的中国文化等，积极推动中华文化走出去，让世界了解中国，让中国影响世界。

10.3 数字出版的商业模式

数字出版物的市场运营需要综合采用各种盈利模式，以实现数字产品社会效益和经济效益最大化为目标，逐步实现盈亏持平、年度盈利和总盈利的经营发展目标。

数字产品的盈利模式，具体而言包括 B2C、B2B、B2G、B2F、O2O 等多种。实践证明，这些盈利模式分别被不同的数字产品运营商所充分运用，并在相应的数字出版业务内取得了丰厚的市场收入，甚至在一定程度上引领了整个数字出版行业的发展。

10.3.1 数字出版的 B2C 模式

B2C(Business To Customer)模式，是指数字内容产品企业直接面向消费者销售数字内容产品和服务而进行市场经营的模式。B2C

模式主要适用于大众出版的数字产品销售。

B2C 模式要想发挥其创利创收的效果，需要具备几个条件：

首先，要有足够大的用户量作为支撑。B2C 盈利模式发挥作用的基础是有数量庞大的个人用户群，其数量需达到海量的级别；并且，这些个人用户群的忠诚度较高，愿意长期购买特定出版机构的数字产品。国内经营电子书的电商一般很难在 B2C 盈利模式方面取得突破，原因是其用户基础不够庞大，只有那些坐拥数千万甚至数亿用户的运营商，才能够将大部分用户转化成为 B2C 模式的消费者，发展成为数字出版的忠实用户。

其次，产品内容适合大众阅读。B2C 模式发挥作用的另外一个条件是产品内容要适合大众阅读，专业性数字内容、教育类数字内容很难在 B2C 领域取得良好的市场收入。2012 年全年某手机阅读收入可达到两三百万元，其主要的盈利产品就是 10 种左右的普法数字图书和几种文学小说，这足以说明，适合大众阅读的内容才能够发挥 B2C 应有的商业功能。

再次，在移动互联网领域见效明显。总体而言，在互联网开展数字图书销售的厂商都没有取得较好的收入，而在移动互联网领域，中国移动手机阅读基地、中国电信手机阅读基地、中文在线、掌阅科技等运营商都取得了非常丰厚的手机书利润，当然其主要原因还在于手机用户的海量基数。

10.3.2　数字出版的 B2B 模式

B2B(Business To Business)模式，是指数字内容产品企业、事业单位面向企业销售数字内容产品和服务而进行市场经营的模式。

目前具有代表性的网站有：CNKI 中国知网营销平台、超星数字图书馆营销平台、知识产权出版社——中外专利信息服务平台、北大法宝、北大法意、LEXIS NEXIS、West LAW 等数字内容提供商，他们主要的销售群体是以组织体形式存在的各种企业、公司、学校、图书馆等企事业单位。

B2B 模式的盈利前景非常广阔，不过，就出版机构而言，要想借用 B2B 模式开拓市场，目前面临红海竞争的严峻态势。上述民营企业、境外的数字内容提供商在我国的企业用户、高校用户市场已经取得了相当高的市场占有率。出版单位作为内容提供商再想重新划分市场格局，除非有能够填补市场空白的数字产品，如之前法律出版社的法律门电子图书馆先后在全国数十所高校安装使用，就是依靠其属于蓝海产品的优势特征。

10.3.3　数字出版的 B2G 模式

B2G(Business To Government)模式，是指数字内容产品企业面向政府机关用户销售数字内容产品和服务而进行市场经营的模式。

时值我国各个政府部门从上到下都在加强信息化、数字化建设的大好形势，加之数字经济、数字政府、数字素养等趋势不断加强，出版机构向政府部门推广和销售数字产品、服务的可能性非常大，短期内打开销售局面，取得市场盈利的前景良好。人民法院出版社是践行 B2G 模式的成功典型：自 2016 年法院社的"法信"大数据平台正式上线以来，短短的五年时间内，掌握和运用了包括大数据、人工智能、知识图谱等多项核心数字技术，其产品已全面覆盖全国 30 多个省份的 3000 多家法院，并向公安、检察、司法行政等系统积极扩张，其用户保持平均每年 36.28% 的增长，营业收入保持平均每年 53.8% 的增长，年利润平均增长率超过 100%。

B2G 模式要发挥其作用，同样需要满足几个条件：首先，提供服务的方式必须是内网本地安装，这是由我国政府机构的信息安全和网络安全决定的。这一条也意味着国内的出版传媒集团的产品很难打开我国政府用户市场，一则其不愿意将内容资源放置于终端用户；二则即便其采取开放式心态，我国政府用户基于安全考虑也不敢贸然购买其数字产品服务。其次，所提供的产品要具有行业应用价值。B2G 类型的产品一定要与特定行业、特定领域的政府用户的工作环节和业务流程相衔接，切实能够为政府机构及其成员提供业务工作便利和业务研究价值。最后，要建立一支能吃苦、肯奉献的销售队伍，独立开拓政府用户市场；同时也要发挥传统出版的渠道优势，尽量将传统图书销售渠道转化为数字产品销售渠道。

10.3.4 数字出版的 B2F 模式

B2F(Business To Family)是电子商务按交易对象分类中的一种，是结合网络现有的电子商务模式 B2B、B2C、C2C 的诸多优点，根据地方特色综合考虑的一种电子商务升级模式。B2F 是商务机构按交易对象分类，把各百姓分类于家庭这个单位之中，并以 21 世纪最便捷的购物方式来引导消费，通过一站式服务和高效免费的配送、安全可靠的现金交易来赢取市场地位。

B2F 模式在数字产品领域的应用主要是与家庭电视网络相结合，主要适用的产品类型是数字视听产品。例如，某出版社之前申报的中国地质大数据知识服务平台项目，其中涉及科普影视教育平台的盈利模式，就用到了 B2F 模式："B2F，通过科普影视传媒平台，面向广大青少年，与爱奇艺、乐视网、小米电视、大麦盒子等平台合作，将我社的科普电影、幼儿创新教育网的音视频产品资源，直接推向各个家庭，直达用户终端，起到直联直供直销的效果。"

10.3.5 数字出版的 O2O 模式

O2O 即(Online To Offline)模式，是指数字内容产品企业将线下的商务机会与互联网结合，采取线上付费线下享受服务或者线下付费线上享受服务的盈利模式。

O2O 模式离出版业相对较远，目前还没有比较成功的案例。之前某出版社申报大数据平台中涉及珠宝玉石的 O2O 交易，可作为示例供读者参考：

O2O 模式：主要适用珠宝玉石在线交易平台，采用 O2O 的盈利模式，联合中国观赏石协会，面向观赏石协会下属的数百家企业，采取线上付费、线下取货的方式来打开市场，取得经济效益和社会效益；同时适用于线下的地质模型、地图模型方面的知识服务，例如，某出版社研发的"裸眼 3D"地图便可通过地质大数据平台，采用线上付费，线下运送的方式进行推广和销售。

10.4　数字出版的市场调研

数字出版市场调研，是数字出版运营活动得以展开的实践基础，是指运用科学的方法，遵循特定的程序，在搜集、分析、整理各种信息、情报和资料的基础上，对数字出版市场进行调查和研究；通过调查和研究深度挖掘用户的消费需求，获知竞争对手的商业策略，形成自身的经营规划，进而减少市场运营风险，把握市场经营规律，提高数字出版企业的经济效益和社会效益的运营活动。

对于数字出版企业而言，市场调研工作开展得好坏直接关系到能否有效挖掘用户需求，能否形成前瞻务实的产品运营策略，能否发现和抓住市场空白，能否顺利实现数字出版产品和服务的销售，进而实现企业的经济效益和社会效益。

10.4.1　数字出版市场调研的意义

市场调研工作，贯穿于数字出版产业链的各个环节，无论是资源建设、产品研发、市场营销和销售，还是衍生服务的开展，均需要围绕市场调研所得出的结论和报告进行。具体而言，数字资源建设的形态、格式、标准需要借助市场调查的结论；产品的表现形态、定价策略、安装部署方式，需要建立在市场研究的基础上；市场销售商业模式的确定、营销方案的制订、付费方式的实现，需要与市场调研中的用户需求相吻合。

目前国内的出版社、民营企业和境外的出版传媒集团均对数字产品和服务的市场调研工作高度重视，通过市场调研，资本背景不同的数字出版企业，针对政府市场、企业市场和个人用户市场制定了前瞻而务实的产品策略和营销策略。市场调研对数字出版发展具有重要意义。

10.4.1.1　捕获用户需求，搜集用户数据

用户需求的获取，是数字出版产业链的第一环节，能够敏锐、准确地把握用户阅读需求、消费习惯，数字产品的开发工作就完成

了一半。相对于传统出版的市场调研工作，数字出版的市场调研所捕获的用户需求更加具体，所搜集的用户数据更加精细。

（1）多角度捕捉用户需求

数字出版的市场调研，包括数字产品的调研和数字服务的调研，两种调研的目标在于从更多角度、更大范围来挖掘用户需求，包括用户的产品阅读需求、价格定位需求和安装部署方式的需求等。

①产品需求。

数字化、信息化时代的到来，推动着人们的阅读向着无纸化、环保化方向迈进，进而催生出大量的电子图书、数据库、手机书、网络动漫、网络游戏、网络音视频、MPR 多媒体复合印刷读物等数字阅读产品。在面对海量的资源形态、产品形态时，用户究竟需要什么样的产品？究竟迫切需要获取哪方面的精准知识？是需要海量集合型的产品还是单一碎片化的产品？是需要在互联网环境下实现阅读还是在移动互联环境下进行阅读？是通过计算机享受知识服务还是通过平板电脑、手机等享受知识服务？这些问题都是数字出版市场调研工作需要一一解答的。数字出版的营销实践表明：

B2C 语境下的个人用户：个人用户对数字产品的需求往往是碎片化的、单一性的；一些个人用户会选择计算机进行数字产品阅读，但是更多的个人用户逐步倾向于平板电脑、电子书阅读器、移动手机进行资讯的获取、阅读的消费。

B2B 语境下的企业用户（也包括事业单位）：企业用户往往会对综合性的、资源海量性的数字产品进行集中采购，而后分发给企业成员使用；所选择的数字产品或者是集中在特定专业、学科领域，或者是集中在特定职业、实务领域；获取知识的介质往往是计算机，往往通过互联网向企业成员进行知识分发和推广。

B2G 语境下的政府用户：随着国民经济各个行业信息化、科技化、数字化的趋势日新月异，政府机关采购数字产品和服务的比例呈现稳定上涨的趋势，政府机关客户购置的数字产品多是特定领域、特定职业的，并且往往是通过政府内部局域网的方式进行安装和部署，向机关成员实现资讯的提供、知识的分发和信息的传递。

②价格需求。

对任何行业的市场调研而言，目标用户的价格需求把握始终是调研的重中之重。通过把握消费者能够承受的价格底线，在此基础上形成合理的定价策略，是数字出版物实现销售的关键性因素。

相对于西方数字产品的价格而言，我国的数字出版物价格呈现出"畸低"的不正常状态。例如，西方国家的电子书价格和纸质图书价格相差无几，甚至是纸质图书价格的几倍，而我国在互联网销售的电子书价格普遍是纸质图书的 1/3 左右，手机图书的价格只有纸质图书的 1/10 左右。单一品种的数字出版物价格偏低，广大网民仍然习惯于免费阅读，数字环境下的盗版猖獗，是当下我国电子书 B2C 市场无法打开的三大因素，也是很多出版企业无法实现数字出版盈利的时代性因素。

③部署需求。

数字出版市场调研的另一个重要方面是产品/服务的安装部署方式。用户对数字出版物的部署需求，影响甚至决定着数字出版企业的产品研发。一般情况而言，个人用户会选择广域网访问（互联网访问或者移动互联网访问）的方式来获取数字产品；企业用户、高校图书馆等事业单位用户会同时选择广域网访问、局域网访问的方式来实现数字产品的安装部署；而出于网络安全和信息安全的考量，政府机关用户绝大部分会采取内部局域网的方式对机关成员开放所购置的数字产品和服务。

数字出版企业往往会根据自身发展的实际情况，选择不同的部署方式和服务策略，从而形成了我国数字出版物市场的基本竞争格局：外国的传媒集团，如亚马逊、励讯集团在我国主要以个人用户和企业用户为主要的数字出版市场；中国知网、方正阿帕比等民营企业主要以个人用户和高校图书馆为主要的数字出版市场；为数众多的国有出版社主要依靠自身的专业优势和行业背景，力图在个人市场和政府机关市场领域取得突破。

（2）全方位搜集用户数据

随着大数据技术的发展，大数据变革着人们的思维，变革着商业模式，也在变革着社会管理和企业管理。因此，以海量数据为标志、以预测为核心、以辅助决策为功能的大数据技术越来越引起各个行业的重视。就出版业而言，在大数据环境下，数字出版的市场调研主要是通过各种各样的数字产品和服务平台来全方位、立体化地搜集用户数据，包括用户类型、年龄、性别、学历、消费频次、阅读偏好等数据。

10.4.1.2　了解市场环境

数字出版市场调研工作有利于数字出版从业者、数字出版企业更加全面地了解市场竞争情况，包括竞争对手的产品服务、经营策略、经营规划等，也包括市场上仍然存在的需求空白，仍然存在的数字出版蓝海，还包括整个数字出版市场竞争的格局、态势及发展趋势。

（1）了解竞争格局

数字出版市场目前的国内竞争基本格局是：国有出版企业、民营文化企业和外国出版传媒集团各有千秋，分别在政府市场、企业市场、高校图书馆市场和个人用户市场进行着激烈的市场竞争。

无论是国有出版企业，还是民营文化公司，抑或外国出版传媒集团，要想打开国内的数字出版市场，在激烈的市场竞争中脱颖而出，都必须在全面调研竞争对手的产品、服务的基础上，以优质的产品为核心，以完善的服务为后盾，上升到行业、产业知识服务的高度，为用户提供点对点直供、直联、直销的数字出版产品和服务。

（2）熟悉竞争对手

"知己知彼，百战百胜"，充分、深入的市场调研工作还有利于数字出版企业全面地了解竞争对手的基本情况，进而制定出差异化的市场竞争策略，在数字出版市场中取得优势地位。

数字出版的市场调研，要围绕竞争对手的产品布局、渠道分布、盈利模式、人员结构、市场表现等方面展开，这样才能全面地获知竞争对手的基本情况，为自身进行数字出版物的研发和营销提供有益借鉴，以取得数字出版领域的跨越式发展。

（3）发现市场机会

数字出版的市场调研，还能够帮助数字出版企业掌握现有市场的饱和度，解决市场准入时的信息不对称问题。优秀的市场调研员，能够通过对竞争对手的分析，对整个市场的研究，避免红海的激烈竞争，为企业制定和实行蓝海战略，探索差异化竞争策略，找寻并发现未知的市场商机，奠定扎实的数据基础。

10.4.1.3　形成产品策略

在充分展开市场调查和研究的基础上，通过对整体数字出版市场环境的熟悉和分析，对竞争对手进行全面细致的研究，数字出版企业按照"人无我有""人有我优"的基本经营方针，可以分别在红海市场推进差异化竞争策略，在蓝海市场先发制人抢占市场制高点。

（1）红海战略与蓝海战略

数字出版物市场调研的直接目标是通过搜集资料和分析论证，判断和掌握数字出版企业拟研发的产品服务属于红海产品还是蓝海产品，进而为企业制定红海战略还是蓝海战略提供客观、第一手的资料和信息。

红海产品是指在已知市场空间、竞争激烈的主流产品，蓝海产品是指针对未开发市场拟研发的产品。作为数字出版业产品典型代表的数字出版物，无论是电子图书、数据库，还是手机图书、网络文学都经历了一个由蓝海产品向红海产品过渡的阶段。所以，数字出版市场调研工作，首先，要搞清楚数字出版物属于红海范畴还是蓝海范畴；其次，要研究分析出企业自身拟研发的产品是否处于蓝海产品向红海产品过渡的阶段；最后，要根据产品所处竞争阶段的不同，制定和实施不同的红海战略抑或蓝海战略。

红海战略的核心在于不断提高产品竞争力，不断降低产品研发成本，不断推进产品的升级换代，只有这样才能够保持优势的市场竞争地位，不在市场竞争中被淘汰；蓝海战略的核心在于奉行差异化竞争策略，敏锐捕捉和及时发现市场空白，针对市场潜力巨大、目标用户群数量巨大的领域创新性地研发新产品、提供新服务，以填补数字出版物市场的空白，始终处于市场竞争的前瞻性地位。

（2）产品方向与产品升级

在对数字出版物市场进行调查和研究的基础上，结合市场调研报告和企业实际经营情况，数字出版企业能够明确自身的产品研发领域和产品更新换代的方向。

经过调研，当企业发现自身拟研发的产品处于未知的市场空间时，该产品便属于蓝海产品；在此基础上，企业领导层需要具体细化产品的方向，如采取线上服务还是线下服务的方式，主要的目标客户是个人客户还是企业、政府客户，具体产品形态是电子图书、数据库产品、手机出版物、动漫游戏或是其他类型的数字出版物。

当企业发现自身拟研发的产品在市场中处于完全、充分的市场竞争格局时，在调研报告中便要提出企业产品改进的意见和建议，尽可能提出更新换代版的数字出版物。产品升级的方向可能是资源量更大、功能更加便捷、价格更加低廉，也可能是安装使用载体的扩充。

（3）探索有效的盈利模式

数字出版的盈利模式是市场化操作的前提，是产业化发展的纽带。在商业模式的选取上，各个出版社大致有线上和线下两种模式；在具体的盈利模式开拓上，则更加丰富，有 B2C、B2B、B2G、B2B2C、O2O 等多种模式。无论哪种模式，只要有利于提高数字产品的市场占有率，有利于提升数字出版的收入水平，就是合理的盈利模式。

数字出版市场调研报告需要包含产品的盈利模式，该盈利模式需要具备前瞻性，能够满足企业较长时期的发展需要；需要具备务实性，能够满足企业日常经营的生存需要。

为数众多的盈利模式，就目前而言，其功能和定位大致有二：知识提供和知识服务。知识提供，是数字出版企业根据自身的行业资源优势，按照行业知识分类法，为用户读者提供优质的数字化内容。知识服务，是数字出版企业根据用户的需求，按照个性化和定制化的目标，为目标用户提供量身定做的知识产品和服务。

①知识提供。

B2C 盈利模式主要适用于和重点合作商的合作，第三方运营商必须具备足够多的个人用户，能够提供强大的个人消费渠道，进而为出版社的数字产品提供优质的消费渠道。曾经一度，盛大文学、中文在线等民营企业和数百家国有出版社与中国移动手机阅读基地、中国电信手机阅读基地、亚马逊等第三方平台合作。在数字出版初期，B2C 起到了有效提高收入、增加用户的效果。

B2B 模式是目前各个数字出版企业应用最广泛的商业模式，能够起到短平快见效的效果，也是构建自主销售渠道的最快捷方式，主要适用于高校、出版社等机构用户。

B2G 模式是部分中央级出版社目前盈利模式的支柱，主要是与行政机关、司法机关、立法机关等国家机关进行合作，将所研发的数字产品向国家机关进行推广、宣传和销售。

②知识服务。

B2B2C 模式，是在上述 B2B、B2C 的基础上，结合行业服务功能，通过向某一固定系统的成员按月收取信息费的方式，向系统成员提供资讯、知识的服务，进而增强了服务的针对性，提高了互动性，而非单纯的知识推送。

(4)制定合理的定价策略

数字出版的市场调研必不可少地要包含对数字出版物定价的调查和研究，定价策略选择的成败直接关系到商业模式是否成功，关系到消费者是否为数字产品买单，关系到数字出版物的营销和销售目标能否成功实现。

①遵从行业现状。

从我国数字出版实际出发，数字出版企业所确定的产品定价不宜过高，短期内我们不能达到西方国家数字产品定价和纸质产品相近甚至高于纸质产品定价的水平。就电子图书而言，目前的行业现状是，鉴于图书上线时间较之纸质图书而言相对滞后，电子书的销售价格不宜与纸质图书相同或高于纸质图书售价。

②符合消费者购买力。

消费者的购买能力、心理承受能力是数字产品定价策略的首要考虑因素。目前我国个人用户用于数字产品的消费相对较低，而企业用户和政府机关用户则呈现较强的购买力，并且企业和政府机关购买数字产品、数字知识服务的经费比例呈现逐年上涨的趋势。所以，数字出版企业不妨将产品策略、渠道营销和推广的重点放在机构客户领域，这样能够在近期内实现企业的盈亏平衡。

10.4.1.4 推动市场营销

数字出版的市场营销，按照产品研发的时间点不同，分为前期营销、中期营销和后期营销，而一项优秀的数字出版物市场调研活动，其本身也是一项数字出版物前期营销的过程。

(1)捕获用户信息以推动营销进程

数字出版市场调研获得了大量关于用户的联系方式、博客微博、微信邮件等具有身份属性的信息，同时对目标用户的消费价格预期、阅读媒介、阅读偏好、阅读习惯等数据也进行了统计和分析，这些信息和数据往往是数字出版物中期营销和后期营销的关键性资料，也为中期营销和后期营销大大提高了效率，缩短了整个营销进程的时间周期。

(2)收集市场信息以降低销售风险

数字出版市场调研通过搜集大量有关市场竞争格局、竞争对手情况和市场机会的信息和数据，能够为数字出版企业制定红海/蓝海战略提供决策辅助，能够协助企业制定与竞争对手差异化的竞争策略，能够帮助企业领导层及时发现市场空白，进而为开辟全新的、未知的市场空间作好铺垫。

(3)形成产品意见以保障销售实现

数字出版市场调研有利于企业创新性研发新产品，以占领数字出版新市场；有助于企业对原有产品进行升级换代，加快企业转型升级的步伐。同时能够协助企业制定出最能满足消费者需要的产品价格，帮助企业选择最合理、最前瞻的盈利模式，进而保障销售目标的最终实现。

10.4.2 数字出版市场调研类型

数字出版市场调研的类型，涵盖了几乎所有的数字出版产品和服务的市场调研，包括电子图书、数据库产品、手机图书、网络出版物、终端阅读产品、动漫游戏产品、网络视听产品等。

数字出版市场调研有其共性规律，也有个性特点，不同的数字出版物所呈现的调研重点、调研群体、调研方向、调研方式方法均有一定的差异性。这里仅选取几种具有代表性、典型性的数字出版物加以细致分析。

10.4.2.1　数字图书馆市场调研

数字图书馆的市场调研，需要围绕以下几个方面重点展开：

第一，目标用户群体。首先，需要确定目标用户群体的性质，属于政府机关，还是企业客户，抑或是高校图书馆、公立图书馆、科研院所等事业单位客户；其次，需要估算目标群体的规模，也就是用户群体数量，这直接关系数字图书馆未来的市场收入规模和盈利大小。

第二，同类竞争对手。目前国内数字图书馆供应商数量庞大，能够供应的数字图书也是海量级别的，在这种情况下，市场调研的第一要务是准确定位真正的竞争对手是哪一家或者哪几家，要清晰明晰竞争对手的市场占有率高低，要分析研究如何贯彻落实差异化竞争策略，尽量避免与竞争对手的红海竞争。

第三，产品战略和定价策略。在数字图书馆这个红海市场，当竞争对手为数众多、产品规模相当庞大、市场占有率较高的时候，如何把产品做精做细、提供更加优质便捷的知识服务便成为赢得客户的重点；同时，能否有效地降低成本，以低于竞争对手的合理定价来提高市场占有率，让消费者以最高的性价比获取同样的数字出版服务，也是市场调研不可或缺的组成部分。

第四，合理的服务方式。前述目标用户群体的确定、竞争对手的实力评估中都包含了对自己采用何种服务方式的逻辑基础。性质不同的用户群体，需要的安装部署方式是不一样的，政府客户往往接受多层级内部局域网安装部署的方式，甚至有保密资质、网络安全方面的要求；企业客户能够同时采用互联网访问和局域网安装的方式；图书馆等事业单位客户往往会针对自身成员，以局域网的方式进行数字图书馆的安装和部署。

10.4.2.2　数据库市场调研

目前，国内外著名的数据库产品供应商有：国内的北大法宝、北大法意、中国知网，国外的汤森路透、励讯集团，等等。这些数据库产品供应商的产品布局较早、市场占有率较高，同时在不断提升自身的产品质量和产品规模，力图长期保持数据库服务市场的优势竞争地位。在这种情况下，数据库产品市场调研的重点主要有以下几个方面：

第一，竞争对手实力评估。竞争对手的实力包括资金实力、产品实力、技术实力、渠道实力、人力资源实力等，任何一个试图进入特定领域的数据库产品供应商，都要考虑同领域竞争对手的上述实力；在经过调查和研究后，全面评估竞争对手的综合实力，再分析和判断自身是否要进入该领域的数据库产品市场。

第二，数据库产品的核心竞争力。竞争对手的数据库产品之所以拥有较高的市场占有率，是因为其数据库产品拥有核心竞争力。产品的核心竞争力可能是资源的权威性、资源的独家性、资源的海量聚集效应、资源的更新及时性等，也可能是拥有特殊的分销和发售渠道，其他供应商无法轻易进入该渠道。

第三，差异化竞争策略与蓝海战略。在确定了竞争对手的综合实力和产品核心竞争力之后，市场调研报告的重点便是在红海领域提出差异化的竞争策略，在未知市场空间提出蓝海战略。

从差异化竞争的角度来看，国有出版企业往往因其拥有数千种乃至数万种图书，而具备了民营企业、境外企业无法提供的特殊资源，这些图书在经过作者授权、资源碎片化、知识体系标引等环节后，便成为出版社独家拥有的核心数据。

从蓝海战略的角度看，目前我国信息服务市场所提供的数据库产品大部分是"靠量取胜"而非"靠质取胜"，现有供应商的主要优势在于海量资源聚集效应，规模越大，产品销售越容易实现。新生数据库供应商需要立足前瞻性的战略定位，从特定领域的知识元、知识体系、知识图谱建构的角度，来重新研发和升级数据库产品，以互联网知识服务和移动互联网知识服务作为企业发展战略目标，这样的企业才能够重新开辟数据库市场的新天地。

10.4.2.3 手机出版物市场调研

鉴于手机彩铃、手机音乐、手机游戏等广义的手机出版物的产业链较为复杂，且是否属于数字出版学研究范围尚有争议，本书仅选取与传统出版业态紧密关联的手机图书、手机杂志等手机阅读类产品的市场调研作为介绍重点：

第一，用户规模统计。手机图书和杂志的潜在用户数量是市场调研的重要任务，直接关系着手机出版能否盈利和盈利规模的大小。手机阅读用户群集中于农民工、青少年、高校学生等群体，一般来讲，针对这些群体定向推送的内容资源往往会取得较好的经济效益和社会效益。

第二，移动互联规律把握。手机出版和互联网出版的特点具有较大的差异性，首先，手机阅读类产品的信息量不宜过大，篇幅不宜过长；其次，手机阅读类产品的风格应当以轻松、愉悦、休闲的题材为主，适宜浅阅读的作品往往更受读者欢迎；最后，手机阅读类产品的定价要符合用户消费能力和消费频次等。把握了这些规律，所做出的调研报告会更加科学，更加合理，能为企业进军手机出版领域提供可靠的资料和数据。

第三，市场营销手段运用。传统出版编辑在互联网方面从事电子书、数据库产品的开发和营销，往往会较快地完成自身角色的转换，胜任工作的可能性较大。而对于移动互联领域的产品研发和市场营销却会显得捉襟见肘，因为在移动出版领域，一方面，传统出版单位或网络文学公司的话语权不够重，很难就新产品推荐、新品上榜等事宜和手机阅读基地进行平等的洽谈和协商；另一方面，网络文学公司和出版社，尤其是传统出版社，对手机阅读的营销手段、营销方式、营销法则非常生疏，不像在传统出版领域那样驾轻就熟。所以，通过什么样的渠道，采取直销、分销还是委托第三方营销，运用什么样的营销手段便成为手机阅读调研的重点任务之一。

第四，产品业态创新考量。2009—2012 年，传统出版社的数字出版部门往往会通过简单的版权许可使用的方式，把图书的数字版权授予移动、电信手机阅读基地，每月换取几万、几十万不等的市场收入，彼时的手机出版可等同于出卖版权。2012 年以后，手机阅读运营商的整体收入规模呈现高增长的态势，但是作为内容提供商的出版社的收入却不断下降，这种现状迫使出版企业重新思考手机出版的产品形态和业态创新。至此，手机阅读的盈利模式由 B2C 一统天下的局面逐步过渡为 B2C、B2B 和 B2G 齐头并进；手机出版物的产品形态由单一的手机书、手机杂志逐步向移动办公学习平台、移动行业应用知识服务平台等产品领域升级换代；而手机阅读运营商除了和数字出版企业签订传统的以内容合作为主的协议以外，还就行业渠道建设逐步和内容供应商，尤其是专业出版社陆续展开合作。

10.4.2.4　网络出版物市场调研

网络出版物市场调研的重点主要有以下几个方面：

第一，总结流行主题。网络出版物的时效性非常强，往往在特定时间段内会流行特定题材，比如玄幻类题材曾经在 2012 年左右特别畅销，当时涌现出了以《斗破苍穹》为典型代表的一大批玄幻小说，促进了网络文学的繁荣与发展，同时也成就了一大批年轻的网络作家。所以，网络出版物市场调研的重中之重便是及时总结和发现当时乃至未来一段时间可能畅销的作品主题和题材。

第二，挖掘网络作家。网络出版物市场调研的另一项重要使命是挖掘网络作家，既包括已经成名的网络作家，更包括发现并培养可能成为著名作家的网络新写手。这一点，网络文学公司有着成功的市场实践，每个大的网络文学公司都有几个网络作家作为当家花旦，同时还经营着庞大的网络新作家队伍。

第三，掌握营销渠道。网络出版物的市场营销非常重要，如何在互联网、移动互联网运用科学合理的营销手段，投入经济实惠的营销成本，抓住恰到好处的营销时机，是网络出版物市场调研的另一项重要任务。

10.4.2.5 终端阅读出版物市场调研

终端阅读出版物市场调研的重点任务有以下几个方面：

第一，合理的产品定价策略。终端阅读出版物的成本包括硬件成本和内容资源成本，硬件成本往往会占据整个产品定价的相当大比例，此时如何给内容资源定价便成为市场调研重点要解答的问题；过高的内容定价，容易引起用户的不满，而过低的内容定价又无法调动出版机构的积极性，因此，选择合适的定价范围和区间显得至关重要。

第二，可行的商业模式。终端阅读出版物的商业模式相对单一，和传统出版领域出售图书的模式相近，但是因为涉及硬件的高成本，产品供应商可以考虑是采取接受预订的模式，还是采取自身先行制作加工之后再向市场销售的模式，实践证明"接受预订"的模式商业风险较低，营销成功率较高。

第三，与业务相匹配的人力资源配置。终端阅读出版物是按照计件销售、计件盈利的方式进行推广和销售，这种营销模式往往需要投入大量的人力、物力，需要有相当规模的人力资源作为业务支撑，因此市场调研的内容必须要回应人力资源配置的问题。

10.4.3 数字出版市场调研程序

数字出版市场调研，大致要经过必要性论证、确定目标、设计方案、制订计划、组织调研、分析和整理资料以及形成调研报告七个阶段，其中每一个阶段都是下一阶段的工作基础，也是上一阶段的工作延续。

10.4.3.1 论证调研的必要性

之所以进行数字出版物的市场调研，是因为在特定领域出现了特定的问题，需要用市场调查和研究的方法来提供决策参考，以解决市场经营中的问题，更好地实现数字出版物的开发和营销。一般来讲，数字出版物市场调研的必要性主要由以下几个方面的问题引起：

(1)宏观政策环境发生变化

数字出版是出版业态创新的产物，是信息技术、通信技术等数字技术作用于出版业的客观结果，是出版业发展的未来和方向。作为一个新生产业，政府主管部门高度重视和大力扶持数字出版业，近几年先后出台了一系列支持和鼓励数字出版发展的宏观调控政策。当宏观调控政策出现明显变化的时候，作为市场细胞的企业需要及时进行市场调研，分析和研究政策变化，自觉用好各项有力政策，积极争取财政项目资金，以促进自身的产品升级和营销调整。

目前我国数字出版产业中，政府主要起着引导、扶持和有效干预的作用：在引导方面，国家主管部门引导出版企业树立正确的数字出版方向，主导数字出版行业规则、规章制度的建立，推动传统出版单位的业态升级和转型；在扶持方面，主要是通过示范评比、人才调训、项目建设等方面，为出版单位提供资金和政策方面的各项支持；在有效干预方面，有关主管部门主要致力于维护健康的数字出版市场秩序，确保国有资产的保值增值，维持数字出版市场的整体供需平衡。

从长远来看，在数字出版产业中，市场起着最终的决定性作用，国家有关主管部门在职权职责范围内，在特定的历史阶段，给予数字出版业资金、政策等方方面面的支持和鼓励，主要是为了培养传统出版单位和新媒体企业具备复合出版业态下的综合竞争力，甚至是国际竞争力。无论是作为数字出版主体的传统出版单位，还是作为数字出版新锐力量的新媒体公司，都应该保持清醒的头脑，抓住国家大力推动文化产业大发展、大繁荣的有利契机，自觉用好各项政策资金支持，充分发挥市场主体的主观能动性；全面引入和推行数字化的技术、流程，生产出数字化的产品和服务，建立起数字化的渠道网络，使得我国数字出版企业能够在国内外激烈的市场竞争中脱颖而出，成长为能够适应现代复合出版业态竞争格局的领军企业和行业领跑者。

(2)市场整体环境竞争激烈

党的十八届三中全会首次提出市场在资源配置中起决定性作用，进而改变了近20年来市场在资源配置中起基础性作用的提法。

市场的决定性作用，给正在形成和不断发展的数字出版市场起到了重要的提醒作用：作为市场主体，必须充分发挥自身在数字出版业态中的主人翁、决定性身份的角色，尽早适应和融入真正意义上的市场竞争，甚至走出国门，与国外的数字出版商进行竞争；不断培育和发展自身的用户市场，在完善的产品供给、先进的技术布局和有实际掌控力的渠道建设方面真正成长和成熟起来。数字出版主管部门将会在促进数字出版产业化、规模化、市场化方面加强工作，指导和督促出版单位参加、融入市场竞争，真正推动数字出版的提质增效。

（3）国外竞争的强烈态势

客观地说，我国的数字出版市场存在三股主要的竞争力量：传统出版企业、新兴民营企业和境外出版传媒公司。强调市场的决定性地位，以市场需求为导向、面向市场研发数字图书、数据库等产品，宏观的战略意义在于应对来自国际方面的数字出版商挑战。我国的数字出版消费市场潜力是巨大的，正因为这一点，国外的出版商纷纷以各种形式、各种产品入驻中国。如 West Law、Lexis Nexis 等出版商纷纷在中国推广自己的数据库产品，涉及医疗、商业、法律等各个行业；亚马逊数字业务在中国已经开启，在短短的时间内形成了与国内网店竞争的态势，且配合其 Kindle 等硬件产品，显示出了强劲的竞争力。深入研究用户的需求特点和规律，研发适销对路的数字产品，提供"私人订制"般的市场服务，才能一方面抓住国内市场，另一方面进军国际市场，把中国的数字化产品和服务推向国际社会。

（4）传统出版单位与新兴企业的竞争格局

关于数字出版的发展方式，长期以来有两种说法：其一，依托于传统出版单位，促使其实现技术升级、产品创新，进而达到全行业的业态创新；其二，"腾笼换鸟"，由新兴的技术公司、市场主体取而代之。无疑，从目前主管部门的产业政策来看，主要还是支持传统出版单位尽快实现产业升级和业态更新。客观地说，为数众多的新兴企业在数字出版领域确实正在或者已经取得了相当不错的社会效益和经济效益。他们并没有出版单位的行业渠道优势、品牌价值优势，也没有政府主管部门的资金政策扶持，但是他们却在数字出版的若干领域取得了突飞猛进的突破。

在数字出版容易脱颖而出的法律出版领域，国内的技术企业，如北大法宝、北大法意、中国知网、方正阿帕比等，先后曾在政法院校、公检法司律等行业系统内开拓了非常广阔的市场渠道，他们的数据库较之出版社而言，有着内容、技术、功能等多方面的优势。他们依托自身的内容资源，尽管没有行业渠道的先天性优势，但是，却在数字出版领域开辟了一片新天地。

境外出版传媒集团依靠雄厚的资金实力，强势进入我国数字出版产业；国内新兴网络技术公司纷纷涉足数字出版领域，并且已经在市场竞争中占有一席之地；传统出版单位借助原国家新闻出版广电总局、财政部的政策资金支持，试图展示后发制人的实力。这样的竞争态势，决定了每一个数字出版企业在进行产品研发、技术开发和市场营销的时候，都需要认真进行市场调研，弄清市场竞争格局，这样才能做到有的放矢，规避市场经营风险，提高市场经营成功概率。

（5）企业市场经营遇到阻力

数字出版物市场调研的必要性在于企业的市场经营活动出现了困难，遇到了阻力。这种阻力可能是企业拥有的数字资源规模不大，质量不高，难以满足产品研发的需要；可能是数字产品研发不对路，不能有效满足用户的消费需求；也可能是企业市场营销和销售局面打不开，难以在激烈的市场竞争中脱颖而出，等等。正是上述种种企业经营实际中遇到的障碍，促使企业积极进行市场调研活动，以便更好地建设资源、改进产品和提高销售额。

10.4.3.2　确定调研目标

明确的目标是数字出版物市场调研发起的初衷，也是最终要达到的调研目的。从数字出版产业链的角度来看，数字出版物市场调研的目标主要涵盖资源、产品、技术、销售四个环节，为数字出版产业链的贯通做准备，具体来讲包括以下四个方面：

（1）强化资源建设

经过市场调研，在对国内外数字出版企业综合调研的基础上，要确定自身的数字资源建设方式，为下一步数字出版物研发做好铺垫。一般来讲，数字资源建设主要有三种途径：

①存量资源数字化转换。

存量资源数字化转换主要适用于具备专有出版权的传统出版社、报社、杂志社。我国的出版社社龄分别从几年到几十年不等，在数十年的发展过程中，出版社积累了数千到数万种数量不同的纸质图书，这些纸质图书的数字化加工与转换是出版社数字出版资源建设的重要任务与使命，也是传统出版社独家具备的数字资源优势。

②在制资源数字化加工。

在制资源数字化加工同时适用于出版单位、民营企业和境外企业：对出版单位而言，在制资源数字化主要是指日常生产经营过程中的纸质图书数字化、报纸期刊数字化；对民营企业而言，在制资源数字化是指通过网络抓取、政府合作所获得的公共信息资源；对境外企业而言，主要是指通过互联网获取我国医药、法律、税务等国民经济各个行业的数据和资源。

③增量资源购置与扩充。

增量资源的购置与扩充，同样适用于三种类型的数字出版企业：出版单位可以通过版权置换、版权购置的方式来获取图书、期刊、报纸、条目数据的增量资源；民营企业和境外企业同样可以选择彼此合作、与出版单位合作、与数据拥有者合作的方式来开展增量资源建设工作。

资源数字化加工和制作，是数字出版市场调研的目标之一，同时也为数字出版企业进行数字产品研发、数字产品转型升级奠定了产业链的基础。

（2）改进产品设计

改进产品设计，是数字出版市场调研的另一项重要目标。数字出版物，亦即数字出版产品和数字出版服务，是数字出版产业链的核心环节，是上游资源建设的逻辑延伸，是下游技术应用和市场销售的主要对象。

数字出版市场调研的产品改进目标主要体现在以下两个方面：

其一，新产品研发设计。在对数字出版物市场供需整体状况进行调查的基础上，对竞争对手核心数字出版产品进行研究的基础上，数字出版企业根据调研报告，提出适销对路、适合自身实际情况的数字出版产品研发方案，可以凭借全新的，或者差异化非常大的数字出版产品打开一片全新的数字出版市场，贯彻和落实数字出版的蓝海战略。

其二，原有产品升级换代。在对主要竞争对手的核心数字产品进行全面调研的基础上，结合消费者购买数字出版物的趋势分析，数字出版企业便可对自身已有的数字出版产品进行改进。这些改进或者体现在增强数字出版物的功能，如把电子书升级成包含音视频、动漫、三维插图的增强型电子书；或者体现在降低产品定价，以优惠的促销策略来打动消费者；或者对数字产品的内容进行丰富和扩充，提供增值型知识服务，提高消费者的购买性价比等。

（3）推动技术创新

市场调研的重要目标，还包括把最新的 5G 技术、区块链技术、人工智能甚至元宇宙技术应用于数字出版业，按照创新驱动发展的战略，把技术创新作为第一生产力，不断提高企业的生产效率，不断降低企业的经营成本。

原新闻出版广电总局在"十三五"科技规划课题中，设置了大数据、云计算、语义分析和物联网四项技术在出版业的应用研究。一方面，这四项技术可以作用于出版业的编辑、校对、印制、发行等传统出版流程；另一方面，能够通过出版业，创新性地将四项技术与国民经济行业知识服务相结合，推出这些技术应用的数字出版产品和服务。

（4）促进市场营销，提高经济效益

数字出版市场调研的终极目标是促进数字产品营销和推广，增加数字产品的市场收入，提高数字出版物的社会效益。无论是前述的资源建设目标、产品改进目标，还是技术创新目标，都服务于提高市场销售的目标，因为实现了市场销售，数字出版物的价值才真正得到了实现。

市场调研本身就是一种前置性营销活动，它把数字出版企业所研发的最新产品，通过样本抽取的方式，向目标用户进行宣传和推广；或者通过吸收和借鉴目标用户的建议和意见，改进产品和创新技术，最终又在用户那里实现最终的产品价值；或者通过对竞争对手产品、技术、销售方面的调研，形成企业自身的经营策略，不断强化自身产品、降低产品价格，增强自身的市场竞争力，提高企业产品的市场占有率。

10.4.3.3　设计调研方案

数字出版调研方案的设计，是整个数字出版物市场调研活动的核心和关键，直接关系到调研目标能否实现，调研活动能否如期开展，调研报告是否科学有效，是否能兼具务实性和前瞻性。数字出版物调研方案大致包括以下几个方面内容：

市场调研目标。在市场调研课题启动之初，就必须根据营销人员与企业管理者的要求，发现问题、确定方向，从而在调研设计阶段明确调研目的。

调研数据来源。市场调研所依据的信息、资料、数据，是来自互联网、移动互联网的各种数字出版运营平台，还是来自最终的数字出版物用户？是第一手资料，还是依据其他报告总结出来的第二手资料？这些问题都需要确定下来。

调研方法。是采取电话调研、问卷调查，还是进行实地考察，举行专题研讨会，抑或借助互联网、移动互联网等技术，还是通过第三方的大数据平台进行调研，这些调研方法如何统筹使用，是调研方案必须要解决的问题。

调研人员。调研人员需要具备丰富的数字出版营销经验或者销售经验，能够熟悉电子书、数据库、手机阅读等多种数字出版物的特征和规律；同时需要具备与时俱进的学习态度，能够对大数据、语义分析、物联网等最新技术有所了解和判断；最后，实地调研的人员要求能够熟悉用户情况，熟悉市场竞争状况，能够及时响应用户提出的问题，并将这些建议和意见反馈在调研报告中。

调查样本。调研方案必须明确调查的范围，样本的数量和特征以及抽样方法。是采取全样本，还是样本抽查？是选择个人读者，还是选择政府用户、企业客户？这些问题都需要在调研方案中明确下来。

经费预算和时间进程。市场调研工作总是需要花费一定的时间和资金，因此必须做出预算，进行成本效益分析，好的调研方案力争以最少的时间成本和资金花费来完成最优秀的市场调研。

10.4.3.4　制定调研工作计划

数字出版物市场调研工作计划的制定要遵循以下几个原则：

其一，时间性。调研工作计划一定要有明确的时间阶段，要按照事先规定的时间表进行，除了不可抗力以外，不能随意变动调研进程，以免影响整个调研工作的正常进展。

其二，务实性。调研工作计划要具备务实性特点，需要紧紧围绕事先制定好的各项目标展开，不能游离于调研目标之外。

其三，参照性。调研工作计划要以竞争对手为参照，充分对竞争对手的数字产品、数字技术、资源建设和市场营销进行调研和研究，以确保所得出的调研结论具有较强的执行性。

其四，前瞻性。调研工作计划要具备前瞻性特点，要立足国内、国际两个数字出版市场，充分调查研究国有出版社、民营企业和境外传媒集团的各项指标，要结合政府宏观调控政策进行，确保所得出的调研报告能够立足时代前沿，在较长时间内指导数字出版企业的发展和壮大。

10.4.3.5　组织市场调研

在制定好调研计划之后，数字出版企业应该着手安排专业人员开展市场调研工作。市场调研的组织实施，可以由数字出版企业自身进行，也可以委托第三方调研机构实施。

市场调研的过程中，首先，要对调研目标进行分项拆解，拆分为多个子目标，每个子目标由专门的工作组负责，实行责任制原则；其次，调研过程需要综合运用多种调研方法，主要是线上和线下两种途径，前者依托于互联网的信息资讯，后者需要实地调查，需要深入市场、深入目标用户所在地；再次，调研工作组之间要定期沟通和交流，以确保分项子目标的调研相互协调，避免重复劳动，避免做无用功。

10.4.3.6　分析和整理调研资料

调研过程结束之后，各个工作组需要汇总本组的调研资料数据，同时需要对不同工作组的调研数据进行整理和分析研究。数据整理过程中要优先考虑选择价值较高的第一手资料和数据，按照"去粗取精、去伪存真"的原则对资料数据进行细致甄别和梳理。

10.4.3.7　撰写调研报告

经过对数字出版物市场实际情况的调查了解，将搜集到的全部情况和材料进行分析研究，揭示出共性，寻找出规律，总结出经验，最后以书面形式陈述出来，就形成了数字出版物市场调研报告。

数字出版物市场调研报告撰写过程中需要注意以下几个方面：

第一，报告需要建立在丰富的调研数据基础上。没有内容丰富、角度全面的资料和数据，便难以形成科学权威的调研报告。除了第一手资料以外，原国家新闻出版广电总局、财政部文资办、新闻出版研究院等政府主管部门和行业科研机构所发布的宏观政策、年度报告等，也具有极高的信息价值和指导价值。

第二，报告要遵循逻辑严谨、条理清晰的原则。围绕数字出版物的产品、技术、渠道等产业链的特定问题展开，运用网络统计、实地考察、专题研讨、大数据分析等多种方法，做出的报告要符合实际调研的过程，能够以最简洁的表现形式表达出真正全面的内容。

第三，调研报告要统筹运用文字、图片、表格等多种表现形式。单纯的文字表述尽管逻辑严谨，但是不够形象和生动，配以相应的表格、图片则显得更加立体和丰富。例如，关于电子书收入增长的年度报告，除了文字表述外，年度增长表、年度增长柱状图会更具有表现力，而且看起来一目了然。

10.4.4 数字出版市场调研方法与技术

数字出版市场调研的方法，既包括传统的问卷调查、电话调研、召开专题研讨会，也包括新型的基于互联网、移动互联网工具和手段的调研方式，新型的调研方式往往是数字出版调研的主要方法，数字出版市场调研可能会运用许多信息技术。

10.4.4.1 问卷调查

问卷调查，是指通过设计调查问卷，让被调查者填写调查表以获得被调查对象的信息。在调查中将调查的资料设计成问卷后，让被调查对象将自己的意见或答案，按照调查问卷的要求，填写到相应的地方。数字出版市场调研的调查问卷只有符合以下几个方面的要求，才能取得较好的调研效果。

第一，简洁明晰。调查问卷的题纲要明确、清晰、直奔主题，不能出现似是而非的问题，让被调查者不明所以；调查问卷的题旨要有明显的层次区分，各题支之间相对独立，尽量避免出现题旨与题支之间相互重叠、互相包含的逻辑语病。

第二，针对性强。调查问卷要针对被调查对象的消费能力、消费行为、身份属性、群体特征等个性化的特点，设置出被调查者感兴趣、参与积极性强的问题，否则问卷调查的目的就难以实现。

第三，预设情景多于自创情景。现代社会的快节奏、高压力导致人们的阅读行为呈现浅阅读大于深阅读的趋势，许多"填鸭式"的"垃圾信息"充斥着人们的日常生活。在这种情况下，如果调查问卷设置的客观性问题少而主观性答案多、预设情景少而自创情景多，那么被调查者往往会对问卷表现出敷衍、厌倦的态度，甚至会将问卷当作垃圾文件弃之一边。

第四，既要坚持全面的原则，又要坚持重点的原则。调查问卷的内容需要紧紧围绕市场调研的目标，比如选取数字出版产业链的资源建设、产品研发、技术应用或者渠道销售的某一个方面重点进行调研，但同时又要兼顾产业链的上下游关系，对调研目标相关的问题适当涉及，体现出立足全面、突出重点的调研风格。

10.4.4.2　电话调研

电话调研，是指针对数字出版物的某些具体问题，采用电话询问的方式向特定的人群进行调查。电话调研的主要特征如下：

第一，针对具体问题。电话调研的问题不能范围太广，否则容易引起被调查人的反感甚至厌恶，调研的问题往往是关键性的、具体的问题。比如，就数字图书馆的定价体系向目标用户征询意见，或者就数据库产品的规模向目标用户提出询问等。

第二，面向特定人群。电话调研的目标群体必须是特定领域的或者是特定群体，如果泛泛地向公民大众进行电话调研，往往会被当作垃圾信息一样过滤掉，调研效果适得其反。比如，采用电话调研的方法来确定政府机关用户对数字图书馆的价格心理承受能力，所选择的目标群体必须是政府机关内部数字化产品的采购负责人。

第三，调研时间不宜过长。电话调研的大忌是就同样的问题向被调查者没完没了地发问，或者是向同一调查者多次进行询问，这样导致的后果是再进行电话调研时的目标群体减少。

第四，需要及时归纳总结。在经过询问之后，需要及时将被调查者的建议或者意见进行总结和梳理，尤其需要对多个被调查者的建议进行系统归纳，得出其中共性的规律，作为调查报告的组成部分。

10.4.4.3　实地调研与专题研讨会

实地调研法，是指数字出版企业委派专业人员到目标用户所在地进行市场调研。调研员在实地考察时，常用的调研形式是召开专题研讨会。实地调研的主要特征如下：

第一，成本相对较高。实地调研相对于电话调研、问卷调查最明显的区别是调研成本较高，涉及交通成本、会议成本、专家咨询费等。

第二，互动性强，参与度高。尽管成本相对较高，但是实地调研的互动性较强，便于现场提出问题和解决问题，不像问卷调查那样互动性相对较差；另外，实地调研的参与度较高，实地调研的前提是事先确定好调研参加者，由于实地调研往往是就特定地域或者特定职业群体的数字出版需求问题展开，所以出席调研会的往往都是专业人士，发表的观点具有较高的参考价值和借鉴意义。

第三，便于集中解决调研问题，调研效率相对较高。采取头脑风暴式的实地调研法，能够在短时间内调动所有参与者的积极性，吸收和汇聚专业人士的观点，所以解决问题的效率非常高。

10.4.4.4 电子邮件、微博等互联网调研

计算机技术作用于出版业，催生了数字图书馆、数据库产品、网络出版等典型的数字出版物，同时在数字出版业务流程中也起到了促进和推动作用，产生了一系列新型的市场调研方法。

电子邮件调研已经被证明是互联网调研的最常见的方法之一，许多数字出版企业通过电子邮件就年度、季度、月度的最新数字产品向广大消费者征询意见和建议。电子邮件调研的优势在于：第一，信息传递快，缩短了调研过程；第二，信息承载量大，比较适合综合性的调研内容。不足之处在于：随着越来越多垃圾邮件的出现，许多问卷调查也被专业软件加以过滤或者被用户当作垃圾邮件予以删除，调研参与度较低，互动性不够。

微博是近年来流行的一种新型网络平台，是一种通过关注机制分享简短实时信息的广播式的社交网络平台。随着微博的用户量呈现几何式增长的趋势，越来越多的企业利用微博进行市场调研和市场营销。微博调研的优势在于即时性强，关注度高，尤其是粉丝数量多的微博，往往具有较高的调研参与度。

10.4.4.5 短信、微信等移动互联网调研

移动互联网领域的市场调研，相对于互联网调研而言有其特殊性：第一，移动互联网领域的调研内容相对集中、信息量相对浓缩，无论是微信调研，还是短信调研，都不可能采用长篇大论的方式向用户征求建议和意见；第二，移动互联网领域的市场调研具备

最高的即时性，响应速度快。随着微信用户数量的大规模扩张，各种类型的数字出版企业都十分注重用微信平台来推广自己的产品，宣传自己的服务，同时也就用户最关注的问题进行市场调研和研究。

10.4.4.6　大数据技术应用于市场调研

原国家新闻出版广电总局已经将大数据技术作为"十三五"期间科技发展规划的重要课题之一进行了预研究。国内目前并没有服务于出版业的专业大数据平台，在可以想见的未来，大数据平台因其海量资源聚集效应、事件预测功能、规模数据分析统计功能必将带来数字出版物市场调研的变革。

首先，大数据平台的海量资源会成为数字出版市场调研的数据来源，大批量、高价值的用户数据、内容数据和交互数据都可以在大数据平台中准确定位和获取，这便为数字产品的市场调研奠定了扎实的数据资料基础。

其次，大数据平台通过对海量的读者消费行为统计分析、消费价格统计分析、畅销内容选题分析之后形成的统计报告，能够相对准确地指引数字出版的产品研发、市场营销和市场销售。

最后，大数据平台对海量用户数据的分析统计，能够挖掘出数字产品消费者的身份特征、消费能力、消费周期、阅读偏好等个性化的数据信息，这为数字出版物的精准调研、精准营销提供了最准确的目标用户资料。

10.5　数字出版的市场预测

在数字出版运营过程中，市场预测起着至关重要的指引作用和参考价值。数字出版物的市场预测，有利于企业制定科学合理的经营战略规划，形成前瞻务实的产品策略，进行准确的市场定位，实行正确的渠道策略和销售策略，开展有效的市场营销和市场销售活动。

10.5.1 数字出版市场预测概述

数字出版市场预测，是指统筹运用科学的方法，对影响数字出版市场供需的各种因素进行调查研究，分析和预见市场发展趋势，探索和掌握市场供求变化的规律，为企业经营决策提供可靠的依据和参考。数字出版市场预测的主要特征有：

第一，科学性。数字出版市场预测的科学性体现在其方法的科学性和结论的科学性两个方面：首先，市场预测过程需要运用定性预测法、定量预测法、时间序列预测法等多种科学的预测方法；其次，数字出版物市场预测结论是建立在对市场供需规律的科学把握基础之上得出的，因此具有较高的可信度和参考价值。

第二，近似性。数字出版物市场预测的近似性特征是指经过预测得出的市场预测报告与市场最终的实际结果之间具有很高的相似性，但同时又有一定的差距，并非百分之百完全吻合。这种近似性特征适用于所有类型的数字出版物市场预测，也适用于同一类型数字出版物市场预测的不同方面，无论是价格预测、产品预测、用户预测，还是销售预测。

第三，服务性。数字出版物市场预测的服务性特征是指市场预测本身并不构成目的，而是服务于企业经营决策的每个过程、阶段和依据。"凡事预则立，不预则废"，可见预测对于各行各业、各种企业都起着非常重要的规划参考、决策借鉴的重要作用。

第四，持续性。数字出版物市场预测的持续性特征，是指市场预测是一个持续的过程，不是一蹴而就的，也不是一劳永逸的，需要在企业生存和发展的过程中持之以恒地进行下去。只要数字出版企业在正常经营运转，市场预测就不可或缺；而每当面临"十二五""十三五""十四五"等重大时间段的发展规划时，市场预测的重要性就体现得更加淋漓尽致。

10.5.2 数字出版市场预测的类型

数字出版市场预测的类型，按照不同的维度标准，可以划分为不同的类型，这里结合主要的数字出版产品形态，对各种市场预测类型划分如下：

10.5.2.1　按照预测主体划分

按照市场预测主体的不同，市场预测分为宏观市场预测和微观市场预测。宏观市场预测，是指由政府主管部门、行业协会或者科研机构发起的，针对整个数字出版市场所做的预先判断和推测。微观市场预测，是指由数字出版企业发起的针对特定类型的数字出版的生产和营销活动的预测。

在我国，数字出版宏观市场预测一般由原国家新闻出版广电总局、数字出版协会或者中国新闻出版研究院负责发起，目的是下一年度或者下一个五年发展规划期更好地指导我国的数字出版产业沿着健康、稳定、快速的方向发展。

而数字出版微观市场预测的发起主体是各种类型的数字出版企业，包括传统出版社、报社、期刊社等国有出版单位，也包括北大方正、中国知网、盛大文学等网络技术公司，还包括亚马逊、励讯集团、汤森路透等境外出版传媒集团。这些数字出版企业发起市场预测的主要目的是更好地改进自身的产品、提高市场销售额和市场占有率，为了企业更好地经营和长久发展。

10.5.2.2　按照时间长短分类

数字出版市场预测按照时间长短划分可以分为短期市场预测、中期市场预测和长期市场预测三种类型。

短期市场预测，是指时间长度按照日、周、月度和季度所做的预测，目的是为企业月度或者季度生产营销规划提供参考和依据。短期市场预测往往针对产品的营销、产品价格、产品销售等具体问题展开，能够同时适用于综合性数字产品和单一性数字产品。

中期市场预测，是指面向未来一年以上五年以内的数字出版市场进行预测，目的是为企业年度经营计划或者未来几年的经营发展规划提供参考和依据。中期市场预测往往适用于企业的市场潜力、价格变化、数字出版物的供需变动趋势以及影响中期预测的各种变动因素等范围。

长期市场预测往往是指面向五年或者五年以上的数字出版市场进行预测，目的是为企业长期发展提供决策参考和依据。传统出版社经常进行的五年发展规划、出版业发展规划等长期的发展战略都依赖于对数字出版物市场的长期预测。

10.5.2.3　按照产品类别分类

按照数字出版产品的类别，可以将市场预测分为数字图书馆的市场预测、数据库产品的市场预测、手机出版的市场预测、网络出版物的市场预测、终端阅读出版物的市场预测、网络音视频的市场预测、游戏动漫的市场预测、数字报纸期刊的市场预测、AR 出版物预测、VR 出版物预测、数字藏品预测，等等。

按照数字出版的产品表现形式不同，可以分为对综合性数字出版物的市场预测，如数字图书馆、数据库的市场预测；对单一性数字出版物的市场预测，如某本电子书、某个畅销的网络文学的市场预测。

10.5.2.4　按照市场范围分类

随着全球化的趋势对出版业的日益渗透，国内的数字出版企业积极谋求文化产业"走出去"，境外的出版传媒集团也纷纷高调宣布进军中国数字出版市场。在这种大的时代背景下，我们的数字出版物市场预测又分为国际数字出版物市场预测和国内数字出版物市场预测。

一般来讲，国际数字出版物市场预测的主要发起者和承担者是政府主管部门、行业协会和科研机构，各种类型的数字出版企业往往会根据前者所指定的国际市场预测报告，制定和实施自身的国际市场开拓战略和规划。从国际数字出版市场的竞争态势来看，我国数字出版企业处于弱势地位，不具备与国际同行相抗衡的实力。国外的大型出版传媒机构凭借雄厚的资金实力、灵活的运营机制，通过兼并、重组等手段，在数字出版领域成为名副其实的领跑者。

国内数字出版市场预测报告一般也是由政府主管部门、行业协会和科研机构等发起和公布。目前国内的数字出版市场趋势大致有以下三种：首先，出版深度融合趋势进一步加强，传统出版社纷纷进军数字出版领域，国家财政资金支持优先向国有出版社倾斜；其次，新兴技术公司、媒体公司凭借灵活的资本运作、市场机制，呈现快速发展的趋势；最后，网络出版业务发展迅速，且呈现持续增长的趋势，在走出去方面将会再接再厉。

10.5.3　数字出版市场预测的内容

数字出版市场预测的内容，是指对那些与市场相关的要素进行预测，主要包括市场需求、市场供应、市场价格、产品周期、市场营销、经济效益预测等。

10.5.3.1　市场需求预测

(1)数字出版市场需求量预测

数字出版的市场需求量，是指在一定时间内，整个市场对于数字出版产品和服务的需求总量。市场需求总量受到消费者收入水平、消费者购买能力水平、数字产品定价、相关竞争者价格策略、用户消费行为偏好、国家宏观政策调控等多方面因素的制约。

这里仅以国家宏观调控政策为例：2015 年 1 月，财政部等部门出台了《政府购买服务管理办法(暂行)》，通过对《办法》的认真解读，就可以发现数字出版的 B2G 盈利模式在这里找到了合适的落脚点。随着政府机关各部门信息化、数字化的步伐越来越快，政府购买知识服务的需求也将不断提高，因此，该《办法》的出台，一方面，是在推动转变政府职能，推广和规范政府购买服务，更好发挥市场在资源配置中的决定性作用；另一方面，也为广大的数字出版企业提供政府所需的知识服务创造了广阔的市场。

(2)数字出版消费者购买力预测

消费者购买力预测，包括消费者的收入水平预测、消费者的支出水平预测、消费者对于数字出版物的需求变化趋势预测等。

近几年来，我国数字出版物的个人用户呈现逐年增加的态势：根据《2021 年度中国数字阅读报告》，2021 年，我国数字阅读用户规模为 5.06 亿，相比 2020 年增长了 2.49%；人均阅读量电子阅读

11.58 本，有声阅读 7.08 本。2021 年，我国数字阅读行业整体营收规模达 415.7 亿元，整体增长 18.23%，其中大众阅读 302.5 亿元，专业阅读 27.7 亿元，有声阅读 85.5 亿元，大众阅读市场规模占比逾七成，是产业发展的主导力量。总体而言，数字化阅读整体人数呈不断增长趋势，极大地推动了全民阅读的发展。而数字出版物的机构客户，包括政府机关、企业用户和事业单位用户用于采购数字化、信息化知识服务的资金总量也呈现整体上涨的喜人趋势，其中大部分高等院校图书馆的采购经费中，数字化产品的比例已经超过了纸质产品的比例。

10.5.3.2　市场供应预测

数字出版市场供应预测，是指对在一定的时间内，数字出版物市场所供应的数字出版产品总量及构成，以及各种具体产品供应量的变化发展趋势的预测。

科学的市场供应预测，要全面收集本企业的历史数据，对相关产品以往的品种、数量、产值、成本和收入进行系统研究和整理；要深入了解同类产品的现有生产企业的产品供应量、产品销售量、产品销售额、新技术应用情况等因素，对这些因素进行分析和统计。

一直以来，我国的数字出版整体市场供应呈现由高速增长向中高速增长再向高质量供给的发展趋势。在这种情况下，数字出版企业对于自己投入的数字出版物的预测显得至关重要，投入多少、投入哪个领域、投入哪些产品能够迎合消费者的消费偏好，这些都需要在市场供应预测报告中得到解答。

10.5.3.3　市场价格预测

数字出版市场价格预测，是指对包括电子书、数据库、手机图书等在内的数字产品的未来价格水平、变化趋势以及影响因素等进行预测。

前面已经多次提过，我国数字出版物的价格水平整体偏低，例如，电子书的定价是纸质图书的 1/3，甚至是 1/5，而美国电子书定价是纸质图书的 50%~70%，甚至会超过纸质图书的定价。我国目前这种价格整体偏低的趋势估计仍将持续一段时间，不过也有数字出版企业在提高数字出版物的价格方面付出了自己的努力。例如，2015 年年初，由人民出版社牵头，数十家出版社成立了中国数字出版联盟，联盟的主要宗旨包括遏制数字出版物价格偏低的趋势、加强数字出版产品内容与营销的合作等。

10.5.3.4　产品周期预测

数字出版产品周期预测，是指预测产品市场发展水平处在何种周期，并针对产品处在推介期、成长期、成熟期、衰退期不同的阶段，制定不同的应对方法，保证产品充分完成公司的使命，达到各项经济效益和社会效益目标。

产品周期预测的核心是根据产品所处阶段不同，制定相应的应对策略，或者以新技术提供产品功能，或者以内容扩充提高产品可读性，或者采取促销、降价等策略保持产品的市场占有率。

电子书产品以其功能强大、阅读便捷、能够复制粘贴等多项优势而为广大读者所青睐，但是电子书对于读者视力尤其是青少年读者的视力会造成一定损伤，为此许多家长、老人对于电子书仍然是望而却步。而最新的技术发展表明，国内外出版界投入和研发了增强型电子书，将图片、文字、声音、音视频等多种介质融入电子书，以增强与读者的互动性，应该说这种增强型的电子书在纯文本电子书的基础上又前进了一步，使得电子书的生命周期得到了延长。

10.5.3.5　市场销售预测

数字出版市场销售预测，是指对企业营销能力和营销发展趋势的预测。企业营销能力预测，是指对数字出版物整体市场中企业自身产品销售量的预测以及对单项产品的品种、定价、销售额等方面的预测。企业营销能力预测，有助于企业制定和修订营销策略，有助于企业研发新产品、开拓新市场，有助于企业面向具体的市场开展针对性的营销活动。营销发展趋势预测，是指对数字出版产品营销各方面因素的预测，包括营销机构设置、营销人员组成、营销渠道建设、销售方式变更多方面的发展趋势。

目前我国数字出版市场的三类市场主体中，传统的报社、期刊社和出版社的营销预测能力较弱，需要在专业的营销人员配置、营销部门设立、营销方案制定、数字营销渠道建设等方面进行创新和建设，而新兴的网络企业和境外传媒出版集团在市场营销预测方面走在了数字出版市场的前列，这与他们严格的考核机制、年度盈利压力机制等规章制度是配套的，也表明他们把握市场规律和市场实践能力较强。

10.5.4.6　经济效益预测

数字出版经济效益预测，是指预测反映经济效益各项指标的变化趋势，包括数字产品销售额、利润额、利润率等方面的指标。

关于数字出版物的经济效益，目前国内市场的基本格局是：

其一，单一型数字产品盈利难度较大，类似电子书等单一型数字出版产品的经济效益很难实现较大突破，除非有悠久的品牌、庞大的用户量以及良好的美誉度等作为支撑。如，截至 2022 年 3 月，商务印书馆的《新华字典》APP 产品，历经十几次技术迭代，面向不特定的公众用户进行推广运营，已实现累计用户超过 6000 万次，日活用户超过 50 万，付费用户超过 50 万，单品种收入 2000 多万元的卓越市场表现。

其二，集合型数字产品盈利能力稳定，B2B、B2G 的盈利模式能够在短时间内为数字出版企业打开销售市场，取得市场盈利。目前国内的网络公司、技术企业、传统出版单位在数字出版机构市场方面取得了不错的成绩，如北大法宝、北大法意、中国知网、人民军医出版社、人民卫生出版社、社科文献出版社、法律出版社等数字出版企业。B2B、B2G 模式之所以能够较快地实现数字出版的盈亏持平乃至市场盈利，主要是由以下几个方面的因素决定的：首先，国内的政府机关、国民经济各个行业均高度重视数字化、信息化的发展趋势，包括高等院校图书馆、政府机关、科研研究所等在内的机构消费者的数字化、信息化采购经费呈现逐年增长的态势，换言之，机构消费者的购买力不断增长；其次，在特定的专业领域、职业领域系统化、综合性的数字产品服务相对欠缺，所以一旦有相对成熟的产品，便会在机构服务市场取得较好的销售局面，例如，中国知网法律数字图书馆、社科文献皮书数据库、中国法官电子图书馆等；最后，机构服务市场的市场营销模式相对简单，单笔数字产品交易金额较大，市场营销成功率较高。例如，面向一个省份的上百家法院客户销售一套数字图书馆，其收入可达到上百万，而按照单本电子书的销售收入来看，即使十年、八年也很难取得这样的成效。

10.5.4 数字出版市场预测的方法

市场预测方法对数字出版市场预测至关重要，没有科学合理的预测方法，市场预测报告所得出的结论便缺乏可信度，甚至会产生误导作用。市场预测方法非常多，据权威机构统计有200多种，但是常用方法仅有二三十种，共计分为三大类：经验判断预测法、时间序列预测法和因果分析法。

10.5.4.1 经验判断预测法

经验判断预测法，也叫定性预测法，是指预测者根据历史资料和现实资料，依靠个人的知识和经验进行分析，对数字出版物市场的未来发展变化趋势做出判断。经验判断预测法对预测者的知识、经验和分析判断综合能力要求较高，由此带来的一个问题是定性预测法的主观性较强，有时会影响到预测结果的准确性，因此实践中常常结合定量预测的方法以保证预测报告的科学性和准确性。

经验判断预测法种类较多，这里仅选取对比类推法、消费者意向判断法、销售人员意见综合法和专家意见法四种加以重点介绍。

（1）对比类推法

对比类推法，是指根据数字出版物在产品、地区、行业属性等方面的相似性，由一种数字出版物的市场情况类推另一种数字出版物的市场情况。对比类推法主要分为产品类推法、地区类推法和行业类推法三种。

　　产品类推法。是指内容、形式相似的数字出版物在市场运营规律方面也会具有一定相似性，因此可以利用这种市场运营规律的相似性，由一种已知的数字出版物市场销量来类推另一种数字出版物的市场销量。例如，2012 年左右，中国移动手机阅读基地上都市情感类的小说非常畅销，民营文化公司的网络原创情感作品出现了大卖的热潮。在这种情况下，作为传统出版单位的出版社也有部分图书是情感类小说，经过市场营销人员的预测，这种情感小说图书经过数字化转化做成手机书，在移动阅读手机基地上的市场销量也会较好，这里就用到了产品类推法。

　　地区类推法。是指在市场开拓的过程中，对于经济、文化、社会发展程度相似的地区，推断其数字出版物的需求程度也具有一定的类似性。地区类推法主要适用于数字出版物的前期推广阶段，并且在相似地区的政府机构客户市场中会得到较成功的运用。例如，同为西北地区的省份，甘肃省检察院购置了检察官数字图书馆，便可以类推陕西省检察院购买数字图书馆的可能性也很大。

　　行业类推法。该法主要适用于新产品开发阶段，以相近行业的相近产品的市场变化趋势，来推断新产品的发展方向和发展趋势。例如，某数字出版企业自主研发的法官电子图书馆具有较高的市场占有率，其针对政法系统的司法局所研发的司法行政电子图书馆，推断也将出现相似的市场竞争力和市场占有率。

　　(2) 消费者意向判断法

　　消费者意向判断法，是指对数字出版物的目标用户进行直接或者间接的购买意向调研和购买意见调研，以预测其购买倾向和需求变化趋势。这种预测法主要适用于数字出版物市场长期发展趋势的预测。

　　(3) 销售人员综合意见法

　　销售人员综合意见法，是指对数字出版物销售部员工的意见进行综合汇总，在汇总的基础上计算出平均预测值作为市场预测的主要结果。例如，某出版社预测 2015 年度医学数字图书馆的整体收入情况，第一步，先由各个销售人员提出自己的预测结果，包括最高可能收入、最低可能收入、最可能的收入；第二步，对预测收入结果进行计算，求出每个销售人员的期望值；第三步，对各个期望值进行计算，求出预测平均值；第四步，以此预测平均值作为 2015 年度医学数字图书馆大概的收入目标。

（4）德尔菲法

德尔菲法，又称为"专家意见法"，是指通过对专家意见的反复征集，直到各位专家对预测目标取得相对一致的意见为止。德尔菲法由美国兰德公司于 20 世纪 40 年代首创，是定性预测方法中最重要、最有效的一种，应用范围非常广泛，可适用于产品的供求变化、市场需求、成本价格、产品销售、产品生命周期和市场占有率等各个方面。

德尔菲法的主要步骤是：第一，根据预测的目标要求，列举各种需要调查了解的问题，拟定预测征询表；第二，选定若干名征询专家，让专家针对预测目标独立地提出预测判断；第三，将专家的意见汇总整理，分别反馈给各位专家，让专家根据汇总意见再次独立修改原先的预测，提出新的预测判断。如此反复多次，直到各位专家意见比较一致。

德尔菲法主要适用于数字出版整体战略规划或者数字出版物的整体市场销售战略等长期、重大的经营规划方面。专家的匿名性、彼此之间独立做出预测判断是德尔菲法在市场预测方面奏效的关键和核心。

10.5.4.2　时间序列预测法

时间序列预测法，是指利用数字出版物市场或者数字出版企业一定时间段内的实际市场数据，按照时间顺序排成序列，运用一定的数学方法，使之向外延伸，进而预测未来的发展趋势。时间序列预测法的假设前提是数字出版市场变化按照以往的时间规律运转。时间序列预测法分为简单平均法、移动平均法、指数平滑法、趋势外推法等多种，这里仅介绍一下移动平均法。移动平均法是指利用最近几个时间段数据的简单平均值来预测下一期的市场情况。

10.5.4.3　回归分析法

因果分析法是研究变量之间相互关系的一种定量预测的方法。常用的因果分析方法有多种，这里只介绍回归分析法。回归分析预测法，是通过对预测对象和影响因素的统计整理和分析，找出它们之间的变化规律，将变化规律用数学模型表示出来，并利用数学模型进行预测的一种分析方法。

因此，建立变量之间有效的回归方程，是回归分析预测法的重要工作，预测结果的准确性主要取决于回归方程的科学性和有效性。例如，建立一个终端阅读电子书的销售数量与硬件价格、数字图书价格、营销渠道、广告推广、内载数字图书数量等相关性的回归方程，就可以预测硬件价格、数字图书价格、渠道、广告、内载数字图书数量对销售数量的影响程度。

10.6　数字出版的营销管理

市场营销是数字出版企业的重要工作，只有把数字出版产品和服务成功销售出去，才能实现出版物的市场价值，获得合理的经营收益，实现企业的快速发展。数字出版产品属于文化产品，不同于一般的商品，数字出版物的营销要树立社会效益为先的正确观念，在科学、先进的营销理论指引下，开展营销活动。数字出版企业需要加强对营销的管理，一方面，要提高销售人员的积极性和主动性，提升其专业化和职业化水平；另一方面，要运用大客户营销、机构客户营销等多元化营销方式，对销售人员采取较高规格的激励政策，以促使其完成预定的销售指标。此外，还需要综合使用全媒体营销手段提高营销传播的精准和效率。

10.6.1　数字出版的营销观念

市场营销，是指在适当的时间、适当的地方以适当的价格、适当的信息沟通和促销手段，向适当的消费者提供市场的产品和服务。市场营销的主要步骤包括分析市场机会、选择目标市场、确定市场营销策略，市场营销活动管理包括制订营销计划、组织营销和营销控制等。市场营销需要先进的观念和理论指引，长期以来，随着市场环境的变化，对营销活动规律认识不断深入，市场营销观念经历了一系列变化，掌握先进的市场营销观念，对数字出版营销活动的科学开展具有重要的指导意义。

市场营销理论，经历了从 4Ps 到 4Cs 再到 4Rs 的演进与升级。在 20 世纪中期，美国营销学学者杰罗姆・麦卡锡教授提出"产品、价格、渠道、促销"4 大营销组合策略即为 4P。该理论主要从产品供给的角度出发，站在公司的立场，立足供给侧，强调提供优质的产品、优惠的价格和一系列促销措施。20 世纪 90 年代初，美国营销专家罗伯特・劳特朋教授提出了与传统营销的 4P 相对应的 4C 理论。它以消费者需求为导向，重新设定了市场营销组合的四个基本要素：即消费者（Customer's need）、成本（Cost）、便利（Convenience）和沟通（Communication）。该理论主要从用户需求角度出发，站在消费者的立场，立足需求侧，强调企业首先应该把满足消费者的需求置于首位；其次是在了解消费者消费能力的基础上，努力降低购买成本；然后要充分考虑消费者购买过程的便捷性；最后还应以消费者为中心实施有效的营销沟通。

进入 21 世纪后，营销学家在 4C 营销理论的基础上提出新营销理论 4R。4R 理论的营销四要素：其一，关联（Relevancy），即认为企业与顾客是一个共同体，建立、发展与消费者之间的长期、稳定关系是企业经营管理的核心理念和重要组成。其二，反应（Reaction），在相互影响的市场中，对经营者来说最难实现的在于如何站在消费者的立场及时地倾听消费者的需求，并快速反应、高度回应消费者需求。其三，关系（Relationship），在企业与客户的关系发生了本质性变化的市场环境中，抢占市场的关键已转变为不断提升消费者的忠诚度、用户黏性，与顾客建立长期而稳固的关系。其四，报酬（Reward），一定的合理回报是正确处理营销活动中各种矛盾的出发点和落脚点，这里的回报，包括对用户的回报，也包括对企业的短期、长期回报。4R 营销理论是以关系营销为核心，注重企业和客户关系的长期互动，重在建立顾客忠诚。它既从厂商的利益出发又兼顾消费者的需求，是一个更实际、有效的营销制胜术。

上述市场营销理论，对于我们充分调研和了解目标用户的数字产品服务需求，推进数字出版产品服务的供给侧结构性改革，开展数字出版物的市场预测将会产生重要的参考价值和意义。

10.6.2　数字出版的营销能力

数字出版产品走向市场，走进终端用户，实现由价值到价格的跃升、由产品到商品的升级，离不开数字出版从业者的营销能力建设。"对各出版机构而言，数字出版人才是未来赢得市场、实现跨越式发展的核心竞争力"，而各出版企业往往对数字出版销售人才的专业能力、综合素质要求最高，因为其承担着整个数字出版市场化与产业化的重任。

一般而言，无论是非独立的数字出版部门抑或独立的数字出版公司都必须设置专门的市场营销部门，市场推广和销售人员也必须是精干的人才队伍，因为这20%的人员需要完成整个组织体80%的市场销售指标。在数字出版语境下，市场销售人员是具备完整营销能力体系的综合型素质人才，需要具备包括营销规划力、品牌建设力、产品认知力、竞品分析力和市场公关力等多种综合能力（如图10-1）。

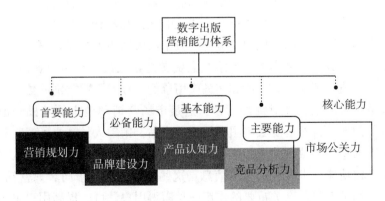

图10-1　数字出版营销能力体系

其一，营销规划力。营销规划能力是数字出版营销负责人的首要能力，在数字出版营销能力体系中居于首要位置，决定了数字出版产品将来能够占领多大的市场，能够征服多少用户，是否能够实现数字出版的市场化运营和产业化发展。市场营销部要制订完善的数字产品营销规划，在规划中明确产品的主要读者、用户以及产品发货的主要渠道、适销区域、适销读者和用户类型，及时有效地保障优质高效的数字出版产品供给；如《××出版社"十三五"发展规划》中明确指出"数字新媒体出版要综合提高市场销售能力"，并设置了"自然资源知识服务工程""数媒蓝海工程"等五项重点工程加以保障和配套。

其二，品牌建设力。品牌建设能力是确保数字出版产品长效销售、长线运营的品牌创建和维持能力，是成熟的数字出版销售队伍必备的素质之一，也是数字出版企业立足市场、开拓市场、持续保持市场占有率的重要能力。任何企业或部门的数字出版市场部都要以数字出版企业的品牌认同为核心，以时间、事件、人物、话题等为引导，增强品牌建设意识，提升数字出版商誉价值，充分运用互联网、移动互联网、微信、微博、终端平板等传播媒介，探索和把握海量信息时代的读者受众的认知规律，提高读者受众的接受度、认同度，最终形成数字出版企业和数字出版产品持久深刻的品牌影响力和美誉度。

其三，产品认知力。产品认知能力是做好数字出版销售的基本能力，是数字出版销售人员职业成长的前提和基础，是数字出版销售人员应该具备的首要内部能力。数字出版销售人员需认真理解和掌握本社数字产品类型，数字产品资源总量，数字产品内容价值、技术价值、理论研究价值和实务应用价值，针对不同类别的数字产品进行有区别、针对性的营销，这是市场营销和销售的基础和前提。例如，自然资源数字图书馆这一产品，销售人员需要了解其数字图书总量、数字图书功能、数字图书类别、精品图书分布、数字图书馆功能技术等相关基本信息，这些基本信息对于向客户营销、向机构推广起着至关重要的作用，是赢得用户认可、提高用户忠诚度的关键性因素。

其四，竞品分析力。竞品分析能力是数字出版销售人员说服用户甚至说服自己的主要能力，是销售人员观察、鉴别、比较能力在产品销售过程中的重要体现，是销售人员劝服和争取"摇摆用户"的核心能力。销售人员要分析和研究竞争对手的数字产品分布状况，采取"差异化竞争"策略，做到"人无我有、人有我优、人优我精"。"人无我有"，是针对蓝海市场，当销售人员从用户、市场处捕捉到哪些产品类型是市场所急需而没有产品供应商的时候，就需要将相关信息反馈给数字产品研发人员，产品研发人员要在最短的时间内完成产品设计和上线，进而投放市场；"人有我优"，是针对红海市场，当市场上并不缺乏相关数字出版产品时，销售人员需要了解同质产品的优劣高下，将信息反馈给数字产品研发部，研发人员就同质性产品提出改进建议和方案，并尽快推出在内容、技术、功能、售后服务等方面超越其他竞争对手的新型数字产品；"人优我精"，是指当市场上存在不止一款同类型数字出版产品、而且每款产品均具有一定的优势时，销售人员要全面调研、综合分析和对比各款数字出版产品的市场竞争力，从而在企业原有数字出版产品的基础上迭代推出2.0、3.0、4.0等多代版本，采用高质量发展的精品竞争策略，以明显的内容优势、技术优势、价格优势、服务优势等产品竞争力，将其他竞品远远甩在后面，最终成功实现数字出版产品的市场销售。

其五，市场公关力。市场公关能力是指在理解和运用市场销售规律的基础上，综合运用市场销售策略和技巧，赢得用户信任、成功说服用户、引导目标用户做出消费决策并进行消费的能力。市场公关能力是数字出版销售人员的关键能力和核心能力；市场公关能力也是数字出版销售人才相对于内容人才、技术人才而言的根本性、本质性能力。面对同一个用户，推广同的数字产品，市场公关能力显著的销售人员和能力一般的销售人员的表现往往是大相径庭，前者一般能成功推销产品、实现销售，后者却往往无可奈何、无法将数字出版产品的价值转变为价格。

10.6.3　数字出版的营销重点

在数字出版实践中，"第一个客户"和"大客户"是数字出版营销的重点，在数字出版产品的推广与营销过程中起着非常重要的作用，尤其是在 B2G、B2B 两种商业模式的应用场景。

10.6.3.1　第一个客户营销

第一个客户销售有利于增强数字出版销售人员的职业信念，提高其销售信心，丰富其销售经验，强化其销售能力。无论何种数字产品，只要完成了第一个客户销售，就迈出了成功营销的第一步。在崭新的数字出版产品和服务领域，成功实现了相关数字产品的销售，这对于提振整个数字出版销售队伍的积极性、主动性和能动性至关重要。第一客户营销具有重要实践价值。

首先，有利于强化销售信心。数字出版销售人员的职业信心是从一个一个销售客户的不断累积中树立和培养起来的。第一个客户营销的首要价值在于能极大地增强数字出版销售人才的信心，为其以后成功说服客户、赢得客户信任、拓展更广阔的数字出版市场奠定了扎实的实践基础和心理基础。

其次，有助于验证产品质量。数字出版的高质量发展，第一要素在于高质量的产品供给。第一个客户营销成功，意味着研发的数字出版产品真正意义上步入市场，接受目标用户的检验；此时，数字出版产品，无论是在线的数字图书馆、专题知识库，还是镜像本地安装的专题知识库和数据平台，都将在内容展示、阅读体验、技术应用、检索精准度、页面响应速度等方面迎接用户的检阅和反馈。高质量的数字出版产品往往在首单客户那里得到高度认可，起到"叫好又叫座"的口碑营销效果；而匆忙上马、质量参差不齐、内容残缺不全、技术应用不稳定的产品，则容易被专业用户挑剔和批评，进而面临"差评""提前结束试用期""不再续订"等不好的营销后果。

再次，有助于落实销售制度。第一个客户营销的成功实现，还有助于将销售激励制度真正落地和兑现。出台的行业标准《数字出版业务流程与管理规范》明确规定："出版机构应根据市场发展需要，本着'充分激励、有效约束'的原则，积极推动人才机制、项目机制和运营机制的建设和完善。"在数字出版销售的制度规范中，若干数字出版企业将数字产品销售激励机制确定为合同金额40%的包干式奖励，这种包干式的奖励制度包含三层意思：第一，包干，是指差旅费、销售费、个人奖励加在一起的奖励额度为合同金额的40%；第二，销售奖励的发放需要在销售员工完成年度个人工资的销售额基础上再行发放，这是为了将激励机制和压力机制相结合，以最大程度挖掘销售人员的销售潜力；第三，也是最重要的一点，对于第一个客户的销售金额是无条件的奖励发放，不受完成个人年度工资额销售任务的限制。这种做法能够确立制度的公信力，最大限度调动销售员工的积极性、主动性和能动性，最大限度挖掘其销售潜力和销售动力。

最后，有利于锻炼销售队伍。第一个客户营销成功的示范意义和榜样意义是巨大的，除了能给予销售人员本身以物质激励和精神激励以外，更是对整个数字出版销售人才队伍的一种促进和鼓舞。数字出版销售队伍可以在"比、学、赶、帮、超"的正向销售文化氛围中得以不断成长和进步，成为一支可以支撑数字出版产品变现的专业化人才，成为一支可以实现对传统出版反哺的职业化队伍，成为一支可以逐步建立健全数字出版渠道系统的中坚力量。

10.6.3.2　大客户营销

大客户营销，就是针对大客户的一系列营销组合。大客户是相对于一般消费者而言的，一般是指企业客户或者渠道商，其价值相对比较大，需要一对一地进行客户管理与营销战略实施。大客户有两层含义：要么是客户范围大、数量多；要么是客户的价值大、贡献大。就数字出版的销售而言，B2B、B2G两种模式最容易在短期内取得突破，也是实现部门年度销售指标的最好用、最常用的盈利模式；而B2B、B2G两种模式充分发挥其价值、贡献其销售能量的关键性步骤便是实现第一个大客户营销。"十二五"期间，某出版社的中国法官电子图书馆遍布全国十几个省份，其销售过程最关键的有两个步骤：第一，实现了甘肃省法院系统 113 家法院的全省性安装和使用，这是第一个大客户；第二，实现了福建省法院系统 95 家法院全省性安装和使用，这是第二个大客户。正是这两个大客户的成功营销，带动了法官电子图书馆在全国范围内如火如荼地销售和推广，也提升了该出版社数字出版的品牌，为其迈向第一批全国数字出版示范单位积累了扎实的基础，树立了重要的里程碑。

实现数字产品大客户成功营销有若干技巧。

第一，选择典型客户。大客户的选择要具有典型性和代表性，这种典型性和代表性要在全面调研大客户基本情况的基础上而得出，典型性体现在典型区域、典型事迹和典型代表等方面。典型区域不一定是高度发达地区，典型事迹也并不一定是机构用户整体素质和实力处于前列，典型代表更不一定意味着拥有良好的信息化基础和数字化背景。例如，法官电子图书馆的销售，在一系列主客观因素、必然性因素、偶然性因素的综合作用下，实现了第一个全省性安装在甘肃落地的指标。按照常规逻辑，第一个全省性的客户应该落户于东部发达城市，因为东部城市的法院系统数字化理念先进、信息化经费充足、数字产品需求旺盛，然而，恰恰相反，落单的第一个大客户落户于西部且经济并不发达、信息化建设并不先进的甘肃省。

在客观上，第一个全省性客户在甘肃省法院系统实现的原因是：甘肃省法院系统信息化建设的相对落后恰恰为其购置相应的数字产品提供了足够的动力，当时甘肃省法院系统还大量购置了其他类似的数字产品、法律数据库。相较于东部发达省份，到甘肃省推广数字产品的数字内容提供商并不多，向客户介绍和推广的被接受度很高，同时在这种竞争不太激烈的情况下，法官电子图书馆的成功推广率得到了提高。此外，当时甘肃省法院系统高度重视数字化法院、学习型法院建设。数字图书馆安装后不久，全国法院的信息化建设会议在甘肃省高级人民法院举行，标志着其信息化和数字化水平得到了大幅提高和迅速提升。

第二，持之以恒地重视关系营销。对大客户来讲，一个订单涉及上百万元甚至几百万元的合同金额，因此，实现这种大客户营销需要持续的推进，不是一蹴而就的。在推进的过程中，更好地听取机构客户反馈的意见和建议，及时进行内容、技术和功能更新，销售完成以后高度重视售后服务。依靠高质量的数字产品，建立起和机构客户消费决策决定者、消费决策影响者的良好信任关系，是大客户营销的重中之重。

第三，确定消费决策影响者。无论是一般客户营销，还是大客户营销，最重要的步骤在于确定消费决策影响者或曰联系人。在做大客户数字产品的销售过程中，除了动用熟悉的人际关系资源以外，一般很难直接接触到消费决策的决定人，而大部分时间和工作都是围绕消费决策的影响人展开。所以，无论是数字产品推荐、数字产品讲解、数字产品试用，还是产品价格谈判、产品方案提供，都主要围绕消费决策影响人而开展。就 B2G 模式而言，数字图书馆、专业数据库的消费决策影响人一般是政府机关的研究部门、咨询部门或信息化部门负责人。

第四，说服消费决策决定者。大客户营销最关键的步骤在于说服消费决策决定人，可以采取直接说服和间接说服两种办法。一般来讲，通过持续性地向消费决策影响人推介和宣传，通过消费决策影响人向决定人汇报和交流，最终说服消费决策决定人；同时，也可以通过更加直接的渠道向消费决策决定人推介和宣传产品，但是这种方法的成功率并不高，还是要回到消费决策影响人层面进行论证和研究。

第五，推行买赠结合、衍生服务等相关手段。在进行大客户营销的过程中，因为涉及大额订单，除了常规的产品推介、产品演示以外，还需要采取赠送相关产品、增加免费服务器、随时免费上门解决技术问题、免费升级数字产品系统等方法，来增加大客户营销的成功率。当然，就传统数字出版企业而言，还可以把传统图书出版优惠、传统图书销售优惠等政策结合起来，做到联动营销、立体化销售。

10.6.4　数字出版的营销渠道

对于专业出版社开展数字出版营销而言，运用特定行业、特定系统的渠道，将数字出版产品销售到特定省份，并通过内部局域网实现"省、市、县"三级覆盖式安装和部署，是典型的数字出版渠道体系建设过程。一旦实现若干省份的安装，则可以实现"数字图书馆、专题知识库、专题大数据平台、AR 资源库、VR 资源库"等不同产品的梯次安装、有序更新，进而实现在建成的高速公路上分别跑不同的汽车的预期效果。数字产品销售渠道的建构路径，主要有以下三种：

第一，转化型渠道。在数字出版转型升级历程中，脱胎于图书出版的数字出版业，其渠道建设首先想到的是对传统发行渠道进行转化，推动销售渠道的转型升级，推进图书发行商转型为"纸电一体"型的复合型知识服务提供商，通过提升、改造传统纸质出版的经销商，使得纸质产品销售渠道焕发生机和增添营销机会。通用的做法是：由数字出版内容提供商对既有纸质图书的经销商进行宣介、培训，在帮助他们进行业务转型的同时，也为出版社扩充部分销售渠道。

第二，原创型渠道。数字出版效益初显的企业往往采取独立建构的方式来进行数字出版渠道建设。国有数字出版企业一直以来致力于独立开拓、建立一支崭新的销售渠道，以政府机关、企业客户、事业单位客户、科研机构为销售重点，率先运用 B2B、B2G 等机构客户商业模式，按照数字化知识服务的解决方案进行渠道布局、渠道维系和渠道运营，继而在实现数字知识资源积累、数字出版收入增加的基础上，面向广大社会公众用户，采取 B2C 的个人商业模式，为规模更大、数量更多的社会大众提供数字化精神文化产品和服务。

第三，产品代理型渠道。产品代理型渠道一般是作为转化型渠道和原创型渠道的补充，为传统出版企业提供额外的数字出版收入和利润。越来越多的数字出版企业开始引进产品代理机制，选择国内知名数字出版商作为合作伙伴，授权其代理销售，作为出版社数字产品销售渠道的有益补充。在经过慎重分析和仔细考察的基础上，选取国内成熟优质的数字供应商，或者新兴的具备较大发展后劲的数字供应商作为合作对象，通过合作伙伴的销售能力不断向社会各个阶层宣传和推送数字出版产品和服务。

10.6.5　数字出版的全媒体营销

数字出版营销策略的理论源头可追溯到图书营销学。数字出版营销策略包含产品策略、价格策略、渠道策略、促销策略等，其中"产品策略居于中心地位"，价格策略是实现社会效益和经济效益的关键因素，渠道策略是营销体系构建的四梁八柱，促销策略是营销策略的有机组成。随着科学技术日新月异进步，互联网和移动互联网飞速发展，使得一系列现代化、数字化的营销手段越来越多地应用于数字出版业。

在新媒体技术的影响下，社交媒体、移动媒体、搜索引擎、大数据为出版营销变革提供了新思路。在技术应用的基础上，有学者提出了"基于数字出版平台和数据挖掘技术的推动式营销""基于搜索引擎的拉动式营销"的二分法营销，其本质属于供给侧营销和需求侧营销。数字出版销售人员不断采取多元化的营销手段，运用立体化的销售方法。在营销手段的选取上，数字出版销售人员往往综合利用文章营销、资料营销、微博营销、网站营销、图书附页营销、会议营销、论坛营销、广告营销、社群营销、大数据营销等多元化营销手段，使得广大用户能够在尽量短的时间内获取数字出版产品供给类型、价格、内容、规模等基本信息。在销售方式上，往往采用关系推广、电话销售、终端跟进、定期拜访等方式，不断提高数字出版营销的普及率和成功率。

数字出版的社会化媒体营销。社会化媒体是一种新型网络媒体形态，包括微博、微信、电商、论坛、百科、搜索引擎和各种APP应用等各种主要网络媒体，社会化媒体涵盖内容丰富，影响广泛，是目前读者信息生产、传播和消费的主要方式和场域。社会化媒体营销是指利用微博、论坛、百科、微信、在线社区、社交工具、社会化书签、自媒体等社会化网络平台来进行传播信息，交流互动，公共关系处理和客户关系服务维护等活动，以提升企业品牌、产品、服务的知名度、认可度，达到直接或间接营销的目的。① 社会化媒体类型众多，兼具媒体、工具和社交功能，具有泛在、开放、互联、参与、共享的特征，吸引了大量企业利用社会化媒体加强与受众的联系和沟通。社会化媒体营销方式解决了过往营销传播单向传达、反馈滞后、简单粗放的问题，实现了与受众的实时交互与精准触达，营销传播的效果更加明显。社会化媒体营销迅速成为网络时代数字营销的利器。社会化媒体营销的形式多样，如微博营销、论坛营销、百科营销、事件营销、粉丝营销、邮件营销、病毒式营销、口碑营销等都是社会化媒体营销的方式。

数字出版的社群营销。随着社交工具的发展和不断完善，广大网民社群化的趋势越来越明显，人以群分已经成为数字营销重要的考量因素。社群营销是借助一定的网络工具把具有相同或相近的兴趣爱好、生活习惯、消费方式、需求和价值观的人群集合起来形成一个社群，并通过多种方式对社群成员进行产品、服务和品牌的推广和销售。社群具有较稳定的结构和一致的群体意识，成员之间能够保持持续的互动，社群可以不断吸收新成员的加入，也可以不断裂变成新社群，社群的价值观和规范对成员虽不具有强制性，但会对成员产生一定的影响。社群营销利用社群的这些特点，通过各种形式积极与成员互动，在取得成员的信任后，向成员推广产品和服务，针对性强，促销效果明显。各类网络社交工具和平台，提供了非常便利的构建社群的渠道，出版企业可以自由在微信、知乎、简书、QQ、豆瓣、抖音等平台组织社群，也可以自己开发独立的社群营销工具。出版企业的产品属于文化产品，具有较强的精神产品属性，特别适合社群营销模式。目前利用社群进行图书营销较成功的企业很多，如罗辑思维、樊登读书、十点读书、凯叔讲故事、秋叶 PPT 等。这些企业对读者市场进行调研，找出尚未被充分满足的读者细分市场，围绕读者关心的话题，精选图书，组织人员对出版物进行深度加工，做高质量的解读和鉴赏，再制作成视频、音频或图文的形式提供给读者和订阅用户，满足他们在碎片化时间内的

---

① 邓乔茜，王丞，周志民. 社会化媒体营销研究述评 [J]. 外国经济与管理，2015，37（1）：32.

阅读需要，受到了读者的欢迎。

数字出版的短视频营销。视频尤其是短视频是当下媒体发展的热点，随着 5G 时代的到来，VR、AR 技术的应用，视觉化的呈现方式具有内容多样、创意新颖、形象直观、感染力强的特点，对读者具有更强的冲击力和影响力，视频营销日益成为营销传播的一个重要渠道和方式。出版企业可以借助短视频平台如快手、抖音、YouTube、Tiktok、Facebook 等平台进行促销传播。美国知名出版商哈珀·柯林斯公司不断向短视频领域拓展业务，先是在 YouTube 上分类打造了"史诗读物""第 16 放映室""哈珀青少年""哈珀少儿"四个短视频品牌社群；接着，又在 Facebook 上创设了"哈珀图书""哈珀商业""哈珀学术""哈珀有声"等系列专业细分社群。哈珀·柯林斯通过创设短视频社群，使读者与作者、出版企业之间建立互动和关联，读者之间也能彼此交流和分享信息。① 国内，出版企业纷纷开通自己的短视频账号或与第三方合作进行短视频传播，2015 年 6 月，著名出版品牌"理想国"推出自媒体读书微视频"一千零一夜"，经过短短半年时间的发展，在线播放量接近 1 亿，并获得广告商季度冠名。② 一些知名度较高的作者也开设抖音账号，制作创意视频，利用自身影响力吸引读者关注。这些短视频增进了读者对出版物的了解，激发了读者的阅读兴趣，为电商引流，带动了出版物的销售。

数字出版的直播营销。直播营销是通过主播在网络平台在线进行视频直播，与读者实时互动，从而促进销售的营销活动，是新兴的营销传播模式，对大众消费市场产生越来越大的影响。数字出版企业可以邀请作者、编辑、读者来进行专题直播，加深读者和作者、编辑的情感连接，调动了读者在阅读和消费过程中的情感投入，有利于促进出版物销售和出版企业品牌塑造。网络直播新零售

① 陈矩弘. 美国图书出版业短视频营销探析——以哈珀·柯林斯出版集团为例[J]. 出版发行研究，2019(2)：47.

② 曹丹. 读书微视频的发展与传播营销策略[J]. 现代出版，2016(2)：34.

是在精准用户画像的基础上，运用大数据、人工智能等技术，快速、准确找寻消费者的痛点，有效激发目标用户的消费需求。主播通过在线讲解让受众对出版产品的内容有直观认识，并通过弹幕评论等形式快速了解受众的需求，这种互动形成两者之间的强关系，不仅直接推动出版物的销售，还能让受众对作者、编辑、出版单位及与出版产品相关的其他信息有一定的了解，加强用户黏性。

出版物网络直播新零售的模式，应从名人直播、网红直播向专业直播、专家直播转变。通过网红直播、明星直播进行图书销售的盈利空间非常有限，并且这种方式过于依赖网红效应。出版共同体应该适时打造出版界的专业"网红"，以专业的视角、职业化的术语、科学的态度去宣讲和推介出版物，发掘和引导消费者的精神文化消费需求，带动理性驱动下的出版经济。出版网红包括出版网红主播、网红编辑、网红图书、网红文创产品等。网红主播为出版社聚集人气，网红编辑扩大出版社以及图书的影响力，网红图书促进图书销量，网红文创产品传递出版社人文观、为出版社经济开源。[①] 出版单位与其寻找下一个大众网红来制造营销"神话"，不如在现有出版人才中孵化专业出版网红、打造专业出版网红梯队，让真正从事出版的人来进行网络直播售书，这样更有利于出版行业的可持续发展。

---

① 安虹谕. 探究出版直播营销的可能性与前景[J]. 科技传播，2019，11(20)：63-64.

第十一章　数字出版人才

数字出版的人才建设，是当下数字出版产业发展的重中之重。本章对数字出版人才职业化历程进行梳理，对数字出版人才的特征、类型以及相关素质、技能等进行阐释，并对数字出版人才保障机制、人才管理机制、人才激励机制与人才培养机制等进行分析。最后针对数字出版编辑这一基本范畴进行论述，以促进读者对数字出版人才这一基本范畴的理解。

数字出版的人才建设，是当下数字出版产业发展的重中之重，经过数年的发展，数字出版界已经培养出了一批在政府项目、产品研发、市场运营等方面均可独当一面的专业人才，形成了领军人才驱动发展的态势。但是，数字出版主任以上的人才序列，缺乏战略型、领军型人才；数字出版主任以下的人才序列，投资人才、内容人才、技术人才、销售人才的脱颖而出尚需时日，还需要加快培养和建设。

数字出版人力资源建设是一项系统工程，领军人才、管理人才、内容人才、技术人才、销售人才、资本人才等共同构成了数字出版人才体系；数字出版人才的培养、使用、擢升、评价、认可、交流机制对于行业健康有序发展至关重要；北京市新闻出版广电局首开全国先河，创设了数字编辑职称制度，形成了"三横三纵"的完整职称体系；全国出版职称序列也设置了数字副编审、数字编审制度，为数字出版人才的成长、培养、评价与交流提供了可量化的指标。

11.1　数字出版人才概述

数字出版人才队伍的建设，关系到数字出版业务能否顺利开展，关系到数字出版能否产生应有的效益，关系到两种出版业态格局的重整与融合，进而最终关系到出版业的转型升级。

关于数字出版人才，目前所见的关于数字出版人才的定位、要求的政府文件中有较为全面的规定，如 2022 年 4 月印发的《关于推动出版深度融合发展的实施意见》（以下简称《意见》），围绕建强出版融合发展人才队伍，对出版融合发展人才的理论素养、能力要求、人才类型、培养途径、激励措施等方面做出了系统、全面、深刻的阐释。《意见》指出，要夯实人才培养基础，发挥高校人才培养重要作用，在出版学科中加强融合发展理论与实践人才培养；通过专门的培训班、研修班，重点围绕融合发展新趋势、新理念、新技能，着力培养"一专多能"的出版融合发展人才；实施出版融合发展优秀人才的遴选培养计划，打造"思想政治素质""创新创造能力""引领发展表现"三位一体的出版融合发展人才；实施专项培养计划，在策划、内容、技术、运营等方面培养骨干人才、青年英才、业务新秀等不同层次的出版融合发展人才。

数字出版业繁荣发展需要一大批高素质的复合型出版人才。所谓复合型人才，应该是在某一个具体的方面出类拔萃、卓尔不群，同时在各个方面都有一定能力的人才。复合型人才不仅在专业技能方面有突出的经验，还具备较高的相关技能。数字出版领域的复合型人才，指的是具备较高思想政治素质、数字素养与技能以及出版专业能力三位一体的能力，对传统出版流程和数字技术及经营管理都比较熟悉或精通的人才。

11.1.1　数字出版人才职业化

数字出版人才职业化，是指数字出版从业者工作状态的标准化、规范化和制度化，职业化要求数字出版人能够完成并胜任出版转型升级、媒体融合发展的职责和使命。

11.1.1.1　数字出版人才职业化历程

数字出版人才职业化包含两个层面：

第一，数字出版人才的专业技术职务的确定性，即明确数字出版部门主任、内容编辑、技术编辑、运维编辑等职务属性和职务内容。2013年，原国家新闻出版广电总局进行了全国范围内的第一次数字出版负责人调训，这次培训在业界也被称为数字出版主任的"黄埔一期"，对于明确数字出版主任职务、促进数字出版行业交流具有至关重要、不可替代的价值和意义；而各出版机构的数字出版编辑，也大多按照产业链的配置，分别担任内容制作、技术应用、运营维护和项目管理等角色。

第二，数字出版人才的专业技术资格的法定化，也就是在政府主管部门层面以法定化、公开性的政策文件确认数字出版从业者专业技术职务任职资格，通俗地说，就是职称的确立和实施。数字出版人才的职业化经历了数字出版从业者数量增加、主任编辑话语权提升、人才队伍梯次培养等阶段，而这些阶段中，数字编辑职称的确立和实施，无疑是一个最具标志性的里程碑。数字编辑职称在北京市新闻出版广电局的统筹部署、人事部门相关负责人的大力推动下，历经四年、数次修订教材，终于在2016年得以确立和实施。

北京市首开数字编辑职称的先河，这也是全国第一次为数字出版从业者量身定制的职称考试，标志着广大数字传播产业的编辑们将首次拥有权威的身份认证。2016年1月初，北京市人力资源和社会保障局与北京市新闻出版广电局联合出台了《北京市新闻系列（数字编辑）专业技术资格评价试行办法》，并正式启动了数字新闻、数字出版、数字视听等数字编辑专业领域职称评价工作。2016年3月初，北京市完成了首次数字编辑初级（助理级）、中级职称评审报名审核工作，并于2016年5月14日进行了第一次初级（助理级）、中级专业技术资格考试，于2016年6月开展了首次数字编辑副高、正高职称评审工作，于2017年9月开展了第二次数字编辑副高、正高职称的评审工作。2017年6月，原国家原新闻出版广电总局在出版专业职称评审的通知中，也将数字副编审、数字编审正式纳入了职称评审范围。北京市首开数字编辑职称的先河，为全国数字出版从业者带来了政策利好和职业福音，创新性地安排了主任编辑的职称称谓，首次实现了数字编辑职务与职称相匹配，在全国范围内第一次为数字出版从业者提供了权威的身份认证和评价指标体系。

　　数字编辑职称首创了"三横三纵"的职称体系："三横"指的是数字新闻、数字出版、数字视听，这三个领域构成数字传播产业的主体和核心；"三纵"指的是内容、技术、运维，这三个方面贯穿了数字传播产业链的内容、技术和运维全部环节。"三横三纵"体系共计确立了数字编辑职称的九个细分方向——数字新闻内容编辑、数字出版内容编辑、数字视听内容编辑；数字新闻技术编辑、数字出版技术编辑、数字视听技术编辑；数字新闻运维编辑、数字出版运维编辑、数字视听运维编辑。"三横三纵"职称体系首次对我国数字传播产业的主体领域、产业链环节进行了梳理和概括，也是第一次以官方的身份认可了数字传播从业者的具体工作构成和业务环节。

　　数字出版人才的职业化历程先后经历了专业技术职务的确定化和专业技术资格的法定化过程，该过程与数字出版业务的部门制、公司制等发展模式紧密相关。数字编辑职称制度的确立和实施，则完成了数字出版人才职业化历程的最重要步骤，第一次实现了数字出版从业者的权威身份认证，在全国范围内率先实现了数字出版从业者的职务与职级相统一，开创性地设置了"新闻、出版、视听"三横三纵的支撑体系，创新性地树立了助理编辑、编辑、主任编辑、高级编辑四级职称级别。此举极大地提高了数字出版从业者的积极性，增强了从业者的信心，有利于整个数字出版行业健康、快速、科学地发展，也为传统媒体和新兴媒体融合发展提供了制度支撑和政策保障。

　　数字编辑专业技术资格的出台，恰恰是"互联网+"的时代要求，是互联网时代信息内容产业对数字出版从业者职业资格和执业能力的一种评价方式和认可方式。从数字编辑职称教材的内容来看，专业技术资格的考核内容和评价方式与传统出版职业资格迥然不同：数字编辑需要把握互联网传播的规律和特点，需要理解大数据、云计算、语义分析等诸多高新技术，需要以更专业的水准、更严格的要求来开展数字传播工作。

11.1.1.2 出版人才"双编辑制"转型

步入新时代以来，数字出版的发展阶段已经由转型升级的初级阶段，步入融合发展甚至是深度融合的高级阶段，伴随高级阶段而生的是融合出版这一新业态。融合出版语境中，"编辑是具有创新意识与工匠精神的人。在传播技术和媒介技术的推动下，媒介形态日益改变，原来的单一形态转换为以互联网为中心的整合形态，这个变化使传统编辑难以适应，但变化的时代更加需要编辑成为具有创新意识和工匠精神的人"。① 融合出版必然要求编辑理念、实践和制度做出相应的调整和变化。

融合出版时代，作为图书编辑，需要具备图书编辑的创意策划、审校营销能力，同时也需要具备数字编辑的项目管理、高新技术应用、线上选题发现、多形态产品设计等能力。有一线图书编辑作者将这些能力精练为"创新能力、信息整合分析能力、用户思维能力、合作沟通能力、高效吸收转化能力"②。其中，创新能力与创意策划相通，信息整合分析能力、用户思维能力、合作沟通能力与选题发现能力相近，高效吸收转化能力与高新技术应用能力类似。作为数字编辑，也需要在具备数字化产品制作、运营能力的同时，从版权源头考虑策划数字化单品种效益高的图书产品，需要在图书编辑策划之初，"切实解决'顶层设计、AR 技术、大数据技术、知识服务'等行业发展的当务之急"，③ 协助制作二维码出版物、AR 出版物等多种出版产品形态。

---

① 吴平. 媒介融合背景下的理性思考：编辑是什么——2016 年编辑学研究回顾[J]. 出版科学，2017，25(2)：41-46.

② 祝萍. 全媒体时代图书编辑的必备意识和能力探讨[J]. 科技传播，2019，11(23)：166-167.

③ 张新新. 数字出版高端智库建构综述[J]. 科技与出版，2017(1)：17-23.

图书编辑和数字编辑的互动与互补，促使"双编辑"角色的出现与融合。"双编辑制"，是指图书策划编辑在具有原有的选题策划、内容审校、传播营销能力的基础上，具备两种策划理念、掌握两种编辑能力、把握两套出版流程、适用两种考核机制、着眼两个出版业态的编辑制度。"双编辑制"要求策划编辑融两种理念于一身，集两种能力于一体，同时具备图书编辑和数字编辑的两种能力，以便更好地适应出版业发展的现状与未来。新时代出版业的发展，要求每一位编辑都需要具有图书产品策划和数字出版产品策划两种策划创意、两种策划理念；要求策划编辑将两种编辑能力合为一体，每位编辑自我塑造图书编辑和数字编辑两种角色；要求策划编辑既能够熟练掌握传统出版的编校印发流程，也能够理解运用数字出版的策划、项目开发、技术应用、成果转化、市场营销的流程；要求策划编辑既能够实现图书出版考核机制所要求的码洋、实洋、收入、利润等考核指标，也能够满足数字出版考核机制所包括的规划调控、财政调控、税收调控、数字出版产品、数字出版技术、数字出版运维等考核要素；既能够面向传统出版业态，致力于提高选题质量，按照精品选题、精编质量、精准营销的要求改造优化传统出版动能，也能够面向新兴出版业态，矢志于新兴出版提质增效，根据内容研发、技术应用、数字营销、精品项目的标准培育壮大数字出版新动能。

"双编辑制"出现的必要性在于：

其一，技术日新月异地更新与迭代，推动每位编辑自觉提升高新技术的学习、领悟和运用能力。科技是第一生产力。新时代的图书编辑，要提高技术学习能力，迅速把握日新月异的技术发展态势，高度重视技术赋能的作用，不断将人工智能、增强现实、大数据、5G 移动通信技术等高新技术应用于传统出版业态，理解技术发展脉络、探索技术应用原理和应用场景，进而提高出版产品的技术含金量、友好体验度和用户忠诚度。

其二，社会发展步入新时代，促使编辑能力快速适应"光与电""数与网"的生产方式。传统出版与新兴出版融合发展的趋势，促使图书编辑要提高政治站位，高度重视图书产品的意识形态属性、文化属性和产业属性，要发扬工匠精神，多策划和出版精品力作。策划编辑不仅要把握纸质图书内容的导向和质量，而且要牢牢坚守互联网领域的意识形态领导权。精品力作不仅仅是指高质量的图书产品，而且包含高质量的数字出版产品，数字图书馆、专题知识库、大数据知识服务平台、MOOC、SPOC 等新兴数字出版产品的高质量供给，是编辑以其实际行动不断满足人民日益增长的美好精神文化生活需要的重要途径。

其三，数字出版发展至深度融合阶段，驱使编辑主动变革思维方式、工作方式和商务模式，自主根据"一版权多创意""一创意多开发""一产品多形态""一形态多渠道"的理念去开展策划和出版工作：同一版权素材，往往可引发多种策划创意；一种策划创意可进行多维度开发；一种产品可以表现为多种形态；一种产品形态可以通过多个渠道进行传播和推广。传统编辑和数字编辑创意理念的相互借鉴、策划能力的取长补短、业务实践的交相融合，将成为编辑成长和培养的主流方向和必然趋势。同一个版权，其纸质图书产品和数字出版产品的效益，将同时被作者和策划编辑所共享，由此，呼吁和推动传统出版与数字出版一体化的绩效考核机制诞生。

11.1.2　数字出版人才特征

其一，要谙熟传统出版流程和各环节：能够理解传统出版编校印发各环节的作业特点，能够思考和探寻传统出版环节的技巧和规律。

其二，要具备数字技术思维：能够认知、理解和掌握大数据、人工智能、5G 技术、区块链等高新技术的技术原理，能够积极探索和找寻上述高新技术在出版业的应用场景。

其三，要做到理论和实践兼备，一方面，积极学习和把握出版、数字出版的理论知识；另一方面，能够在数字出版的产品、技术、营销、项目、管理等领域驾轻就熟，具有丰富的实践经验。

其四，要拥有出版相关专业的知识背景：如专业出版领域，除了通晓出版知识和理论，还要掌握和理解专业知识，如法律出版领域的法律知识背景、医学出版领域的医学出版背景、大众出版领域的大众知识背景，等等。

其五，要具备国际化视野：立足全球视野，能够把握和跟踪国际数字出版领域的前瞻理论和前沿实践，结合中国特色数字出版的实际情况，将自身打造成为现代化、国际化的数字出版人才。

11.1.3　数字出版人才类型

数字出版人才队伍大致包括领军人才、管理人才、内容人才、资本运作人才、技术人才和销售人才等。而这几类人才，都必须具备复合型特征，需要横跨传统出版与数字出版两大领域，既对传统出版熟悉，也对新技术、新产品、新的传播方式很了解。

11.1.3.1　数字出版领军人才

数字出版的领军人才，是引领整个行业发展、推动行业前进的关键性力量，对内能够充分整合传统出版资源、引进行业信息资源、协调出版社各部门、为出版社领导层布局数字出版出谋划策和提供智力支持；对外能够充分争取行业支持、把握政策方向、与主管部门沟通协调、推进行业人才体系建设和业务水平提高。

数字出版的领军人才在转型时期尤其难得，他们往往是充分汲取了传统出版的营养，而又自主学习和掌握了新技术、新业务、新业态的高素质、融合性的从业者。领军人才在数字产品研发、数字技术应用、数字人才布局、数字出版运营、行业智力支持等方面都精通或者掌握，他们既拥有丰富的数字出版理论知识，又有足够的数字出版业务实践。

我国目前的出版人才评价体系需要进行创新，比如在中国出版政府奖、韬奋出版奖、全国出版行业领军人才等国家级奖项、行业级奖项等方面都要适当考虑数字出版从业者的因素，适度提高数字出版从业者的获奖比例，扩大数字出版从业者的获奖范围。值得欣喜的是，2019年度中央宣传部首次推出了宣传思想文化青年英才的人才制度，为年轻的数字出版人才打开了一扇人才认可与评价的新窗口。

11.1.3.2　数字出版管理人才

数字出版的管理人才，是整个数字出版业务的掌舵者，必须站在协调两种出版关系的高度，立足国际、国内两个视野，统筹出版社内部传统与数字业务的大局，从出版社的未来、从编辑的职业出路角度来制定本社数字出版战略。这样，才能确保出版社的数字业务在健康、持续、稳定发展的轨道上前行，才能确保出版社在未来的竞争格局中立于不败之地，才能为社属员工的长期发展、执业规划开辟新的道路。

以某社为例，社领导、中层领导，具备前瞻而又务实的理念，在对待数字出版的问题上，不回避、不排斥，采取积极而又稳健的措施来应对出版业格局调整。该社在 2015 年上半年短短半年时间内，便在出版社领导层的统一决策和部署下，完成了数字出版分社的建制和初步发展，通过了数字出版公司——数媒科技文化公司的设立决议，为数字出版的后续发展奠定了扎实的人才基础和组织机构基础。

在数字出版的组织架构中，管理人才对应的是数字出版部的部门主任或者数字出版公司的总经理级别，需要对出版社数字出版的年度工作目标、季度工作目标负全责，需要统筹整个数字产品研发、数字技术应用和数字市场运营产业链全部环节。

11.1.3.3　数字出版内容人才

数字出版内容人才，是出版社数字出版战略的执行者，是出版社数字出版职能的落实者，是具体数字出版业务的实施者，同样需要对一个出版社的产品结构较为熟悉，需要对本社的传统图书可能产生的数字出版效益了然于胸，需要对市场上与数字图书相关的新技术、新产品进行一定的调研，并结合自身业务，对本社数字出版的具体开展提出合理、务实的建议。

在数字出版的组织架构中，骨干型的内容人才对应的是数字资源建设和数字产品研发的各部门总监或主管，包括但不限于数字图书馆部主管、数据库部主管、网络出版部主管、手机阅读部主管、终端阅读出版部主管等。

随着"互联网+"理念对内容产业的影响不断加深，数字出版所需要的骨干型内容人才，越来越向着"产品经理"的方向演进。数字出版部门/企业所需要的内容总监或者产品总监，往往要具备产品策划能力、资源调度能力、资源加工控制能力、产品封装能力、产品检测能力等数字产品有关的全方位能力，也就说是，可以独立自主地带领团队研发出适销对路的数字出版产品。

11.1.3.4　数字出版技术人才

数字出版的技术人才，是整个数字出版业务的关键角色，技术的落后或者先进，将直接影响合作方的意向、影响数字产品的销售，进而影响数字业务的发展顺利与否。数字出版技术人才团队可以通过外部引进、内部培养、股权收购等多种方式加以组建。

技术人才，一方面，需要在计算机技术方面有较丰富的知识和实践经验；另一方面，需要熟识和掌握出版相关的专业技术，例如，电子书的 B2B、B2C 技术，如大数据、区块链技术等。同时，该技术人才还需要具有稳定性特征，这样才能确保出版社网站建设、数据库建设和电子书建设的长久、稳步发展。最后，从行业的角度来看，技术人才的年龄不宜太高，国内外经验表明，一个优秀的技术人才的最佳发展期是 30 岁以前，处于这个年龄段的技术人才具有最多的开发灵感和研发创意。数字出版的技术人才，在业务实践中一般对其能力的要求高过对学历的要求：不论其学历高低，只要能解决实际技术问题，就可以不拘一格地聘用和使用。

数字出版技术团队的打造，除了内在培养以外，还有一种路径就是通过收购技术企业。高新技术企业的收购能够促使数字出版业务在短期内拥有一支完全覆盖首席技术官、架构师、高级工程师、开发人员、UI 设计人员等在内的全套技术力量，进一步推动出版机构数字出版在原有的资源优势、产品优势、渠道优势的基础上实现"技术嫁接"，使得数字出版产生"内容+技术"如虎添翼的发展效果。例如，某数媒公司 2016 年 9 月启动了对某民营性质的国家级高新技术企业收购程序，至 2017 年 9 月，历时一年，经过尽职调

查、综合审计、资产评估、财政部专家评审等环节之后，终于完成
并购工作。至此，该公司正式转变身份，成为数媒子公司，成为某
出版社数字出版的技术中坚力量。

11.1.3.5　数字出版销售人才

数字出版的销售人才，是最难取得的，他们业务开展得是否顺
利，最终决定了数字出版是否有出路，他们承担着整个公司的主要
营利任务。可以说，数字出版的销售工作，比传统图书的销售要更
难开展。

首先，数字出版的销售工作，是一项全新的工作，没有现成的
路可走，需要在艰难的信息消费市场中披荆斩棘杀出一条路。没有
以往市场客户的积累，只能通过每天一点一滴的努力，赢得客户，
赢得市场，取得利润！从长远来讲，数字出版的销售人员，要在充
分运用出版社品牌商誉的基础上，建立起一个庞大的、全新的、涵
盖特定领域职业共同体在内的数字产品用户群。

其次，销售人员所负责的订单少则几万块钱，多则几十上百
万。面对这样大的数额，任何一个单位都会慎重作出决定，这就需
要数字出版的销售人员深刻认识本社数字产品的长处，将出版社数
字产品的优势最大程度呈现，尽量回避或者化解本社数字产品的不
足，以促成对方作出消费决策。

最后，数字出版的销售员工面对的客户都是特定行业、职业的
消费决策人，因此对其社会交往技巧和业务开拓能力要求都非常
高。数字出版业务的销售员工，既要熟悉本社传统图书的优势，又
要了解本社电子书的长处；既要说服对方接受本社产品的内容优
势，也要让对方了解本社产品的技术优势；既要以产品说话，也要
充分运用自己的人脉资源；既要借助出版社的传统作者资源来实现
销售，更要不断拓展新的客户、新的消费群体。

在数字出版语境下，数字出版销售人才，是具备完整营销能力
体系的综合型素质人才，需要具备包括营销规划力、品牌建设力、
产品认知力、竞品分析力和市场公关力等多种综合能力。

11.2　数字出版人才素质

人才是衡量一个国家综合国力的重要指标。数字出版的繁荣发展需要加强出版人才建设，"需要深入开展马克思主义新闻出版观教育，推进增强'四力'教育实践工作，发挥文化名家暨'四个一批'人才、宣传思想文化青年英才等高层次人才工程作用，培养造就一批出版领军人物和出版家"。推动新时代出版工作高质量发展，要坚持党管人才原则，健全完善出版人才能力培养体系，以增强脚力、眼力、脑力、笔力的"四力"要求，加强出版人才思想政治能力，提升政治判断力、政治领悟力和政治执行力，打造一支"政治过硬、本领高强、求实创新、能打胜仗"的出版人才队伍，形成新时代出版人才资源的核心竞争优势。

立足新时代，作为宣传思想阵地重要守护者的数字出版人，要不断掌握新知识，开阔新视野，注重知识更新，注重创新驱动。首先，数字出版人才要强化政治判断力、政治领悟力、政治执行力等政治素质；其次，需具备纯熟的出版专业能力，在策划、编辑、校对、印制、发行等业务环节方面拥有专业化、精益求精的能力和素质；再次，还需具有数字意识、计算思维，持续增强数字适应力、胜任力和创造力，不断掌握数字技术原理、不断探索数字技术应用场景，以终身学习的态度持续强化政治素养、数字素养等。

11.2.1　政治素质

政治素质是中国特色社会主义出版人才队伍的必备特质之一，是编辑出版队伍"政治过硬"的必然要求。加强出版人才的思想政治能力，就是以中国特色的马克思主义出版观，作为出版工作的"定盘星"。① 马克思主义出版观作为出版队伍打牢思想底线、增强把关能力的理论指南，要求出版工作者不断提高政治判断力、政治

---

① 张养志. 出版业高质量发展中的意识形态主阵地建设[J]. 北京印刷学院学报，2021，29（1）：1-4.

领悟力、政治执行力。马克思主义出版观中国化是以"两个共同思想基础"为出版工作的政治方向；党性原则是出版工作的根本原则；"二为"方向是出版工作的基本方针；以人民为中心是出版工作的出发点和落脚点；社会效益首位是出版工作的基本遵循；弘扬主旋律是出版工作的崇高使命；讲好中国故事是出版工作的国家担当。① 数字出版人才的政治素养具体体现为清醒的政治判断力、敏锐的政治领悟力和坚定的政治执行力等方面。

11.2.1.1　清醒的政治判断力

数字出版作为党的宣传文化工作的重要组成部分，无论是出版调节活动还是出版治理活动，都要始终坚持正确的政治方向，坚持社会主义核心价值观、主流价值观的价值取向，坚持以人民为中心的创作导向和出版导向，坚持弘扬主旋律、传播正能量的内容导向，坚持走中国特色社会主义文化发展道路、出版发展道路。

数字出版事业事关思想文化导向，是党舆论工作的重要阵地，要牢牢把握意识形态阵地领导权和主导权。判断力是出版人才思想政治能力的底线。出版人才能力体系建设要坚持以习近平新时代中国特色社会主义思想为指导，以马克思主义出版观为基本要求，坚持马克思主义意识形态领域指导地位的根本制度，牢牢把握意识形态阵地的领导权和主导权，强化内容质量保证和技术应用安全意识，践行社会主义核心价值观和守护意识形态安全的判断力，引导人们遵循正确的价值导向，提升人们的数字素养，谨防资本、技术绑架舆论、绑架内容的风险，结合出版工作实践，坚守意识形态安全、文化安全和网络安全，在源头上为出版事业、出版产业高质量发展筑牢底线和安全支撑。

11.2.1.2　敏锐的政治领悟力

习近平总书记指出，必须对党中央精神深入学习、融会贯通，

---

① 张养志. 新时代马克思主义出版观中国化的新论述[J]. 科技与出版，2021(10)：5-20.

坚持用党中央精神分析形势、推动工作，始终同党中央保持一致。近年来，党中央、国务院提出了一系列有关文化、出版的新理念、新战略和新举措。从媒体融合战略到媒体深度融合战略，从文化产业数字化转型到文化产业数字化战略，从网信战略、文化科技融合战略到精品化战略等，都彰显出对中国特色社会主义文化发展规律、出版发展规律认知的逐步深化；而《关于加强和改进出版工作的意见》（2018）更是从中央全面深化改革委员会的高度，围绕出版工作、聚焦出版工作，为新时代出版工作的加强和改进指明了方向，提出了新的更高要求。

如何去领悟这些战略部署的精神，是否能真正领悟中央政策文件的精神，是高质量出版人才政治能力的重要组成部分，也是考量出版人才作为宣传文化队伍政治是否过硬的重要标志之一。对"为什么要融合、如何融合、如何深度融合、融合从'相加'到'相融'再到'深融'"，"何为文化产业数字化战略，如何发展新型文化企业、新型文化业态、新型文化消费模式"等问题的思考和领悟，思考领悟是否准确，将直接影响和关涉对这些重大决策部署的执行质量和执行效率。政治领悟力体现了出版人才在业务实践中的政治素质和理论自觉。高质量出版人才不断提高政治领悟力，也是贯彻落实党中央关于出版工作重大决策部署的题中应有之义，是巩固意识形态和宣传文化阵地的必然选择，是意识形态属性作为新时代我国文化产业本质属性的必然要求。

11.2.1.3 坚定的政治执行力

习近平总书记要求领导干部要经常同党中央精神对标对表，切实做到党中央提倡的坚决响应，党中央决定的坚决执行，党中央禁止的坚决不做，不折不扣地抓好党中央精神贯彻落实。数字出版人才提高政治领悟力，必须深入领会掌握习近平新时代中国特色社会主义思想，把贯彻党中央精神体现到出版事业重大战略、推进重大工作的实践中去，做到思想上重视，理论上清醒，政治上坚定，行动上有力。随着数字新技术在出版行业的广泛应用，出版业态逐步转型升级为纸质+线上，数字化、智能化、多样化形态，增强对以新媒体为传播载体的数字资源的新形态和服务类型进行把关，扩展了出版人才落实意识形态工作责任制的内涵。

在现实的出版实践中，"合而不融""融而不深""口头上、文件上重视数字化""传统发展思维依赖、路径依赖"等现象普遍存在，而且往往越是落后、弱小的出版社，在拥抱新技术、推动新发展等方面步伐相对迟滞、缓慢；某种程度上，这也反映出相关出版企业对有关的出版大政方针、决策部署判断不准、领悟不深、执行不到位的问题。

11.2.2　出版专业素质

专业能力是中国特色社会主义出版人才能力体系的主体要素，是"本领高强"在数字出版队伍的体现和要求。出版专业能力是出版人才专业能力和职业素养的具体体现，新时代出版人才具备扎实的专业能力，才能为出版物的深度加工提供智力和技术支持。优秀的出版人才要有卓越的策划能力、挖掘优秀作品的能力、提升稿件质量的能力、面向读者制作传播的能力，其中挖掘优秀作品的能力是关键环节，因为作品是衡量人才的最终标准。出版专业素养能力，包括但不限于选题策划能力、编辑校对能力、印发能力和营销能力的提升。既熟悉专业出版知识，又掌握现代数字出版技术，同时善于经营管理和产品策划营销的高素质复合型出版人才队伍，是在新兴出版市场占据优势地位的关键与核心。

从高质量发展的视角来看，出版高质量发展是指由投资驱动、要素驱动为主转向以创新驱动为主的发展，是指出版发展不再单纯依靠版权、纸张、人力等传统要素的增加、扩充来推动发展，一方面，要提高要素生产率，提升信息、知识、数据、知识、智力等新生产要素的比重，提高全要素生产率；另一方面，要依托创新驱动，对内革新传统出版流程，对外拓新出版产品服务，以新的创意、新的内容、新的形态、新的技术、新的传播、新的用户体验来推动出版业走向可持续、高质量发展道路。下面，且就高质量的数字出版人才的专业能力体系简要予以分析。

11.2.2.1 精品策划能力

精品策划能力是高质量数字出版人才业务能力的核心所在、重中之重，是指策划编辑基于版权素材，充分运用自身的创造性和创新性思维，思考如何将同一版权研发制作成多种形态的产品，以及如何对产品进行精细打磨的筹策、谋划能力。"没有策划，就没有编辑，策划力是编辑的生命线。策划开启了书籍出版的契机。找到优秀的作者，也是编辑的策划能力之一。"①调研发现，大部分国内编辑在接到作者书稿以后，想到的下一步工作就是步入"审稿"阶段。这样的逻辑思维，其实在"稿件素材"和"成型产品"中间自动忽略了一个环节——"创意策划"，而是默认为将稿件素材做成纸质图书，没有其他的产品选项。"数字出版物""融合出版物"的创意与策划在大部分传统图书编辑的策划理念中是缺位的，自动被过滤掉了。其实，在接到稿件素材以后，下一个环节，优秀的策划编辑应该想到的是：做成什么样的产品？是纸质书，还是音像电子产品、AR出版物、有声书等？是做多项选择题，而不是如前所述，做成单项选择题。

整体而言，策划编辑本身要树立"产品介质多元化""版权产品多样化""数字出版物""融合出版产品""传播渠道立体化"等意识，并有意地同时思考研发多类型的数字产品和图书产品，而不是单一的图书产品思维。精品策划能力，从微观来看，是自身核心竞争力的体现，是出版企业、出版产业生存、立足和发展的标志性能力；从中观来看，关系所在分社、编辑室、所在出版单位的图书产品结构、产品质量和产品效益；从宏观来看，一个个作为细胞的策划编辑的选题策划能力直接影响甚至决定着整个出版事业、出版产业的出版产品质量、状态和趋势。高质量发展的标准要求出版人才不断提升选题策划能力，强化优质作品的发现能力，推动"思想精深、艺术精湛、制作精良"的出版精品力作和"品位健康、品质优良、

---

① ［日］鹭尾贤也. 编辑力：从创意、策划到人际关系［M］. 陈宝莲，译. 北京. 北京联合出版公司，2017：51.

品类丰富"的出版生产服务体系"两个重要支点"①的构建和完善。

11.2.2.2　高水平编校能力

高水平编校能力是"制作精良"对数字出版人才队伍的能力要求，也是工匠精神在数字编辑职业领域的集中体现，关乎出版内容的形式质量和内容质量，是数字出版人才专业能力素养的基础性、基本功要求。发现优质选题之后，最考验出版人的就是审稿、校对能力，对书稿中存在的篇章布局、表述问题、表达问题、封面设计、版心设计等方面提出针对性、专业性的建议、意见并进行妥善处理，构成了高水平出版人才日常工作的主要内容。国家新闻出版署连续多年对图书、期刊质量进行"质量管理"年度专项检查，检查的主要内容包括内容质量、编校质量、三级审稿责任制、责任编辑制度、责任校对制度、"三校一读"制度等，检查结果定期进行公布。对于检查不合格的图书，将会影响责任编辑的职称晋升、评优评奖甚至影响职业资格延续。

11.2.2.3　专业化印制能力

专业化印制能力关乎出版内容的呈现形式，也是"制作精良"在印刷领域的体现和要求。这里需注意的是有形的数字出版产品，尤其是融合出版物，如 AR 出版物、VR 出版物、二维码出版物等，需要专业化、高水平的印制能力来保障。关于印刷人才队伍建设，《印刷业"十四五"时期发展专项规划》指出，要"加强全印刷领域思想政治引领和专业素质提升"，"建设爱党报国、敬业奉献、结构合理、能干善创的高素质人才队伍"②，并规划了全印刷智库、人才评价评奖体系和技能应用型人才培养三项重要内容。印刷能力是包含印刷设备、材料、技术和技能等多位一体的能力体系，印制人

---

①　张新新."十四五"教育出版落实文化产业数字化战略思考——基于发展与治理向度[J]. 出版广角，2021(24)：32-39.

②　印刷业"十四五"时期发展专项规划 [EB/OL]. [2022-02-21]. https://www.nppa.gov.cn/nppa/cotents/279/102953.shtml.

员需要具备针对不同的出版物形态，来进行分众化、专业化印刷的能力：（1）主题出版物的印刷保障能力，需要有系统思维，综合调用不同类型、不同区域的印制资源来加以保障；（2）中小学教科书的印刷对环保型纸张、环保油墨、装帧技术的要求，明显高于普通出版物；（3）涉及应急印刷业务时，时效性、高质量、保密性的要求较之一般图书产品将会更加凸显。

11.2.2.4　全媒体营销能力

全媒体营销能力是新时代数字发行人员全媒体素质的具体表现，也是"求实创新"在出版营销领域的体现和要求。随着信息技术的发展日新月异，除传统媒体外，线上媒介如微信、微博，新兴流量如短视频、在线直播等信息传播平台不断涌现，营销渠道、载体、形式呈现多元化、网络化趋势。出版人才营销能力体系建设，使出版营销人才具备数字营销的意识，具备线上+线下的全媒体营销能力，既能充分理解传统出版物营销向数字营销转型，跟进数字出版营销渠道建设，又具备"流量敏感"意识，挖掘网络营销的新渠道和新热点，开展出版产品的销售工作。出版营销转型的路径有两个：一是转化型，即原有传统出版渠道的转化，包括出版物的多元、融合出版，营销人员提升数字营销能力。二是原创性的数字出版营销渠道的建设。① 新的营销背景要求出版人才具有新媒体把控能力，将线上思维和融媒体运作融入营销工作中，成为具有融合思维的全媒型营销人才。

11.2.2.5　技术学习力、洞察力和应用力

深度融合发展阶段的数字出版，要求高质量出版人才能够熟练把握高新技术的应用原理，并将应用原理和出版产业相结合，发现和设定应用场景。如 AR 出版物需要打通三维模型建构、AR 编辑器研发和输出展示系统三大关键环节，要统筹运用虚拟建模、实景

---

① 张新新. 出版转型的体系性思考与理论建构［J］. 中国编辑，2020（9）：54-59.

建模和混合建模三种技术；出版大数据的构建，要熟练把握"数据采集、数据存储、数据清洗、数据标引、数据计算、二次数据、数据服务"七大核心步骤，并基于"内容数据、用户数据、交互数据"的主题框架做顶层设计；专题知识库研发的核心在于知识体系的建设与运用，将知识体系贯穿于知识资源采集、知识资源标引、知识资源管理和知识资源应用的全流程，等等。近年来，层出不穷的新技术，如人工智能、增强现实、虚拟仿真、5G移动通信技术等，都应成为编辑学习的领域，都应成为技术赋能出版的外部推动力。

11.2.3　数字素养与技能

《提升全民数字素养与技能行动纲要》指出，"数字素养与技能是数字社会公民学习工作生活应具备的数字获取、制作、使用、评价、交互、分享、创新、安全保障、伦理道德等一系列素质与能力的集合"。① 上述概念界定包含两部分内容：数字素养和数字技能。数字素养，简单地理解，即数字社会公民学习工作生活应具备的数字素质和修养的集合。数字素养侧重于数字社会公民综合性的数字学习、认知、理解、适应的素质底蕴，是"进入数字文明后每个人的必备素养"。② 具体到出版领域，有作者指出，高质量出版人才需要基于"数字技术知识体系、数字技术原理"进行"知识储备和素养积累"，③ 此处明确了数字素养是高质量出版人才的必备素质，但是未能基于出版语境对数字素养的内涵和外延做出详细说明。

11.2.3.1　数字素养

本书认为，出版人才数字素养的构成大致可包括数字化适应

---

① 中央网络安全和信息化委员会. 提升全民数字素养与技能行动纲要[S]. 2021.

② 朱红艳，蒋鑫. 国内数字素养研究综述[J]. 图书馆工作与研究，2019(8)：52-59.

③ 孟轶，李景玉. 基于创新视角的高质量出版人才能力体系建设——以数字经济和数字素养为视角[J]. 出版广角，2022(2)：11-16.

力、数字化学习力、数字化认知力、数字化理解力、网络文明素养以及数字道德伦理规范。其中，数字化适应力是出版人才数字素养的内核和枢纽，数字化学习力、认知力、理解力是数字化适应力的前提和基础，网络文明素养和数字道德伦理规范是数字化适应力的特定场景表达和伦理道德体现。

数字化适应力，是指出版人才根据信息化、数字化、数据化、智能化的客观环境变化，主动接纳并更新数字化理念、形成并强化数字化思维、掌握并运用数字知识和技术，以适应数字经济发展、数字社会构建和数字政府治理。作为三大数字素养和基本技能之一的数字化适应力，是数字社会合格公民的基本能力和基本权利，同时，数字化适应力对出版行业、对编辑群体提出了更早、更高的要求和标准。具体来讲，出版人才的数字化适应力提升可从理念、制度和实践三个方面来推进：

第一，在理念层面，要强化数字化理念引领。"理念是行动的先导"，须将数字化的理念贯穿于编辑工作的全方面、各环节和各领域，坚持数字化理念引领学习、工作和生活，引领出版企业文化建构，引领产品策划与研发，引领数字技术应用，引领出版运营与销售。唯有如此，方可从出版人才思想源头推动出版业数字化战略的落实，方可实现出版活动的技术赋能效应，方可推动出版人才整体数字化适应力的进步和提升，弥合不同年龄、不同知识域、不同学历、不同工作岗位等造成的数字鸿沟。

第二，在制度层面，要推动数字化制度创新。要提升出版人才的数字化适应力，不能仅仅停留在理念层面，而是要通过制度固化来进行保障。制度是理念的固化，是理念的显性化和体系化。出版数字化转型制度体系的建构与实施，一方面可强化出版人才的数字化适应理念、数字化转型观念；另一方面为出版人才数字化适应、数字化转型的实践提供遵循和保障。

第三，在实践层面，要推动数字化实践拓展。要提升出版人才的数字化适应力，其根本路径还在于数字化实践，所谓"绝知此事要躬行"，出版人才数字化适应力的提升以应用实践为根基，才能够根深叶茂、本固枝荣。出版人才的数字化实践，在浅层次，体现为运用基础性工具来增强数字知识和素质，以适应数字化的学习工作环境，如熟练应用计算机软件（Office 软件、Photoshop、Premier、Axure、Indesign 等）、计算机语言（如 C 语言、Python、Javascript、HTML 语言）、数据库系统以及能够运用数字出版专用设备等。在深层次，即通过数字化交流、协作、学习、信息管理等方式主动拥抱数字化，增强高级数字知识和素质，以适应数字化的学习工作环境，推动出版业数字化战略的落实和实现。

数字化学习力，是指出版人才基于创新创意思维，通过阅读、听讲、研究和实践等途径，加强对 5G、区块链、人工智能等数字技术的学习能力，以学习力的提升为抓手来提高自身数字素养。数字化认知力，是指在学习力的基础上，出版人才通过思维活动认识和了解数字技术内涵外延、发展历程等基本常识。数字化理解力，是指出版人才理性认知数字技术机理、规律，以更好适应数字工作、生活和创新。作为文化工作者的中流砥柱，出版人才承担着文化选择、文化建构、文化承载和文化传播的重要使命和责任，只有具备良好的数字化学习力、认知力和理解力，出版人才群体才有可能实现出版物所承载的文化成果得到更好地呈现、表达和传播，才有可能更好地运用数字技术和工具推动中华文化的创造性转化和创新性发展。

第四，数字社会的出版人才数字素养，还体现在网络文明素养和数字道德伦理规范等领域。在网络文明素养方面，以知识选择和表达、文明建构与传承为主要使命的编辑群体，在数字时代和网络时代，更应该严格自律和主动作为，自觉遵循网络文明规范，抵制和斗争网络暴力，建构和捍卫健康向上的网络文化，通过发挥数字化出版产品服务以文化人、以文育人的功能，在提升自我网络文明素养的同时，也推动全民网络文明素养的提高。在数字道德伦理规范方面，出版人才群体，尤其是作为数字编辑的数字出版产品研发、技术开发和市场运营人员，应该自觉遵守职业道德和准则，坚持技术理性主义和数字技术的正面价值，让数字技术"在主流意识形态的指导下、在社会主义核心价值观的引导下发挥作用和功能",① 率先试行并积极引导全民遵守数字社会道德规范和伦理规则。

11.2.3.2　数字技能

数字技能,即数字社会公民学习工作生活应具备的数字获取、制作、使用、评价、交互、分享、创新和安全保障等技巧和能力。数字技能侧重于数字社会各行业从业者的专门性能力,是运用数字工具,通过对信息、知识和数据的获取、制作、使用、交互、分享、创新、保护等方式,来解决具体问题、提升工作效率的能力。数字出版人才技能体系主要由数字化胜任力和数字化创造力、国际化数字能力等组成。

(1)数字化胜任力

数字出版人才的数字化胜任力,是指出版群体尤其是数字编辑在数字出版、融合出版、出版转型等数字化工作过程中,表现出稳定的综合素质以及能够满足岗位需要的能力,其综合素质包括但不限于产品研发、技术应用、市场运营、数字管理等。

胜任力模型在人力资源管理领域是十分成熟的概念,其理论研究方兴未艾,应用也非常广泛。美国著名社会心理学家、哈佛大学博士 D. C. McClelland 在进行科研的过程中首次提出"胜任力"②这一重要概念,并创造性地构建了具象而生动的"冰山素质模型"。冰山的头部,即"出露表面的部分",由知识和技能组成,具备外显性特征;冰山的腰部和尾部,即"隐匿水下的部分",包含社会角色、自我概念、特质和动机,具备内隐性特征,如图 11-1 所示。根据该模型,可以对编辑的数字化胜任力构成要素进行分层解读:

①模型基础的"动机",是指推动数字出版人才从事某项出版数字化工作的念头、出发点,如基于推动数字出版盈利的动机、基

---

① 张新新,龙星竹.数字出版价值论(下):价值定位到价值实现[J].出版科学,2022,30(2):24-31.

② Mcclelland D C. Testing for Competence Rather than for "Intelligence" [J]. American Psychologist, 1973 (28):1-14.

于打造数字出版新的经济增长点的动机或基于数字出版上市发展的动机等。动机具有激发、指向、维持和调节的功能，是提升数字出版人才胜任力的重要内驱力，可以调动数字出版人才的积极性、主动性和创造力。

②"特质"，是与某项具体的出版数字化工作相匹配、吻合的内在特点。特质具有稳定性、与生俱来的特征，出版业对于不同岗位的人才特质需求不尽相同，如数字出版产品研发需要具备创意策划的特质，数字技术应用需要具备识别技术原理并找寻技术场景的特质，数字营销需要具备善用数字工具宣传推广出版产品的特质等。

③"自我概念"，是对于某项出版数字化工作，数字出版人才具有明确的自我职业定位和规划，表现出极大的热忱和较强的自我认同。"自我概念"特征突出的数字出版人才，能够产生胜任特定出版数字化工作的持久动力和理性力量。

④"社会角色"，是指数字出版人才个体在出版群体中被赋予的特定身份，以及基于特定位置应尽的义务和应发挥的作用。"社会角色"包含着某项出版数字化工作的角色定位、职能定位和职责定位，是数字化胜任力的目标所在、主旨所在。

⑤"技能"主要是指数字技能，这里是指作为数字化胜任力的数字技能，包含数字产品研发胜任力、数字技术应用胜任力、数字营销胜任力以及数字管理胜任力。

⑥模型头部的知识，即数字知识，是数字素养的构成要素之一。数字出版人才的数字知识是数字化胜任力的内在决定因素，数字化胜任力是数字知识的外部呈现表达。

根据工作性质或工作环节不同，数字出版人才的数字化胜任力主要分为四种类型——数字产品研发胜任力、数字技术应用胜任力、数字营销胜任力以及数字管理胜任力。具体包括：

——数字产品研发胜任力，是指出版群体尤其是数字编辑要具备综合数字素质，满足数字产品服务研发岗位需要的能力，包括对单一性数字出版产品的研发，也包括对集合型数字出版产品的研发。

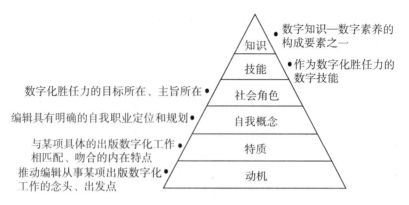

图 11-1 基于冰山模型的数字出版人才胜任力体系

——数字技术应用胜任力，是指数字出版人才的综合素质能够满足数字技术岗位需要，因地制宜地规划自主型、合作型以及外包型技术路线，掌握和运用数字技术原理，探索和找寻数字技术在出版业的应用场景，推动数字技术赋能出版业价值的实现。

——数字营销胜任力，是指数字出版人才的综合素质能够满足数字运营岗位需要，掌握和运用全媒体营销、网络直播、短视频等新媒体营销技巧和能力，建构全方位、立体化、多层次、线上线下一体化的出版营销全媒体矩阵，深入推动原创型营销渠道的壮大发展以及转化型营销渠道的数字转型。

——数字管理胜任力，是指数字出版人才的综合素质能够满足管理岗位需要，运用数字化管理手段、程序、工具、步骤和方法，管理数字出版产品研发、技术应用、市场营销、人才队伍、项目实施等，提升新兴出版的数字治理体系和能力现代化。

(2)数字化创造力

数字出版人才的数字化创造力或曰数字化创新力，是指出版人才基于专业的数字知识和素质，运用数字化技术、工具、方法或路径，以数字科技创新为重点，引领和带动包含出版产品、服务、模式、业态、管理等在内的出版全面创新体系形成，以出版全面创新体系作为驱动，取代要素驱动、投资驱动来推动出版业高质量发展的能力。数字化创造力，是高层次的数字技能，是出版人才数字技能体系的关键，也是数字社会出版人才核心竞争力的重要体现。具体来讲，出版人才的数字化创造力，是由内容创新力、技术创新力、渠道创新力、治理创新力、环境创新力以及出版企业文化创新力构成的有机统一整体，如图11-2所示。

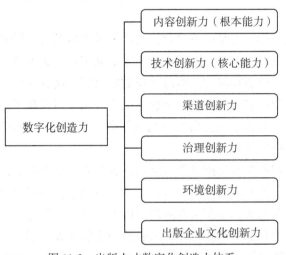

图 11-2 出版人才数字化创造力体系

①内容创新力是指数字出版人才运用数字化手段和方法，推动创新文化成果的及时发现、转化和固化，推进以往文化成果的创造性转化和创新性发展，持续推出原创性的精品力作甚至是传世之作，保持出版文化建构的源头活水。内容创新力是出版人才数字化创造力的根本，作为内容产业的从业者，运用数字化的知识、工具和方法，持续不断地推动文化成果创新，实现内容推陈出新，创新内容表达形式，从而推动出版业的创新性发展、高质量发展，是提升出版人才数字素养与技能的出发点也是落脚点，是提升出版人才数字素养与技能的初心所在、使命所在。

②技术创新力是指数字出版人才推动数字科技创新和技术进步，通过技术创新带动出版内容、服务、管理、模式等全面创新体系的形成，推动出版业向创新驱动发展的高质量发展状态升级。技术创新力包括技术原始性创新、自主性创新，也包括继承性创新、

333

引进式创新；技术创新力发挥的结果是实现数字技术赋能，即赋能出版业"在新技术、新产品、新模式和新业态方面不断创新"①。数字出版人才群体尤其是数字编辑的技术创新力是出版人才数字化创造力的核心，正是技术创新力的培养、壮大和发挥，推动、支撑和引领着内容、服务、模式、渠道、管理、业态等出版全面创新体系的形成。

③渠道创新力是指数字出版人才推动出版发行渠道创造性转化和创新性发展的能力，是指出版人才推动实体书店等线下实体营销渠道数字化改造和转化，推进适应数字出版产品服务的原创型营销渠道建构和拓展，不断推动出版产品服务渠道适应数字化学习和阅读需要，适应数字社会出版产品和服务数字化传播、即时性传播、交互式传播的发展需要。

④治理创新力是指基于数字知识和素质，运用数字化工具、手段和方法，提升出版治理能力，推动出版治理体系和治理能力的现代化。治理创新，是在常规治理手段的基础上，强化数字治理、应急治理等治理方式创新，推动出版治理手段和方法创新，构建一元多主型治理格局，形成党政管理、协会自治和企业自律有机融合的治理体系。

⑤环境创新力是指数字出版人才运用高级数字知识和技能，积极并有能力营造出有序的市场环境和科研环境、健康的工作环境、良好的产业环境，建立科学的考核评价机制，激励更多人才投身出版事业，创造更有价值的出版研究和成果。

⑥出版企业文化创新力是指数字出版人才基于数字化理念，运用数字素养和技能，推动鼓励创新、包容创新的企业文化建设，推动数字技术赋能的创新型出版文化形成，最终塑造和发展适配新兴出版的良好企业文化和出版文化。

（3）国际化数字能力

数字出版人才的国际化数字能力，是指数字出版人才基于深厚

---

① 张新新，杜方伟．科技赋能出版："十三五"时期出版业数字技术的应用[J]．中国编辑，2020(12)：4-11.

的专业知识和素养、广阔的国际化视野和胸怀、灵活的外语表达和沟通能力，借助数字技术和手段，推动出版业国际化水平提升，增强我国出版业国际影响力，更好地实现出版业高质量发展和"走出去"的能力。国际化数字能力，是国际层面的数字技能，是新时代出版人才的数字技能体系建设的重要组成部分，也是"十四五"时期出版人才的责任与使命所在。随着中国出版走出去步伐的加快，中国出版业国际传播能力的不断提升，出版在增强国家文化软实力和中华文化影响力中的作用更加彰显。为进一步增强我国出版产业的国际竞争力，以出版为载体推动中华文化走出去，让世界更好地了解真实、立体、全面的中国，就需要出版人才挖掘优质内容，提升翻译质量，拓展走出去的渠道。具体而言，数字出版人才的国际化数字能力，是由数字化策划力、数字化传播力、数字化影响力、数字化竞争力、数字化交流力以及作品翻译力共同构成的综合能力体系。

①数字化策划力是指数字出版人才在充分了解出版国际市场和国际环境的基础上，遵循国际化规律，为增强出版物"走出去"制定具体可行的方案。数字化策划力是出版人才国际化数字能力的基础能力，亦是根本能力，出版人才宜加强出版国际化发展的策划能力，在选题策划方面，需要具备国际化视野，策划适合国际传播、具有中华优秀传统文化价值内核的数字出版选题；在品牌策划方面，运用数字化手段和方法打造国际化品牌，增强数字出版品牌策划力；在活动策划方面，理解国际活动策划流程和国际规则，策划更多具有实效性的数字出版展览展示、友好交流等活动。

②数字化传播力是指数字出版人才借助广泛传播、即时传播等数字化传播优势，构建多元化的数字资源平台，积极建立海外沟通渠道，推动优质版权输出，提升出版走出去的国际传播效能。数字化传播力是出版人才国际化数字能力的关键能力，数字化传播拓宽了传统出版传播的方式和渠道，在国际化的出版工作中，编辑尤其要注重推动出版数字资源平台的建设，拓展优质内容的海外传播渠道，使二者相得益彰，以更有效推动版权输出和国际出版与传播。

③数字化影响力是指数字出版人才充分运用自身的人脉资源、

交流技巧、业务水平等优势，在国际出版工作中实现有效合作交流，不断提升我国网络文学、数字图书馆、专题数据库等数字出版产品服务的国际化影响力。推动出版业高水平走出去离不开出版人才的数字化影响力，国际化出版人才群体数字化影响力的发挥、提升，支持、推动着数字出版产品海外影响力的扩大。

④数字化竞争力是指数字出版人才掌握国际传播过程中的文化价值认同规律，提高出版走出去的价值认同度，推动网络文学等一批数字出版产品走出去成为现象级事件，打造出人无我有、人有我优的出版产品数字化核心竞争力。出版国际竞争力关乎着我国国际出版话语权，国际化出版人才群体应有增强出版产品数字化竞争力的责任感，在理念层面提升自身数字化竞争力的自觉与认同，在实践层面身体力行。

⑤数字化交流力是指数字出版人才在国际出版工作中"信息接收"和"信息传递"能力的综合素质。所谓信息接收，是指出版人才要学习并谙熟国际市场环境、国际贸易规则、国际版权法、国际国内的政策导向、数字出版技术等必备基础专业素养；所谓信息传递，主要体现在出版人才具体的国际出版工作中，善于施展跨文化沟通、国际化营销、国际化管理等外向型能力。出版人才群体，尤其是国际营销人员和版权经纪人，宜加强跨文化沟通能力和语言表达能力，熟练使用外语，掌握不同国家、不同地区、不同文化传统的网络语言习惯，用国际化、数字化思维开展业务，能有效减少文化差异的不利影响，推动数字出版国际化发展的交流互鉴和高质量发展。

⑥作品翻译力，是指面对国际文化的背景差异，能够在熟悉他国文化的基础上，巧妙翻译作品文字内容、转换表达方式，并诠释中华文化价值、凝练中华文化精神，使得国外读者易于了解、接受出版产品内容的翻译能力。作品翻译力是数字出版人才国际化数字能力的必备条件，出版走出去工作所涉数字出版人才宜重视文化差异、学习译介模式、提升翻译水平、掌握翻译策略、积累翻译经验；对于营销人员，则聚焦于口头表达，正确传达交流合作意图，注重沟通技巧，以增进不同文化的融合。

综上，在"数字化胜任力、数字化创造力、国际化数字能力"三位一体的数字出版人才素养与技能体系之中，数字化胜任力是基础，数字化创造力是核心，国际化数字能力是关键，三者对于数字出版人才的数字化要求逐步提升，是一个层层递进、有机统一的逻辑体系。

11.3　数字出版人才机制

数字出版人才机制是数字出版繁荣发展的保证，要旗帜鲜明地坚持以习近平新时代中国特色社会主义思想为指导，坚持马克思主义在意识形态领域指导地位的根本制度，落实落细意识形态工作责任制，严格贯彻落实"双效统一"的文化创作生产体制机制，增强国家安全意识、文化安全意识、信息安全意识，注重把握内容生产制作、数字技术创新应用、数字产品服务传播过程中的文化安全。

通过数字出版人才保障机制、管理机制、人才激励机制和人才培养机制的推行，实现人才驱动和创新驱动的动力机制转换，推动出版业的高质量发展和全方位转型，推进传统出版与新兴出版的深度融合及整体转型。

11.3.1　数字出版人才保障机制

作为一个新兴产业，数字出版的壮大与崛起，最关键的是要有一批能干事、能干成事、能干大事的人才队伍，这支人才队伍要特别能吃苦、特别能战斗和特别能奉献。与此同时，政府主管部门、行业指导部门和出版企业自身要有保障人才队伍成长、留住人才队伍、用好人才队伍和激励人才队伍的相应体制和机制。

在政府层面，主管部门需要建立和健全数字出版人才的培训、调训、职称等规章制度和政策。如前所述，北京市新闻出版广电局已经启动了数字编辑职称考试工作，数字编辑包括数字新闻、数字出版、数字视听、数字游戏和数字动漫五个领域的从业者。在编辑类型上，数字编辑分为内容编辑、技术编辑和运维编辑；在职称序列上，分为初级编辑、中级编辑和高级编辑；就数字出版而言，包括数字出版内容编辑(初级、中级、高级)、数字出版技术编辑(初级、中级、高级)和数字出版运维编辑(初级、中级、高级)。北京市的数字编辑职称考试已经启动,其效力目前只局限于北京市地区,面向的范围不仅包括传统的国有出版社,还包括民营文化公司、网络技术公司等非公有制企业从业者。值得欣慰的是,京津冀职称一体化政策已经于 2020 年正式出台,这意味着,北京市数字编辑职称可能在京津冀三地同时具备法定效力。

在行业层面,作为数字出版的行业指导机构,如中国音像与数字出版协会、中国新闻出版研究院等,也需要在各自的领域内为数字出版人才建设与培养献言献策,同时在人才激励、评估等方面积极布局。2015 年 7 月,中国新闻出版研究院举办的第六届中国数字出版博览会上,公布了"2014—2015 年度数字出版·新锐人物"奖项,首次为 5 位数字出版部主任颁发了新锐人物奖,这也是在行业层面第一次对数字出版部门主任进行评估和激励。建议以后在中国出版政府奖、新闻出版领军人物等各种行业级奖项中适度提高一线数字出版骨干的获奖比例,以提高数字出版从业者的积极性,推动数字出版业向着更快、更高、更好的方向发展。

在企业层面,出版单位需要充分重视人才,以待遇保障体系、薪酬激励体系、专业性人才培养体系为核心,选拔培养人才,引进优秀人才,鼓励人才成长,创造出有利于人才发展的良好环境。出版企业制定并不断完善人才引进、人才培养、人才使用、人才擢升、人才保留、人才待遇等体制机制,是数字出版人才制度体系的核心,也是数字出版人才机制的主体性内容。

11.3.2　数字出版人才管理机制

数字出版人才管理,要明确指导思想,坚持党的领导,把握正确导向,健全舆论导向机制,传播主流思想价值,积聚社会正能量。数字出版的人才管理机制,要坚持以习近平新时代中国特色社会主义思想为指导,将"聚天下英才而用之""党管干部、党管人才""开发创新型人才"等习近平人才观,深入贯彻落实到数字出版人才管理、使用和培养的全过程和各方面。应坚持马克思主义在意识形态领域指导地位的根本制度，落实落细意识形态工作责任制，严格遵守新闻出版纪律要求；在工作理念、实践与制度中，应确保各类数字出版人才自觉践行社会主义核心价值观，增强社会责任感和诚信意识，牢固树立国家安全意识、信息安全意识、保密纪律意识，积极主动为党和政府决策贡献聪明才智，时刻注重维护意识形态安全，把握内容质量安全和技术应用安全；在数字出版人才的引进、培养和使用过程中，应严格贯彻落实把社会效益放在首位、社会效益和经济效益相统一的文化创作生产体制机制。

11.3.2.1　牢牢把握意识形态阵地的领导权和主导权

坚持马克思主义在意识形态领域指导地位的根本制度，要求在数字出版人才队伍管理过程中，要把马克思主义意识形态指导地位的根本制度贯穿于人才引进、培养、使用、评价、晋升的全过程，把意识形态阵地领导和主导能力纳入数字出版领军人才、管理人才评价考核体系，并作为首位考量指标。习近平总书记曾强调，"新闻工作者要把握时代的脉搏，认识新闻的作用，要看到新闻事业是党和人民的喉舌，担负着反映舆论、引导舆论的一个重要任务"。数字出版事业也不例外，在新时代要实现高质量发展，数字出版从业者必须谨守"喉舌"定位，坚持正确舆论导向，弘扬主旋律、传播正能量，做到守土有责、守土负责、守土尽责。

新时代坚持马克思主义在意识形态领域指导地位的根本制度，首要政治任务是始终坚持用习近平新时代中国特色社会主义思想武装头脑、指导实践、推动工作和教育人民。开展数字出版工作既要有全局观念，培养自己的政治意识、大局意识、核心意识、看齐意识，同时还要有基层视野，通过改变传播话语方式，创新数字出版产品形态，拓宽数字产品传播渠道，推动党的创新理论大众化、普及化，让党的创新理论"飞入寻常百姓家"。数字出版人才从选题策划、加工制作到发行出版、营销推广、衍生品研发，在整个过程中，要谨记摆正思想，坚守党和国家立场，坚定鲜明的政治导向和舆论导向，多动脑，勤思考，推出精品力作，传递正确的出版观、价值观和世界观。

11.3.2.2　强化内容质量保证和技术应用安全意识

把握数字出版作品的内容创作导向和技术应用规范是数字出版人才管理的重要工作准则。处在网络强国、数字中国、媒体融合等政策相当利好的环境中，数字经济较以往表现出更强劲的发展活力，包括电子图书、数字报纸、数字期刊、网络文学、线上教育出版物、数据库等在内的数字出版产品，在体量上极大丰富，传播速度和覆盖范围也有了质的提升。此时，数字出版工作者更需要充分重视作品的内容质量、创作导向以及相关前沿技术应用的规范性，保障数字出版事业迈向纵深融合发展。

首先，在把握内容质量安全方面，数字出版工作者不仅需要严格遵守传统出版工作中选题策划、编辑校对的体系化标准，而且还要充分结合数字出版的创新性，通过前期市场调研，全面衡量数字产品策划的经济效益，综合考虑新闻出版的舆论导向等社会效益。要以宏观政策的意识形态导向为指导，不断打磨产品选题方向，丰富产品形态，开拓目标用户群体，使数字出版产品在内容上能够尽量契合受众阅读兴趣和习惯，"讲好群众故事，传递基层声音"，多出反映中华优秀传统文化、革命文化和社会主义先进文化的精品力作。

其次，在规范新兴技术创新应用方面，随着 5G、人工智能、VR/AR、大数据等互联网前沿技术的逐步应用，高新技术赋能出版的过程中也带来了一些快速传播、即时传播产生的负面效应。数字出版宏观调控人才亟须认知和理解相关技术的基本原理和在出版工作中的应用场景，陆续推动相关技术应用的行业标准/国家标准的制定和实施工作，通过数字出版技术应用的规范性和标准化来化解技术应用过程中的安全风险，提高技术应用安全系数，避免技术应用负面性的出现。2019 年，国家新闻出版署发布的新闻出版行业标准《出版物 AR 技术应用规范》，便是解决图像、音频、视频、3D 模型与图书内容关联、识别、调取过程中的技术安全问题的 AR 技术应用规范。

11.3.2.3　坚持"双效统一"的创作生产体制机制

数字出版人才，尤其是领军人才、管理人才，应该牢固树立"将社会效益放在首位、社会效益和经济效益相统一"的经营管理理念，建立健全"双效统一"的数字产品服务创作生产体制机制。数字出版从业者需要站在协调好经济效益和社会效益两者关系的战略高度，统筹出版企业经济盈利和社会影响大局，深刻理解出版的功能与本质，才能确保数字出版事业与产业的健康、持续、稳定发展。

"双效统一"的体制机制，一直以来在数字出版宏观调控过程中被高度重视：2015年，中共中央办公厅、国务院办公厅印发相关文件，明确指出"国有文化企业把社会效益放在首位、实现社会效益和经济效益相统一"。① 2018年11月，中央全面深化改革委员会第五次会议审议通过了《关于加强和改进出版工作的意见》，指出"着力构建把社会效益放在首位、社会效益和经济效益相统一的出版体制机制"。2019年11月发布的《中共中央关于坚持和完善中国特色社会主义制度　推进国家治理体系和治理能力现代化若干重大问题的决定》指出："建立健全把社会效益放在首位、社会效益和经济效益相统一的文化创作生产体制机制。"

首先，社会效益是数字出版人履行社会责任、勇挑社会担当的题中应有之义，是数字出版的内在职能和社会功能的首要体现。传统出版，或曰图书出版，一直以来始终将"保本微利"作为图书定价的基本策略，这便是将社会效益放在首位的重要体现。相比传统出版，数字出版更需要将社会效益放在首位，注重产品对社会产生的正向影响，包括选题策划是否具有时代意义或者前瞻性，成果是否能够产生一定的思想引领作用，数字产品传播能否推动科学文化知识普及和提升受众素养，等等。数字出版人才，应高度重视数字出版的意识形态属性、文化属性、产业属性和技术属性：在数字出

---

① 柳斌杰. 坚定自信，走进出版强国新时代[J]. 现代出版，2018(1)：5-10.

版属性体系之中，牢牢把握意识形态阵地的领导权，确保意识形态阵地的安全，确保网络出版阵地的可管可控，就是最大的社会效益；传承中华上下五千年文明，传播中华优秀文化、革命文化和社会主义先进文化，是数字出版社会效益的主体内容；将数字出版推到市场化经营、产业化发展的境地，将 5G、区块链、人工智能等先进技术应用到出版业态，研发出更加丰富、更加优质的数字出版产品服务，进而惠及更广大的人民群众，也是数字出版社会效益的必然要求。

其次，经济效益是推进数字出版企业持续经营的物质基础，能够为数字出版社会效益的实现提供更加坚实的人财物保障。数字出版领军人才致力于优化顶层设计，推进市场化经营、产业化发展，才能够带领数字出版团队创造出更佳的社会效益；数字出版管理人才理顺传统出版与新兴出版产业链环节，让内部流程制度更加优化，更好地服务于数字出版经营业务，才能够提供质量更高、技术更强、用户体验更卓越的数字文化产品，才能够更好地满足广大人民群众的精神文化需求；数字出版内容人才、技术人才不断地研发优质产品、创新技术应用，持续推进传统出版与新兴出版深度融合、先进内容与先进技术紧密结合，才能够在确保内容质量安全、技术应用安全的基础上，打通产品、技术、营销等数字出版全产业链，造福社会、服务社会。2020 年年初，全国共计 200 多家数字出版企业免费开放了各个行业的数字知识资源库，为疫情防控语境下的人民群众免费提供知识服务，开创了公益数字出版的先河，这既是数字出版社会效益放在首位的重要体现，也为数字出版从业者提供了营销机遇，进而为不同所有制、不同地域、不同行业的数字出版企业将数字出版产品和服务推向市场、实现提质增效做了重要铺垫。

11.3.3　数字出版人才激励机制

数字出版人才激励，遵循市场经济规律和人才培养规律，确立品德、能力、贡献的评价体系，建立健全数字出版人才的薪酬制度、评价机制与激励政策，在薪酬待遇、科研激励和销售奖励政策方面不断创新、不断完善，是优化数字出版人才激励机制、助力新兴出版高质量发展的核心要义。

专业化人才是推动数字出版企业产业化发展的第一重要资源。数字出版市场主体只有通过不断健全薪酬激励制度，对数字出版人才从物质和精神层面进行双重激励，真正实现"有才者"劳有所得，才能持续吸引和稳住高素质复合人才，这也是新时代数字出版人才培养机制的要点之一。例如，近年来，部分国有出版企业在引进数字出版领军人才、管理人才、内容人才、技术人才和销售人才方面采取符合市场劳动力定价规律的协议工资等方式，招揽了大量人才，最终将数字出版的经营收入做到了数千万元之高、利润贡献比达到了30%以上。

11.3.3.1　引进人才年薪制

物质保障机制向来是人才引进和安抚的重要手段，这对于任何类型的企业而言都概莫能外。而具有丰富数字出版经验的从业人员，一向是企业争相聘请的对象。例如，优秀的数字出版管理人才能够从出版企业的未来发展规划出发，协调传统业务和数字业务的关系，统一决策部署，对数字产品研发、数字技术应用和数字市场运营产业链等环节负责；骨干型数字出版内容人才往往可以在对现有产品结构和数字产品效益熟悉并有所预估的基础上，对数字图书馆、数据库、网络出版、手机阅读、终端阅读等产品的内容建设有清晰、合理、务实的工作目标。对于这些紧缺的复合型高素质人才，数字出版单位可以灵活采用年薪制的分配方法，综合考虑相关岗位的需求程度和基本薪资水平，基本确定一个较可观的年薪范畴，配以定期的绩效目标考核，按照"基本年薪+绩效年薪"方法兑现最终待遇。该特殊薪资机制旨在突出价值导向，使各类数字出版人才的收入能够和其创造的领导、管理、内容、技术、销售价值挂钩，建立健全中长期的人才考核指标体系，以业绩贡献为首要参考指标，并适当进行薪酬浮动调整。

11.3.3.2　科研激励制度

建立、改革和创新科研经费的使用和管理方式，形成充满活力并有效约束的科研管理和运行机制，对于数字出版人才，尤其是参与课题研究工作的内容和技术人才来说，能够更好地激发其积极性和创新创造活力，从而进一步推动数字出版科研收入作为企事业单位新的经济增长点。根据《国务院关于优化科研管理　提升科研绩效若干措施的通知》，对于科研人员，"建立完善以信任为前提的科研管理机制，按照能放尽放的要求赋予科研人员更大的人财物自主支配权"，充分释放创新活力，调动科研人员的积极性。

对于数字出版企业来说，创新性的科研经费管理制度应当具有一定的灵活性和自由度：在法律法规、行业政策和公司制度允许的范围内，赋予科研团队使用项目资金的一定自由权限，将项目资金至少半成以上予以下发，按照项目研究的实际需求进行灵活支出，如资料费、差旅费、会议费、计算机等辅助设备购置和软件使用费、专家咨询费、印刷费、劳务费、科研成果推广和管理费、市场拓展费等，另外剩余部分的资金可以留作发展基金供数字出版单位可持续运营使用。

以某数媒公司为例，该公司的科研项目经费管理规定将资金的60%由课题团队根据实际情况确定，用于具体开展课题研究；剩余的40%作企业发展统筹费用，用于进一步扩大科研成果，深入开展科研工作；除此之外，对于课题或项目成果成功对外进行销售的，按照销售金额的10%额外发放提成予以奖励。这种合规又不失灵活的科研经费管理方法，对于相关人才的激励和保障作用极大提升，对于其他数字出版企业来说，也具有较强的示范作用。

11.3.3.3　销售提成制度

数字出版产品的销售人才资源对于一个企业实现可持续营收和发展具有战略性意义。数字出版物的营销人员通过广开渠道，强化供应机构融合、销售方式融合和传播手段融合，进一步推动数字出版产品和服务销售额的稳定增长。因此，对于企业来说，建立和打造一支专业的产品/服务销售队伍至关重要，合理的薪酬制度和晋升机制作为配套服务措施也不可或缺。就数字出版发展阶段而言，目前正处于数字市场开拓期，采用"销售额提成制"进行人才激励将会产生较好效果。该激励机制是指将成本自销售额中扣除，将剩余利润的一部分作为奖励予以发放（单次或多次），并尽量将该百分比弹性确定在 30% 以上，同时还要为后续产品的研发和推广预留资金。通过实行该薪酬激励制度，企业可以直接地提升销售团队的积极性和获得感，刺激产品销售额的增长和市场渠道的开拓。在数字出版发展历程中，法律出版社等国有数字出版企业都曾将 40% 的比例作为数字出版市场销售的提成比例，实践证明，这种销售提成制度有效地提高了数字出版销售人才的积极性，最终为提高数字出版市场占有率、提升数字出版产品影响力起到了实质性推动作用。好的做法往往是来源于实践而又高于实践，数字出版销售提成制度也被列入 2017 年发布的《数字出版业务流程与管理规范》的行业标准之中。

11.3.4　数字出版人才培养机制

创新驱动实质上是人才驱动。创新型人才队伍的打造，要重点在用好、吸引、培养上下工夫。以出版智库视角来审视数字出版人才培养，提高政治站位，提升意识形态阵地主导能力，强化数字出版宏观调控政策运用能力，增强数字出版市场经营管理能力，持之以恒地锻炼和塑造数字产品研发能力、数字技术应用能力、市场营销体系建构能力，构成了数字出版人才能力培养体系的全部要旨。从更高层面看，"不断增强脚力、眼力、脑力、笔力"，增强"四力"，是对新兴出版人才建设的最新要求和最高标准。而落实数字出版人才培养机制的主要途径包括：继续深化产学研一体化的体制机制和持续开展数字出版专业化培训。

11.3.4.1　继续深化产学研一体化体制机制

大数据、云计算、人工智能、物联网等信息技术的飞速发展，受众阅读开始出现明显的个性化倾向，传统出版机构面临发展困境，这些因素都成为了数字出版业务"走出去"的原动力，开始了企业与高等院校合作建立数字出版基地等产学研一体化的进程。高校作为人才培养的主阵地，为出版业的高质量发展输送了源源不断的智力和技术资源。因此，在转型升级、走向深度融合的浪潮中，数字出版产业应当意识到，与高校、科研院所建立良好的人才互动交流和双向培养长效机制，将成为专业人才队伍打造的关键举措。结合目前已有的实践经验来看，该机制基本是以共建人才培养基地、实践基地、融合发展基地等为主要载体，通过数字出版人才的联合定向培养、开展前瞻业务和学术交流活动、科研项目的共同承担与研究创新等具体形式，兼顾复合型人才与专业型人才，强化应用型人才建设。

从实践来看，国内数字出版企业的领跑团队，如高等教育出版社、人民教育出版社等，纷纷启动和多家高校的数字出版产学研合作，与武汉大学信息管理学院、南京大学信息管理学院、北京印刷学院等数字出版科研重镇共同建设数字出版基地、出版融合基地，共同举办国际性数字出版学术研讨会，共同设立数字出版前瞻科研课题等。这种做法，一方面，可有效保障高校卓越人才进入企业治理体系，提高数字出版企业的治理体系现代化；另一方面，也可选拔优秀实务人才到高校交流，推动数字出版理论与实践有机融合，推动数字出版人才建设的供给侧和需求侧紧密合作。

11.3.4.2 持续开展数字出版专业化培训

人才是出版业的核心竞争力和决定性要素，尤其是当前信息技术快速革新，对传统出版业的生产流程、产品/服务形态、传播营销方式等环节进行了重构，培养一批具有战略眼光、面向出版业未来发展的高端复合型高级人才和数字出版业务骨干队伍是重中之重。数字出版单位非常需要不断提升内部人才队伍的专业化素质，可以联合高校、科研院所、出版类智库、企业等机构，开展理论授课、技术交流、业务示范等培训活动，综合线上和线下两种方式，以学分制/学时制进行考核，并与绩效挂钩，除此之外，还可以支持企业员工参加继续教育培训，攻读在职硕士甚至博士学位，全力打造一支专业性、实践性和开拓性兼具的数字出版从业人员队伍，有力提升目前出版从业人员的综合素质，确保出版业在数字化时代继续保持平稳快速发展，巩固意识形态和宣传文化阵地。

在数字出版专业培训方面，化学工业出版社、中国税务出版社等多家数字出版业务单位都已经有所举措。化学工业出版社定期选拔青年人才，推荐到中国人民大学参加商学院的企业管理继续教育，为青年人才的进步和擢升提供了广阔的台阶，同时较好地实现了出版人才的梯次培养。有出版社专门出台了社长发展基金，每年拿出一定资金用于高层次人才的选拔、培养和深造，符合条件的新兴出版人才即可申请到国内外高校攻读硕士、博士，以尽快提升数字出版人才队伍的整体素质和职业水平。与此同时，该社自2015年开始实行社长培训基金计划，聘请社外理论界、实务界和政府主管部门的知名专家为社内员工举办讲座，在数字出版板块，社长培训基金主要用于"数字出版大讲堂"的举办与开展。

综上所述，以出版智库的视角审视数字出版人才创新机制，要旗帜鲜明地坚持以习近平新时代中国特色社会主义思想为指导，坚持马克思主义在意识形态领域指导地位的根本制度，落实落细意识形态工作责任制，严格贯彻落实"把社会效益放在首位、社会效益和经济效益相统一的文化创作生产体制机制"，强化国家安全意识、信息安全意识，注重把握内容生产制作过程、数字技术创新应用过程、数字产品服务传播过程中的文化安全。

于数字出版企业而言，以牢固树立底线意识、做好人才薪酬激励、注重专业化素质提升三个方面为核心要素，以"三个约束＋三个激励＋两个培养"为具体抓手，牢牢把握意识形态阵地的领导权和主导权，把控内容质量和技术应用安全，推动"双效统一"机制的落地落细；健全薪酬管理制度，实行引进人才年薪制、科研激励机制、数字出版产品/服务销售提成等激励机制；注重提升数字出版专业化素质，开展数字出版专业培训活动，加快人才培养的产学研一体化。通过数字出版人才管理机制、人才激励机制和人才培养机制的推行，实现人才驱动和创新驱动的动力机制转换，继续致力于将互联网这个"最大变量"转换为"最大增量""最大正能量"，推动出版业的高质量发展和全方位转型，加快推进传统出版与新兴出版的深度融合及整体转型。

11.4 数字出版编辑范畴

2022 年 7 月，《中华人民共和国职业分类大典（2022 年版）》（公示稿）（以下简称《职业大典》）进行了公示，在"编辑"职业中，共规定了包括文字编辑、美术编辑、技术编辑、数字出版编辑 S、网络编辑 S、电子音乐编辑在内的六类职业。其中，标注为"S"，为数字职业，共计 97 个，而编辑职业就有数字出版编辑和网络编辑入选。应该说，数字出版编辑入选国家职业大典，既是社会数字化发展的需要，也是遵循社会职业发展规律、推动高质量发展的结果。

数字出版基本范畴，是以数字出版活动总体为背景，对数字出版基本方面、基本过程、基本环节或初级本质的抽象。我们可以认为数字出版人才和数字出版产品、数字出版技术、数字出版营销、数字出版项目、数字出版标准、数字出版制度等共同构成了数字出版市场调节领域的一组基本范畴。在这组基本范畴中，数字出版人才处于中心地位，而数字出版编辑是数字出版人才的核心体现，是数字出版基本范畴的主体性力量，是数字出版产品、技术、营销、项目等流程的启动者，是数字出版制度的制定者和受益者。由此，本节就数字出版编辑这一范畴的概念、特征以及范畴体系进行分析和解读。

11.4.1 数字出版编辑概念设定

那么，数字出版编辑究竟是什么，包括哪些类型，数字出版编辑的合理边界在哪里？

11.4.1.1 数字出版编辑的双重内涵

出版学语境下的编辑，包含动态和静态两层含义：以动态视角视之，编辑的广义概念，是指"为了社会文化生产所进行的系列整理、加工、积累、传播的文化创造活动"；其狭义概念，是指"在出版过程中所从事的出版物整理、加工等系列化工作"。① 也有学者根据出版构成要素来划分，指出"出版应该包括编辑、复制（或印刷）和发行这三个基本要素，三者缺一不可"；编辑的基本要件包括："从属于出版活动、有别于著述活动"，"出版的业务流程首要环节、基本业务环节"，提供"出版物价值增值服务的出版业务环节"；并进一步将编辑概念界定为"通过策划、组织、审读、选择和加工等为出版物产品提供价值增值服务的出版活动的首要业务环节"②。以静态视角视之，"编辑也可以被用来指称从事编辑活动的专业人员，即编辑活动的主体"。③ 或者说，编辑是指专门从事编辑工作的人员。由此，动态的编辑是指一种出版活动（其对应概念是复制和发行活动），且是出版活动的中心环节、首要环节以及关键环节；静态的编辑，是指从业者或者说一种职业，是从事编辑活动的从业者。

而数字出版编辑，在有的职业资格考试教材中没有明确予以概念界定；教材《数字编辑基础与实务（初级）》简称为"数字编辑"，是指"在国家有关行业主管部门批准开展数字内容传播相关业务的单位中，利用计算机技术、通信技术、网络技术、存储技术和显示技术等数字技术手段，从事文字、图像、音频、视频等作品选题策划、稿件资料组织、编辑加工整理、校对审核把关、运营维护发布等工作的专业技术人员"；④ 根据该教材的撰写体例，这里的"数字编辑"同时包含了数字新闻编辑、数字出版编辑和数字视听编辑，此所谓"三横"，同时每个领域的数字编辑又可分为内容编辑、技术编辑和运维编辑三种类型，此所谓"三纵"，以上便是数字编辑

① 吴平. 编辑本论［M］. 武汉：武汉大学出版社，2005：5.

② 方卿，许洁，等. 出版学基础［M］. 武汉：武汉大学出版社，2022：25-26.

③ 方卿，许洁，等. 出版学基础［M］. 武汉：武汉大学出版社，2022：26.

④ 数字编辑专业技术资格考试指导用书编委会. 数字编辑基础与实务（初级）［M］. 北京：北京联合出版公司，2015：62-63.

"三横三纵"①职称序列的由来。《职业大典》则用"数字出版编辑"来指称，并指出数字出版编辑是指"从事数字化出版产品的策划、编辑、加工、转换的专业人员"。②并进一步指出数字出版编辑的主要工作任务或曰岗位职责是策划、物色、组织、数字化转换、标注并建立索引、内容和质量监督检查。上述两种对于数字出版编辑界定的不同之处在于数字出版编辑所涉及的出版环节，仅仅是产品环节还是包含数字出版技术以及运营维护环节。

　　一如数字出版概念是对出版概念的扬弃一样，数字出版编辑的概念也同样是对编辑概念继承基础上的创新。我们认为数字出版编辑也应该包含双重内涵，在动态维度，是指数字出版内容、技术以及运维活动，即数字出版内容生产活动、数字技术应用活动以及数字出版产品服务运维活动；再做进一步细分，是指数字出版的产品策划、资源组织、产品设计、内容审校、加工制作、产品发布、运营维护以及售后服务活动，见表11-1。

表11-1　　　数字出版(编辑)业务流程及业务角色③

序号	流程	角色	职　责
1	产品策划	策划人员	用户需求分析、市场调研、商业模式策划、撰写策划方案、方案论证与优化
2	资源组织	内容管理人员	资源获取和组织
3	产品设计	设计人员	形态设计、内文设计、脚本设计、界面设计、功能设计等
4	内容审校	审校人员	内容三审、内容三校
5	加工制作	加工人员	数字出版产品加工制作

---

　　①　张新新. 我国数字编辑职业化历程回顾与价值分析[J]. 出版广角，2016(5)：17-19.

　　②　中华人民共和国职业分类大典(2022年版)(公示稿)[S]. 2022.

　　③　数字出版业务流程与管理规范 CY/T 158—2017[S]. 2017.

序号	流程	角色	职　责
6	产品发布	发布人员	数字出版产品入库、封装、测试及发布
7	运营维护	运维人员	数字出版产品运营、数字出版产品维护
8	售后服务	售后人员	提供培训等服务，收集反馈信息

　　具体而言，数字出版编辑活动的流程如下：（1）数字出版产品策划是指根据市场和用户的需求，结合实际战略规划，确定数字出版产品形态、所应用的技术以及商业模式的过程。（2）数字出版资源组织，即组织数据资源、信息资源和知识资源。其中，知识资源组织是资源组织的主体工作，数据资源和信息资源是数字出版资源组织的有效补充和亟待强化的工作；三者的有机组织可分别提供信息服务、知识产品和定制化服务等知识服务形态。（3）数字出版的产品设计，是指根据数字出版产品服务的不同而进行的形态设计、内文设计、界面设计、脚本设计和功能设计等。（4）数字出版内容审校，是指数字出版产品要遵守"三审三校"的基本制度，以确保数字出版产品内容资源的政治导向正确、专业科学权威，符合语言学逻辑和语法常识。（5）数字产品加工制作，主要包括两种形式：第一种形式是对已经形成纸质图书的存量出版资源重新进行数字化、结构化、重排和标引。这不仅是对纸质内容等电子化，同时需要将内容转化为符合电子出版物的规格和属性，且适合进行屏幕阅读和使用的数字内容。第二种形式是对已经数字化、矢量化的内容资源进行结构化和深度知识标引。内容资源加工的核心环节集中于元数据加工、结构化加工和内容要素加工，加强内容资源之间的关联，以便提供更深层次的知识服务。（6）数字出版产品发布主要指数字出版产品在平面媒体、电磁光介质媒体、网络媒体及移动网络媒体等不同平台的呈现。（7）数字出版产品运营主要职责是采用合适的运营方式和商业模式，通过自主平台或第三方平台对数字出版产品服务进行推广营销。数字出版产品维护，是指对处于销售状态或者已经销售的数字出版产品进行维护和升级，使之具备应有的功

能和价值。(8)数字出版售后服务，是指在实现数字出版产品销售之后，将由专门的售后服务人员为用户提供培训、网络资源下载、关联知识推荐等知识增值服务，并及时与用户进行沟通，获取用户产品使用和体验反馈信息，在不断更新数字出版产品内容、改进数字出版产品技术的同时，为数字出版产品的迭代更新提供新的策划创意，继而产生数字出版业务流程的闭环效应。

数字出版编辑，在静态维度，简而言之是指专门从事数字出版编辑工作的人员，即运用数字技术从事编辑、复制和发行的专业人员。本书认为数字出版编辑主要包括数字出版内容编辑、数字出版技术编辑以及数字出版运维编辑三种类型；从职称的角度划分，北京市出版职称设置了初级编辑、中级编辑、主任编辑和高级编辑，全国出版职称设置了数字副编审和数字编审。后文的数字出版编辑外延、特征以及范畴建构将主要立足静态维度，从作为从业者的数字出版编辑视角展开论述。

11.4.1.2　数字出版编辑的多维外延

数字出版编辑的外延，表明数字出版编辑指称对象的范围，即哪些编辑属于数字出版编辑。前述数字出版内容编辑、数字出版技术编辑、数字出版运维编辑，毋庸赘言，是公认的、最广为接受的数字出版编辑的外延，构成了数字出版编辑外延的核心区域，具有明确性与确定性特征。但与此同时，如同数字出版外延存在"确定性、扩展性和模糊性"①一样，数字出版编辑的外延也同样存在上述问题。

——数字出版编辑外延的扩展性。鉴于数字出版编辑的内涵或基于形势变化或基于实践拓展或基于人们认识的深化而处于动态发展变化中，由此，数字出版编辑的外延也在不断地扩展和调整。这种扩展性体现为两种形式，一种是"从无到有"，催生出新的数字出版编辑类型，推动着数字出版编辑外延的创新性发展。以内容编

---

① 张新新．数字出版概念述评与新解——数字出版概念 20 年综述与思考[J]．科技与出版，2020(7)：43-56.

辑为例，随着 VR 出版物的兴起，一种崭新的数字出版内容编辑正在产生，即脚本编辑。在最新的《出版物 VR 技术应用要求》行业标准征求意见稿中，明确规定了 VR 出版物的基本功能规划文件宜包括内容脚本、知识关联、立体感知、交互反馈、沉浸融入等功能设计内容，同时在"选题内容"部分，也指出选题策划方案包括用户需求、开发理念、适合以 VR 形式表现的出版物内容等，最终以 VR 内容脚本的形式呈现。另一种是"旧瓶新酒"，原有的数字出版编辑名称不变，但是所指称的范围发生了变化，推动着数字出版编辑外延的创新性转化。这种创新性转化，一方面发生于从出版语境到数字出版语境的转换过程中，如"出版物发行"角色，在《中华人民共和国职业分类大典（2022 年版）》（公示稿）中，就增加了"进行出版物信息的数字化处理，利用网络推介出版物"以及"运用网上书店或数字发行平台，发行出版物或数字出版产品"的内容，这里的"发行"角色已悄悄增加了数字出版营销的内容，换言之，实现了出版物发行员向数字出版营销编辑的数字化转型、创新性转化。另一方面，在数字出版语境下，数字出版编辑的外延也会发生创新性转化，推动着出版学理论的变革与创新。仍以营销编辑为例，数字出版营销编辑的外延已由过去基于网络平台进行数字出版产品的营销推广，转变为利用视频号、短视频、中视频以及网络直播等多种营销手段来进行推广和销售。也就是说，数字出版营销编辑的外延已陆续扩展到具有视听编辑属性的专业人员。这种营销编辑的外延扩展，在对传统出版营销策略理论坚守与遵循的同时，也在"大数据营销、注意力经济、数字经济"等方面推动着出版营销理论的革新与拓展。①

　　——数字出版编辑外延的模糊性。数字出版编辑外延的模糊性，是指客观对象中存有难以准确确定某概念外延的情形，处于两可之间。《职业大典》中在规定数字出版编辑职业的同时，紧接着规定了网络编辑，即"从事互联网等网络媒体内容策划、稿件组

①　张新新，钟慧婷. 出版营销理论的坚守、变革与拓展——以图书网红直播营销为视角［J］. 出版与印刷，2022（1）：51-58.

织、加工管理的专业人员"。① 在这里，数字出版编辑和网络编辑的外延就存在模糊性问题，如清华大学出版社智能制造知识服务平台、人民法院出版社法信平台的编辑，要负责网站内容的上传、审校与维护，既属于数字出版编辑，也属于网络编辑。外延模糊性的造成，究其根本是数字出版编辑与网络编辑概念的内涵存有交叉、重叠之处，存有"叠加态"的情况，由此造成了所指称的对象范围也存在边缘重合、交叉的情况。

最后，在数字出版编辑概念设定中，我们还需要进一步梳理数字出版编辑与数字出版人才之间的相互关系。数字出版编辑包含于数字出版人才之中，数字出版编辑是数字出版人才的主体构成和中坚力量。数字出版编辑属于产业概念的范畴，而数字出版人才所指称的对象范围更广阔，除了数字出版产业人才，还包括数字出版治理、数字出版理论界人才，除了数字出版内容编辑、技术编辑和运维编辑以外，还客观存在着数字出版管理人才、数字出版资本人才、数字出版科研人才等。

11.4.2　数字出版编辑特征分析

在传统编辑学理论中，编辑的基本素质包括"语言文字修养、文字交往能力、持续学习能力"②，其专业技能体现在编辑、加工、印制、发行等工作环节；相对于传统出版编辑，数字出版编辑的基本特征主要体现在基本素质的数字化以及出版服务数字增值性两个方面。

11.4.2.1　基本素质数字化

基本素质数字化是指数字出版编辑的意识、素养和能力向着适应和胜任数字经济、数字社会以及数字治理的方向转型，并拓展和创新原有的编辑意识、素养和能力。基本素质数字化是数字出版编

---

① 中华人民共和国职业分类大典（2022 年版）（公示稿）[S]. 2022.

② 吴平，芦珊珊，张炯. 编辑学原理（第二版）[M]. 武汉：武汉大学出版社，2011：76-84.

辑的本质特征，是数字出版编辑区别于传统出版编辑的显著特点。

"数字技术属性是指数字出版自身所具有的反映数字技术的性质和特点，是数字出版的特有属性。"①蕴含着数字技术属性的数字出版，数字技术作用于其内部流程和外部产品服务，为数字出版生态的人力、物力、财力以及智力资源赋能，这构成了数字出版编辑的基本素质数字化的直接依据。从根源上说，数字出版编辑基本素质数字化是数字技术深刻变革人们思维、学习、生活和工作方式的结果，是数字技术深度变革政治格局、文化格局、经济格局的产物，也是提升全民数字素养技能在数字出版从业者领域应用的必然要求。

数字出版编辑基本素质数字化首先体现于编辑意识的数字化转向。数字出版编辑须具备服务意识、责任意识、中介意识和精品意识，其数字化转向体现为：在服务意识方面，坚持"为人民服务，为社会主义服务"的指导方针，服务好上游的作者以及下游的读者，并将这种服务意识贯穿在数字出版的内容、技术和营销工作环节，落实于数字出版产品和服务的方方面面；在责任意识方面，强化责任感和使命感，坚持"社会效益放在首位、社会效益和经济效益相统一"的社会主义数字出版业，推动数字出版产业两个效益的双丰收和双跃升；在中介意识方面，用好数字技术手段，强化中介意识，自觉履行数字出版素材与数字出版产品之间的中介职责，充分发挥数字出版内容生产者与消费者之间的中介作用；在精品意识方面，坚持数字出版精品战略，提高数字出版物质量，推动数字出版高质量发展。

数字出版编辑基本素质数字化集中体现于"数字化适应力、数字化胜任力、数字化创造力"②以及国际化数字能力四位一体的数字素养与技能体系。数字出版编辑的数字化适应力、胜任力以及创造力已有专文阐述，此不赘言。编辑的国际化数字能力，是指编辑

---

① 张新新. 论数字出版的性质[J]. 出版与印刷，2021(2)：27-34.

② 张新新. 编辑数字素养与技能体系的建构——基于出版深度融合发展战略的思考[J]. 中国编辑，2022(6)：4-10.

基于深厚的专业知识和素养、广阔的国际化视野和胸怀、灵活的外语表达和沟通能力，借助数字技术和手段，推动出版业国际化水平提升，增强我国出版业国际影响力，更好地实现出版业高质量发展和"走出去"的能力。国际化数字能力，是国际层面的数字技能，是新时代编辑的数字技能体系建设的重要组成部分，也是"十四五"时期编辑的责任与使命所在。具体而言，编辑的国际化数字能力，是由数字化策划力、数字化传播力、数字化影响力、数字化竞争力、数字化交流力以及作品翻译力共同构成的综合能力体系。数字化策划力是指编辑在充分了解出版国际市场和国际环境的基础上，遵循国际化规律，为增强出版物"走出去"制定具体而可行的方案。数字化传播力是指编辑借助广泛传播、即时传播等数字化传播优势，构建多元化的数字资源平台，积极建立海外沟通渠道，推动优质版权输出，提升出版走出去的国际传播效能。数字化影响力是指编辑充分运用自身的人脉资源、交流技巧、业务水平等优势，在国际出版工作中实现有效合作交流，不断提升我国网络文学、数字图书馆、专题数据库等数字出版产品服务的国际化影响力。数字化竞争力是指编辑掌握国际传播过程中的文化价值认同规律，提高出版走出去的价值认同度，推动网络文学等一批数字出版产品走出去成为现象级事件，打造出人无我有、人有我优的出版产品数字化核心竞争力。数字化交流力是指编辑在国际出版工作中"信息接收"和"信息传递"能力的综合素质。作品翻译力，是指面对国际文化的背景差异，能够在熟悉他国文化的基础上，巧妙翻译作品文字内容、转换表达方式，并诠释中华文化价值、凝练中华文化精神，使国外读者易于了解、接受出版产品内容的翻译能力。

11.4.2.2　出版服务数字增值性

出版服务增值性，既是传统出版编辑的特征之一，也是数字出版编辑的基本特征，但是，数字出版编辑的出版服务增值性却与传统出版编辑有着显著差别，集中体现于数字增值性，即在数字媒介、数字流程、数字工具、数字产品、数字渠道、数字呈现等方面的数字增值。

传统出版编辑的出版服务增值性，主要体现在对作品素材进行审读、选择和加工的出版服务。其实质是文化选择的过程，选择的依据是：是否具有文化价值以及文化价值的大小；选择的方式是取舍、增减、提升和传播等；选择的标准是文化质量的高低；选择的目的是形成出版物，符合读者学习和阅读需要，满足人民群众精神文化需要。编辑的出版服务增值，同时也是文化创新的过程，即编辑通过自身的专业技能对作品素材进行"去粗取精、去伪存真、由此及彼、由表及里"的提炼和升华，使得出版产品在作品素材的基础上进行价值扩充和增值，以更好地满足读者精神文化需要。

而数字出版编辑的出版服务增值性，除了体现在上述文化选择和文化创新方面，还具体体现于数字出版工作的各个环节：

（1）选题策划环节。除了基于传统媒介的策划选题以及组稿工作之外，数字出版编辑还可基于互联网发现选题，利用数字技术手段组稿和约稿；同时，选题策划所指向的结果不仅仅局限于纸质图书，还包括电子书、数据库、增强现实出版物、虚拟现实出版物、出版大数据等数字出版产品。

（2）内容审校环节。除了具备传统的审校技能以外，还能够运用智能编校排工具，实现智能排版、智能审读、智能校对，将专业知识语料库与审校工具相融合，提高审校的精准度和准确率，最终实现出版审校的智能化和协同化。

（3）复制环节。数字出版编辑开展的产品复制工作，具有低成本、无限制、即时性等特点，不似传统出版物的复制在时间、地点、数量和收益等方面均受限，如电子书副本数的增加，可以通过数字图书馆的后台设置在很短的时间内完成。

（4）发行环节。数字出版编辑的"发行"概念已逐步淡化，取而代之的是"营销"，尤其是数字营销。数字出版编辑通过全媒体、立体化、多层次的营销策略、技巧和手段的运用，走全媒体营销道路，兼采原创型和转化型营销渠道，缩短销售回款周期，真正实现"发行即传播、发送即到达"的即时性传播效果。

（5）强化内容表达。数字出版编辑通过对数字技术的运用，真正发挥数字技术赋能内容表达的效果，以 AR 技术赋能出版物的增强现实效果，以 VR 技术赋能出版物的虚拟现实效果，以区块链赋能出版产品的版权保护效果，以大数据赋能出版物的直接价值、数字化价值以及数据化价值实现，以 AI 技术赋能出版流程的一体化、协同化、同步化和智能化再造，赋能出版产品服务的智能化感受和体验。

11.4.3　数字出版编辑范畴建构

"范畴及其体系是人类在一定历史阶段理论思维发展水平的指示器，也是各门科学成熟程度的标志。"①数字出版范畴，是指反映数字出版本质和普遍联系的基本概念，是数字出版理论体系的基本概念，是数字出版客观存在(数字出版活动②)在脑海中印证、固定和积淀下来的重复认知模式和框架。以范畴视角来分析，在数字出版编辑领域还有着很多普遍范畴，其中数字出版编辑素质、数字出版编辑类型、数字出版编辑机制这一组范畴具有重要理论意义和价值。

11.4.3.1　数字出版编辑素质

数字出版编辑素质是编辑基础理论的重要内容，也是确保编辑履行职责的内在保证，是确保数字出版物质量和数字出版业高质量发展的软实力。数字出版编辑素质是由政治素质、专业能力、数字素养与技能所构成的三位一体的素质体系，其中政治素质是灵魂，专业能力是主体，数字素养是关键。

数字出版编辑应具备的政治素质包括坚持以马克思列宁主义、毛泽东思想、邓小平理论、"三个代表"重要思想、科学发展观、习近平新时代中国特色社会主义思想为指导，全面贯彻落实习近平总书记关于出版工作的重要论述，坚持马克思主义出版观，以"九

① 张文显. 法哲学范畴研究[M]. 北京：中国政法大学出版社，2001：1.

② 张新新. 中国特色数字出版学研究对象：研究价值、提炼方法与多维表达[J]. 编辑之友，2020(11)：5-11，30.

个坚持"作为新时代出版工作的根本遵循,① 不断提高政治判断力、政治领悟力、政治执行力,坚持社会主义核心价值观,以推动数字出版高质量发展为主题,把学习贯彻习近平新时代中国特色社会主义思想主题教育作为长期重大政治任务,加强党的创新理论出版传播,做好重大主题出版作品出版传播,推进弘扬中华民族精神作品出版传播。

数字出版编辑应具备的专业能力包括精品策划能力、高水平编校能力、专业化印制能力、全媒体营销能力以及国际化出版传播能力。其中,精品策划能力是高质量出版人才业务能力的核心所在、重中之重。高质量发展的标准要求数字出版编辑不断提升选题策划能力,强化优质作品的发现能力,推动"思想精深、艺术精湛、制作精良"的出版精品力作和"品位健康、品质优良、品类丰富"的出版生产服务体系"两个重要支点"②的构建和完善。高水平编校能力是"制作精良"对数字出版编辑出版队伍的能力要求,是工匠精神在编辑职业运用中的集中体现,关乎数字出版内容的形式质量和内容质量,是数字出版人才专业能力素养的基础性、基本功要求。专业化印制能力关乎数字出版内容的呈现形式,也是"制作精良"在印刷领域的体现和要求。全媒体营销能力是新时代数字出版编辑全媒体素质的具体表现,也是"求实创新"在出版营销领域的体现和要求。国际化出版、传播能力是构建中国特色对外话语体系和叙事体系的时代要求,是新时代赋予数字出版编辑的重要使命。

数字出版编辑应具备的数字素养与技能包括媒介素养、信息素养、计算机素养和网络素养等数字素养体系,具体体现为数字化适应力、学习力、认知力、理解力、网络文明修养以及数字道德伦理规范;也包括满足数字出版岗位要求的数字化胜任力、推动数字出版科技创新以及高质量发展的数字化创造力、提升数字出版走出去

① 张养志.新时代马克思主义出版观中国化的新论述[J].科技与出版,2021(10):5-20.

② 张新新."十四五"教育出版落实文化产业数字化战略思考——基于发展与治理向度[J].出版广角,2021(24):32-39.

水平和质量的国际化数字能力。

11. 4. 3. 2 数字出版编辑类型

　　数字出版编辑类型，是指数字出版编辑的主要种类，一方面，数字出版编辑类型受制于数字出版编辑素质构成，能够成为何种数字出版编辑，主要取决于具备数字出版环节哪方面的素质或者说哪个环节的素质能力更强更有优势；另一方面，数字出版编辑类型是在数字出版实践中客观形成的，不以人的主观意志为转移。

　　主流观点认为，数字出版编辑分为数字出版内容编辑、数字出版技术编辑和数字出版运维编辑三种类型：(1)数字出版内容编辑，即负责数字内容资源建设、组织、管理与应用以及数字出版产品规划、研发与设计的编辑。(2)数字出版技术编辑，是指识别、采纳和应用数字技术的编辑。所选择和应用的数字技术一方面包括赋能内部出版流程的多媒体加工技术、XML技术、网站搭建技术、数据库技术、检索技术、电子商务技术、数字版权保护技术等；另一方面，也包括侧重于赋能外部出版产品服务的增强现实技术、虚拟现实技术、知识服务技术、大数据技术、区块链技术等。(3)数字出版运维编辑，是指对数字出版产品进行营销和销售，并进行售后服务，征集和反馈用户信息以协助改进数字出版产品的编辑。

　　数字出版编辑的内容、技术和运维三分法的逻辑，打破了传统编辑止于复制、发行的边界，其主要原因一则在于在数字化语境中，复制和发行的内涵发生了很大变化：复制环节的岗位职责更多被放置于编辑工作中，交由数字出版编辑来完成，如电子书的多副本设置，而发行的环节更多向着数字传播的内涵演变。二则，编辑、复制和发行之间的边界逐步模糊，与此同时，数字技术应用和数字运营维护在数字出版编辑工作中的分量与日俱增，成为数字出版编辑日常工作须臾不可或缺的工作内容。三则，这种三分法的设定，得到了制度化认可与法定化的承认，被数字出版编辑专业技术资格评价认可与采纳：《北京市新闻系列(数字编辑)专业技术资格评价试行办法》就开创了"三横三纵"的职称序列，明确了数字编辑职称评定的细分方向，其中，内容、技术、运维的"三纵"逻辑，贯穿于数字新闻、数字视听以及数字出版等"数字传播产业链的全部环节"。①

11.4.3.3 数字出版编辑机制

数字出版编辑机制，是指通过数字出版编辑系统内部要素相互联系、相互作用的关系及其功能；或者说，是指数字出版编辑系统要素按照特定方式相互作用以实现特定功能的过程。数字出版编辑机制是数字出版编辑制度功能发挥的实践结果，是数字出版编辑制度体系运行的结果。走向"十四五"，应构建产学研一体化机制，强化数字出版编辑的思想淬炼、政治历练、实践锻炼和专业训练，为出版业数字化战略实施、出版强国建设打造一支高水平、高质量的数字出版编辑队伍。

具体而言，数字出版编辑机制主要包括以下几个方面：

其一，激励机制与约束机制。数字出版编辑的激励与约束机制是指数字出版企业根据战略目标以及人才培养规律，通过各种方式调动编辑的积极性、能动性和创造性，并规范编辑的职务行为，向着约束主体预期目标前进的各种制度、方式和方法的总称。实践中，数字出版编辑的激励机制主要包括引进年薪制、项目奖励机制、科研激励机制、销售提成机制、继续教育机制等；约束机制主要包括导向管理机制、意识形态责任制、内容管理机制、技术应用管理机制、文化安全机制、"双效统一"机制等。

其二，引进机制、培训机制、晋升机制与退出机制。数字出版编辑的引进、培训、晋升与退出机制，是根据编辑与数字出版单位的进入、保留以及退出关系进行划分的机制类型。引进机制是指通过年薪制等具体方式引进数字出版编辑的机制；培训机制是指对数字出版编辑培养、教育以提升其专业能力的机制；晋升机制是指当满足一定条件时对数字出版编辑进行职务晋升、职称评聘、待遇提升等机制；退出机制是指数字出版编辑在单位内部由数字出版部门

① 张新新.我国数字编辑职业化历程回顾与价值分析[J].出版广角，2016(5)：17-19.

转岗至其他业务部门或者在外部流向并就职于其他单位的机制。由于数字出版发展处于起步期和探索期，出版单位发展数字出版、推动深度融合的思想未必一致，人才的流动或转岗便成为屡见不鲜的现象，因此，健全和完善数字出版编辑引进机制、培训机制、晋升机制以及合理安排退出机制，成为数字出版企业可持续、高质量发展的重要制度保障和关键制度安排。

其三，创新机制与容错机制。数字出版编辑的创新机制是推动数字出版高质量发展的根本动力机制：通过一系列深化改革创新的制度设定、执行、反馈与改进措施，来推动数字出版编辑创新性发展，进而为数字出版高质量发展提供主体动力源和高水平智力资源，是推动数字出版发展与出版深度融合的不二选择。容错机制，是指对数字出版编辑在改革发展进程中的失误和不成熟做法，要以宽容和包容的心态，来推动数字出版持续探索和提质增效的机制。容错机制为数字出版编辑发展解决了后顾之忧，使之在更加宽松的制度环境中勇于任事，敢于担当，善于成事。数字出版编辑创新机制主要包括提高国家级、省部级高层次人才特殊支持计划的数字出版、融合出版人才比例，加强创新型数字出版编辑培养机制、以创新为导向的出版人才评价机制、充分体现创新要素价值的编辑激励机制等；数字出版编辑容错机制，可根据具体的数字出版工作实践，分别在数字出版编辑推进内容创新、技术创新、体制机制创新、产品创新、服务创新、模式创新、业态创新等出版创新活动中针对出现的具体问题精准施策。创新机制与容错机制是一枚硬币的两面，分别从动力和压力两个方面来调动数字出版编辑的积极性、能动性，推动数字出版编辑的高质量发展和高水平成长。

综上所述，数字出版编辑素质属于编辑基本理论，数字出版编辑类型则是内在素质的外化和显性化所形成的编辑体系，数字出版编辑机制则更多是从编辑系统外部施以压力或动力以推动数字出版编辑系统的平衡、有序、从低级有序到高级有序地发展。三者之间相互联系、相互作用，是辩证统一的逻辑关系，统一于数字出版编辑的高质量发展和高标准培养，统一于数字出版高质量发展的人才队伍建设，统一于数字出版高质量发展的理论与实践。

　　"学科的基础理论是指一个学科的核心概念、研究范畴与基本问题，是一个学科存在和被认可的核心与基础。"①数字出版编辑作为数字出版学的一个基本概念，对其内涵的揭示、外延的分析以及特征的诠释，并对其所涵括的数字出版编辑素质、数字出版编辑类型、数字出版编辑机制等范畴进行建构，既是数字化战略视域下中国特色社会主义数字出版基础理论建构的必然要求，也是丰富和拓展编辑理论概念体系的有益尝试。

　　从概念设定来看，数字出版编辑包含双重内涵：在动态维度，是指数字出版的内容、技术和运维活动，即数字出版的产品策划、资源组织、产品设计、内容审校、加工制作、产品发布、运营维护以及售后服务活动；在静态维度，简而言之，是指专门从事数字出版编辑工作的人员，主要包括数字出版内容编辑、数字出版技术编辑以及数字出版运维编辑三种类型。尽管数字出版编辑外延的核心领域——内容编辑、技术编辑和运维编辑已经取得共识，但是鉴于数字出版实践的千变万化以及人们主观认识的不断深化，数字出版编辑外延同样存在扩展性和模糊性问题。数字出版编辑的基本特征——基本素质数字化、出版服务数字增值性，是数字出版编辑与传统出版编辑、数字新闻编辑、数字视听编辑等之间的显著区别所在。

---

　　① 方卿，许洁，等.出版学基础[M].武汉：武汉大学出版社，2022：10.

第十二章 数字出版项目

　　数字出版产业链环节质量的提升，数字出版可持续、高质量发展，离不开重大文化产业项目的带动。本章对数字出版文化产业发展专项资金项目、国有资本经营预算金项目的历年支持方向和支持力度等与数字出版项目相关的内容进行概括，并对数字出版项目申报要领进行总结，以期促进读者了解数字出版项目实施与验收，掌握数字出版项目管理原则与机制。

　　近年来，在出版转型升级领域，中宣部、财政部和原国家新闻出版广电总局等有关主管部门给予了大量的财政项目和政策支持。因此，财政项目的策划、申报、实施、验收和管理也构成了新常态下数字出版从业者主要工作内容之一，成为中国特色数字出版的重要组成部分。

　　在国家级宏观调控政策方面，以项目政策的来源和归口为分类标准，数字出版项目主要可以分为出版改革发展项目库项目、"原动力"中国原创动漫出版扶持计划项目、经典中国国际出版工程、丝路书香工程、中华学术外译工程、文化产业发展专项资金项目、国有资本经营预算金项目等，其中文化产业发展专项资金项目、国有资本经营预算金项目在整个数字出版起步、发展、壮大以及繁荣的过程中起到了至关重要的作用。在地方性文化产业政策调控方面，各省市财政部门、宣传部门也都每年陆续给予相应的文产资金和政策支持。据不完全统计，出版业每年从文化产业发展专项资金、国有资本经营预算金等文化产业支持项目中获得的支持比例高达30%以上。

　　这些财政项目应该如何申报？项目书的撰写在形式上和内容上

有哪些技巧？项目审批后实施过程中有哪些注意要点？项目成果转化的难题何在？本章试图回答和呼应上述问题。

12.1 数字出版项目类型及支持范围

就数字出版的项目类型而言，除了财政部、原国家新闻出版广电总局所发布的项目外，还包括科技部等有关部门所发布的文化科技与现代服务业国家重点研发计划等项目。但是就数字出版部门、公司所申报实施的项目而言，主要包括：新闻出版改革发展项目库项目、文化产业发展专项资金项目和国有资本经营预算金项目。

12.1.1 文化产业发展专项资金项目

为贯彻落实中央关于文化改革发展的战略部署，加快推动文化产业成为国民经济支柱性产业，财政部每年都会发布当年度的文化产业发展专项资金的通知。文化产业发展专项资金（下面简称"文产资金"）是中央层面支持文化产业发展的专项资金，由财政部文资办每年进行发布、评审、公示和公布。

根据《文化产业发展专项资金管理暂行办法》（财文资〔2012〕4号）的规定，文化产业发展专项资金由中央财政安排，专项用于提高文化产业整体实力，促进经济发展方式转变和结构战略性调整，推动文化产业跨越式发展。专项资金的管理和使用应当体现国家文化发展战略和规划，符合国家宏观经济政策、文化产业政策、区域发展政策及公共财政基本要求，坚持公开、公正、公平的原则，确保专项资金的规范、安全和高效使用。

根据《文化产业发展专项资金管理办法》（财教〔2021〕64号）规定，文产专项由中央财政预算安排，用于支持文化产业发展，健全现代文化产业体系和市场体系，创新生产经营机制，维护国家文化安全，提高文化产业整体实力，推动文化产业高质量发展。根据预算管理规定，文产专项分别列入中央本级项目支出和对地方转移支付。

文化产业是以生产和提供精神产品为主要活动，以满足人们的文化需要作为目标，是指文化意义本身的创作与销售，狭义上包括文学艺术创作、音乐创作、摄影、舞蹈、工业设计与建筑设计。根据国家统计局发布的《文化及相关产业分类（2018）》的分类标准，我国的文化产业及其相关产业主要分为：第一，文化核心领域，即以文化为核心内容，为直接满足人们的精神需要而进行的创作、制造、传播、展示等文化产品（包括货物和服务）的生产活动。具体包括新闻信息服务、内容创作生产、创意设计服务、文化传播渠道、文化投资运营和文化娱乐休闲服务等活动。第二，文化相关领域，包括为实现文化产品的生产活动所需的文化辅助生产和中介服务、文化装备生产和文化消费终端生产（包括制造和销售）等活动。通过审阅历年的文产资金的通知文件可以看出，上述文化产业类型就是每年的文产资金所主要支持的范围。

12.1.1.1 历年支持方向

2014—2018 年，国家级文化产业发展专项资金先后经历了"项目制"、"市场化配置资源+重大项目"制、"中央本级+地方重大项目"制等几个发展阶段，也是我国数字出版的财政治理水平不断提升的历程，每个阶段都有其特定的时代背景和意义。

（1）2014—2015 年文产资金支持模式

2014 年文产通知的支持方向为九个方面：①继续支持推进文化体制改革、培育骨干文化企业、构建现代文化产业体系、促进金融资本和文化资源对接、推进文化科技创新和文化传播体系建设、推动文化企业"走出去"六大方向。②巩固文化金融扶持计划。③扩大实体书店扶持试点范围。④实施环保印刷设备升级改造工程。⑤开展新闻出版业数字化转型升级。⑥推动电影产业发展。⑦促进文化创意和设计服务与相关产业融合。⑧加快特色文化产业发展。⑨推动对外文化贸易发展。

2015 年文产通知的支持方向为八个方面：①巩固文化金融扶持计划。②继续扶持实体书店发展。③开展新闻出版业数字化转型升级。④加快推动影视产业发展。⑤促进文化创意和设计服务与相关产业融合。⑥支持特色文化产业发展。⑦推动对外文化贸易发展。⑧推动传统媒体和新兴媒体融合发展。

通过 2014 年、2015 年文化产业专项资金支持方向的对比，我们可以看出，2015 年文产支持方向相较于 2014 年有"删""调""增"三个特点：

第一，"删"——取消了第一条关于继续支持文化体制改革、培育骨干文化企业等六大方向的提法。

第二，"调"——将"环保印刷设备升级改造"调整到"新闻出版业数字化转型升级"的条文里，不再作为单独的一条进行重点强调。

第三，"增"——增加了关于媒体融合发展的支持方向。推动传统媒体和新兴媒体融合发展。支持传统媒体运用已有技术成果，开展全媒体、大数据应用、视听新媒体、音视频集成播控等平台建设；支持传统媒体发挥内容资源优势，创新文化产品和服务，培育核心竞争力；支持传统媒体与新兴媒体在内容、渠道、平台、经营、管理等方面的深度融合，拓展传播渠道与影响力。

针对上述支持方向的变化，出版机构可适度调整好自己的申报方向，例如，2015 年度申报媒体融合发展方向的项目，如果形式要件、实体要件都符合优秀项目的标准，那么其获批的可能性会更大，同时，其获批的资金支持量相应也会更大；相反，如果还在印刷环保领域重点申报项目的，可能会受到文产项目"优中选优"的限制，获批的可能性较小，或者获批的资金量相对较少。

从 2015 年文产项目公示的 800 多个项目来看，仅仅申报媒体融合领域的"大数据"相关的项目就获批了 17 个，包括"大数据应用模式下新华书店数字化转型升级改造工程、涉台影音大数据及云服务共享平台、审计数字出版大数据应用知识库建设项目、影视文化内容制作行业的大数据决策辅助平台、昌荣 ATD 大数据广告服务平台(昌荣 ATD 广告营销智能化平台)、基于消费行为大数据的广告精准投放系统、基于云技术的全平台化游戏大数据分析系统、福建省有线电视大数据应用中心项目、中国地质专业资源知识服务大数据平台"等。仔细分析可以看出，这些项目分布于新闻出版、广播电视、游戏广告等各个领域，都特色鲜明地体现了大数据对于文化产业各个领域的决策辅助、数据分析等价值和作用。

（2）2016—2017 年文化产业资金支持模式

在"十三五"开局之年，2016 年文化产业发展专项资金进行了重大改革，改革的主要方向是增加了"市场化配置资源"部分，主要用于文投集团和基金方面的支持，2016 年累计拨付 14 亿元。同时，仍然保留了"项目补贴"的方式，并将获得支持的财政项目界定为"重大项目"。根据财政部有关文件，重大项目部分是指围绕党中央、国务院重大决策部署，开展的巩固文化金融扶持计划、支持特色文化产业发展、促进文化创意和设计服务与相关产业融合、加快推动影视产业发展、推动广电网络资源整合和转型升级、继续扶持实体书店发展、推动传统媒体和新兴媒体融合发展和推动对外文化贸易八个重大项目，着力提高财政推动文化领域供给侧结构性改革贡献度。根据财政部公开的数据来看，2016 年重大项目部分支持的金额为 223413 万元，支持项目数量较以前没有太大变化，但是支持金额较前几年减少了近乎一半，平均每个项目的支持额度不足 300 万元。

2016 年文化产业发展专项资金的最大亮点在于支持范围中新增了"市场化配置资源部分"。市场化配置资源部分是指为落实《国务院关于改革和完善中央对地方转移支付制度的意见》（国发〔2014〕71 号）有关要求，引入市场化运作模式，培育、遴选一批中央、地方和市场的优秀文化产业基金，支持重点省级国有文投集团加大债权投资力度，切实发挥财政资金引导和杠杆作用，积极撬动社会资本支持文化产业发展。市场化配置资源主要包括两个方向，其一是优秀文化产业基金；其二是省级文投集团。

2016 年文产资金改革实行"市场化配置+重大项目"双驱动机制，具有三个重要特点，做到了"三个首次"。一是立足理顺政府与市场关系，首次大幅引入市场化运作机制，将"有形的手"与"无形的手"相结合。二是围绕党中央、国务院重大决策部署，首次取消一般扶持项目，仅支持重大项目。其中 28.6 亿元全部投入重大项目，聚焦媒体融合、文化创意、影视产业、实体书店等八个方面，着力提高财政推动文化领域供给侧结构性改革贡献度。三是与宣传文化部门统筹谋划、共同实施，首次建立牵头部门负责制。①

表 12-1　　　　　　**2016 年文化产业资金分布情况**

（金额单位：万元）②

序号	区域	市场化配置资源部分	重大项目部分	总计
	合计	141000	223413	364413
1	北京	55000	16930	71930
2	天津		4795	4795
3	河北	5000	6210	11210
4	山西		3430	3430
5	内蒙古		4590	4590
6	辽宁	5000	5660	10660
7	大连		4065	4065
8	吉林		1952	1952
9	黑龙江		4825	4825
10	上海		4989	4989
11	江苏	10000	10635	20635
12	浙江		15400	15400
13	宁波		2285	2285
14	安徽		10235	10235
15	福建	10000	7585	17585
16	厦门		2080	2080

---

① 财政部. 财政部下达 44.2 亿元文化产业发展专项资金 [EB/OL]. [2016-08-05]. http：//whs. mof. gov. cn/pdlb/gzdt/201608/t20160805_2376596. html.

② 财政部. 财政部关于下达 2016 年文化产业发展专项资金的通知 [EB/OL]. [2016-07-29]. http：//jkw. mof. gov. cn/zxzyzf/whcy/201907/t20190715_3300400. htm.

续表

序号	区域	市场化配置资源部分	重大项目部分	总计
17	江西		7810	7810
18	山东	10000	7194	17194
19	青岛		2767	2767
20	河南		7780	7780
21	湖北		6160	6160
22	湖南	10000	9880	19880
23	广东	5000	4580	9580
24	深圳	5000	7393	12393
25	广西		4420	4420
26	海南		469	469
27	重庆		5500	5500
28	四川	10000	9339	19339
29	贵州	10000	3760	13760
30	云南		8515	8515
31	西藏		4690	4690
32	陕西	6000	8020	14020
33	甘肃		6740	6740
34	青海		2890	2890
35	宁夏		2800	2800
36	新疆		7040	7040

2017年文化产业资金支持类别，仍然包括重大项目和市场化配置资源两个大的领域，和2016年基本相同。不同之处在于：支持的方向为10个；相对于2016年文化产业资金，增加了中华优秀传统文化、体育健身休闲2个方向，分别由中宣部和国家体育总局牵头负责；获批的文产项目数量相对于2016年更多，同时，每个项目仍然保持平均300万元左右的拨付额度。

2017年文产资金所支持的重大项目包括：

（1）支持中华优秀传统文化传承发展，由中宣部牵头负责。

（2）实施文化金融扶持计划，由文化部牵头负责。

（3）支持特色文化产业发展，由文化部牵头负责。

（4）促进文化创意和设计服务与相关产业融合发展，由文化部牵头负责。

（5）推动影视产业发展，由原国家新闻出版广电总局牵头负责，其中重点影视项目由中宣部负责。

（6）推动广电网络资源整合和智能化建设，由原国家新闻出版广电总局牵头负责。

（7）扶持实体书店发展，由原国家新闻出版广电总局牵头负责。

（8）推动传统媒体和新兴媒体融合发展，由原国家新闻出版广电总局牵头负责，其中报刊台网媒体建设由中宣部负责。

（9）推动对外文化贸易发展，由商务部牵头负责。

（10）支持体育健身休闲产业发展，由国家体育总局牵头负责。①

表 12-2　**2017 年文化产业发展专项资金（重大项目方面）**
转移支付汇总表②③　　（金额单位：万元）

序号	区域	支持金额
	合计	186588
1	北京	14868
2	天津	3140

---

① 财政部 . 关于申报 2017 年度文化产业发展专项资金的通知［EB/OL］.［2017-04-25］. http：//jkw. mof. gov. cn/zhengcefabu/201907/t20190715_3300253. htm.

② 财政部 . 关于申报 2017 年度文化产业发展专项资金的通知［EB/OL］.［2017-04-25］. http：//jkw. mof. gov. cn/zhengcefabu/201907/t20190715_3300253. htm.

③ 财政部 . 财政部关于下达 2017 年文化产业发展专项资金（重大项目方面）的通知［EB/OL］.［2017-11-09］. http：//whs. mof. gov. cn/zxzyzf/whcyfzzxzj/201712/t20171207_2769330. html.

续表

序号	区域	支持金额
3	河北	4290
4	山西	3508
5	内蒙古	4310
6	辽宁	3710
7	大连	2039
8	吉林	2460
9	黑龙江	4705
10	上海	10162
11	江苏	10221
12	浙江	11117
13	宁波	2668
14	安徽	9887
15	福建	4180
16	厦门	3950
17	江西	6172
18	山东	5691
19	青岛	749
20	河南	5113
21	湖北	6985
22	湖南	8149
23	广东	5375
24	深圳	6054
25	广西	4595
26	海南	2155
27	重庆	2690
28	四川	6388

续表

序号	区域	支持金额
29	贵州	2405
30	云南	8181
31	西藏	1041
32	陕西	5340
33	甘肃	4480
34	青海	2620
35	宁夏	2690
36	新疆	4500

注：重大项目部分是指围绕党中央、国务院重大决策部署，开展的支持中华优秀传统文化传承发展、实施文化金融扶持计划、支持特色文化产业发展、促进文化创意和设计服务与相关产业融合发展、推动影视产业发展、推动广电网络资源整合和智能化建设、扶持实体书店发展、推动传统媒体和新兴媒体融合发展、推动对外文化贸易发展和支持体育健身休闲产业发展 10 类重大项目，着力提高财政推动文化领域供给侧结构性改革贡献度。

表 12-3　　**2017 年文化产业发展专项资金转移支付**

（市场化配置方面）汇总表①

（金额单位：万元）

序号	区域	市场化配置方面
	合计	139000
1	北京	15000
2	天津	4000
3	河北	8000
4	山西	4000

①　财文〔2017〕88 号〔EB/OL〕.〔2017-12-21〕. http：//whs. mof. gov. cn/zxzyzf/whcyfzzxzj/201712/t20171207_2769331. html.

续表

序号	区域	市场化配置方面
5	内蒙古	14000
6	辽宁	8000
7	黑龙江	8000
8	江苏	26000
9	山东	10000
10	河南	8000
11	湖南	3000
12	广东	10000
13	云南	4000
14	陕西	12000
15	甘肃	5000

注：市场化配置资源方面是指为落实《国务院关于改革和完善中央对地方转移支付制度的意见》(国发〔2014〕71号)有关要求，引入市场化运作模式，支持地方优秀文化产业基金和省级国有文投集团发展，切实发挥财政资金引导和杠杆作用，积极撬动社会资本支持文化产业发展。

(3)2018年以后文化产业资金支持模式

2018年文产资金的政策又是一个重要拐点，相对于2014—2017年的文产政策而言，有以下几个方面的特点：

第一，在重大项目方面，以两个文件的形式下发政策，分别是：财办文〔2017〕50号《关于申报2018年度文化产业发展专项资金(重大项目方面)》以及财办文〔2018〕13号《财政部办公厅 中宣部办公厅 商务部办公厅关于申报2018年度文化产业发展专项资金(重大项目方面)转移支付项目的通知》。相比而言，以前年度的中央文化产业发展资金政策都是以一个文件的形式下发，而2018年度截至2018年5月底，在重大项目扶持方面就已经下发了两个文件。

第二，首次区分中央本级重大项目和地方性重大项目。两个文件对重大项目的支持方向有显著区别：中央本级项目的支持方向为9个，在2017年文产资金的基础上，删减了"实施文化金融扶持计划，由文化部牵头负责"的内容。而地方性重大项目的支持方向则包含两个方面："其一，推动影视产业发展（中宣部牵头负责）。重点支持用于增强文化自信、保障国家文化安全的重大革命历史题材，反映改革开放和中国特色社会主义伟大实践取得重大成就和宏伟业绩题材的重点影视剧；其二，推动对外文化贸易发展（商务部牵头负责）。鼓励和支持我国文化企业参与国际竞争，扩大文化服务出口，推动中华文化走出去。对列入《2017—2018年度国家文化出口重点企业目录》且在2017年具有较好文化服务出口业绩的地方文化企业，根据2017年度文化服务出口额按比例予以奖励。"①

第三，在地方性重大项目扶持方面，强化对增强文化自信、保障国家文化安全、推动中华文化走出去的支持。而对于以往年度的地方出版企业的"转型升级""媒体融合"等部分的支持方向则明确予以取消。这意味着，连续多年获得财政项目扶持的出版企业，在转型升级、媒体融合等领域，真正需要发挥企业自身的主动性、能动性和积极性，向着市场化运营和产业化发展的方向努力，向着自我造血机制形成的方向前进。

第四，对文化产业宏观调控的精准性、细分性以及绩效要求有明显提升。2018年文产资金首次对重大项目和市场化配置资源部分进行分别发文，首次区分了中央本级和地方重大项目，体现了宏观调控的精准性和细分性。同时，对所申报的重大项目，在经济效益、社会效益、公益指标等方面做出了严格的要求。仅以"传统媒体和新兴媒体融合发展"类项目的指标来看，设置了总体目标和三级效益指标，一级效益指标包括产出指标、效益指标和满意度指标。产出指标包括数量指标、质量指标和时效指标；效益指标包括社会效益、经济效益、生态效益指标和可持续影响指标。

---

① 财政部办公厅　中宣部办公厅　商务部办公厅关于申报2018年度文化产业发展专项资金（重大项目方面）转移支付项目的通知［EB/OL］.［2018-03-27］. http：//whs. mof. gov. cn/pdlb/zcfb/201804/t20180402_2858236. html.

2019 年的文化产业资金支持方向调整为两个方向："一是推动影视产业发展，采取对重点影视项目直接补助方式，项目征集、遴选、评审工作由中央宣传部牵头负责；二是推动对外文化贸易发展，采取对文化服务出口后奖励方式，项目征集、遴选、评审工作由商务部牵头负责。"2019 年中央文化企业国资预算的申报指南，"仍然延续'规划制'+'绩效制'的方式，按照'退后一步，站高一层'的原则，继续在落实国家重点文化战略、文化领域供给侧结构性改革和文化领域国有资本布局结构三个方向给予重点支持"。① 所不同的是，2019 年 6 月，中央文化企业国资预算陆续拨付至各企业，资金拨付更鲜明地体现了"扶优扶强、注重示范"的特点：部分市场化程度高、产业化规模初显的企业所得到支持资金更多，国资预算的注入更有利于其做大做强，推进数字出版的产业化发展，进而更好地体现国资预算资金的示范撬动效应。

2020 年 10 月，中共中央宣传部发布有关文件，对 2021 年度文化产业发展专项资金推动影视产业发展项目拟支持的 29 个项目进行了公示；同月，财政部提前下达了 2021 年文化产业发展专项资金(重大项目方面)预算，山西、内蒙古、安徽、重庆、宁波等 7 省市累计获批 4000 万元支持。② 陕西、贵州等省份也发布了相应的文化产业发展专项资金支持项目。北京市启动了宣传文化引导基金 2020 年度一般项目，电影、出版类拟资助项目：《全国中医药行业规划教材教学资源库》《自然资源 AR 数字图书馆》《中国历史文献总库·红色文献专题数据库》等 44 个优秀网络出版项目获得资助，《冬奥会冰上项目知识普及介绍片》等 17 个优秀音像电子出版项目获得资助，此外，还有《青春绽放在军营》等 7 个优秀网络出版项目获得奖励。

---

① 张新新．吉光片羽：人工智能时代的出版转型[M]．北京：清华大学出版社，2019：200-203.

② 关于提前下达 2021 年文化产业发展专项资金(重大项目方面)预算的通知[EB/OL]．[2020-11-06]．http：//www.mof.gov.cn/gp/xxgkml/kjs/2020 12/t20201202_3632065.htm.

文化产业专项资金的"市场化""绩效性"改革，对数字出版共同体最大的启发在于：数字出版企业不能总是本着"等、靠、要"的心态，不能只是依靠财政扶持来维持生存，而应该及早地根据市场规律，发挥市场在配置资源中的决定性作用，自负盈亏、自主经营，真正埋头研究市场，真正扎根于市场，快速形成自我造血机制，在市场中锻炼和造就经营发展的本领。

12.1.1.2　历年支持概况

2014年，财政部下达文化产业发展专项资金50亿元，比2013年增加4.2%，共支持项目800个（其中：中央191个，地方609个），与2013年基本持平。据财政部文资办相关人士介绍，这是为贯彻落实中央关于文化改革发展的战略部署，也是加快推动文化产业成为国民经济支柱性产业的重要举措。

2014年专项资金管理工作有三个突出特点：一是充分借助行业主管部门力量。二是积极发挥专家评审作用。在中宣部、文化部、原国家新闻出版广电总局、商务部等推荐的基础上，大幅扩大专家库规模，专家库总人数由54人增加至152人，涵盖专业领域更广，人员结构更合理，特别是新增了大量金融领域、新兴文化产业领域的专家，以适应专项资金申报项目日趋复杂化、多样化的需要，同时也确保了项目评审的公平公正。三是全面引入社会监督机制。社会监督力量，是符合新《预算法》精神的有益尝试。①

2015年9月底，财政部下达2015年度文化产业发展专项资金50亿元；支持项目850个，较2014年增长6.25%。为使专项资金分配更加科学、合理、规范，2015年重点做了以下改进：一是继续优化资金投向；二是积极创新管理模式；三是全面引入第三方监督机制。截至2015年年底，文化产业发展专项资金已累计安排242亿元，支持项目4100多个，有力地支持了文化体制改革和文化产业发展，对推动全国文化领域结构调整、合理配置文化资源、

---

① 杨亮. 财政部下达50亿元文化产业发展专项资金[N]. 光明日报，2014-11-14.

优化产业发展整体布局发挥了重要作用。①

2016 年文化产业发展专项资金下达 44.2 亿元,支持项目 944 个,其中 2016 年文化产业发展专项资金支持市场化配置资源部分的金额为 141000 万元。共有北京、河北、江苏、贵州等 12 个省份获得了市场化配置资源部分的支持,最少省份获得的支持为 5000 万元,而最多的省份则拿到了 55000 万元的支持。28.6 亿元全部投入重大项目,聚焦媒体融合、文化创意、影视产业、实体书店等八个方面,着力提高财政推动文化领域供给侧结构性改革贡献度。②

2017 年文化产业发展专项资金在重大项目方面投入 186588 万元,市场化配置方面 139000 万元,总计约 32.56 亿元。其中重大项目获得支持总数在 1 亿元以上的有四个省份:分别为北京 14868 万元、上海 10162 万元、江苏 10221 万元、浙江 11117 万元。在市场化配置方面,共有 15 个省份获得支持,获得超过 1 亿元以上支持的省份包括:北京 1.5 亿元、内蒙古 1.4 亿元、江苏 2.6 亿元、广东 1 亿元、陕西 1.2 亿元。

12.1.2 国有资本经营预算金项目

国有资本经营预算(以下简称“国资预算”),是国家以所有者身份对国有资本实行存量调整和增量分配而发生的各项收支预算,是政府预算的重要组成部分。在文化产业领域,财政部文资办面向 100 多家中央文化企业,每年定期发布关于申报国有经营预算金项目的通知,并组织答辩、专家评审,最终确定入选的项目和支持的比例。

12.1.2.1 历年支持方向

除了支持一般性项目以外,2013—2015 年,财政部文资办在

---

① 财政部下达 50 亿文化产业发展资金比上年增 4.2%[EB/OL].[2015-09-30]. http://money.163.com/15/0930/15/B4P6H18B0025 2G50.html.

② 财政部下达 44.2 亿元文化产业发展专项资金[EB/OL].[2016-08-05]. http://whs.mof.gov.cn/pdlb/gzdt/201608/t20160805_2376596.html.

国资预算项目中专门确定了为期三年的重点支持领域，按照"层层落实、压茬推进、扶优扶强"的原则，连续三年分别就数字化转型升级、特色资源库、数字内容运营平台三个领域给予了符合条件的出版机构以重点支持。

2013 年，出版业基建数字化元年，所启动的央企数字化转型升级项目，主要解决了中央文化企业的数字化软硬件配置问题，为符合条件的出版单位配置了转型升级的相关硬件，同时在数字化加工软件、内容资源管理系统、协同编辑软件和内容发布平台等软件领域给予了资金支持。通过项目开展，从生产流程改造、产品表现形式两个方面推动全面、完整的数字化转型升级。项目实现了预期的两大目标：一是对传统的出版流程的软件及系统进行数字化改造，推动出版流程的完整性建设；二是开发对多种属性的内容资源进行关联、复合应用的软件及系统，推动出版产品表现形式的完整性建设。①

2014 年，出版业资源数字化元年，所启动的中央文化企业特色资源库项目，是在央企技改项目的基础上，致力于传统出版企业实现存量资源转化、在制资源建设和增强资源发掘三项任务，通过资源建设，推动出版社实现特定行业、特定领域的资源库、产品库的建立和健全。通过特色资源库项目，传统出版单位实现了包含文字、图片、视听、游戏、动漫等全部知识素材在内的全媒体资源库的建立和完善，为市场化运营和规模化发展奠定了扎实的内容基础。

2015 年，出版业平台数字化元年，所启动的数字内容运营平台项目，是在技改项目、资源库项目的基础上，财政部文资办再次发力推动出版社完成数字出版市场化"最后一公里"的任务。数字内容运营平台项目主要从数字产品和运营平台两个维度，支持传统出版机构建设特定行业领域的数字图书馆、专业数据库、知识库等代表性的数字产品；同时重点支持出版机构就特定行业开展行业级

---

① 总局发文助推文化央企数字化转型升级［EB/OL］.［2013-11-06］. http：//wzb. mof. gov. cn/pdlb/mtxx/201311/t20131106_1007841. html.

的数字运营平台建设，支持出版社将大数据、云计算等各项技术应用于数字产品运营的精准投送、精准营销、决策辅助等环节。

2016 年没有确定具体的支持方向，围绕的重点支持方向仍然是转型升级、媒体融合等。

2017 年国资预算出现重大变化，由以前的"项目制"改为"规划制"，支持中央文化企业三年发展规划，同时对社会效益、经济效益等效益指标提出更高的要求。支持方向主要包括三个方面：落实国家重点文化发展战略、推进文化领域供给侧结构性改革以及调整文化领域国有资本布局结构。

2018 年国资预算支持方向包含三个方面：①落实国家重点文化发展战略。支持中央文化企业把社会效益放在首位，实现社会效益和经济效益相统一。支持有条件的企业做大做强，组建成立股份公司或集团公司。支持"专、精、特、新"中小中央文化企业发展。②推进文化领域供给侧结构性改革，支持企业自主创新，推动文化企业高质量发展。③调整文化领域国有资本布局结构。支持文化与资本衔接，支持企业并购重组，支持中华文化走出去。在具体的文化与科技融合方面，人工智能+文化产业、区块链+文化产业、高端智库建设等新技术、新业态、新模式不断融入项目之中，科技的发展对出版业转型升级的赋能比例、赋能程度越来越高。

2019 年 9 月，《财政部办公厅关于编制 2020 年中央文化企业国有资本经营预算的通知》(财办教〔2019〕18 号)文件下发，2020年中央文化企业国资预算的通知相对于之前三年的文件有较大的变化：

其一，申请文件通过中央文化企业国有资产监督管理平台进行发布，并通过纸质文件下发，没有在网络平台公开发布。自推进出版业转型升级以来，在中央文化企业国资预算资金的申报历史上，首次采用该种通知方式。其二，支持重点调整幅度较大。相对于2017—2019 年的国资预算通知，2020 年的"支持重点"存在着"变与不变"的显著特点："不变"的是："落实国家重点文化发展战略、推进文化领域供给侧结构性改革、调整文化领域国有资本布局结构"这三大支持方向没有发生变化，沿袭了前三年的支持方向。变化的部分包括：（1）"落实国家重点文化发展战略"部分，新增了"发展骨干中央文化企业，推动产业关联度高、业务相近的国有文化企业联合重组，推动跨所有制并购重组，促进产业结构优化升级，提高规模化集约化专业化水平。推动全国有线电视网络整合和智能化建设，建立互联互通、安全可控的全国性数字化文化传播渠道"。（2）"推进文化领域供给侧结构性改革"部分，变化最大的是鲜明体现了数字出版发展由初级阶段向高级阶段过渡的特点——由转型升级上升到融合发展，由融合发展升级到深度融合。"支持中央文化企业整合优质文化资源、平台和内容，推进传统媒体和新兴媒体深度融合，支持运用新技术、新机制、新模式，加快融合发展步伐。""中央文化企业数字化转型升级"的表述不再体现，因"转型升级"的历史使命已经阶段性完成，修改为"中央文化企业整合优质文化资源、平台和内容"；推动传统媒体和新兴媒体"融合发展"调整为"深度融合"；新增了"支持运用新技术、新机制、新模式，加快融合发展步伐"的表述，强化5G技术、区块链、人工智能等新技术赋能出版的趋势，突出项目、科研、人才、运营等新机制助力融合的重要性，隐含着数字出版公司制发展模式等传统的部门制发展模式的扬弃与超越。（3）"调整文化领域国有资本布局结构"部分，首次强调文化与科技、旅游、农业、制造业、建筑业等国民经济其他产业的融合发展，体现了文化对经济社会发展的辐射力、助推力和影响力，同时，对中央文化企业的国际传播能力、中华文化的国际话语权有进一步强化的表述。

2020年7月，《财政部办公厅关于编制2021年中央文化企业国有资本经营预算的通知》（财办教〔2020〕56号文）下发。根据该文件，相较往年，2020年中央文化企业国有资本经营预算最大的变化是，支持重点除包括"落实国家重点文化发展战略、推进文化领域供给侧结构性改革、调整文化领域国有资本布局结构"以外，新增了一个方向——"推动国家文化大数据体系建设"。支持中央文化企业将已建成数据库同"中国文化遗产标本库、中华民族文化基因库、中华文化素材库"对接，巩固和提升数字化转型升级成果，结合国家复合出版系统工程推广工作，创建数字化文化生产线，开发文化大数据，创作生产适应现代化网络传播的文化体验产品。由此，中央文化企业数年来推进数字化转型升级所研发的大量知识服务平台、数据库平台，在运营模式、价值实现的出口方面又多了一个——与国家文化大数据体系工程相结合、相融合。并且，该支持方向也体现了数字技术赋能出版、赋能文化产业的最新政策红利：作为人工智能两大基石的大数据技术，由大数据作用于出版到大数据赋能文化产业，由之前的新闻出版大数据工程上升到国家文化大数据体系建设的高度，进而使得数字出版的高级阶段——智能出版获得了又一次的发展战略机遇期。

12.1.2.2　历年支持概况

中央文化企业国有资本经营预算金项目历年支持的情况主要如下。

（1）2014年国资预算项目支持情况概要

2014年年底，中央财政下达2014年中央文化企业国有资本经营预算资金10亿元，共支持72家由财政部代表国务院履行出资人职责的中央文化企业实施的118个项目。资金重点支持三个方向：一是支持中央文化企业兼并重组；二是支持中央文化企业开展转型升级、数字资源库、文化与科技融合等项目建设；三是支持具有竞争优势、品牌优势和经营管理能力的中央文化企业开展文化走出去业务。2011—2014年，中央财政已累计安排国有资本经营预算资金30.6亿元，切实发挥了财政资金的引导和撬动作用，有力扶持和推动了中央文化企业的转型升级、融合发展和文化走出去。①

（2）2015年国资预算项目支持情况概要

2015年度，中央财政下达国有资本经营预算资金7.31亿元，支持67家财政部代表国务院履行出资人职责的中央文化企业实施96个项目。资金重点支持三个方向：一是支持中央文化企业按照优势互补、资源组合的原则，合并组建新企业或集团公司，作为兼

---

① 中央财政安排10亿元支持72家中央文化企业发展[EB/OL]. [2014-12-03]. http://news.cnstock.com/news/sns_bwkx/201412/3278810.htm.

并主体,通过购买、直接入股等方式取得其他文化企业所有权或控股权。二是支持中央文化企业集聚跨部门、跨地区、跨所有制的数字内容资源实施行业及数字运营平台建设,发展具有典型示范效应的网络传播与运营服务平台。三是支持具有竞争优势、品牌优势和经营管理能力的中央文化企业与国外有实力的文化机构进行项目合作,建设文化产品国际营销网络,推动文化产品和服务出口,开拓国际市场。①

2011—2015 年,中央财政已累计安排国有资本经营预算资金37.91 亿元,切实发挥财政资金杠杆作用,助力中央文化企业改革发展,推动中央文化企业做大做强,从而促进文化产业全面振兴。

(3)2016 年国资预算项目支持情况概要②

2016 年国资预算的支持没有延续 2013—2015 年的"技改、特色资源库、行业及运营平台"的专项支持道路,而是按照企业自主申报,根据实际情况给予中央文化企业以项目支持。支持重点较前三年有所调整,但是仍然将传统产业转型升级作为重要支持方向之一。

2016 年,中央财政安排国有资本经营预算资金 11.53 亿元,支持 54 户中央文化企业联合重组和促进传统产业转型升级,重点包括:一是打破部门区域限制,推动中央文化企业联合重组,合并组建新的中央文化企业或集团公司,作为兼并主体,通过购买、直接入股等方式取得其他文化企业所有权或控股权,加快公司制、股份制改造。二是推动出版发行、影视制作、文艺演出等传统产业转型升级,催生新兴文化业态,实现传统出版和新兴出版在内容、技术应用、平台终端等方面共享融通,进行拥有自主知识产权、有利于产业结构调整或升级的关键技术研发,与新兴媒体融合发展。三

---

① 中央财政安排 7.31 亿元国有资本经营预算支持中央文化企业发展[EB/OL]. [2015-11-18]. http://whs.mof.gov.cn/pdlb/gzdt/201511/t20151118_1568452.html

② 中央财政安排 11.53 亿元资金支持中央文化企业发展[EB/OL]. [2016-09-02]. http://whs.mof.gov.cn/pdlb/gzdt/201609/t20160902_2410280.html.

是引导中央文化企业"走出去"，通过新设、并购等方式在境外设立文化企业，参与联合经营，建设文化产品国际营销网络，推动文化产品和服务出口。

（4）2017年国资预算项目支持情况概要

国资预算支持的最大改革在2017年，改革的核心在于：由之前的"项目制"改为"规划制"，由注重单体项目完成质量向注重企业实际经营绩效方向进行转变。

改革的背景是：经过调研，发现部分项目存在落实情况不到位，进度执行缓慢，调整较多，项目经费不能用于其他方面支出等问题，基于全方面考虑，改革势在必行。

此次改革的总体指导思想是：项目管理的资金注入方式由直接分配改为间接分配，做到"支持有重点，编制有规划，执行有监管，绩效有反馈"。

改革之后，主要的亮点在于：一是事前专家评审与事后评估相结合；二是对执行预算方式进行改革，可以根据市场及规划进行调整，只要不偏离报备的整体规划；三是加强绩效管理和对决算方式进行管理。

具体而言，2017年国有资本金支持调整了方向，由以前的支持中央文化企业申报项目改为"引导中央文化企业科学制定发展战略，支持中央文化企业做好三年规划"。

在《关于做好2017年中央文化企业国有资本经营预算支出管理工作的通知》（财办文〔2017〕22号）的"二、支持重点"部分指出：

> 贯彻落实中共中央办公厅、国务院办公厅《印发〈关于推动国有文化企业把社会效益放在首位、实现社会效益和经济效益相统一的指导意见〉的通知》《关于印发〈国家"十三五"时期文化发展改革规划纲要〉的通知》等文件精神，国有资本金注入支持重点主要包括：
>
> （一）落实国家重点文化发展战略。支持中央文化企业把社会效益放在首位，实现社会效益和经济效益相统一。支持企业公司制、股份制改造，组建成立集团公司，壮大企业整体实

力和竞争力。支持"专、精、特、新"中小中央文化企业发展。解决中央文化企业改革历史遗留问题。

（二）推进文化领域供给侧结构性改革。推动传统媒体与新兴媒体融合发展，促进中央文化企业数字化转型升级。支持文化科技创新，整合广电网络资源，建设知名文化品牌，提升版权资源价值。加大"文化+"创新力度，推动文化与旅游、体育等紧密融合，弘扬中华优秀传统文化，培育新型文化业态。

（三）调整文化领域国有资本布局结构。以资本为纽带，支持中央文化企业跨地区跨行业跨所有制并购重组。支持文化资源与金融资本、社会资本有效对接，整合优质文化资源、平台和内容。支持中华文化走出去，扩大对外文化贸易和文化投资，打造外向型骨干中央文化企业。

在"四、绩效管理与决算"中指出：

（一）绩效管理。加强对中央文化企业国资预算绩效管理。企业在申请国资预算时，要紧密结合国资预算内容，设置预算绩效目标及指标，做到指向明确、细化量化、合理可行。执行中，企业要对照预算绩效目标，加强绩效执行监控；年度终了后，开展绩效自评。财政部要对中央文化企业国资预算定期组织开展重点绩效评价，绩效评价结果要作为改进管理、完善政策和以后年度预算的依据。

应该说，经过改革之后的国资预算支持方式和考核方式，充分体现了宏观调控的特点，大大激活了出版企业的积极性和主动性，使得出版企业能够按照自身发展实际情况和行业整体发展态势对具体规划的执行作出灵活调整，充分尊重了市场规律在经济运行过程和事务中的作用，进一步推动了政府调控这只"有形的手"和市场规律这只"无形的手"相互融合和促进。

（5）2018 年以后国资预算项目支持情况概要

2018 年国资预算支出总额保持上涨态势，中央财政向中央文化企业注资 15 亿元，比上年增长 25%。① 2018 年国资预算支持的力度更大、额度更高，真正体现了扶持做优做强做大的调控原则；在具体的文化与科技融合方面，人工智能+文化产业、区块链+文化产业、高端智库建设等新技术、新业态、新模式不断融入项目，科技的发展对出版业转型升级的要求越来越高。2018 年以后的支持数额没有公开发布。

12.1.3　新闻出版改革发展项目库

为深入贯彻落实中央、国务院推动文化产业发展相关政策文件精神，有效实施项目带动战略，推动新闻出版业大发展大繁荣，原国家新闻出版广电总局已连续多年开展新闻出版改革发展项目库的申报和评审工作。新闻出版改革发展项目库是各个出版社关于新闻出版业改革和发展最新思路、最新规划、最新布局的集中体现，从整体上反映了我国新闻出版业发展的最新趋势和下一步的发展走向。

2014 年度新闻出版改革发展项目库最终确定入库项目 323 个。截至 2013 年年底，约有超过 1/3 的入库项目获得中央和地方各类资金资助。除获得中央和地方的文化产业发展专项资金外，还得到中央文化企业国有资本经营预算资金、宣传文化发展专项资金、国家出版基金、走出去专项资金、民族文字出版专项资金、东风工程等多方面、多渠道的资助和支持。这些项目的实施大力推动了新闻出版业从传统出版向数字化转型，从传统印刷向绿色印刷、数字印刷转型，从传统的内容提供逐步向知识服务转型。②

---

① 财政部向中央文化企业注资 15 亿元　推动企业做强做优做大[EB/OL]．[2018-11-27]．http：//whs. mof. gov. cn/pdlb/gzdt/201811/t20181127_3077013. html.

② 涂桂林. 新闻出版改革发展项目库 323 个项目入选[EB/OL]．[2014-08-04]．http：//media. people. com. cn/n/2014/0804/c192372-25400081. html.

在数字出版层面，近几年，新闻出版改革发展项目库为文化产业发展专项资金、国资预算金提供了大量的优质项目，改革项目库入选的重点项目获批文产资金、国资预算金项目的可能性大大提高。一方面，这体现了新闻出版改革项目库本身所选择的项目具备很高的质量，代表着新闻出版业转型升级的最新探索，代表着出版融合发展的最新尝试，同时也如实反映了各新闻出版单位的业务现状和规划；另一方面，体现出政府主管部门在新闻出版业调控方面的良性衔接与互动，共同推动出版业，尤其是数字出版向着规模化、产业化、融合化的方向发展和迈进。值得关注的是，2018年文产资金，取消了对新闻出版方向的支持，这也意味着大量的新闻出版改革发展项目库的出库资金来源问题将会日益凸显。

12.2 数字出版项目申报要领

数字出版项目的申报已经成为数字出版人的主要工作之一，一旦相关文件的通知下发，数字出版部门或者公司就开始了为期一两个月的项目撰写工作。出版机构所申报的财政项目要根据企业自身的发展战略，充分考虑市场的实际状况，逐年申报以形成项目体系，在战略、内容、技术、运营等各方面借助财政资金的支持实现全方位、立体化、多层次的转型升级，而不能等到文件通知下发后再"临时抱佛脚"。

12.2.1 系统策划部署

数字出版项目的申报要遵循"系统策划、统筹部署"的原则，并且各个项目之间要建立起鲜明的逻辑关系，要呈现出良性互动、梯次推进、目标一致的特点；不能东一个项目、西一个项目，项目之间不能杂乱无章，不能没有交集。总体而言，出版机构项目申报的统筹性要参考以下几个方面的要素。

12.2.1.1 行业发展趋势

申报数字出版项目先要确保所申报的项目符合行业发展趋势，

符合互联网时代、移动互联时代的传播规律。如前所述，数字出版的发展经历了数字化、碎片化、数据化和智能化四个发展阶段，按照这四个阶段的理论，在 2010 年左右，出版单位申报类似数字图书馆平台、数字出版中心平台的项目获批的可能性较大，因为那时各社数字出版处于起步阶段，需要最基础、最初级阶段的项目来助力发展；到 2014 年，如果出版社还申报类似数字图书馆、中心平台的项目，那么不被支持的可能性较大，因为数字出版已经步入了碎片化的发展阶段，专业性的数据库、图片库、数字视听库等类似项目才是支持的方向和重点；而在 2015 年、2016 年，步入数据化发展阶段的数字出版业，出版单位则需要考虑构建以知识体系为核心，以大数据、云计算等技术为支撑的项目，确保所申报的项目与融合发展的时代趋势相一致，而不是落后于时代趋势申报相关的项目；再其后，大量的以 5G 技术、区块链、人工智能等技术与内容资源深度融合的产品、模式则成为行业发展态势。

12.2.1.2　出版社发展规划

数字出版实践存在"为报项目而报项目"的心态和做法，这种做法不值得提倡，也不会得到财政资金的支持。申报项目要从出版社的实际情况出发，与出版社特定时期内的发展规划相一致，不能紧跟潮流而忽略了出版社的发展目标和发展阶段。例如，法律出版社在 2012—2014 年，围绕中国法律数据中心建设，先后申报了数字化转型升级、中国法律数据中心知识库建设、中国法律数据中心分销平台建设等一系列项目；围绕法律知识服务的开展，在互联网知识服务领域申报了综合性法律知识服务平台、中国法律英文知识服务平台项目，在移动互联网领域申报了手机律师项目。总体来看，法律出版社所申报的项目，中心明确、层次鲜明、角度各异，但都是按照产品、技术、营销的产业链环节来加以配置，最终服务于中国法律数据中心和中国法律知识服务这两个最高目标。

12.2.1.3　产业链环节

数字出版项目的申报还要服务于数字出版产业链的建立、健全、贯穿和畅通，每一个项目都要着力解决数字出版产业链某一环节的主要问题，通过几个项目要能够实现数字出版从资源建设、技术供应、产品研发到市场运营的全流程目标。在产业链贯通方面，2013—2015 年连续三年的国资预算项目就是个很好的例证：2013年，国资预算重点支持技术改造，解决出版社数字出版的软硬件配备问题；2014 年，重点支持特色资源库建设，解决出版社数字出版的资源建设和产品研发问题；2015 年，重点支持数字内容运营平台建设，解决出版社数字出版的市场营销和销售问题。

12.2.2 领会文件精神

在确保所申报的项目属于系统策划、统筹安排的情况下，便进入项目撰写、申报的实质性工作阶段。在这一阶段，需要重点吃透所发布的文件精神，确保项目书与文件的支持方向相一致，确保项目书不能出现关键性细节错误，确保项目申报过程要牢牢把握住时间节点，不致出现逾期申报的悲剧性后果。

12.2.2.1 把握支持方向

无论是文化产业发展专项资金项目，还是国有资本经营预算金项目，都会在文件通知里列出年度重点支持方向。这些重点支持方向可谓惜墨如金，每一句话甚至每一个词都会成为申报企业申报项目的线索和要点。仅以 2015 年文化产业发展专项资金的第八个支持方向加以分析：

"（八）推动传统媒体和新兴媒体融合发展。支持传统媒体运用已有技术成果，开展全媒体、大数据应用、视听新媒体、音视频集成播控等平台建设；支持传统媒体发挥内容资源优势，创新文化产品和服务，培育核心竞争力；支持传统媒体与新兴媒体在内容、渠道、平台、经营、管理等方面的深度融合，拓展传播渠道与影响力。"

这短短的一段话便揭示出多层次含义：首先，媒体融合发展上升到国家战略以后，必然会得到各个方面政策资金的重点支持，2015年文产资金便是支持媒体融合的政策体现之一，并且，作为八个支持方向之一，媒体融合的支持资金总量相对而言偏高。其次，对申报企业而言，该段文字提示出了为数众多的申报选择，包括全媒体平台、大数据应用平台、视听新媒体平台、音视频集成播控平台等；同时包括支持创新文化产品、创新文化服务；还包括支持内容融合、渠道融合、平台融合、经营融合、管理融合等方面文产项目。最后，对申报企业而言，该支持方向要求申报企业运用已有的技术成果，发挥内容资源优势，培育核心竞争力，拓展传播渠道和影响力，这些含义和精神都需要在项目书中得以体现。

12.2.2.2　把控关键细节

在财政项目的申报过程中，许多出版社的项目没有成功申报，其原因不在于项目本身不行，而在于忽略了许多关键性的细节，进而导致该项目申报失败。

其一，早期阶段的国资预算项目，申报的资金额度超过项目额度的30%。国资预算项目的配比是财政资金/自筹资金≤3/7，这是一条硬性规定，如果项目书出现申请财政资金额度超过项目总投入的30%，则该项目在形式审查环节即被淘汰。

其二，文产资金项目，企业申请项目补助的，原则上只能申报一个项目，申请金额一般不超过企业上年末经审计净资产额的30%；企业集团最多可同时申报两个项目，合计申请金额不得超过企业集团上年末经审计合并净资产或母公司净资产的20%。一旦超过上述30%、20%的限制，则该项目同样会在形式审查环节被淘汰。这种限制对于中小型出版机构而言，尤其需要注意，不能为了贪多求大，而忽略了企业自身的项目承担能力。

其三，文产资金项目，项目的初审工作一定要认真开展，并且要出具项目初审报告。项目初审报告要加盖主管部门的公章，而且必须是主管部门的公章，不能是主管部门内设机构公章。

其四，在规定的时间内，同时完成纸质文件的申报和网络填报工作。有的出版单位只关注到纸质文件申报工作，而忽略了网络填报工作的按时完成，这种情况尤其需要注意。

12.2.2.3　紧扣时间节点

在数字出版项目申报中，因为没能把握住时间节点而导致项目申报失败的案例举不胜举，年年都有发生，十分遗憾。具体来讲，包括以下几种情况：其一，到了规定的时间，出版机构没能及时将项目书报送到主管部门，导致没能加盖公章，无法按时申报；其二，出版机构已经将项目书及时报送至主管部门，但是没有继续跟踪盖章的环节和程序，而放任流程自行前进，结果发现到了截止日期，主管部门的公章仍然没有加盖完毕，也无法按时申报；其三，出版机构没有认真研读文件，本该加盖主管部门公章，却加盖主管部门内设机构的公章，不符合文件要求，无法进行申报。

12.2.3　项目申报的禁止性规定

在出版机构中，相当一部分出版社存在"重申报，轻实施"的情形，即出版社非常重视项目的申报工作，每年的项目都认真组织申报，积极争取资金支持，而一旦资金下拨，却迟迟不实施，甚至资金下拨一两年后，项目尚未进入实施阶段。如果存在这种情况，出版社再次申请项目支持时，将会受到严重影响。

在《新闻出版改革发展项目库 2016 年度项目申报指南》文件中，明确规定了几种情形不得再次申报新闻出版改革发展项目：

第一，中途退出尚在进行的入库项目的单位；

第二，承担的入库项目中存在 2 年内没有启动或超过完成时限 3 年尚未结项的单位；

第三，在入库项目调查中发现重大问题的单位；

第四，因违规被取消申报资格和其他不能保证履行规定义务的单位。

后续出台的文产资金项目、国资预算项目文件中，分别明文规定企业申报项目的禁止性规定，以便督促各出版机构认真实施项目，确保项目申报的科学性、规范性和严肃性。

12.2.4　优秀项目计划书的构成要件

财政项目的入选一定是按照"优中选优"的原则，所入选的项目大多具备示范性、创新性、可操作性、市场前景广阔、产业化可能性大等特点。从申报企业的角度来讲，优秀的项目计划书一定符合形式、实体两方面的要件。

12.2.4.1　实体要件

实体要件，是指项目计划书所反映的项目本身必须具备若干优秀要素，这些要素能够打动评审专家和财政资金主管部门，进而能够入选当年度的财政项目：

第一，项目必须具有示范性。项目要能够发挥引导示范效果，起到以小带大、以点带面的作用；项目能够成为行业标杆，充分挖掘行业应用价值，为所属行业发展切实做出贡献，直接或间接地促进行业发展。

第二，项目必须具有可行性。项目的目标设定必须科学合理，与企业自身的项目承担能力相适应；项目必须具备资源、人才、标准、资金、基础软硬件等方面的基础，这些基础足以支撑项目的开展；项目在内容、技术、渠道等各方面都必须是可行的，具有项目实施的现实可能性。

第三，项目必须具有创新性。项目的创新性可以体现在资源整合的创新、产品研发的创新、高新技术的应用、盈利模式的新颖等各个方面，只有具有开创、新颖性的项目才有入选的可能。

第四，项目必须具备良好的市场前景。数字出版项目，无论是文产项目，还是国资项目，其所追求的都是数字出版的产业化，公益性项目不是财政项目支持的重点和主流。因此，出版社申报的项目一定要具备清晰的盈利模式，要能够切实为出版单位带来规模化的盈利和收入，要能够占有广阔的目标用户市场，真正将项目成果转化为促进转型、推动升级的文化生产力。

12.2.4.2　形式要件

在形式要件方面，出版单位所申报的项目计划书，需要具备以下几个方面特点：

首先，项目概况部分一定要凝练和精准，能够用最精准的语言揭示项目的内容、目标、创新性和可行性。

其次，项目主体部分要采取图文并茂的方式，文字表述要清晰，关键部分要用图表加以说明，例如，项目的整体框架图、项目的应用场景图等均需要借助图表进行表达。

最后，项目的资金测算部分一定要符合市场平均报价，或者符合现有的行业价格标准体系。

12.3　数字出版项目实施与验收

经过多年的财政项目申报与实施，我们整合了众多出版机构关于财政项目的实施、管理与验收经验，特尝试提出以下数字出版项目的解决方案，仅供参考。其中，许多解决方案已被列入《数字出版业务流程与管理规范》行业标准。

12.3.1　项目组织机构、时间表和路线图

财政项目获批后，要成立项目领导小组，项目领导小组主要负责对项目方向、项目内容、项目进度、项目成果转化进行宏观把控，确保项目在整体上符合预期目标。

要成立项目分项工作组(或曰子项工作组)，例如，设备组、资源组、产品组、软件组、平台组、运营组等，分项工作组的任务是具体实施项目各项内容，确保项目保质保量完成。

要在第一时间制定项目实施方案，项目实施方案主要解决的是项目申报之初与获批后因有时间差而出现的情况变化问题，包括新技术、新业态的出现，出版行业整体发展态势变化，出版机构本身的发展规划出现调整等。项目实施方案要经过专家论证，同时报送主管部门备案。经过论证、备案后的实施方案将来可作为项目最终

验收的依据。

实施方案确定后，要制定项目实施的时间表和路线图，在规定的时间内完成项目指标，这样才能确保项目按照进度、保质保量地完成，避免项目"久托不验"情况的出现。

12.3.2　裁判员与运动员分离机制

项目的实施过程中，要确立裁判员和运动员分离的机制，项目实施部门不能既做运动员，又做裁判员，要在项目监督管理部门的监督下完成项目各项指标。

具体而言，项目实施过程中，需要参与的部门主要包括项目实施部门、项目管理部门、竞标监督小组、财务部门等，只有在阳光下实施和运行项目，才可以在确保项目实体质量达标的同时，保证项目程序公正。

12.3.3　科学合理的项目实施方式

数字出版项目实施，是数字出版项目申报的延续，是数字出版项目验收的前置阶段，也是数字出版项目预期目标实现的关键性环节。出版社在项目的实施过程中还有一些需要完善的地方和注意之处。

项目实施过程中，可以根据项目分项、子项金额的大小，按照国家招投标法的相关规定采用公开招标、邀请投标、竞争性谈判、单一来源采购、民主集中决策等多种方式。

实际操作中，出版机构采用公开招投标的额度一般在 100 万~200 万元。100 万元以下，可以根据情况进行邀标、竞争性谈判或者单一来源采购；30 万元以下，甚至可以根据项目需要，采用竞争性磋商或者市场比价的方式实施。

12.3.4　项目验收类型

在项目实施达到一定进度时，出版机构可以根据实际情况，分别安排项目的分项验收、子项验收、中期验收、预验收和最终验收。

分项验收、子项验收一般是在项目的分项、子项达到验收标准时，针对该分项或子项进行验收，例如，对资源加工的验收、对平台建设的验收、对硬件设备采购的验收等。

预验收，一般是邀请相关专家，在项目正式验收之前，对项目实施情况、资料档案、绩效报告等进行预先把关，进而为项目的正式验收做铺垫和准备。

项目最终验收，要做到各分项、子项都达到预期的项目目标，达到内容翔实、形式合规、财务符合专款专用的要求，同时要做到项目文档全面、准确和充分。

12.3.5　项目验收文档

项目验收文档是项目验收最终能否顺利通过的最重要因素，是以后该项目进行检查、抽查和审计的最重要档案，同时也是项目存档的最主要资料。在实际操作过程中，有许多新闻出版机构项目验收不通过的重大原因便是文档不全，以至于专家无法对该项目的整体实施情况作出客观、全面、科学的评判。

数字出版项目正式验收，需要准备项目申报书、项目实施方案、项目过程文档、项目管理文档、项目绩效报告五大部分文档，每个部分文档的具体内容，见表12-4。

表12-4　　　　　**数字出版财政项目验收材料清单**

一、项目申报计划书

二、项目实施方案

　　根据财政批复的金额，用于调整项目书实施内容，作为最终验收依据

三、项目过程文档

　　1. 招投标文档

　　2. 财务票据文档

　　3. 决策过程文档

　　　　（OA纪要、调整记录、领导审批单等）

　　4. 项目技术文档

　　需求规格说明书、详细设计说明书、用户测试报告、用户使用手册、项目开发周志(月志)、项目会议纪要

四、项目管理文档
　　1. 项目管理制度
　　2. 项目人员配置
　　　　管理组、内容组、技术组、运维组
　　3. 项目进度表
　　　　项目整体进度，细化到季度或者月度
五、项目绩效报告
　　1. 项目成果交付物
　　项目产生的资源数量、产品规模、技术平台、硬件购置、项目收入、行业奖项等
　　2. 项目绩效分析
　　与原有设定目标的比对，项目实施方案所确定的几个目标，最终项目是否都实现，进行比对说明
　　3. 项目创新性成果
　　项目的亮点和创新点，对企业、行业产生哪些推动和助推作用
　　4. 项目后期推广运营方案
　　项目成果如何转化，将会开拓哪些渠道，大致会产生什么样的经济效益和社会效益

12.4　数字出版项目管理原则与机制

　　数字出版项目管理，作为数字出版管理的有机组成部分，要遵循专款专用、权责一致和效率效益的原则。物质激励、精神激励和综合激励作为数字出版项目管理的激励机制，是从正向视角保障数字出版项目程序公开、实体公正的重要推动；程序公开机制、实体公正机制在形式层面对数字出版项目的保质保量完成起到了制度保障的作用；成果转化机制，则是在管理、产品、技术、销售、人才、制度等层面对数字出版项目实施整体进程的回溯、评估和最终定性。

　　数字出版管理，主要涉及规划管理、项目管理和团队管理。在众多数字出版管理领域，项目管理无疑成为过去、当下和未来数字出版管理的重要组成和核心范畴。作为数字出版工作内容的主体部分之一，数字出版项目管理贯穿于项目的规划、策划、申报、实施、验收、审计、成果转化等全过程，决定或影响着数字出版的产

品研发、技术应用、市场销售、人才培养等产业链各环节。

　　"我国数字出版及其项目管理相关法规制度还存在一些缺陷，严重制约和影响了数字出版项目的建设完成。"①"向管理要效益。"数字出版项目管理涵盖面广，涉及领域宽泛，广义地讲，一切围绕数字出版项目的人、财、物的管理，都属于数字出版项目管理的范畴。数字出版项目管理的核心在于如何通过管理提高效益，在当前的语境下，准确的表达是如何在适当约束的基础上有效调动项目负责人、参与者的积极性，通过物质激励、精神激励手段，充分挖掘数字出版人的能动性和创造性，保质保量完成项目各项指标，进而为数字出版提质增效、为打造数字出版新的经济增长点预期目标打下牢固的人力资源基础。

　　自"十二五"开始，党和政府主管部门实施文化产业专项发展资金和国有资本经营预算金大力扶持文化产业发展以来，累计批复的数字出版项目超过6000项，支持资金多达数百亿元。其中，支持新闻出版业转型升级、融合发展等数字出版类项目占比超过一半。2018年2月1日正式实施的《数字出版业务流程与管理规范》行业标准，第一次在行业标准层面对企业开展数字出版的顶层设计、业务规划、团队管理、项目管理等流程进行了全面、系统的规定，这也成为新时代我国新闻出版企业推进转型升级、发展数字出版的重要纲领性文件。2019年10月，国家新闻出版署公布了95个数字出版精品项目，这些精品项目的共通性特点是："类别丰富、内容优质、创新突出，代表了阶段性出版业融合发展水平，为新闻出版业树立了标杆，提供了示范。"②实践中，主管部门陆续推出的精品战略举措主要包括数字出版精品遴选推荐计划、"主题突出、质量上乘"的出版融合发展精品体系、有声读物精品出版工程、中华民族音乐传承出版工程精品出版项目等。这些数字出版精

---

　　① 沈水荣. 数字出版项目成败揭秘——谈谈相关法规制度若干缺陷及其正确执行问题[J]. 现代出版，2014（5）：11.

　　② 2019年度遴选推荐数字出版精品项目揭晓[EB/OL].［2019-10-22］. http：//www. xinhuanet. com/politics/2019-10/22/c_1125136476. htm.

品项目的遴选、推荐和公布，也是首次对数字出版项目的集中检阅和展示。

数字出版项目的优秀、良好或者合格与否，主要取决于项目管理原则、项目激励机制以及项目约束机制的运用成功与否。数字出版项目管理原则的确立与坚守，是确保项目实施不违规、不逾矩的准绳，数字出版项目激励机制的制定与执行是从正向视角推进项目保质保量实施的动力，数字出版项目约束机制的树立与遵守，是从监督视角促进项目实施程序公开、实体公正以及成果及时转化的重要保障。

12.4.1 数字出版项目管理原则

数字出版项目管理原则包括专款专用、权责一致、效率效益原则，如图 12-1 所示。其中，"专款专用"又属于基本准则中的"基石"，与专项资金设立的初衷、目的紧密相关。因此，数字出版项目实施的首要原则在于专款专用。

12.4.1.1 专款专用原则

专款专用原则，是指数字出版项目获批的资金要用于既定的项目申报方向，要符合企业转型升级与融合发展的战略规划，要切合每个具体项目的资金用途。获批的数字出版项目，无论是文产项目还是国资预算项目，所获得的财政资金，都必须足额、如数用在项目本身，用在项目的资源建设、技术购置、产品研发、渠道构建或成果推广等方面，确保项目的专款专用，确保项目能够保质保量地完成。

曾经有的出版社由于项目开展不及时，便将项目的整体或部分资金拿去做理财；有的出版社将用于项目建设的资金，用于补贴纸书出版；也有的出版社按照"大项目、小成果"的方式操作项目，在项目的实施过程中偷工减料；还有的出版社甚至将项目资金违规用于发放工资或劳务，等等。这些做法都违反了项目的专款专用原则，一旦被发现，轻则进入财政项目黑名单，再也难以获批相关项目；重则触犯法律规定，要承担相应的法律责任。

专款专用原则

资金要用于既定的项目申报方向，要符合企业转型升级与融合发展的战略规划，要切合每个具体项目的资金用途

权责一致原则

实施部门、管理部门、监督部门三者并存，各司其职、充分履职、有效担当，确保项目合法合规、保质保量完成

数字出版
项目管理原则

效率效益原则

确保项目实施进度按期推进，项目成果及时产出和有效转化、符合预期的社会效益和经济效益

图 12-1　数字出版项目管理原则

12.4.1.2　权责一致原则

数字出版项目的管理要遵循权责一致的原则，或曰"裁判员与运动员分离原则"，即项目的实施部门、管理部门、监督部门三者并存，各司其职、充分履职、有效担当，确保项目合法合规、保质保量地完成和落地。

一般而言，数字出版项目的实施部门由项目领导小组、数字出版内设机构或独立法人实体组成，项目领导小组一般由出版企业分管数字出版、财务和信息化的领导组成，承担数字出版职能职责的法人实体或内设机构是数字出版项目的主要实施部门，承担着项目的规划、策划、申报、实施、验收、成果转化等项目主体工作。项目实施部门是数字出版项目的主要操盘手,是数字出版项目策划申报与实施的主体,是数字出版项目成果转化的中坚力量。针对项目实施,有学者提出"项目管理编辑"这一新型的工作角色,指出:"时代要求项目管理编辑应为复合型专业人才,要做到工作目标清晰,责任明确,工作强调计划性,过程的控制,项目管理的系统性、全面性和综合性,以及工作的协同性。"[1]作为项目实施部门的主体工作内容,有作者提出,项目申报要"把握文化产业政策、契合单位的发展战略定位、有利于企业发展壮大、与主营业务密切相关、有一定的实施基础"[2]等观点。项目实施部门在各出版企业的话语权应该逐步提高,因其充当着新闻出版业转型升级、融合发展的先锋队和排头兵的角色,是传统出版与新兴出版融合发展的主要推动力量和核心战斗力所在。

大部分出版企业会设置项目管理办公室作为项目管理部门,往往将项目管理部门内置于办公室或总编室。"项目管理部门究竟管什么"往往成为数字出版业务实践中的重点、难点和争议焦点。事实上,项目管理部门应着眼于项目宏观管理,从整体、宏观的角度推进项目的实施进程,定期要求项目实施部门提交项目实施的阶段性成果,配合并友善提醒数字出版部门项目实施的进度和质量。做到既不越位,也不缺位,是项目管理部门的准确定位。实践中存在的错误做法是,项目管理部门本位主义观点作祟,以对立面的姿态站在项目实施部门的前面,以指责、批评、防范的心理来看待项目实施部门;或者越俎代庖,过多参与项目实施进程,以外行的身份试图从事内行的工作。这种错误定位的后果是,造成了大量的内耗,人为增设了很多不必要的时间、资源交流成本,主观上造成了新闻出版企业转型升级进程、数字出版提质增效的拖延和落后。

项目监督部门一般由财务部门、审计部门、招投标管理部门等

---

① 申蔷. 浅谈数字出版环境下的项目管理编辑的职责和素质[J]. 中国编辑,2018(4):69.

② 刘爱芳. 传统出版单位数字出版项目策划与申报[J]. 科技与出版,2016(2):79-80.

组成。项目监督部门的工作重心是确保数字出版项目的程序合理合规、实体不违规不逾矩。项目监督可以采取事前监督、事中监督和事后监督三结合的方式：事前监督侧重程序和进度的提醒；事中监督关注项目实施的质量和效益；事后监督重心在查缺补漏，对项目从实施到验收的整个流程进行系统梳理和检查，确保整个项目的程序和实体公正。项目监督的集中点可放在项目实施方面，是采用公开招投标、邀请招投标、竞争性谈判、竞争性磋商、单一来源采购还是民主集中决策等；程序正义是确保实体公正的制度保障和程序保证。财务部门主要负责项目所涉财务程序的合法合规，纪检监察部门主要负责项目实施过程的廉政风险点的预判和把控，招投标管理部门主要负责项目招投标程序的合规性审核，审计部门主要负责子项目、整体项目的审计事宜。

12.4.1.3　效率效益原则

效率效益原则，是指数字出版项目的管理，要确保项目实施进度按期推进，确保项目成果及时产出，确保项目成果转化及时有效、符合预期的社会效益和经济效益。效率原则是对速度的要求，效益原则是对质量的要求，速度与质量的有机统一则是效率效益原则所追求的初衷和归宿。

这些年，出版社所申报的项目之中，只有 2013 年度的 50 多家央企数字化转型升级项目做到了按期结项，其他项目多少有些延期的现象。央企数字化转型升级项目，由数字出版主管部门负责审批标准立项，统筹把握软件的统一安装和部署，最终在 2013 年年底、2014 年年初基本实现了所有出版单位的项目验收工作。少部分企业 2014 年、2015 年的项目还没有实施完成，这与数字出版项目管理的效率原则是严重违背的。

一般来讲，项目的拖延、迟滞主要由几个方面原因造成：有的出版单位，一旦财政项目批复，决策层便想着将项目资金用作其他用途，不是完全按照项目预期目标去实施；有的出版单位，本身不具备实施项目的人力、财力和物力资源，因此项目获批后一两年内迟迟开展不了；还有的出版单位，项目获批后，会想办法将项目资金向关联企业、控股子公司转移，等等。这些情况都会导致项目的延期，甚至延迟数年不得结项。

数字出版项目管理的效益原则集中体现于项目成果的产出和转化，这是转型升级之后提质增效的必然要求和题中应有之义。数字出版项目成果，主要包括几种类型：一系列数字出版制度体系的建立健全，全方位数字出版产品矩阵的形成，一批高新技术应用于出版业态，一拨数字出版高端复合人才的培养与孵化，数字出版收入和利润比的量化和提高。2019年12月26日，全国财政工作会议报告指出："要做好预算绩效管理工作，将绩效理念体现到预算管理的全过程，提高财政基础管理水平，确保内涵式财政政策提质增效和更可持续。"①近年来，数字出版项目的主要资金来源一是文化产业发展专项资金，二是中央文化企业国有资本经营预算金。无论是哪种资金类型，对提质增效的要求都呈现出越来越严格、越来越迫切的特点，这一点可从2017年中央文化企业国有资本经营预算金由"项目制"改为"规划制+绩效制"的改革举措洞悉和察觉。

12.4.2 数字出版项目激励机制

早在2017年12月，数字出版项目激励机制就被明确写入了《数字出版业务流程与管理规范》的行业标准。项目激励机制可分为物质激励、精神激励和综合激励三种类型。物质激励，是指对参与项目规划、策划、申报、实施、验收、审计等各环节的人员给予一定的物质性奖励的激励机制；精神激励，是指对参与数字出版各环节的主要贡献者给予表彰、表扬或晋升等方面的激励机制；综合激励，是指对数字出版项目的主要贡献者既给予物质奖励又给予精神奖励的机制，如图12-2所示。

---

① 刘昆：2020年积极财政政策大力提质增效 扎实做好5项重点8个方面财政工作［EB/OL］．［2019-12-30］．http：//www.mof.gov.cn/zhengwuxinxi/caijingshidian/cjzylm/201912/t20191230_3452019.htm.

项目激励的主体是数字出版项目贡献者和参与者；项目激励的客体是多种资料来源、多渠道申请、获批的数字出版项目。项目激励的主要内容是在申报项目获得立项资助后，对项目团队在策划申报、实施验收、绩效审计等阶段所付出的劳动和工作给予物质性和精神性奖励。

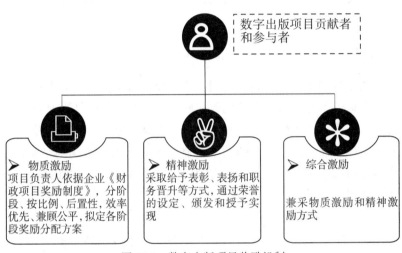

图 12-2　数字出版项目奖励机制

数字出版项目管理的物质激励，由项目总负责人依据所属企业的《财政项目奖励制度》，按照分阶段、按比例、后置性、效率优先、兼顾公平的原则，拟定各阶段奖励分配方案。"分配方案包括奖励依据、奖励比例、具体奖励人员及金额、奖励金额发放方式等。奖励额度视新项目申请成功的复杂程度、重要性及资金额度综合确定。"[1]值得注意的是，数字出版项目奖励资金由申报企业从自有资金列支，不得从数字出版项目获批金额本身列支，否则属于违规违纪行为。在实践中，多家出版社均给予了数字出版团队以项目奖励，并按照项目奖励管理办法严格执行和落实。数字出版项目管理的精神激励机制，主要是采取给予表彰、表扬和职务晋升等方

---

① 数字出版业务流程与管理规范：CY/T 158—2017［S］. 2017.

式，通过荣誉的设定、颁发和授予来实现。自推进新闻出版业转型升级以来，多位数字出版主任提升为副社长、副总编辑便是最好的例证。数字出版项目管理的综合激励机制，则是兼采物质激励和精神激励的方式，或者以物质激励为主、精神激励为辅，或者以精神激励为主、物质激励为辅，来对数字出版项目团队给予肯定和认可。前文所述，国家新闻出版署的数字出版精品项目遴选和表彰，就属于综合激励的体现形式。

12.4.3　数字出版项目约束机制

激励机制和约束机制，如同一枚硬币的两面，共同承担着推动项目实施、确保项目完成的任务和使命。数字出版项目管理的约束机制，主要包括程序公开、实体公正和成果转化三种机制。程序公开是实体工程，是形式上的约束机制，成果产出与转化则是实体、实质上的约束机制，是对数字出版项目整体回溯与评估的最终指标，如图 12-3 所示。

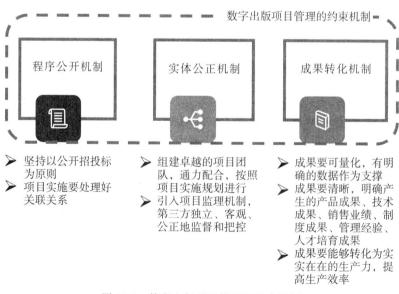

图 12-3　数字出版项目管理的约束机制

12.4.3.1 程序公开机制

项目实施过程最重要的原则莫过于确保项目实施程序的公平、公开和公正，确保项目主体工作能够完全符合项目预期目标，确保项目不出现偷工减料、挂羊头卖狗肉的现象。

具体而言，在项目实施过程中要做好以下几个方面工作以确保项目公正：

第一，项目的实施要坚持以公开招投标为原则。数字出版项目资金均属于财政资金，财政资金的使用以公开招投标为原则，以邀请招投标为例外，尤其是涉及 200 万元以上金额的标的，更需要严格按照招投标程序进行。须知"阳光是最好的防腐剂，公开是对权力最好的监督"。对于 200 万元以下可以不采取公开招投标的项目，也要做到充分地公开，在企业内部公开、面向社会公开。然而，在现实中，有的出版单位因为内部情况导致项目一再延期，为了尽快结项，便铤而走险，对于大额项目，直接采取邀请招投标的方法来开展实施；有的出版单位，为了规避公开招投标导致的不确定性出现，同样采取化整为零、邀请招投标的方式来实施大额项目。

第二，项目的实施要处理好关联关系。许多出版单位都有关于数字出版或者信息技术方面的子公司，这些子公司的经营状况往往不是很好。一旦获批了财政项目，出版单位内部便会有人想着如何把财政资金变相转移到子公司去花费，于是结合邀请招投标的手段，让内部公司中标，甚至有的出版单位未经任何程序，直接将财政项目资金划拨到子公司，安排子公司从事项目的相关工作。即便对于出版社控股的子公司，也要严格按照招投标的程序，进行公开招投标，由未经谋面的专家进行评审。在经过评审之后，遵循专家组的意见，由专家组确定该子公司是否能够中标；而不能贸然采用邀标的手段刻意安排关联公司中标，更不能未经任何程序直接将项目交由关联企业实施。

第三，组建高质量项目团队，引进监理机制。要保证财政项目的按期实施、如期验收，最重要的莫过于组建高水平的项目团队，在项目领导小组的统一安排下，分别组建项目资源建设组、项目产品开发组、项目技术实施组和项目市场运营组。各项目小组需要通力配合，保证项目实施的每个环节都按照项目实施规划进行，每个环节都保质保量，则项目的实施才会按时完工。

12.4.3.2　实体公正机制

在项目实体要件方面，一定要确保项目质量，严格按照项目计划书所确定的资源建设数量、技术应用状况、硬件购置规模、产品研发总量、渠道构建效果来开展实施项目；不能够因为项目批复资金较少而对项目偷工减料，缩减项目目标；也不能挤占、挪用项目资金，使得项目无法保质保量完成。

要保证财政项目的按期实施、如期验收，最重要的莫过于组建卓越的项目团队，在项目领导小组的统一部署下，分别组建项目资源建设组、项目产品开发组、项目技术实施组和项目市场运营组。各项目小组需要通力配合，保证项目实施的每个环节都按照项目实施规划进行，每个环节都保质保量，则项目的实施才会按时完工。

为确保实体公正地实现，要引入项目监理机制。项目监理机制，是指在数字出版项目实施过程中，通过引入第三方进行独立、客观、公正地监督和把控，确保项目实施的实体质量和进程。鉴于出版单位在项目实施过程中，在软硬件实施方面存在着信息不对称的情况，实践中有的出版社已经启动项目监理或者项目监督机制。实施主体单位开出一定的费用，聘请第三方技术企业负责项目实施过程的监督，以确保所采购的硬件符合标准，所加工的数据资源符合系统要求，所研发的技术系统能够满足出版单位的应用实际。

12.4.3.3　成果转化机制

项目成果转化机制，是指数字出版项目在实施过程中或者实施完成后，能够在产品、技术、销售、人才、制度、管理等方面所产生的成果。数字出版项目成果转化机制，要求成果可量化，有明确的数据作为支撑；要求成果清晰，具体明确究竟产生了哪些产品成果、技术成果、销售业绩、制度成果、管理经验、人才培育成果等；要求成果能够转化为实实在在的生产力，能够提高生产效率，而不是做表面文章，验收过程搞得轰轰烈烈，验收之后空空如也。成果转化能力的强与弱，其背后的实质性因素，是数字出版团队、数字出版负责人的商业素养和商业化能力的大与小。牢牢把握意识形态阵地话语权，持之以恒地打磨项目产品、开拓市场渠道、实现市场销售收入，这构成了当下阶段数字出版从业者的全部工作主旨和重要时代使命。

平心而论，通过验收的出版单位大部分数字出版项目，其预期的社会效益和经济效益的实现情况不容乐观。有的出版社项目验收工作开展得非常漂亮，验收文件多达数百万字，财务、业务、技术等各环节的项目档案非常齐全，验收程序非常正规，验收的社会影响力很大，但是，项目验收过后，该项目便再无踪迹。

数字出版项目，不能为了验收而验收，项目验收后，要继续开展对项目的评估工作：项目申报之初所制定的项目经济效益如何？社会效益如何？在项目实施完毕后几年内能实现项目盈亏持平？几年内完成项目达产目标？如果以这样的标准来评估我们的项目，以经济效益、产业化指标来验收我们的项目，估计能够通过验收的出版企业寥寥无几。

无论如何，项目验收不是作秀，一定要注重项目的成果转化，我们所实施和验收的每个财政项目，最终都要转化为生产力，转化为出版社新的经济增长点，只有这样，才能够充分体现财政资金的示范作用、杠杆作用和撬动作用。

最后，无论是企业主管部门还是政府主管部门，在项目策划、申报、实施、验收、审计环节之后，都要再增设项目后期评估环节。项目评估主要是核查项目验收之后，是否真正实现了预期的效益目标，是否真正如项目计划书所言，逐年实现了规定的经营收入指标，是否实现了规划的社会效益目标。

严格执行专款专用、权责一致、效率效益的原则推进数字出版项目实施，积极采用物质激励、精神激励和综合激励的措施，同时对数字出版项目的实施进行程序公开、实体公正、成果转化机制的约束，方能真正实现数字出版项目的预期社会效益和经济效益目标，才能真正将数字出版项目做成精品，发挥宏观调控在助力新闻出版业转型升级和深度融合方面的提质增效杠杆和示范作用。

第十三章　数字出版标准

　　本章探讨了数字出版标准的概念、特征和类型，明确提出数字出版标准的秩序价值和效率价值，提出其对数字出版活动的理论意义和实践意义之所在。进而重点论述国内外已有数字出版标准的内容及其特征，其中，国内数字出版标准体系则更多体现于数字出版技术、业态、模式，包括数字出版基础标准、术语标准、规范标准、指南标准等；国际数字出版标准体系主要包含标识符类标准、元数据类标准、数据格式类标准、数据交换类标准以及数字版权管理标准等。

13.1　数字出版标准概述

　　我国数字出版的发展过程，也是数字出版标准化工作不断推进的过程，是一系列数字出版标准研制、发布、宣传和落地的过程。由此，对数字出版标准的学习和研究，是中国特色数字出版学的重要内容之一。

13.1.1　数字出版标准概念与特征

　　数字出版标准化，是指为了在既定范围内获得最佳秩序，促进共同效益，对数字出版现实问题或潜在问题确立共同使用和重复使用的条款以及编制、发布和应用文件的活动。数字出版标准，是指通过标准化活动，按照规定的程序经协商一致制定，为数字出版各种活动或其结果提供规则、指南或特性，供共同使用和重复使用的文件。

　　数字出版标准既具有标准的一般性特征，也具有专属于数字出版的特殊性特征，具体而言，数字出版标准的主要特征如下：

　　其一，以数字出版为标准化对象。以数字出版的特定主题为标准化对象，以一组相关的数字出版标准化对象为数字出版标准化领域，以数字出版这个客观存在为标准化本体。数字出版标准以数字出版的特定主题，如数字出版产品、数字出版流程、数字出版管理、知识服务、数字出版人才等为标准化对象；一组相关的数字出版标准化对象构成了数字出版标准化领域，如知识服务中的知识资源建设、知识关联、知识计算、知识资源应用等；而所有的数字出版标准化领域则构成了数字出版标准化的本体，即数字出版标准化这个整体客观存在。数字出版标准化可采用"产品、过程或服务"这一表述从广义上囊括标准化对象，宜等同地理解为包括数字出版材料、原件、设备、系统、接口、协议、程序、功能、方法或活动等；① 同时，数字出版标准化可以限定在任何对象的特定方面，如数字出版产品的 AR 出版物、VR 出版物或数字出版流程、数字出版人才等。

　　其二，科学性。数字出版标准以数字出版科学、技术和经验的综合成果为基础。数字出版标准宜反映一定时期内的最新数字出版技术水平，即基于数字出版领域的科学、技术和经验综合成果的产品、过程或服务相应技术能力所达到的高度。数字出版基础标准、术语标准等应吸收数字出版科学最新研究成果，尤其是基础理论研究成果，以确保标准的科学性、通用性以及合理性。数字出版技术标准须包含大多数代表性专家公认的最新技术水平的技术条款，以作为公认的技术规则。数字出版产品、过程或服务类标准，同时要吸收最新的数字出版实践经验，以确保标准的指导性、可复制性以及可操作性。正是因为以数字出版科学、技术和经验成果为基础，数字出版标准的科学性、合理性、指导性、时效性才能够从根本上

----

　　① 全国标准化原理与方法标准化技术委员会. 标准化工作指南 第 1 部分：标准化和相关活动的通用术语：GB/T 20000.1—2014[S]. 中华人民共和国国家质量监督检验检疫总局，中国国家标准化管理委员会发布，2014.

得到保证，进而发挥应有的秩序和效率价值。

其三，层次性。数字出版标准呈现出较为清晰的层次性特征，可具体分为国际标准、国家标准、区域标准、地方标准、行业标准、团体标准、企业标准等。数字出版国际标准，是指由国际标准化组织或国际标准组织通过并公开发布的数字出版相关标准；数字出版国家标准，是指由我国国家标准机构通过并公开发布的数字出版相关标准；数字出版区域标准，是指由区域标准化组织或区域标准组织通过并公开发布的数字出版相关标准；数字出版行业标准，是指由行业机构通过并公开发布的数字出版相关标准；数字出版地方标准，是指由我国某个地区通过并公开发布的数字出版相关标准；数字出版企业标准，是指由企业通过并供该企业使用的数字出版相关标准；数字出版团体标准，是指由依法成立的社会团体为满足市场和创新需要，协调相关市场主体通过并在团体内使用的标准。根据"国标更强，行标更专，团标更活，企标更高"的标准化原则，数字出版国家标准、行业标准、团体标准、企业标准的侧重点不同，国家标准要求更强，可以与国际标准或其他国家的数字出版国家标准并跑，甚至领跑其他国家的标准或国际标准；行业标准侧重专业化，体现数字出版行业性特征、专业性特征、专属性特征，能够有效区隔数字出版行业与其他行业；团体标准更加灵活，建立在数字出版一定团体范围共识和行动的基础之上，旨在在数字出版一定的范围内获得最佳秩序，促进共同效益，使团体能够共同或重复使用该标准以解决现实或潜在问题；企业标准要求更高，是指所制定的数字出版企业标准水平更高，能够反映数字出版规律，代表最前沿技术水平、最新成功经验或最新数字出版模式路径等。

其四，权威性。数字出版标准的批准发布主体具有很高的权威性，尤其是国家标准和行业标准。数字出版国家标准的发布机构为国务院标准化行政主管部门——国家市场监督管理总局、国家标准化管理委员会。数字出版行业标准的批准发布机构为出版业行政主管部门——国家新闻出版署，可由全国新闻出版标准化技术委员会、全国新闻出版信息标准化技术委员会、全国出版物发行标准化技术委员会、全国印刷标准化技术委员会、全国版权标准化技术委

411

员会根据标准化具体对象的不同进行行业标准的归口提案。

13.1.2　数字出版标准类型

　　根据常见的分类方法，标准大致可分为基础标准、术语标准、符号标准、分类标准、试验标准、规范标准、规程标准、指南标准、产品标准、过程标准、服务标准、接口标准、数据特定标准等。从目前数字出版已有的国家标准、行业标准和企业标准来看，数字出版基础标准、术语标准、指南标准、产品标准、规范标准、服务标准等，均是常见的标准类型，较多地出现在国标、行标和企标之中。

　　数字出版基础类标准，是指在数字出版领域具有广泛的适用范围或者包含数字出版特定领域通用条款的标准，前者如《数字出版业务流程与管理规范》行业标准，后者如各种数字出版标准体系中的"标准体系表"。实践中，数字出版基础标准，一方面可直接加以应用，指导数字出版活动的开展，例如，专业数字内容资源知识服务模式试点工作项目标准的《知识服务标准体系表》、国家数字符合出版系统工程标准的《工程标准体系表》《出版融合发展人才建设标准体系表》等；另一方面，数字出版基础标准也构成了其他标准的基础，是相同领域的数字出版具体标准的源头和依据。如前述《知识服务标准体系表》规定了知识服务试点项目的标准的知识资源建设与服务工作指南、基础术语、知识资源通用类型、知识关联通用规则、主题分类词表描述与建设规范、知识元描述通用规范、知识应用单元描述通用规范 7 项标准规范，同时还规定了数量更多的中、低优先级标准规范。值得注意的是，数字出版基础标准的身份是相对的，在不同的语境中可以相互转化，如前述《基础术语》标准，在知识服务试点项目标准体系中属于术语标准，但是相对于后续的新闻出版知识服务具体领域的术语标准而言又属于基础标准。

　　数字出版术语类标准，是指在数字出版领域或数字出版学科中使用的概念指称及其定义的标准。作为日新月异和飞速发展的产业，数字出版源源不断地产生各种新技术、新业态和新模式，由此，其术语构成也处于剧烈变化期，不断地丰富和完善，直至形成最终相对稳定、成熟的术语体系。近年来数字出版术语在标准中的体现，一方面为独立的数字出版术语标准不断出现，规定着数字出版细分领域的概念和定义，如《新闻出版知识服务　知识资源建设与服务基础术语》《国家数字复合出版系统工程标准工程术语》等。另一方面，在数字出版标准中，经常也会出现数字出版术语条款，以反映数字出版的新技术、新业态和新模式。如《出版物 AR 技术应用规范》行业标准所规定的术语 3.1AR 出版物，是指应用三维（3D）模型等数字媒体与印刷图文及图文中的坐标点、空间位置等信息关联，满足用户增强现实实体验需求的报纸、期刊、图书、网络出版物等。《出版物 VR 技术应用要求》术语 3.2 所规定的 VR 出版物，是指应用 VR 技术以满足用户在数字化环境身临其境感受和体验需求的出版物。数字出版术语类标准，对推动数字出版核心知识的概念化和范畴化，及时将新技术、业态和模式中的成形知识点进行固化和凝练，推动数字出版学科范畴完善和学科范式创新具有不可或缺的重要意义和价值。

值得注意的是，数字出版术语标准通常包含术语及其定义，有时还会附有相关的注释、示例或示意图等。如《中国标准关联标识符（ISLI）》术语 2.1 实体：能够被唯一标识的对象。注 1：实体包括实物、内容的电子表现形式、抽象事物（如时间、地点）、参与方（自然人及法人）以及任何可以被唯一标识的对象。注 2：实体中某个已界定的片段本身也是一个实体。

数字出版指南类标准，是指以适当的背景知识给出数字出版主题或业态一般性、原则性、方向性的信息、指导或建议的标准。数字出版指南类标准并不推荐具体做法，而是给出基本条件、基本流程、基本形态等。基本条件，是指提供关于数字出版主题的基本人力、财力、物力和智力条件等；基本流程，是指提供开展数字出版某一主题活动的基础性步骤和程序等；基本形态，是指提供数字出版主题某些方面的基本产品形态或业务形态等。如《新闻出版知识服务知识资源建设与服务工作指南》国家标准，确立了知识服务的基本条件为知识服务领导小组、知识服务实施团队、知识产品条件、技术应用条件、市场运营条件；确定的知识服务基本环节包括知识服务模式策划、知识服务模式确定、知识资源发布、知识服务的运营与维护以及评估与反馈；建议知识服务的基本形态有基础性知识服务、知识库服务、大数据平台知识服务、在线课程服务、知识服务解决方案以及智能知识服务。数字出版指南类标准与数字出版业务直接相关，能够为数字出版经营管理实践提供指导性强、实践性强、可操作性价值突出的指导和建议，因此，在数字出版实践中也最受欢迎和关注。

数字出版规范类标准，是指规定数字出版产品、过程或数字出版服务需要满足的要求以及用于判定该要求是否得到满足的证实方法的标准。如《数字出版业务流程与管理规范》行业标准中规定了数字出版规划管理需要满足以下要求：优化数字出版顶层设计，创新体制机制，确定合理发展模式，完善规章制度，建立健全标准体系；同时，对数字出版项目管理、团队管理须满足的要求以及证实方法等做了相应的规定。《出版物 AR 技术应用规范》行业标准则对 AR 出版物的出版与制作要求、关联文件管理要求、数字媒体管理要求、AR 出版物质量管理要求以及标识的管理与适用要求进行了规定。上述《国家数字复合出版系统工程标准》规定了资源标识应用规范、名称标识应用规范、版权资产数据管理规范、数据存储与备份规范、跨媒体数据链接规范、蒙古文出版产品版式规范、壮文出版产品版式规范、数字出版产品质量评价规范等 20 项数字出版规范类标准。

数字出版规范类标准，具体又可分为数字出版产品规范标准、数字出版服务规范标准以及数字出版过程规范标准。数字出版产品规范标准，是指规定数字出版产品需要满足的要求以保证其适应性的标准。产品标准除了包括适用性要求外，也包括应用的方式如术语、包装等方面的要求，以及印刷工艺等工艺方面的要求。数字出版服务规范标准，是指规定数字出版服务需要满足的要求以保证其适用性的标准。数字出版过程标准，是指规定数字出版过程需要满足的要求以保证其适用性的标准。

对数字出版产品、数字出版过程或数字出版服务等标准化对象进行标准化，典型做法之一就是规定这些标准化对象需要满足的要求。如果有必要判定声称符合这些标准的数字出版活动及结果是否满足了这些要求，就要用标准中描述对应的证实方法。由此，数字出版规范标准的功能在于通过可证实的"要求"对标准化对象进行"规定"，其必备要素是"要求"和"证实方法"，这两个要素是数字出版规范标准与其他类型标准差异化的显著特征。

13.1.3 数字出版标准价值与意义

数字出版标准固化了出版业高质量发展的通用性、普适性的技术解决方案，凝结了数字出版产业成功做法经验以及最新的科学研究理论和技术应用成果。一方面，既是成功呈现技术跨越、高质量发展的出版企业经验总结；另一方面，也为尚未进行技术跨越或是依然在探索高质量发展的数字出版企业提供了可资借鉴的模式、路径和策略。整体而言，数字出版标准具有秩序价值和效率价值。

数字出版标准的秩序价值体现在，所制定的数字技术赋能标准规范体系对出版业、出版团体或出版企业具有约束力：强制性标准具有刚性约束力，是出版主体从事技术赋能出版发展活动必须遵循的规范或条款；推荐性标准具有柔性约束力，出版主体一经接受并采用，就成为必须遵守的技术依据，或者体现为出版主体不接受该标准规范但是其技术赋能活动的程序、成效等将会大打折扣从而降低技术赋能效率。

数字出版标准的效率价值体现在，标准化活动及其成果能够帮助出版主体进行新产品的规模化、模块化、高效率研发，提供技术赋能活动的内容质量、技术质量、载体质量等各方面的质量保障，帮助出版主体及时识别、发现和化解技术赋能风险，从而降低技术创新成本，减少技术赋能阻碍，缩短出版业数字技术基础研究和商业应用之间的距离，提升出版业高质量发展数字技术赋能活动的效果和能力。

在实践中，数字出版标准对数字出版活动的理论和实践意义主要包括：

首先，健全数字出版概念体系，丰富数字出版基本理论。数字出版标准的大量推出，往往是反映数字出版新业态、新技术、新模式的最新发展成果，凝结着最新的数字出版概念，并基于新概念总结数字出版业务、流程与技术应用经验，在基本条件、方法、流程和形态等方面给予企业、团体或产业以示范和借鉴。如出版机构知识服务、AR出版物、VR出版物、知识关联、知识计算、数字出版产品等概念，在国家标准、行业标准或工程标准中都有所体现，这种概念界定和提出早于出版学术研究，为数字出版范畴提炼和理论建构奠定了学理基础。

其次，锻炼出版企业的标准化队伍，提升出版人的数字出版理论素养。经过多年的数字出版标准化工作，对于数字出版产品、技术、服务等主题基本流程、基本条件、基本形态的总结和提炼，一方面为出版企业开展数字出版活动提供了依据和准绳，使得数字出版业务有章可循、有据可依；另一方面，推动和促进了一批新闻出版标准化人才的成长，锻造和提升了一支数字出版自身孕育和成长起来的标准化队伍。

再次，借鉴和吸收了其他学科和领域的成熟经验做法，同时开创性地融合了新闻出版界知识服务的新技术、新业务和新业态。图书情报界、计算机技术等领域关于信息、数据、知识、数字技术等基本范畴大多被数字出版标准体系所吸收，而那些晦涩、繁杂的专业性观点则较少被采纳；同时，新闻出版界正在开展的数字图书、知识库、专题数据库、MOOC课程、SPOC课程、纸数融合等数字出版新业态多数被囊括在标准体系中。

最后，梳理了数字出版一系列基本经验、基本方法、基本流程和基本形态。在基本经验方面，数字出版的规划制定、产品研发、技术应用、人才培养、项目管理等基本经验和成功做法被适时反映和内化于数字出版标准之中；在基本方法方面，数字出版业务开展的步骤、程序、工具和手段等方法论层面的内容，在数字出版标准体系中或多或少有所涵括；在基本流程方面，AR出版物的生产与制作流程、VR出版物的制作生产流程、知识资源建设与知识服务基本流程等数字出版主题工作的流程被以标准的形式概括、固化、宣传和遵循；在基本形态方面，数字出版日新月异的新业态往往反映在标准体系之中，反映着数字技术与出版业务融合的结果，体现出数字技术赋能出版产业的创新实践，例如，MOOC 是典型的扩展性知识服务形态，而 SPOC 则是较为新兴的定制化知识服务形态。

13.2　国内外数字出版标准体系

国内数字出版标准体系更多体现于数字出版技术、业态、模式等，包括数字出版基础标准、术语标准、规范标准、指南标准等；国际数字出版标准体系主要包含标识符类标准、元数据类标准、数据格式类标准、数据交换类标准以及数字版权管理标准等。

13.2.1　国内数字出版标准体系

为了加快数字出版产业的发展，近年来我国数字出版标准建设全面推进，陆续研制出台了多项数字出版物标准，包括手机出版标准、电子书标准、MPR 出版物标准、数字期刊标准以及《数字出版内容卫星传输规范》系列标准等。此外，从数字阅读终端标准和数字教育出版等相关标准的发布，可以看出目前我国数字出版标准已涉足数字出版各细分领域及产业链各环节。标志着我国数字出版体系的族群化建设进一步加强，数字出版的规范化程度不断加深。

13.2.1.1　数字出版产品服务标准

数字出版产品服务标准体系，是由各种类型的数字出版产品或服务标准所构成的有机统一整体。产品服务标准构成了数字出版标准体系的主体内容，在产品和服务层面刻画了我国数字出版发展的历程和成果。

2011 年是我国数字出版标准的建设年。7 月由原国家新闻出版总署信息中心(全国新闻出版信息标准化技术委员会)牵头，开始"数字出版标准体系研究"项目。此项目分为电子图书、数字报纸、数字期刊、网络原创文学、网络教育出版物、网络动漫、数据库出版、手机出版、数字音乐、网络地图等 11 个分领域。其中，《电子书内容标准体系表》(CY/Z25-2013)、《电子书内容术语》(CY/T

96-2013）、《电子图书元数据》（CY/T 97-2013）和《电子书内容格式基本要求》（CY/T 98-2013）4 项标准于 2013 年 11 月正式实施，其余 8 项标准于 2015 年 1 月发布实施；电子书技术标准方面共有 4 个部分，其中《信息技术　电子书　第 1 部分：设备通用规范》（GB/T 18787.1-2015）、《信息技术　电子书　第 3 部分：元数据》（GB/T 18787.3-2015）和《信息技术　电子书　第 4 部分：标识》（GB/T 18787.4-2015）3 项标准已于 2015 年 12 月 31 日正式发布，并于 2017 年 1 月 1 日正式实施。

　　值得一提的是，我国在多媒体印刷读物（Multimedia Print Reader，MPR 出版物）标准研制方面取得重大突破。MPR 出版物标准（GB/T 27937-2011）将纸质出版物与多媒体音视频内容文件进行了关联，为推动传统出版与数字出版的融合发展起到了积极的推动作用，该标准于 2011 年 12 月发布，于 2012 年 3 月 1 日正式实施，包括 MPR 码编码规则、MPR 码符号规范、通用制作规范、MPR 码符号印刷质量要求及检验方法、基本管理规范五个部分。2011 年 4 月，国际标准化组织（ISO）正式批准了《国际标准文档关联编码（ISDL）》国际标准的立项，这是在自主知识产权的多媒体印刷读物技术基础上，首次由我国申请立项的国际出版领域的标准。

　　2016 年 7 月，原国家新闻出版广电总局发布了《数字期刊术语》（CY/T 149-2016）、《数字期刊分类与代码》（CY/T 150-2016）、《数字期刊核心业务流程规范》（CY/T 151-2016）、《数字期刊产品服务规范》（CY/T 152-2016）、《数字期刊内容质量管理规范》（CY/T 153-2016）5 项数字期刊标准，主要涉及术语、分类与代码、核心业务流程、质量管理等。同年，《数字出版内容卫星传输规范》系列标准颁布，对利用卫星手段传输数字出版内容的技术方式提出了详尽的要求，该系列标准共分为 5 个部分，分别是《数字出版内容卫星传输规范　第 1 部分：信息采集》（CY/T 145.1-2016）、《数字出版内容卫星传输规范　第 2 部分：数据导航》（CY/T 145.2-2016）、《数字出版内容卫星传输规范　第 3 部分：数据传输》（CY/T 145.3-2016）、《数字出版内容卫星传输规范　第 4 部分：数据接收》（CY/T 145.4-2016）以及《数字出版内容卫星传输规范　第 5 部分：信息回传》(CY/T 145. 5-2016)。该标准的研制能够有效打通上下游产业链瓶颈，理顺内容提供商、内容集成商、终端制造商、发行运营商之间的产业合作关系，创造新型高效、安全、价格低廉的数字出版传播渠道，加快我国信息产业发展。①

2016 年，38 项《国家数字复合出版系统工程标准》批准发布，其中涉及复合出版的产品标准主要包括《出版产品版式规范》以及蒙古文、傣文、彝文、朝鲜文等出版产品版式规范，包括数字内容资源评估规范、数字出版产品封装规范、数字出版产品质量评价规范等十几项产品标准。2019 年 7 月，国家新闻出版署批准发布了14 项行业标准，其中有 10 项行业标准属于数字出版行标，涉及数字图书、报纸新媒体、数字阅读和有声读物等，具体包括：《报纸新媒体内容传播量统计》《数字图书阅读量统计》《专业内容数字阅读技术》3 项标准——标准体系表、阅读功能与标签、产品封装、多窗口数据通信，《有声读物》3 项标准——录音制作、发布平台、质量要求与评测等。

13. 2. 1. 2　数字出版技术标准

2017 年以后，《新闻出版知识服务系列》7 项国家标准、《出版物 AR 技术应用规范》、《出版物 VR 技术应用要求》等行业标准的出台，分别对出版机构知识服务、AR 出版物、VR 出版物的生产制作流程与管理的基本条件、基本环节与基本形态进行了规范和指导。贵州出版集团《新闻出版大数据应用》之内容、技术、管理、运维标准体系得以建立；林业、海洋、农业、交通等出版领域的知识服务等企业标准体系已基本建成。

数字出版技术标准所揭示的数字技术原理以及在出版业的应用场景主要包括：

出版物 AR 技术应用，应把握住"3D 模型库、AR 编辑器、输出展示系统"这三个关键的环节，便可从整体上把握 AR 出版物等

---

① 兰舟.《数字出版内容卫星传输规范》行业标准研制工作启动[J]. 出版发行研究，2013(10)：92.

的研发制作流程，也可从总体上把握 AR 出版物的用户体验成败。3D 模型库解决的是三维模型研发问题，是增强现实的基础和源头；AR 编辑器解决的是知识点和三维模型的匹配、关联问题，是增强现实出版的纽带和桥梁；而输出展示系统，解决的则是用户体验问题，能否取得顺畅、流利、友好、如现实一般的用户体验感，其关键和落地环节就是输出展示系统。出版物 VR 技术应用，则须把握数字化虚拟环境、VR 编辑器以及输出展示系统这三个关键环节。

出版业大数据技术应用，标准确立了出版业的数据采集、数据存储、数据加工、数据计算、数据建模、数据图谱、数据服务等大数据基本流程和环节，对各阶段的出版数据建设都提出了严格、创新的要求。重视出版内容数据、用户数据和交互数据：（1）内容数据是出版业存量最丰富、增长最迅速的数据，也是价值最大、最持久的数据。（2）高度重视、积极转化用户数据，大数据时代之前，出版业的用户数据更多体现为机构用户数据，而对于哪位读者购买了图书，也就是作为个人用户数据的读者数据，基本上无法获知，这一点，恰恰需要高度重视并可通过"一书一码""二维码增值知识服务"等方式来获取、积累和转化。（3）加快建设、深挖广用交互数据：出版业的交互数据，在前数字出版时代几乎为零。所出版的图书在销售以后几乎很难再从读者那里获得反馈和评价，从数据流的角度看，属于单向流动；而出版大数据的建设，则需要加快建设和积累交互数据，通过对交互数据的采集、分析和统计，用于改进选题策划、内容供给和营销方案，最终形成闭环的、双向的数据流。

智能知识服务技术，在《知识资源建设与服务工作指南》的国家标准中，起草组规定了"电子书、数字图书馆、数字期刊、数字报纸"等基础性知识服务，规定了知识库、MOOCs、SPOCs、知识服务解决方案等典型的知识服务形态；在最后一条，提出了智能知识服务："以人工智能技术为依托，借助大数据开展知识体系构建、知识计算、知识图谱构建，开展机器撰稿、新闻推荐、智能选题策划、智能审校、智能印刷、智能发行、智能机器人等服务方式"。智能知识服务的发展趋势，"将重点围绕突破知识计算引擎和知识服务关键共性技术而展开"，将从单一领域的知识库向多源、多学科、多模态的综合型知识库演进，以自主化、自动化、智能化为典型特征的"智能仓储机器人、智能教育机器人、知识服务机器人、智能销售机器人"将会不断涌现并大放异彩。

13.2.1.3　数字出版运营管理标准

《数字出版业务流程与管理规范》《出版融合发展人才标准体系表》等标准确立了数字出版开展数字出版业务以及多维管理的规范。

数字出版业务流程主要包括：产品策划、资源组织、产品设计、内容审校、产品加工、产品发布、运营维护和售后服务八个环节。数字出版管理，主要涉及规划管理、项目管理和团队管理。规划管理，主要是指顶层设计、发展模式、规章制度建设、标准体系的建立和完善。数字出版的项目管理，涉及数字出版项目策划、申报、实施、验收、审计的全流程。数字出版团队主要由策划人员、内容管理人员、设计人员、审校人员、加工人员、发布人员、运维人员、售后人员所构成。

此外，数字阅读终端标准、数字教育出版标准也渐成体系，取得了较为丰硕的成果：

在数字阅读终端标准方面：移动阅读逐渐成为大趋势，人们随时随地使用手机、平板电脑、电子阅读器等终端进行阅读，但是其终端呈现格式却纷繁杂乱。为满足不同终端的阅读需求，出版社需要生成多种格式的电子书或其他数字内容，读者也需要在使用不同屏幕阅读时安装不同的阅读器，甚至需要转换文件类型，非常不便。为改变这一现状，原国家新闻出版广电总局早在 2011 年就已着手制定一系列行业和国家标准。2013 年 2 月，我国《数字阅读终端内容呈现格式》行业标准正式发布，北大方正集团数字出版技术国家重点实验室的 CEBX（Common e-Document of Blending XML），即"基于混合 XML 的公共电子文档"技术成为数字阅读呈现格式制作和阅读的行业标准，这项具有自主知识产权的技术终结了阅读行业乱象。CEBX 技术的发布填补了我国在数字出版领域版式技术的空白，为解决行业标准的难题提供了值得信赖的技术方案。这一标准目前主要应用在出版社、报社等出版机构，保证了出版机构"一次制作+一次发布"就能实现"多终端应用"。目前全国 90% 以上的出版社在出版电子书时已采用 CEBX 格式。①

在数字教育出版相关标准方面：2015 年 1 月，国内首个关于数字教材的新闻出版行业标准《中小学数字教材加工规范》（CY/T 125—2015）由原国家新闻出版广电总局发布。该标准将中小学数字教材定义为"以经国家教育行政部门审定通过的国家课程教科书为内容基础，并包含相关辅助资源、工具的，用于教学活动的电子图书"。《中小学数字教材加工规范》对数字教材的组成、技术要求、功能要求进行了规范，为我国中小学数字教材的设计开发提供指导。2017 年 11 月，原国家新闻出版广电总局发布了"关于批准发布《数字出版业务流程与管理规范》等 10 项行业标准的通知"。其中《CY/T 161—2017 中小学数字教材出版基本流程规范》《CY/T 163—2017 中小学数字工具书功能要求》《CY/T 164—2017 中小学数字教材元数据》《CY/T 165—2017 中小学数字教材质量要求与检测方法》4 项标准由人教数字教育研究院组织研制并起草，自 2018 年 2 月 1 日起实施，不仅对数字教材和电子课本进行明确定位，而且为中小学数字出版物进行了清晰的行业归属划分。《CY/T 164—2017 中小学数字教材元数据》是以数字教材的出版属性为主研制的，该标准以国内首个关于数字教材的行业标准《中小学数字教材加工规范》所定义的数字教材为描述对象，规定了中小学数字教材元数据的元素及其属性，适用于中小学数字教材的开发、应用和管理。②

截至目前，基于数字技术赋能的出版业高质量发展标准体系已经基本建成，覆盖了技术赋能模型驱动层的主要内容，提供了技术

① 新浪资讯.行业标准《数字阅读终端内容呈现格式》解析［EB/OL］.［2013-04-16］.http：//cs.sina.com.cn/minisite/news/20130416l006.html.

② 钟岑岑.中小学数字教材元数据相关标准比较研究［J］.出版参考，2017（11）：42-44.

赋能出版高质量发展的全流程标准化解决方案，并获得了出版业和社会公众的较高评价。在知识服务赋能方面，《新闻出版　知识服务　知识资源建设与服务工作指南》等7项国家标准已于2020年7月1日起正式实施，并获得了国家新闻出版署2021年度"出版业标准创新成果奖"。知识服务系列国家标准涵盖了基础术语、知识体系、知识关联、知识元和知识应用单元以及知识服务工作指南等，为文化产业运用知识服务技术赋能出版业高质量发展提供了全过程的指引和规范。在增强型赋能方面，《出版物AR技术应用规范》行业标准规定了"3D模型、AR编辑器、输出展示系统"等增强现实技术赋能出版高质量发展的关键性条款。在仿真型赋能方面，《出版物VR技术应用要求》行业标准（在研）规定了"数字化虚拟环境、VR编辑器、沉浸体验系统"等虚拟仿真技术赋能出版高质量发展的核心技术环节。在链式赋能方面，《区块链技术在版权保护中的应用技术要求——文学、图片作品》等系列区块链技术赋能出版的行业标准体系也已初步形成，为链式型赋能出版业高质量发展提供了规范和指南。此外，2013—2015年，新闻出版业数字化转型升级期间还带动制定了216项企业标准，这些企业标准大多为技术赋能型标准，有效地指导了出版单位进行数字化转型升级和提质增效。

相信在不久的将来，随着技术赋能出版业的宽度、厚度、高度和深度不断提升，随着人们对数字技术赋能出版发展规律认知的逐步深化，新闻出版业技术赋能型标准规范体系——数字出版标准体系将会呈现爆发式、矩阵式增长，国家标准、行业标准、团体标准、项目标准、企业标准将呈现出互为补充、互为融通、协同赋能的发展态势，最终逐步建构起全面创新为内核、技术赋能为引领的涵盖基础层、元素层、驱动层、应用层等在内的全方位、立体化、多层次、全媒体、全流程的数字出版高质量发展标准体系。

13.2.2　国际数字出版标准

国际数字出版起步较早，行业标准也随之得到了发展，如标识符标准、元数据类标准、数字格式类标准、数据交换类标准、数字版权管理标准等都形成了一定体系，并在全球范围内广泛应用。

13.2.2.1　标识符类标准

标识符标准的主要功能是为出版物或者内容资源提供唯一的标识，如 ISBN 标识图书、ISSN 标识期刊、ISMN 标识乐谱出版物、ISRC 标识录音制品、ISAN 标识音像作品。在名称标识上，ISNI 标识数字环境下各种媒体内容的创作、生产、管理和发行主体的公开身份；作品标识上，ISTC 标识标准文本作品，ISWC 标识音乐作品；数字资源标识上，DOI 标识数字资源。而所有这些资源之间的关联，均由 ISLI 标识。在数字出版环境中，图书或电子出版物的订货、销售、交易和管理都离不开唯一标识。唯一标识保证了用户在越来越多的内容产品中能快速准确地找到所需的内容产品。①

ISLI(International Standard Link Identifier，国际标准关联标识符)由 ISO(国际标准化组织)制定和维护，于 2015 年 5 月 15 日正式发布。《中国标准关联标识符(ISLI)》(GB/T 32867—2016)是标识信息与文献领域中实体之间关联的全球通用标识符，是我国主导制定的第一项国际标识符，也将是构建互联网社会新一轮管理体系时最底层的技术支撑。ISLI 国际标准是基于中国的"《MPR 出版物》系列国家标准"提出的。

ISLI 旨在解决数字时代特别是互联网环境下的信息内容资源管理难题，实现资源有效管控和价值增值。ISLI 标准及其技术系统是传统出版单位实现融合发展、开展基于内容的全媒体融合出版不可或缺的支撑。这种支撑不仅表现在出版手段上，也表现在出版产品形态上，以帮助传统出版企业顺应互联网传播移动化、社交化、视频化的趋势，同时进行全媒体融合出版，实现产品创新，以满足多维用户需求。②

---

① 孙广芝，邢立强，张保玉. 数字出版元数据基础[M]. 北京：电子工业出版社，2013：15.

② 左美丽. ISLI 在出版领域的应用综述[J]. 出版参考，2016(8)：9-11.

13.2.2.2　元数据类标准

元数据是描述数据的数据。在不同领域内元数据有不同的定义和应用。元数据标准化可以使用户方便快捷地查找到相关资源。数字出版业根据需要建立了一系列元数据标准，实现数据共享和交易。数字出版物元数据标准对作者、出版日期、题目、内容、参考文献等术语用标准元数据进行描述，使其在交流传送过程中畅通无阻。元数据在一定程度上满足了数字出版物出版、传送、交易的要求。目前元数据标准有很多种，其中比较著名的有 MARC（Machine-Readable Cataloging）、ISO 15836：2003《信息与文献 都柏林核心元素集》等。

MARC 格式是用于描述、存储、交换、控制和检索的一套机读书目数据标准，设计于 20 世纪 60 年代，是发展历史最悠久、最成熟的元数据格式。MARC 是以代码形式和特定结构记录书目信息，能够被计算机识别、存储、编辑和输出的目录形式。各国根据《国际机读目录格式》（*Universal MARC Format*，*UNIMARC*）编制适用本国使用的 MARC，再将其转换成 UNIMARC，实现国际机读目录数据共享。目前我国采用的《中国机读目录格式》（*China MARC Format*，*CNMARC*）获得很大发展，成为出版领域重要的元数据标准。Dublin Core 是元数据的一个标准集——都柏林核心元素集的简称，是为网上资源的辨识、检索而制定的。DC 元数据充分吸纳图书情报界分类、编目、文摘等经验，是在利用计算机、网络的自动搜索、标引、索引、检索等研究成果的基础上发展起来的。其最大特点是元素结构化地、有层次地支持字段检索，提供对特定资源足够全面的描述，使用户不用真正链接到检索资源本身就能对资源有较为全面的了解。2010 年，我国对该国际标准修改后发布实施了《信息与文献都柏林核心元素集》（GB/T 25100—2010），在出版领域得到了采用和推广。

13.2.2.3　数据格式类标准

目前国际主流的阅读格式标准有 PDF、EPUB 等。PDF（Portable

Document Format，便携式文档格式）是由 Adobe 公司用与应用程序、操作系统、硬件无关的方式进行文件交换所发展出的文件格式。也就是说，PDF 文件在 Windows、Unix、Mac OS 等操作系统中都是通用的。这一特点使它成为在互联网上进行电子文档发行和数字化信息传播的理想文档格式。越来越多的电子图书、产品说明、公司文告、网络资料、电子邮件都使用 PDF 格式文件。

EPUB（Electronic Publication）是基于 XML 和 Web 协议的电子书格式标准，它允许数字图书和出版物实现跨平台和跨系统的兼容，目前已经成为数字出版产业的关键标准。① 2011 年 10 月，国际数字出版论坛（The International Digital Publishing Forum，IDPF）宣布完成了 EPUB 3.0 版本的制定，主要包括 EPUB 3.0 Overview、Publicating 3.0、Content Documents 3.0、OCF 3.0 及 Media Overlays 3.0 等文件。之后于 2013 年在此基础上进行了小幅修订，直至 2017 年 IDPF 将 EPUB 3.1 版本批准为标准推荐规范。EPUB 3.1 标准中新增加了 W3C 万维网联盟公布的 WOFF 2.0 字体格式和起源于苹果 Macintosh 的 SNFT 字体格式作为核心媒体类型。同时 EUPB 3.1 动态地将 HTML 5 和 SVG 的最新推荐版本作为使用标准，放弃了 EPUB 3.0 版本中只针对 HTML 5.0 和 SVG 1.1 的过时参考。② EPUB 标准作为一种数字出版形式，因其独有的特性与优势在数字图书转换出版、分发销售等方面有着广泛应用。EPUB 3.1 是近几年 EPUB 标准的一次较大更新，将在今后一段时间逐步成为数字出版标准的生力军。

13.2.2.4　数据交换类标准

数据交换标准中比较典型的有 3 种：OAI、ONIX 和 OpenURL。"开放仓储元数据撷取战略协议"（Open Archives Initiative Protocol

---

① 徐丽芳，刘锦宏，丛挺．数字出版概论［M］．北京：电子工业出版社，2013：299.

② 迟亮．EPUB 3.1 数字出版技术研究［J］．电脑知识与技术，2018，14（19）：239-242.

for Metadata Harvesting，OAI），简称元数据获取协议，是一种独立于应用的，能够提高万维网资源共享范围和能力的互操作协议标准。OAI 旨在提供简单、易实现的方法来完成各种元数据之间的互操作。相比于其他专业协议，虽然在功能上不够完善，但它最大的特点是易操作性和低成本。

在线信息交换标准（Online Information Exchange，ONIX）是一种以电子形式获取、传输出版物产品信息的国际标准，用于图书、连续出版物以及各种电子出版物信息的基础标准和贸易标准。该标准旨在向图书批发商、零售商、网络书商及产业链的所有参与者提供统一的图书产品信息格式，解决行业各机构间多种数据格式并存给信息交换带来的困扰，以在线信息交换的方式满足和丰富图书出版发行行业在互联网时代的需要。[①] ONIX 包含电子出版物创建、发布、注册以及出版发行过程中的知识产权保护信息，并为出版物提供详细的元数据描述，包括书目细节、书刊各种交付形式的价格信息以及出版物渠道信息等。在为电子图书信息提供传输模式的基础上，ONIX 还将覆盖音视频等各类电子媒体知识产品，以适应数字出版领域的交易需求。为了使 ONIX 更好地为我国出版发行业所用，2013 年 6 月 14 日《中国出版物在线信息交换》国家标准（GB/T 30330—2013）正式颁布。

开放链接标准（Open Uniform Resource Locators，OpenURL）是信息资源与查询服务之间的通信协议标准，提供在信息服务者之间传递元数据的格式，目的是将文献资源的提供者与链接服务的提供者相分离，实现同时对不同机构的多个数据库或信息资源进行统一检索。[②] OpenURL 是构建开放式数字图书馆的关键组成部分之一，用以解决不同数字资源系统的互操作、资源整合以及二次文献数据库到原文服务的动态链接等问题。

---

① 孙广芝，邢立强，张保玉．数字出版元数据基础［M］．北京：电子工业出版社，2013：227.

② 徐丽芳，刘锦宏，丛挺．数字出版概论［M］．北京：电子工业出版社，2013：285.

13.2.2.5　数字版权管理类标准

数字权利管理(Digital Rights Management，DRM)是以一系列软硬件技术，实现对数字内容的保护，其技术的价值逐渐凸显，主要应用于电子书、电子文件、音频与视频流媒体、图形图像、移动多媒体等方面。国内外均已开发出一系列较为成熟的 DRM 软件产品或构件，对其进行标准化的呼声也越来越高。目前国际上制定标准的组织包括 ISMA、OMA、Coral 联盟等。国际流媒体联盟(Internet Steaming Media Alliance，ISMA)制定的 ISMACrypt1.1 标准，主要定义了对 ISMA 流媒体加解密的标准。开放移动联盟 (Open Mobile Architecture，OMA)的目标在于建立一个基于 IP 协议、独立于具体网络及内容的标准化、互操作的移动网络 DRM 方案,[①] 制定了 OMA DRM2.0 标准，其技术标准主要包括 DRM 系统、数字内容封装和版权描述 3 大部分。OMA 的 DRM 标准是目前最成熟、参与者最多、影响力最大的标准。该标准是针对 3G 业务设计的。而 Coral 是由消费电子、IT 机构、服务提供商组成的开放、国际化的跨行业联盟。Coral 联盟的目标是为消费电子设备和服务中采用的各种 DRM 技术提供自愿、开放的互操作性标准，严格意义上来说，并不是一种 DRM 方案，其目标是协调和统一各种 DRM 方案和系统。[②]

---

① 张文俊，倪受春，许春明.数字新媒体版权管理[M].上海：复旦大学出版社，2014：128.

② 张文俊，倪受春，许春明.数字新媒体版权管理[M].上海：复旦大学出版社，2014：131.

第十四章　出版数字化转型体系建构

　　本章在前述数字出版产品、技术、运营、人才、项目、标准等论述的基础上，阐述出版数字化转型体系的三个层次、五个方面：编辑转型、编辑室(分社)转型、出版机构转型；出版产品转型、技术运用、营销转型、流程再造、制度重塑。最后指出，出版转型是高质量发展的必要条件和不可或缺之组成，出版高质量发展明确了出版转型的使命和任务，为出版转型提供了导向遵循、价值遵循和目标遵循。

　　一般认为，出版转型萌芽于 2012 年深圳文博会期间的一次小范围智囊团会议，肇始于 2013 年中央文化企业数字化转型升级工程的启动，由中宣部、原国家新闻出版广电总局、财政部三个主管部门联合发起，以新闻出版业"基础软硬件改造""特色资源库建设""行业级运营平台"的"三步走战略"为里程碑，由此揭开了浩浩荡荡的新闻出版数字化转型升级大幕，开启了全国范围内的出版业转型升级的变革时代。出版业转型，无论是从数字化到数据化，还是从数据化到智能化，都始终离不开"三个层次、五个方面"，换言之，出版行业应该以"三层五面"的转型来迎接智能出版时代的到来。

14.1　出版转型内涵与价值

　　出版转型的标志性工程，无论是出版业的基础软硬件改造，还是特色资源库建设，抑或行业级运营平台构建，贯穿于其中、恒定不变的要素是技术创新与迭代应用。技术赋能出版，科技重塑出版，提升出版业的科技含量，是出版转型的初心和使命所在。因此，可归纳出版转型的内涵：运用新技术，培育新业态，用好调控政策，优化生产要素，重塑生产流程，用现代科技改造提升图书出版业的角色、流程和业务，提高出版业的科技含量，从传统出版状态转向现代出版状态的持续性过程。较为全面地加以归纳，出版转型的主要特征包括：低附加值向高附加值转变、高耗能高污染向低耗能低污染转变、粗放式发展向集约式发展转变、高度依赖技术创新和政策支持以及转型的多层次与全方位。

出版转型，从最开始的基础软硬件改造升级、数字资源库建设、行业级运营平台的搭建，再到深化转型、提质增效，作为一种在特定历史时期出现的产业现象，其历史价值和贡献不容忽视：其一，开辟了新视野，启发了新理念，开启了出版共同体整体探索数字化产品研发、数字化技术应用、数字化运营推广的新征程。其二，丰富了新兴出版业态要素体系，为出版业发展注入和附加了信息、知识、标准、数据等新动能要素，进而为产生新的增长点提供了理论可能。实践证明，只有"充分发掘并培育壮大新兴出版的新动能，牢牢抓住人工智能时代的战略机遇，才能迎来出版事业的高质量发展，才能迎来出版产业的繁荣昌盛"。① 其三，奠定了新兴出版的产品、技术、运维、人才、流程、制度基础，壮大了新兴出版业态实力，为出版融合提供了现实可能。没有数字出版的产品积累、技术运用、数字化营销、人才储备、流程再造、制度重塑，就谈不上新兴出版，谈不上出版融合。其四，作为宏观调控重大举措的出版转型工程，为出版业整体转型提供了理念、政策和资金方面的外部助推力，为出版业融合发展纵深推进起到了承上启下的桥梁性作用。

总而言之，涵盖出版业理念变革、流程再造、产品转型、技术升级、渠道创新等出版产业链全环节的数字化转型升级，为出版高质量发展提供了理念启蒙、制度革新和实践涵养，为出版高质量发

---

① 张新新. 人工智能引领新闻出版转型升级——2018 年数字出版盘点 [J]. 科技与出版，2019(2)：44-54.

展储备了一批人才，探索了一套流程，锻造了一批产品，遴选了一批技术，拓新了一条渠道。在出版高质量发展的语境下，出版转型始终没有停下脚步，直至步入深度融合的高级阶段。

14.2　出版转型的三个层次

出版转型，分为三个层次、五个方面，涵盖了出版的角色流、工作流和业务流，囊括了编辑、编辑室（分社）、出版机构三个层次的转型，初步实现了产品转型、技术应用、流程再造、渠道融合、制度重塑五个方面的升级。

编辑转型，是出版转型的根本所在，是编辑室转型、出版机构转型的主体所在，是出版所有环节转型的根本推动力量。编辑是出版流程的启动者，扮演着"搜猎者""不断找茬的治疗师"与"作者和出版社之间的'双面人'的角色"。① 编辑转型，首先，是理念的转型，是创意策划（idea）环节的升级。作为出版流程的发起人，编辑的选题创意要实现由单一向多元、由纸质图书向出版产品、由传统产业向数字产业的转变，纸质图书、数字图书、二维码出版物、AR 出版物、MPR 图书、数据库产品、视听产品等都应成为编辑脑海"选题库"要考虑的产品形态。其次，编辑"搜猎者"角色的转型，体现为选题发现从线下走到线上，从线上走到线上线下一体化。除了用好传统的会议论坛、见面拜访等约稿方式外，编辑还要善于另辟蹊径，从虚拟网络空间发现和培育优秀作者，《滚蛋吧，肿瘤君》就是策划编辑从网络社区中发现的优质 IP，后来随着图书的热卖，还改编成了电影，取得了不俗的销售业绩，实现了社会效益和经济效益的双丰收。最后，编辑转型还涉及自身能力的提升，除了传统的选题策划、编辑加工、流程把控、市场营销能力以外，编辑还要不断增强技术洞察力、学习力和运用能力，用技术赋能的手段对传统纸质图书进行形态重塑、功能再造和多介质内容呈现。编辑

---

① ［美］杰拉尔德．格罗斯．编辑人的世界［M］．齐若兰，译．北京：北京出版集团公司，北京十月文艺出版社，2019：15-21.

"应该持之以恒地学习新技术、应用新技术，以大数据、增强现实、虚拟现实等新技术催生出数据出版、智慧出版等出版新业态"。①

编辑室(分社)的转型，主要体现于特定方向的选题规划要充分考虑新兴出版的因素，要着眼技术赋能的机制运用，培养出一支具备"图书编辑+数字编辑"的"双编辑型"人才。同时，编辑室(分社)转型的重要标志在于是否重视信息网络传播权，是否重视对数字版权的立体化开发和综合性运用，是否不断提高编辑室(分社)的数字版权授权比例。数字版权是传统出版向新兴出版转型、向融合出版升级的根本所在、源头所在；数字版权授权率的高低，将最终决定着出版社能否成功转型，决定着出版社能否适应产业数字化、数字产业化的整体社会环境。

出版机构转型，更多是在顶层设计、战略规划和体制机制方面。出版社的顶层设计，关键在于走什么样的发展道路？是在做大做强传统出版主业的道路上继续前进，还是由纸质图书服务商转型为知识服务提供商，这是发展道路问题。如何确立发展道路？是基于传统产业背景为主选择发展道路，还是基于产业数字化、深度融合时代确立发展道路，这是一场深刻的思想解放。战略规划的定位，在于将新兴出版、融合发展作为战略补充，还是作为战略方向，是主路还是辅路的问题？体制机制创新，包含两方面、三个阶段：初期，党和国家宏观调控、企业传统出版支持、包容数字出版的发展；中期，数字出版自我造血机制形成，核心竞争力逐步建立，在出版社、出版业的利润贡献比不断提高；后期，新兴出版反哺传统出版，传统出版和新兴出版一体化的绩效考核机制确立，两种出版动能互为支撑、相得益彰，统一于出版深度融合的发展历程。后期阶段需要谨防出现的问题是对新兴出版期望值过高，或者过早索取回报，更要避免出现涸泽而渔的情况，导致立足未稳的新兴出版盈利源泉枯竭。出版社转型的最终目标是成为全方位、立体

① 张新新. 出版业融合发展的趋势与对策建议[J]. 中国编辑，2016(5)：66-70.

化、多层次的知识服务提供商，进而摆脱当下以纸质图书作为主要的产品供给和盈利业态的现状；知识服务商角色的确立，也是出版业转型升级阶段性成功的标志，也意味着新旧出版业态融合共通、交融共享的状态的出现，意味着传统出版和新兴出版深度融合的达成。

14.3　出版转型的五个方面

出版转型，具体而言涉及五个方面：产品的数字化转型、技术的创新性应用、营销的数字化重塑、流程的融合性再造以及制度的全方位梳理。

出版产品的数字化转型，一则，要注重从单一介质转向多重介质，从过度依赖纸质载体向多层次挖掘互联网载体转变。纸质载体毕竟已占据历史多达 2000 多年的历史，其主流性、统治性地位一时难以撼动；后来软盘、光盘、磁带、录像带等作为载体也曾在出版史上占据一席之地；介质革新至今，伴随第三次科技革命的兴起，互联网、移动互联网甚至是卫星网络成为新兴出版壮大和繁荣的主要介质基础，而这种介质、渠道已经构成了我们每个人的思维方式、工作方式和生活方式，在短时期内很难被其他介质所取代。基于互联网、移动互联网等新载体而研发的出版产品，其生命力更为长久，代表着当下最为先进的生产力。二则，出版产品转型要实现从图书单一形态向多形态产品的突破和转变。一直以来，出版社的产品，天然地被认为是图书；出版产品转型要求突破纸质图书的壁垒，试图将纸书的复制品——电子图书、纸书的碎片化——条目数据、纸书的革命性重构——MPR 出版物、AR 出版物、电纸书、手机书、网络文学等作为出版产品进行重点研发和推广。三则，出版产品转型要求实现从实体到虚拟的转变，从有形到无形的升级，从线下到线上的跨越。相对于有形的纸质书而言，无形的数字出版产品，以其便于携带、储存容量大、传播速度快等显著优势，能在互联网时代获取新的发展机遇，成为出版业提质增效不可或缺的引擎。伴随 5G 时代的到来，借助 5G 超高速、宽覆盖、低延迟等技术优势，知识服务的个性化推送、精准化供给、定制化订阅将随时随地可以实现，即时下载海量的数字知识资源将成为现实，人人都将成为一个"行走的数字图书馆"。

出版技术的创新性应用，是出版转型的核心和关键，也是出版转型的生产力源泉。同任何产业转型一样，出版转型，也依赖于政策扶持，依赖于技术创新。众所周知，科技是第一生产力。把科技的力量注入出版产业，使传统的出版业插上科技的翅膀，得以在日新月异的变革时代，继续乘风破浪，是出版转型的主体任务。"出版企业要明确出版融合发展不能仅仅满足于局部环节应用少数新兴技术，而是要让新兴技术深层次、全方位、多角度结合精品内容，使二者发生'化学反应'，流畅自如地创造效益。"①技术的赋能作用，贯穿于出版转型的各环节，无论是产品转型、营销转型，还是流程再造、制度重塑；技术的学习、把握和运用，融入出版转型的各层次，包括编辑转型、编辑室（分社）转型乃至出版机构整体转型。技术的创新性应用须遵循技术洞察和学习、技术原理把握、应用场景探索三个阶段。其中，技术应用原理和应用场景，成为"出版+技术""出版×技术"的内核所在、硬核所在，是出版与技术深度融合、科技与出版紧密结合的策略机枢。如区块链技术应用于版权领域，其核心在于如何将版权资产和区块链技术环节做好衔接，以解决数据层的时间戳认定、激励层的传播分配、合约层的算法和智能合约，最终落脚点在可编程货币和金融，进而实现预期的社会效益和经济效益。出版技术的创新性应用，一定要有明确清晰的技术阶段布局，出版社是以技术外包的形式、技术合作的形式，还是以技术自主研发的形式融入项目建设，这个问题显得格外重要。出版机构要根据自身所处的转型实际情况，合理确定技术外包、技术合作或者自主研发的技术发展战略，适时进行内容提供商的角色向技术应用商的角色转变。

出版流程的数字化转型，是指通过理念革新、技术应用和角色

---

① 王民. 练就文化内功，用好人才资源，推动融合创新——关于国有出版企业高质量发展的三点思考[J]. 出版广角，2019（10）：21-24.

流、业务流、资金流的重塑，建构起传统出版与新兴出版一体化、协同化和同步化的生产管理流程。出版流程的数字化转型，"推动生产流程融合，实现传统出版流程与数字出版流程无缝对接，是出版行业数字化转型升级的必由之路"，其"推进纸电同步出版、选题综合策划、提高资源利用率、扩大经营多样性"的重要意义毋庸多言，已有多人阐述和研究。① 同时，以历史的眼光来审视，流程再造也是中央文化企业数字化转型升级工程启动的首要和初阶任务，但是，时至今日，由于主客观因素的综合作用，该项任务仍然没有实现。出版流程运转目前存在的问题是，传统出版的编校印发流程和数字出版项目策划、产品研发、技术应用、成果转化、市场运维的流程是"两张皮"、两种流程、两套程序。这种现状导致了同样一个版权素材，出版纸质图书适用一套 ERP 程序，而研发出数字图书、AR 出版物等新兴出版产品，则需要重新组织人力物力财力进行生产，资源重复投入、双重资源浪费的问题现实地摆在出版人面前。要解决上述问题，就要构建一体化的出版流程，推动传统出版与数字出版在版权母体、加工制作、发行营销、绩效考核、评估反馈等方面同步展开，同步进行，而非数字出版流程依托于、派生于或滞后于传统出版的编校印发流程。一体化，是指出版流程要能够支持纸质图书和数字产品的一体化策划、一体化制作、一体化传播、一体化运营、一体化管理，进而在出版流程方面实现传统出版和新兴出版的融合。协同化，是指在策划、编辑、制作和发行环节，引入群体智能理念，改变之前单一个体智慧启动出版流程的方式，采用群体智能的"众智众创众筹"理念，调动责编、作者、外编外校的积极性和主动性，构建出支持协同策划、协同撰稿、协同审校、协同发行的协同化生产管理流程。同步化，是"一体化"和"协同化"协同推进、共同作用的结果，是指通过优化出版流程，能够同步化生产纸质图书、电子图书、专题库、短视频、视听产品、AR 出版物、VR 出版物等，实现传统图书产品和新兴数字出

---

① 郭向晖. 传统出版单位如何推进传统媒体与新媒体融合发展——以人卫社数字出版转型升级实践为例[J]. 科技与出版，2015(5)：22-24.

版产品的同步策划、同步制作、同步生产和同步上线。一体化、协同化、同步化的生产管理流程，从本质上看，是对出版业生产关系进行调整、优化和再造，许多企业也在瞄准这一领域，积极研发基于上述"三化"理念、全新的出版 ERP 系统。出版流程的转型成功，将会使得"图书编辑+数字编辑"的融合型编辑角色出现，将不再有单独的数字出版部门，出版形态也将不再有传统出版和数字出版之界分。

出版营销转型，是出版转型的"最后一公里"。近日，国家新闻出版署发文部署出版物发行行业任务时，旗帜鲜明地指出要"推动发行企业转型升级，数字化建设、融合性发展"，① 这标志着出版数字化转型升级的最后一个环节——渠道数字化转型升级的官宣。出版发行环节的转型要积极利用数字化技术、网络化业态，转变发展方式，提高发行效率，创新经营方式和服务模式，深度推动线下实体书店转型和线上图书销售业态创新。近期出现的网络直播图书新零售热潮，就是将线下实体的出版发行渠道，转移到线上直播平台，进而为新闻出版营销渠道体系的建构提出了新的时代命题，描绘了崭新的发展远景。出版营销转型的路径有二：其一，转化型，即原有传统出版渠道的转化。原有传统出版渠道的转化，包括营销对象要从单一的纸质图书扩充为多元化的出版产品，如电子书、知识库等数字出版产品，或者 AR 出版物、VR 出版物等融合出版产品。营销人员要提升自身数字营销能力，善于运用"数与网"的销售方式，通过网络电商、微信微博等开展出版产品的销售工作。其二，原创型，即数字出版营销渠道的建设。集独立的产品研发、技术应用和市场销售环节于一体，建构独立的数字出版物营销渠道，是目前国有数字出版企业所采取的主流方法。原创型数字出版渠道的建立健全为国有数字出版企业抢占机构服务市场、提升市场占有率、提高数字出版收入和利润提供了有力抓手。

最后，出版转型的制度体系重构和落实，贯穿于出版产品、技

---

①　国家新闻出版署关于支持出版物发行企业抓好疫情防控有序恢复经营的通知［N］. 中国新闻出版广电报，2020-03-19(1).

术、流程和营销转型全过程和各方面。出版制度体系重塑,在宏观调控主体层面,要加大法律法规立改废释工作力度,保障出版业数字化转型升级整体推进和纵深推进。要适时修订相关行业法律法规中有关市场准入、主体资格、行政许可等方面的规定,完善配套制度措施,更加契合深化出版业数字化转型升级改革方向和发展实际。要持续加强新兴出版流程与管理规范、产业链环节、AR 出版物、知识服务等新业态新模式的国家标准、行业标准和团体标准的制定、修订和宣传工作。在市场主体层面,出版企业应建立健全传统出版和新兴出版一体化的评价考核和激励机制,明确考评标准和依据,完善考核评价体系。推进出版转型信用体系建设,建立健全企业征信诚信机制,探索建立黑名单、白名单制度,扩大社会监督渠道,加强行业自律自管。同时,要进一步完善公平、公正、公开、充分的市场竞争机制,营造出版业数字化转型升级的良好社会环境和市场秩序。

14.4 出版转型与出版高质量发展

出版转型,是"十二五"期间,党和政府主管部门自上而下发起、以中央文化企业为重点、面向整个新闻出版产业的数字化转型升级工程的重要组成部分。出版高质量发展,是我国经济步入新时代以后,出版共同体所给出的战略回应,是由出版大国向出版强国迈进的战略思考和布局。在新的时代背景和产业生态下,出版转型被赋予了更多新的内涵、要素和价值。

出版高质量发展,覆盖出版管理、产业发展和理论研究三个领域,是对传统出版和新兴出版一体适用的战略举措,是坚持内容为王的发展,是变要素、投资驱动为创新驱动的发展,是对产业结构、产品结构、主体结构不断优化的发展,是双效俱佳、更有效率、更可持续的发展。出版转型,更多是从新兴出版一侧,立足出版产业发展的角度,所提出的涵盖产品、技术、流程、营销、制度的全方位转型。随着多年新闻出版数字化转型升级工作的深入推进,出版转型已经步入传统出版和新兴出版深度融合的高级阶段。

　　出版转型是高质量发展的必要条件，是高质量发展的重要组成部分，也是高质量发展不可或缺的一环。没有理念、制度和实践层面的转型，没有产品、技术、营销、流程、制度体系的升级，便谈不上出版高质量发展。出版转型为出版高质量发展提供了新动能、新业态，提供了政策红利和技术支持：数字出版宏观调控体系中，计划调控和财政调控是两种典型的、常态化的调控手段，两者占比很大，对数字出版多年的发展与繁荣起到了实质性的推动作用。[①]持续多年的中央和地方财政对出版业转型升级、出版融合发展的政策和资金的支持，是出版高质量发展的政策驱动和项目驱动。出版转型内含的大数据、增强现实、虚拟仿真、第五代移动通信、人工智能等先进技术创新性应用的探索和实践，为出版高质量发展提供了新动能，是技术赋能出版、发挥科技是第一生产力作用的重要体现；出版转型为高质量发展开创了一系列新业态，AR 出版、VR 出版、智能编校排系统、出版知识服务层出不穷，为高质量的内容呈现与表达开创先河、提供多项选择；步入新时代，出版转型步入传统出版和新兴出版深度融合发展阶段，为出版高质量发展注入了新内涵和新活力。

　　出版高质量发展明确了出版转型的使命和任务，为出版转型提供了导向遵循、价值遵循和目标遵循。出版转型的意识形态属性，注定了出版转型与出版高质量发展必须遵循共同的导向指引：要坚定不移地以习近平新时代中国特色社会主义思想作为指导思想，要坚持当代中国马克思主义、21 世纪马克思主义的正确导向，要坚持马克思主义意识形态领域指导地位的根本制度。出版高质量发展为出版转型提供了深刻的价值遵循：决定着出版转型要矢志不移地致力于传播和传承中华优秀传统文化、革命文化和社会主义先进文化，规范着出版转型要致力于提高生产效率，通过内部流程一体化的再造和重塑，提升传统出版与新兴出版的协同生产、一体发布的效率水平。出版高质量发展，为出版转型提供了最终的目标遵循：

---

　　① 张新新. 传统出版与新兴出版深度融合，推进数字出版高质量发展——2019 年度中国数字出版盘点［J］. 科技与出版，2020（3）：13-27.

出版高质量发展的文化使命和产业使命，要求出版转型应聚焦于推动先进技术和先进内容的紧密结合、传统出版和新兴出版的深度融合，推进出版业向着双效俱佳、更有效率、可持续的高质量发展目标迈进。

DIGITAL PUBLISHING

第三篇

数字出版治理论

第十五章　数字出版治理论

数字出版治理论是数字出版基础理论的重要组成部分，和"数字出版调节论"共同构成了中国特色数字出版基础理论的内核和精华。数字出版治理是出版治理体系和治理能力现代化的重要组成部分，也是数字文化治理体系和治理能力现代化的重要组成部分。

15.1　由治理到数字出版治理

十八届三中全会指出："全面深化改革的总目标是完善和发展中国特色社会主义制度，推进国家治理体系和治理能力现代化。"十九届四中全会指出："我国国家治理体系和治理能力是中国特色社会主义制度及其执行能力的集中体现。"基于此，社会科学领域出现了两次对于治理体系和治理能力的研究热潮。

15.1.1　由管理到治理

中华人民共和国成立后，在计划经济时代，传统行政决策模式以管理主义为主要特征；改革开放以来，我国的社会管理进入"党政主导"模式。① 随着我国经济发展水平的提高，国内外大环境也在不断动态变化中，管理主义模式已经不能适应社会快速发展的需要，单纯的行政管理模式如不能随之调整，就会和经济社会发展不

---

① 王锡锌，章永乐. 我国行政决策模式之转型——从管理主义模式到参与式治理模式[J]. 法商研究，2010，27(5)：3-12.

合拍、不适配。从管理到治理，并非简单地用词变化，而是表明"统治范式被治理范式取代已经成为一种基本趋势"，① 表征党对执政规律和社会运行规律的认识不断深化的过程，是社会政治发展理念、制度和实践的系统变化和全面提升。

治理不是统治，治理和统治在权力主体、权力性质、权力来源、权力运行向度、作用及范围等方面有着明显区别。"治理是实现一定社会政治目标的手段，相对于国家的统治体制而言，治理体制更多体现工具理性；治理的理想状态是善治。"②治理包含的关键因素有"分权与授权、合作与协商、多元与互动、适应与回应"③等。治理存在三种主要的模式，"传统的官僚系统、市场导向的治理系统、分布治理系统"；④ 其中，分布式治理模式"试图提供一种在政府管理社会，引导市场和通过社会团体表达社会利益之间的平衡"，⑤ 或者说，现代治理是一个"协调、掌舵、施加影响并且去平衡相关利益体相互行为的一个过程"。⑥

综上，可归纳出治理的基本特征：其一，治理主体由一元走向多元化，在国家元主体的基础上，扩充为国家、社会、市场、公民等多元主体；其二，权力延展性，权力来源由单一性的国家权力向国家、社会和公民多源性扩展，由强制性的立法、司法、行政等权力拓展为社会公共组织、私营组织的权力以及私权利；其三，权力

---

① 陈进华. 治理体系现代化的国家逻辑[J]. 中国社会科学，2019(5)：23-39.

② 俞可平. 推进国家治理体系和治理能力现代化[J]. 前线，2014(1)：5-13.

③ 包国宪，郎玫. 治理、政府治理概念的演变与发展[J]. 兰州大学学报(社会科学版)，2009，37(2)：1-7.

④ Hall W A. Global Experience on Governance [C]//Anthony R T. Governance as A Trialogue：Government-Society-Science in Transition. Berlin：Springer，2005：30-38.

⑤ Rogers P，Hall A W. Effective Water Governance[M]. Sweden：Elenders Novuml，2003：4-23.

⑥ Wright V. Reshaping the State：The Implications for Public Administration [M]. Western European Politics，1994(3)：102-137.

运行向度的双向性甚至多向性，由传统的"命令-服从"为内核的自上而下权力运行转变为自上而下、自下而上、平行流动等多种向度；其四，多维价值追求，由效率价值导向转变为"以服务价值为中心价值"①、公平公正与效率价值的共生共存；其五，协同化特征突出，协同存在于多元主体之间的协同、多种权力之间的协同、多维价值之间的协同、多样化治理方式之间的协同、"国家与社会处于最佳状态"②的公共利益最大化，等等。

基于此，我们尝试把治理界定为：在党的全面领导下，政府、社会、市场和公民等多元主体通过建构与经济、政治、文化、社会发展相适应的制度体系以及对制度体系的有效执行来实现公共利益最大化的协同管理与服务活动。

15.1.2　由文化治理到出版治理

文化治理作为国家治理体系和治理能力现代化的重要组成部分，研究历时阶段较长，成果颇为丰硕。文化治理既遵循国家治理的一般性规律，也有专属于文化治理领域的特殊性规律。

文化治理的一般性规律，主要有基本特征和发展阶段两方面。(1)文化治理的基本特征和其他领域国家治理的特征相类似：现代文化治理是刚性和柔性的统一，"是一种软性治理"，"治理的要义在于多元主体间合作与协商"。③ 国家文化治理体系的特征之一是"方式手段的协同化与参与性"，"由单纯的文化行政管理走向协同治理"。"国家文化治理的基本方式是法治。法治是人类政治文明的重要成果，是国家治理的根本方式和普遍方式。"④(2)关于发展

---

① 马全中.治理概念的再认识——基于服务型政府的视角[J].中共天津市委党校学报，2014(5)：99-105.

② 俞可平.推进国家治理体系和治理能力现代化[J].前线，2014(1)：5-13.

③ 张良.论国家治理现代化视域中的文化治理[J].社会主义研究，2017(4)：73-79.

④ 景小勇.国家文化治理体系的构成、特征及研究视角[J].中国行政管理，2015(12)：51-56.

阶段：指出文化治理经历"统治性文化治理、弥散性文化治理、合作性文化治理"的历史变迁，① 主要表现的分别是国家话语、市场话语和公民话语；也有学者总结为先后经历了"政治化引导""市场化为主""福利化特征"②三个发展阶段，其三个阶段的所指大同小异，和国家治理发展历程相类似。

文化治理领域的特殊性规律研究，主要体现在文化治理的双重性研究：托尼·本尼特基于福柯的"治理性"概念，提出文化治理观点，指出"文化既不是治理的目标，毫无疑问，也不是它欲颠覆的对立面；毋宁说，文化是治理的工具"；③ 文化治理既包括"运用文化进行政治治理，并且也要对文化本身进行政治治理"，要求"打破单向度的权力运作模式，寻求国家机器、文化机构、文化实践者个人在内的，多向度、联合的、自主的文化政治模式"。④ 国内学者大多从双重性出发来阐述文化治理，认为文化治理是"对象和方法的统一"；⑤ (1)作为治理方式的文化治理，"认为文化是治理的工具，强调社会主义核心价值体系的弘扬及精神文明建设，利用文化感染力和潜移默化作用实现国家治理"；⑥ (2)基于治理对象的文化治理，认为文化治理"主要指对文化领域进行治理，其内容包含文化管理、文化改革与发展，强调以人为本、文化育人、人

---

① 邓纯东．当代中国文化治理体系和治理能力现代化的理论反思[J]．湖湘论坛，2018，31(6)：13-22，2.

② 张良．论国家治理现代化视域中的文化治理[J]．社会主义研究，2017(4)：73-79.

③ [英]托尼·本尼特．文化与社会[M]．王杰，等，译．桂林：广西师范大学出版社，2007：161.

④ 王金山．托尼·本尼特与"文化治理"观念[J]．内蒙古财经大学学报，2019，17(2)：121-125.

⑤ 立言．文化治理：制度体系与实践要求[J]．中国井冈山干部学院学报，2020，13(4)：102-118.

⑥ 张良．论国家治理现代化视域中的文化治理[J]．社会主义研究，2017(4)：73-79.

才兴文"。① 同时学者们还深入数字文化领域来加以论证,指出数字文化治理包含"对文化资源本身的治理、基于数字文化资源的治理"。②

基于"双重性"框架,出版治理的研究也呈现出两方面的分布:

首先,出版作为国家治理的方式和工具,助力国家治理体系和治理能力现代化的提升。"人们对出版在国家治理体系和治理能力现代化中的作用重视不够"③,通过强化出版经济、政治、文化等功能的发挥,提升出版在国家治理体系和治理能力中的作用和价值。出版业要"注重及时宣传国家治理体系和治理能力现代化的阶段性成果",④ 包括宣传显性制度和引导隐性制度形成发展。出版业可以通过"政治建设、体系建设和队伍建设"⑤奠定出版业意识形态工作基础,为国家治理体系和治理能力现代化做出应有贡献。主题出版通过"学术化、价值化、科技化"⑥等内容创新路径,有助于推动国家道路的发展、国家秩序的建立,从而为国家治理现代化贡献力量。

其次,出版作为治理对象,有助于提升出版治理体系和能力现代化。出版行业要深化出版体制机制改革,"加快管理创新,调整出版业态"⑦,积极推动"出版业相关法律、制度、机制、政策和规

① 林坚. 推进文化治理现代化的路径探析[J]. 国家治理,2015(25):43-48.

② 杨滟,田吉明. 基于科技与人文融合的数字文化治理体系建设研究[J]. 现代情报,2020,40(10):43-51.

③ 周蔚华,杨石华. 出版与国家治理体系和治理能力现代化[J]. 中国出版,2020(8):27-33.

④ 夏晓勤. 国家治理现代化原则下的中国出版人才发展指标体系构建[J]. 中国出版,2015(11):15-18.

⑤ 于殿利. 论出版企业意识形态管理与国家治理体系与治理能力现代化[J]. 现代出版,2021(6):38-45.

⑥ 郑甜. 制度经济学视域下主题出版与国家治理体系和治理能力现代化[J]. 中国出版,2021(8):22-26.

⑦ 柳斌杰. 坚定自信,走进出版强国新时代[J]. 现代出版,2018(1):5-10.

范的完善和创新"①，尽快形成"行政管理、社会治理、企业行业自律'三位一体'的出版治理体系"②，以推动出版治理体系和治理能力现代化。随着出版业数字化转向的速度越来越快，数字化战略对出版业提出了更高要求和更严标准，除了对传统的出版治理方式的着力之外，对应急治理、安全治理、数字治理、智库治理等新型出版治理方式的探索和实践也须及时提上日程，以推动出版业高质量发展目标的实现。

15.1.3　数字出版治理的概念特征

综上，我们可得出关于数字出版治理的内涵：数字出版治理，是治理对象与治理方式的统一。狭义的数字出版治理，即治理对象维度的数字出版治理，是指在党的全面领导下，政府、社会、市场和公民等多元主体，通过建构与经济、政治、文化、社会发展相适应的数字出版制度体系以及对制度体系的有效执行，来实现数字出版高质量发展、建成社会主义出版强国、满足人民群众美好生活需要的协同管理与服务活动。广义的数字出版治理，还包括基于治理方式的数字出版治理，是指以数字出版所蕴含的数字文化形态的信息、知识、数据作为治理依据，充分运用数字出版资源，发挥数字出版的功能和价值，来推动国家治理体系和治理能力现代化的活动。由于篇幅限制，本章主要就狭义的数字出版治理来进行阐述。

根据上述内涵，可对数字出版治理概念进一步分析如下：

坚持党的全面领导是数字出版治理的根本保证。数字出版直面意识形态的前沿阵地，加强党对出版工作的全面领导，严格落实落细意识形态责任制，健全和完善党领导数字出版的体制机制，把党的领导落实在数字出版治理的全过程、各环节和各方面，为数字出版治理体系和治理能力现代化提供根本保证。

---

① 柳斌杰.开拓中国出版业高质量发展新时代[J].中国出版，2020（22）：6-10.

② 张新新."十四五"教育出版落实文化产业数字化战略思考——基于发展与治理向度[J].出版广角，2021（24）：32-39.

坚持马克思主义在意识形态领域指导地位的根本制度。数字出版分属意识形态领域，其本质属性是意识形态属性，[①]数字出版治理应坚持马克思主义指导地位这一意识形态领域的根本制度。唯有如此，方可坚守和捍卫中国特色数字出版的根本性质——意识形态属性，方能确保数字出版坚持为人民服务、为社会主义服务的"二为"方针，方能真正推动社会主义核心价值观的贯彻落实，方可通过数字出版来推动中国特色社会主义文化的创造性转化和创新性发展。数字出版治理应坚持以马克思列宁主义、毛泽东思想、邓小平理论、"三个代表"重要思想、科学发展观、习近平新时代中国特色社会主义思想为指导，全面贯彻落实习近平总书记关于出版工作的重要论述。

数字出版治理的中心环节在于治理体系和治理能力。数字出版治理体系，是指管理和服务数字出版的一整套紧密衔接、协同集成的制度体系；数字出版治理能力是指运用数字出版制度、执行数字出版制度，来对数字出版各领域、各方面、各环节和全过程进行管理和服务的能力。数字出版治理体系的现代化，要求数字出版制度体系与时偕行，制度体系的建构、实施、解释、修订要及时反映经济、政治、社会、文化、科技发展需要；数字出版治理能力的现代化，是指要不断提高数字出版制度体系的执行效能，综合运用规划治理、法律治理、财政治理、税收治理等治理方法，提升数字出版制度的建构能力、实施能力、调适能力和创新能力等。

数字出版治理的目标是实现数字出版高质量发展，建成社会主义出版强国，满足人民群众美好生活需要。数字出版治理的直接目标、近景目标是通过治理效能的提升，推动数字出版的创新升级，推动数字出版高质量发展，实现数字出版蕴含文化自信、数字技术赋能、效益高质量增长的三位一体协同创新发展；数字出版治理的远景目标，是从出版大国向出版强国跃升，建成中国特色社会主义出版强国，增强国家文化软实力；数字出版治理的最终目标，是通过现代化的治理体系和治理能力，建构高品质数字出版产品供给体

---

①　张新新.论数字出版的性质[J].出版与印刷，2021(2)：27-34.

系，不断满足人民群众数字化、个性化、高品位的美好精神文化生活需要。

数字出版治理的基本特征，包括以下几个方面。

15.1.3.1 协同性

协同性，是指数字出版治理系统的要素、子系统通过相互联系和相互作用，产生协同作用以及非线性的相干效应（融合效应），进而推动从低级有序状态走向高级有序的"善治"状态的特征。"协同学是由联邦德国物理学家哈肯创立的研究一个系统中各子系统之间的非线性相互作用产生的协同效应，导致系统结构有序演化的自组织理论。"①② 我们选择协同学原理和方法来分析数字出版治理问题，既有理论上的必然性，也有历史维度的偶然性。③ 根据系统的观点，数字出版治理系统是由规划治理、法律治理、财政治理、税收治理、安全治理、应急治理、数字治理、智库治理等子系统所构成，子系统之间存在相互联系和相互作用的协同关系，这种内在的协同机理推动着数字出版治理整体外化呈现出协同性的特征。

数字出版协同性特征的主要体现包括：（1）多元主体之间的协同：数字出版治理系统之中，除了作为治理元主体的政府之外，还有行业协会等自治组织、数字出版企业主体甚至公民个人，主体之间通过相互作用确立起"一主多元型"④数字出版治理主体结构，形成"强化导向、政府引导、尊重市场、企业主体、整体转型、深度

---

① Haken H. Synergetic：An Introduction［M］. Berlin：Springer-Verlag，1997.

② 苗东升. 系统科学原理［M］. 北京：中国人民大学出版社，1990：517-566.

③ 《数字出版方法论：研究价值与范式创新》一文中，简要介绍了横断学科方法并对"协同论"内容进行了概述，并指出"对于时下整个产学研聚焦的传统出版与新兴出版融合发展、出版业高质量发展等具有方法论层面的启迪作用"。

④ 丛挺，高远卓. 数字化战略背景下专业出版发展研究——基于《出版业"十四五"时期发展规划》的思考［J］. 出版广角，2022(5)：51-55.

融合、高质发展"①的数字出版治理格局。(2)多种权力之间的协同：数字出版治理系统涉及立法、行政、司法等公权力，社会自治组织权力以及企业、公民的私权利协同运用，共同推动治理现代化目标的实现。(3)多样化治理方法的协同，或者说治理子系统之间的协同，规划治理、法律治理、财政治理、税收治理、安全治理、应急治理、数字治理、智库治理等相互作用、相得益彰，共同推动数字出版善治状态的出现。(4)多维价值之间的协同，通过数字出版治理，实现以服务价值为中心，效率、公平和公正等价值体共生共存的价值关系，协同推进数字出版社会效益和经济效益的双丰收、双跃升。

15.1.3.2　现代性

现代性，是指数字出版治理的行为、过程和结果、"理念、制度和实践都融合着现代科技水平色彩，呈现出创新、探索、理性的特点"②。数字出版治理的现代性特征，整体体现为创新导向、工具理性、数字化转向、契合当代及未来经济社会发展等特点。

数字出版治理行为的现代性，是指无论是抽象的数字出版治理行为还是具体的数字出版治理行为，前者如数字出版领域的部委规章、地方性规章或非规范性文件，后者如数字出版领域的行政许可、行政处罚等，都须建立在合规律性、合目的性的基础之上。数字出版治理过程的现代性，体现在刚性治理向柔性治理的转变，封闭式治理向开放式治理的转变，一维集权的治理向多维协商治理的转变。数字出版治理结果的现代性，是指数字出版治理的落脚点和归宿，在于提升数字出版领域制度体系以及制度执行效能的现代化水平，在于形成科学、合理、高效的政府、市场、出版主体良性互动的治理格局。

---

① 张新新.传统出版与新兴出版深度融合，推进数字出版高质量发展[J].科技与出版，2020(3)：13-27.

② 张新新，陈奎莲.数字出版特征理论研究与思考[J].中国出版，2021(2)：8-14.

理念的现代性，反映着数字出版治理价值取向，构成数字出版治理过程遵循的准则，体现数字出版治理的方向和目标。数字出版治理理念的现代性体现，在于尊重和保障人民群众数字化的学习和阅读基本权益，满足人们数字化的美好精神文化生活需要，是为终极价值追求；在于以服务价值为中心兼顾效率和公平，遵循数字化发展规律和出版业发展规律，在政府主导的基础上接受社会协同和公众参与，是为工具理性价值。制度的现代性，体现在数字出版制度的建构、实施、评价、反馈、监督和修订等全过程符合经济社会发展需要，符合数字经济、数字社会、数字创政府、数字创新发展需要；体现在数字出版产品开发、技术应用、市场营销、项目管理、人才建设等基本环节的制度体系，以及规划治理、法律治理、财政治理、税收治理、应急制度等基本治理领域的制度体系紧密相连，相互衔接，相互协调，饱含现代科技色彩和持续发展特质。实践的现代性，是指数字出版治理实践持续探索创新治理模式，及时应用算法治理、数据治理等数字治理工具，推动数字出版产业政策由结构导向型向创新导向型转变，不断优化治理模式，不断提升治理效能，不断推进数字出版治理体系和能力的现代化水平。

15.2　数字出版治理的基本原则

数字出版治理基本原则是指数字出版治理主体、治理活动、治理客体、治理内容、治理效应所要遵循或体现的基本准则，是数字出版治理"本质特征和基本精神"[1]的体现。数字出版治理基本原则，是贯穿于数字出版治理各环节的基本准则，是数字出版治理各领域所遵循的本源性规则。数字出版调节基本原则和治理基本原则是衔接"数字出版宗旨"[2]和数字出版具体调节治理活动的桥梁和纽

---

[1]　张新新.数字出版调控与市场的二元互动——"十三五"时期数字出版述评与盘点[J].科技与出版，2020(9)：43-56.

[2]　张新新.数字出版价值论(上)：价值认知到价值认同[J].出版科学，2022(1)：5-14.

带，是体现数字出版价值论的重要理论环节；建构和研究数字出版调节治理基本原则，有利于完善数字出版价值论，对于整个中国特色数字出版基础理论都具有重要的理论意义，同时对指导具体的数字出版调节实践和治理实践有重要的应用指导价值。我们认为，数字出版治理包括依法治理、科学治理和数字治理三项基本原则。

15.2.1　依法治理

依法治理，是指数字出版治理主体、治理行为、治理方法、治理程序都要在法律的框架内进行，要依法进行治理。依法治理基本原则覆盖整个数字出版治理活动，是对数字出版治理全过程、各方面、各环节的基本要求。

数字出版治理，"法治是根本保证，要提升出版治理的法治化水平"[①]。依法治理的"法"包括宪法和法律，也包括以"条例、办法、规定、实施细则"等出现的行政法规；在法律和行政法规未有规定的领域，也要严格依据规章、非规范性文件所确定的管理服务规则进行治理。

依法治理，首先要求有法可依、科学立法，以丰富数字出版治理的法律依据。随着数字化的飞速发展，数字中国战略的深入推进，数字经济、数字社会、数字政府的建设步伐加快，数字化深度变革世界经济、政治、科技和文化格局，而相关领域的法律也应与时俱进地制修订。于出版领域而言，制定独立的《出版法》，完善数字出版法律治理，有其必要性和可行性。在必要性方面，《出版管理条例》属于行政法规，及时反映数字化对出版领域产生的新变化和新发展，规定数字出版的治理举措，并适时上升为法律，是数字化时代的必然要求，也是数字文化、数字政府建设的必然要求。从可行性角度，一方面，"世界很多国家都有独立的出版法"[②]，如《出版自由法》（法国、瑞典）、《不良出版物法》（新加坡），基于

---

① 王资博. 出版强国建设的新时代机遇与创新发展[J]. 中国出版，2018(12)：27-31.

② 章礼强. 出版法若干问题探正[J]. 编辑之友，1999(2)：55-57.

《出版管理条例》上升为《出版法》或《新闻出版法》有可借鉴性和参照性；另一方面，我国《出版法》立法实践曾开创过先河，"1994 年10 月 21 日，全国人大常委会八届第十次会议首次审议《中华人民共和国出版法（草案）》"。① 值得欣慰的是，在 2019 年 7 月公布的《文化产业促进法（草案征求意见稿）》中，专门规定了"推动文化资源数字化""发展数字创意、网络视听、数字出版等新兴文化产业"等有关内容，随着该法正式公布的到来，又进一步丰富了数字出版治理的法律渊源。

依法治理，还要求有法必依、严格执法，数字出版治理的关键在于"依法治理"，把相关法律法规落到实处，不走样、不打折扣，才能真正体现法律的权威和生命力。"如果有了法律而不实施、束之高阁，或者实施不力、做表面文章，那制定再多法律也无济于事。"②现行的数字出版治理依据主要包括《宪法》的相关规定，《民法典》《著作权法》《网络安全法》《出版管理条例》等法律、行政法规，《网络出版服务管理规定》等部委规章，以及《加快我国数字出版发展的若干意见》《关于促进文化和科技深度融合的指导意见》等非规范性文件。依法治理同时还强调在数字出版治理领域公正司法、全民守法，强调违法必究，对于侵犯专有出版权、自然人声音权、信息网络传播权等权益的行为，要坚决予以查处和追究，营造良好的数字出版发展环境。

15.2.2　科学治理

科学治理，是指数字出版治理要遵循治理规律，遵照出版业发展规律，尊重数字化发展规律，要符合经济政治社会发展需要，提高数字出版治理效能，推动数字出版发展的高质量发展。

首先，数字出版治理要遵循治理规律，坚持调控适度，从市场

---

① 刘杲，石峰. 新中国出版五十年纪事［M］. 北京：新华出版社，1999：323.

② 本刊评论员."法治"的生命力在于"依法治理"——学习贯彻党的十九届六中全会精神［J］. 智慧中国，2022（2）：4-5.

调节和政府治理的二元结构出发，平衡政府和市场的界限。用好"无形之手"，充分发挥市场机制的决定性作用，保护和鼓励信息、知识、数据、技术等无形生产要素的价值贡献，提高出版业全要素生产率，引导、鼓励和支持企业数字出版市场化、产业化发展，不直接干预企业的具体市场经营活动；用好"有形之手"，更好发挥政府作用，给予数字出版发展以政策和资金扶持，维持数字出版市场整体供需平衡，"引导正确的方向，主导规则的建立，推动市场主体转型"①，通过治理实现数字出版整体社会效益和经济效益的提升。

其次，数字出版治理要遵循出版业发展规律，出版的文化、经济、意识形态、数字技术等多维子系统协同程度决定出版发展质量高低，出版文化、经济和技术子系统相互之间的独立运动超过协同作用，则呈现出无序状态，也就意味着发展质量低甚至是倒退；相反，出版子系统之间的协同作用和相干效应能够束缚各自独立运动时，则出版系统宏观上呈现出一定的结构特征，处于有序状态，即发展状态或高质量发展状态。

再次，数字出版治理要遵循数字化规律，按照数字技术发展规律来开展治理活动。数字技术子系统以及技术属性越来越受到重视，技术进步和技术赋能对出版业发展质量的提高起到的作用与日俱增。技术子系统在出版业走向高质量发展进程中的协同作用、相干效应的发挥，其前提和基础是技术子系统在出版系统内的作用方式。主要存在两种作用方式：一是直接作用方式，即数字技术作为生产要素，通过自身形式价值的实现，发挥数字技术的有用性和有效性功能，提高出版业的全要素生产率，直接推动出版业高质量发展的实现。二是间接作用方式，即通过数字技术作用于文化子系统和经济子系统，间接推动出版业走向高级有序的高质量发展：数字技术推动文化内容的创新性发展、文化价值的创造性转化，提高劳动力的数字素养和技能，改造提升传统发展动能，进而提高出版业

---

① 张新新. 数字出版业态中政府与市场的关系——以传统出版单位为视角[J]. 出版广角，2014(6)：12-17.

发展的全要素生产率，引起出版业发展的质量变革、效率变革和动力变革。

最后，数字出版治理要从实际出发，符合经济、政治、社会和文化的发展需要，既不超前，也不落后，因时制宜、因社制宜、因地制宜地制定和实施治理方式、方法和举措，提升数字出版治理能力，优化数字出版治理体系，提高数字出版治理效能。

15.2.3 数字治理

数字治理作为数字出版治理的一项基本原则，是指数字出版治理要善用数字技术工具，要致力于推动治理体系和治理能力数字化改革。数字治理基本原则，体现在治理思维、治理工具、治理体系、治理能力等方面。

第一，确立数字化治理思维，强化数字化治理理念。随着我国数字经济、数字政府、数字文化等各领域的国家级战略的出台，数字学习、数字工作、数字生活和数字创新成为典型的四大数字化应用场景，数字化思维和理念显得尤为重要，须知"理念是行动的先导"；如果缺乏数字化思维和理念，出版业的数字化治理、数字出版的治理将无从谈起。因此，数字出版治理主体需要确立数字化思维、强化数字化理念，从数字化背景、原理和机理等视角出发，构思治理行为，钻研治理活动的开展。

第二，数字技术作为治理工具。数字治理理论发轫于新公共管理运动的式微、数字时代治理的兴起之际，"治理理论与互联网信息技术的结合催生出数字治理理论——一种运用信息技术重塑公共部门管理流程的新型理论"。① 从时间上看，数字治理理论和数字出版兴起的时间线相重叠，均源于 20 世纪 90 年代末，大致有 20 多年的发展时间。数字出版作为"数字技术赋能"②的新型出版，在

---

① 韩兆柱，马文娟. 数字治理理论研究综述[J]. 甘肃行政学院学报，2016(1)：23-35.

② 张新新. 数字出版概念述评与新解——数字出版概念 20 年综述与思考[J]. 科技与出版，2020(7)：43-56.

生产经营维度，数字技术作用于编校印发各个环节；在政府治理维度，数字技术可成为规划治理、法律治理、财政治理、应急治理等各治理领域的工具和手段。作为治理工具的数字技术，主要包括"5G 技术、区块链技术、人工智能技术"①三大技术体系，具体来讲，包括增强现实、虚拟仿真、深度学习、大数据、内容推荐、AI 识别等；目前数字出版治理实践中相对成熟的数字技术工具应用主要有算法安全综合治理、对深度伪造的治理、大数据治理、AI 内容审核、敏感词筛查等。

第三，治理体系和治理能力数字化。一般意义上的数字出版数字治理，是指把数字技术作为治理工具；另外一种，是指国家治理体系和治理能力本身的数字化变革。②

数字出版治理体系数字化改革，是指管理和服务数字出版的制度体系体现出数字化、科技化的色彩，包含着数字技术治理的规则和制度。数字出版治理体系数字化改革的推进，纵向维度可以围绕"算法、数据和算力"三个方面展开，横向维度可以围绕 5G、区块链、人工智能、数字孪生等不同类型的数字技术而进行。应该说数字出版治理体系数字化的治理矩阵已开启建构，如《关于加强互联网信息服务算法综合治理的指导意见》《提升全民数字素养与技能行动纲要》《出版物 AR 技术应用规范》《知识资源建设与服务工作指南》等各层次各领域的治理措施已陆续发布并宣贯实施。

数字出版治理能力数字化改革，是指治理主体的数字出版制度执行能力呈现出数字化、科技化色彩，彰显出数字化的适应力、胜任力和创新力。如政府部门数字出版治理的元主体，需不断提高自身的学网、懂网和用网能力，持续提升数据治理能力、AI 治理能力、算法治理能力以及其他数字素养和技能。数字出版企业负责人更应该持续增强自身的数字化适应力、数字化胜任力和数字化创造

---

① 张新新. 智能出版：现代出版技术原理与应用[M]. 北京：人民出版社，2021：26.

② 鲍静，贾开. 数字治理体系和治理能力现代化研究：原则、框架与要素[J]. 政治学研究，2019（3）：23-32.

力，提升数字化经营管理能力，推动自身的企业经营管理能力和数字经济、数字社会、数字政府发展相适应、相匹配。

15.3　数字出版治理活动

"不断发展变化的数字出版宏观调控活动和市场调节活动，是数字出版理论体系形成的外在逻辑，是数字出版话语体系建构的依据和来源，也是数字出版话语权表达和彰显的重要途径。"[①]"数字出版治理活动和数字出版调节活动"[②]，是整个数字出版学研究对象的重要组成部分，是中国特色数字出版调治论的中流砥柱，是中国特色数字出版学的理论精华。数字出版治理活动，是数字出版治理理论的研究对象，是由数字出版治理活动主体、内容、客体、效应所构成的客观存在，延展开来即为数字出版治理的全部研究内容。

15.3.1　数字出版治理主体

数字出版治理主体，即数字出版治理活动之所属，数字出版治理主体构成是多元化的，主要包括政府、社会和企业等部分。

中国特色数字出版治理主体结构是"一主多元型"结构，其中，"一主"是指党和政府主管部门，党对数字出版治理全面领导，政府是数字出版治理的元主体，在治理过程中起着主导、引导、管理和服务的作用。实践中，数字出版治理主体包括中央宣传部及其出版主管机构、国家新闻出版署(国家版权局)及相关出版主管机构、科教和文化司(中央文化企业国有资产监督管理领导小组办公室)及出版主管机构、人力资源和社会保障部及出版主管机构、国家税务总局及出版主管机构、国家市场监督管理总局及其出版主管机构

---

① 张新新. 中国特色数字出版话语体系初探：实践与框架[J]. 科技与出版，2021(3)：86-97.

② 张新新. 中国特色数字出版学研究对象：研究价值、提炼方法与多维表达[J]. 编辑之友，2020(11)：5-11，30.

等。上述党政主管部门，均是出版治理的元主体组成部分，分别行使着全面领导、全面主管、规划治理、财政治理、人事治理、税务治理、行政许可与处罚等行政管理权，其治理权的性质为强制性，多为管理权，同时也兼有服务的性质。

"多元"，是指数字出版治理主体存在着多元化特征，还包括社会组织、行业协会以及公司企业等。数字出版的社会治理主体是由行业协会及其他社会组织构成，它们发挥着数字出版企业和政府之间的桥梁和纽带作用，如作为行业协会的中国出版协会、中国音像与数字出版协会、图书评论协会、中国期刊协会、中国画报协会等；其他社会组织，如作为官方智库的中国新闻出版研究院以及各高校智库、民间智库、非营利性公司等。社会治理主体行使的数字出版治理权多为服务性质，是服务型政府职能的延伸和延展。

此外，市场上存在的各类数字出版企业、数字出版基地以及广大民众等，都履行着自我管理、自我监督、企业自律职责的治理权，他们更多反映了数字出版治理过程的市场话语或公民话语。

15.3.2　数字出版治理内容

数字出版治理内容，即数字出版治理之本体，数字出版治理活动之所指，包括数字出版规划治理、法律治理、财政治理、税收治理、安全治理、应急治理、智库治理、标准治理、数字治理，等等。这些治理内容，大致可以分为传统治理体系和创新型治理体系两大类，传统治理如规划、法律、财政、税收、安全等，新兴治理如标准、智库、数字、应急治理等。

数字出版规划治理，是指通过编制、执行和检查国家级、行业级发展规划的方法对数字出版活动进行指导、管理和服务的治理方法、行为和措施的总和。规划治理具有预测数字出版发展方向，设定数字出版发展目标，综合协调财政、税收等多种治理方法手段的积极作用和价值，有利于从整体上保持数字出版总供给和总需求平衡，从整体上实现预期社会效益和经济效益，满足人民群众的学习、阅读的精神文化需要。

数字出版法律治理，是指通过执行宪法法律、行政法规、行政规章和非规范性文件等对于数字出版的规定，来管理和服务数字出版活动的方法、行为和措施的总和。"法治是推动国家治理体系和治理能力现代化的唯一途径。"①实践中对于数字出版资质审批、市场准入与退出等都是法律治理的典型举措。数字出版法律治理在《出版业"十四五"时期发展规划》中也被重点予以强调和突出，《规划》指出，要加强出版领域法规体系建设，研究制定新兴出版业态管理规定，修订著作权、网络出版、印刷、报纸等领域的法规规章；要完善出版领域市场准入机制，加强出版资质管理，进一步规范重要文献、教材教辅、辞书地图等门类的出版资质要求。②

数字出版财政治理，是指通过公共财政手段，设立鼓励、引导和扶持数字出版发展的财政政策、专项资金或投资基金等，来推动数字出版实现产业升级、提质增效的治理方法、行为和措施的总和。任何一个产业的转型升级，依赖于技术进步的同时，还必须以政策来扶持。财政手段作为数字出版治理体系的重要组成部分和最有效治理方式，解决了数字出版的财务承诺和绩效问题。实践中，文化产业发展专项资金、中央文化企业国有资本经营预算金、国家出版基金等各类财政治理方式，对于推动出版业的数字化转型升级、推进数字出版和融合出版的提质增效起到了至关重要、不可或缺的积极作用。

数字出版税收治理，是指通过税收配置资源，对数字出版市场主体或数字出版高新技术业务进行所得税、研发费、增值税等减免或返还的方式，来推动数字出版发展，鼓励数字出版成长的治理方法、行为和措施的总和。实践中，数字出版企业，尤其是成长起来的企业，通过获批高新技术企业来获得研发费扣除、所得税减免等税务优惠红利的并不在少数。此外，数字出版网络安全治理等有关内容，在此不予赘述。

---

① 徐晓冬. 制度体系现代化：理论经纬和技术细节——宏观、中观和微观分层研究框架[J]. 人民论坛，2013(34)：44-46.

② 出版业"十四五"时期发展规划[EB/OL].［2022-02-21］. https：//www. nppa. gov. cn/nppa/contents/279/102953. shtml.

数字出版作为一种新兴文化业态，作为战略性新兴文化产业，在治理方面也出现了一系列创新性治理内容，如标准治理、应急治理、智库治理和数字治理等。本章仅就标准规范治理和智库治理予以简述。

标准规范治理，是指通过数字出版领域的推荐性或强制性标准规范的研制、宣传、培训和落实，来管理和服务数字出版活动的治理方法、行为和措施的总和。"标准规范调控是数字出版调控的重要组成部分，也是特色鲜明的一种调控手段。"[①]标准规范治理方法具有刚性和柔性、强制性和引导性的双重特征，目前来看，数字出版领域标准治理大多以柔性、软性、引导性方法为主，个别国家标准或行业标准中有些强制性条款，则体现了标准规范治理的刚性、硬性和强制性特点。由于数字技术的发展速度、迭代速度往往超出数字出版的发展节奏，其他治理手段在对技术把控、技术驾驭方面的作用发挥不那么及时，而标准规范治理则及时填补了这一空位，能够以标准规范秩序、效率价值的发挥来及时、有效地治理出版领域的数字技术应用。

智库治理，是指通过建设或引进数字出版智库，用好外部创意、发挥"第四部门"的作用，来管理和服务数字出版活动的治理方法、行为和措施的总和。2022 年年初，国家新闻出版署启动了出版智库高质量建设计划，拟逐步打造一批专业化智库，培养壮大智库专家队伍，为出版高质量发展、出版强国建设等重大主题研究提供智力支持和智慧资源。数字出版智库治理，应先明确数字出版高端智库的战略定位，坚持"服务政府决策、助力业态创新"[②]，以开放式创新的胸襟和格局，同时用好出版业内部和外部的智慧创意资源，推动数字出版的创新性发展和高质量发展。

---

①　张新新，杜方伟. 科技赋能出版："十三五"时期出版业数字技术的应用[J]. 中国编辑，2020(12)：4-11.

②　张新新. 数字出版高端智库建构综述[J]. 科技与出版，2017(1)：17-23.

15.3.3　数字出版治理客体

数字出版治理客体，是数字出版治理活动之所附，是数字出版治理所附着或指向的对象。数字出版治理客体的特征大致包括：其一，利益性，包含或带有一定的利益和有用性，能够满足人们的某种需要；其二，客观性，是客观存在的，独立于数字出版治理主体之外，不以治理主体的意志为转移。

数字出版治理客体主要有静态意义上的数字出版环境、数字出版产品、数字出版技术、数字出版政策制度等；动态意义上的数字出版行为，包括数字出版产品研发行为、技术应用行为、市场营销行为等。

数字出版治理客体的意义在于"客体主体化"和"主体客体化"①两个方面。主体客体化，是指数字出版治理客体对治理主体的约束和限制，表现为数字出版治理行为要遵循和服从数字出版治理客体(数字出版产品、技术、制度等)内在的机理和规律，唯有如此，方可提升数字出版治理水平和效能；客体主体化，是指数字出版治理客体(如数字出版物)内在的属性、性质等被治理主体认知、挖掘、选择、建构和改造，服务于数字出版治理主体需要的满足，唯有如此，数字出版治理方可产生增进整体社会效益和经济效益的效果。

15.3.4　数字出版治理效应

数字出版治理效应，即数字出版治理活动之所成，是指数字出版治理活动产生的作用和影响。治理效应一般具有正反两面性，一是正向的治理效应，如实现数字出版社会效益和经济效益的双跃升、双丰收、两统一等；二是负向的治理效应，如治理不到位、治理效果不佳所产生的作用和影响。

一般而言，数字出版治理效应包括数字出版效益、数字出版治

---

① 李德顺. 价值论——一种主体性的研究(第3版)[M]. 北京：中国人民大学出版社，2020：43-47.

理历史、数字出版治理体系和治理能力现代化是否达成和实现等。如《出版业"十四五"时期发展规划》对出版治理的规定，指出"加强和改进党对出版工作的全面领导，推动构建行政管理、社会治理、企业行业自律相结合的出版治理体系"，① 便是对数字出版治理效应的描绘和定位。

　　数字出版治理论和数字出版调节论，构成了中国特色数字出版基础理论的内核，也是数字出版基础理论中最能体现实践特色、时代特色和中国特色的两个领域。本章认为数字出版治理是治理对象和治理方式的统一，指出数字出版治理是多元主体通过数字出版制度体系以及对制度的有效执行来满足数字出版高质量发展、满足人民群众数字化高品质的精神文化生活需要的协同管理与服务活动。数字出版治理具有协同性和现代性两个基本特征，要遵循依法治理、科学治理和数字治理三项基本原则。数字出版治理论的研究对象是由数字出版治理主体、内容、客体和效应所构成的客观存在，其中数字出版治理内容或曰治理本体将成为后续研究的重点和焦点。

---

① 出版业"十四五"时期发展规划［EB/OL］．［2022-02-21］．https：//www.nppa.gov.cn/nppa/contents/279/102953.shtml.

第十六章 中国式现代化视域下的 数字出版治理体系 和治理能力分析

　　早在 2013 年 11 月，中共十八届三中全会通过的《中共中央关于全面深化改革若干重大问题的决定》明确指出，全面深化改革的总目标是完善和发展中国特色社会主义制度，推进国家治理体系和治理能力现代化。首次提出了"推进国家治理体系和治理能力现代化"的改革目标，这也是被认为继工业、农业、国防、科学技术现代化之后的"第五个现代化"。自此，学术界再次掀起了"治理体系和治理能力现代化"的研究热潮。

　　党的二十大报告指出，"中国式现代化是物质文明和精神文明相协调的现代化"；"中国式现代化，是中国共产党领导的社会主义现代化，既有各国现代化的共同特征，更有基于自己国情的中国特色"；"全面建设社会主义现代化国家，必须坚持中国特色社会主义文化发展道路"，等等。这些重要论断和最新规定，构成了中国特色数字出版治理论建构的政策指南和根本遵循。

　　上一章指出，数字出版治理，是指在党的全面领导下，政府、社会、市场和公民等多元主体通过建构与经济、政治、文化、社会发展相适应的数字出版制度体系以及对制度体系的有效执行来实现数字出版高质量发展、建成社会主义出版强国、满足人民群众美好生活需要的协同管理与服务活动。

　　那么数字出版治理现代化的中国特色有哪些？数字出版治理体系的结构是怎么构成的？以及数字出版治理能力现代化有

哪些内涵？本章试图回答上述问题，提供若干建设性的思考。

16.1 数字出版治理的中国式现代化思考

19世纪末20世纪初，伴随西方国家工业化的决定性胜利，"文明"与"野蛮"成为现代工业社会和传统农业社会的印象之一，所以，"工业化"被赋予最初的"现代化"含义。"现代化"，在20世纪三四十年代就被提出。在《文化的冲突》一文中，面对中西文化冲突，胡适主张"充分世界化或一心一意的现代化"。① 究竟什么是现代化？而今看来，现代化，是指"一个普遍性的人类历史进程，由传统社会向现代社会演进的过程"，"以现代社会发展问题为研究对象，以发展社会学和发展经济学为研究内容"，因此，现代化理论又被称为"发展理论"。② 西方学者结构学派、过程学派、行为学派、实证学派以及综合学派等关于现代化理论的大量成果，揭示了现代化的一般过程："以科学技术为先导，以经济建设为中心，带动社会的政治、文化发展，是包括推动人们的价值观念、生活方式、社会心理在内的整个社会变迁的历史过程，是经济、政治、文化、人文诸方面综合平衡方面的过程。"③

中国式现代化的本质要求和首要特征，是坚持中国共产党领导，是中国共产党领导的社会主义现代化。中国式现代化具有各国现代化的共同特征，如上述科技先导、经济建设中心等，是现代化的经济体系、民主政治、文化、军队等多方面综合、平衡、可持续的现代化。中国式现代化，更是基于中国国情的中国特色现代化，是"人口规模巨大的现代化，是全体人民共同富裕的现代化，是物

---

① 刘金鹏．充分世界化与民族复兴[J]．湖南科技大学学报（社会科学版），2010(3)：41-46．

② 朱荣贤．现代化理论研究综述[J]．学术论坛，2005(10)：14-17．

③ 周毅．现代化理论学派及其利弊分析[J]．上饶师范学院学报，2003(4)：36-42．

质文明和精神文明相协调的现代化，是人与自然和谐共生的现代化，是走和平发展道路的现代化"。

数字出版治理现代化，既是国家治理现代化在数字出版领域的延伸，也是中国特色社会主义文化现代化的重要组成部分，同样具备着现代化的一般性特征和特殊性规律，体现着数字出版治理的中国特色。数字出版治理现代化，是指数字出版治理的结构、行为、过程和结果，数字出版治理的理念、制度和实践都蕴含着现代科技水平色彩，呈现出创新、探索、理性的特点，[①] 是治理体系和治理能力的统一，是合目的性与合规律性的统一，是治理方式和治理对象的统一。

数字出版治理现代化，是治理方式和治理对象的统一。一方面，作为一种治理方式，数字出版要注重宣传和推广中国特色社会主义政治、经济、文化、生态文明、军队等各方面的现代化成果，使自身成为编辑出版、传播推介中国式现代化的治理方式和治理工具，充分发挥工具理性价值。另一方面，作为治理对象，数字出版治理要不断提升治理效能，提高制度建构、执行、调适和创新等治理能力现代化的水平，提升规划治理、法律治理、财政治理、智库治理、应急治理、数字治理等治理体系的现代化水平。

数字出版治理现代化，是合目的性和合规律性的统一。一则，数字出版治理的目的在于追求数字出版的高质量发展，通过治理更好地发挥数字出版应有的意识形态维护和推广、文化选择与传播、支柱性文化产业以及数字技术赋能等内在功能，通过治理能够有效地提升数字出版满足人民群众数字化美好精神生活需要以及增强人们的精神力量，通过治理可以不断提升社会文明程度、增强国家文化软实力以及提高中华文化影响力。二则，数字出版治理要遵循治理的一般性规律，以行政管理为主，调动多元主体治理的积极性，建构出与政治、经济、社会发展相适应的数字出版制度体系，并坚持管理与服务的协同性；同时，数字出版治理要基于国情，遵循特

---

① 张新新，陈奎莲. 数字出版特征理论研究与思考[J]. 中国出版，2021（2）：8-14.

殊性规律，在宏观层面，坚持党性和人民性的统一，坚持党的全面领导基本原则，坚持以人民为中心的基本原则，坚持把社会效益放在首位，"推动构建行政管理、社会治理、企业行业自律相结合的出版治理体系"，① 不断提高出版治理效能、治理体系和治理能力现代化；在微观层面，坚持文化特色和现代企业制度并重，完善党委领导和法人治理结构相结合的出版体制，形成有效制衡的公司法人治理结构和灵活高效的市场化经营机制。

　　数字出版治理现代化，是治理体系和治理能力的统一。首先，数字出版治理体系是以协同管理和服务数字出版发展为直接目的而形成的一套有机联系的制度体系。数字出版治理体系的现代化，是指数字出版管理和服务制度体系要以科技发展为先导、与经济政治社会发展相适配、以推动人的自由和全面发展为最终目标。现代化的理念和精神要贯穿于数字出版制度体系的方方面面，渗透在数字出版制度体系的条款之中，外化于数字出版制度体系的执行效果。其次，数字出版治理能力，是指运用和执行数字出版制度来对数字出版各领域、各方面、各环节和全过程进行协同管理和服务的能力。数字出版治理能力现代化，体现在数字出版制度建构能力、数字出版制度实施能力、数字出版制度反馈能力、数字出版制度调适能力以及数字出版制度创新能力五个方面。数字出版制度制定要依法、科学、合理，数字出版制度实施要保质保量，数字出版制度反馈要及时有效，数字出版制度调适要适应发展变化的实践，数字出版制度创新能力则贯穿于上述数字出版制度的制定、实施、反馈和调适全过程。下面本章将重点分析数字出版治理体系和治理能力现代化这两个数字出版治理现代化的核心内容。

16.2　二元结构的数字出版治理体系现代化

　　数字出版治理体系，从内容上划分，可分为规划治理、法律治

---

　　①　出版业"十四五"时期发展规划[EB/OL].[2022-02-21]. http://www.nppa.gov.cn/nppa/contents/279/102953.shtml.

理、财政治理、税收治理、安全治理、应急治理、智库治理、标准治理、数字治理等。这些数字出版治理的制度体系，依据出现时间的先后顺序以及与图书出版治理体系，可进一步划分为常规治理体系和创新治理体系两大类，由此形成了"常规—创新"的数字出版治理体系二元结构。

16.2.1　常规治理体系现代化

较之图书出版治理体系，数字出版治理体系中的规划治理、法律治理、财政治理、税收治理以及标准治理属于常规治理体系。这些制度体系既适用于图书出版治理，也适用于数字出版治理，并且在数字出版发展的早期阶段起着至关重要的引领、保障和促进作用。

数字出版规划治理体系，是指"通过编制、执行和检查国家级、行业级发展规划的方法对数字出版活动进行指导、管理和服务"①的制度体系总和。数字出版规划治理体系的现代化，主要体现为：其一，数字出版规划制度体系能够较为准确地预测数字出版发展方向，为数字出版产业发展、企业经营提供符合未来发展趋势和规律的行动指南。其二，数字出版规划制度体系要合理确定数字出版发展目标：目标设定能够起到促进数字出版产业发展，推动数字出版企业进步，整体上实现数字出版总供给和总需求的平衡，做到满足人们美好的数字化精神生活需要和增强人们精神力量的统一；目标不宜过高也不宜过低，具有实现的理论可能性和实践可行性，目标设定之初和规划期末实施效果具有较高的吻合度。其三，数字出版规划制度体系要综合设定、协调和调用法律、财政、税收、标准等治理手段，注重治理手段之间的相互配套、相互衔接，以确保数字出版规划治理效果的最终实现。

数字出版法律治理体系，是指通过执行宪法法律、行政法规、行政规章和非规范性文件等对于数字出版的规定，来管理和服务数

---

① 张新新，袁宜帆．数字出版治理论：概念特征、基本原则与研究对象[J]．现代出版，2022(12)．

字出版活动的制度总和。数字出版治理，"法治是根本保证，要提升出版治理的法治化水平"。① 数字出版法律治理体系现代化，宜着力于数字出版法律法规规章政策的立、执、司、守各环节。（1）立法层面，在《出版管理条例》这部行政法规之上，追求更高位阶的法律作为数字出版法律治理的依据，是数字出版治理体系现代化努力的方向。可喜的是，作为我国首部文化法，《文化产业促进法（草案送审稿）》已于 2019 年年底形成，其中专门规定了"推动文化资源数字化""发展数字创意、网络视听、数字出版等新兴文化产业"等有关内容，随着其正式公布的到来，又进一步丰富了数字出版治理的法律渊源。那么在国家治理体系和治理能力现代化的大背景下，《出版法》被提上历史日程，应该值得期待。（2）执法方面，现行有效的数字出版法律治理依据主要包括《宪法》的相关规定，《民法典》《著作权法》《网络安全法》《出版管理条例》等法律、行政法规，《网络出版服务管理规定》等部委规章，以及《加快我国数字出版发展的若干意见》《关于促进文化和科技深度融合的指导意见》等非规范性文件。对这些法律法规规章政策中与数字出版治理相关的条款，做到有法必依、执法必严，是数字出版法律治理体系现代化的内在要求。（3）司法和守法方面，依据数字出版制度体系公正司法、全民守法，强调违法必究，对于侵犯专有出版权、自然人声音权、信息网络传播权等权益的行为，要坚决予以查处和追究，营造良好的数字出版发展环境。

　　数字出版财政治理体系，是指通过公共财政手段，设立鼓励、引导和扶持数字出版发展的财政政策、专项资金或投资基金等，来推动数字出版实现产业升级、提质增效的制度总和。数字出版财政治理，鲜明地体现了数字出版治理现代化的中国特色，是举国体制在数字出版治理领域的成功运用，也是早期阶段政府引导型数字出版发展模式的重要支撑。党的二十大报告指出，繁荣发展文化产业，要实施重大文化产业项目带动战略。数字出版财政治理体系的

---

① 王资博. 出版强国建设的新时代机遇与创新发展[J]. 中国出版，2018(12)：27-31.

现代化，要切实强化"调控效益"原则的遵循和落实，要充分发挥财政治理的引领价值、示范效应和杠杆作用，真正起到以重大项目带动产业发展的预期效果；要注重治理方式的绩效和效率，由前期资助转向前期资助、事后褒奖并重，"将主要依靠补贴资助的方式转向'事前补贴与事后褒奖相结合'的调控方式"①；要保持合理的调控程度，秉承"退后一步、站高一层"的原则，尊重市场机制的决定性作用，更好发挥政府作用，扶优扶强，促进数字出版企业做大做强，着眼于整个数字出版产业整体的项目考核。

数字出版税收治理体系，是指通过税收配置资源，通过对数字出版市场主体或高新技术业务进行所得税、研发费、增值税等减免或返还的方式，来推动数字出版发展，鼓励数字出版成长的制度总和。数字出版税收治理体系现代化，除了继续强化"企业所得税减免、研发费加计扣除"②以及借助宣传文化增值税减免优惠政策以外，其关键点还在于，能否就数字出版税收问题单独出台免税或减税政策，以鼓励数字出版这一战略性新兴产业的持续、高质量发展。这个议题，国家税务主管部门曾与数字出版主管部门进行过交流，但未见进一步的税收优惠政策出台；事实上，随着数字出版编辑进入《国家职业大典》，随着国家文化数字化战略的全面落实，随着数字出版产业化的深入推进，单独的数字出版税收优惠政策出台具备了较为扎实的实践基础和时代契机。

数字出版标准治理体系，是指以数字基础类标准、术语类标准、指南类标准、规范类标准等数字出版标准文件的研制、宣传和实施，来促进数字出版发展的制度总和。数字出版标准治理体系现代化，一则，应继续坚持技术赋能出版的方向，研制基于数字技术的标准规范，切实将数字出版标准所蕴含的技术赋能价值积累和沉淀；二则，应建构起与企业标准、团体标准、行业标准和国家标准

① 张新新. 基于出版业数字化战略视角的"十四五"数字出版发展刍议 [J]. 科技与出版，2021(1)：65-76.

② 张新新. 传统出版与新兴出版深度融合，推进数字出版高质量发展 [J]. 科技与出版，2020(3)：13-27.

衔接配套、相互联系、相互作用的数字出版标准系统，构建起数字出版标准升格、转化的有机秩序，使之成为自给自足的动态开放系统；三则，应强化数字出版标准规范体系的宣传力度、实施力度以及反馈程度，切实将所研制的标准用于数字出版产业发展，实现标准应有的秩序价值和效率价值。

16.2.2　创新治理体系现代化

数字出版创新治理体系，是指在原有的常规治理体系基础之上，基于特定治理领域或应用特殊治理方式，所延展或新增的治理制度总和。数字出版创新治理体系主要包括安全治理体系、应急治理体系、智库治理体系、数字治理体系等。

数字出版安全治理体系，是指"网信主管部门采用行政、法律、经济等治理手段对行政管理相对人的网络行为进行调整、规制，以确保信息安全、数据安全、技术应用安全、文化安全和意识形态安全"[1]的制度总和。数字出版安全治理体系现代化，一方面，要进一步丰富和完善数字出版安全治理的法律依据，做到有法可依、有法必依，《国家安全法》《网络安全法》《数据安全法》等法律，《互联网信息服务管理办法》《网络信息内容生态治理规定》《互联网信息服务算法推荐管理规定》等法规规章政策中有关内容安全、技术应用安全、文化安全和意识形态安全的条款都应成为数字出版安全治理的依据，要在日常数字出版活动中严格遵循和谨守；另一方面，要将技术理性主义贯穿于数字出版安全治理制度体系之中，反对"技术决定论"，警惕"智能实用主义"，让技术和网络"在主流意识形态的指导下、在社会主义核心价值观的引导下"[2]得以应用，坚持主流价值驾驭数字技术、算法推荐。最后，要统筹数字出版发展和安全建设，加快构建由信息安全、数据安全、知识安

---

① 张新新."十四五"教育出版落实文化产业数字化战略思考——基于发展与治理向度[J].出版广角，2021(24)：32-39.

② 张新新，龙星竹.数字出版价值论(下)：价值定位到价值实现[J].出版科学，2022(2)：24-31.

全、技术安全、文化安全和意识形态安全所构成的数字出版安全制度体系，筑牢和守好数字出版高质量发展的底线。

数字出版应急治理体系，是指数字出版治理主体在防范和应对突发事件中所形成的应急体制、机制以及相关制度的总和。数字出版应急治理最典型的一个事例是：2020 年前半年，全国出版机构"转变图书选题策划方式，融合出版创新理念方法，形成 700 多种抗疫图书生产阵势，全方位地支持、支援、支撑抗疫斗争"，并由此引发了出版界对于增强忧患意识提高防控风险能力的思考。① 抗疫过程中，宏观层面，出版业主管部门及时制定出一系列疫情防控相关的政策和文件，有序统筹疫情防控和出版生产工作，2020 年 3 月 11 日，国家新闻出版署发布《关于支持出版物发行企业抓好疫情防控有序恢复经营的通知》，随后，各地宣传部门陆续下发了相关政策文件，如湖北省委宣传部《关于支持全省印刷发行企业抓好疫情防控有序恢复经营的通知》(湖北省委宣传部)、《关于支持文化企业复工复产、达产达标的通知》(甘肃省委宣传部)、《关于支持印刷发行企业有序复工复产的通知》(青海省新闻出版局)等。微观层面，各出版企业积极攻坚克难，提升企业法人治理的应急能力和水平，数百家数字出版相关企业迅速研发疫情防控知识图书，采用数字出版形态，对电子书、数据库、专题知识库、在线课程等免费开放，有效地助力了疫情防控工作的有序开展，其中，截至 2020 年 3 月，广东科技出版社出版的全国第一本疫情防控科普图书《新型冠状病毒感染防护》，累计印刷超百万册，电子书实行全网免费转载和阅读，同版权有声读物播放量超过 2000 万人次。数字出版应急治理体系现代化可围绕四方面展开：其一，完善数字出版应急治理法治体系。"紧急不避法治"，法律规范是出版业各主体的行为准则和底线要求，只有形成完善的法律规范，建立新闻出版应急预案，为行业处理重大社会事件划定具体行动范围。其二，建设数字出版应急治理决策制定、协调的核心体制机制。建立相应

① 刘濛，隅人. 抗疫图书生产与出版高质量发展[J]. 科技与出版，2020(5)：35-41.

的出版安全危机预警体制机制和制度系统，协调处理出版业在重大社会事件中应承担的社会责任、重大政策的制定和网络舆情危机的处理等。其三，建立和健全数字出版应急决策咨询机构。利用智库等新型组织工具，将涉及专业性强的问题，交付拥有专业性研究的智囊团，在这种多元的立体化的应急处理研究中产出成果，为政府处置突发性公共事件提供科学决策的依据。其四，建立数字出版应急管理机制，确立一套数字出版企业应急出版工作流程，坚持社会效益优先、以人为本的导向，保持敏锐的洞察力。

　　数字出版智库治理体系，是指依托出版智库这一咨询研究机构形态，为数字出版治理提供智慧支撑和智力支持的体制机制总和。"高水平、国际化的智库既是国家软实力和国际话语权的重要标志，也是推进国家治理体系和治理能力现代化的重要力量。"①数字出版智库，本身就是推进数字出版治理体系和治理能力现代化的重要力量，也是彰显数字出版软实力和话语权的重要标志。数字出版智库治理体系现代化努力的方向，一则要坚持提供咨询、反馈信息、进行诊断、预测未来、引领行业发展、辅助政府决策的战略定位；二则要高度重视建立健全数字出版智库运行机制。"智库运行机制是新闻出版智库建设、发展与壮大的内在逻辑主线，是智库进行独立评价、担任高端人才蓄水池的制度保障。"②从智库治理体系现代化的视角来看，数字出版智库治理体系应完善成员管理机制，强化成果推广机制，健全资金筹募机制，高度重视并切实推行出版高端人才的"旋转门机制"，基于"客观性、独立性、务实性"原则来加强和优化智库评价机制。2022年，国家新闻出版署公布了出版智库高质量建设计划的16家入选机构名单，标志着国家级出版智库首批阵容亮相，也意味着出版、数字出版政策研究和决策咨询能力将进一步提升。

　　数字出版数字治理体系，本身就是数字出版治理体系现代化的

---

① 　张新新．数字出版高端智库建构综述[J]．科技与出版，2017(1)：17-23.

② 　张新新．新闻出版智库运行机制研究[J]．科技与出版，2019(10)：35-40.

重要标志，是数字出版治理体系与时偕行的重要体现。数字治理是数字出版治理的一项基本原则，也是创新治理体系中的重要构成部分。作为数字时代的全新治理范式，数字出版数字治理体系至少应包含三方面内涵：（1）出版数据成为数字治理重点对象。出版数据作为新时代出版业的生产要素，内容数据、用户数据和交互数据等数据建设的管理须被高度重视，出版物的数字化价值和数据化价值应被进一步挖掘，出版数据的所有权、使用权、监管权以及数据所带来的隐私保护、数据安全、数据霸权等问题须引起注意并以体制机制加以解决。（2）善用数字技术进行出版治理。数字技术对内可被运用在出版流程治理方面，如 AI 内容审核、敏感词校对、对深度伪造的治理等；也可被用在出版产品服务领域的管理和服务，如基于大数据进行出版物进、销、存的预测，基于内容推荐进行出版物推广，基于增强现实和虚拟现实改进出版物用户体验等。（3）出版治理体系和治理能力本身进行数字化变革。① 一方面，数字出版治理主体，可通过提高数字素养和技能，增强学网、懂网和用网的能力，来持续提升数据治理能力、算法治理能力和算力治理能力；另一方面，数字出版治理的体制机制应更多引进、吸收、涵盖数字思维、数字理念、数字工具等，以提高数字出版管理服务制度体系的数字化水平。应该说数字出版治理体系数字化的治理矩阵已开启建构，如《关于加强互联网信息服务算法综合治理的指导意见》《提升全民数字素养与技能行动纲要》《出版物 AR 技术应用规范》《知识资源建设与服务工作指南》等各环节各层次各领域的数字治理制度已陆续发布并宣贯实施。

16.2.3 五位一体的数字出版治理能力现代化

数字出版治理能力是指运用数字出版制度、执行数字出版制度，来对数字出版各领域、各方面、各环节和全过程进行协同管理和服务的能力。数字出版治理能力现代化是数字出版治理体系现代

---

① 鲍静，贾开. 数字治理体系和治理能力现代化研究：原则、框架与要素[J]. 政治学研究，2019(3)：23-32.

化得以最终实现的内在因素，也是数字出版治理体系现代化的必然
要求。为此，须构建由制度建构力、制度实施力、制度反馈力、制
度调适力以及制度创新力五位一体的数字出版治理能力，并推进数
字出版治理能力现代化。

　　数字出版制度建构能力，是数字出版治理体系的起点，也是数
字出版治理能力的起点、第一位能力，是数字出版治理能力的前提
和基础。中国式现代化对于数字出版制度建构能力的要求包括：首
先，应立足中国数字出版实践，制定数字出版制度。要坚持马克思
主义出版观，考量我国独特的政治、经济和文化等因素，要扎根于
我国出版业数字化转型升级、出版深度融合发展、主要出版领域发
展不平衡不充分的实践。其次，须将充分发挥市场机制决定性作用
和更好发挥政府作用有机结合。重视举国体制在数字出版领域的运
用，正视我国数字出版是在政府引导下一步步发展起来的，同时尊
重市场机制规律，重视数字出版企业法人治理结构和高效灵活的数
字出版市场运营机制相结合。最后，致力于形成数字出版治理领域
的"良法""善制"，制度建构能力要与形成"促进数字出版发展、满
足人民数字化学习阅读需求、提升社会文明程度、增强国家文化软
实力"的数字出版制度体系适配、匹配，要追求形成一系列蕴含数
字出版协同管理和服务理念的制度体系。

　　数字出版制度实施能力，是治理能力的主体构成和主要体现，
直接关乎数字出版治理效能的提升和治理效果的实现。"徒法不足
以自行"，制度不是万能的，再完美的制度不能"落地"就会沦为空
谈，不能实施就会落空。制度实施能力主要指依法依规办事的能
力，其与法律专业能力密切关联，是法治能力的重要部分，法律的
运用是文义解释优先的综合运用。[①] 作为意识形态领域的重镇，数
字出版的依法依规办事，尤其要重视党内法规的贯彻、执行和落
实。法律出版社2021年出版的《中国共产党党内法规汇编》，共收
录了183部现行有效且公开发布的党内法规，其中有关意识形态、

---

　　① 陈金钊. 制度实施能力的提升 [J]. 东岳论丛，2020，41（4）：114-
125，192.

文化建设、出版管理等相关规定均是数字出版制度实施的重要内容。数字出版制度实施，还要根据体制机制的不同情景进行思考，对相关法律法规规章政策进行体系、整体性理解，具体问题具体分析，避免机械执法。最后，也是最重要的一点，数字出版制度实施能力强调制度的落实需要保质保量、不打折扣、遵循制度制定的初衷，落实制度预期的使命，切实管理好数字出版、服务好数字出版。

数字出版制度反馈能力，是对制度实施能力的检验，是制度实施和制度调适的中间环节、衔接环节。治理理论本身主张"上下互动"，强调治理对象对过程的参与，权力向度是多元的、相互的。[①]数字出版制度实施过程中，必然涉及对制度实施效果的反馈，包括正反馈也包括负反馈；在反馈意见收集的过程中，多元治理主体能够将政策规定、法律文件精神作更深刻的认知和理解，增加认同感和接受度；程序化、制度化的反馈机制，能够规范政府治理行为，减少自由裁量权，促使其及时有效地向公众反馈相关信息，从而提高公众参与的实际效果，进而加速数字出版治理的现代化进程。数字出版企业、从业者有监督权与提出疑义权，制度反馈能力的完善可以使后续旧制度的改进和新制度的确立有章可循、有据可依。因此，制度反馈能力是制度调适、优化的前提，是制度实施效果的试金石。

制度调适能力是指数字出版治理根据制度反馈结果进行调适，根据社会实践、社会主要矛盾的变化而调整。制度结构先于能动性的调节主体而存在，它因调节主体的能动性活动而被建构和变迁。[②]制度调适能力是制度的自我革命，需要广泛的公众参与，其解决方法也是通过跨界行为体的目标，通过多层治理结构与过程，并通过有关的掌舵机制，各种平等的主体以合作与相互依赖的方式

---

① 李风华. 治理理论：渊源、精神及其适用性［J］. 湖南师范大学社会科学学报，2003(5)：45-51.

② 杨虎涛. 马克思经济学对法国调节学派的影响［J］. 马克思主义研究，2009(9)：121-126，160.

来提供公共物品。① 治理主体在数字出版制度的实施过程中倾听多方声音，及时调整政策的前进方向，实际是治理的掌舵者，而广泛的公众参与的力量亦能影响数字出版发展的方向，形成推动数字出版发展变革的合力。数字出版制度调适既是数字出版制度的阶段性终点，又是新的数字出版制度建构的起点，形成了数字出版制度自我革命的完整闭环。以现代化视角来分析，数字出版制度调适的标准，一是看是否与数字出版产业发展相符合，能否有效促进数字出版高质量发展；二是看是否满足国家重大需求，能否更好地服务大局；三是看是否能满足人民美好精神生活需要，尤其是数字化的美好精神生活需要，实现满足人们文化需求和增强人们精神力量的统一。

最后，来谈一下数字出版制度创新力。党的二十大报告指出，建设社会主义文化强国，要激发全民族文化创新创造活力。数字出版制度创新力，既是文化创新力的体现，也是治理能力现代化的表现。数字出版制度创新能力处于治理能力的核心地位，是治理的关键能力和中枢命脉。数字出版制度创新能力贯穿于制度的制定、制度实施、制度反馈、制度调适的全过程、各方面和各环节。从横向来看，数字出版制度创新力，体现在数字出版体制机制创新以及有关产品、技术、运维、人才等各方面制度体系方方面面的创新；从纵向来看，数字出版制度创新力，体现在数字出版制度的创新性建构、创新性实施、创造性反馈以及创新性调适等全过程和各环节。

综上所述，数字出版治理能力的现代化，其一，要不断提高数字出版制度体系的执行效能，综合运用常规治理和创新治理等治理方式，提升数字出版制度的建构能力、实施能力、调适能力和创新能力，进而提升数字出版治理的能力、效率和效益。其二，现代化的数字出版治理应该具备治理民主化、治理方式多元化、治理过程公开透明、管理与服务协同等特征。其三，数字出版治理要遵循宪法和法律精神，宪法和法律是数字出版治理体系的最高权威，数字

---

① 翁士洪，顾丽梅．治理理论：一种调适的新制度主义理论［J］．南京社会科学，2013（7）：49-56.

出版治理能力的提升是在法治范围内、法治框架下的提升。

"常规—创新"二元结构的数字出版治理体系现代化以及"五位一体"的数字出版治理能力现代化，初步勾勒了中国特色数字出版治理现代化的轮廓，初步阐释了数字出版治理现代化的基本框架。

中国式数字出版治理现代化，不是跟随西方国家人云亦云、不是拾人牙慧，而是在遵循数字出版治理现代化一般性规律的基础上，葆有中国特色、中国智慧、中国方案和中国力量。数字出版治理现代化的"中国式"、中国特色，须认真思考、总结和归纳，我们认为可以体现在以下方面：党的领导是本质要求和根本保证，坚持以马克思主义为指导、坚持马克思主义在意识形态领域指导地位的根本制度，以社会主义先进文化为引领，坚持人民至上、坚持以人民为中心的文化发展思想，坚持走中国特色社会主义文化发展道路，等等。

第十七章　数字出版意识形态治理

　　本章对我国数字出版意识形态治理的概念内涵、治理特征、治理原则以及治理路径进行探讨，旨在为我国数字出版意识形态治理的发展和数字出版治理效能的提高提供有益建议，推动我国特色数字出版治理体系的建立与完善。本章从治理模式、治理主体、治理内容、治理手段、治理制度五个角度提出了我国数字出版意识形态治理的优化路径，即治理模式由被动治理转向主动治理，治理主体由一元治理转向多元共治，治理内容由价值平衡转向价值引领，治理手段由行政指令转向多元共生，治理制度由制度优势转向执行优势。

　　意识形态属性是数字出版的基本属性，为社会主义事业的发展传播文化、积累文化是数字出版政治属性的必然要求。数字出版意识形态治理是数字时代维护党和国家政治安全、文化安全以及推动出版产业高质量精品化发展的重要手段，是推进出版治理体系与治理能力现代化的本质要求和核心环节，在数字中国和文化强国的宏伟蓝图以及出版融合动能强劲的背景下，具有重要的意义和使命。

17.1　数字出版意识形态治理的深刻意蕴

　　优化数字出版意识形态治理体系，提升数字出版意识形态治理能力，既是直面意识形态斗争新趋势的需要，彰显文化传播新主张的需要，也是强化出版融合新动能的需要，更是推动出版治理迈上新台阶的需要。

17.1.1 直面意识形态斗争新趋势：多元话语权争夺

习近平总书记指出"意识形态关乎旗帜、关乎道路、关乎国家政治安全"①。意识形态领域是各种势力争夺的重要阵地，这一领域的斗争和较量是没有硝烟、暗流涌动的战争，在国际政治中向来是最扑朔迷离、复杂尖锐的。长期以来，伴随我国国际实力的不断提升，西方国家持续不断地对我国实施文化渗透、和平演变和西化分化战略，借助全球化背景下文化交流的幌子，不断对我国开展意识形态渗透和价值观的输出，妄图以意识形态战争颠覆我国政权。例如，近些年搭桥粉丝经济、网红经济、眼球经济等网络生态表达政治价值观和政治主张，煽动自由主义、个人主义、虚无主义、拜金主义等思潮的事件频发，意在激化社会矛盾、扰乱主流意识形态认同、冲击社会主义核心价值观防线。信息化技术的快速发展推动意识形态传播方式呈现日常生活化、文化化、图像化、视觉化、符号化、景观化等特征，媒介传播逐渐成为意识形态运作的主场所。②典型事件如西方政治人物利用社交媒体打造政治人设、输出政治主张，受到大量网友的喜爱和追捧，为其中外关系外交举措及其他思想主张在世界范围内争取了强大的网络支持力量。除社交媒体之外，技术本身也可以冲击意识形态安全。2022年年底美国OpenAI公司上线ChatGPT人工智能对话模型产品，一经发布就席卷全球，收获了量级数量的活跃用户和访问量，这些用户来自不同国家、不同地区和不同文化背景，其中，中国用户是其用户数量的重要来源之一。自发布以来，学界和业界关于ChatGPT在各领域的落地潜能和应用前景讨论量也呈爆发式增长，出版领域对ChatGPT的应用前景也进行了多角度的分析和展望。科学技术具有

---

① 中共中央文献研究室.习近平关于社会主义社会建设论述摘编[M].北京：中央文献出版社，2017.
② 孙洲.新时代中国意识形态风险防控研究[D].南京：南京师范大学，2021.

意识形态属性，履行意识形态功能。① ChatGPT 的内容生成逻辑是基于语料库的充分训练和激励生成新内容，语料库内容的意识形态立场将直接影响所输出内容的意识形态主张，从而对读者产生潜移默化的价值观干预。意识形态具体样态和传播方式的变革以及资本主义国家在互联网领域的"技术霸权""文化霸权"和"话语霸权"使得我国主流意识形态建设愈发复杂。②

17.1.2　彰显文化传播新主张：从文化自觉到文化自信

文化自信是最根本的自信，是国家和民族的精神支柱，是国家凝聚力和向心力的动力源泉，是实现中华民族伟大复兴最持久、最深沉的有机力量。中华民族在文化上的理性自觉推动中华文化历经文化自豪、文化自卑、文化自觉，在当下树立了文化自信，形成了中国特色社会主义文化自信。③ 中国特色社会主义文化自信带来的价值观自信、国家自信和民族自信为我国打赢意识形态攻坚战带来了最广泛、最持久、最隐蔽、最根本的力量法宝。中华文化历史悠久、源远流长，是中华民族最丰富的精神宝库，然而近年来却出现传统节日、传统医药、传统工艺等优秀文化资源在传承保护中被他国捷足先登进行申遗甚至成功入选的现象，造成了中华优秀传统文化资源的丢失与文化控制权力的丢失。

当下"百年未有之大变局"引发时代背景变化和国际意识形态斗争加剧，带动国内错误社会思潮活跃，在"两个大局"和"两个一百年"奋斗目标的历史交织交汇之际，意识形态领域使命的任务愈加艰巨，挑战愈加严峻。《中共中央关于党的百年奋斗重大成就和历史经验的决议》中强调"意识形态工作是为国家立心、为民族立魂的工作"，指出我国要"高度重视互联网这个意识形态斗争的主

---

① 贾良媛. 哈贝马斯科技意识形态论述评 [J]. 理论界，2020(6)：34-39.

② 孙洲. 新时代中国意识形态风险防控研究 [D]. 南京：南京师范大学，2021.

③ 皇甫晓琳. 中国特色社会主义文化自信的三维审思 [J]. 中共云南省委党校学报，2020，21(1)：19-25.

阵地、主战场、最前沿"，指出文化建设"必须坚持以人民为中心的工作导向……牢牢掌握意识形态工作领导权，建设具有强大凝聚力和引领力的社会主义意识形态……构筑中国精神、中国价值、中国力量，巩固全党全国各族人民团结奋斗的共同思想基础"①。

17.1.3　强化出版融合新动能：数字出版进入意识形态主阵地

出版业是党和国家意识形态工作的重要阵地。出版在发挥传播文化、积累文化功能的过程中带有浓厚的意识形态烙印，② 天然负有维护意识形态安全的责任和义务。出版主体向读者开展出版活动的过程本质上也是传播意识形态、巩固意识形态阵地的过程，这种意识形态传播和建设活动既可以是显性的，也可以是隐性的。随着我国改革开放的深入推进以及我国出版产业的深度融合发展，一些与社会主义主流价值观对立的意识形态在信息化网络工具的加持下，悄无声息地渗透到出版领域，以隐性作用的方式影响人们的利益诉求、社会生活和价值追求，冲击着我国社会主义主流意识形态。③ 其中，常见手段就是对包括出版产品在内的文化产品进行包装，用以传播和蔓延对抗性意识形态，实现对我国主流意识形态的弱化、淡化以及分化。除了这些引发公众关注的热门产品和热门事件，出版领域的"隐蔽"战线同样时刻面临意识形态渗透的风险。例如，在涉外作品中，出版活动各个环节的工作人员能否坚守社会主义主流价值观立场，当好作品的"把关人"，及时发现含有不良价值导向等意识形态问题的内容并处理，对于保障出版产品"引进来"与"走出去"过程中的意识形态安全尤为重要。

---

① 中共中央关于党的百年奋斗重大成就和历史经验的决议［EB/OL］．［2023-08-06］．https：//www.gov.cn/xinwen/2021-11/16/content_5651269.htm.

② 王振宇．强化出版领域意识形态阵地建设的时代内蕴［J］．出版参考，2021（3）：57-59.

③ 朱继东．新时代党的意识形态思想研究［M］．北京：人民出版社，2018.

　　数字出版产业根植于出版文化产业，又依附互联网而诞生和发展，在维护国家意识形态方面负有重要的责任与义务。数字出版关涉文化安全、意识形态安全、内容安全、数据安全、网络安全、算法安全等，既有常态化的安全领域，也有非常态的安全领域，更是直面网络意识形态的前沿阵地。我国数字出版业发展实力强劲，发展势头迅猛，已经成为壮大出版业发展的重要新引擎，在出版强国建设中扮演了重要角色。① 2021 年 12 月，《出版业"十四五"时期发展规划》将"产业数字化迈上新台阶"作为出版业融合发展的具体目标之一被提出，提出要将"壮大数字出版产业"作为重点部署任务，"着力推动一批数字出版精品"。由此，数字出版产业意识形态主阵地地位更加凸显，成为维护我国意识形态安全至关重要的一环。《中共中央关于党的百年奋斗重大成就和历史经验的决议》强调，"全面深化改革总目标是完善和发展中国特色社会主义制度、推进国家治理体系和治理能力现代化"。数字出版治理体系和治理能力是我国国家治理体系和治理能力的重要组成部分，是我国数字出版制度和制度执行能力的集中体现，对深化我国文化领域综合改革和推进我国文化治理体系建设具有重要意义和价值。

17.1.4　推动出版治理新台阶：面向出版治理体系和治理能力现代化

　　数字出版意识形态治理是我国数字出版治理的重要领域，与数字出版安全治理、数字治理、智库治理、应急治理、税收治理等共同构成了中国特色数字出版治理体系。根植于出版文化产业，数字出版意识形态治理手段也主要承袭自传统出版文化产业，如坚持党管出版的管理体制、试行特殊管理股制度、设立出版四大准入机制（法人准入、产品准入、职业准入和岗位准入）、强化出版内容监管、强化社会效益优先的出版原则、做大做强主题出版、培养优秀

---

　　①　中国数字出版产业年度报告课题组，崔海教，王飚，等 . 2021—2022 中国数字出版产业年度报告——"十四五"开局之年的中国数字出版（摘要）[J]. 出版发行研究，2022(11)：17-23.

出版人才、设立优秀出版物扶持计划项目、推动中国出版走出去等，取得了重要的治理成果，为切实维护我国数字出版领域的意识形态安全起到了举足轻重的作用。数字中国、网络强国战略和出版融合等新的时代课题赋予了数字出版更加重要的意识形态治理使命与任务。虽然我国数字出版治理体系和治理能力建设一直在持续推进，但在意识形态治理领域仍存在一些需要改进的地方，如配套政策法规滞后、监管被动、治理手段千篇一律、治标不治本等问题依旧存在，反映出数字出版治理体系有待完善、治理能力仍不够强的问题，亟待进一步提高意识形态治理能力、增强意识形态治理效能。

本书尝试界定数字出版意识形态治理的基本概念，概括其基本特征，讨论其基本原则，结合当前治理实际提出数字出版意识形态治理的优化路径。

17.2　数字出版意识形态治理的若干基本内涵解析

数字出版意识形态治理内涵的界定，关系到数字出版意识形态治理的立足点和切入点，厘清数字出版意识形态及其安全的内涵是研究我国数字出版意识形态治理问题的前提。①

17.2.1　意识形态

不论在国内还是在国外，理论界和学术界对"意识形态"的概念解释都是飘忽不定的，从其产生至今历经曲折发展仍是众说纷纭、莫衷一是，不同学者的观点存在较大的差异和争议，但讨论出的结论本质内核是一致的，即意识形态是"从属于一定阶级的阶级

① 陈中奎．互联网时代我国意识形态安全问题研究综述［J］．中共云南省委党校学报，2019，20（4）：92-96.

意识"①，把意识形态作为一种思想体系进行研究。我国学者基于马克思主义意识形态理论对我国意识形态问题进行研究和讨论，研究成果丰富，虽没有达成统一的概念共识，形成被普遍接受的解释，但总体上大同小异。《马克思主义与当代词典》和《辞海》都将意识形态界定为"一种思想体系的集合，是全部社会精神生活及其过程的总概括"，指出意识形态是需要建立在经济基础之上的上层建筑的组成部分之一，反映社会存在并随着社会存在的变化而变化，具有阶级性。②《现代汉语词典》将"意识形态"解释为"人对于世界和社会的有系统的看法和见解"，法律、宗教、道德等都是它的具体表现。《辞海》在界定概念的同时还特别肯定了意识形态对社会发展促进或阻碍的能动作用，具有相对独立性。③ 本书采用《马克思主义与当代词典》对意识形态的概念阐释对数字出版意识形态治理问题进行研究。

17.2.2　意识形态安全

数字出版意识形态治理绕不开意识形态安全这一相关概念。意识形态安全建立在意识形态概念的基础上。对于如何解释和界定意识形态安全，我国学术界也是百家争鸣、结论不一，目前尚未达成一致，形成共识性意见，其中代表性的观点有状态论、功能论、构成论、实质论四种。状态论将意识形态安全定义为不受威胁的相对稳定的状态，代表性学者如殷豆豆④、夏一璞⑤等。功能论认为意识形态安全等同于意识形态功能正常发挥，持这一观点的代表性学

① 孙洲. 新时代中国意识形态风险防控研究[D]. 南京：南京师范大学，2021.
② 刘佩弦. 马克思主义与当代辞典[M]. 北京：中国人民大学出版社，1988.
③ 舒新城. 辞海[M]. 上海：上海辞书出版社，1979.
④ 殷豆豆. 维护意识形态安全的战略路径[N]. 光明日报，2015-12-02.
⑤ 夏一璞. 互联网的意识形态属性[M]. 北京：首都经济贸易大学出版社，2015.

者有季正矩①、张燚②、张筱荣③等，例如，张筱荣等把意识形态安全界定为"一个国家的主流意识形态能够适应经济基础的发展要求，保持自身结构上的稳定，能够发挥正常功能并免遭来自内部或外部异质意识形态因素的侵蚀、破坏或颠覆，确保国家的主流意识形态能够得到国内外的广泛认同"。构成论从不同的结构要素的视角对意识形态安全的概念进行揭示，分解出"思想安全、政治制度安全、政治信仰安全、道德安全"④，"社会指导思想的安全、社会政治信仰的安全、社会道德秩序的安全、民族精神的安全"⑤，"指导思想的安全、政治信仰的安全、道德秩序的安全和民族精神的安全"⑥等不同的要素组成。实质论认为意识形态安全实质上就是主流意识形态的价值主张能够得到认同和践行，代表性的学者观点有赵欢春⑦、冯宏良⑧等。

17.2.3　主流意识形态

本研究的另一概念基础就是主流意识形态。意识形态是在国家治理和社会生活的不断发展和演变中逐渐形成的，社会发展过程中

①　季正矩，王瑾．国家至要：当代国家政治安全新论［M］．重庆：重庆出版社，2006.

②　张燚．道器并重：当代中国国家意识形态安全的维护［J］．社会主义研究，2017（3）：87-94.

③　张筱荣，王习胜．意识形态安全的内涵揭示及与其他安全的关系辨析［J］．南昌航空大学学报（社会科学版），2017，19（1）：22-28.

④　李晓燕．大数据时代维护我国意识形态安全的思考［J］．党建研究，2017（6）：43-46.

⑤　郭明飞．网络发展与我国意识形态安全［M］．北京：中国社会科学出版社，2009.

⑥　赵欢春．"总体国家安全"框架下的意识形态安全风险预警探究［J］．马克思主义研究，2015（11）：92-100.

⑦　赵欢春．"总体国家安全"框架下的意识形态安全风险预警探究［J］．马克思主义研究，2015（11）：92-100.

⑧　冯宏良．意识形态安全与马克思主义大众化［J］．探索，2010（4）：9-13.

常见多种意识形态并存，而在这些并存的意识形态当中，会有一种意识形态是得到认可成为相对共识的，这种占据主导和中心地位的意识形态就是主流意识形态，具有主导性、渗透性、稳定性、包容性特征。在社会阶级发展过程中，主流意识形态反映统治阶级意志，是统治阶级意识形态在社会中的映射，对国家政治和社会发展极为重要。我国是社会主义国家，马克思主义是主流意识形态，要坚持马克思主义在意识形态领域的指导地位，坚持马克思主义在意识形态领域指导地位的根本制度。《出版业"十四五"时期发展规划》在"指导思想"的部分指出，要坚持以马克思列宁主义、毛泽东思想、邓小平理论、"三个代表"重要思想、科学发展观、习近平新时代中国特色社会主义思想为指导，全面贯彻落实习近平总书记关于出版工作的重要论述。习近平新时代中国特色社会主义思想是当代中国马克思主义、21世纪马克思主义，是中华文化和中国精神的时代精华，实现了马克思主义中国化新的飞跃。

17.2.4　治理

　　"治理"的概念源自公共管理领域，全球治理委员会界定其概念为"或公或私的个人和机构经营管理相同事务的诸多方式的总和"①。区别于政府管理视角的"统治"与"管制"表述，"治理"一词是管理结果导向的表述，强调治理其实是"一种由共同的目标支持的活动"②，这些管理活动的主体不限于政府，管理手段也不一定非得依靠国家的强制力量。③ 国家治理是一个综合性的系统，数字出版治理是其中的一个子系统。从结构构成上看，该系统需要拥有多元化的治理任务、多元化的治理主体以及多元化治理所需的制度主体；从流动规律上看，该系统需要能够反映政府、社会组织、公

---

　　①　俞可平. 治理与善治[M]. 北京：社会科学文献出版社，2000.

　　②　兰军瑞. 我国现代大学治理中的委托代理博弈探析[J]. 洛阳师范学院学报，2014，33(7)：101-105.

　　③　陈广胜. 走向善治——中国地方政府的模式创新[M]. 杭州：浙江大学出版社，2007.

众等多个主体在双向持续协调的互动协商之下共同解决行业发展问题、回应社会治理需求的过程，既要满足自上而下的互动，也要满足自下而上的互动以及平行流动。有效的数字出版意识形态治理应确立明确的治理目标，积极凝聚多元治理主体力量释放数字出版治理的制度优势，在价值冲突和价值共识的博弈中能够主动展现价值引领，树立价值共识，创造治理的公共价值，彰显数字出版治理的良好效能。

17.2.5　数字出版意识形态治理

综合前文观点，可以将数字出版意识形态治理的内涵理解为：在党的全面领导下，党、政府、社会组织、市场和公民等多元主体协同合作，遵循社会主义意识形态建设的基本原则和客观规律，运用多样化的手段和方式，统合、协调各类意识形态治理资源、要素和工具，对数字出版业事务进行组织、协调、服务、监督和控制，参与国家意识形态建设、防范化解主流意识形态性质改变、地位颠覆可能性的持续性动态活动和过程，是意识形态治理在数字出版场域的具体运用。

数字出版意识形态治理的主体构成是多元化的，自上而下含有四个层次的主体：第一层是领导主体层，负责数字出版意识形态治理的全面领导工作，这一层的主体是中国共产党；第二层是元主体层，负责具体的主导、引导、管理和服务工作，这一工作由党领导下的国家政权机关，如文化教育部门、新闻出版广电部门、网络信息管理部门等行使；第三层是执行层，主要包括兼具治理对象与参与主体双重角色的社会组织，充当行业与政府、群众的桥梁和纽带；第四层是终极层，主要包括治理活动指向的终极主体，即人民群众。[①] 他们反映数字出版意识形态治理过程的市场话语或公民话语。这些主体对数字出版意识形态治理的参与程度不同，在治理功能发挥和利益追求方面也不尽相同。随着我国数字出版治理体系和

---

① 胡凯，杨竞雄. 习近平社会主义意识形态治理思想探析[J]. 思想政治教育研究，2014，30(6)：56-60.

治理能力现代化的不断推进，数字出版意识形态治理各项机制的不断建立和优化，参与数字出版意识形态治理的主体种类将愈加丰富，结构愈加完善，各主体之间的利益关系愈发趋于一致、冲突调和愈加平衡。

数字出版意识形态治理的客体主要包含以下三类：一是思想，主要是数字出版传播过程中带来的社会心理、思想舆论、价值观念等问题；① 二是物，包括出版内容(文字、图片、音视频等各种媒介)、出版平台、出版机构、出版协会、出版活动等各种存在意识形态的物质性资源；三是人，包含数字出版意识形态部门的管理人员、工作人员和群众。② 人具有主观能动性，既是思想的主体，也是思想的载体。数字出版意识形态治理中，人既是执行主体，也是治理对象之一。

17.3 数字出版意识形态治理的基本特征与基本原则

数字出版意识形态治理的基本特征和基本原则，既是深入理解基本内涵的需要，也是明确数字出版意识形态治理实践进路的前提和基础。

17.3.1 数字出版意识形态治理的基本特征

较之于数字治理、安全治理、标准治理、规划治理等数字出版其他治理方式，数字出版意识形态治理呈现出的基本特征主要包括：

(1)总体性。数字出版意识形态治理是国家治理体系的重要组成部分，也是社会主义现代化建设总体性事业在上层建筑领域的反

---

① 苗国厚. 中国网络意识形态治理研究[D]. 杭州：电子科技大学，2017.

② 胡凯，杨竞雄. 习近平社会主义意识形态治理思想探析[J]. 思想政治教育研究，2014，30(6)：56-60.

映。其总体性特征体现在三个方面：一是治理目标的总体性，即服务和反作用于社会主义现代化建设的总体事业。二是治理理念的总体性，要遵循国家意识形态治理的顶层总体性战略和设计理念。三是治理战略的总体性，要以总体性视野在数字出版领域统筹推进社会主义意识形态。①

（2）政治性。文化是经济和政治的反映。文化属性是出版物的基本属性之一，内含政治性问题。数字出版意识形态治理指向的中国共产党、国家政权机关等治理主体以及思想、物、人等治理客体均带有较强的政治性。

（3）斗争性。意识形态领域自古以来便存在着激烈的斗争。数字出版业是我国意识形态治理的重要阵地，是意识形态斗争的主要考场和战场。我国对数字出版意识形态问题高度警惕，实行严格的管理与控制措施，坚决抵制反意识形态安全苗头，坚决纠正错误思想，坚持底线原则，坚守意识形态红线和防线，在原则问题上寸步不让。②

（4）两面性。数字出版领域涉及的意识形态内容庞大、形式多样，呈现主流与非主流、内部与外部、正式与非正式、理性与非理性、虚拟性与现实性、原生性与衍生性、对立与非对立、积极与消极、渐进性与突发性等多种对立性特征。在数字出版意识形态治理过程中，必须要兼顾正反两面的意识形态，既要高度重视建设和发扬正面意识形态，同时也要通过法律规制、行政与技术监管等方法尽可能减少负面意识形态的负面影响，或者引导将负面影响转变为正面影响。

（5）多样性。数字出版意识形态治理的多样性主要体现在治理工具上。数字出版意识形态治理不仅动用了法律规制、技术规范、行政监管等强制性治理工具，也采用了文化引导和思想教育等纾解

① 凌取智．新时代意识形态治理的总体性特征探析［J］．重庆科技学院学报(社会科学版)，2021(4)：1-6.
② 李艾蕾．新时代加强出版阵地建设确保意识形态安全［J］．今传媒，2022，30(7)：5-7.

490

性工具，以及自我规制和协同共治等自愿性工具来保障数字出版领域的意识形态安全，治理工具具有多样性。①

17.3.2　数字出版意识形态治理基本原则

数字出版意识形态治理原则影响着治理主体参与意识形态建设的根本态度，掌握数字出版意识形态治理的根本原则才能更好地保证在治理实践中不偏题、不走样、不随意改变正确的发展方向，做好党和人民的喉舌。推进数字出版治理体系和治理能力现代化、守好意识形态斗争的主阵地必须紧紧把握以下治理原则：

（1）一元主导与多元共治相统一。从治理主体角度来看，一元主导就是党牢牢把握对数字出版领域意识形态的领导主导权，在数字出版意识形态治理中担当主导角色；数字出版、出版均属于意识形态领域，由此，要坚持马克思主义在数字出版领域指导地位的根本制度；涉及数字出版发展、治理的领域，要严格落实意识形态责任制，但凡出现意识形态安全问题的，实行一票否决，从而确保意识形态阵地可管可控，确保意识形态阵地安全。多元共治就是动员数字出版相关企业和社会公众的意识形态治理能力、整合治理资源，积极引导多元主体参与数字出版意识形态治理系统，协同联动，形成合力。从治理工具角度来看，数字出版意识形态治理不能仅仅依靠法律规制、技术规范、行政监管等单向强制性手段来实现，也要拓展对话、协商、合作等具有双向沟通作用的新型治理手段。数字出版业态依托数字技术而产生，具有数字技术属性这一特有属性。② 信息化网络的发展助力数字出版多元主体突破了参与协同治理的技术限制、时间限制和空间限制，数字出版意识形态多元主体协同共治成为治理能力现代化建设要求下的必然要求和现实需求。

（2）双轨管理与统一领导并行。"双轨"是指党和政府同时参与

① 余晓青．意识形态网络舆情的内涵及其治理的特征分析［J］．大连海事大学学报（社会科学版），2020，19（2）：79-83.

② 张新新．论数字出版的性质［J］．出版与印刷，2021（2）：27-34.

数字出版意识形态治理工作。党委方面，主要有中央及各级党委宣传部，重点对数字出版传播导向进行引导与管控；政府方面，则有国家新闻出版署、国家广播电视总局、工业与信息化部等负责特定领域特定事项管控的国家政权机关及政府所设的同类管理机构。"统一"是指政治立场与管理权力的统一。党和政府在数字出版意识形态治理中始终保持根本立场高度一致，下放给政府的事权最终决定权仍归集于中央，以此保障治理理念、治理目标等治理要素的一致性，确保治理效能的实现与提升。①

（3）主流引导与兼容并包相统一。如前文所述，主流意识形态反映的是统治阶级的意识形态，具有包容性特征。党和政府在维护主流意识形态的前提下，要将公共权力还于人民，用更大的包容性满足更多人的利益诉求，只有这样才能更好地赢得社会支持、动员社会广泛力量，提升治理效能。从这个角度来说，数字出版意识形态治理的最终目的并非将存在于我国主流意识形态之外的其他意识形态消除抹净，压制驱逐，而是要提升主流意识形态对其他意识形态的引领作用，将党和国家的社会主义政治主张、意识形态取向固化渗透一般社会生活，用特定蕴含的价值理念引领其他意识形态与主流意识形态碰撞交流，增强数字出版对社会主义意识形态的引领力、传播力和感召力，用中国特色意识形态理论对数字出版工作进行指导和引领，从而影响读者对世界的观察、认知和评价，进而巩固马克思主义、社会主义意识形态的领导地位。数字出版意识形态治理要处理好各出版环节政治性与学术性、包容性与批判性、继承与创新的关系，坚持"双百方针"的同时，也要对意识形态方面的侵蚀活动保持警惕，作出预案，提高响应。

（4）系统治理与源头治理相统一。数字出版意识形态治理主体由"政府包揽向政府主导、社会共治转变"是数字出版意识形态系统治理原则的体现。数字出版意识形态治理工作在奋斗目标上，要注重稳内与防外相结合，在具体方法上，要疏导与围堵、硬性与柔

---

① 郭海英. 传媒行业政府规制体制研究[M]. 北京：中国广播影视出版社，2018.

性相结合，在治理对象上，要区分共性问题与个性问题，善于抓住源头，提高治理针对性。

（5）积极主动与联动融合相统一。在各种新技术、新文明的推动下，数字出版产业发展迅速，产业面貌日新月异。数字出版意识形态治理必须积极主动出击，掌握事态发展的主动权，主动谋划、注重创新，提高实效，促使事态朝有利方向发展，进而牢牢把握意识形态工作的主动权，防止出现被动局面。同时，数字出版治理系统主体关联紧密、互动频繁、治理工作涉及面广、内容复杂，因此在治理中也要用全面、联系和发展的眼光看问题，处理好多元共存的关系，尊重差异，推动协同，凝聚合力。

17.4　数字出版意识形态治理的实践进路

根据出版"三元素"说，载体、符号、技术是出版的三元素，[①]数字出版具有数字化、现代性、开放性以及互动性等基本特征。[②]相较于传统纸质出版，数字出版在内容、形式、体验、数据、服务等方面都发生了极大的变革，数字出版系统的意识形态风险呈现出最高的复杂性，发生概率大、能级高，提升数字出版意识形态治理能力、完善数字出版意识形态治理体系任重道远。从当前我国数字出版治理实践与成效来看，数字出版意识形态治理主要存在政策法规相对滞后、监管难度较高、治理主体不活跃、治理措施不全面、治标不治本等方面的问题，可以从以下角度着手解决。

17.4.1　治理模式：被动治理向主动治理转变

数字出版意识形态治理包含被动治理、主动治理、自动治理三个阶段。当前我国数字出版意识形态治理以被动的机器+人工为主，主要由主体系统的执行主体遵循领导主体和主导主体制定的各

---

① 万安伦，张小凡．载体·符号·技术：加强数字出版编辑对出版"三元素"的认知[J]．数字出版研究，2022，1（1）：11-16.

② 龙正武．数字出版的五要素分析[J]．出版与印刷，2023（1）：63-68.

项治理规则与要求，被动地组织具体的意识形态人工或半人工审核把关工作，治理中往往缺少统筹考虑，只是基于单个出版产品开展项目制治理行动，缺乏体系规划和组织保障，难以实现治理机制的长效化。在这种治理模式下，由于数字出版物作为文化传播产品具有重复性特征，对其意识形态进行把关的过程自带一定的重复性特征，部分治理措施需要跨越时空进行重复开展，加剧了治理难度，影响了治理效果，例如，近年来开展的对违规网络文学企业的约谈，隔一段时间会发现一些内容取向有问题的作品又会在网上"死灰复燃"。主动治理是指对数字出版意识形态治理制定系统的长期规划，治理活动能够覆盖数字出版产品生命全周期，治理过程中把一些手段和经验流程化、标准化、系统化，以期长期解决一些意识形态问题，保持数字出版业长期发展可控。自动治理体现为将已有的治理经验、治理流程和治理标准做成系统化的治理策略，后续产品的治理方案和治理动作可以部分由系统工具执行，自动对数据进行审核处理，这种治理模式发展到最高级形态就是实现完全的智能治理。打破供需隔离、推动数字出版意识形态治理从被动治理走向主动治理进而迈向自动治理阶段是防范化解数字出版意识形态风险问题的有效举措。

17.4.2　治理主体：一元治理向多元共治转变

有效的数字出版意识形态治理离不开多元治理主体力量释放数字出版治理制度优势，形成治理合力。当前我国数字出版意识形态治理工作是以政府行政力量为中心，治理主体较为单一，呈现出政府"单打独斗"的格局，社会组织、数字出版企业、人民群众等治理主体的力量未得到充分释放，治理效果不够稳定。提升数字出版意识形态治理水平，要健全数字出版意识形态治理的多元主体协同治理结构，在"强化导向、政府引导、尊重市场、企业主体"[①]的宏观调控格局基础上，进一步形成"党委领导、政府管理、企业履

---

① 张新新. 传统出版与新兴出版深度融合，推进数字出版高质量发展——2019年度数字出版盘点[J]. 科技与出版，2020(3)：13-27.

责、社会监督、群众自律"的生态格局。党是数字出版意识形态治理的管理力量，要始终将数字出版意识形态治理的领导权、管理权和主动权牢牢掌握在手中。① 政府是数字出版意识形态治理的主导力量，企业是数字出版意识形态治理的关键力量，社会是数字出版意识形态治理的协助力量，群众是数字出版意识形态治理的基础力量。政府要面向市场、社会、人民群众多维度开展数字出版意识形态治理工作，积极主动作为，动员广泛的治理主体积极主动地占领数字出版空间意识形态新阵地，推动更多主体共同参与意识形态治理过程，强化主导地位、谋求价值共识、明确治理方向，与时俱进，坚守防线，激发市场治理活力，推动社会治理有机统一，积极回应和引领中国特色社会主义意识形态发展的社会需求，让多元主体发挥应有的治理效能，助推政府"单打独斗"转变为多主体"共治共享"，凝聚数字出版意识形态治理的"大力量"，形成多主体能参与、愿参与、齐参与、常参与的良好态势，推动数字出版治理体系成为有机整体，实现从政府管治向社会协同共治的嬗变。

17.4.3　治理内容：价值平衡向价值引领转变

新时期宣传思想工作要自觉肩负起"举旗帜、聚民心、育新人、兴文化、展形象"的使命任务。数字出版是宣传思想工作的主阵地之一，新时期的使命任务要求出版业要用马克思主义出版观来举旗定向、思想领航，强化马克思主义出版观的价值理性，坚持马克思主义在数字出版意识形态领域指导地位的根本制度，坚定不移地把坚持正确导向作为数字出版工作的首位要求，牢牢占据数字出版领域舆论引导、思想引领、文化传承的传播制高点，坚持不懈用习近平新时代中国特色社会主义思想武装全党、教育人民、推动工作。要用社会主义核心价值观统领数字出版文化，将社会主义核心价值观融入数字出版生产与再生产的全流程，融进数字出版意识形态的治理空间。数字出版意识形态治理主体要以习近平新时代中国

---

① 张滢. 数字出版中的意识形态安全保障机制建构[J]. 哈尔滨师范大学社会科学学报，2020，11（4）：149-152.

特色社会主义思想为指导，全面贯彻落实习近平总书记关于出版工作的重要论述，增强"四个意识"，坚定"四个自信"，做到"两个维护"，注重价值导向引领和内容质量把关。要坚持以人民为中心的创作导向和治理导向，坚守中华文化立场，讲好中国故事、传播好中国声音，深化爱国主义、集体主义、社会主义教育，在数字出版领域做大做强主流舆论，推出增强精神力量的精品力作，形成增强实现中华民族伟大复兴的精神力量，着力培养担当民族复兴大任的时代新人，巩固壮大奋进新时代的主流思想，发挥社会主义意识形态的强大凝聚力和引领力，推动形成良好的数字出版生态格局。

17.4.4　治理制度：制度优势向执行优势转变

清晰的工作制度对于明确系统成员权利义务责任，约束系统成员思想行为，降低系统沟通成本，推动系统价值共识形成，保障系统稳定、合法、有序运行具有积极作用。

（1）落实意识形态工作责任制

落实多层级的意识形态工作责任制、加强数字出版意识形态治理的制度建设能够为我国数字出版意识形态治理工作提供行为准则和依据，对于推动我国数字出版意识形态治理工作一体化、有序化、规范化、精益化，提升数字出版意识形态治理系统运转品质具有重要意义。数字出版在传播特性和传播规律上与传统出版存在较大差别。尽管我国陆续出台和调整优化了一系列针对数字出版形态的管理制度，但总体上沿袭自传统出版领域，对数字出版的新技术、新内容、新用户、新环节等覆盖和适配度不高，制度建设总体上滞后于产业实际的发展，导致具体管理工作中执行力受限，制度保障工作有待于进一步加强。

要重视数字出版意识形态问题，把数字出版意识形态治理能力纳入意识形态工作责任制，引进互联网思维，加强数字出版意识形态治理的全面部署，加大组织领导和人才、技术、财政等资源投入，帮助推动数字出版意识形态治理的实际工作，解决数字出版意识形态治理的具体困难。落实数字出版意识形态工作责任制要明确各方职能，层层压实压细各方责任，清单式、细分化执行数字出版意识形态治理任务，谁主管谁负责，责任制与问责制同行，确保数字出版意识形态安全。

（2）完善意识形态治理的法律法规保障

法律法规作为一种具有执法效力的行为准则，对于人的行为具有明示、预防、校正以及社会引导的作用，能够理顺、改善和稳定社会成员、社会系统之间的社会关系，提高社会系统运行的效率和文明程度，打造高度秩序、高度稳定、高度效率、高度文明的法治社会系统。当前我国数字出版领域的法律法规体系总体上落后于数字出版业快速发展的步伐，所承袭使用的出版法律法规在全国法律法规体系中位阶不高，强制性和约束力有限，加之新兴出版服务主体在进入数字出版行业时准入门槛较低，现行的数字出版法律法规体系管控薄弱，在引导和维护数字出版意识形态时存在一定的盲区和漏洞，难以全面释放其执行效力和保障效力，对数字出版意识形态治理产生了不利影响。

要加快完善数字出版意识形态治理的法律法规保障，从建、用、管等方面全方位优化数字出版意识形态治理与服务体系，夯实规范化、法治化、正规化制度基础，运用法治思维和法治方式更好地服务保障数字出版意识形态治理。要深入分析推进数字出版意识形态治理现代化的立法需求，基于数字出版意识形态治理的现状对出版法律法规进行修订和完善，加快推动"文化产业促进法"进程，适时出台出版法以及数字出版意识形态治理条例作为专门针对数字出版意识形态问题的法律法规，突出重点，急用先行。同时，要加强数字出版意识形态法治宣传教育，强化法治意识，增强数字出版意识形态参与主体，尤其是数字出版从业人员对信息生成、信息发布、信息传播、信息审核、阅读转化过程中的法律意识和对主流意识形态的自觉保护意识，将源头治理与全过程治理相结合，依法治理数字出版空间。

画好意识形态同心圆是有序推进数字出版意识形态治理的基本前提。全面提升的数字出版意识形态治理是数字出版精品化高质量发展的重要保障，是出版强国建设、数字中国建设的重要支撑，是中国特色社会主义事业发展的思想保障，也是党和国家意识形态治理现代化的一个重大课题。当前我国数字出版意识形态治理任务依旧复杂和艰巨，提升数字出版意识形态治理效能，要着力推进数字出版意识形态治理由被动治理向主动治理、由一元治理向多元共治、由价值平衡向价值引领、由行政指令向多元共生、由制度优势向执行优势的转变，推动数字出版意识形态治理向纵深发展，真正筑牢数字出版阵地意识形态防线，巩固数字出版意识形态高地，让数字出版阵地主旋律更加响亮，正能量更加强劲。

第十八章　数字出版规划治理

　　建立健全数字出版规划治理体系，推动我国数字出版的高质量发展。本章通过对我国不同时期数字出版规划治理的梳理，剖析数字出版规划治理的内涵，分析其具体类型及基本特征。指出我国已经基本形成了党政一体化模式的全覆盖式数字出版规划治理体系，但也存在一些问题，今后须进一步构建多元协同治理主体格局、健全规划治理体系、优化规划治理机制、加强出版智库建设，提升数字出版规划治理水平，实现数字出版规划治理能力的现代化。

　　《出版业"十四五"时期发展规划》指出，坚持党管出版原则，更好履行政府职责，进一步加强和改进党对出版工作的全面领导，推动构建行政管理、社会治理、企业行业自律相结合的出版治理体系；围绕完善党管出版工作体制机制、规范网上网下出版秩序、加强著作权保护和运用、深化出版领域"放管服"改革、加强出版领域法规体系建设五个方面部署了提高出版业治理能力与管理水平的重要举措。

　　作为一种新型出版形态，数字出版的诞生、发展与壮大，离不开市场机制和市场规律的调节，也离不开政府的引导、扶持和调控。在数字出版治理过程中，规划治理和财政治理"是两种典型的、常态化的调控手段，两者占比很大，对数字出版多年的发展与繁荣起到了实质性的推动作用"。①

---

　　①　张新新. 传统出版与新兴出版深度融合，推进数字出版高质量发展——2019 年度数字出版盘点[J]. 科技与出版，2020(3)：13-27.

本书通过对不同时期数字出版规划治理的梳理，尝试界定数字出版规划治理的基本概念，概括其基本特征，分析其现状、成效及问题，提出数字出版规划治理的优化路径。

18.1　数字出版规划治理的概念与特征

数字出版规划治理与数字出版法律治理、财政治理、税收治理、标准治理、智库治理、安全治理、应急治理等共同构成了中国特色数字出版治理体系。数字出版规划治理的内涵是什么？有哪些具体类型？具备哪些基本特征？

18.1.1　数字出版规划治理的内涵

《现代汉语词典》对"规划"一词的解释是"比较全面的长远的发展计划"。规划和计划的意义相近，但规划着眼于事物发展的远景，是就全局的、主要的事项所做的计划。对一个国家、地区、行业或企业而言，制订今后的长远规划作为指导性纲要是极为重要的。人们通过制订科学合理的规划，来部署、安排和调控一个国家、地区、行业或企业的运行与发展。实践证明，科学制订规划，严格执行规划，确保规划确定的重点任务、重大工程和重要政策落地实施，及时对规划的实施效果进行评估与反馈，并能予以及时改进，已经成为治理体系和治理能力现代化的重要标志。

治理，是指在党的全面领导下，政府、社会、市场和公民等多元主体通过建构与经济、政治、文化、社会发展相适应的制度体系，以及保障制度体系的有效运行来实现公共利益最大化的协同管理与服务活动。由此可以看出，治理的主体由一元走向多元化，治理权由单一的国家权力拓展为公共权力和私权利，治理权运行的向度不再是单一的"命令—服从"，而是呈现出自上而下、自下而上、平行流动等多维向度。与规划相比，治理更强调服务价值，追求公平公正与效率价值的共生共存，治理更注重协同属性，强调治理主体之间、治理权之间、治理方式之间处于协调有序的状态。

由此，我们推导出数字出版规划治理的内涵：数字出版规划治理，是指通过编制、执行和检查国家级、行业级、地方性以及企业级发展规划的方法，对数字出版进行指导、管理和服务的活动。作为一种战略层次的治理方式，数字出版规划治理统筹其他治理方式，可综合调度法律、财政、税收、标准、智库等其他治理方式，使之成为有机统一、协调有序的整体。

数字出版规划治理具有"预测引导、政策协调和宏观调控"①三项主要功能：第一，预测引导，预测整个数字出版产业发展方向，设定数字出版产业升级目标，制订规划期间的重点任务、重大工程和重要政策，预判数字出版产业发展质量和效益，引导数字出版企业市场调节行为；第二，政策协调，为达成数字出版产业远景目标，确保其效益、产品、技术、运维、人才等各项目标实现，综合调用法律、财政、税收、标准、智库、安全等治理方式予以保障和协调；第三，宏观调控，整体上调控数字出版活动，提升数字出版的文化发展质量、经济增长质量和技术赋能质量，确保数字出版总供给与总需求的平衡，确保供给质量和需求治理的适配，确保提供高品质的数字精神文化产品以满足人们美好精神文化生活需要。

18.1.2　数字出版规划治理的类型

依据不同的分类标准，数字出版规划治理可划分为不同的类型。不同类型的数字出版规划扮演着不同的治理角色和职能。

18.1.2.1　依据规划期限划分

依据规划的期限不同，数字出版规划治理可分为长期规划、中期规划和短期规划治理。长期规划一般是指十年及以上的发展规划，中期规划是指五年的发展规划，短期规划则一般为年度计划。

---

① 张新新. 数字出版调控与市场的二元互动——"十三五"时期数字出版述评与盘点[J]. 科技与出版，2020(9)：43-56.

长期规划，如《中华人民共和国国民经济和社会发展第十四个五年规划和 2035 年远景目标纲要》中对文化强国、国家文化软实力、国民素质和社会文明程度的相关规划，以及《出版业"十四五"时期发展规划》中对出版创新创造活力、优质内容供给能力、出版服务大局、服务人民能力、出版业实力与竞争力、出版治理体系和治理能力以及出版在增强国家文化软实力与中华文化影响力方面的相关规划。中期规划，则常见于新闻出版业五年发展规划中涉及数字出版的专章规划、发展目标、重点任务和保障措施等。短期规划，则往往体现于年度出版工作计划中涉及数字出版工作的内容。一般而言，数字出版长期规划往往更为宏观，擘画蓝图更为宏大，能够起到更为长久的指导、预测和调控作用；中期规划，则介于长期规划和短期规划之间，以里程碑任务、标志性工程等来引领和预测数字出版发展的阶段性成果；短期规划，则注重年度的数字出版具体工作，着眼于实实在在的年度目标和工作任务，为中期规划和长期规划的实现提供扎实有力的现实举措和实践经验。

18. 1. 2. 2　依据涵盖范围划分

依据规划涵盖范围，数字出版规划治理可分为综合规划和专项规划治理。综合规划比较常见，新闻出版业的"十一五""十二五""十三五""十四五"发展规划，均属于综合规划，其中设置了专门章节对数字出版发展的目标、任务和保障措施等进行了规定。而专项规划，即专门制定发展规划来明确数字出版发展的目标、任务和保障措施等。数字出版专项规划虽然不多，但在数字出版发展的关键阶段起到了积极的推动和引领作用。比较重要的数字出版专项规划有：2010 年，新闻出版总署发布的《关于加快我国数字出版产业发展的若干意见》，其中详细规定了数字出版的工作定义和产品形态、数字出版产业发展的总体目标和发展指标、出版单位数字化转型、重点科技工程、重大科技项目和数字出版"走出去"等十个方面的主要任务，以及规定了组织领导、资源配置、资金投入等十个方面的保障措施。2016 年，原国家新闻出版广电总局编制发布的《新闻出版业数字出版"十三五"时期发展规划》，其中明确阐述了我国数字出版业发展现状、面临的形势、指导思想和基本原则、主要目标和重点任务以及导向意识、发展理念、科技支撑、财政投入、人才培养五个方面的保障措施。2022 年，中共中央宣传部印发《关于推动出版深度融合发展的实施意见》，其中明确了数字出版是出版融合发展的重要方式，指出从内容建设、技术支撑、重点工程、人才队伍、保障体系以及体制机制六个方面开展出版融合工作。

18.1.2.3　依据构成内容划分

依据构成内容，数字出版规划治理可分为产品规划、技术规划、运维规划、人才规划治理等。数字出版产品规划，是专门就数字出版资源建设、产品研发等制订的发展规划，如 2018 年国家新闻出版署启动的"有声读物精品出版工程"、2019 年国家新闻出版署组织的"数字出版精品遴选推荐计划"等。数字出版技术规划，包括对我国数字出版科技创新体系各项目、各部门的组织和协调工作，以及强化公共服务系统、推进各项科技保障制度、完善科技服务评价标准、加强对出版创新体系的监督与实践等方面的规划。①数字出版运维规划，指就数字出版市场营销、运营推广、渠道建设、销售策略等方面进行的规划。数字出版人才规划，则是指围绕数字出版人才的引进、培养、使用、晋升以及退出等方面进行规划。通常，数字出版产品、技术、运维、人才等方面的规划在企业级数字出版规划中会规定得更加详尽、具体，更具有操作性和可行性。

18.1.2.4　依据治理层级划分

依据规划治理层级，数字出版规划治理可划分为国家级规划、行业级规划、地方性规划和企业级规划治理。国家级出版规划从顶层设计的角度对出版内容、形式、技术、运维、人才培养等方面进行统筹规划，为行业、区域、企业的未来发展提供发展思路。对于

---

① 刘玉柱. 构建我国"十三五"时期新闻出版科技创新体系的思考［J］. 出版广角，2016（9）：8-10.

出版行业规划来说，其以国家级规划为向导，组织、协调出版行业的生产经营活动，以保障出版行业与相关价值产业之间的平衡。就数字出版地方性规划而言，近年来，各地新闻出版主管部门越来越重视数字出版规划治理工作，纷纷制订了区域性的数字出版发展规划，以推动区域内数字出版的可持续、健康、稳定发展。而大型的国有出版企业、出版集团也不断加大数字出版企业级规划的制订、实施和评估工作，并将规划评估结果运用于数字出版发展实践，以提高数字出版发展的预测性和前瞻性。

18.1.3　数字出版规划治理的基本特征

较之于其他治理方式，数字出版规划治理的基本特征主要表现在目标性、前瞻性、综合性和时效性四个方面。

18.1.3.1　目标性

数字出版规划治理需要有明确的目标，这也是开展数字出版规划的初衷和使命所在。数字出版规划治理的目标在于推动数字出版高质量发展，具体包括服务大局、满足人们的精神文化需求、繁荣行业发展、提升治理效能和提高国际影响力等。《出版业"十四五"时期发展规划》既提出了2035年建成出版强国的远景目标，又明确了到"十四五"时期末实现六个方面的近景目标：服务大局能力达到新高度、满足学习阅读需求实现新提升、行业繁荣发展取得新突破、产业数字化水平迈上新台阶、出版走出去实现新成效、行业治理效能得到新提高。

18.1.3.2　前瞻性

数字出版规划治理要基于数字化理念，立足数字出版发展的实际情况，研判数字出版发展重大形势，探索数字化规律，把握文化发展规律，基于对新技术、新业态、新模式、新消费的理解和掌握，科学合理地制订制胜未来五年、十年甚至更长时间的发展规划。关于规划治理的前瞻性，最为数字出版编辑津津乐道的是"基建数字化、资源数字化、运营数字化"的中央文化企业数字化转型升级三步走战略。① 一方面，该规划有效地解决了传统出版企业在基础设施、内容资源、运营平台方面的数字化薄弱或"0基础"的问题；另一方面，该规划为后续启动出版深度融合发展、出版高质量发展和制订出版数字化战略奠定了扎实的设施基础、资源基础、平台基础和人才基础。

18.1.3.3　综合性

数字出版规划制订、目标设定、规划实施、规划评估等要综合考虑经济、政治、社会文化和技术发展等各方面因素，要做到与法律治理、财政治理、税收治理、标准治理等多种治理方式配套，以确保数字出版规划制订的科学性、规划实施的高质量以及目标实现的可能性。数字出版规划需要根据数字出版活动的发展趋势，运用科学的方法从整体到细节进行系统谋划，以便将数字出版活动的各部门、各环节以及各方面因素关联起来，集中探究其中的共同点和规律性。

首先，数字出版规划目标要体现综合性。最佳目标是对各种复杂或对立因素综合研判的结果。数字出版规划目标的设定既要服务于数字出版高质量发展的总体目标，也要实现服务大局、满足学习阅读需要、繁荣行业发展、加快产业数字化、提升治理效能、促进出版国际化发展等具体目标。

其次，数字出版规划实施方案也要具有综合性。实施方案要综

---

① （1）基础设施数字化阶段（2013年），以《关于做好中央文化企业数字化转型升级项目国有资本经营预算编制的通知》的发布为标志，旨在解决数字化转型升级的软件配备、硬件购置和部分内容资源建设；（2）资源数字化阶段（2014年），以《关于做好中央文化企业数字资源库建设项目国有资本经营预算编制的通知》的颁发为标志，主要任务是开展数字资源管理，构建知识资源体系；（3）平台数字化阶段（2015年），以《关于做好中央文化企业数字内容运营平台项目国有资本经营预算编制的通知》为标志，开展的主要工作是运营平台标准规范建设、数字内容产品研发以及行业级数字内容运营平台建设。参见张新新. 基于出版业数字化战略视角的"十四五"数字出版发展刍议[J]. 科技与出版，2021（1）：65-76.

合考虑各种可能性的发生，从而找到最优的解决方案或最佳方案组合。要围绕实现数字出版规划目标，组织和调度一切人力、物力、财力和智力因素，系统运用法律治理、财政治理、税收治理、标准治理、智库治理、安全治理、应急治理等多元化治理方式，针对具体的规划目标，根据不同的问题采取不同处理方案，解决规划过程中不断产生的新问题。

18.1.3.4 时效性

时效性即事物在某一段时间内才有效、有意义、有价值。数字出版规划的时效性，是指数字出版规划的制订要考虑特定时空条件下的经济、政治、社会文化和技术发展等因素，在特定的条件下把握数字出版市场调节活动的特殊性规律，制订适合当下、适应时代背景的治理目标、方法、行为和措施。例如，从传统出版与数字出版的二元相加发展，到二元相融发展，再到深度融合发展的规划过程，就是对不同发展阶段媒体融合发展规律认知和运用的过程，也是数字出版规划治理与时俱进、与时偕行的重要体现。

18.2 数字出版规划治理的现状与成效

自 2006 年数字出版被写入国家级规划以来，数字出版规划治理体系从建立到逐步健全，治理能力不断提升，已经基本形成了规划治理党政一体化模式，基本建立了全覆盖式的数字出版规划治理体系，并不断涌现出逐级递进、不断高级化的数字出版规划治理核心议题。

18.2.1 数字出版规划治理党政一体化模式确立

2018 年印发的《深化党和国家机构改革方案》指出，"中央宣传部统一管理新闻出版工作"，"加强对出版活动管理，发展和繁荣中国特色社会主义出版事业"。中央宣传部对外加挂国家新闻出版署（国家版权局）牌子。中央宣传部关于新闻出版管理方面的职责是"贯彻落实党的宣传工作方针，拟订新闻出版业的管理政策并督促落实，管理新闻出版行政事务，统筹规划和指导协调新闻出版事业、产业发展，监督管理出版物内容和质量，监督管理印刷业，管理著作权，管理出版物进口等"。至此，中央宣传部负责出版事业和出版产业的统筹规划和指导协调，"党统一管理出版活动、党政一体的出版管理体制正式确立"①。

18.2.2　全覆盖的数字出版规划治理体系建立

数字出版规划治理的"全覆盖"，是指在数字出版规划发展方面，已经基本形成了包括国家级规划、行业级规划、地方性规划和企业级规划在内的各层次、全方位的规划治理体系。

在国家级规划方面，2006 年国家"十一五"规划指出积极发展数字出版，2011 年"十二五"规划指出加快发展数字出版等新兴产业，2021 年"十四五"规划指出实施文化产业数字化战略，壮大数字出版等产业。可以看到，2006 年，出版行业对数字出版还在质疑和观望，"是否需要发展""是积极主动选择还是消极被动接受"等观点尚处于众说纷纭、莫衷一是的阶段，从国家级规划层面就提出了"积极发展数字出版"，为我国数字出版发展提供了方向性的引领和指导。2011 年，随着电子书、手机阅读、网络文学业务的飞速发展，数字出版的产业潜力逐步显示，成为战略性新兴产业，从国家级规划层面提出"加快发展数字出版"，回应了数字出版发展速度与状态的问题。2021 年，经过 10 年的持续耕耘，数字出版产值突破万亿元，国有数字出版产业突破 100 亿元，"壮大数字出版产业"成为数字出版规划治理的关键词和引领未来发展的核心议题。

在行业级规划方面，《新闻出版业"十一五"发展规划》指出，"大力发展数字出版。抓住知识经济、信息社会、网络时代的重大历史机遇，积极实施'数字出版'战略"；《新闻出版业"十二五"时期发展规划》指出，"加快新技术应用，大力发展数字出版等战略性新兴

---

① 周蔚华."十三五"时期我国出版管理发展回顾[J]．科技与出版，2020(9)：6-17.

出版产业";《新闻出版广播影视"十三五"发展规划》指出，实施"国家数字出版创新促进工程、数字出版产业化应用服务示范工程、出版融合发展示范引导工程、民族文化数字出版促进工程、盲用数字出版工程"，并在数字出版产品市场、标准体系、园区基地等方面做出了规定和要求；《出版业"十四五"时期发展规划》专章提出"壮大数字出版产业"，并重点明确了数字出版精品、新业态以及新型数字出版企业三个方面的重点任务，并分别就数字出版产品、技术、营销、人才建设等方面做出了详细描绘。其间，国家出版主管部门还出台了《关于加快我国数字出版产业发展的若干意见》《新闻出版业数字出版"十三五"时期发展规划》《新闻出版业科技"十三五"时期发展专项规划》等专门性的数字出版发展相关规划。

在地方性规划方面，各省级出版主管部门纷纷制订新闻出版五年发展规划，其中专门对数字出版做出相应规定，包括对数字出版产品研发、技术应用、市场运营、人才培养、资金投入等方面均做出了相应阐述。

在企业级规划方面，有条件的出版企业纷纷制定了专门的数字出版发展规划，其他出版企业则在发展规划中以专章的形式对数字出版发展进行了筹划和规定。

18.2.3　逐级递进的数字出版规划治理核心议题涌现

除了治理模式、治理体系基本形成以外，数字出版规划治理取得的另一个重要成效便是形成了逐级递进、不断高级化的数字出版规划治理核心议题。这些核心议题规划了数字出版发展不同阶段的目标、任务和路径。

①数字化转型升级。规划了传统出版企业在基础设施、内容资源、运营渠道等数字出版产业链基本环节方面的数字化赋能路径，基本解决了基础设施数字化、内容资源数字化和运营渠道数字化的问题。

②出版融合发展。规划了传统出版和数字出版在内容、技术、平台、服务、模式、管理、资本等方面的融合发展问题，使得在同一组织内部的两种出版形态处于协同发展的状态。

③精品化战略。规划"数字出版精品项目遴选推荐计划""优秀现实题材和历史题材网络文学出版工程""有声读物精品出版工程"等重大工程，强化数字出版的价值引领作用，通过数字出版精品化建设实现高质量、可持续发展。

④出版深度融合发展。旨在形成传统出版和数字出版"融为一体、合而为一"的出版体制机制，构建"内容建设为根本、先进技术为支撑、创新管理为保障"的新型出版传播体系。

⑤文化数字化战略。指"在新一代数字科技的支撑和引领下，以数据为关键要素，以数据赋能为主线，以价值释放和创造为核心，对产业链上下游的全要素进行数字化转型、升级、重塑和再造的战略"①。以数字出版和融合发展作为两个主攻方向，是出版业高质量发展的"翼展性"战略，是数字出版发展规划的最新任务和重要保障。

18.3　数字出版规划治理存在的问题

尽管数字出版规划治理取得了上述成效，推动数字出版实现了从小到大、从弱到强的健康、稳定、可持续的发展，但不可否认，数字出版规划治理仍然存在着一些有待改进的地方。

18.3.1　数字出版规划制订程序有待进一步优化

数字出版规划制订，是部署实施、监测评估的前提和基础，应在更大多数、更广范围、更多维度上征求意见和建议，才能确保数字出版规划的科学性、合理性和前瞻性，从而保证数字出版规划起到预测、协调和调控功能。在《新闻出版业数字出版"十三五"时期发展规划》《新闻出版业科技"十三五"时期发展专项规划》的制订过程中，全方位、多层次、立体化地征求了不同规模、不同实力、不同区域的出版单位的意见，从而有效保障了上述两个专项规划的后

---

① 张新新. 基于出版业数字化战略视角的"十四五"数字出版发展刍议[J]. 科技与出版，2021(1)：65-76.

续实施质量和效果。

18.3.2 数字出版规划实施机制需要进一步完善

数字出版规划在推进实施的进程中，需要协调法律、财政、税收、科技等各部门的支持，建立数字出版规划治理主体与法律治理主体、财政治理主体、税收治理主体、标准治理主体等相互之间的联席会议机制、协调磋商机制，都要在实践中经常性落实。唯有如此，方可确保数字出版综合规划、专项规划的顺利实施和产出成效。例如，数字出版规划涉及重大工程、重点项目，如果缺少财政治理主体的资金支持，将只停留于纸面，无法变成实实在在的数字出版发展成果。

18.3.3 数字出版规划治理体系有待进一步健全

数字出版规划治理已经基本形成了由国家级规划、行业级规划、地方性规划和企业级规划共同组成的规划治理体系，在数字出版规划治理体系中，须进一步强化行业级规划和地方性规划中的专项规划，以及企业级规划。数字出版专项规划，以专门解决数字出版发展问题为己任，以实现数字出版高质量发展为目标，往往能够针对数字出版的产品、技术、运维等产业链环节、数字出版项目、数字出版人才、数字出版标准等进行精确引导、精准施策和系统协调，对数字出版发展能够起到较强的预测、指导和调控作用。而数字出版企业级规划，则直接关乎数字出版产品服务、数字出版技术应用和数字出版市场运营，直接关系数字出版人才建设成果和重大项目带动效果，也是直接决定数字出版扩容整盘、提质增效的基础性规划。实践证明，但凡数字出版取得跨越式发展的企业，莫不高度重视企业级数字出版规划的制订和实施，这是因为面临数字化的发展趋势，出版企业只有"通过调整计划、重新组织，协调组织内部的资源配置，及时调整组织结构和业务流程"①，才能够适应变

---

① 丁毅．出版融合发展的管理创新实践与探索——以华东理工大学出版社为例[J]．出版与印刷，2022(2)：57-62.

化的环境，实现出版企业创新性发展目标。

18.3.4　数字出版规划评估与反馈需要进一步重视

数字出版规划评估与反馈工作须予以高度重视，并将评估成果运用到新的规划制订之中。对于规划"重制订、轻执行""重实施、轻反馈"在现实中较为常见，这也导致了数字出版规划的实施效果大打折扣，不尽如人意。规划实施的年度评估、中期评估、总结性评估等反馈改进机制目前还较为薄弱，也是数字出版规划治理路径改进和优化的重要方向之一。

18.4　数字出版规划治理的路径优化分析

要解决数字出版规划治理存在的制订程序、实施机制、治理体系以及评估反馈四个方面的问题，可以从以下几方面着手。

18.4.1　构建多元协同的治理主体格局，高质量推进数字出版规划治理

数字出版规划治理的高质量推进，离不开规划治理主体的全面部署，离不开数字出版治理主体之间的相互协同、鼎力支持，离不开行政管理、社会治理以及企业行业自律三位一体的治理主体格局。

现代治理理论与实践证明，凝聚社会合作力量，多元主体协同治理是推进国家治理现代化的有效路径。[①] "一主多元"模式中，一元主体作为治理的龙头与各个部门以及相关联的产业领域合作互动，有效凝聚社会力量实现社会整合，借助不同领域的特点、市场优势，破除单一主体治理的困境和政策壁垒，并在协同中不断完善治理模式，实现"1+1>2"的预期效果。

在我国数字出版规划治理中，中央宣传部(国家新闻出版署)

---

① 刘云. 社会治理共同体法治建构的逻辑理路与优化路径[J]. 行政与法，2022(11)：29-38.

作为治理主体，是数字出版行业级规划的主要制订者，负责整个数字出版规划的研制、推进、评估以及优化改进工作，负责统筹规划和指导数字出版事业与数字出版产业、数字出版发展与数字出版管理，促进数字出版全领域高效协同，实现数字出版发展质量、结构、规模、速度、效益与安全相统一。各级出版主管部门和出版单位，是数字出版行业级规划的实施主体，同时也可根据自身实际情况，对标数字出版行业级规划确定的目标和任务，编制本地区、本部门、本单位的数字出版发展规划。

法律、财政、税收、标准、网络安全与信息化主管部门等作为数字出版的其他治理主体，襄助数字出版规划治理主体，共同形成协同促进的治理主体格局。其中，出版法律法规部门根据数字出版规划确定的任务和目标，进一步建立健全数字出版新业态、新模式方面的法规政策制定工作，为数字出版规划高质量完成、数字出版高质量发展营造良好的法律政策环境。财政、税收部门等结合规划目标任务，努力出台支持新型基础设施建设、数字出版重点项目和重大数字出版工程的政策，给予更多财政资金和项目支持，推动延续宣传文化增值税优惠政策的长效机制，以促进数字出版这一新兴产业实现稳定、健康、可持续的发展。标准化主管部门作为数字出版标准治理的主体，推动数字出版国家标准、行业标准、团体标准的研制、修订和宣传工作，为数字出版新技术、新业态的稳步发展提供标准示范和保障，为数字出版规划的落实提供秩序和效率。网络安全和信息化主管部门，是网信战略的制订主体，是数字出版安全治理主体，负责统筹发展与安全，确保数字出版的意识形态安全、文化安全、内容安全和技术安全，为数字出版规划的推进和落实提供了安全和底线保障。

此外，行业协会组织作为数字出版主管部门和企业之间的桥梁纽带，上承主管部门、下接一线企业，保持与数字出版主管部门的同频共振，积极承担和落实规划确定的数字出版人才培养、产品交流、技术应用等相关目标和任务，凝聚行业发展力量，促进数字出版行业自治。

18.4.2　健全数字出版规划治理体系，助力数字出版发展

数字出版规划治理体系取得了一体化治理模式、全覆盖的治理体系以及逐级递进的核心议题三方面的成效，但就进一步健全数字出版规划治理体系而言，还可从以下几方面着手。

18.4.2.1　强化数字出版企业级规划治理

在规划治理层级上，应进一步强化数字出版企业级规划治理。企业作为数字出版产业发展的"细胞"和最小组成单元，承担着数字出版产品研发、科技创新、市场运营以及人才建设等全方位的目标任务实现工作，因此，有无数字出版企业级规划，数字出版企业级规划是否科学合理、具有可操作性，以及数字出版企业级规划是否能够高标准地落实，直接关乎企业的数字出版效益，进而影响着数字出版事业和产业发展目标能否实现。

18.4.2.2　聚焦核心议题

在规划治理的核心议题方面，应以提升数字出版产业链发展质量为中心，以项目调节、主体调节为基本点，切实起到规划治理对数字出版发展的预测、指导、调控和协调作用。数字出版调节，主要解决数字出版发展问题，其基本范畴包括产业链调节、主体调节、项目调节和制度调节。[①] 数字出版规划的制订和实施，要以数字出版产业链调节为中心，切实提升数字出版产品服务质量，提高数字出版产品服务的文化质量、经济质量和技术含量，不断推出数字出版精品力作，奠定数字出版市场化和产业化发展的牢固基础；要构建和完善数字出版科技创新体系，坚持"企业主体、市场导向、产学研协同创新"的思路，切实把出版数据作为生产要素，以数字科技为支撑，提高出版全要素生产率，推动数字出版的质量变革、效率变革和动力变革；要以国有数字出版产值提升为重点，解

---

① 张新新. 数字出版调节论的理论渊源与科学内涵——基于调节学派的视角[J]. 科技与出版，2022(12)：27-38.

决好数字出版运营"最后一公里"的关键问题，通过全媒体矩阵、网络直播、视频号等全方位、立体化、多层次的数字出版营销体系建构，实现数字出版的扩容提质增效。充分发挥重大文化产业项目带动战略价值，以数字出版项目为杠杆和示范，弥补在具体数字出版实践过程中受市场、技术等要素的不确定影响，引导数字出版企业逐步开展基础设施、内容资源、运营平台的数字化建设，实现数字出版工作的跨越式、高质量发展。数字出版主体调节，包含新型数字出版企业的建设以及数字出版人才的培养两个方面，前者要求数字出版规划的制订实施要引领、推动形成一大批数字化理念深入人心、内容资源聚集、数字技术先进、精品集聚度高、示范效应明显的现代数字出版企业；后者要求不断提升数字出版人才的政治素养、出版专业能力以及数字素养和技能，通过提升数字出版人才的素质和能力，来增强数字出版发展的主体力量和原动力。数字出版规划的制订实施，还需要高度重视数字出版项目的撬动、示范和引领价值，继续实施重大文化产业项目带动战略，通过重大项目的规划、实施和验收，形成一批示范价值突出的数字出版产品、技术和企业，培养一批高素质数字出版人才，以助力数字出版跨越式、高质量发展。

18.4.2.3 建设数字出版专项规划体系

在数字出版专项规划方面，应根据实际发展形势和具体面临的问题，适时出台数字出版专项发展规划，并逐步形成数字出版专项规划体系。对影响数字出版高质量发展的卡点瓶颈问题，须以专项规划治理的方式来予以解决，如数字出版渠道建设问题、数字出版盈利问题、数字出版技术成果转化问题、数字出版项目成果产出问题、数字出版人才队伍培养问题等。这些卡脖子的问题，并非综合性规划中的总体指导意见就能够予以解决，须进行目标设定、任务部署、措施保障，以系统化的思维予以审视、谋划，形成规划方案，方有可能实现突破。

18.4.3　优化数字出版规划治理机制，推动规划治理能力现代化

提升数字出版规划治理能力，还需要优化规划制订机制、实施机制、评估反馈机制等，实现数字出版规划治理能力的现代化。

18.4.3.1　科学制订数字出版规划

数字出版规划制订，是数字出版规划治理活动的起始环节，是确保数字出版未来发展科学性、合理性和可行性的核心环节。数字出版规划制订须考虑以下因素：①前一规划期所取得的发展成果和经验，是制订新的数字出版规划的前提和基础，为数字出版规划制订提供历史依据；②当下的发展形势，包括经济、政治、文化、科技发展态势等，为数字出版规划制订提供实践依据；③国内数字出版发展实际状况，包括对数字出版头部企业、腰部企业以及尾部企业的全面考察，有助于确保规划制订的全面性和落地性；④国际数字出版发展态势，他山之石可以攻玉，其他国家或地区的数字出版发展实践和经验，能够为我国数字出版规划的制订实施提供有益借鉴；⑤数字出版理论研究态势，为数字出版规划制订提供规律性遵循，是数字出版规划制订的理论依据。此外，数字出版规划制订要建立在充分征求意见和建议的基础之上，广泛听取数字出版各方面、各环节、各领域的意见和建议，以最大程度确保数字出版规划的科学、合理以及符合实际，以确保规划涵盖的目标、方向、任务和保障措施能够为最大多数人所接受，取得规划推进实施的最大多数的支持。

18.4.3.2　切实保障数字出版规划实施

数字出版规划实施，是数字出版规划治理活动的关键环节，是数字出版规划设定目标任务得以完成的不二途径，也是衔接数字出版规划制订和评估反馈的承上启下环节。数字出版规划推进实施要坚持全面、重点和高效原则。全面实施，是指数字出版规划确定的总体目标或主要目标、规定的主要任务要得到全方位的落实，以确

保数字出版高质量发展的实现；重点实施，是指数字出版规划确定的重点任务、重大工程或重要政策，要优先配置人力资源、物力资源、财力资源和智力资源，以确保数字出版规划重点目标任务的高标准完成；高效实施，是指围绕数字出版规划确定的目标任务，要因地制宜、因时制宜地制订时间表、路线图和任务书，保质保量地予以实施，确保相关目标任务如期完成。数字出版规划的实施，还需要争取财政、税收、科技、标准、网络安全和信息化等部门的支持，统筹数字出版发展与安全，凝聚数字出版规划实施的合力，最终服务于规划目标实现和任务完成。

18.4.3.3　有效评估数字出版规划

数字出版规划评估，是指在数字出版规划实施一段时间以后，对所设定的主要目标、重点任务、重大工程等完成情况进行评测和考量。数字出版规划评估是推进规划实施的重要环节，是提升数字出版规划治理水平的有力抓手，也是提高数字出版规划实施质量和效益的有效手段。依据评估对象的不同，数字出版规划评估可划分为对数字出版规划目标和主要指标完成情况的评估、对数字出版规划重点任务完成进度的评估，以及对数字出版重大工程启动实施情况的评估等；依据评估的时间节点不同，可划分为数字出版规划年度评估、中期评估和总结性评估。数字出版规划评估要用事实说话、用数据说话，可基于"包含数据基础设施层、数据采集层、数据预处理层、数据计算与分析层、数据应用服务层"①总体架构，建设出版行业数据服务体系；把数字出版规划评估建立在数据的采集、分析、统计和研究的基础之上，充分发挥数据在规划实施评估中的重要作用和价值。数字出版规划评估的目的在于应用，在于以结果为导向、以目标为导向、以任务为导向，评估结果和经验要及时总结并运用到后续的数字出版规划推进实施之中。

---

① 黄先蓉，李若男．构建出版行业数据服务体系 提升出版行业数智化水平[J]．出版与印刷，2022(3)：1-10.

18.4.4 加强出版智库建设，提升数字出版规划治理水平

要确保数字出版规划治理质量，提升数字出版规划治理水平，推进数字出版规划治理体系和治理能力现代化，还需要借助"外脑"，即外部智慧的力量，充分发挥智库专家的作用，把出版智库作为提升数字出版规划治理水平的重要举措。这方面，黄先蓉教授曾撰文阐述智库专家在出版法律治理评估领域的介入和作用方式，即"政府相关部门可以组织专家团队建立出版政策法规评估机制"①，围绕两个效益目标，修改和完善现行政策法规的不合理之处，平衡意识形态与出版业发展的关系，提高出版政策法规的针对性与有效性，切实维护国家意识形态安全。出版高水平智库对数字出版规划治理的提升可以体现在以下几个方面。

18.4.4.1 用好跨学科智库专家智慧，提高数字出版规划治理水平

出版智库专家往往不局限于新闻出版领域，而是涵盖管理学、经济学、法学等各学科、各领域，因此，所提供的决策咨询建议具有更广阔的视角、更多维度的考量以及更大范围的科学性和创新性。

18.4.4.2 切实发挥智库专家作用，识别数字出版规划治理核心议题

出版高水平智库往往致力于"解决当下困扰数字出版发展的热点和难点问题，通过问题聚焦、提供方案的方式，为政府决策服务，为行业发展出力"。② 因此，围绕数字出版发展的深远性、战略性问题提供咨询、反馈信息、进行诊断和预测未来，既是出版智库义不容辞的使命，也是数字出版规划治理的题中应有之义。所识

---

① 黄先蓉，贺敏. 意识形态安全视域下我国出版政策法规及其优化路径[J]. 出版与印刷，2020(4)：22-31.

② 张新新. 数字出版高端智库建构综述[J]. 科技与出版，2017(1)：17-23.

别的数字出版规划治理核心议题包括出版高质量发展战略协同问题、文化数字化战略落实问题、出版深度融合发展问题、数字出版体制机制问题、数字出版发展模式问题、中国特色数字出版发展道路问题等。

18.4.4.3　及时采纳出版智库成果，提升数字出版规划治理质量

高水平出版智库往往通过智库报告、智库出版物、高级别会议论坛、标准规范等方式来发布智库成果，给予出版业发展热点、难点问题的智慧解决方案。而数字出版规划治理的制订实施过程，往往离不开对最前沿数字出版理论研究和应用研究成果的借鉴和采纳，由此便可与出版智库发生同频共振的协同效应。

18.4.4.4　储备智库专家资源，逐步建立数字出版规划治理智库专家队伍

高水平智库历来被称为高端人才的蓄水池、多维度人才的"旋转门"。数字出版规划制订和推进实施的过程中，要注意运用跨领域、跨学科的智库专家资源，吸收不同视角、不同视野的理论和智慧，以确保数字出版规划的质量和水平，久而久之，可逐步形成一支专门服务于数字出版规划编制、规划实施、规划评估、规划成果运用等方面的智库专家队伍，以为数字出版规划治理提供智力支持和智慧支撑。

数字出版规划治理，是指通过编制、执行和检查各层级规划的方法对数字出版进行指导、管理和服务的活动，具有预测引导、政策协调以及宏观调控等功能。作为一种综合性治理方式，数字出版规划治理能够统筹规划和指挥调度法律、财政、税收、科技、网络安全和信息化治理等手段，调动一切可以调动的力量，调取一切有利于数字出版发展的人力、物力、财力和智力资源，来推动数字出版的可持续、高质量发展。

我国数字出版二十多年发展所取得的成效，均是在数字出版规划的预测、引导和调控下实现的。尽管数字出版规划制订和实施过程还存在一些问题，如实施机制不完善、治理体系不健全、不够重

视评估与反馈等，但随着人们对数字出版发展和治理两个基本问题的认知越来越清晰，对数字出版调节和治理规律的不断深入把握，未来数字出版规划治理体系和治理能力现代化的水平也将不断提升。

第十九章　数字出版法律治理

　　数字出版法律治理是指通过执行宪法法律、行政法规、行政规章和非规范性文件等对于数字出版的规定，来管理和服务数字出版活动的方法、行为和措施的总和。本书阐述数字出版法律治理的规范性、引导性、合理性、效益性、协调性等法律治理基本原则，叙述治理现状，指出当前存在的法律法规不完善、监管不足、社会公众数字出版法律意识薄弱等问题，并提出针对性解决思路。

　　法律治理作为最基本和最优良的治理方式，在出版业治理、数字出版治理中有着诸多体现。《出版业"十四五"时期发展规划》(以下简称《规划》)有关出版法治、数字出版法治的表述包括：

　　在"主要目标"部分提到，行业治理效能得到新提高，出版领域法规制度体系更加完备，全社会版权保护意识和保护水平明显提高。

　　在"九、提高出版业治理能力与管理水平"部分集中对出版业、数字出版的立法、执法、司法、守法、版权保护等内容进行了全面而系统的规定，包括：

　　(1)要推动图书价格立法，有效制止出版物销售恶性"价格战"，营造健康有序的市场环境；加强对报纸出版秩序的规范管理，严肃查处买卖刊号、出售版面、违规刊发广告等违法违规行为；推进基层"扫黄打非"治理工作常态化长效化，提升"扫黄打非"法治化信息化水平；用好文化市场综合执法队伍力量。

　　(2)要加强著作权保护和运用，鼓励有条件的机构和单位建设基于区块链技术的版权保护平台，提高版权执法有效性和精准度；

要提高版权保护工作法治化水平，严厉打击各类侵权盗版行为，加大执法监管力度，营造良好版权保护环境。

（3）要深化出版领域"放管服"改革，准确把握出版领域行政许可意识形态特点，坚持依法、安全、稳妥，创新工作理念思路，优化工作机制流程和营商环境，提高审批效率和服务水平。

（4）要加强出版领域法规体系建设，研究制定网络游戏管理办法和新兴出版业态管理相关规定，修订《著作权法实施条例》《著作权集体管理条例》《网络出版服务管理规定》《印刷业经营者资格条件暂行规定》《报纸出版管理规定》《出版物市场管理规定》等行政法规和部委规章。

结合上述《规划》的具体规定，本书尝试对当前数字出版法律治理的内涵进行界定，阐述数字出版法律治理原则，分析现状、成效与问题，最后提出针对性解决思路。

19.1　数字出版法律治理的内涵界定

法治，是指依据法律治理国家和社会，是现代政治文明的核心，是人类社会进入现代文明的重要标志，能够为人们提供良好的秩序，保障人们依法享有广泛的权利和自由，使人们安全、有尊严地生活。法治包含以下基本含义：法律成为国家和社会的基本准则，法律整体上臻于良法之境，法律是技术水平较高的科学的法律，法律在国家和社会生活中具有极大的权威等。

数字出版法律治理对于数字出版行业发展至关重要。它不仅可以保护各方利益，维护市场秩序，还能为行业的创新、竞争和可持续发展提供良好的法治环境和基础。如同其他领域法律治理一样，数字出版法律治理是数字出版治理的基本方式；数字出版法律治理水平的高低是衡量数字出版治理体系和治理能力现代化水平的重要标尺。推动数字出版治理做到有法可依、有法必依、执法必严、违法必究，是数字出版治理体系和治理能力现代化的必然要求和题中应有之义。

治理广泛涵盖公共管理等诸多领域，治理的依据包括法律规范、内部管理规定等正式制度，以及道德规范、风俗习惯等非正式制度。联合国全球治理委员会对"治理"作了较为经典的定义，提出"治理是个人和公共或私人机构管理其公共事务的诸多方式的总和。它是使相互冲突的或不同的利益得以调和并且采取联合行动的持续的过程。① 它既包括有权迫使人们服从的正式制度和规则，也包括人民和机构同意的或认为符合其利益的各种非正式的制度安排"。②

法律治理是公共治理的一种表现形式，强调依据法律来进行控制、引导、管理和服务。数字出版法律治理，是指通过执行宪法法律、行政法规、行政规章和非规范性文件等对于数字出版的规定，来管理和服务数字出版活动的方法、行为和措施的总和。③ 数字出版法律治理主要涉及数字出版立法、数字出版执法、数字出版守法、数字出版司法以及版权保护等基本领域。

19.2　数字出版法律治理的基本原则

基本原则，是数字出版法律治理的基本准则和依据，贯穿于数字出版法律治理始终，体现在数字出版立法、执法、司法、守法等法律治理全流程。数字出版法律治理要遵循以下五个基本原则。

19.2.1　规范性原则

规范性是一般法律治理的本质属性。规范性体现在已经成立的数字出版法律要得到普遍的服从以及大家所服从的法律本身是制定良好的法律两层基本含义。换言之，法律治理的规范性体现在法律法规、规章、非规范性文件等制定程序科学、法律执行规范，所谓"没有规矩无以成方圆"。制定程序科学规范，是指所制定的法律

---

① 韩中节. 国有资本运营的法律治理研究[D]. 成都：西南政法大学，2009.

② 全球治理委员会. 我们的全球伙伴关系[R]. 牛津大学出版社，1995：23.

③ 张新新，袁宜帆. 中国式现代化视域下数字出版治理体系和治理能力研究[J]. 中国编辑，2023(5)：28-33.

要反映数字出版现实发展需要，要融合较高立法技术，是水平高超的优法良法，这一点，可以体现在《数据安全法》《网络信息内容生态治理规定》《互联网信息服务算法推荐管理规定》等众多带有科技法属性的数字出版法律渊源方面。法律执行规范，是指数字出版法律治理要坚持有法可依、有法必依、违法必究；因涉意识形态领域，数字出版法律治理在执法、司法方面更应体现法律在国家和社会生活中的极大权威性，坚持法律就是国家生活、社会生活的最重要的、最有权威的准则。

和一般市场经济活动的法律治理不同，数字出版产业法律治理的规范性更强。数字出版产业作为出版业的一部分，因具有不同于一般商品的意识形态属性而备受各国政府关注。在中国，数字出版产业和传统出版产业一样受党和国家的高度重视。在文化产业大发展大繁荣的背景下，传统出版社纷纷转企改制，成为出版企业、集团，但诸多法律法规规定仍然须严格遵循，例如，重大选题备案制度、严格禁止买卖书号、刊号、版号等。因此，和一般性市场经济活动的法律治理不同，数字出版法律治理的规范性更强。

19.2.2　引导性原则

引导性原则，是指数字出版法律治理对数字出版产业活动、著作权人、社会大众具有引导性，对数字出版价值起引导作用。[①]

新生数字出版事物发展迅速，若无相关法律法规和产业政策的引导，容易产生混乱现象，不利于产业长期发展。以网络游戏为例，该产业收入在 2020 年达到了 600 多亿元(不包括移动游戏)，庞大的产业规模下争议不断，未成年人沉溺网络游戏、盲目充值成为全社会瞩目的问题，而站在游戏公司角度看，在无明确法律法规、政策引导的情况下，追求经济效益的企业难以主动向自己的突出收益增长点挥刀，此前响应政策号召、对外展示企业责任的各种未成年人防沉迷措施形同虚设。为此，为规范网络游戏服务，引导

---

① 叶翠，许洁. 中法两国法律法规引导出版价值比较研究[J]. 出版科学，2016，24(2)：64-68.

网络游戏企业以社会效益为先，并有效遏制未成年人沉迷于网络游戏、过度消费等问题，2019—2021 年，国家新闻出版署先后出台了《关于防止未成年人沉迷网络游戏的通知》和《关于进一步严格管理切实防止未成年人沉迷网络游戏的通知》，要求深入落实《中华人民共和国未成年人保护法》，该文件具有很强的针对性，引起社会广泛关注，促使游戏企业切实践行社会责任，在很大程度上推动了游戏出版的可持续健康发展。

19.2.3　合理性原则

亚里士多德曾对"法治"概念作出了一个经典性表述："法治应包含两重含义：已成立的法律获得普遍的服从，而大家所服从的法律应该本身是制订得良好的法律。"即"良法之治"和"普遍服从"就是法治的"合法性"内涵。① 数字出版法律治理具有合理性，也就是"良法之治"，其合理性体现在我国出版领域的法律制度往往博采众长，吸纳了各个国家、国际条约的法律精髓，结合我国数字出版产业实际情况，意在使本国的数字出版法律治理既符合本国国情又接轨国际；我国数字出版法律治理的合理性还体现在法律法规应时而动，推陈出新，结合经济、科技、社会以及出版产业发展的实际情况及时合理地制定、修订。以 2020 年第三次修订的《著作权法》为例，历经十年讨论修订，着力解决司法实践领域的新难点新痛点，为数字出版法律治理提供了更具合理现实意义的主干法律，《著作权法实施条例》中作品的定义上升入法，将"法律法规规定的其他作品"修改为"符合作品特征的其他智力成果"，这样的规定更趋合理，更容易判断和界定，也更有前瞻性和预见性，可以将近年来实践中新出现的一些作品类型纳入保护。

19.2.4　效益性原则

数字出版事业具有文化与经济的双重属性，而我国的数字出版

---

① 韩德明. 法律因何合法、怎样合理？——法律商谈论语境中的考察 [J]. 法制与社会发展，2006(2)：104-116.

事业遵循"双效"统一的效益性原则，也就是数字出版人应该牢固树立"将社会效益放在首位、实现社会效益和经济效益相统一"的经营管理理念，构建并完善数字产品服务"双效统一"的创新和生产体系。①

经济效益是数字出版企业发展的物质基础，数字出版企业应注重经济效益，积极推动数字出版与新技术的融合，采用先进数字技术降本增效，提高数字化生产效率。社会效益则是数字出版人"出版强国"的使命担当，数字出版以社会效益为先，出版物符合社会主义意识形态要求，促进读者知识累积，推动文化发展传承、社会前进、民族振兴。②

制定数字出版政策法律法规时应考虑各方面的效益，如果仅仅为了政策法规的制定而制定，而不考虑它的效益，那么这种制定政策法规的工作便是无益的，③哪怕制定再多的条例、规定，也于完备数字出版法律治理体系无益。当前在我国，"坚持把社会效益放在首位，实现社会效益和经济效益相统一"的基本原则贯穿于数字出版法律、行政法规、部委规章以及非规范性文件等各层级、全领域的法律渊源之中。

19.2.5　协调性原则

数字出版法律治理体系协调传统出版与数字出版从相加到相融，解决两者间融合产生的问题。法律法规促进数字出版与传统出版整合资源共享，倡导多元化发展，强化创新驱动，加强合作交流。协调性原则强调保护传统出版的成熟业态，坚持促进新兴的数字出版的发展，鼓励传统出版和数字出版深度融合发展，形成"融为一体、合而为一"的新型出版传播体系。

---

①　张新新，陈奎莲，倪薇钧．新时代数字出版人才创新机制研究[J]．出版广角，2020，358(4)：29-33.

②　张雨晗．试论出版企业社会效益与社会责任[J]．中国出版，2011，272(15)：27-30.

③　黄先蓉．论出版政策与法规的制定原则[J]．编辑之友，2003(1)：40-43.

首先，数字出版业与传统出版业在资源禀赋上存在着巨大的区别。传统出版社在印刷、发行等方面具有丰富的资源优势，而数字出版社在数字化技术、数字化平台等方面具有优势。双方应该通过整合资源共享，形成优势互补，实现资源的共享和优化配置，以实现更高效的协同发展。其次，数字出版和传统出版在内容和形式方面各有不同的特点和优势。传统出版在编辑、设计、印刷等方面有着深厚的积累，而数字出版在互动性、便捷性、多媒体等方面有着不可替代的优势。双方应该倡导多元化发展，不断丰富和完善自己的出版内容和形式，以满足读者的需求和市场的需求。再次，数字化时代下，创新是推动数字出版业高质量发展的重要引擎。数字出版企业在技术创新方面有着强大的优势，而传统出版企业在内容和品牌创新方面也有着独特的优势。双方应该互相学习借鉴，强化创新驱动，推动出版业持续发展。最后，数字出版和传统出版两种业态以及从业者之间应该加强合作交流，建立沟通机制，共同探讨出版业发展的趋势和规律，共同解决遇到的问题。通过加强合作交流，数字出版和传统出版可以更好地理解对方，协同创新，共同发展。

19.3 数字出版法律治理的现状与成效

当前，我国数字出版法律治理体系较为完善，令出多门，管理部门交错，法律治理成效显著。

19.3.1 数字出版法律治理体系已经建立

随着数字出版产业的发展，我国数字出版法律法规不断完善，现已形成以《宪法》为统领，以《著作权法》《出版管理条例》《计算机软件保护条例》等法律法规为主干，以《网络出版服务管理规定》《电子出版物出版管理规定》等部门规章为具体执行，① 辅之以办法和司法解释的，较为完善的，具有中国

---

① 黄先蓉. 中外数字出版法律制度研究［M］. 武汉：武汉大学出版社，2017：102.

特色的数字出版法律体系(见表 19-1)。

表 19-1   **部分数字出版相关法律法规**

效力位阶	名称	公布及修订情况
法律	《著作权法》	1990 年制定,2001 年、2010、2021 年共三次修订
	《中华人民共和国数据安全法》	2021 年公布
	《中华人民共和国网络安全法》	2016 年公布
	《文化产业促进法(草案送审稿)》	/
行政法规	《出版管理条例》	2001 年公布,2011 年、2013 年、2014 年、2016 年、2020 年共五次修订
	《信息网络传播权保护条例》	2006 年公布,2013 年第一次修订
	《计算机软件保护条例》	2001 年公布,2011 年、2013 年共二次修订
	《音像制品管理条例》	2001 年公布,2013 年第一次修订
	《互联网信息服务管理办法》	2000 公布,2011 年第一次修订
部门规章及其他	《生成式人工智能服务管理暂行办法》	2023 年公布
	《网络出版服务管理规定》	2016 年公布
	《移动互联网应用程序信息服务管理规定》	2016 年公布,2022 年第一次修订
	《电子出版物管理规定》	2008 年公布,2015 年第一次修订
	出版物进口备案管理办法	2016 年公布
	出版物市场管理规定	2016 年公布
	《移动互联网未成年人模式建设指南(征求意见稿)》	/

续表

效力位阶	名称	公布及修订情况
国际公约	《伯尔尼保护文学和艺术作品公约》	中国于 1992 年加入
	《世界版权公约》	中国于 1992 年加入
	《保护录音制品制作者防止未经许可复制其录音制品公约》	中国于 1992 年加入
	《视听表演北京条约》	中国于 2014 年加入

(1)《著作权法》的公布与修订

《著作权法》是当前数字出版法律体系当中仅次于宪法的高位阶法。中华人民共和国第一部《著作权法》于 1990 年诞生，并在次年施行，此后约每十年修订一次。为加入 WTO，我国于 2001 年对《著作权法》进行了第一次修订，此次修订篇幅大、亮点多，① 其中与数字出版直接相关，对数字出版影响深远的修订之处在于其新增了"信息网络传播权"这一重要权项。2010 年的第二次修订较为简单，未有明显增删，也因此，2020 年的第三次修订工作引来各方关注，数字出版产业界为此提出大量修改意见，以期新修订的《著作权法》能够应对数字技术提出的挑战。第三次修订的《著作权法》于 2021 年 6 月 1 日正式施行，新法亮点颇多，与数字出版直接相关的变动包括但不限于：完善了"作品"定义，即"文学、艺术和科学领域内具有独创性并能以一定形式表现的智力成果"，同时将电影和类电作品修改为视听作品，将"法律、行政法规规定的其他作品"修改为"符合作品特征的其他智力成果"。数字出版作品形态日新月异，新修订的《著作权法》扩大了"作品"的保护范围，这一变动显然更具合理性。数字出版作品复制便捷，传播速度与传播范围

---

① 张洪波. 新《著作权法》的十年艰辛修改历程[EB/OL]. (2021-02-01) [2023-07-03]. https：//mp. weixin. qq. com/s? __biz = MjM5MDk3ODM4Nw = = &mid = 2652603324&idx = 1&sn = a17704862527de152f963a436e1627c6&chksm = bd53bb808a243296eff91588639b3c1f80498411fa2461de83d8cab97219f6523b267cb 49006&scene = 58&subscene = 0#rd.

较之传统出版更快更广，在此背景下，新法大大提高了侵权成本，增加了惩罚性赔偿规定，修改了法定赔偿条款，将法定赔偿数额从原先的"50万以下"修改为"500元以上500万元以下赔偿"。总的来讲，第三次修订，同时也是现行的《著作权法》修订涉及范围广，内容多，不少修订点建立在现代传播技术进步的大环境下，① 与数字出版直接相关，对数字出版影响深远。

（2）行政法规的公布与修订

《出版管理条例》于1997年由国务院公布，是一部在出版领域具有较高效力的法律文件，② 2020年进行了第五次修订。《出版管理条例》对数字出版、电子出版等新业态进行了规范和管理，保障了数字出版物的合法权益，避免不良内容的出现，维护国家文化安全。鼓励出版单位开展数字出版业务，推动出版业转型升级，加快我国数字出版的发展。

"《信息网络传播权保护条例》的出台为数字版权保护及数字出版的发展提供了保障。"③该条例保护的权利与数字出版诞生于同一时代背景，即日益复杂的数字世界中的权利。条例于2006年公布，2013年小幅度修订，将第十八、十九条的罚款从原来的"并可处以10万元以下的罚款"修改为根据非法经营数额或情节轻重处罚，总体上提高了侵权成本，有利于数字出版权利的保护。

《计算机软件保护条例》于2002年施行，2011年第一次修订，2013年进行了第二次修订。该条例对数字出版技术进行具体相关权利保护。《音像制品管理条例》则规定适用电子出版物的出版、制作、复制、进口、批发、零售等活动。

（3）部门规章的公布与修订

《网络出版服务管理规定》与数字出版密不可分。根据规定，

---

① 吴汉东，刘鑫. 我国《著作权法》第三次修订之评析[J]. 东岳论丛，2020，41（1）：164-171，192.

② 万安伦，刘浩冰. 新中国出版70年：主要成就与总体特征[J]. 中国出版，2019，463（14）：29-34.

③ 包韫慧，何静. 我国出版政策法规40年回顾[J]. 出版广角，2018（17）：15-19.

任何单位或个人出版、传播数字出版物，都必须依法取得出版物经营许可证或信息网络传播许可证，并按照相关法律法规和规范性文件的要求进行管理。此外还规定了数字出版物的备案和管理制度，要求网络出版单位对数字出版物的内容进行审查，保证其符合法律法规和社会公共利益。该规定的实施，为数字出版提供了有力的法律保障，有助于推动数字出版行业的规范化和健康发展。《移动互联网应用程序信息服务管理规定》于 2016 年公布，《电子出版物管理规定》则在 2015 年进行了第一次修订，这些管理规定的公布与修订体现了数字出版产业发展的新需要。

ChatGPT 在 2023 年年初掀起全球 AIGC 热潮，面对新兴的 AIGC 产业，网信办于 4 月 11 日发布《生成式人工智能服务管理暂行办法》的公开征求意见稿，5 月 23 日即由相关部门审议通过，8 月 15 日起正式施行该办法，前后时间不过半年，体现了治理部门的反应迅速。

(4)加入国际公约的概况

近年来，新的与数字出版相关的国际公约、法律法规不断地被提案、审议、制定、公布、施行。《视听表演北京条约》是近年来生效的国际知识产权领域的重要公约，[①]其对数字出版的重要性在于承认了数字技术飞速发展下视听作品形式的广泛性，对表演者的各项权益进行了保护，为进一步解决信息时代表演权利问题提供了思路。

《马拉喀什条约》(全称为《关于为盲人、视力障碍者或其他印刷品阅读障碍者获得已出版作品提供便利的马拉喀什条约》)，是国际著作权体系中的历史性条约，于 2013 年 6 月 27 日在马拉喀什签署，于 2016 年 9 月 30 日生效。作为世界上第一部也是迄今为止唯一一部版权领域的人权条约，《马拉喀什条约》进一步保障了阅读障碍者平等获取文化和教育的权利。

2021 年 10 月 23 日，第十三届全国人大常委会第三十一次会

① 乔新生.《视听表演北京条约》生效的法律意义[J]. 青年记者，2020(19)：78.

议表决通过了关于批准《关于为盲人、视力障碍者或其他印刷品阅读障碍者获得已出版作品提供便利的马拉喀什条约》的决定。由此，世界上第一部版权领域的人权条约——马拉喀什条约于2022年5月5日对中国生效。早在条约生效之前，我国在出版业"十四五"规划的布局中，就已经强调实施盲人数字阅读推广工程，建设盲用资源平台和数字出版基地，推进盲用数字化深度融合发展与传播，为盲人提供阅读便利；鼓励积极研制3D盲文绿色印刷技术以及智能生产系统，推动盲文印制的转型升级。

19.3.2 数字出版法律治理的多元主体格局已然形成

数字出版法律治理部门除了国家新闻出版署（国家版权局）、立法、执法、司法部门之外，鉴于数字出版法律治理的文化性、技术性特征，法律治理的主管部门还包括文化和旅游部、工业和信息化部、国家网信部门等。例如，对数字出版活动影响颇大的《网络出版服务管理规定》就是由原国家新闻出版广电总局、工业和信息化部联合制定而成。

除了"硬性"的治理部门以外，数字出版法律治理部门还包括"软性"的中国出版协会、中国音像与数字出版协会等行业协会。行业协会对新动态关注更密切，这对快速发展中的数字出版尤为重要，行业协会对数字出版产业活动起到促进调节、约束监督、培训指导等作用。

19.3.3 数字出版法律治理成效初步显现

"徒法不足以自行。"法律的生命在于实施，再完备科学的立法，若无严格执行也是枉然。当前，我国数字出版法律治理成效已经初步呈现，数字出版法治环境氛围营造良好，数字出版从业者的版权保护意识显著增强，公众的知识产权保护意识不断提升。数字出版是当前知识产权保护的重地，各级法院每年发布的十大知识产权案例中总不缺乏数字出版相关案例，列入"十大"既是对数字出版法律治理成效的肯定，也是对数字出版法律法规的宣传。依据《移动互联网应用程序信息服务管理规定》等法律法规，每年通过

"清朗"系列专项行动对网络空间的乱象进行整治，及时清除有害的信息内容，确保了高质量网络出版产品的供给，有效提升了人民群众上网的获得感、安全感与幸福感。

19.4 数字出版法律治理的问题剖析

尽管在数字出版立法、执法、司法等方面取得了一定的成效，但是，客观来讲，数字出版法律治理还存在若干需要改进的地方。

19.4.1 数字出版法律法规有待进一步完善

数字出版从高速增长到高质量发展，我国从出版大国迈向出版强国，均需要更为完善、更加健全的法律法规体系来保障实现。我国当前的数字出版立法主要是在行政法规和部委规章层面，存在着立法层级不高、法律效力不高、规章制度落后等诸多问题。[①] 换言之，在立法层面，"立法薄弱、法规规章多但等级较低，并且主要集中在行政管理"。[②] 在众多法律法规当中，《著作权法》《计算机软件保护条例》《信息网络传播权保护条例》和数字出版有一定的相关性，但关联度不够高，我国目前尚未制定专门的《出版法》，也没有专门围绕数字出版来强化法规、规章建设。

围绕多种多样的数字出版作品形态，作为数字出版法律法规主干的《著作权法》对著作权的合理使用采用的是完全列举式的"封闭型"立法模式，开放性不足，粗放性有余，面对新技术的出现体现出较强的滞后性，进而导致治理过程当中出现争议。《信息网络传播权保护条例》是为数不多的与数字出版直接相关的法律，在预防数字出版侵权方面起到了一定的作用，但是在侵权的范围、侵权的条件、侵权的判定标准等方面却存在一些模棱两可的问题，给司法

---

① 张新新. 数字出版业态中政府与市场的关系——以传统出版单位为视角[J]. 出版广角，2014(6)：12-17.

② 包韫慧，何静. 我国出版政策法规 40 年回顾[J]. 出版广角，2018(17)：15-19.

实践带来了一定的困难。

20世纪90年代中后期，我国进入互联网时代，涉及计算机网络的民事纠纷逐渐出现，诉讼案件数量日渐递增，① 新现象导致了新问题，但在一时间没有与之对应的新规则，司法机构只能从审案经验、现实合理性出发进行审判，对此类案件的审判更多是依靠法官的自主裁量，刚进入数字化时代的中国社会，著作权法是否适用网络著作权，最高法院2000年公布了《关于审理涉及计算机网络著作权纠纷案件适用法律若干问题的解释》，② 2001年修订的《著作权法》当中增设了信息网络传播权，滞后性显而易见。还是以《著作权法》的修订为例，在2021年的第三次修订当中，"电影作品和以类似摄制电影的方法创作的作品"的条款修改为"视听作品"，扩大了作品的保护范围。现在各大网络平台所创作的短视频，只要符合《著作权法》对于作品的要求，也可以受到《著作权法》的保护。而国内短视频元年为2017年，这也意味着至少从2017年到2021年第三次修订《著作权法》的时间段里，短视频作品的保护规范是缺失的，案件审理往往会有法律规范上的争议。专门规范的迟滞意味着新兴事物无法得到发展上的有效指引而只能被放逐于传统疆域中。③ 传统的出版法律框架并不能完全适应数字出版的需求，相关法律法规有待进一步完善和更新。

19.4.2 数字出版法律监管不足

极强的可复制性和传播性以及快速的技术迭代是数字出版物的特点，但这一特点使得数字出版物的保护和监管面临巨大挑战。目前数字出版物的监管涉及多个部门和领域，但监管机构较为单一、分散，难以形成协同效应。此外，监管机构的专业性和技术支持也

---

① 王清. 一枝一叶间 雀鸣争执何——中国版权制度十年发展综述[J].编辑之友，2012(1)：103-108.

② 王清. 一枝一叶间 雀鸣争执何——中国版权制度十年发展综述[J].编辑之友，2012(1)：103-108.

③ 张学文.从"相加"到"相融"：数字出版规范的破局与立新[J].现代出版，2022(5)：92-100.

存在一定的缺陷，现有的监测手段和技术难以完全覆盖所有内容，存在漏洞和不足。当监管主体还在对元宇宙的身份隐匿性进行研究，以 ChatGPT 为代表的聊天机器人和 AI 生成绘画又对数字出版内容审核、道德伦理、责任认定等多方面提出了新挑战。可以说，在数字出版领域，监管不足属于常态。上乘的治理能力讲究事前、事中、事后全监管，治"因"与治"果"并重，数字出版的监管仍有漫长的路要走。

19.4.3　公众数字版权意识亟待增强

互联网早期的快速发展很大程度上是以"免费"为基础的，如今广大消费者也仍受这样的"免费惯性"影响，社会公众普遍缺乏数字版权意识，对于这一问题缺乏足够的重视。对于消费者而言，互联网下载、复制数字出版作品简单快捷，无须付费，在出版物价格普涨的当下，这样的"免费"充满吸引力。以全球知名的某盗版数字出版平台为例，该网站凭借免费开放、资源丰富的特性赢得全球互联网用户的关注，平台有超千万种的庞大图书资源，不少人在该平台获得了"电子书自由"，并且认为他们的这种做法理所当然，以"文化罗宾汉"身份自居，丝毫意识不到其行为是在侵犯数字出版商和作者的权益。对于国内而言，也存在诸多资源网站曾经或正在被大量创作者抵制，这类资源网站鼓励用户上传文档资源，但对其著作权归属却不加查验，创作者普遍认为其已侵犯了自己的原有著作权，不过，创作者的抗议并没有起到太大的作用，这类网站每天的流量极大。可以说，我国很多消费者已经习惯了这种通过互联网免费获得所需数字出版作品的形式。同时由于消费者对于数字版权作品的巨大需求，我国的互联网盗版现象日趋严重，传统的治理手段难以进行有效的控制。而对于网站经营者来说，许多经营管理者抓住了消费者对数字出版作品的强烈需求心理，为了使自己能够得到更大的经济利益和市场份额，他们并没有采取措施抑制盗版形式的数字版权作品，反而用廉价的盗版数字作品来提高网站的访问数量，扩大市场份额。一些网络经营者更是在其网站上宣传并提供免费的数字出版作品，从中获取广告收入。在这种情况下，作者与出版社的利益根本无法得到应有的保护。虽然当前版权保护得到了加强，但国内免费网络资源网站遍地开花，只要稍加搜索，就可以随意在线阅读、转载、复制，甚至下载。数字版权保护意识薄弱抑制了数字出版产业的庞大发展潜力，仅在当前的数字版权保护意识下，我国数字出版产业就取得了令人瞩目的成果，财新付费用户订阅量超 90 万，喜马拉雅付费会员数超 400 万……数字出版市场仍然是一片待以挖掘的宝库，而社会大众的数字版权保护意识和付费意愿则是打开宝库的金钥匙。

19.5　数字出版法律治理的路径优化

数字出版法律治理，可在完善治理体系、提升治理能力以及营造良好治理环境三方面下工夫，切实推动数字出版治理体系和治理能力的现代化水平。

19.5.1　完善数字出版法律治理体系

"相关法律法规不完善"是法律治理中的老生常谈，几乎成了一句套话，但又是无法规避的客观现实。数字出版产业是新兴的、处于快速发展变化当中的产业，诸如区块链、人工智能、VR、AR 新数字技术的出现、应用往往会带来全新的无明确规范的数字出版产品形态，因此衍生出各种新问题。夸张一点，在这样的环境当中，任何新的法律法规一经制定、修订，就已经"落后"了，为了保持法律治理的先进性，数字出版法律制度的制定应具有科学性、系统性和前瞻性，适合数字出版行业的快速发展。先进的法律制度是数字出版产业繁荣的保障，应当进一步加强数字出版法律治理体系建设，为数字出版的法律治理提供强大的法律法规及政策支撑。

完善数字出版法律体系，一方面，需要对现有法律法规进行及时修订，跟进产业新变化。以同为大陆法系国家，采用封闭列举式立法的日本《著作权法》为例，为及时跟进出版领域的新变化(尤其是数字出版)，日本《著作权法》从 1970 年公布至今修订次数近 60 次，在数字出版产业发展迅猛阶段，修订频次也相应更高。为更好适应新技术发展，2018年的修订中，日本《著作权法》引入柔性合理使用条款，这标志着日本著作权法治理方式进入新阶段，与之对应的，我国《著作权法》采用的则是略显粗放地列举加兜底的方式。其他国家在《著作权法》上的进展对我国数字出版法律治理体系的完善具有重要的借鉴意义。① 另一方面，数字出版产业庞大的产业规模和对应的法律法规级别不相称，我国应该在广泛调研讨论的基础上，制定专门的数字出版版权保护法。该法应该具体界定数字作品的合理使用范围，规定更加严格的侵权责任，即惩罚性侵权赔偿。② 虽然业内对于"专门法"的呼吁难有回应，但值得期待的是，与数字出版紧密相关的《文化产业促进法》的立法工作稳步推进，目前已形成草案送审稿。

19.5.2　强化数字出版法律治理能力

数字出版执法机构应当加强对数字出版物的监管，查处侵犯知识产权的行为，保护数字出版物的知识产权。要求版权、工商、文化稽查、税务等各级行政管理机关在管理、执法过程中，制定切实可行的有效执行手段和措施，而且要求各级行政机关加大执法力度，严格执法。

数字出版法律治理也需要高度重视司法队伍建设。在司法队伍中努力培养熟悉数字出版方面知识的专业人才，使其能在司法审判和执法中正确地理解、运用法律，从而以公正、合理的方式解决数字出版方面的法律纠纷。

最后，应当推进基于大数据和神经网络的数字出版物多维价值评估技术和数字水印技术的研发和应用，增强数字版权保护的技术手段，提高数字版权保护能力。数字出版法律治理还应当加强国际合作，加强数字出版的跨国家保护和执法合作，共同维护数字出版的知识产权和市场秩序。

---

① 郑重. 日本著作权法柔性合理使用条款及其启示[J]. 知识产权，2022(1)：112-130.

② 曾伟，霍思远. 数字出版版权保护存在的问题及对策研究[J]. 新闻界，2015(3)：50-53，57.

19.5.3　营造数字出版法律治理环境

良好的数字出版法律治理环境有利于数字出版相关法律法规的实施。而数字出版法律治理良好环境的营造，需要数字编辑、创作者、社会公众几方合力。

（1）强化版权保护意识

数字出版编辑进行出版活动要有正确的政治意识来引导，对出版物的政治导向进行严格把关，须严格遵守《著作权法》《出版管理条例》《网络出版服务管理规定》等数字出版相关法律法规。在数字出版的具体实践层面，数字出版编辑应提高自身数字版权保护意识，提升法律素养和技能，培育数字素养与技能，成为数字出版相关权利的捍卫者、拥趸者和守护人，坚决与侵权盗版等违法行为作斗争。

（2）增强社会公众守法意识

数字出版法律知识的宣传和普及应覆盖社会公众。而对于社会公众来讲，数字出版法律意识主要是版权意识。知识付费意识浓厚，公众普遍愿意为版权付费时，数字出版产业的沃土也就形成了，在此基础上，数字出版产业可以形成良好的产业生态，实现长足稳定发展。近些年我国大众数字消费习惯逐步得到培养，知识付费意愿提高，但仍有相当一部分消费者的"免费思维"根深蒂固，一时难以破除，在客观上减缓了数字出版产业良好生态的形塑。

就拿版权保护来说，主管部门宜利用多种途径，向人们普及与版权有关的基本法律常识，利用知识产权保护月、著作权侵权知名案件等普法时机，展开广泛的宣传工作，让人们了解到消费侵权产品可能给自己、数字出版生态和社会造成的危害，从而提高人们关于版权保护的法律意识。有关部门应该向公众普及正确的维权方式，协助著作权人使用合法的手段来维护自己的权益，同时也要善于使用法律的武器，及时阻止侵权行为的发生，从而营造出一种对数字出版产业版权予以尊重和保护的良好氛围。①

---

① 王宇红，刘盼盼，倪玉莎. 我国数字出版产业版权保护体系的构建与完善[J]. 科技管理研究，2012，32(8)：184-188.

（3）发挥财税调控作用，推动数字出版产业发展

数字出版优惠政策对产业发展有激励和扶持作用，有利于数字出版作品及技术创新。在财政方面，当前财政部门对数字出版产业支持力度较大，设立专项资金奖励、扶持数字出版精品生产，发挥重大项目带动作用，扶持重点企业，有助于为数字出版大发展大繁荣营造良好的财政环境。① 在税收优惠方面，数字出版得到的激励超过传统出版产业。一方面，对于传统出版的税收优惠政策同样也已惠及数字出版；另一方面，由于数字出版自身的强科技属性，走在前沿的数字出版企业可积极申报高新产业相关的身份认证，申请税收优惠及研发奖励。财税政策从宏观上影响数字出版法律治理，发挥财税调控优势可激励数字出版产业迈向可持续、高质量发展。

---

① 张新新. 智能出版：现代出版技术原理与应用[M]. 北京：人民出版社，2021：251.

第二十章 数字出版财政治理

本章主要分析数字出版财政治理，界定数字出版财政治理的基本概念，概括出数字出版财政治理的基本特征，分析了数字出版财政治理的立法、支持、管理、监督、风控等治理过程，并通过市场激励机制、外部性理论、有效市场与有为政府理论叙述开展数字出版财政治理的理论研究。针对当前数字出版财政治理存在的投入不平衡、治理手段滞后、监督评估机制不完善等问题，从调整优化财政政策、推进精准扶持、实施重大文化产业项目带动战略、落实监管评估机制等方面对治理路径进行了阐述与展望。

从社会发展历程来看，财政随着国家的建立而产生，是一种存在于社会中的经济行为。运用词汇的构成对"财政"一词进行拆解，可以发现"财政"一词包含着"财"和"政"。在汉语词典中，"财"的名词释义即财产、财富，是金钱或物资的总称，而"政"的释义比较广泛，包含政治、政府、政策、政事、职务等，由此可以看出，财政的理论意义不只局限于经济范畴，而是在社会、政治、文化等领域都有涉及。从实际意义来说，财政作为国家治理的基础，可以把财政一词理解为国家的一个部门，即财政部门，其本质是国家政府为了实现职能而产生的分配行为，目的是调控社会资源、维护市场统一、促进公平，以财政治理实现国家的长治久安。

文化产业体系是现代市场经济的组成部分，在促进社会主义物质文明建设和精神文明建设等方面都占据着重要作用。党的二十大报告对繁荣和发展文化产业提出重要部署，提出"文化数字化和数字产业化"发展战略，并反复强调文化与科技融合的重要性。数字出版是融合文化经济科技的大平台,[①] 发展数字出版产业与落实"文化数字化战略"、推动文化科技结合、打造出版强国息息相关。

　　而针对财政治理,党的二十大提出构建新发展格局,应充分发挥财政金融作用。促进财政高质量发展,在经济发展中增进民生福祉,就涵盖大力推进数字出版事业发展,让数字出版成果惠及广大群众从而更好满足人民美好生活需要。由此可见,推动现代财政体系建设和推进发展数字出版产业具有内在关联性,财政调控是数字出版治理体系中不可分割的一部分。

20.1　数字出版财政治理的理论依据

　　关于开展数字出版财政治理的理论依据,可以总结为市场激励机制、外部性理论和有效市场与有为政府理论等。

20.1.1　市场激励机制

　　所谓市场激励是指在市场经济影响之下,通过市场竞争来激励创新行为,包括直接激励和间接激励。数字出版是对传统出版的创新,是以数字技术赋能出版,从而产生一种新的出版模式。但同时技术创新活动也具有高成本、高风险等问题。在过去很长一段时间里,很多传统出版企业出于利益最大化的考量不会主动冒险创新,而是选择保守地以低成本参与市场竞争,从而导致技术创新程度较低。如今,在市场经济影响之下,数字技术快速发展,人们的阅读习惯开始发生变革,为了提升自己的市场竞争力,出版企业必须朝着数字出版转型。市场激励是推动产业创新的重要因素。为了增强企业的创新能力,要完善市场激励机制从而培育利于企业创新的市场环境,这就需要政府实施财政、金融、税收等扶持政策,在财政管理方面,通过加大财政投入、税收减免、建立专项基金等措施来激励企业创新活动,推动其高质量发展。

---

　　① 柳斌杰. 数字出版是文化科技经济融合的大平台[J]. 公关世界,2023,541(1):14-15.

20.1.2　文化产品外部性学说

外部性是指个人的行为在不承担负担的同时能够给社会或他人带来影响。外部性可分为正外部性和负外部性。正外部性效应能够为社会或个体带来积极影响，负外部性效应则带来消极影响。文化产品的正外部性，体现在"同群效应、社会利益、经济发展、明天的文化"[①]等方面，也就是促进文化经济活动发展，推动旅游、服务等相关产业发展，促进文化创新、保护和文明传承等。文化产品的负外部性，[②] 是指不良、不好的文化产品会严重误导和损害消费者的精神世界、对整个社会乃至民族文化带来精神污染。

数字出版产品作为新型的文化产品，承担着普及知识和传递信息的功能，其附带的精神内涵也能潜移默化地影响人们的思想观念。高质量的产品能够陶冶情操、涵养心灵，这就是数字出版产品的正外部性。随着时代发展，数字媒体去中心化趋势凸显，用户生产内容模式（UGC）已经蔚然成风，甚至人工智能生产内容（AIGC）也已出现，生产者和消费者之间的界限逐渐模糊，生产者门槛降低，内容审校质量不过关，就会导致产品质量良莠不齐，质量低下的产品不仅损害人的心智，可能还会对文化安全、意识形态安全造成危害，这就产生了负外部效应。

基于外部性理论，主管部门应对产生正外部性的数字出版产品给予财政支持从而刺激生产。对产生负外部性的数字出版物可以将财政支持投入风险防控领域，采取必要措施进行干预，从而严守意识形态安全。实践也证明，历年来主管部门对资源数字化建设、融合出版产品、数字出版精品的财政支持，恰恰是为了发挥数字出版产品的正外部性效应。

---

① 　Payne A A. Role of Government Panel: The Culture Industry. McMaster University.

② 　左惠. 文化产品的外部性特征剖析[J]. 生产力研究，2009(7)：22-24.

20.1.3　有效市场与有为政府理论

有为政府是指能够有效运用自己的职能来推动国家发展的政府。在经济学范畴中，有为政府中的"为"是指当市场在资源配置中失灵时，为了使无效市场变成有效市场政府所采取的因势利导的措施。政府和市场之间的关系是相辅相成、相互影响的，两者相互补充才能促使经济稳定发展。从政府的角度来说，政府要明确自己的定位，在尊重市场经济规律的基础上发挥政府作用，把市场机制的决定性作用和更好发挥政府作用有机融合。数字出版产业作为国家经济发展的新增长点，需要政府在其发展过程中发挥"有为政府"的作用，将有效市场和有为政府相结合，一方面，适时运用数字化财政调控手段，"给予政策和资金扶持，维持数字出版市场整体供需平衡，维护积极、健康的市场秩序"，① 推动数字出版市场主体转型，引导、监督、促进产业的发展，如在鼓励新兴产业发展时政府所采取的财税补贴、税收减免等财政治理手段；另一方面，数字出版企业自身也须扎实推进数字化转型，推进基础设施数字化改造、内容资源数字化建设、运营平台数字化布局，在编辑、编辑室、出版机构三个层次持续深化数字化战略落实，矢志不渝地实现数字出版提质增效，实现出版业高质量发展。

20.2　数字出版财政治理的本体构建

财政调控作为数字出版治理体系的重要组成部分和最有效调控方式，解决的是数字出版公共资金的投入与绩效问题。② 数字出版财政治理，或曰数字出版财政调控，是我国政府引导型数字出版起步和发展进程中的重要助力，基本解决了出版单位基础设施数字

---

①　张新新. 数字出版业态中政府与市场的关系——以传统出版单位为视角[J]. 出版广角，2014(6)：12-17.

②　张新新. 传统出版与新兴出版深度融合，推进数字出版高质量发展——2019年度数字出版盘点[J]. 科技与出版，2020(3)：13-27.

化、内容资源数字化和运营平台数字化的问题。

20.2.1　数字出版财政治理内涵

数字出版财政治理，就是以政府为主导的财政主管部门将某些财政调控措施应用在数字出版领域，从而带来积极作用，推动数字出版产业发展。其内涵具体是指数字出版主管部门通过公共财政手段，设立鼓励、引导和扶持数字出版发展的财政政策、专项资金或财政项目等，来推动数字出版实现产业升级、提质增效的治理方法、行为和措施的总和。[①] 数字出版财政治理，鲜明地体现了数字出版治理现代化的中国特色，是"新型举国体制"在数字出版治理领域的成功运用，也是早期阶段政府引导型数字出版发展模式的重要支撑。[②]

这里的数字出版主管部门既包括出版行政管理部门，也包括承担文化管理职责的财政部门，如财政部科教和文化司(中央文化企业国有资产监督管理领导小组办公室)。数字出版财政治理的具体方式，包括设立文化产业发展专项资金、国有资本经营预算金、新闻出版改革发展项目库、中央文化产业投资引导基金以及地方文化产业发展专项资金、地方宣传思想文化投资引导资金等。数字出版财政治理的目标，是落实国家重点文化战略，促进出版业数字化转型升级，推进数字出版提质增效，推动传统出版和新兴出版深度融合发展，实现出版业高质量发展等。

20.2.2　数字出版财政治理外延

财政治理体系涵盖着社会和个人、政府和市场、中央与地方之间的关系。所谓外延是指具有财政治理内涵的对象，即可以用财政治理来指称的被指称者。近年来，为促进产业转型升级，从中央宣

---

① 张新新.《"十四五"教育出版落实文化产业数字化战略思考——基于发展与治理向度[J]. 出版广角，2021(24)：32-39.

② 张新新，袁宜帆. 中国式现代化视域下数字出版治理体系和治理能力研究[J]. 中国编辑，2023(5)：28-33.

传部、中央财政部再到地方政府都为数字出版产业发展给予了大量财政支持，因而在此将外延分为"中央财政调控"和"地方财政调控"①进行具体阐述。

在中央财政调控方面，主要采用文化产业发展专项资金和国有资本经营预算金。其中，由中央财政部门推出的文化产业发展专项资金，也是中央层面支持文化产业发展的重要专项资金，旨在扶持各类文化产业发展从而满足人们精神需求。数字出版产业是文化产业发展转型资金的重要扶持对象之一，通过充分发挥专项资金的扶持导向作用，鼓励社会各界共同参与数字出版产业的建设。而国有资本经营预算金是政府预算的组成部分，国有资本的注入有助于发挥资金的撬动作用，扶持中央文化企业的数字出版做大做强。

值得一提的是，2020年11月中国文化产业投资母基金成立，由此，以项目补贴、预算支持为主的财政调控方式将可能转为以基金支持为主的治理手段。由中宣部和财政部共同发起设立的中国文化产业投资母基金，首期已募集资金317亿元，主要投向"新闻信息服务、媒体融合发展、数字化文化新业态等文化产业核心领域，以及与文化产业高度相关的旅游、体育等相关行业，支持电影等重点行业发展"。② 文化产业投资基金的成立和实施，对探索财政调控改革创新、健全现代文化产业体系、深入实施文化产业数字化战略、推进文化强国建设具有重要意义和价值。

在地方财政调控方面，近年来多个省市设立旨在促进数字出版产业转型发展的文化产业政府投资基金或宣传文化投资引导基金，充分发挥了资金杠杆作用，激活了社会资本。如上海的上海市促进文化创意产业发展财政扶持资金，北京的北京宣传文化引导基金，广东的广东省文化繁荣发展专项资金等，这些地方财政资金或基金政策的出台，有效弥补了中央级财政调控手段的不足，也能够更加

① 张新新. 传统出版与新兴出版深度融合，推进数字出版高质量发展——2019年度数字出版盘点[J]. 科技与出版，2020(3)：13-27.
② 中国文化产业投资母基金正式成立[EB/OL]. [2021-01-07]. http://www.gov.cn/xinwen/2020-11/18/content_5562404.htm.

因地制宜地引导和扶持区域数字出版企业发展。

20.2.3　数字出版财政治理特征

数字出版作为文化产业的分支，具有特殊性。大力发展数字出版产业，既能调整优化产业结构，创造新的商机从而带来可观的经济效益，又关系到整个社会的精神文明建设，体现其社会效益。因此，以财政治理数字出版既要着力于打造与市场相适应的现代经济体制，又要着眼于社会现实需要，重视提供优质精神文化产品。即既要考虑到财政的职能，又要考虑到产业的特殊性。因此，关于数字出版财政治理的特征可归纳为以下几个方面。

其一，凸显重大文化产业项目带动战略。当前数字出版领域的财政治理体现了重大文化产业项目的引领、示范和带动作用。自"十四五"开局以来，国家各部委陆续发布了针对文化产业的投资计划，其中针对重大文化产业项目总投额超万亿。财政投入扶优扶强，成为数字出版高质量发展的重要抓手。在国家级重点文化产业项目推动下，逐步形成一批具有影响力的产业集群和骨干企业，数字出版产业进一步向标准化、规模化、集约化趋势发展，带动出版融合向纵深发展。

其二，市场机制决定性作用与更好发挥政府作用的有机融合。在经济市场中，可以将政府看作有形的手，起到指导性作用，而市场是无形的手，起到决定性作用。财政治理的目的是保证数字出版经济市场的稳定，当面临市场失灵时，就需要政府及时干预来调控市场。① 数字出版财政治理就是通过发挥政府的调控作用，以调整财政收支为着力点重点推进基础建设，并结合市场机制的决定性作用，鼓励数字出版产业以市场为导向，平衡文化产品的供需，从而达到资源的优化配置，促进数字出版产业兴盛。

其三，财政资金与社会资本相结合。财政调控就是政府通过政策扶持、发展基金、财税优惠等市场手段，从而发挥撬动社会资本

---

① 刘利成. 支持文化创意产业发展的财政政策研究［D］. 北京：财政部财政科学研究所，2011.

的作用，引导数字出版企业拓展资金来源渠道，吸引更多非公资本注入。① 数字出版财政支持政策往往要求被支持对象提供一定的自筹资金相配套，通过这种约束机制，来推动数字出版项目成果的转化，以真正实现数字出版财政资金的预期效果。早期的数字出版财政支持项目的配比额度是 7∶3，被支持企业须承担 30% 的自筹任务。

其四，效率与公平相结合。经济学中的效率是指资源的配置和效益情况，关乎投入和产出之间的比例关系。而对公平的定义主要体现在分配上的公平。当前我国对文化产业的财政治理覆盖地区和项目更加广泛，不再局限于某一地区或某一产业，强调地域发展和产业发展的均衡性。而分配的公平其实也在促进效率，随着文化财政体制的逐步健全，产业发展的内生动力也在随之提高，从而提升了整体产业的效益。

其五，传承文化与推动创新相融合。设立财政项目，扶持出版单位进行数字化转型，根本上有助于中华优秀传统文化、革命文化和社会主义先进文化的创新性发展和创造性转化；同时也是在扶持出版企业开展数字化转型工作，在丰富产品形态、拓宽商业模式、跨界融合等方面出台相关的政策来推动产业不断创新。同时，现代财政治理本身也在向着数字化、智能化发展。在未来，财政治理将以数据资源为根本，以技术创新为支撑，从而进一步促进财政治理的高效运行。

其六，立足国情与展望未来相结合。财政治理由国家或地方政府主导，立足国家事业发展全局，以促进国家发展和社会稳定为目的，其具体措施体现了党和国家的意志。根据财政扶持政策的变化，得以窥见出版产业功能与意义的演变。"十四五"期间，基于数字出版产业，国家新闻出版署组织实施出版融合发展工程，其项目具体包括重大出版融合发展项目、文化传承融合出版工程、数字出版内容精品工程、出版业科技与标准创新示范项目等，这些重点

---

① 刘元发. 促进我国文化产业发展的财税政策研究［D］. 北京：财政部财政科学研究所，2014.

工程涉及文化传承、科技、数字经济、数字化转型等各方面,具有支撑性、战略性、引领性等特征。根据文化建设的特点和规律,加大对重点文化项目的财政扶持,不仅明确了当下数字出版产业建设的重点领域,也体现了国家未来数字出版产业发展取向。

20.2.4 数字出版财政治理原则

数字出版财政治理,本质上是一种财政调控方式,须遵循调控法定、调控效益和调控适度原则。

调控法定原则。财政治理需要治理工具和法律规范的统一,在具体的实施方式上,需要坚持法定原则和创新原则相结合。法定原则,是指数字出版财政调控须有明文法律政策规定,严格遵循财政基金设立、审批和拨付的法律相关规定。数字出版财政项目资金的申请、获批、使用和验收等,都要符合相应的财政资金管理规定,确保财政资金的专款专用和程序合法。

调控效益原则。数字出版财政治理体系的现代化,要切实强化"调控效益"原则的遵循和落实,要充分发挥财政治理的引领价值、示范效应和杠杆作用,真正起到以重大项目带动产业发展的预期效果;要注重治理方式的绩效和效率,由前期资助为主转向前期资助、事后褒奖并重,"将主要依靠补贴资助的方式转向'事前补贴与事后褒奖相结合'的调控方式"。①

调控适度原则。数字出版财政治理要保持合理的调控程度,秉承"退后一步、站高一层"的原则,尊重市场机制的决定性作用,更好发挥政府作用,兼顾扶优扶强和普惠支持,促进数字出版企业做大做强,着眼于整个数字出版企业整体的项目考核和绩效考核。

20.2.5 数字出版财政治理过程

基于财政治理职能,结合数字出版产业特点,可对数字出版财政治理过程总结如下:

---

① 张新新. 基于出版业数字化战略视角的"十四五"数字出版发展刍议[J]. 科技与出版,2021(1):65-76.

其一，财政立法。通过立法来对数字出版财政政策赋予法律效力，以法律约束来保障数字出版财政治理的实现。目前我国围绕文化产业的财政法律体系建设在不断完善，财政法治建设也在持续推进。据悉，中国首部文化法《中华人民共和国文化产业促进法(草案送审稿)》中从五十九到六十七条对"金融财税扶持"做了详细的规定，相信它的正式颁布将进一步明确各部门在促进文化建设中所承担的行为责任，逐步建立起完备的文化产业金融扶持体系。

其二，财政支持。坚实稳固的财力支撑是促进数字出版产业发展的重要保障，也是财政治理的基础。数字出版作为一个知识密集型产业，充足的资金投入不可或缺，既包括自有资金投入，也包括财政资金投入。近年来，各地政府开始健全多元资金投入机制，通过设立专项资金、投资基金、债券资金、税收等措施调节社会经济分配，以资金投入支持数字出版产业发展。[1]

其三，财政管理。财政管理作为数字出版财政治理的重要组成部分，其主要是采取经济手段、政治手段、法律手段等围绕数字出版资金的来源、用途与效益等进行指导与调控，促使经济活动合理开展。数字出版财政管理体系包括职责明确的财政关系、标准完备的预算制度、高效统一的运行机制等，通过对企业数字出版收支活动结构进行调整来促使财政政策目标的实现。

其四，财政监督和绩效考核。为了使数字出版财政治理落到实处，有必要对出版产业的财政治理建立科学的绩效评价机制，从而检验和监督财政治理成效，也可以以绩效评价结果为基础去改进相关的财政政策。实践中，数字出版财政资金的财务检查、专项审计工作，就是典型的财政监督手段。

其五，风险防控。数字出版产业作为新兴产业，目前的运作还没有完全成熟，在开展财政治理、进行财政支持时有必要对预期的内容建设风险、技术风险和运营风险等进行防范和化解，同时要及时采取事后风险处置机制，以确保数字出版财政资金的使用和管理

---

① 陈佳璇. 引导出版产业发展的财税政策研究[D]. 湘潭：湘潭大学，2019(2).

最大限度降低风险。

20.3　数字出版财政治理成效分析

近年来，国家高度重视发展数字出版产业，将数字出版产业纳入重点扶持对象，不断优化调控政策以调动数字出版企业的积极性。在国家的号召之下，各地纷纷出台旨在推动数字出版产业发展的相关扶持政策，数字出版财政治理支持力度的逐年增大，财政项目示范效应初显，有效地促进和推动了数字出版发展。

20.3.1　财政扶持资金类型多元

近年来，国家大力支持数字出版产业发展，多地主管部门颁布了多项针对产业发展的政策规划、治理措施等。在投资基金方面，国家成立了文化产业发展专项资金、中央文化企业国有资本经营预算金、国家出版基金、中国文化产业投资基金等，而各个省市也逐渐成立针对地方的新闻出版文化发展专项资金，对数字出版项目予以重点支持，以推动解决数字出版的卡点瓶颈问题，推进数字出版高质量发展。[①] 如上海新闻出版局设立的"上海市新闻出版专项资金"，主要应用在支持传统出版向数字出版转型、数字出版技术创新、模式优化、对优质内容进行数字化开发和应用等方面，为数字出版产业发展提供资金支持和专项金融服务。除此之外，数字出版财政扶持资金基金种类也在逐步细化。"动漫人才专项基金""在线教育专项扶持计划"等更加细分的财政扶持正在逐渐涌现，涵盖数字出版的全过程和各方面。

20.3.2　财政治理覆盖地区广泛

国家推出了一系列旨在推进基层数字出版产业建设的政策，资源逐渐向基层倾斜并强调地域发展的均衡性。在中西部地区通过部

---

① 杜方伟，张新新. 数字出版精品化发展战略的结构视域与行动框架[J]. 出版发行研究，2021(11)：60-66.

门预算、转移支付、专项基金、成立投融资机制等多种渠道来促进文化产业繁荣。除此之外，还针对少数民族设立了民族文化发展专项资金和民族文化产业发展优惠政策，重视挖掘地域的人文资源，将文化重点建设项目纳入国家重点项目给予优先扶持，从而推动各地区共同发展。

20.3.3　财政治理方式更加丰富

财政部设立的"文化产业发展专项资金"，针对文化企业主要采用贷款补贴、资金补助、绩效奖励、保费补贴等多种支持手段来培育文化市场。① 近年来，文化产业转型资金引入市场运作机制，在治理手段上进行创新，增加参股基金等股权出资模式，从而提高财政治理效益。财政部推出的国有资本经营预算资金，主要适用于中央文化企业，通过国有资本金注入来推动文化产业供给侧结构性改革、调整文化产业的资本布局，推动产业数字化转型。② 而中国文化产业投资基金主要是以股权投资方式来支持数字出版产业发展。通过基金投资封闭运行支持企业发展，从而提升市场竞争力。

在地方数字出版财政政策方面，以辽宁省文化产业发展专项资金为例，在2022年新修订的办法中，在财政治理方式中新增了"国有企业资本金注入"方法，在直接补助方式中新增"担保费补助"，多种治理手段并用，从而助力数字出版产业发展；而在支持对象上，文化专项资金申报主体由原来的企业，扩大到了以企业方式运营的事业单位。

20.3.4　"项目制"到"规划制"改革

近年来，国资预算支持开展"规划制"改革，由支持单体项目转为支持企业数字化战略规划。支持重点包括落实国家文化产业规

---

① 龙丽佳. 广西区本级财政专项资金支持民族文化产业投融资现状[J]. 现代经济信息，2019(15)：484，487.

② 张新新. 中国特色数字出版话语体系初探：实践与框架——2020年中国数字出版盘点[J]. 科技与出版，2021(3)：86-97.

划战略、推动文化产业供给侧结构性改革、调整国资布局结构等，并强调数字出版项目绩效考核，设置预算绩效指标并以考核结果确定后续支持计划。此举措有利于发挥财政调控手段的宏观性，设立科学的绩效指标也有利于发挥财政调控的杠杆作用、示范作用，从而提高资金使用效益；与此同时，以三年为扶持周期将短期效益与长期效益相结合，也体现了调控政策的灵活性，有助于激发数字出版企业的积极性。

20.4　数字出版财政治理存在的问题

虽然数字出版财政治理获得了一些成效，但仍存在着一些不平衡、不充分的问题，影响着数字出版高质量发展目标的实现。

20.4.1　财政支持的平衡度和包容度有待提升

在当前的数字出版财政治理领域，财政投入的不平衡主要体现在重经济效益轻社会效益、重大型企业轻小微企业等方面；而财政支持的包容度则体现在对数字出版产出方面的指标设置偏高，以致部分企业缺乏申报的积极性和主动性。

从支持性质来说，数字出版作为一个集经济效益与社会效益于一体的产业，在财政支持上客观存在着对经济效益显著的项目往往支持力度较大，对社会效益显著而经济效益不突出的往往支持缺位的问题。文化产业发展专项资金、国有资本经营预算金等政策，往往更偏向于选择产业价值较大的项目，对社会效益高但利润率较低的项目支持较少。尽管国家出版基金选择支持社会效益突出的重要出版项目，但是仍然以支持图书出版为主，对数字出版、融合出版的支持力度和金额较小。

从支持对象可以发现，大型国有企业和国有控股企业是财政资金支持的主要对象。从近期地方政府发布的财政扶持政策也可以看出，培育的产业主体大多聚焦于地区内的文化龙头企业和国有企业，专门针对扶持中小微数字出版企业发展的财政政策不多。这样的财政投入不平衡就会导致用户和资源向市场的领先者集中，缺少财政扶持导致竞争力低下的小微企业不断退出市场，最终不利于数字出版产业的多元化发展。

20.4.2 以传统财政治理方式为主

我国文化产业本身起步较晚，虽然近年来文化产业财政治理手段开始向多元化发展，但相比较其他发达国家，我国现行文化产业财政治理手段还不完善。从发布的财政扶持政策可以发现，目前财政治理大多仍以财政补贴、转型基金、政府采购、税收减免、政府直接投资等传统支持方式为主，缺少财政政策自身应有的宏观调控特色。同时，在政策之间也存在协调性、稳定性、系统性不强的问题。

首先，财政政策在设定上与金融、税收、版权保护、行政管理等方面政策的协同性不够，正如唯物辩证法指出世界上一切事物都处于普遍联系之中，财政扶持政策作为国家经济政策中的一部分，与其他政策有着相互影响的紧密联系。因此在设定财政治理政策时务必从整体出发统筹规划。如许多发达国家会重视将财政政策与税收政策等政策配套使用，从而最大程度发挥政策体系支持作用。而当前我国尚未完善和财政治理相配套的税收优惠政策，尽管部分省市已相继推出数字出版产业方面的税收减免政策，但在实际操作中出现了诸多问题，导致税收风险扩大。

其次，目前的财政政策仍是以政府为主导的资金模式、项目模式，而对于文化产业投资引导基金这种新型的数字出版财政治理方式尚未真正开启。事实上，政府直接投资固然能解决企业融资难题，但也会增加政府的财政负担，同时导致企业对政府投资产生依赖性，因此在财政治理上可以探寻政府和社会资本结合的新途径从而激活产业活力。

最后，我国的数字出版财政治理还是缺乏文化产业立法相关的法律认定，从法律上对数字出版财政治理予以支持的内容较少，甚至连数字出版产业本身的法律规定也未完善。法律规定的缺位、法律文件滞后于发展实践，也是导致数字出版财政治理措施滞后的原因之一。值得庆贺的是，2019 年 7 月公布的《文化产业促进法（草案征求意见稿)》明确规定：国家根据不同阶段和时期文化产业的发展情况，结合财力状况和经济社会发展需要，综合考虑、统筹安排财政资金对文化产业的支持，对财政资金全面实施预算绩效管理，并加强对使用情况的审计监督。有条件的县级以上地方人民政府可以根据实际需要在本级政府预算中统筹安排财政资金支持文化产业发展。

20.4.3　缺乏科学有效的监督考核机制

在进行财政治理时，落实事前、事中、事后的监督，督促政策落到实处也是发挥财政治理效能的重要一环。在当前，个别部门在实施数字出版财政政策时管理和监督机制不完善，具体表现为对监督工作认识不清、监督手段单一、监督执行乏力、监督方面的法律法规缺位等，从而导致出现财政政策形式化、财政政策难以落到实处、取得成效不高等问题。以文化产业发展专项资金的使用为例，专项资金的扶持对象数量十分庞大，申请的基金数额也是各不相同，如果缺少一个科学有效的监督机制，就会导致难以判断申请项目的真实性以及难以规范资金使用过程，从而出现被资助数字出版企业专项资金执行率低、配套自筹资金到位率低等问题，甚至会给一些企业挪用甚至骗取财政支持资金提供便利，不仅影响文化产业资金效能的有效发挥，也会造成不必要的财政损失。事实上，出版单位因为专项资金执行进度慢、执行率低而被收回数字出版财政资金的事例已陆续出现。

在数字出版财政资金的考核方面，目前还没有形成完善的数字出版财政项目考核体系。考核机制的不科学主要体现为考核评价指标过于宽泛、绩效评价的项目范围狭窄、评价机制流于形式、绩效评价的主体不明确等问题。以绩效考核的评价项目为例，数字出版产业作为一个集经济效益和社会效益于一体的产业，仅从经营收入、新经济业态、数字化贡献率等指标对项目进行整体评价显然是不合理的，而如何就数字出版项目的文化效益、教育效益等进行考核，如何对项目产生的社会效益进行量化，如何制定项目社会效益的考核标准，还需要不断地进行探索。

国有资本经营预算金项目近年来采取了"规划制"①的实施方式，体现出数字出版财政治理的宏观性、科学性和长期性演变趋势，较之前的"项目制"实现了跨越式进步。但不可否认的是，客观上诸多出版机构不再申请国有资本经营预算金或曰申请意愿不如之前强烈，原因在于：考核方式关涉整个出版企业利润率，在注册资金"分母"加大的同时，如果不能及时实现数字出版的新产出值，不能做到数字出版利润率和原有图书出版主业利润率的持平，必然影响出版企业的利润率等关键指标，进而影响出版社决策层薪酬乃至出版企业工资总额。

20.5　数字出版财政治理发展路径

基于上述问题，数字出版财政治理的路径优化可从基础路径、核心路径和保障路径着手进行。

20.5.1　基础路径——调整优化财政政策

首先，树立科学的数字出版财政治理理念。在制定相关的数字出版财政治理政策时要符合现代财政治理逻辑，秉持科学财政治理理念。财政治理要处理好市场与政府的关系，将政府的调控引导作用与市场的决定作用相结合。在制定数字出版财政治理政策时，一是要顺应市场经济发展规律，发挥好市场对资源配置的决定性作用，通过财政治理来扶持产业走向市场化道路，从而获取最大经济效益；二是要注意避免财政对市场的过度干扰，把握好财政扶持的限度，避免数字出版企业对财政扶持的过度依赖。②

在发挥市场决定性作用的同时，也要运用好财政治理的助推作用。对于财政资源的分配，要注重整体规划、统筹布局，在通盘考

① 张新新. 吉光片羽：人工智能时代的出版转型[M]. 北京：清华大学出版社，2019：29-30.

② 张双梅. 中国文化产业发展之财政促进制度研究[J]. 广东经济，2021(7)：62-69.

虑之下制定科学的规划。在数字出版产业内部，应当着眼于不同前景、不同目的、不同性质的项目做一个分类，根据未来产业发展重心明确资金投入重点，避免财力分散或重复性投入问题，有针对性地把有限的资金投入最需要支持的项目，从而最大程度发挥资金支持的作用。

其次，优化财政投入结构。数字出版作为一个知识、技术和智慧密集型产业，在前期科研与后期推广上与其他高新产业一样都需要大量资金支持，对投融资的依赖程度较高。随着社会主义现代化建设的不断推进，文化建设也要与时俱进，资金的支持不可缺少，因此在数字出版产业财政投入力度上还需进一步加强。与此同时，随着科技的不断进步，数字出版产业也在不断向外延伸，在财政投入结构上也需要与时俱进的调整来支持产业发展。在业态创新方面，财政投入应重视在人工智能、AR/VR、元宇宙、数字孪生等高新技术上的扶持，以技术创新来推动产业创新。在数字出版走出去方面，财政政策应重视在推动"文化出海"、版权贸易、网络文学出海、搭建国际交流平台等方面的建设，提升我国数字出版产业在国际上的竞争力。在产业布局方面，应重视数字出版产业园区的建设，以数字出版基地的发展来带动数字出版产业整体发展。

最后，变单一扶持为多元扶持，包括治理对象和治理方式的多元化。在数字出版产业链中，一些价值链和价值活动发生了新的排列组合，产生了新的价值活动，各式主体相互协作参与数字出版活动发挥功能才能使产业运作起来，因此相关部门在数字出版领域制定财政扶持政策时，应统筹考虑数字出版内部各个组成部分，如内容提供商、软件开发商、技术提供商、网络服务商、平台运营商、金融服务商等。同时，在财政治理方式上要积极开拓新思路，探索能够全面发挥财政资金功能的新方法。除了传统的财政投入之外，还可以深入挖掘和综合运用如财政预算、国债、贷款贴息、财政补贴、财政转移支付、股权投资等不同治理手段。要注重财政治理与其他数字出版治理方式的协同作用，努力实现"与规划治理、法律治理、税收治理、标准治理等多种治理方式配套",① 将财政治理与数字出版税收治理、数字出版标准治理、数字出版规划治理等治理手段联系起来，放大财政治理效能，完善治理体系，从而满足多元化需求。

20.5.2 核心路径——推进精准扶持，实施重大文化产业项目带动战略

数字出版产业间存在着发展不充分不平衡情况，根据被投资者的不同特点采取区别化财政治理，才能最大程度发挥出财政治理功能。因此，应变统一化扶持为区别化扶持，采取财政支持"扶优扶强"的策略。

从企业发展程度来说，行业内的大型企业在发展产业和繁荣市场方面发挥着主导作用，能够带动整个产业进步，因此要保障对于大企业的财政投入从而培育龙头企业。近年来，国资预算的支持力度不断增大，针对部分市场化程度更高、初现产业化的数字出版企业给予更大力度的财政支持，充分发挥国资的撬动作用，助力其做大做强，此举体现出扶优扶强的财政调控原则，在行业领先企业的带动之下，有助于壮大产业整体实力、促进文化产业全面振兴。

与此同时，数字出版行业内也存在着大量的中小微企业，中小微企业作为行业内的活水之源，拥有经营模式灵活、运行成本低等特点，在活跃市场、提供就业岗位等方面也发挥着重要作用。② 但许多中小微企业因其自身规模小、制度不完善、缺少担保等问题而陷入融资困境，往往在市场竞争中处于不利地位，因此在政策制定方面也要考虑到这部分有发展前景的中小微企业，在财政政策上为发展潜力大、提质增效快的数字出版中小微企业提供保障。如北京"房租通"资金支持项目就明确会为符合条件的小微数字出版企业提供租房补贴，而"文创产业提质扩容专项培训补贴"则是针对符

---

① 张新新，薛彦婷. 数字出版规划治理：概念特征、现状成效与路径优化[J]. 出版与印刷，2023(2)：39-50.
② 王璐. 浅析我国中小微传媒企业的融资现状[J]. 今日财富，2021(10)：31-32.

合要求的从业人员开展提质扩容培训，并给予企业一定额度的补贴。

从项目扶持来说，应实施重大文化产业项目带动战略，发挥重大项目引领、示范作用。比如早年"十一五"期间启动的四大科技工程"国家数字复合出版系统工程"、"中华字库"工程、"国家知识资源数据库工程"、"数字版权保护技术研发工程"，以及在"十四五"期间发布的"《中华大百科全书》第三版、《复兴文库》、中华民族音乐传承出版工程、中国经典民间故事动漫创作出版工程"等。作为国家新闻出版署倡导的重大科技项目工程，这些项目旨在实现出版产业的技术革命、促进产业转型升级，代表着出版产业转型升级的新探索和新规划。在积极协调财政资金对这些重大出版项目的支持之下，产出了一批批优质成果，如复合出版工程的建设推出一套实现出版数字化运行流程的装备系统，而数字版权保护技术研发工程破解了困扰行业多年的版权保护难题，搭建了版权保护平台等。此类成果不仅系统性地推进融合出版、为打造出版强国奠定基础，也展现了出版产业的开拓创新。在重大文化产业项目的示范带动下，出版产业得以不断迈向新阶段，实现高质量发展。当前，新的技术不断涌现，科技的运用对推动产业转型升级的要求越来越高，在文化与科技的融合方面，出版+人工智能、出版+区块链、出版+智库、出版+元宇宙、出版+大语言模型等新业态将不断融入项目之中，需要数字出版财政支持给予重点关注。①

20.5.3 辅助路径——落实监管评估机制

在数字出版财政治理实施过程中，最重要的莫过于程序的公开、公正、公平，落实监管评估机制、确保财政治理落到实处，可以从以下几个方面做好工作。

首先，创造公开透明的治理环境。为了确保项目实施，可以通过联合政府、社会、企业各方来建立多方位多层次的监督体系。政

---

① 张新新. 人工智能引领新闻出版转型升级——2018年数字出版盘点[J]. 科技与出版，2019，290(2)：44-54.

府主要起到监督的主导作用，需建立一套科学完善的体制来对财政资金走向和经济活动全过程进行监管，包括在事前对成立的财政项目、被资助企业资格进行多方面审查；在事中对项目进行长时间的跟踪考察，定期对数字出版企业的项目实施内容和进度进行监管，督促企业落实项目推进；事后对财政治理绩效进行评价，构建评价指标从而对财政治理的实施效果进行反馈，通过反馈促进对治理的优化。与此同时，在统筹发展与安全的前提下，主管部门也要以合适的方式，将名单、项目信息等政务信息向公众进行公开，从而发挥社会监督的作用，通过社会公众的力量来促进财政政策制定和资金使用公开透明。对于被投资者本身也要做好自我的约束，在企业内部可以建立涵盖审计、法务、纪检、财务等多部门协同的监管体系，或者通过聘请第三方监督机构，引进数字出版项目实施监理机制，从而加强对财政资金走向的监督。此外，随着时代发展，当下涌现出很多高新技术，将大数据等数字治理手段运用在财政政策监管中，从而加快数字财政体系的建设，将进一步促进财政管理的透明化、标准化和科学化。

其次，建立科学的绩效评估机制。① 主管部门对数字出版产业的财政治理仍以专项资金投入为主，在资金支持的同时也要注重对资金投入绩效进行评估，科学的绩效评估机制能够提高财政资金的利用率，从而强化财政治理效益。具体而言，要建立完善的绩效评估机制和实施办法，落实绩效责任制，包括确定明确的绩效投入目标、建立奖惩制度来进行约束或激励、成立专门的管理小组来监督绩效考核过程等，从而对数字出版企业的绩效进行客观、合理地评估。

最后，优化绩效指标，使指标合理可行。数字出版财政项目考核，要遵循创新规律，避免创新失灵，须知数字出版、出版业的数

---

① 叶翠，方卿. 论财政支出对出版价值的引导［J］. 中国出版，2015（24）：11-15.

字化转型是"高度依赖科技创新、高度依赖政策支持"①的多层次、立体化、全方位的转型升级。因此，所给予的财政支持，要能够协助企业跨越数字出版基础研究与成熟产品之间的"死亡之谷"，进而真正助力数字出版企业实现提质增效、高质发展。数字出版财政项目考核，在坚持经济效益考核的同时，可以开展经济效益和社会效益双元平衡的综合考评，通过对数字出版项目收益、数字出版新经济贡献，数字出版产品获奖情况、社会贡献度等方面进行多维度多元化考评。为了突出社会效益目标，可以将社会公益支持、促进公共文化服务建设、促进社会主义精神文明建设、维护社会稳定等因素纳入考核指标。此外，鉴于被资助对象之间会存在客观的差异，所以可以根据对象的不同性质来采取差别化、针对性的考核方法，可采用对比分析法、因素分析法等数据分析方法来对指标进行优化。

综上，我们可以得知，数字出版财政治理，是指数字出版主管部门通过公共财政手段，设立鼓励、引导和扶持数字出版发展的财政政策、专项资金或财政项目等，来推动数字出版实现产业升级、提质增效的治理方法、行为和措施的总和。数字出版财政治理，鲜明地体现了数字出版治理现代化的中国特色，是"新型举国体制"在数字出版治理领域的成功运用。

数字出版财政治理的研究，须深入而持久地进行下去，数字出版财政治理的机理、模式与路径有哪些，数字出版财政治理如何推动出版业由要素、投资驱动转为创新驱动，如何推动出版企业跨越技术创新的"死亡之谷"，如何推动出版业科技创新体系的构建和完善，等等，这些问题有待进一步思考和阐述。

---

① 蒋伟宁，张新新. 新闻出版转型升级历程与特征［J］. 中国出版，2018(22)：11-15.

第二十一章 数字出版税收治理

为形成更完善有效的数字出版税收治理模式，促进数字出版产业体系化发展，本章基于产业性税收优惠制度的视角探寻数字出版税收治理内涵、治理范畴、治理特征。通过出版业税收治理的历史沿革，对数字出版税收治理的问题进行梳理，从而提出确立和完善产业性税收优惠制度，以增值税作为数字出版税收治理重点，在数字出版企业所得税、财产税治理方面进行突破与革新的优化路径，为数字出版税收治理的进一步发展打下良好基础。

数字出版税收治理体系，同规划、法律、财政、标准等数字出版治理体系一起，共同构成了数字出版常规治理体系，这些制度体系既适用于传统出版治理，也适用于数字出版治理，甚至数字出版规划治理、数字出版财政治理和数字出版税收治理等在数字出版发展早期阶段起着极为重要的扶持、引领、保障和促进作用。

2021年年末，我国出台了《出版业"十四五"时期发展规划》（以下简称为《规划》），其中关于数字出版税收的相关规定，为数字出版税收治理理论的提出提供了基础和框架。《规划》具体规定了：（1）推动完善财税政策，包括出版融合发展、印刷业转型升级、实体书店提质增效、深化出版走出去等领域；（2）推动延续税收优化政策，包括出版、发行、出口等环节；（3）建立宣传文化增值税优惠政策长效机制。《规划》进一步指出，各级新闻出版部门和出版单位主管部门，要积极协调发展改革、科技、财政、税务等部门加大对本规划重大任务、重大工程的支持力度。①

　　税收是国家财政的一部分，也是国家治理体系的重要组成部分。税收政策是税收治理的具体体现，是国家经济调控的有力工具。随着数字出版产业的蓬勃发展，数字出版税收治理也在不断摸索前进的新道路，强化数字出版税收治理有助于提高数字出版产业体系化发展，激发产业自主创新动力，因此我们有必要厘清数字出版税收治理的基本范畴与特征，在此基础上挖掘现今数字出版税收治理方面存在的问题，并提出解决对策和发展路径。

21.1　数字出版税收治理的本体建构

　　本书以数字出版产业政策为切入点，探寻数字出版税收治理的内涵。数字出版产业政策是国家相关权力部门制定并组织实施的，旨在鼓励、规范和发展数字出版及相关产业发展的一系列政策的总和。数字出版产业政策体系采用更贴合数字出版现状的三分法，分为产业发展政策、产业结构政策和产业组织政策，数字出版税收政策是产业发展政策之一。数字出版税收政策是指国家为鼓励数字出版业发展，根据相应的政策，作出的对数字出版税收的减征、免征和缓征的政策。②

　　数字出版税收治理，是指通过商品税、所得税和财产税等税收方式来管理和服务数字出版的方法、行为和措施的总和。数字出版税收治理是一种国家治理模式，在法律授权的范围内，通过税收政策，按照科学合理的程序，通过税收杠杆来调节资源配置，对数字出版产业进行引导、支持与监管，使之更好地为数字出版产业提供服务，是实现数字出版产业可持续发展的重要举措。促进行业发展

---

　　①　国家新闻出版署关于印发《出版业"十四五"时期发展规划》的通知［EB/OL］.（2021-12-18）［2023-02-20］. https://www.nppa.gov.cn/nppa/contents/279/102953.shtml.

　　②　吴江文. 我国数字出版产业政策内涵与体系［J］. 科技与出版，2016（9）:32-36.

和产业升级，才能充分发挥税收对数字出版产业发展和行业进步的促进作用。数字出版税收治理现代化，是国家治理现代化在数字出版税收领域的延伸与体现，① 也是国家治理现代化的重要组成内容。

21.1.1　数字出版税收治理范畴

依据征税对象的不同，税收可以分为商品税、所得税和财产税，这是税收最重要、最基本的分类。② 依据上述税法原理，数字出版税收治理包括以下几个方面。

21.1.1.1　商品税

在商品税领域，数字出版商品税是以数字出版商品（劳务）为征税对象的一类税的总称。《中华人民共和国增值税法（征求意见稿）》规定，销售或进口图书、报纸、杂志、音像制品、电子出版物的增值税税率为9%，但古旧图书免征增值税。数字出版税收优惠政策，集中体现在商品税领域，具体而言，是增值税领域享受的税收优惠。

其一，出版环节的增值税优惠，有助于促进出版经济发展，推动出版事业高质量发展。出版环节的增值税优惠分为两种类型：一方面，对出版物在出版环节实施增值税100%先征后退政策，所适用的范围包括：(1)机关报刊，中国共产党和各民主党派的各级组织的机关报刊，各级人大、政协、政府、工会、共青团、妇联、科协的机关报刊，新华社的机关报刊以及军事部门的机关报刊；上述机关报刊先征后退范围限制在一个单位一份报纸、一份期刊以内。(2)中小学教科书和以初中及以下的少年儿童为主要对象的少年儿童出版发行的报刊。(3)以老年人为主要对象的专门为老年人出版

---

① 张新新，袁宜帆.中国式现代化视域下数字出版治理体系和治理能力研究[J].中国编辑，2023(5)：28-33.
② 张守文.财税法学[M].北京：中国人民大学出版社，2007：164-166.

发行的报刊。(4)少数民族文字出版物。(5)盲文书刊。(6)经批准在五个自治区内注册的出版单位出版的出版物。(7)其他特定图书、报纸和期刊,是指《财政部 税务 总局关于延续宣传文化增值税优惠政策的公告》(财政部 税务总局公告 2021 年第 10 号,以下简称《公告》)附件 1 所列入的书报刊。另一方面,对出版物在出版环节实施增值税先征后退 50% 的政策,包括除前述 100% 先征后退出版物以外的各类图书、期刊、音像制品和电子出版物,以及列入《公告》附件 2 的报纸。此外,前述出版环节的增值税优惠政策同样适用于"租型"出版的图书。

其二,印刷、制作业务的增值税优惠政策,主要是指对少数民族文字出版物的印刷、制作业务以及列入《公告》附件 3 的新疆维吾尔自治区印刷企业的印刷业务,实施 100% 先征后退政策。

其三,图书批发、零售环节的增值税优惠政策,是指自 2021 年 1 月 1 日起至 2023 年 12 月 31 日,对所有图书批发、零售环节免征增值税。

其四,增值税一般纳税人对企业自己开发制造的软件进行销售,在按照 17% 的税率征收增值税后,对实际税负高于 3% 的部分可采取即征即退的政策。[①] 值得注意的是,《公告》指出,已按软件产品享受增值税退税政策的电子出版物不得再按本公告申请增值税先征后退政策。

21.1.1.2 所得税

数字出版所得税,是指以数字出版所得为征税对象,并由获取所得的主体缴纳的一类税的总称。所得税的法律构成主要包括企业所得税和个人所得税,这里仅就数字出版企业所得税进行分析。

数字出版企业所得税的征税对象是所得或收入,包括营业收入、劳务收入、投资收入、捐赠收入等,但财政拨款、行政事业性

---

① 国家税务总局关于软件产品增值税政策的通知 财税〔2011〕100 号 [EB/OL].(2011-10-13)[2023-02-20]. http://www.chinatax.gov.cn/n810341/n810765/n812156/n812464/c1186045/content.html.

收费、政府性基金以及国务院规定的其他不征税收入不纳入征税范围。

数字出版企业所得税的应税所得额，具体计算方法是以企业全部收入扣除前述不征税收入的部分，作为应税收入；再从应税收入中扣除税收优惠的收入及法定扣除项目金额。准予扣除的项目包括固定资产折旧扣除、无形资产摊销费用扣除、长期待摊费用扣除、存货成本与资产净值的扣除以及捐赠支出的扣除等。

有关数字出版所得税税收优惠的规定，大致可以归纳如下：

首先，经营性文化事业单位转制为企业，自转制注册之日起五年内免征企业所得税。2018 年 12 月 31 日之前已完成转制的企业，自 2019 年 1 月 1 日起可继续免征五年企业所得税，截止日期为 2023 年 12 月 31 日。

其次，数字出版公司可以通过申请获批国家级高新技术企业的方式，享受企业所得税 10% 的减免优惠。《企业所得税法》规定，国家需要重点扶持的高新技术企业，减按 15% 的税率征收企业所得税。数字出版实践中，人民法院出版社、人民卫生出版社、安徽时代新媒体出版社等数字出版公司纷纷通过该种模式争取数字出版所得税税收优惠，推动数字出版高质量发展。

再次，研发费及相关费用扣除优惠[①]：通过知识产权评估与认定，申请研发税前扣除减免，成为数字出版公司制模式加速发展的又一有力配套措施。《企业所得税法》规定，企业的下列支出，可以在计算应纳税所得额时加计扣除，一方面，是开发新技术、新产品、新工艺发生的研究开发费用；另一方面，是安置残疾人员及国家鼓励安置的其他就业人员所支付的工资。

21.1.1.3　财产税

财产税，是以财产为征税对象，并由财产占有、使用、受益主体缴纳的一类税的总称。数字出版企业涉及财产税的环节尽管不

---

① 张新新. 传统出版与新兴出版深度融合，推进数字出版高质量发展[J]. 科技与出版，2020(3)：13-27.

多，但是仍然是客观存在的，同时财产税领域的税收优惠政策，也是数字出版税收治理的重要组成内容。现实中征收的财产税大致包括土地税、房产税、房地产税、不动产税、车辆税、印花税等。涉及上述相关领域的数字出版税收管理服务行为，属于数字出版税收治理范畴，概无异议。

考虑到和数字出版调节、治理行为的密切程度，此处仅就印花税进行浅析。印花税是以在经济活动中书立、领受的凭证为征税对象，面向凭证的书立、领受者征收的一种财产税。根据《印花税法》，出版合同免征印花税；同时，出版、发行单位的部分出版物征订行为属于免征印花税的范围。根据《关于印花税法实施后有关优惠政策衔接问题的公告》（财政部 税务总局公告2022年第23号）的规定，在《继续执行的印花税优惠政策文件及条款目录》中规定，《国家税务总局关于图书、报刊等征订凭证征免印花税问题的通知》第二条仍然继续有效，即各类发行单位之间，以及发行单位与订阅单位或个人之间书立的征订凭证，暂免征印花税。

财政是国家治理的基础和重要支柱，税收是国家财政收入的主要来源，税收在国家治理中具有基础性、支柱性和保障性作用。[1]财政支持政策是暂时性的、表面性的，税收优惠政策的激励是源头活水，能激发企业自身的动力。同时，数字出版税收政策为数字出版的税收治理提供了法律依据。有学者对"治理"二字的理解为，在特定领域和范围内，利用自身的影响力维护某领域的秩序，使之符合社会大众的需求。其实质是建立在市场原则、公共利益和价值认同之上的合作。[2] 在数字出版领域，要充分发挥税收的治理作用，促进数字出版产业健康、快速发展，实现"税收之治"。

21.1.2 数字出版税收治理特征

根据《辞海》中关于特征一词的释义可知，特征是"一事物区别

---

[1] 深化改革增动力 服务大局促发展 高质量推进税收治理体系和治理能力现代化[J]. 中国机构改革与管理，2021(2)：19-22.

[2] 王伟域，辛浩. 大数据驱动下税收治理创新的理论基础与未来发展趋势[J]. 税务与经济，2021(5)：34-41.

于其他事物的特别显著的征象、标志"。对于数字出版税收治理来说，它的特征是区别于传统出版税收治理的显著的征象和标志。

数字出版税收本质上是税收的一种，它应当具备税收的本质特征，包括强制性、无偿性、固定性的特点，但这几点并不是数字出版税收治理的本质特征，未与数字出版的特性相结合，只能作为数字出版税收治理的一般特征。只着眼于"数字出版"或是"税收治理"对其特征进行归纳都是不全面的，需要从全局出发，确立好特征的"提炼标准""认识基础"和"参照对象"。数字出版税收治理的特征，要在和数字出版规划治理、法律治理、标准治理、智库治理、应急治理等其他治理行为的比较中得出；本书遵循数字出版特征提炼的"基础性、兼容性、前瞻性和务实性"[1]这四项原则，结合比较视角，对数字出版税收治理的特征归纳如下。

21.1.2.1　调控性

调控性，是指数字出版税收的目标不是以取得财政收入为目标，而是侧重于实现国家文化、经济和社会政策，以强化宏观调控为目标，属于调控税而非财政税。出版业产值 1000 亿元左右、国有书报刊收入 100 亿元左右，这样的经济规模，显然不是数字出版税收实现财政收入目标的税收基础。

由此，数字出版税收治理的目的，更多在于公共服务而非管理，在于促进公共利益，在于服务数字出版业乃至出版产业的发展，推动出版经济、文化和社会的良性互动，提升出版业经济整体效率，促进出版经济活动质量的提高，进而推动出版文化活动质量的提升，增强公民个人精神力量与提升整个社会文明程度。

21.1.2.2　引导性

数字出版税收治理最为显著的特征是扶持性、引导性，外化出来是税收优惠性突出，体现在税收优惠的类型、涉及的出版产品类

---

[1]　张新新，陈奎莲. 数字出版特征理论研究与思考[J]. 中国出版，2021(2)：8-14.

型以及多样化的优惠方式等方面。在出版业，税收优惠政策"通过增值税、所得税、房地产税和进口关税等，重点扶持党报党刊、中小学课本以及国家重点鼓励的出版服务等，扶持和鼓励出版业健康发展"。① 数字出版是随着科技发展繁衍出的新兴事物，数字出版的一系列生产过程以及各类数字出版物仍在不断发展的过程中，其所对应的税目和税率也需要根据产业的发展不断迭代，衍生出更多样化的税目以适应市场需求。

从税收种类来看，主要分为增值税、所得税、房产税等。宣传文化增值税里规定电子出版物增值税执行先征后退50%措施，符合规定的相关出版物享受100%先征后退政策。转企改制文件中，符合相关规定的企业，可享受企业所得税免征和五年房产税免征优惠，对于企业来说，有利于节省开支，增强企业竞争优势。近年来，我国高新技术产业和出版产业呈现出有机融合的态势，国家对于高新技术企业有一系列税收扶持政策，新兴数字出版产业也可按照自身情况享受高新技术企业的税收优惠政策。例如，国家认定的以及重点支持的高新技术公司，征收企业所得税时按照15%的税率征收，符合条件的数字出版企业也可及时申报，尽早享受政策支持。中文集团数字出版传媒股份有限公司、中新金桥公司、北京万方数据股份有限公司等已获批并享受到高新技术企业税收优惠。税收优惠种类的多样化可以从不同层面减轻企业负担，使企业在编辑、印制、发行等环节享受更多减免。

从出版类型来看，主要涉及少儿出版、老年出版、少数民族文字出版物、盲文出版等类型。宣传文化增值税文件中对于少儿出版报纸和期刊，中小学的学生教科书，老年出版报纸和期刊，少数民族文字出版物，盲文出版图书和期刊采取出版环节增值税100%先征后退的政策。《中华人民共和国增值税暂行条例（2016年修订）》中规定古旧图书免征增值税。上述类型出版物是国家主要扶持的对象，从产业均衡发展角度入手，激励少儿、老年、少数民族以及视

① 黄先蓉，贺敏. 意识形态安全视域下我国出版政策法规及其优化路径[J]. 出版与印刷，2020(4)：22-31.

障人群出版物的蓬勃发展，加强对古旧图书的保护，促进中华文化的传播和保存。

从优惠方式来看，有先征后退、免税、减税、优惠税率、加计扣除等方式。税务总局公告 2021 年第 10 号，对不同出版物采取先征后退的优惠方式；财税〔2019〕16 号中对转企改制企业采取免征所得税的优惠方式；2019 年，图书增值税降为 9% 的优惠税率；《企业所得税法》(2018 年第二次修正)第三十条规定了对研发新技术等费用采用加计扣除方式。出版企业可以根据自身发展情况，在综合比较多项税收优惠政策后，合理采用各类税收优惠政策获取税收利益。

21.1.2.3　协同性

协同性，是指数字出版税收治理内部和外部呈现出协调有序、非线性融合效应的特征。

一方面，协同性表现于税收治理内部的协同。首先，数字出版税收治理应该囊括产业链从数字出版产品研发到市场运维的各个环节，对产业链上的各环节以及各类新型数字出版物进行减征、免征、抵免等税收优惠政策。全面、系统地为向数字出版转型的传统出版企业以及投资、使用高新技术的数字出版企业减轻负担、降低风险。其次，数字出版税收治理，涵盖各种类别的征税对象，形成体系健全、配套成龙的治理体系。从税收种类来看，我国根据征税对象的不同可以分为增值税、所得税、关税和消费税这几大类。按照征税对象的分类，大致可分为五个大类。第一是对流转额的征税。它是对商品交易或提供服务所产生的流转额按照一定税率进行征税的一种税收活动。对于销售方来说，是对于销售收入的征税，例如，对数字出版企业在销售数字出版物时的销售收入征税；对于购买方来说，是对于采购金额的征税，例如，对数字出版企业购买版权、设备等时采购金额的征税。第二是对所得额的征税，也就是所得税。对数字出版企业生产经营收入、投资收入、提供劳务所得收入以及其他收入等征税。第三是对资源的征税。主要针对的是对国家自然资源进行开发、利用以及占有的单位或个人征收的一类税。第四是对财产的征税，对纳税人财产的直接征收和对财产转移的征收。第五是对行为的征税，是对某些特定行为的征税，主要有土地增值税、城镇土地使用税、印花税等。数字出版税收治理可以从上述税收分类着手，将税收优惠政策系统地融入各个税种。

另一方面，协同性表现在税收治理与数字出版其他治理方式的协同。一则，数字出版多样化治理方法的系统，或者说治理子系统之间的协同，数字出版税收治理与规划治理、法律治理、财政治理、安全治理、应急治理、数字治理、智库治理等相互作用、相得益彰，共同推动数字出版善治状态的出现。二则，《出版业"十四五"时期发展规划》指出，推动完善出版融合发展、出版走出去等财税政策，推动出版、发行等环节税收优惠政策延续以及建立宣传文化增值税优惠政策成效机制，本身就是把数字出版规划治理与税收治理深度融合、一体谋划的体现。三则，数字出版税收治理和数字出版财政治理存在着天然协同关系，都具有配置资源、宏观调控的职能，均可满足公共欲望，提供公共文化产品，实现国家公共职能。此外，在治理主体协同方面，数字出版税收治理主体与规划、法律、财政、标准、网络安全与信息化主管部门作为数字出版其他治理主体，共同形成协同促进的治理主体格局。①

21.1.2.4　国家主体性

国家主体性，是指国家是数字出版税收的主体，征税权只属于国家并只能由中央政府和地方政府来予以行使，国家或政府在税收活动中居于绝对主导地位。国家主体性不仅是数字出版税收治理的特征，也是所有税收治理的特征，更是税收法定基本原则的体现。

在数字出版税收治理中，国家主体性表现为国家能够根据自身发展需要和实际情况，制定税收法律法规，并有效执行。数字出版税收治理的国家主体性需要在税法立法和规则制定上得到体现。政府应制定相关法律法规，规定数字出版的税收优惠政策和征收标

---

① 张新新，薛彦婷. 数字出版规划治理：概念特征、现状成效与路径优化[J]. 出版与印刷，2023(2)：39-50.

准，形成系统的数字出版业态税收政策激励体系。

21.2 出版业税收治理的历史沿革

出版业税收优惠的政策可谓由来已久，并且几经调整和改革，每次改革都对出版业的发展带来巨大影响，这里我们用"起步阶段、调整阶段和完善阶段"来加以概括。

21.2.1 起步阶段(1949—1978)

中华人民共和国的出版业，是以解放区的新华书店和"国统区"的三联书店为代表的"进步出版业为基本力量而建立起来的"。[①] 1949—1956 年，这一时期是中华人民共和国出版业从无到有的建立时期，也是提高出版业发展质量的框架形成期。其间，中华人民共和国出版事业的统一化和专业化奠定了出版业发展质量的基础，制定和出台了一系列规章制度，其中税收制度体系也是这一阶段的重要成果。早在 1950 年颁布的《全国税制实施纲要》中，就规定了对出版社营业税征税率为 2%，印刷厂营业税征税率为 1.5%，新华书店营业税为 2%，体现了少收少征和保本微利的原则，[②] 为中华人民共和国出版业发展奠定了良好的税收治理基础。

1958 年，社会主义改造基本完成，私营出版社、印刷厂和书店基本消亡，国家将生产、流通环节的多税制简化为工商税;[③] 1958—1972 年，出版社工商税征税率为 2.5%，印刷厂为 3%，新华书店为 3%。1972 年，《中华人民共和国工商税条例》发布，规定出版社、杂志社和报社免征工商税，印刷厂和新华书店按照 3%、5%的税率进行缴纳。

---

① 方厚枢. 中国当代出版史料文丛[M]. 北京：中国书籍出版社，2007：26.

② 张冰，曲政阳. 关于新闻出版业税收政策的思考[J]. 出版发行研究，2015(12)：14-17.

③ 范军. 我国新闻出版税收政策演化与完善[J]. 出版参考，2014(22)：9-10.

21.2.2　扶持阶段(1979—2002)

有学者把这一阶段的财税政策细分为文化产业萌芽与有限扶持阶段(1979—1994)、文化产业全面扩展与逐步扶持阶段(1994—2002)[①]。这一阶段,涵盖商品税、所得税和财产税等多类型的税收优惠政策逐步惠及出版业,为出版业恢复调整、持续发展提供了政策红利。这一阶段的主要税收优惠政策和内容包括:

1983年,根据《关于加强出版工作的决定》文件精神,全国文化出版系统,包含中央和地方出版、印刷、发行、物资等单位,将企业上缴的利润改为缴纳所得税,税率为35%。[②]

1990年,《关于减半征收营业税的通知》(国税发〔1990〕157号)文件印发,规定当年9月1日至次年12月31日,全国县级及以下新华书店和农村供销社销售图书营业税减半征收,对8个少数民族自治区免征营业税。

1993年,国家税务总局下发《关于进一步支持宣传文化事业的通知》(国税发〔1993〕59号),规定:(1)对出版业只征收增值税,不再征收营业税。(2)对以下出版物免征增值税,包括中国共产党、各民主党派的各级组织的机关报刊;各级党政府、各级人大、政协、妇联、工会、共青团的机关报刊;军事部门的机关报刊;大中小学的学生课本和专门为少年儿童出版发行的报纸刊物;科技图书和期刊。此外,除上述出版物以外,出版其他出版物纳税有困难的,可按照税收管理体制规定,经过相关部门批准给予定期减征、免征增值税照顾。(3)古旧书店销售古旧图书的业务,免征营业税和所得税。(4)县级及以下新华书店和农村供销社的出版物销售业务,免征营业税至"八五"期末。(5)新建出版物发行单位的出版物销售业务,自开业一年内免征营业税。(6)少数民族地区的出版物

---

① 刘元发. 促进我国文化产业发展的财税政策研究[D]. 北京:中国财政科学研究院,2014:49-50.

② 范军. 我国新闻出版税收政策演化与完善[J]. 出版参考,2014(22):9-10.

销售业务,可由省一级税务局确定给予定期减免征营业税照顾。(7)对财政部门拨付事业经费的宣传、文化事业单位,免征房产税、车船税和土地使用税。该文件较为全面、系统地规定了出版业税收减免政策,成为出版业税收治理史上的重要标志性文件。

1997年,财政部、国税总局印发《关于中国图书进出口总公司销售给科研教学单位的进口书刊资料免征增值税问题的通知》(财税字〔1997〕66号),规定中国图书进出口(集团)总公司、中国国际图书贸易总公司等7家图书进出口公司为科研单位、大专院校、北京图书馆进口用于科研、教学的图书、文献、报刊及其他资料免征进口环节增值税。

2001年,财政部、国税总局根据《国务院关于支持文化事业发展若干经济政策的通知》(国发〔2001〕41号)的精神,联合下发《关于出版物和电影拷贝增值税及电影发行营业税政策的通知》,其中规定:一、对以下出版物的出版环节实行增值税先征后退:(1)先征后退范围掌握在一个单位一刊一报以内:中国共产党、各民主党派的各级组织的机关报刊;各级党政府、各级人大、政协、妇联、工会、共青团的机关报刊;军事部门的机关报刊。(2)新华社的6种机关报和机关刊物,包括《望》《半月谈》《内参选编》《国际内参》《参考消息》《参考资料》。(3)大中小学的学生课本以及专为少年儿童出版发行的报纸和刊物,包括大学的学生课本、普通中小学学生课本、中等职业教育课本,不包括各种形式的图册、自读课本、课外读物、练习册、教学参考书以及其他各类辅助性教材和辅导读物。(4)科技图书和科技期刊,是指正式出版的有《中国标准书号》《中国标准刊号》的属于A、B、D、E、F、K、N、O、P、Q、R、S、T、U、V、X类图书和期刊以及少数民族文字图书、期刊和盲文图书。二、在2005年年底前,对全国县级及以下新华书店和农村供销社销售的出版物,实行增值税先征后退。三、违规出版物和多次出现违规的出版社不享受上述规定的优惠政策。该《通知》所规定的出版物,是指根据国家新闻出版署的有关规定出版的图书、报纸、期刊和电子出版物;所述图书、报纸和期刊,包括随同图书、报纸、期刊销售并难以分离的光盘、软盘和磁带等信息载体;

所述电子出版物,是指按照《电子出版物管理规定》编有中国标准书号、中国标准刊号或国内统一刊号,以数字代码方式将图文声像等信息编辑加工后存储在磁、光、电介质上,通过计算机或具有类似功能的设备读取使用,用以表达思想、普及知识和积累文化,并可复制发行的大众传播媒体。

21.2.3 完善阶段(2022—)

2022年至今,是出版业税收优惠政策完善阶段,主要表现出两个特点:其一是延续性,关于出版物或出版社的税收优惠政策呈现出一贯性,以往甚至呈现多次延续的特点,如增值税优惠继续执行、免征企业所得税、自用房产免征房产税、文化产品出口享受出口退(免)税政策等。其二是创新性,根据出版业数字化转型升级、融合发展、数字化战略趋势,继续制定和实施了新的税收优惠政策,如印花税优惠、数字出版高新技术企业的所得税优惠、研发费加计扣除等。再如,转制为企业的出版、发行单位处置库存呆滞出版物形成的损失,允许按照税收法律法规的规定在企业所得税前扣除(财税〔2014〕84号)。

为贯彻落实《国务院办公厅关于印发文化体制改革试点中支持文化产业发展和经营性文化事业单位转制为企业的两个规定的通知》(国办发〔2003〕105号)的精神,2003年新闻出版业开始转企改制。其间,出台的主要税收优惠政策包括:

(1)2005年,财政部 海关总署 国家税务总局颁布了《关于文化体制改革中经营性文化事业单位转制为企业的若干税收政策问题的通知》(财税〔2005〕1号)和《关于文化体制改革试点中支持文化产业发展若干税收政策问题的通知》(财税〔2005〕2号)。(2)2009年,颁布了《关于文化体制改革中经营性文化事业单位转制为企业的若干税收优惠政策的通知》(财税〔2009〕34号)。(3)2014年,财政部 国家税务总局 中宣部联合发布了《关于继续实施文化体制改革中经营性文化事业单位转制为企业若干税收政策的通知》(财税〔2014〕84号)。(4)2019年,财政部 税务总局 中央宣传部联合下发了《关于继续实施文化体制改革中经营性文化事业单位转制为企业若干税收政策的通知》(财税〔2019〕16 号)。

上述几个税收政策文件基本形成了出版业税收治理体系的框架,构成了出版业和数字出版税收治理制度的主体框架,勾勒出出版业、数字出版税收治理的轮廓。主要涉及的内容有:

在商品税方面,一则,关于增值税,出版单位转制为企业后,原有增值税优惠继续执行;自 2009 年起,党报、党刊将其发行、印刷业务及相应的经营性资产剥离组建的文化企业,自注册之日起所取得的党报、党刊发行收入和印刷收入免征增值税;转企改制中资产评估增值(2009 年起)、资产转让或划转(2014 年起)涉及的增值税,符合现行规定的享受相应税收优惠政策。二则,关于关税,文化出口按照国家规定享受出口退(免)税政策;对生产重点文化产品进口所需要的自用设备及配套件、备件等,按现行税收政策的有关规定,免征进口关税和进口环节增值税(财税〔2005〕1 号)。三则,在境外提供文化劳务取得的境外收入不征营业税(财税〔2005〕1 号)。

在所得税方面,经营性文化事业单位转制为企业,自转制注册之日起免征企业所得税,这一政策在财税〔2019〕16 号文中,增加了自 2019 年 1 月 1 日起继续免征五年企业所得税,给予了时间期限(5 年)的限制。转企改制中资产评估增值(2009 年起)、资产转让或划转(2014 年起)涉及的企业所得税,符合现行规定的享受相应税收优惠政策。

在财产税方面,转企改制之日起五年内对其自用房产免征房产税;对经营性文化事业单位转制中资产评估增值、资产转让或划转涉及的城市维护建设税、契税、印花税等,符合现行规定的享受相应税收优惠政策。

新形势对数字出版业的发展提出了更高的要求,怎样解决好数字出版企业在税收上的问题,争取出台更加完善的税收优惠政策,形成更完善有效的数字出版税收治理模式,将是出版经营管理未来发展的主要内容。①

---

① 张新新. 基于出版业数字化战略视角的"十四五"数字出版发展刍议[J]. 科技与出版,2021(1):65-76.

21.3　数字出版税收治理的问题梳理

新闻出版研究院院长魏玉山认为，目前数字内容企业在税收方面主要存在两方面问题：一是部分企业从事相关业务但并未享受相关优惠政策；二是目前没有针对数字内容产品和服务设立相应的税目和税率。[①] 应该说这种观点指出了数字出版税收治理的痛点和难点，某种程度上为未来数字出版税收治理体系的构建指明了方向。在梳理完出版业税收治理体系之后，我们结合数字出版发展的最新态势，来思考数字出版税收治理存在的问题，为数字出版税收治理体系和治理能力的现代化提供参考和启迪。

首先，在增值税方面，征税对象不明确、不准确，产品形态仍然拘泥于传统出版框架。以出版物为征税对象的宣传文化增值税，对"出版物"的界定，仍然局限于"图书、报纸、期刊、音像制品、电子出版物"的范畴，尽管强调了"所述书报刊，包括随同书报刊销售并难以分离的光盘、软盘和磁带等信息载体"。而这种对出版物的界定，首先是源于《财政部　国家税务总局关于宣传文化增值税和营业税优惠政策的通知》(财税〔2006〕153号)，并在后续的《财政部　国家税务总局关于继续实行宣传文化增值税和营业税优惠政策的通知》(财税〔2009〕147号)、《财政部　国家税务总局关于继续执行宣传文化增值税和营业税优惠政策的通知》(财税〔2011〕92号)一直到现行有效的《财政部　税务总局关于延续宣传文化增值税优惠政策的公告》(财税〔2021〕10号)文中，都得以保留和遵循。这种界定，已经严重滞后于社会发展现实，滞后于出版业发展实际情况，滞后于传统出版与新兴出版深度融合发展的时代背景。音像制品、电子出版物在日新月异的出版业中已并不多见，甚至是极为罕见；而恰恰是AR出版物、VR出版物、知识库、专题数据库等实践中处于如日中天发展态势的数字出版产品，在相应的出版物增

[①]　魏玉山委员：减免数字内容企业增值税和所得税［EB/OL］. (2019-03-12)［2023-03-08］. http://www.rmzxb.com.cn/c/2019-03-12/2308970.shtml.

值税政策中没有得到体现，没有成为增值税的征税对象。这种征税
对象的不明确、不准确、滞后性，甚至在《中华人民共和国增值税
法(征求意见稿)(2022年)》第13条"增值税税率"中仍然存在，不
得不说令人感到遗憾。

其次，出版物增值税惠及出版环节幅度较小，惠及时间较短，
政策稳定性较差，长期性考量不足。依据现行有效的财税〔2021〕
10号文的规定，对出版物增值税优惠存在于出版环节、批发零售
环节以及部分地区、部分类型的印刷制作业务。在惠及面方面，出
版物增值税主要惠及出版环节，且出版环节覆盖面也较为狭窄，税
收优惠幅度尚有较大提升空间。一方面，图书、期刊、音像制品和
电子出版物享受先征后退50%增值税优惠；另一方面，机关报刊、
中小学教科书、少年儿童和老年人报刊、盲文书刊、少数民族文字
出版物以及经批准在5个自治区注册的出版单位出版物以及《公
告》附件1规定的19种书报刊享受100%增值税先征后退。在惠及
时间方面，增值税优惠政策每次均是以部委规章的形式发布，法律
效力层级较低；每次持续时间均为2年左右，到期再发文予以延
续，甚至到期以后，新的部委规章尚未发布，政策的稳定性较差，
不利于纳税主体执行和预判。这一点，《出版业"十四五"时期发展
规划》已考虑到，并规定要建立宣传文化增值税优惠政策长效
机制。

再次，出版物增值税优惠覆盖范围狭窄，缺乏对出版业发展顶
层设计的优化：一则，现行出版物增值税优惠政策，主要还是针对
国有出版企业，仅仅面向出版业部分环节、部分企业，没有涵盖全
部企业和全部产业链环节，"造成了不同行业和不同所有制企业间
的税收待遇不公"①。二则，对印刷环节的增值税优惠极为有限，
没有充分体现税收公平原则和量能课税原则。除了少数民族文字
出版物以及《公告》附件3规定的新疆维吾尔自治区58家印刷企
业的印刷业务增值税享受100%先征后退以外，其他区域更广、

---

① 财政部财政科学研究所，等. 我国支持新闻出版业发展的财税政策回
顾与评价[J]. 经济研究参考，2013(26)：14-26.

数量更多、品种更丰富的出版企业出版物印刷环节，则并不享受增值税优惠政策。三则，现行增值税优惠政策，没有考虑到新兴出版业态，尤其是缺乏对飞速发展的数字出版产业的充分考量，缺少对数字出版产品、技术、运维等基本产业链的布局，没能实现对数字出版业态涉及数字技术应用、高新技术企业内容的税收优惠与其他税种统筹，未能及时将 AR 出版物、VR 出版物、知识库、专题数据库、出版大数据平台等新兴数字出版产品纳入增值税课税对象范畴。

最后，支持文化体制改革的所得税和财产税税收优惠政策体系有待进一步完善，税收治理体系有待进一步健全。一是在所得税治理方面，根据财税〔2019〕16 号文的规定，经营性文化事业单位转制为企业，自转制注册之日起五年内免征企业所得税。但对转企后出版企业内设的数字出版企业而言，尤其是新设立的数字出版企业，25%的所得税负担往往较重，而尽管从事着高新技术企业的业务，但是从申请到获批高新技术企业从而享受 15%的所得税优惠，也是非常困难的事情。二是财产税治理方面，财税〔2009〕34 号文规定，"对经营性文化事业单位转制中资产划转或转让涉及的增值税、营业税、城建税等给予适当的优惠政策，具体优惠政策由财政部、国家税务总局根据转制方案确定"，但"具体优惠政策"始终没有出台，最终也没有落实。在之后发布的财税〔2014〕84 号、财税〔2019〕16 号文件中，规定调整为"对经营性文化事业单位转制中资产评估增值、资产转让或划转涉及的增值税、城市维护建设税、契税、印花税等，符合现行规定的享受相应税收优惠政策"；"按现行规定享受相应的税收优惠政策"，一方面没有体现出对文化体制改革特殊的税收支持力度，另一方面往往因出版企业税收治理和筹划能力跟不上，而缺乏可操作性和实践性。

21.4　数字出版税收治理优化的对策建议

财税政策作为政府宏观调控经济的重要杠杆工具与调节手段，在支持与激励新兴出版业态发展与有机融合方面具有自身独特的关联性、引导性、弥合性和不可替代性，应当采取更加积极的政策措施，推进财税政策在培育新兴出版业态发展方面发挥重要的推进和激励作用。① 在梳理出上述数字出版税收治理面临的问题之后，本文进一步提出的数字出版税收治理优化建议如下：

坚持税收治理引导、扶持数字出版发展的原则，确立和完善产业性税收优惠制度。财税政策引导和扶持文化产业发展在理论上抑或实践中都是常态化的存在，对文化产业发展的前沿领域、活跃领域，更应坚持以税收治理引导、促进和扶持数字出版产业发展的原则。具体来讲，首先，要坚持产业性优惠原则，给予产业性税收优惠政策。产业性税收优惠，是指以需要大力、急需发展的产业作为优惠对象的一种税收优惠形式。② 数字出版作为战略性新兴产业，是国家"十四五"规划规定"壮大"发展的产业，是文化数字化战略落实的前沿业态，是出版深度融合发展的两极之一，理应成为给予产业性税收优惠的对象；基于产业性税收优惠政策的视角，可将税收优惠聚焦于出版融合发展、元宇宙出版、③ 生成式智能出版、技术赋能出版业高质量发展、④ 数字出版走出去等领域。其次，要坚持公平待遇原则，给予国有数字出版企业和民营数字出版企业以同等的税收待遇，避免因所有制不同而在市场主体、业务范围以及出版、印刷和发行环节制定和施行差别税收政策。再次，要体现区域性原则，坚持量能课税，根据中西部地区、少数民族地区的数字出版企业产品/服务、所得和财产等课税对象的不同、纳税能力不同，而给予区域性税收优惠。又次，要坚持阶段性原则，给予数字出版新产品、新技术、新阶段、新业态以税收优惠和支持，待数字出版

①　李晓青，杨京钟. 基于新兴出版业态培育的财税激励政策研究[J]. 出版发行研究，2016(10)：29-32.

②　陈志胜. 税收优惠正当性的法理分析与制度优化[D]. 长沙：中南大学，2007.

③　张新新，丁靖佳，韦青. 元宇宙与出版(上)：元宇宙本体论与出版远景展望[J]. 科技与出版，2022(5)：47-59.

④　张新新. 技术赋能出版业高质量发展：技术蛙跳双案例研究[J]. 出版与印刷，2022(3)：30-42.

产业逐步壮大和成熟以后，税收优惠政策逐步予以退出。最后，要加强便利性原则，国家出台的相关数字出版税收优惠政策应该具备透明、便利性。政府可适度简化申请和审批程序，尽量采用在线申请和查询方式，降低企业的时间成本，并提高操作的便利性和效率，促进政策精准落地。

坚持以增值税作为数字出版税收治理重点，健全和完善宣传文化增值税税收治理体系。一则，宣传文化增值税建议惠及至出版业的出版、印刷和发行全部环节，惠及数字出版的产品研发、技术应用和市场运维环节，不再给予出版流程或环节方面的差异化对待。二则，明确数字出版产品为增值税课税对象。目前的"图书、报纸、杂志、音像制品、电子出版物"（《增值税法征求意见稿》2022），仍然是延续了传统出版的框架，没有吸收最新的数字出版产品或者数字出版物的概念，延续了和《出版管理条例》一致的提法。在现有行政法规没有及时更新的情况下，不妨从《新闻出版知识服务　知识资源建设与服务工作指南》《出版业 AR 技术应用规范》《出版物 VR 技术应用要求》等国家标准、行业标准中，把 AR 出版物、VR 出版物、电子书、数字图书馆、知识库、专题数据库等数字出版产品作为宣传文化增值税的课税对象，以增强《增值税法》的时效性和可操作性。三则，面向数字出版的增值税优惠力度可进一步加大，将出版、印刷、发行环节的税收优惠面向国有出版企业、民营出版企业同步开放，而不是仅仅在批发、零售环节的全部放开。四则，数字出版增值税优惠幅度可进一步放开，不妨考虑面向所有出版物实行 100% 的先征后退，或者是即征即退，而不仅仅是财税〔2021〕10 号文规定的 7 类出版物；即便是经批准在五个自治区内注册的出版单位出版的出版物，也可先考虑涉及自治州、县的出版单位出版的出版物进行 100% 先征后退或即征即退。

尝试在数字出版企业所得税方面进行突破，进一步提升数字出版所得税优惠幅度。之前出台的所得税优惠政策中，往往是给予转企改制后的出版企业以 5 年所得税免征的优惠待遇，但是对出版企业新设的数字出版公司，却没有所得税方面的优惠考量。关于所得税，对于新设立的数字出版公司或者数字出版小微企业，不妨给予

5 年内免征企业所得税的优惠政策或者是参照高新技术企业的标准直接给予15%的企业所得税优惠待遇，以扶持、引导和促进数字出版产业的发展壮大。同时，可以加大数字出版企业研发费用税前扣除的比例，激发企业的创新动力。根据《关于进一步完善研发费用税前加计扣除政策的公告》(2023 年第 7 号)，符合条件企业研发费用税前加计扣除比例为 100%，且作为一项制度性安排长期实施。政府可以视数字出版产业发展情况，进一步提高数字出版企业的研发费用的税前扣除比例，以减轻企业的所得税负担，激励企业加大创新力度。此外，还需要支持数字出版行业人才的引进和培养，政府可以制定相关为数字出版行业吸纳和培养人才提供税收优惠政策。例如，对从事数字出版行业的高级人才给予一定的个人所得税减免或税率优惠，吸引优秀人才持续投身于该行业。还需要出台相应的财税政策和高新技术政策，鼓励和支持新设数字出版企业成长为高新技术企业，推动出版业数字技术的应用和推广。

探索在财产税方面拓新，推进财产税领域数字出版治理的优化和完善。对数字出版企业自用房产建议给予同转企改制企业一样的 5 年免征房产税的优惠政策，有效减轻数字出版企业的负担，以支持出版业数字化战略落实，推进出版深度融合发展；对数字出版征订合同，考虑暂免征印花税，给予印花税方面的税收优惠政策支持；信息网络传播权等数字出版权，是数字出版发展的前提和基础，即数字版权交易免予征税或给予优惠，也是从源头上支持数字出版发展、支持出版深度融合发展；此外，在数字出版走出去方面，给予数字出版走出去业务出口零税率的税收优惠，有助于提高数字出版产品的竞争力和国际市场份额，促进数字出版行业的国际化发展。对引进国内不能生产的盲文数字出版设备、配套件等，可给予免征进口关税的优惠。

第二十二章　数字出版标准治理

　　近年来我国数字出版迅猛发展，数字出版标准治理工作取得阶段性成效，数字出版标准应用范围不断扩大、数字出版标准建设领域逐渐完善、数字出版标准日益得到主管部门重视，但与出版业高质量发展的需求相比，我国数字出版标准体系有待进一步完善，数字出版标准治理工作在制定和宣传阶段面临许多问题和挑战。为推动实施数字出版标准化战略，提升我国数字出版标准化水平，推动数字出版标准治理高质量开展，本章探讨了健全数字出版制标机制、完善数字出版贯标机制以及强化数字出版标准监督评定机制等相关策略。

　　近年来我国数字出版迅猛发展，数字出版标准治理工作取得阶段性成效，数字出版标准应用范围不断扩大，基本涵盖了数字出版的各环节和各领域，但要满足出版业高质量发展的需求，我国数字出版标准治理工作在制定、推广和实施阶段面临许多挑战。为推动实施数字出版标准化战略，提升我国数字出版标准化水平，本书探讨了数字出版标准治理的概念特征、治理现状、存在的问题以及破局路径，以期为推动我国数字出版标准治理体系和治理能力现代化提供一些参考和建议。

22.1　数字出版标准的内涵与特征

　　数字出版标准是指针对数字出版各个环节、相关行业，经协商一致定制并由机构认定批准，为实现最佳秩序而共同遵守、重复使用的规范性规则，数字出版标准分为狭义和广义两种，广义的数字出版标准是指对数字出版行业涉及的各种标准、规则、规范等进行制定、实施、监督和评估的过程。狭义的数字出版标准是与数字出版行业相关已经定制、正在定制和将来需要定制的规范性文件。

　　数字出版标准既具有标准的一般性特征，也具有专属于数字出版的特殊性特征，具体而言，数字出版标准的主要特征有如下几点。

22.1.1　以数字出版为标准化对象

　　以数字出版的特定主题为标准化对象，以一组相关的数字出版标准化对象为数字出版标准化领域，以数字出版这个客观存在为标准化本体。数字出版标准以数字出版的特定主题，如数字出版产品、数字出版流程、数字出版管理、知识服务、数字出版人才等为标准化对象；一组相关的数字出版标准化对象构成了数字出版标准化领域，如知识服务中的知识资源建设、知识关联、知识计算、知识资源应用等；而所有的数字出版标准化领域则构成了数字出版标准化的本体，即数字出版标准化这个整体客观存在。数字出版标准化可采用"产品、过程或服务"这一表述从广义上囊括标准化对象，宜等同地理解为包括如数字出版材料、原件、设备、系统、接口、协议、程序、功能、方法或活动等；① 同时，数字出版标准化可以限定在任何对象的特定方面，如数字出版产品的 AR 出版物、VR出版物或数字出版流程、数字出版人才等。

22.1.2　科学性

　　数字出版标准以数字出版科学、技术和经验的综合成果为基础。数字出版标准宜反映一定时期内的最新数字出版技术水平，即基于数字出版领域的科学、技术和经验综合成果的产品、过程或服务相应技术能力所达到的高度。数字出版基础标准、术语标准等应

---

　　①　全国标准化原理与方法标准化技术委员会. 标准化工作指南　第 1 部分：标准化和相关活动的通用术语：GB/T 20000.1—2014[S]. 中华人民共和国国家质量监督检验检疫总局，中国国家标准化管理委员会发布，2014.

吸收数字出版科学最新研究成果，尤其是基础理论研究成果，以确保标准的科学性、通用性及合理性。数字出版技术标准须包含大多数代表性专家公认的最新技术水平的技术条款，以作为公认的技术规则。数字出版产品、过程或服务类标准，同时要吸收最新的数字出版实践经验，以确保标准的指导性、可复制性以及可操作性。正是因为以数字出版科学、技术和经验成果为基础，数字出版标准的科学性、合理性、指导性、时效性才能够从根本上得到保证，进而发挥应有的秩序和效率价值。

22.1.3　层次性

数字出版标准呈现出较为清晰的层次性特征，可具体分为国际标准、国家标准、区域标准、地方标准、行业标准、团体标准、企业标准等。数字出版国际标准，是指由国际标准化组织或国际标准组织通过并公开发布的数字出版相关标准；数字出版国家标准，是指由我国国家标准机构通过并公开发布的数字出版相关标准；数字出版区域标准，是指由区域标准化组织或区域标准组织通过并公开发布的数字出版相关标准；数字出版行业标准，是指由行业机构通过并公开发布的数字出版相关标准；数字出版地方标准，是指由我国某个地区通过并公开发布的数字出版相关标准；数字出版企业标准，是指由企业通过并供该企业使用的数字出版相关标准；数字出版团体标准，是指由依法成立的社会团体为满足市场和创新需要，协调相关市场主体通过并在团体内使用的标准。

22.1.4　权威性

数字出版标准的批准发布主体具有很高的权威性，尤其是国家标准和行业标准。数字出版国家标准的发布机构为国务院标准化行政主管部门——国家市场监督管理总局、国家标准化管理委员会发布。数字出版行业标准的批准发布机构为出版业行政主管部门——国家新闻出版署，可由全国新闻出版标准化技术委员会、全国新闻出版信息标准化技术委员会、全国出版物发行标准化技术委员会、全国印刷标准化技术委员会、全国版权标准化技术委员会根据标准化具体对象的不同进行行业标准的归口提案。

22.2 数字出版标准治理现状与成效

数字出版标准治理是通过数字出版领域的推荐性或强制性标准规范的研制、宣传、培训和落实，来管理和服务数字出版活动的治理方法、行为和措施的总和。作为数字出版的一种治理形式，"标准规范调控，是数字出版调控的重要组成部分，大部分采用推荐性标准的形式进行指导和规范"。[①] 在"十四五"时期，关于数字出版标准治理的研究有利于促进出版业数字化转型、推动数字出版与传统出版的融合发展、为数字出版工作提供重要指导，最终实现数字出版行业高质量发展。

自 1984 年我国出版标准化工作正式开始至今，这近 40 年间，我国数字出版标准治理工作取得了巨大成就，表现在数字出版标准机构体系搭建进一步完善、标准治理覆盖范围进一步扩大、数字出版标准化工作日臻重要三个方面。

22.2.1 数字出版标准化建设机构逐渐扩大

从国家到地方，从行业到组织，参与数字出版标准制定的主体群逐渐扩大。当前已经拥有覆盖数字出版完整产业链的标准化组织，国家标准化管理委员会包括 5 个国家标准技术委员会、1 个行业标准委员会和 42 家国家级质量标准实验室、200 多家国家标准化创新发展试点，一些企业、联盟、组织机构参与数量也在不断上升。

22.2.1.1 国家标准化管理委员会

国家标准化管理委员会是我国负责标准化工作的主管机构，负责下达国家标准计划，批准发布国家标准，审议和发布标准化政

---

① 张新新. 数字出版调控与市场的二元互动："十三五"时期数字出版述评与盘点[J]. 科技与出版，2020(9)：43-56.

策、制度、规划和公告等重要文件，协调、指导和监督行业、地方、团体、企业标准工作等。近年来，数字出版领域的国家标准主要有：（1）《新闻出版知识服务系列国家标准》累计 10 项分别获得批复，规定了新闻出版知识服务的基础术语、基本条件、基本流程与基本形态。目前已累计发布《知识资源建设与服务工作指南》《知识资源建设与服务基础术语》《知识资源通用类型》《知识元描述》《知识单元描述》《知识关联通用规则》《主题分类词表编制》7 项国家标准，同时，《知识体系建设与应用》《知识本体构建流程》《知识元提取》3 项国家标准处于在研状态。（2）《中小学数字教材》系列国家标准，规定了中小学数字教材出版的基本流程，提出了中小学数字教材质量要求、检测流程和检测方法，并提供了兼容教育和出版领域的整体解决方案。已发布实施的主要有《数字教材　中小学数字教材元数据》《数字教材　中小学数字教材出版基本流程》《数字教材　中小学数字教材质量要求和检测方法》3 项国家标准。

22.2.1.2　标准化技术委员会

1991 年 1 月，全国印刷标准技术委员会（SAC/TC170）正式成立，主要负责全国印刷专业标准化技术工作的组织，工作范围涵盖"术语标准化以及从原稿到成品的印刷工艺领域内的测试方法与技术规范"。① 自成立以来，全国印刷标准技术委员会累计修订 236 项国际和行标，其中现行有效的国家标准有 84 项、行业标准有 99 项。

2010 年 12 月，全国出版物发行标准化技术委员会（SAC/TC562）正式成立，2017 年由中国书刊发行业协会作为秘书处承担单位。截至 2021 年年底，累计制定 1 项国标、修订 1 项国标，发布现行有效的行标 49 项。

新闻出版领域组建了新闻出版、印刷、发行、信息化、版权 5 个标准化技术委员会，标准制定机构逐渐扩大。2012 年 1 月，全

① 魏欣. 全国印刷标准化技术委员会（TC170 简介）[J]. 中国标准导报，1995（3）：39.

国新闻出版标准化技术委员会(TC527)成立，业务范围覆盖传统出版领域和新兴出版领域行业标准化工作，主要负责图书、报纸、期刊、音像电子出版物、数字出版物和网络出版物的标准化。"截至2022年4月，新闻出版标委会共组织完成1项国际标准、26项国家标准、95项行业标准、71项工程项目标准以及数十项企业标准的制修订工作；累计开展了20期、3000多人次的标准宣传培训工作。"①

2013年12月，全国版权标准化技术委员会成立，主要是在版权相关领域内从事版权标准化的组织工作，提出版权标准化工作的政策方针和技术措施建议，负责版权标准研究，提出版权领域制修订国标行标的规划、计划以及采用国际标准的建议等。近年来，版权标委会以"数字版权链标准体系""版权资产管理标准体系"两大体系为着力点，大力推进标准创新驱动版权高质量发展。

全国新闻出版信息标准化技术委员会(简称"出版信标委")于2014年12月成立，主要负责新闻出版信息标准化工作。截至2022年4月已发布国标11项、行标69项，并完成了国家科技支撑计划、科技部国家重点研发计划等多项标准化科研工作。

22.2.1.3　其他组织

数字出版标准治理中，各企业、联盟、协会组织主体性作用不断增大。如中国音像与数字出版协会于2019年5月成立了团体标准委员会，2019年12月发布了《ISLI服务注册元数据规范》等5项团体标准，立项了《数字内容资源分类规范》等21项团体标准，2022年6月批准立项了《数字资源制作全格式要求》《数字内容分发平台建设与运营指南》等15项团体标准。广东省出版集团数字出版有限公司，在2018年成为国际关联标识符编码标准(ISLI)制定的主要参与者之一，联合新闻出版研究院共同研究了"ISLI+AR出版"等系列标准的制定。电子文档管理推进联盟在2018年成立数字出版工作组，推进与数字出版技术行业深度融合，其中业务范围就

---

① 标委会工作概述[N]. 中国新闻出版广电报，2022-05-16(8).

包括开展电子文件存储与交换格式版式文件（OFD）标准在数字出版领域的适用性研究。

22.2.2　数字出版标准化工作覆盖各个方面

随着技术在数字出版行业的不断渗透，产业融合不断加深，数字出版标准研制范围不断扩大，标准体系覆盖范围逐渐扩大。国家标准方面涵盖了中国出版物在线信息交换图书产品信息格式规范（CNONIX）、ISLI、内容资源数字化、知识服务等标准；行业标准方面也覆盖了标识、元数据、管理、版权保护、数字内容加工技术、发行等方面。在信息化、网络监管、出版发行物互联网应用、数字出版技术、教育出版、版权法规、大数据等领域陆续提出和完善相应标准。

22.2.2.1　数字出版标准体系分类

标准有多种分类方法，按照标准层级划分，数字出版标准体系可分为管理标准、出版标准、发行标准和印刷标准；按照颁布主体划分，可分为国家标准、行业标准、地方标准；按照属性划分，可分为市场化标准和公共服务标准；按照发挥作用的角度，可分为基础标准、产品标准、管理标准、技术标准、方法标准等。此外，还有基础标准、术语标准、符号标准、分类标准、试验标准、规范标准、规程标准、指南标准、产品标准、过程标准、服务标准、接口标准、数据待定标准等。我国数字出版国际行业标准也在不断发展，如标识符标准、元数据类标准、数字格式类标准、数据交换类标准、数字版权管理标准等都形成了一定体系，并在全球范围内广泛应用。我国数字出版标准化工作正在向全范围、全领域覆盖积极推进。

22.2.2.2　数字出版标准层次性更清晰

根据"国标更强，行标更专，团标更活，企标更高"的标准化原则，数字出版国家标准、行业标准、团体标准、企业标准的侧重点不同，国家标准要求更强，可以与国际标准或与其他国家的数字出版国家标准并跑，甚至领跑其他国家的标准或国际标准；行业标准侧重专业化，体现数字出版行业性特征、专业性特征、专属性特征，能够有效区隔数字出版行业与其他行业；团体标准更加灵活，建立在数字出版一定团体范围共识和行动的基础之上，旨在在数字出版一定的范围内获得最佳秩序，促进共同效益，使团体能够共同或重复使用该标准以解决现实或潜在问题；企业标准要求更高，是指所制定的数字出版企业标准水平更高，能够反映数字出版机理规律，代表最前沿技术水平、最新成功经验或最新数字出版模式路径等。

22.2.2.3　数字出版标准体系更加健全

由国家新闻出版署信息中心负责的数字出版标准体系项目，包括《数字出版标准体系表》《数字出版标准体系研究报告》《数字出版标准体系公共术语表》《数字出版标准制定及实施指南》4项基础性文件，以及11个相关分领域的研究报告。同时，各个分领域的数字出版产业标准也在不断研究和制定，[1] 如2021年发布的6项印刷标准体系表，2022年4月发布的9项行业标准立项计划等。此外，2022年还将发布《新闻出版知识服务知识对象标识符（KOI）》等5项国家标准。这些都表明我国数字出版产业标准保障体系在诸多方面持续完善与丰富，数字出版标准体系向科学化、全面化迈进。[2]

22.2.2.4　与市场结合更加紧密

在教育出版方面，首批中小学数字教材国家标准也于2022年发布实施，其中包括前述《中小学数字教材出版基本流程》《中小学数字教材元数据》《中小学数字教材质量要求和检测方法》3项数字

---

① 张新新. "十四五"教育出版落实文化产业数字化战略思考——基于发展与治理向度[J]. 出版广角，2021（24）：32-39.

② 数字出版标准体系计划年底完成[EB/OL].［2022-11-27］. http：//www.cnpubg.com/news/2011/0725/6634.shtml.

教材国家标准，新闻出版行业标准《数字教材标准体系表》对教材的数据、音视频、交互等做了严格的要求，① 此外《儿童数字阅读产品安全指标体系研究》项目立项，属于行业内的首次攻关尝试。

在版权保护方面，《中华人民共和国著作权法》修订完成，一系列行业立法、司法解释及政策陆续出台，为数字出版标准问题奠定了基础；数字产品的识别、交易、登记等版权问题也在有序推进，成为数字出版标准治理的重点项目。

在大数据出版方面，国家文化大数据标准体系确立了文化大数据应用标准体系、监管标准体系、资源端标准体系、生产端标准体系、云端标准体系以及消费端标准体系。该标准体系的出台对于数字出版标准体系的完善、规范文化大数据行业术语和监督服务模式都具有积极的作用。

22.2.3　数字出版标准化工作日臻重要

党和政府部门高度重视标准制定工作，并在全国范围内开展了大量的数字出版标准化工作，出台了相关法律法规和政策意见，并积极推进数字出版标准建设。这些措施不仅有利于提高数字出版的质量和效率，还有助于统一数字出版的规范和标准。

在2010年发布的《国家新闻出版署关于加快我国数字出版产业发展的若干意见》，早已指出要加快推进数字出版相关标准研制工作，尽快制定各种数字出版相关的内容标准、格式标准、技术标准、产品标准、管理和服务标准，加强数字出版标准体系在生产、交换、流通、版权保护等方面的规范，创造公平的市场竞争环境。②

此后，新闻出版"十二五"规划、"十三五"规划均对数字出版

---

① 李晓锋，孙燕. 数字教材的属性特征及标准规范体系研究[J]. 出版科学，2021，29(3)：42-49.

② 新闻出版总署关于加快我国数字出版产业发展的若干意见_2011年第1号国务院公报[EB/OL]. [2022-11-16]. http://www.gov.cn/gongbao/content/2011/content_1778072.htm.

标准化工作作出规定，提出了国际标准关联标识符、中国出版物在线信息交换、数字版权唯一标识符、电子书内容、绿色印刷等相关标准的研制和应用要求，基本建立了数字出版领域的标准体系。

2021 年印发的《出版业"十四五"时期发展规划》，对数字出版标准化、数字出版标准治理进行了系统的规定：在标准体系建设方面，强化出版技术支撑，优化出版行业标准体系结构，建立符合出版业发展需要的高质量标准体系，推动标准化工作提档升级；在数字出版领域，实施出版业科技与标准创新示范项目，每年遴选确定出版标准研制的优秀成果和示范单位；在印刷领域，完善印刷相关标准和检测标准，开展质量巡查抽查以确保印刷质量；在出版公共服务方面，提升出版公共服务数字化水平，升级公共服务标准，保障人民群众基本文化权益；在出版走出去方面，支持出版单位、行业协会参加国际组织，参与制定国际标准规范，以强化我国出版国际话语权。

2021 年 10 月，由中共中央、国务院印发的《国家标准化发展纲要》指出，标准是国家基础性制度的重要方面，在推进国家治理体系和治理能力现代化中发挥着重要作用，新时代推动高质量发展、全面建设社会主义现代化国家，迫切需要进一步加强标准化工作。① 同时规定了服务业、社会事业的标准全覆盖，新兴产业（数字出版属于新兴产业）标准地位要进一步凸显，要加强新兴产业和融合技术领域的标准研制，以科技创新提升标准水平。

综上可以看出，无论是国家层面还是行业层面，都更加注重数字出版行业相关标准的制定，并重视借鉴国际相关标准，推动数字出版产品国际化传播，也表明数字出版标准治理在推动出版业高质量发展、提升我国出版国际竞争力、构建中国对外话语体系和扩大中国文化影响力方面扮演着重要角色。

---

① 中共中央 国务院印发《国家标准化发展纲要》_2021年第30号国务院公报［EB/OL］.［2022-11-12］. http：//www. gov. cn/gongbao/content/2021/content＿5647347. htm.

22.3　数字出版标准治理存在的问题分析

数字出版标准在数字出版内容的生产、流通、传播、版权等方面都起着引领和规范作用，也关乎着我国数字出版开拓国内国际市场。我国出版标准虽然起步较早，但是数字出版标准化工作发展较缓慢，标准化水平较低，"重编制、轻宣传"的问题始终存在，各领域标准还不完善不统一，与市场需求还存在差异，标准的制定阶段、宣贯实施阶段仍面临许多挑战，数字出版标准治理在"拉动技术创新、提升产品品质、推进产业发展"①方面发挥的作用还不充分，存有一些短板。

22.3.1　数字出版标准治理体系不完善

当前，国外一些发达国家在国家标准和行业标准方面已经相对完善并推广实施，而我国在内容生产、内容加工、平台、终端以及存储管理方面还缺乏统一的标准，同时，强制性标准以及强制性条款比例偏低，从而导致数字资源无法充分利用和整合的现象，造成数字出版行业中各大机构之间出现信息孤岛、资源浪费、执行力度不强等问题，阻碍数字出版产业的协调性和持久性发展。

22.3.1.1　标识符标准不统一

我国期刊技术提供商、出版社都采用各自标识符标准，例如，高等教育出版社实行 HEPDTD 企业标准，主要处理期刊全文 XML 格式；2012 年玛格泰克推出 MagtechDTD 标准，该标准只能用于网络出版和印刷出版；2014 年中华医学会杂志制定符合医学领域要求的 CMAJATS 标准，该标准是基于 NISOJATS 标准编制指南制定的团体标准，虽然尽量与 NISO 保持一致，但为了适应我国学术期刊特色，仍做了部分修改，这些标准花费了大量财力物力打造的平

①　李旗. 实现出版业高质量发展的标准化路径探析[J]. 科技与出版，2020(10)：13-18.

台或者系统，却仅围绕自己所在的领域、仅满足本企业使用，未能及时上升到团体标准或行业标准，并不能横向兼容，一旦脱离各自的数据库，唯一标识符就毫无意义。

22.3.1.2　文档储存标准不统一

不同出版社文档储存标准也不统一，例如，出版社为了满足不同平台和设备的兼容使用，进行文档整理和资源发布时，都希望一次加工、多设备应用。但是当前市面上有很多种文档储存格式，如PDF、EPUB、CAJ、HTML、TXT、XML 等。这些格式标准不统一，给出版社整理文档备份文档带来困难。此外也会给用户阅读和体验带来极大的障碍，读者需要同时下载不同的阅读器软件进行阅读，遇到格式不兼容时，还会出现文档丢失、字符格式错乱、数据资源丢失等问题。

因此标准的制定对整个数字出版产业的发展和提升用户体验都有着重要的影响，只有完善数字出版标准，才能提升企业工作效率和规范数字出版市场运行机制，扭转数字出版工作中各大平台企业割裂的局面。

22.3.1.3　强制性标准比例偏小

我国标准体制分为强制性标准和推荐性标准两类，但大多数标准都是推荐性标准，不具有强制性。这样的标准体制对于数字出版产业来说，存在一些不利的影响。

首先，数字出版标准强制性不足会影响数字出版的安全。部分数字出版物未遵守内容、版权、隐私等方面的标准，导致在传播过程中出现侵权、泄露、篡改等问题，影响了数字出版物的真实性和合法性，损害了作者的权益和用户的信任。

其次，数字出版标准强制性不足还会影响数字出版的效率。有些数字出版物的数据、元数据、索引等不符合标准，导致在数字出版的存储、检索、分析中出现冗余、缺失、不兼容等问题，影响了数字出版物的可用性和可管理性，增加了数字出版管理的成本和时间。

最后，数字出版标准强制性不足也会影响数字出版的导向。由于有些数字出版物涉及意识形态领域、社会价值观等敏感方面，如果没有统一的标准规范，可能会造成信息混乱、误导公众、危害国家利益等后果。因此，建议在保持推荐性标准灵活性的同时，加强强制性标准的制定和执行，或者是在标准规范中强调强制性条款的执行力度，守住数字出版安全发展的底线，以保障数字出版产业的健康、稳定、高质量发展。

22.3.2 标准制定阶段面临的问题

标准的制定与推广实施就如同"1"和"0"的关系，有了相关标准的制定和出台，宣传和实施才有意义。做好标准制定阶段的工作对于数字出版标准化工作至关重要，它为后续的工作奠定了开端和基础。数字出版标准的制定必须符合规划性、科学性、合理性的原则。然而，在标准制定阶段主要面临着分工不明确带来的标准不统一、标准制定参与不足、部门之间缺乏沟通协调、标准来源渠道单一等问题。

22.3.2.1 标准制定部门协调性有待加强，分工配合有待强化

在技术的推动下，数字出版产品和服务不断发生更迭，线下线上产业深度融合已经是未来的发展趋势。相关产业链也在不断重塑，包括内容生产商、技术运营商、服务提供商等。同时，数字出版还与网络游戏、短视频、网络文学、VR出版物、在线教育等文化产业跨界融合进一步深化，这意味着标准化工作实施涉及的部门和参与单位也是跨领域的。目前相关行业都在推进和参与标准化制定工作，但仍然存在沟通不充分、协调性不够等问题，这导致数字出版标准制定杂乱、标准内容重复等问题，无法起到标准本身的作用，甚至可能引起冲突。此外，由于分工不明确，部门之间也出现了重复制定标准等现象，如新闻出版标委会发布的《手机出版物质量规范》与信息标委会发布的《手机内容质量管理规范》就存在一定重合；发行标委会发布的《中国出版物在线信息交换（CNONIX）图书产品信息格式》与信息标委会发布的《新闻出版信息交换格式》也

有重复之处，浪费了人力、物力等资源，也给标准审批工作带来了一定阻碍。

22.3.2.2　标准制定参与度不足，标准来源渠道单一

由于我国数字出版行业是技术先行，传统出版业才逐渐走向数字化转型，标准制定参与不足、标准来源渠道单一是目前较突出的问题。我国数字出版标准制定参与人员也出现了"三多三少"问题，即互联网企业与大企业参与多、出版业与小企业参与少；国内标准多，国际标准少；主持起草者贡献多、参与起草者贡献少。

一是小企业和传统出版企业参与度不足。人们素来有"一流企业做标准"的观点，大企业和互联网技术公司热衷于制定标准，以此提升行业门槛，巩固自身优势，而小企业和传统出版社参与性不足，无力或者不愿参与数字出版标准化工作，这样的结果，一方面，导致企业标准偏多，国家标准和行业标准偏少；另一方面，可能会出现一些领军企业在参与标准制定时形成垄断优势，小企业因无法达到不同的标准要求，难以与大企业在市场中公平竞争。二是国内标准多，国际标准少。国际标准组织参与度是综合实力和国际话语权的重要体现，从全球数字出版标准制定来看，我国相关标准参与度和制定仍处于劣势地位，与发达国家仍有一定差距。这跟当前未形成明确国际标准化战略、数字出版标准研究缺乏人才、国际标准会议组织参与度不足有关。① 三是主持起草者贡献多，而参与起草者付出较少。一项标准，尤其是行业标准、国家标准，往往需要多层次的覆盖面、较广范围的代表性，方可确保标准制定的科学性、标准宣传的落地性，而实践中，往往是以主持起草的专家意见为准，其余参加人员则缺乏系统、全面、深入的参加起草意识，一定程度上影响了标准的质量和水平。

---

① 李琴萍. 探讨数字出版标准化工作的策略[J]. 新闻传播，2014(18)：16，18.

22.3.3　宣贯实施阶段面临的问题

数字出版标准的实施是整个环节最重要的工作，也是标准化工作的最终目的。我国新闻出版标准化领域一直有着"重编制、轻宣传"的现象，标准的实施和宣传贯彻仍是薄弱环节。

标准只有在出版市场中得到广泛的推广和实践，才能发挥其作用。政府、标准委员会、出版业和行业协会在标准的宣传推广方面发挥重要作用。我国数字出版标准已经形成了包括国家标准、行业标准和企业标准在内的多层次体系，但在宣传推广方面还存在一些不足，导致很多标准没有得到有效执行。标准应用的效果与预期相差甚远，部分标准缺乏知晓度和认同度，数字出版相关产业链人员对标准的重要性和必要性也缺乏充分理解，这些都给标准宣传推广工作带来了困难。[①]

22.3.3.1　实施过程中的迭代不及时

动态性是数字出版标准重要特征之一，即标准呈现出动态的、可分解的变化特点，这意味着修订的频率和次数也会随着数字出版的发展而不断更新。传统的标准研制周期和复审周期往往耗时较长，不能满足数字化时代的需求，因此数字出版的标准体系也需要动态维护。究其原因，一方面，数字出版发展迅速技术迭代快，很难形成广泛适用的标准，若标准未能及时地根据市场和环境需求做出变化，在激烈的市场中很快就会淘汰落后，让数字出版标准推行的工作变得步履维艰。另一方面，除了标准制定部门和相关产业会对迭代有所关注，很多出版企业和传统出版社都处于观望状态，也没有专门负责研产和标准维护的人员。[②]

---

①　本刊记者. 数字出版标准，真的要来了[J]. 编辑之友，2013(4)：8-13.

②　郝婷. 我国数字出版标准化工作现状及对策研究[J]. 出版参考，2016(8)：16-18.

22.3.3.2 推荐性标准执行力度不足

当前数字出版已经制定和发布的数字出版标准数量在逐步扩大，但只有那些涉及市场准入或者政府发布的标准才能被有效使用，真正引起巨大反响或者贯彻执行的并不多。数字出版产品研发环节、技术应用环节、市场运营环节，真正能够基于标准化理念和思维开展工作的并不多；同时，数字出版标准对数字出版项目实施、人才体制机制的影响也相对有限。实际的情况是，我国标准除了涉及人身、财产安全的标准外，其余大部分为推荐性标准，对于企业来说，标准是否采用几乎不能影响内容加工出版、产品营销和用户市场，缺乏采标主动性，导致数字出版标准采用率较低。①

22.3.3.3 标准实施评价考核体系不完善

标准的应用执行工作是一个持续性、常态化的工作，但我国标准发布后缺乏有效的监督手段，对标准执行监管评价措施不到位、与行业需求脱节、标准的适应性和反馈机制信息掌握不全等问题突出，导致标准实施执行不到位，限制了数字出版产品和服务的质量。例如，如何加强事中事后的具体监管、企业团体能否按照数字出版标准文件开展工作、社会年度总结如何开展标准实施考评工作等都是数字出版标准化工作应该持续关注的问题。

22.4 数字出版标准治理的优化路径

技术更新速度不断加快，我国数字出版业态也是突飞猛进，数字出版相关标准却相对迟滞，但需明确的一点是，数字出版标准治理不是一蹴而就，而是在发展的过程中根据本行业要求，吸纳国际、企业以及国家标准并逐渐地完善和推行，数字出版标准治理是

---

① 中共中央 国务院印发《国家标准化发展纲要》_2021 年第 30 号国务院公报［EB/OL］.［2022-11-12］. http：//www. gov. cn/gongbao/content/2021/content_5647347. htm.

一个相互依赖和互动协调的过程，数字出版标准治理的逻辑也应当从组织、政府、行业等主体在标准制定、推广、实施和监督等方面的问题展开。[①]

22.4.1 健全数字出版制标机制

数字出版相关标准的制定先要符合程序管控原理，即在符合程序化和管控的流程中编制，标准制定的人员须是专职人员，且内容要服务于公众，兼顾各方面利益。

22.4.1.1 拓宽数字出版标准来源渠道

一是将有代表性的企业标准上升为行业标准。企业标准上升为行业标准，主要有两种方法。一种是准行业标准，即企业在行业中有较强的影响力，基于团体标准的实施思路，其他企业都遵循其标准。另一种是由企业作为主要起草人员编写的行业标准，经过相应机构的组织、审查、批准、发布等程序，使其成为国家备案的行业标准。例如，于2010年发布的《数字出版物元数据规范》是由中国出版集团公司、北京大学出版社等单位联合起草的企业标准，该标准规定了数字出版物元数据的定义、结构、内容和编码等方面的要求，为数字出版物的生产、流通、检索和管理提供了统一的标准。在2011年，该标准被提交国家标准化管理委员会立项为行业标准。

二是推动行业标准上升为国家标准，鼓励企业发挥主体性作用，研发高质量、创新性标准。例如，2018年全国新闻出版标准化委员会提交的"数字教材元数据、质量要求和检测方法、出版基本流程"3项标准，成为行业标准上升为国家标准的典型代表，对于推动数字教材高质量发展，鼓励其他企业积极参与标准制定工作有着促进作用。

三是走国际化战略，关注国际数字出版标准新动态、新方法和新领域。一则，鼓励有条件的企业、高校、科研院所积极参与制定

---

① 王平，侯俊军，梁正. 标准治理的基本逻辑研究［J］. 标准科学，2019(11)：27-34.

国际标准，提升我国数字出版行业国际话语权，加强与国际数字出版标准组织和机构的联系和沟通，参与国际数字出版标准的制定和修订，以保持数字出版标准的国际化和先进性。二则，可以推动与其他国家和地区的数字出版标准的互认和协调，以促进数字出版的跨文化交流和合作。如2012年全国印刷标准化技术委员会对国外先进标准予以研究，发布了《国际印后标准及我国印后标准研究》，这对推动国内出版业标准吐故纳新和提高数字出版标准国际化程度具有积极作用。三则，可进行国际标准的本土化改造。国外标准是我国标准化工作的重要参考，但不是我们的标准化工作的终极目标。我们要学习和借鉴国外标准的先进经验为我国标准化建设提供参考，但同时要对国外标准展开本土化研究，绝不能是简单的"拿来主义"。例如，EPUB是一种国际数字出版标准，由国际数字出版论坛(IDPF)提出，是一种开放电子书通用标准。我国也参与了EPUB的制定和修订工作，并根据我国的实际情况，制定了《EPUB 3.0中文电子书制作规范》等相关标准，以适应我国数字出版的发展需求。我国数字出版标准的制定和实施，不仅有利于提高我国数字出版产品的质量和竞争力，也有利于传播中华优秀文化，增强文化自信，构建对外话语体系。

22.4.1.2　广泛参与，搭建信息共享平台

标准的制定应当是在充分调研数字出版市场的基础上，与数字出版产业链各方广泛合作，依托于信息共享平台，打破信息壁垒，减少数据孤岛现象。

首先，调动出版社、数字出版企业、科研机构、社会利益方的参与积极性，充分发挥数字出版个人和组织在标准化方面的主体作用，尤其注重提升传统出版社在数字出版标准制定中的话语权，这对于传统出版社数字化转型升级，把握市场具有积极作用；其次，注意与标准化主管部门、标准化技术委员会相互沟通和协调不充分的问题，多方参与协调沟通，有利于充分利用资源、减少行业垄断以及避免因重复工作而带来的资源浪费现象，有助于促进数字出版标准修订，推动数字出版的更长远发展。

更为重要的是，搭建信息共享平台，强化数字出版标准化信息共享平台的服务功能和推广功能。借助信息共享平台，加强数字出版相关部门和信息资源的整合，一方面，能够防止大型企业长期独占数字出版标准主导权，引发市场垄断、恶性竞争等后果，能够给予中小型企业和其他用户发表意见、参与标准修订和监督反馈的渠道，使数字出版标准制定能够充分考虑、采纳多方不同的声音，促进数字出版标准制定的合理性和平衡性；另一方面，综合性平台方便进行数字出版标准宣传推广、信息公开、办事服务和互动交流，形成反馈和监管机制，有助于社会和公众了解数字出版标准实施动态、效果和问题。

22.4.2　完善数字出版贯标机制

数字出版标准一旦形成，在出版市场中应用和推广的程度是检验标准化水平、标准质量的重要指标，也是发挥数字出版标准能效的重要体现，完善数字出版贯标机制可从加强政策支撑、鼓励多元主体参与、建立数字出版标准动态维护机制这三方面展开。

22.4.2.1　加强政策支撑

推动数字出版产业发展、推进数字出版标准治理现代化，离不开政策的引导和支持。一方面，强化数字出版标准相关法律法规的实施力度，如《中华人民共和国标准化法》对团体标准、企业标准的自我声明公开和监督制度的执行，研制新产品、改进产品对产品标准法律调控的遵守等。再如，2020年修订的《中华人民共和国著作权法》将推荐性标准纳入著作权法的保护，以法律手段维护标准制定的版权和著作权。另一方面，将事实标准转化为正式标准，提升强制性标准所占比重，甚至可以将数字出版标准中合适的部分逐步升格为法律政策规定，以提升数字出版标准的地位和权威性，发挥标准在数字出版管理上的作用。

22.4.2.2　鼓励多元参与

鼓励企业、协会、行业等主体参与数字出版标准宣传推广工作。主管部门、标准技术委员会可通过评定、激励等方式推动各方人员参与数字出版推广工作；行业组织通过访谈、网络宣传、倡议书等方法积极参与相关工作；企业管理人员须提升标准化意识，充分认识数字出版标准的重要性，引进复合型人才，协会通过制定配套的指导手册，通过活动的形式推广数字出版标准。例如，美国书业研究会，开展交流、咨询、展会、培训等活动，满足了消费者对数字标准信息和服务的需求。①

22.4.2.3　建立动态维护机制

建立数字出版标准动态维护机制，包括建设数字出版标准实验室或者认证机构，积极开展数字出版标准建设项目等工作，及时根据数字出版市场变化以及标准适应性做出调整和修改，使其紧跟产业的发展变化，只有切实符合市场需求的标准才能在数字出版领域不断扩大应用范围，只有确保市场适应性才能促进标准的推广工作，有效发挥标准的规范、引导和定向作用。如2022年国家新闻出版署发布了《关于实施出版业科技与标准创新示范项目的通知》，指出面向全国出版单位以及与出版工作相关的科研机构、高校和技术企业等公开遴选标准研发方面的成果和标准应用方面的示范单位，并给予经费资助，要求新闻出版部门积极对相关标准进行引导支持和宣传推广，提升数字出版业创新标准的成果转化能力。

22.4.3　强化数字出版标准监督评定机制

数字出版标准化是实现出版业数字化转型和高质量发展的重要手段，标准的实施情况成为检验标准化效果的方式之一。可从数字出版标准审核复审、监管制度、反馈、评定四个方面提升数字出版标准的实施效能。

---

① 施勇勤，王飞扬. 美国书业研究会对我国数字出版标准化工作的启示[J]. 科技与出版，2015(2)：31-35.

22.4.3.1　组建权威审核队伍，提升数字出版标准内容质量

首先，引进数字出版标准复合型人才，建立权威、专业的审核队伍机构，加强人工智能技术、大数据技术和云计算技术在数字出版标准审核中的应用，搭建数字出版标准数据库、语料库、规则库和专家库，① 注重标准化专家队伍的德行、学识和数字素养，有效保证数字出版标准质量，提升标准审核效率和准确性。其次，健全数字出版标准监管体系，提升数字出版标准执行力度。数字出版领域都已出台了相应的版权监管、内容质量管理、知识产权管理制度，但标准监管制度和条例还有待进一步完善，数字出版标准监管制度的缺失，是造成标准执行不力的重要原因，单纯依靠管理部门实施监管，一来无法深入实际工作，二来往往很难执行。因此数字出版标准必须健全监管体系，包括政府监管、行业监管和社会监督，同时还要畅通反馈渠道，建立标准实施情况统计分析报告制度，进一步畅通标准化投诉举报渠道，加强标准实施的社会监督。监管制度的确立，能够有效提升数字出版标准体系高效运行，成为标准执行力有效推行的重要手段，② 提升数字出版标准服务效能。

22.4.3.2　建立评定机制，激活数字出版标准创新活力

评定机制是对数字出版标准实施效果的评定，如《上海城市数字化转型标准化建设实施方案》，提出引导企业实施效果评定工作，鼓励相关标准化技术委员会建立标准实施效果评价机制报告，探索市场化的标准实施效果评价工作路径。数字出版标准的评估围绕标准适应性、创新性、推进方式、实施效果、复审修订等指标，采用满意度调查、出版企业内部评价、第三方评估等方法，对数字出版标准化工作进行综合评估，并采取相应激励措施，从而为数字出版标准化建设注入源源不断的活力。

---

① 王飚，毛文思. 出版强国建设背景下数字出版高质量发展前瞻——"十四五"时期数字出版发展重点解析[J]. 中国出版，2022(15)：16-23.

② 华夏. 数字出版标准建设发展研究[D]. 北京：北京印刷学院，2014.

22.4.3.3　基于反馈和评估结果，对标准进行修订与完善

数字出版标准的反馈与评估旨在及时修订和完善标准，提高数字出版标准的质量和效果，它可以促进数字出版标准的科学制定、有效实施和持续改进，从而提升数字出版产业的发展水平和竞争力。为此，我们需要做到以下三点：一是建立数字出版标准实施信息反馈和评估机制，收集和分析数字出版标准的制定、实施情况及效果，并根据反馈和评估情况对标准进行复审；二是加强标准的检测和监督，确保数字出版标准的执行效果，对不符合标准的数字出版产品和服务进行整改或相应处理；三是参考国际标准和先进经验，提高数字出版标准的国际化水平，促进数字出版标准化的跨境交流和合作。有效评估、及时反馈、强化监督、加强交流，可以增强数字出版标准的公开性和透明度，促进社会各方的有效参与，提高标准的公信力和权威性。

数字化时代的到来，国家文化数字化战略的推进实施，加速了数字出版向纵深融合迈进，面对新环境、新需求、新业态，数字出版行业表现出良好的发展态势。数字出版标准治理是数字出版行业发展的重要保障，也是出版强国建设的重要内容，数字出版标准治理在实现市场规制、资源共享、降低成本、提升数字出版产品内容质量和服务、推动数字出版高质量发展、打造良好的国际市场等方面发挥着重要作用。我们要积极推进数字出版标准治理的研究和实施，建立健全数字出版标准体系，促进数字出版行业的规范化、创新化和国际化，为推动全民阅读、提升文化软实力、服务国家战略做出贡献。同时，我们也要关注数字出版标准治理面临的新挑战和新机遇，以问题为导向，以需求为动力，以创新为核心，以开放为基础，不断完善数字出版标准治理体系，提升数字出版标准治理能力现代化，为推动数字出版高质量发展、实现出版强国目标提供重要保障。

DIGITAL PUBLISHING

第四篇

创新治理体系

第二十三章　数字出版安全治理

数字时代催生出版治理的急速变革，衍生出数字治理、安全治理、应急治理等新兴治理内容。本章重点论述了数字出版安全治理的内涵，通过分析其元主体和多元辅助治理主体，文化安全、产业安全和技术安全三维治理客体，硬治理和软治理的治理方式以及治理目标，得出了"数字出版安全治理是由治理主体采用行政、法律、经济等治理方式对行政管理相对人的内容、技术、运维行为进行调整、规制，以确保文化安全、产业安全和科技安全的协同管理与服务过程"这一结论。最后通过"治理体系-治理能力"的二元结构分析了数字出版安全治理的现状，明确了数字出版安全治理的发展路径。

数字时代催生出版治理的急速变革。在数字出版治理论中，除了规划治理、财政治理等传统治理内容，还包括由数字出版管理衍生而来的新兴治理内容，即数字治理、安全治理等。① 这些新兴治理内容作为数字出版治理论范畴中的客观存在，缺少了与之对应的理论体系作为支撑，表现出一定的滞后性。

在政策层面，《出版业"十四五"时期发展规划》中多次提及"安全"。如在基本原则中明确了要坚持新发展理念，协调好出版发展与安全之间的关系，即要"实现出版业更高质量、更有效率、更加公平、更加持续、更为安全的发展"；要坚持统筹兼顾，树立系统观念，强化顶层设计和协调推进，统筹好出版事业与产业、发展与

---

① 张新新. 中国特色数字出版范畴体系[J]. 编辑之友，2022(10)：79-87，112.

管理、传统出版与新兴出版，促进出版全领域各环节高效协同，实现出版发展质量、结构、规模、速度、效益、安全相统一。在主要目标中强调了提升行业治理效能的必要性，旨在通过提高出版领域意识形态风险防范能力，显著提升数据共享、开发、应用和网络安全水平，以实现出版领域治理体系和治理能力的现代化。① 这表明，为实现出版业的高质量发展，数字出版安全治理已逐渐上升至战略规划层面，并对规划的落地实施也提出了一些具体的工作要求。同时，《关于推动出版深度融合发展的实施意见》指出，要把推进出版深度融合发展作为落实意识形态工作责任制的重要内容；要坚持安全为要，用主流价值导向驾驭技术，加快构建数字内容安全风控体系，筑牢出版融合发展安全底线，为出版深度融合发展营造安全的环境。这里涉及意识形态安全治理、技术安全治理和内容安全治理等基本范畴。

在实践层面，数字出版发展历程中所经历过的安全事件，也时有发生，如某出版社官网被黑客攻击，篡改为非法页面；某出版社专题知识库被勒索病毒攻击，不得不重新部署和安装；教辅图书附加的网站链接，由于更新维护中断而变成不雅网站；网络出版因内容导向问题而被约谈，相关新闻常见诸报端，等等。

鉴于此，为回应学术之切、时代之需、实践之要，本书欲对数字出版安全治理的内涵进行界定，并在此基础上分析治理方式、明确治理目标，这对于建构符合中国实际的数字出版治理体系具有一定的理论和现实意义。

23.1 数字出版安全治理的内涵界定

数字出版安全治理的内涵是数字出版安全治理概念研究的高度浓缩与提炼，为后续对其进行问题分析、路径讨论提供了逻辑起

---

① 国家新闻出版署关于印发《出版业"十四五"时期发展规划》的通知 [EB/OL]. [2021-12-30]. https：//www.nppa.gov.cn/nppa/contents/279/102953. shtml.

点。那么在对数字出版安全治理的内涵进行分析之前，先需要清楚何为"数字出版安全"，何为"数字出版安全治理"？

2015年颁布的《国家安全法》，对国家安全的界定是："国家安全是指国家政权、主权、统一和领土完整、人民福祉、经济社会可持续发展和国家其他重大利益相对处于没有危险和不受内外威胁的状态，以及保障持续安全状态的能力。"这一内涵界定，"明确了国家安全的领域和指涉对象，表明了国家安全要实现的状态"，① 落脚点是国家重大利益相对处于没有危险和不受内外威胁的状态，并具有保障持续安全状态的能力。依此逻辑，我们可尝试对"数字出版安全"进行界定，即"数字出版效益相对处于没有危险和不受内外威胁的状态，以及保障持续安全状态的能力"。其中，数字出版效益，包括社会效益，也包括经济效益；数字出版效益处于安全的状态以及保障持续安全状态的能力，集中体现为数字出版政治功能、文化功能、教育功能、经济功能和技术功能等"形式价值"② 不受威胁，不处于危险状态，能够持续、稳定地予以实现。而上述功能的实现，从安全的维度加以划分，可分为三类：文化安全(包括意识形态安全、文化生产传承安全、教育安全等)、经济安全和技术安全；数字出版经济价值的实现，从根本上有赖于文化创新、文化生产和传播，实践中则依托数字出版内容的稳定、持续、安全地生产与传播，依托数字出版产业的可持续、高质量发展，由此，我们将数字出版安全定位在文化安全、产业安全和科技安全三个范畴。

(教育数字出版)安全治理是指主管部门采用行政、法律、经济等治理手段对行政管理相对人的网络行为进行调整、规制，以确保网络安全、信息安全、文化安全和意识形态安全的过程。③ 这里的"网络行为"，可进一步解释为基于网络的数字出版内容、技术

---

① 鞠丽华. 习近平总体国家安全观探析[J]. 山东社会科学，2018(9)：17-22.

② 张新新. 数字出版价值论(上)：价值认知到价值认同[J]. 出版科学，2022(1)：5-14.

③ 张新新."十四五"教育出版落实文化产业数字化战略思考——基于发展与治理向度[J]. 出版广角，2021(24)：32-39.

和运维行为；同时，数字出版治理本身就是在党的全面领导下，多元主体通过建构数字出版制度体系以及对制度体系的有效执行所进行的协同管理与服务活动。① 由此，我们可将数字出版安全治理进一步明确为，治理主体采用行政、法律、经济等治理方式，对行政管理相对人的内容、技术、运维行为进行调整、规制，以确保文化安全、产业安全和科技安全的协同管理与服务过程。下面对这一内涵作进一步解析。

23.2 数字出版安全治理的多元主体

数字出版安全治理的主体回答的是"谁来治理"的问题。较之传统意义上的数字出版管理，数字出版安全治理主体由一元走向多元化，在国家元主体的基础上，扩充为国家、社会、市场、公民等多元主体。具体来说，数字出版安全治理主体已经形成了由中宣部、国家新闻出版署、网信办、工信部等为党政机关治理主体，以及以行业协会、社会组织、数字出版企业、广大社会公众等为多元辅助性治理主体的一主多元型治理主体格局。

23.2.1 数字出版安全治理的元主体

《深化党和国家机构改革方案》指出，"中央宣传部统一管理新闻出版工作"，"加强对出版活动管理，发展和繁荣中国特色社会主义出版事业"。中央宣传部对外加挂国家新闻出版署（国家版权局）牌子，关于新闻出版管理方面的职责包括拟订新闻出版业的管理政策并督促落实，管理新闻出版行政事务，统筹规划和指导协调新闻出版事业、产业发展，监督管理出版物内容和质量等。因此，中宣部、国家新闻出版署是数字出版安全治理的天然主体、首要主体，承担着数字出版安全的政策制定和执行、数字出版安全治理体系的建构、数字出版安全治理能力提升等职能和职责。

---

① 张新新，袁宜帆. 中国式现代化视域下的数字出版治理体系和治理能力研究［J］. 中国编辑，2023（5）：28-33.

国家互联网信息办公室的主要职责包括指导、协调、督促有关部门加强互联网信息内容管理，指导有关部门做好网络游戏、网络视听、网络出版等网络文化领域业务布局规划，协调有关部门做好网络文化阵地建设的规划和实施工作等。而数字出版是直面互联网前沿阵地的出版新业态，是网络生态环境的重要组成部分，是网络文化阵地的重要组成部分；数字出版存在着大量的互联网信息内容，游戏出版、网络出版甚至数字视听，皆属于数字出版的外延。由此，在涉及网络安全、信息安全、内容安全、技术安全、网络文化安全等领域，网信办也是数字出版安全治理的元主体。

此外，数字出版安全治理中涉及信息安全、技术安全、数据安全、产品质量责任、内容安全等领域，工信部、国家数据局、市场监管总局、全国"扫黄打非"工作小组等也都属于党政机关的治理主体，分别在各自职责范围内履行相关治理行为。

23.2.2 数字出版安全治理的多元辅助治理主体

数字出版行业协会、社会组织、数字出版企业以及广大社会公众是数字出版安全治理的多元辅助治理主体。数字技术打破了传统自上而下的治理结构，形成了基于互联网的社会治理共同体。[①] 为应对数字出版安全需求，客观上要求主体实现多元化，即构建行政性规制、经济性规制和社会性规制相统一的主体治理体系。[②] 故而，除了以党政机关为主导的外部治理主体，还包括由数字出版产业内生关系衍生而来的行业协会、社会组织、企业以及公民个人等。

（1）数字出版行业协会、学会是介于政府和数字出版企业、社会组织之间的一种行业性自律组织。其职能在于充当政府和企业之间的桥梁纽带，贯彻政府有关数字出版安全治理的政策法规，并就国内外数字出版行业安全生产现状的调研，向有关政府提出建议，

---

① 关爽. 数字技术驱动社会治理共同体建构的逻辑机理与风险治理[J]. 浙江工商大学学报，2021（4）：153-161.

② 金雪涛. 党的十九大以来我国数字出版产业的转型发展研究[J]. 编辑之友，2022（4）：28-35.

制定和宣传数字出版安全相关标准，促进数字出版产业朝着更安全、可持续的方向发展。

（2）其他社会组织是为协调好数字出版发展与安全之间的关系而有意识地组合起来的非营利性社会群体，包括新型智库、科研院所等。其他社会组织以其灵活性和创新性，能够因地制宜地围绕数字出版安全议题展开研究，对数字出版文化安全、内容安全、技术安全治理等进行指导、研究、咨询和培训。

（3）数字出版企业主要针对有关方针政策积极落实安全责任、自我督导以促使数字出版安全治理工作由"硬参考"变成"硬指标"，把数字出版安全治理纳入企业法人治理的范畴，确保数字出版内容研发、技术应用、知识生产与文化传播一线阵地的安全，不断提升数字出版从业者的安全意识、安全素养和安全技能，从而确保出版业意识形态前沿阵地、网络阵地的可管可控。

（4）社会公众是数字出版产业的服务对象，范围广、基数大，是数字出版安全治理主体中不可或缺的重要组成部分。维护数字出版安全，需要政府、社会、企业和公众的通力合作，公众积极参与数字出版安全治理，有效监督数字出版安全事项，能够在一定程度上降低党政机关对数字出版安全治理的监督成本，是党政机关治理主体的有益补充。

综上所述，数字出版安全治理，是在党的全面领导下，政府、社会、市场和公民等多元主体通过建构与经济、政治、文化、社会发展相适应的安全制度体系以及对安全制度体系的有效执行来实现安全利益最大化的协同管理与服务活动。为实现数字出版更高质量、更加公平、更可持续、更为安全的发展，实现数字出版发展质量、结构、规模、速度、效益、安全的统一，发挥"一主多元"治理主体协同共治的作用，是凝聚数字出版安全建设合力不可或缺的基础和前提。

23.3　数字出版安全治理的三维客体

数字出版安全治理客体，回答的是"治理什么"的问题，是数字出版安全治理"活动附着或指向的对象"。① 数字出版安全治理所附着或指向的对象，大致可分为文化安全、产业安全和科技安全三类，其中，文化安全是根本，产业安全是基础，技术安全是保障。

23.3.1　以文化安全为根本客体

国家文化安全，是指"主权国家的主流文化价值体系以及建立于其上的意识形态、社会基本生活制度、语言符号系统、知识传统、宗教信仰等主要文化要素"相对处于没有危险和不受内外威胁的状态，以及保障持续安全状态的能力，从而确保主权国家享有文化主权，具备与国家政治、经济、社会等协调互动、不断创新的文化系统，并在人民群众中保持一种高度的民族文化认同。② 由此可知，国家文化安全的目的在于确保文化主权、形成良性协调的文化系统以及保持高度民族文化认同。数字出版，作为文化产业和文化事业的重要组成部分，所涉及的安全治理客体，主要包括主流价值体系的安全、意识形态安全以及知识生产与传播的安全等。

主流文化价值体系的安全集中体现于对社会主义核心价值观的坚守。倡导富强、民主、文明、和谐，倡导自由、平等、公正、法治，倡导爱岗、敬业、诚信、友善，构成了社会主义核心价值观的主要内容，也是基于数字技术进行知识生产和传播的数字出版各领域全环节的共同价值追求和精神纽带。数字出版的产品研发、技术应用和市场运营，应持续不断地推出精品力作，持续提升数字出版产品的传播效能，致力于"弘扬主旋律，传播正能量，培育和践行社会主义核心价值观"。③ 社会主义核心价值观，是当代中国精神的集中体现；培育和践行社会主义核心价值观，是新时代坚持和发展中国特色社会主义的重大任务，是伟大斗争、伟大事业、伟大梦

---

① 张新新. 中国特色数字出版学研究对象：研究价值、提炼方法与多维表达[J]. 编辑之友，2020(11)：5-11，30.

② 石中英. 论国家文化安全[J]. 北京师范大学学报（社会科学版），2004(3)：5-14.

③ 方卿，张新新. 推进出版业高质量发展的几个面向[J]. 科技与出版，2020(5)：6-13.

想的铸魂工程，是在世界文化潮流中保持民族精神独立、挺起民族精神脊梁的战略支撑。① 培育和践行社会主义核心价值观，要进一步夯实教育引导的重要基础，畅通实践养成的重要路径，形成制度体系的重要保障，营造凝聚最大多数共识的重要氛围。由此，确保主流价值体系、社会主义核心价值观处于没有危险、不受威胁的状态，处于持续安全的状态，应成为数字出版市场调节的自觉坚守，成为数字出版安全治理的核心任务。

意识形态安全，是指国家的主流意识形态相对处于没有危险、不受威胁的状态以及保障持续安全状态的能力。从状态维度，是指国家主流意识形态呈现出"安全"的现状；从能力维度，是指国家在面对挑战威胁下所具有的确保主流意识形态能够且持续"安全"的能力。② 意识形态安全，同时具有文化安全和正式安全的属性，既是传统安全观的范畴，也是非传统安全观的范畴；既隶属于政治安全，也隶属于文化安全。我国是社会主义国家，马克思主义是主流意识形态，在意识形态领域处于指导地位。当前意识形态领域所面临的风险挑战仍然较为严峻，包括受到新自由主义、历史虚无主义、新利己主义、后现代主义、西方新闻观、"普世价值"等多元化思潮影响引起的主流意识形态淡化的危机；也包括受到市场经济"双刃剑"效应的影响产生的拜金主义、享乐主义、极端个人主义等市场逐利性突出的主流意识形态分化的危机；还包括应对"中国威胁论""中国崩溃论"等西方敌对势力渗透遏制的挑战；同时包括网络新媒体技术带来的挑战，主流媒体、传统管理方式正面对着新媒体、自媒体、新技术等挑战，随着互联网成为舆论斗争的主战场和前沿阵地，"新媒体正在不断重塑意识形态的生产权、分配权、传播权和话语权"③，等等。与上述风险挑战紧密相关的是，中国

① 《中国特色社会主义理论与实践研究》编写组. 中国特色社会主义理论与实践研究[M]. 北京：高等教育出版社，2018：135-140.
② 唐爱军. 论新时代意识形态安全[J]. 马克思主义研究，2022(6)：125-135，156.
③ 唐爱军. 论新时代意识形态安全[J]. 马克思主义研究，2022(6)：125-135，156.

特色数字出版的意识形态属性，是指内含于数字出版之中的反映、维护和传播主流意识形态的特质，是中国数字出版所独有的特性。① 数字出版意识形态功能的发挥是在解决"反映什么样的意识形态、怎样反映意识形态"两个问题的过程中实现的，而这个过程的实质，则是如何加强意识形态阵地建设、维护意识形态安全、建设具有强大凝聚力和引领力的社会主义意识形态。因此，意识形态安全治理是数字出版安全治理体系和治理能力的重要内容和不可或缺的组成部分。

"基本生活制度、语言符号系统、知识传统与宗教信仰"的安全，可理解为通俗意义上的文化安全。作为一种生活方式、生活式样，"文化"是贯穿于人类繁衍发展之中，与外界互动的、开放的、生生不息的生态之场。② 由此看来，文化的最本质、最本真的内涵即"生活方式、生活式样"；在"文化安全"的语境，中国特色社会主义文化包含中华优秀传统文化、革命文化和社会主义先进文化。如何确保上述三个文化处于没有危险、不受威胁的状态以及保障其处于持续安全状态的能力，是文化安全的主体构成和题中应有之义。

综上，数字出版文化安全治理是对数字出版安全治理活动中涉及的文化安全部分进行调整、规制的治理方法、行为和措施的总和。其中，"文化"指的是更为宏观的中国文化环境，即中国人民在遵循社会历史发展过程中所创造的以中国特色社会主义文化为核心的文化环境。基于文化属性，数字出版文化安全治理可进一步划分为数字出版文化建构安全治理、文化选择安全治理、文化传播安全治理以及文化继承安全治理。③ 其中，数字出版文化建构的安全治理根植于互联网环境，是以中国特色社会主义文化为母体，构成文化源泉，并根据这一母体，有序开展数字出版文化建构安全治理

---

① 张新新. 论数字出版的性质[J]. 出版与印刷，2021(2)：27-34.

② 朱哲，张立平. 文化自信的理论维度阐释[J]. 社会科学战线，2017(12)：252-255.

③ 张新新. 论数字出版的性质[J]. 出版与印刷，2021(2)：27-34.

活动、发展新文化内容、指导新文化思想，是中国特色社会主义文化具体化、社会化的延伸。数字出版文化选择的安全治理是在进行文化选择时深度结合社会主义先进文化、革命文化、中华优秀传统文化。如在出版产品编校印发的过程中，相关治理主体须实时进行文化安全的把关，履行把关人角色，以确保出版产品中没有掺杂以西方文化价值体系为核心的意识形态、价值观念等消解我国公共精神安全的文化。① 数字出版文化传播的安全治理是以"讲好中国故事，传播好中国声音"为目的，侧重于文化的传播安全，包括对内传播安全和对外传播安全两个方面。数字出版文化继承的安全治理的核心在于扬弃文化，即批判性继承传统文化。积极弘扬符合现代中国文化的出版内容，从根本上否定传统文化中带有颓废、庸俗等色彩的消极文化。总的来说，从建构安全、选择安全、传播安全到继承安全的纵深延伸和动态推进体现着文化自觉、文化自信、文化自强的逻辑进路。

23.3.2　以产业安全为基础客体

数字出版具有经济属性这一固有属性，② 且该属性贯穿于产品、技术、营销、人才、制度等产业链各环节，涉及教育数字出版、专业数字出版、大众数字出版、学术数字出版等数字出版全领域。这就决定了数字出版产业安全治理具有极其特殊的重要性，是确保出版产业能够持续稳定运营的基础，是出版业高质量发展、数字化战略的具体落实。在数字化时代，出版业面临着各种网络安全威胁、信息泄露风险以及出版物版权保护等问题。唯有加强数字出版产业安全管理，提供足够丰富的人力、物力、财力和智力资源，才能够有效防范和应对这些威胁和风险，保障出版业的正常运行和发展。此外，数字出版产业安全对出版业的高质量发展和数字化战略落实至关重要。从经济学的需求满足角度而言，数字出版产业的

---

① 郭辉.论出版业发展中对国家文化安全隐性威胁的因素[J].现代传播-中国传媒大学学报，2009(4)：157-159.

② 张新新.论数字出版的性质[J].出版与印刷，2021(2)：27-34.

高质量发展是满足人民不断增长的真实需要的经济发展模式，① 而数字出版产业安全治理能够提升出版业的创新力和竞争力，鼓励原创作品的产生，为读者提供更高质量更多数量的内容和服务。由于数字化转型对出版业而言已成为必然趋势，出版内容的创作、生产、传播和消费都离不开安全的数字环境。因此，数字出版产业安全治理还可以提高数字化战略的执行效果，通过确保数字化环境的稳定性和可靠性，推动数字技术与出版业的有机融合。

数字出版产业安全，是数字出版安全治理体系构建的基础，是数字出版安全治理能力提升的前提。有学者提出"产业安全"的概念包含三层含义：一是主体为特定行为体的自主产业；二是包含生存安全和发展安全两个方面；三是安全程度可通过对产业受威胁的程度进行评价而加以反推。② 由此可得，数字出版产业安全治理是数字出版产业作为一个特定行为体，包括数字出版主管部门、数字出版协会或其他自治组织、数字出版企业或内设机构、数字出版平台、数字出版服务提供商等相关主体，通过有效的治理方式来保障数字出版的生产和发展相对处于没有危险和不受内外威胁的状态。一方面，主要针对数字出版产业的日常运营和生产状态，主要包括出版产业链环节安全、数字出版产品安全、服务安全等方面；另一方面，侧重于数字出版产业环境的可持续性安全和稳定发展，包括政策支持、市场监管、产权保护等方面工作。数字出版产业安全治理能力是指当数字出版产业受到安全隐患和风险挑战冲击时，具有"恢复到生存、然后得以发展、最终回到安全状态"③的能力。

综上所述，数字出版产业安全治理发挥着不可替代的作用，且为意识形态安全、文化安全、技术安全提供了强大的经济基础和物质保障。首先，数字出版产业安全能够为平台和内容提供一个相对稳定、安全的经济环境，为意识形态阵地可管可控提供了物质条

---

① 杨方铭，刘满成，童安慧. 数字出版产业高质量发展评价体系构建与测度[J]. 中国出版，2023(2)：42-47.

② 李孟刚. 产业安全理论的研究[D]. 北京：北京交通大学，2006.

③ 韩港. 中国稀土产业安全研究[D]. 北京：北京交通大学，2018.

件。基于大量人财物力的投入，通过内容审核、过滤等机制的运行，产业安全能够有效防止出版物中恶意信息的传播和极端意识形态的扩散，从而维护数字出版意识形态安全。其次，数字出版产业是文化创作、传播和交流的重要领域，而安全则是其可持续发展和文化多样性的关键保障。数字出版产业安全治理保护了产品版权，维护了出版作品的合法权益。通过技术手段和体制机制的加持，数字出版产业可以防止盗版侵权行为的发生，确保创作者和版权持有人获得合理合法的经济回报。这为文化创作提供了一种可持续的经济模式，激励创作者投入更多的精力和资源，推动出版文化的繁荣和创新。最后，数字出版产业利用稳定的经济基础，持续扩大再生产能力，推动数字技术的创新和发展，并提高技术安全治理的能力，这为数字出版产业的可持续发展和技术安全的实现提供了重要支持。

23.3.3　以技术安全为保障客体

数字出版安全治理体系和治理能力，"既属于文化安全考虑的范畴，又属于科技安全涉及的范畴"[1]。技术治理促使公共安全治理朝着开放化、规范化、法治化[2]方向发展，技术安全是数字出版安全治理体系和治理能力的重要保障，是结合客观事实和价值判断对安全状态的描述，[3] 具体包括狭义和广义两个方面，狭义上的技术安全是指技术本身的安全程度以及功能发挥程度，广义上的技术安全是指"技术因素和技术与国家安全因素的相关性所构成的国家安全的一种态势"。[4] 基于此，我们可将"数字出版技术安全"界定

---

[1]　周映，汪鑫. 数字出版技术安全的现状与优化路径分析[J]. 出版广角，2022(23)：78-82.

[2]　张伟，康敏. 技术治理视角下公共安全治理现代化的逻辑、风险与防范[J]. 学习与实践，2023(5)：72-79.

[3]　张灿. 技术安全的解释——基于公众与专家的认知差异[J]. 自然辩证法通讯，2017，39(5)：90-97.

[4]　杨春平，刘则渊. 技术安全：国家安全的重要内容[J]. 大连理工大学学报(社会科学版)，2005(4)：54-57.

为在一定的社会环境条件下，在确保技术自身稳定安全的基础上，作用于数字出版领域，并使出版利益处于相对没有危险、不受威胁的状态以及保障持续安全状态的能力。由于技术的表现形式不仅仅局限于科技产品，它还体现为一种涉及社会、经济和政治的网络系统。① 因此，数字出版产业作为技术网络系统的一部分，也重新建构了数字出版技术安全活动的主体、客体和内容，并逐渐衍生出数据安全、算法安全、算力安全、网络安全等外延。

2021 年通过的《数据安全法》中对"数据安全"的界定是"通过采取必要措施，确保数据处于有效保护和合法利用的状态，以及具备保障持续安全状态的能力"。因此，在数字出版产业中，为确保内容数据、用户数据、交互数据等数据信息免受非授权访问、篡改、泄露和破坏等威胁，数据安全是指通过完善相关法律法规、使用数据加密技术、访问控制与权限管理等方式，使出版数据处于有效保护和合法利用的状态，以及具备保障持续安全状态的能力。随着数字技术的发展和普及，出版产业逐渐向数字化转型，实现传统出版与数字出版的融合发展，在该过程中不免产生大量的内容数据、用户数据和交互数据作为数字出版产业中最为重要的资源要素之一，这意味着数据安全治理将成为数字出版技术安全的关键所在。

随着数据安全治理的进一步细化，其治理范围不断向算法安全治理迈进并深化。算法安全属于国家科技安全体系，是指"算法体系完整有效、国家重点领域核心算法技术安全可控、国家核心利益和安全不受外部算法技术优势危害以及保障持续安全状态的能力"。② 由此看来，算法安全涉及保护算法的机密性、完整性和可靠性。因此，在数字出版产业中，算法安全意味着大模型算法、LLM（大型语言模型）、文本生成算法（如 ChatGPT）、数据挖掘算

---

① 张灿. 技术安全的解释——基于公众与专家的认知差异[J]. 自然辩证法通讯，2017，39（5）：90-97.

② 贾珍珍，刘杨钺. 总体国家安全观视域下的算法安全与治理[J]. 理论与改革，2021（2）：135-148，156.

法等核心算法在研发、使用、管理的过程中不被破解、仿制或恶意篡改，能够确保数据信息的完整性和安全性，并具备使国家利益处于相对没有危险、不受威胁的状态以及保障持续安全状态的能力。

《"十四五"数字经济发展规划》中进一步明确算力基础设施建设的必要性与重要性，如"强化算力统筹和智能调度""打造智能算力的新型智能基础设施"等。由于算力本身具备内生安全的能力，①算力安全主要关注的是网络计算资源的安全保障问题，从而进一步保障数据安全、信息安全以及算法安全。在数字出版产业中，加强算力安全是数字出版技术安全发展的一项关键任务。算力安全主要针对数字出版产业的算力资源安全，即采用先进的密码算法、物理隔离、可信计算等技术保障机房、服务器、云计算和分布式计算资源处于有效保护和合法利用的状态，以及具备保障持续安全状态的能力，并防止被恶意攻击利用，确保数字出版平台和服务的平稳运行。

《网络安全法》关于"网络安全"的界定，"是指通过采取必要措施，防范对网络的攻击、侵入、干扰、破坏和非法使用以及意外事故，使网络处于稳定可靠运行的状态，以及保障网络数据的完整性、保密性、可用性的能力"。在数字出版产业中，其主要依赖互联网和信息技术基础设施进行内容创作、存储、传播和销售，数字出版网络安全涵盖了网络防御、入侵检测、安全认证和访问控制等一系列措施，譬如，目前数字出版企业实行的网络安全等级保护制度，能够通过等级考核和安全监管保障网络免受干扰、破坏或者未经授权的访问，防止黑客、病毒、恶意软件和网络钓鱼等威胁造成数字出版产业数据或信息被泄露、窃取、篡改等，并使其具有完整性、保密性、可持续实用性的能力。

在加强数据安全、算法安全、算力安全以及网络安全等方面，保障数字出版产业平稳、安全运行的基础上，进一步关注如何治理、构建数字出版技术治理体系成为核心要义和重中之重。数字出

---

① 窦强．加强数字金融基础设施建设，构筑先进安全算力底座[J]．中国金融电脑，2022(11)：36-37．

版技术安全治理是对数字出版活动中涉及的技术安全部分进行调整、规制的治理方法、行为和措施的总和。基于技术的横向运作过程，数字出版技术安全治理可分为数字出版技术规划安全治理、研发安全治理、评测安全治理、应用安全治理以及运维安全治理等。(1)数字出版技术规划安全治理侧重于技术路线的总体布局安全，出版单位可根据实际情况选择适用技术外包、技术合作或技术自主的技术路线。① (2)数字出版技术研发安全治理是指在研发、引进数字出版技术过程中，要考虑技术与数据、用户的匹配，以及与出版单位总体技术能力的适配性。(3)数字出版技术评测安全治理侧重于通过出台相关标准、政策等来提高技术与数字出版的适配程度。如利用图像识别、终端适配规范②等技术标准统一规范 AR 出版物，实现 AR 出版的整体性安全。(4)数字出版技术应用安全治理是对大数据、人工智能、区块链、元宇宙等高新技术的应用场景安全以及日常安全进行管理和监督，强调数字出版技术应用安全评估及风险防范，以实现技术风险与应用安全的自主可控。(5)数字出版技术运维安全治理是指在数字出版技术运维过程中，要及时吸收用户意见反馈，及时发现安全隐患和风险，并采取措施尽快处理，确保数字出版技术应用和产品服务处于稳定、可持续的安全状态。

　　总之，确定数字出版安全治理的客体，不仅需要在纵向维度上与"出版安全治理"作出严格区分，如传统的出版安全治理更侧重于出版文化安全问题，进而上升至内容安全、体制机制安全等问题，③ 不同于本书所讨论的数字技术背景下引发的更深层次的文化安全、产业安全和技术安全问题；还需在横向上总结归纳出与数字出版规划治理、数字治理、应急治理等其他治理内容的区别，以强

① 张新新 . "十四五"教育出版落实文化产业数字化战略思考——基于发展与治理向度[J]. 出版广角，2021(24)：32-39.

② 杨晓新，杨海平 . AR 出版物标准体系建设[J]. 中国出版，2018(8)：12-15.

③ 朱建伟 . 出版体制改革背景下的出版安全观[J]. 河南大学学报(社会科学版)，2006(5)：180-183.

调数字出版活动中涉及的安全部分，便于制定针对性的安全治理
措施。

23. 4　软硬结合的数字出版安全治理方式

数字出版安全治理的方式回答的是"如何治理"的问题。目前，
我国数字出版安全治理方式主要呈现出"软硬结合"的新秩序和新
格局。

"硬治理"主要由行政方式、法律方式、经济方式、技术方式
等构成。(1)行政方式是指数字出版安全治理主体通过采取间接、
系统的干预方式，[①]　如通过颁布行政命令、制定相关政策和措施，
严格监管数字出版安全出版活动，具有一定的强制性。(2)常言
道："没有规矩，不成方圆。"法律法规不仅是数字出版安全治理主
体执行治理活动的重要武器和工具，也是维护数字出版网络空间秩
序的重要基础。《网络安全法》《数据安全法》《网络信息内容生态治
理规定》等法律法规的出台，分别在网络安全、数据安全、内容安
全等方面明确了数字出版内容生产安全与传播安全的红线，要求数
字出版安全出版活动主体必须在法律规定的范围内行使权利和履行
义务。(3)经济方式是政府根据客观规律通过价格、税收、奖金、
罚款等形式(经济杠杆)的调节作用，对数字出版安全出版活动进
行宏观调控，如国家加大对数字出版安全治理工作的财政拨款，以
确保数字出版资源建设、技术研发、平台运维等安全隐患整治及时
到位。(4)目前，数字出版呈现数据化、智能化的发展趋势，这一
趋势为出版企业的网络安全工作敲响警钟，如 2022 年西北工业大
学遭美国 NSA 网络攻击事件，[②]　这一事件突出了技术方式在我国
安全治理中的重要性，即通过数字技术有效监测、防御、处置我国

①　黄先蓉，赵礼寿，阮静. 出版产业政策的价值取向与原则的制定[J].
中国出版，2011(11)：26-29.

②　国家计算机病毒应急处理中心. 信息安全摘要[EB/OL]. (2022-09-05)
[2023-03-01]. https：//www. cverc. org. cn/head/zhaiyao/news20220905-NPU. htm.

数字出版领域中存在的安全隐患和危险，是提升数字出版安全治理效能，实现数字出版安全治理基本现代化的"助燃剂"。

数字出版安全治理不能仅仅依靠"硬治理"方式，还需要强化"软治理"。软治理是硬治理的补充，是引入价值观念、职业道德等非强制性要素的柔性方式，主要包括安全意识的宣传教育、考核表彰等形式，以规范数字出版安全出版活动。例如，当前数字出版从业人员的综合素养有待提高，为应对数字技术的冲击和数字社会的转型，《提升全民数字素养与技能行动纲要》应运而生。这一纲要从软性治理角度，围绕数字化适应力、网络文明素养、数字道德伦理，为编辑的基本数字素养提供了规范化依据，[①] 以防患于未然。当前技术发展迅速，但乱象不断，大数据杀熟、数据滥用事件频频发生，这恰恰证明了软治理方式的重要性，同时也意味着数字出版安全治理的方式逐渐由国家规制的硬治理向由社会建构的软治理转型，并呈现出"软硬结合"的新型治理方式。

23.5 统筹发展与安全的数字出版安全治理目标

数字出版安全治理的目标，为数字出版安全治理活动提供方向指引，是治理主体(谁来治理)、治理方式(如何治理)和治理客体(治理什么)的动力源泉和使命所在。研究数字出版安全治理的目标，主要在于理顺数字出版安全治理和治理体系之间的逻辑关系，厘清数字出版治理和数字出版发展之间的相互关系，统筹好数字出版安全与发展，更好地实现发展质量、结构、规模、速度、效益与安全相统一。

简单来说，数字出版安全治理的直接目标是通过建立一套系统的顶层设计、政策制度，完善数字出版治理体系，提升数字出版治理能力，以应对数字出版领域面临的文化安全、产业安全、技术安

---

① 张新新，刘一燃. 编辑数字素养与技能体系的建构——基于出版深度融合发展战略的思考[J]. 中国编辑，2022(6)：4-10.

全中存在的如意识形态安全隐患、侵权盗版、网络攻击等风险和挑战。通过有效的安全治理措施，保障数字出版的安全发展、可持续发展。数字出版安全治理的最终目标是确保数字出版高质量发展，即"蕴含文化自信、高质量增长、技术赋能'三位一体'的协同创新发展"，① 提升数字出版发展的安全水平，实现数字出版安全发展，通过现代化的多维治理方式，为数字出版高质量发展提供保障。"安全和发展是一体之两翼、驱动之双轮。"数字出版安全治理是出版业高质量发展活动内容之一，通过提供协同安全管理服务，确保数字出版业在内容创作、编辑、制作和传播各个环节都能达到高标准，从而实现数字出版从源头到终端的全链路安全，并最终促成社会效益和经济效益相统一、双丰收，实现数字出版业的高质量发展。因此，数字出版安全治理与出版业的高质量发展互为条件、彼此支撑。只有辩证地把握数字出版安全治理与发展之间的关系，做到两手都要抓、两手都要硬，才能真正实现出版业高质量发展和高水平安全的良性互动。

23.6　数字出版安全治理的现状

在理论现状方面，以中国知网为数据源，以"数字出版安全"为检索词，在"主题"字段进行精确匹配。检索结果显示，截至 2022 年 11 月，有关"数字出版安全"的文献数量为 9 篇（如图 23-1）。通过整体的初步认识，笔者发现当前学界对数字出版安全治理的关注较少，尚处于学术空白状态。从关注领域来看，我国学者更加重视意识形态安全、文化安全，但在信息安全、技术安全、数据安全方面有待重视。基于此，本章将结合上述研究，通过"治理体系-治理能力"的二元结构对数字出版安全治理现状进行分析。

---

① 张新新. 出版业高质量发展的概念界定与基本特征[J]. 编辑之友，2023（3）：15-24.

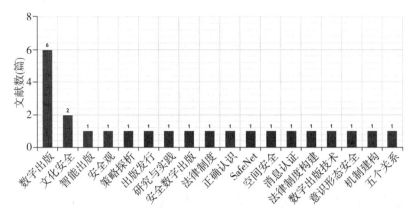

图 23-1　CNKI 统计数字出版安全主题文献

23.6.1　数字出版安全治理体系存在的问题

　　广义上的数字出版安全治理体系包含观念、制度和行动①三个层次，即以数字出版安全治理观念体系形塑数字出版安全治理制度体系，再以数字出版安全治理制度体系督导数字出版安全治理行动体系，最后以数字出版安全治理行动体系彰显数字出版安全治理观念体系，从而构成一个完整的数字出版安全治理体系(如图 23-2)。狭义上的数字出版安全治理体系则聚焦于制度体系建设，即以网信主管部门为主导，采取软硬结合的治理手段对数字出版安全出版活动(或曰数字出版活动中涉及的安全部分)进行调整、规制，以确保数字出版意识形态安全、数字出版文化安全、数字出版内容安全、数字出版技术安全等的制度总和，是形成数字出版安全治理能力的前提和基础。

　　那么，为较全面地认识数字出版安全治理存在的问题，本章将从广义的数字出版安全治理体系的内涵出发，即从观念、制度、行动这三方面入手进行讨论。首先，数字出版安全治理观念体系属于

①　郑吉峰. 国家治理体系的基本结构与层次[J]. 重庆社会科学，2014(4)：18-25.

图 23-2　数字出版安全治理体系图

宏观范畴，统领制度体系和行动体系。总的来说，当前我国数字出版正处于发展中，出台的《网络安全法》《数据安全法》《网络信息内容生态治理规定》等法律规章只能为数字出版安全治理规定底线，而无法强制数字出版安全出版活动主体拥有更崇高的价值追求。①同时，基于数字技术赋能，数字出版逐渐衍生出出版内容数字化、出版技术数字化等与之匹配的、全新的数字出版安全观念，而这些观念处于动态的变化环境中。因此，数字出版安全治理主体如何依据这些动态的、具体的数字出版安全观念及时更新数字出版安全治理观念体系也是一个极为重要的问题。其次，数字出版安全治理制度体系属于中观范畴，具有承上启下的作用。尽管我国数字出版起步较晚，但发展速度较快。这一矛盾导致相应的数字出版安全治理制度体系构建尚不完善。例如，在数字出版内容版权安全治理方面，目前我国还没有出台专门的法律规定明确数字出版版权的合理使用界限、侵权方式等，② 仅依靠《中华人民共和国著作权法》(以下简称"《著作权法》") 、《出版管理条例》等对数字出版版权侵权行为进行界定，不具有较强的针对性。另外，除了数字出版版权授

① 蒋志臻 . 当代中国出版问题的伦理审视［D］. 长沙：湖南师范大学，2014.

② 周莉 . 论数字出版法律制度的构建及文化安全［J］. 法制与社会，2014(6)：36-37.

权和侵权，我国在法律层面也尚未建立完善的数字版权准入许可机制。① 最后，数字出版安全治理行动体系属于微观范畴，是观念体系和制度体系的具体落实。融合发展背景下有可能带来一系列资源聚合、平台共建②等深层次的数字出版安全问题，这些问题都需要数字出版安全治理主体予以事前预防、及时关注，避免事后补救。然而，当前部分数字出版企业主管人员不熟悉数字出版产业前景，不了解数字出版产业的融合发展模式，缺乏前瞻性眼光，这不仅会导致相应的数字出版安全治理制度难以具体落实，沦为"空中楼阁"，还会造成不必要的损失。

23.6.2　数字出版安全治理能力存在的问题

数字出版安全治理能力，从狭义上看，是彰显数字出版安全治理体系的能力，是指运用和执行数字出版安全治理制度，将制度优势转化为数字出版安全治理效能，其核心内容是数字出版安全治理能力现代化。③ 根据前文对数字出版安全治理外延的界定，数字出版安全治理能力至少包括数字出版意识形态安全治理能力、数字出版文化安全治理能力、数字出版内容安全治理能力以及数字出版技术安全治理能力四个方面。故而，本节将从这四个方面对数字出版安全治理能力存在的问题展开分析。

其一，在数字出版意识形态安全治理能力方面，随着电子设备的普及，人人都能成为内容的生产者，打破了传统出版的内容生产模式，消解了编辑对数字出版内容的"把关"职能。故而，尽管当前数字出版安全治理主体出台了相关法律规定对数字出版安全出版活动中涉及的意识形态安全部分进行管控，但因内容的海量性和传播的广泛性，仍然有较多披着数字出版产品外衣的"漏网之鱼"对

---

① 魏佳，李慧. 从《费晓雾的奇幻天空》数字版权纠纷谈数字出版著作权法律保护问题[J]. 出版广角，2022(10)：88-91.

② 25位数字出版一线操盘手自述：实践与困境[N]. 中华读书报，2013-07-24(6).

③ 罗智芸. 国家治理能力研究：文献综述与研究进路[J]. 社会主义研究，2020(5)：156-163.

我国主流的意识形态进行丑化与攻击,① 具有较强的隐匿性和危害性。例如,2004 年国家新闻出版总署查处的《虎胆雄心》就含有"宣扬西藏、新疆独立,并将我国台湾地区并入日本领土"的非法内容。境外敌对势力利用电子游戏这一具有较强传播力与影响力的数字载体,在我国未成年群体中造成了严重的不良影响。在数字时代,数字出版安全治理主体很难迅速找到违法的数字出版产品进行整治,更多是事后补救,而非事前预防,所以无法充分发挥数字出版意识形态安全治理能力以达到预期理想的治理效果。

其二,在数字出版文化安全治理能力方面,其最大的问题在于文化认同危机,② 即对发展社会主义先进文化,弘扬革命文化,传承中华优秀传统文化的核心文化认同的消解,是数字出版文化安全治理制度陷入窘境的症结所在。出现这一问题的原因,一方面,在于部分数字出版从业人员受经济利益的驱使,在数字出版物的选题策划上刻意迎合大众喜好,有意淡化对核心文化的生成与传播;另一方面,在于不同社会阶层、群体和个人的文化接受程度不同,从而导致其对同一数字出版物背后体现的文化认同出现认知不平衡的状况。然而,文化认同是数字出版安全治理主体运用和执行数字出版文化安全治理制度的基础。文化认同一旦出现危机,数字出版文化安全治理能力必然会遭到严峻挑战。

其三,在数字出版内容安全治理能力方面,究其本质,数字出版产业的核心在于内容的生产与传播。尽管盗版侵权、非法内容的管控一直是数字出版安全治理主体制定政策与法律的重点,且各种专项治理活动也成为一种常态化的存在。但数字出版内容数字化、传播数字化面临的问题远比想象中复杂得多。例如,内容创作过程中所涉及的内容版权安全一直是较突出的问题,有关管理部门很难做到对数字出版内容进行动态、有效地监控,应实时采取措施予以

---

① 张滢. 数字出版中的意识形态安全保障机制建构[J]. 哈尔滨师范大学社会科学学报, 2020, 11(4):149-152.

② 李臻. 文化治理视域下的公共数字文化服务标准体系研究[J]. 大学图书情报学刊, 2020, 38(4):50-54, 77.

规制。同时，内容制作加工过程中所涉及的数据信息安全问题①也是近几年因内容数据化盛行而新出现的问题。因我国数字出版业数据存在类型复杂、体量庞大、敏感重要②等特点，对数字出版内容数据安全治理能力提出了更高的要求，解决起来也较为棘手。

其四，在数字出版技术安全治理能力方面，由于我国数字出版尚处于发展的初级阶段，相关法律规章制度不健全，且由于我国缺乏核心技术，当前普遍流行的数字出版关键技术大多被国外大型出版经营商掌控，③ 技术外包、技术合作的模式使数字出版安全出版活动涉及多方主体，陷入一个极为尖锐复杂的对立阶段，彻底打破了现行《著作权法》对各方主体利益保障的平衡，④ 也难以为数字出版技术安全治理提供一个相对健康的环境以实现数字出版技术安全治理能力的有效发挥。同时，数字出版产品与服务在技术应用的过程中存在安全风险，而技术标准作为标准中的一类，能够有效引导对应技术的健康发展。以 VR 技术为例，如何确保 VR 技术的应用安全稳定，如何保证具体 VR 出版物的使用安全、管理有效，其中很多环节需要标准化管理，而我国数字出版 VR 技术标准体系有待完善，从而导致数字出版安全治理主体缺乏有效的技术评判标准，不利于展开具体的数字出版 VR 技术安全治理活动。

23.7　数字出版安全治理的发展路径

综合上述对数字出版安全治理现状的分析，本节欲延续"治理体系-治理能力"的研究范式以明确数字出版安全治理的发展路径，

---

① 张窈，储鹏. 我国数字出版政策工具选择体系及其优化策略研究[J]. 科技与出版，2021(2)：31-42.

② 杨鸿瑞. 大数据背景下我国出版业数据安全问题探讨[J]. 中国出版，2019(16)：22-25.

③ 杨皖宁. 应建构数字出版的文化安全观[J]. 科技与出版，2020(5)：121-125.

④ 孜里米拉·艾尼瓦尔. 聚焦"5G+智能"时代：数字出版著作权法治理困境及应对[J]. 科技与法律(中英文)，2022(2)：88-97.

具体包括两个方面，即数字出版安全治理体系现代化和数字出版安全治理能力现代化。数字出版安全治理体系现代化是以网信主管部门为主导、数字出版市场有效介入以及社会公众深度参与①的过程，以满足人民日益增长的美好生活需要为根本目的，推动数字出版的高质量发展，助力社会主义出版强国建设的成果。要实现数字出版安全治理体系现代化，广义上要求在观念、制度和行动三个维度上进行立体化的构建，实现抽象到具象、精神到物质的转变，即将现代化的数字出版安全治理观念体系贯穿于制度体系和行动体系之中，渗透于数字出版安全治理制度体系，外化于数字出版安全治理行动体系；狭义上要求围绕制度建设探寻数字出版安全治理体系现代化的出路。数字出版安全治理能力现代化的本质其实是数字出版安全治理制度现代化，且更强调系统性、整体性、协同性，② 突出制度建设以统筹兼顾和协调推进数字出版意识形态安全治理能力、数字出版文化安全治理能力、数字出版内容安全治理能力、数字出版技术安全治理能力等的全面发展。

基于此，从根本上说，实现数字出版安全治理体系现代化和数字出版安全治理能力现代化背后体现的是一种宏大的制度运作逻辑。这一制度运作逻辑正是由"制度建构——制度权威——制度执行③——制度评估"的闭环逻辑体系构成，即完善数字出版安全治理制度构建，强化数字出版安全治理制度权威，提升数字出版安全治理制度执行，注重数字出版安全治理制度评估这四个环节，其目的在于将制度优势更好地转化为数字出版安全治理效能，真正建立起数字出版安全治理之"制"与数字出版安全治理之"治"的良性对话（如图23-3）。

---

① 苏君阳. 新时代教育治理体系现代化：内涵、特征及其实现路径[J]. 教育研究，2021，42（9）：120-130.

② 孟天广. 政府数字化转型的要素、机制与路径——兼论"技术赋能"与"技术赋权"的双向驱动[J]. 治理研究，2021，37（1）：5-14，2.

③ 黄建军. 中国国家治理体系和治理能力现代化的制度逻辑[J]. 马克思主义研究，2020（8）：43-51.

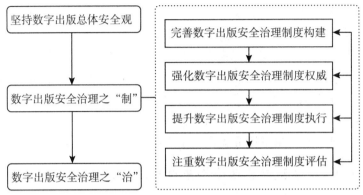

图 23-3 数字出版安全治理体系现代化发展路径图

23.7.1 坚持数字出版总体安全观

我国数字出版安全治理体系和治理能力的现代化首先需要观念先行。尽管当前数字出版安全治理观念体系需要基于动态的、具体的数字出版安全观进行立体化构建，但仍需要对其进一步抽象化，即总体国家安全观，以统领数字出版安全治理观念体系的现代化。因此，数字出版总体安全观应以习近平新时代中国特色社会主义思想为指导，增强"四个意识"、坚定"四个自信"、做到"两个维护"。习近平总书记在党的二十大报告上指出："贯彻总体国家安全观，国家安全领导体制和法治体系、战略体系、政策体系不断完善，在原则问题上寸步不让，以坚定的意志品质维护国家主权、安全、发展利益，国家安全得到全面加强。"①同时，实现数字出版安全治理现代化尤其强调软治理手段的重要性。不论是数字出版安全治理主体还是数字出版安全治理相对人，都需要在思想层面树立底线观念，贯彻总体国家安全观，建立数字出版安全治理观念体系。

① 习近平. 高举中国特色社会主义伟大旗帜 为全面建设社会主义现代化国家而团结奋斗——在中国共产党第二十次全国代表大会上的报告[DB/OL]. (2022-10-25)[2022-11-22]. http：//www.gov.cn/xinwen/2022-10-25/content_572 1685.htm.

那么，除了将这些底线观念融入数字出版活动的方方面面，还可以通过注重提升数字出版专业化素质，开展数字出版专业培训活动①等方式，确保数字出版在安全发展的基础上再实现质的飞跃，争取经济效益与社会效益的双丰收。只有对数字出版从业人员的综合素质有了更高的要求，才能够在源头上真正形成一种安全、健康且高效的数字出版环境。另外，为顺应数字出版的发展洪流，数字出版安全出版活动主体必须转变传统出版的思维模式，了解数字出版的生产方式，用发展的眼光正视数字出版。

23.7.2 完善数字出版安全治理制度构建

实现数字出版安全治理现代化需要建立完备的制度体系，因此，完善数字出版安全治理制度构建，是数字出版安全治理现代化的前提基础和逻辑起点。我国需要建立健全有关数字出版的法律法规，尤其需要在加强数字出版版权方面予以重点关注。基于当前内容侵权门槛低、侵权手段更隐蔽等问题的涌现，构建全方位、前瞻性、务实性的数字出版版权保护制度体系是推动数字出版高质量发展的必然要求。同时，有关部门还需要积极推进数字出版的标准化工作。我国大数据、云计算、元宇宙等技术发展迅速，需要完善并对接相应的技术标准，以在宏观治理上实现技术把控。值得注意的是，企业是标准实施的主体，政府是标准制定的主体。因此，在标准制定的过程中，政府部门要因势利导，积极引导国内掌握数字出版核心技术的企业参与标准的制定工作，以"政府引导、企业主导"②的方式共同构建数字出版安全防御机制，从而能够在事前加强技术风险的预防与管理。一概言之，数字出版安全治理主体需要着眼于数字出版安全治理制度体系的总体布局，实现严密性、前瞻性、科学性的制度供给。

---

① 张新新，陈奎莲，倪薇钧. 新时代数字出版人才创新机制研究[J]. 出版广角，2020(4)：29-33.
② 杨晓新，杨海平. AR出版物标准体系建设[J]. 中国出版，2018(8)：12-15.

23.7.3　强化数字出版安全治理制度权威

　　制度权威是动态均衡、强制保障与自愿服从的统一。① 若想要制度在数字出版安全治理过程中居于核心地位，就必须加强数字出版安全治理制度权威，在制度认同的基础上实现数字出版安全治理主体与治理相对人从内在尊重到外在遵从的转变，这是实现数字出版安全治理现代化的必要条件。那如何实现数字出版安全治理制度认同呢？实际上，制度认同是建构起来的，关键在于根源认同与心源认同②两个维度。制度根源认同要求数字出版安全治理制度的出发点紧扣"人"，尤其是数字出版产业作为文化产业的重要组成部分，越发强调以人民安全为本，从人民群众的根本利益出发，并实现好、维护好、发展好最广大人民的根本利益，这是由制度的合理性决定的；制度心源认同要求将数字出版安全治理制度背后体现的价值观深深根植于每个人的认知与心理之中，在具体的数字出版实践中能够自觉做到有所为，有所不为。同时，在制度根源认同与制度心源认同的基础上，数字出版安全治理主体要在制度的约束和要求下行事，将日常的治理活动纳入数字出版安全治理制度框架之中，从而真正赋予数字出版安全治理制度以权威。

23.7.4　提升数字出版安全治理制度执行

　　"制度的生命力在于执行。"数字出版安全治理制度执行是实现数字出版安全治理效能的"最后一公里"，是数字出版安全治理制度的具体落实工作，是推进数字出版安全治理现代化的关键环节。提升数字出版安全治理制度执行包括两个方面，一是提高执行能力；二是重视执行效果。在提高执行能力方面，正如前文所述，数字技术是提升数字出版安全治理效能，实现数字出版安全治理现代

---

　　① 付瑀，李美玲．新型政党制度塑造制度认同的应然之义与实践路向[J]．甘肃理论学刊，2022(2)：47-54.

　　② 朱晨晨．基层协商民主的制度认同研究[D]．南京：南京师范大学，2017.

化的重要途径。由此，本书认为若想实现数字出版安全治理能力的现代化，就要敢用、愿用、会用、善用数字技术赋能。例如，采用区块链技术提高版权的可追溯性，将 AI 内容审核技术作为数字出版内容审核的辅助等。值得注意的是，在使用数字技术这一治理工具时，要在"技术理性主义"的指导下，坚持主流价值驾驭数字技术，从而避免因操作不当造成事倍功半的后果。在重视执行效果方面，为避免数字出版安全治理制度形同虚设，沦为"空中楼阁"，除了以网信主管部门为主导的核心治理主体，包括社会组织、行业协会、数字出版企业以及广大民众等在内的多元辅助性治理主体也要积极落实具体的数字出版安全治理制度，确保制度落实的质量，避免"华而不实""缺斤少两"，注重制度成果转化。

23.7.5 注重数字出版安全治理制度评估

对数字出版安全治理制度进行效果评估，是对制度构建、制度权威、制度执行的最终结果进行检查评判，判断其是否达到预期效果，也是完善数字出版安全治理制度构建、强化数字出版安全治理制度权威、提升数字出版安全治理制度执行的重要参考依据。基于此，如何进行数字出版安全治理制度评估将成为关键所在。制度评估需要由制度制定者，即数字出版安全治理主体，从自身和客体两个角度思考评估方式。[①] 一方面，从自身来看，需要以法律、规章的形式将数字出版安全治理制度评估体系固定下来，包括评估主体、评估客体、评估内容、评估目的、评估方法等，做到有法可依、有章可循。例如，《网络安全法》通过颁布"网络安全等级保护备案"的管理规定，致力于让数字出版企业进行网络安全等级保护评测，完成网络安全等级保护备案。这一规定不仅为数字出版企业工作的顺利展开提供了安全保障，也为数字出版安全治理主体提供了对其进行全方位安全信息跟踪的路径。另一方面，从客体来看，包括数字出版产品、数字出版技术等。以数字出版产品为例，可以

---

① 梁冬冬，高晓波，王露露，等 . 大型体育场馆服务中制度失效及对策研究[J]. 体育学刊，2020，27(1)：60-65.

通过建立数字出版产品数据库进行数据跟踪，量化地反映数字出版安全治理制度的效果，又或者以受众反馈、社会影响、订阅数量①等为主要指标，对数字出版安全治理制度进行总体的定性效果评价。

"安而不忘危，存而不忘亡，治而不忘乱。"当前正处于百年未有之大变局，意识形态安全、文化安全、产业安全、技术安全等，构成了数字出版安全治理的核心议题。数字出版作为文化产业的重要组成部分，在文化生产与传播方面具有不可替代的重要地位，而这恰恰需要对数字出版安全治理予以高度重视，以确保数字出版的安全发展、高质量发展、可持续发展。本书仅就数字出版安全治理范畴进行讨论，但数字出版治理体系的构建仍需引起更多学者的关注。数字出版安全发展之路，任重而道远。

---

① 胡凤，朱寒冬 . "一带一路"倡议下数字出版"走出去"的关键性问题研究[J]. 出版广角，2021(24)：16-20.

第二十四章　数字出版应急治理

　　本章主要研究数字出版应急治理的内涵及特征，提出数字出版应急治理是"数字出版治理主体在防范和应对风险、突发事件和危机中所形成的管理和服务数字出版活动的治理方法、行为和措施的总和"。基于对数字出版应急治理具体类型的分析，总结了数字出版应急治理的突发性与严重性、融合性与协同性、时效性与专业性以及意识形态、文化性和技术性四方面特征；分析数字出版应急治理的现状成效以及存在问题，提出数字出版应急治理在"完善数字出版应急治理法治体系、优化数字出版应急治理体制机制、着力提升数字出版应急治理能力以及建立健全应急决策咨询组织建设"四个方面的路径优化建议。

　　关于应急治理，早在2003年10月，党的十六届三中全会通过的《中共中央关于完善社会主义市场经济体制若干问题的决定》中，就指出"建立健全各种预警和应急机制，提高政府应对突发事件和风险的能力"。此后，十六届四中、五中、六中全会通过的建议和决定中相继提出"建立健全分类管理、分级负责、条块结合、属地为主的应急管理体制，形成统一指挥、反应灵敏、协调有序、运转高效的应急管理体制"。2007年通过的《中华人民共和国突发事件应对法》规定，"国家建立统一领导、综合协调、分类管理、分级负责、属地管理为主的应急管理体制"。2014年，习近平总书记提出总体国家安全观，强调要统筹外部安全和内部安全、国土安全和国民安全、传统安全和非传统安全、自身安全和共同安全。总体国家安全观为应急治理指明了方向，将其确定为"公共安全治理"，确立"生命至上、安全第一"的原则，进而为应急管理提供了评价和检验效果的标准。2017 年，党的十九大报告中没有出现"应急管理"这个词，而改称"健全公共安全体系"，即应急管理的本质被界定为"公共安全治理"。①

党的十八届三中全会指出："全面深化改革的总目标是完善和发展中国特色社会主义制度，推进国家治理体系和治理能力现代化。"十九届四中全会指出："我国国家治理体系和治理能力是中国特色社会主义制度及其执行能力的集中体现。"应急治理体系和治理能力，无疑是国家治理体系和治理能力现代化的重要组成部分和不可或缺内容。近年来，我国先后经历了许多重大应急事件的严峻考验，如 2008 年的汶川地震等自然灾害、2009 年的新疆打砸抢烧等社会安全事件、2015 年的天津港火灾爆炸等事故灾难。

数字出版应急治理体系和安全治理体系、智库治理体系、数字治理等构成了数字出版创新治理体系。② 2020 年度的数字出版精品遴选、有声读物精品出版工程等就是应急出版、出版业应急治理的重要体现，所入选的项目、产品"导向正确、内容优质、创新突出、双效俱佳"，体现了数字出版的新进展新成效，彰显了数字出版在"打赢疫情防控阻击战、满足群众新型阅读需求、推动出版业高质量发展中的积极作用"。③ 在数字出版治理过程中，数字出版应急治理是新型出版治理方式，唯有对其治理方式进行探索实践，才能推动出版业高质量发展目标的实现。本书通过对数字出版应急治理的梳理，尝试界定数字出版应急治理的内涵，概括出其基本特征，总结数字出版应急治理的现状、成效与问题，最后提出数字出版应急治理的路径优化建议。

---

① 童星. 中国应急管理的演化历程与当前趋势[J]. 公共管理与政策评论，2018，7(6)：11-20.

② 张新新，袁宜帆. 中国式现代化视域下的数字出版治理体系和治理能力研究[J]. 中国编辑，2023(5)：28-33.

③ 国家新闻出版署关于公布数字出版精品遴选推荐计划 2020 年度入选项目的通知[EB/OL]. [2020-12-15]. http：//www. nppa. gov. cn/nppa/contents/279/75362. shtml.

24.1　数字出版应急治理的概念与特征

数字出版治理体系以"常规—创新"的二元结构组成，其中规划治理、法律治理、财政治理、税收治理、标准治理属于常规治理体系；应急治理、安全治理、智库治理、数字治理等则属于创新治理体系。

那么基于创新治理体系，数字出版应急治理的特有属性是什么？特定外延有哪些？以及具有哪些基本特征？

24.1.1　数字出版应急治理的内涵界定

何为"应急治理"？应急治理是跨学科、综合性的社会管理理论与实践体系，以风险、灾害（突发事件）和危机为治理对象，通过科学规划、组织协调、资源调配和风险评估等手段，旨在迅速、有效地应对和减轻影响，保障公共安全、维护社会秩序。

首先，数字出版应急治理是在数字出版领域运用应急治理原则和方法，针对各类紧急情况及潜在危机，实施一系列预案、资源协调、信息共享和风险评估等手段，以迅速、有序地调动和运用相关资源，防范、减轻、应对数字出版领域可能出现的突发性事件。这种治理模式具有系统性、综合性和阶段性，强调预防为主、综合施策、科学决策，以保障数字出版活动的正常开展。

其次，数字出版应急治理的概念可进一步延伸为对数字出版生态系统的一种保护机制。数字出版涵盖出版物的数字化制作、传播、存储、获取等方面，面临诸多潜在风险，如版权侵权、信息泄露、网络攻击等。因此，数字出版应急治理强调在数字内容生命周期的各个环节，制定相应的措施，包括建立版权监测与维护系统，加强网络安全防护，开展数字出版风险评估，建立危机通信渠道等，以应对突发事件的可能影响。

最后，数字出版应急治理也需要注重公众参与和社会协同。治理的主体由原先以政府为主，扩充为国家、社会、市场、公民等多元化主体，治理权运行的向度不再是固定的"命令-服从"式，而是呈现出自上而下、自下而上、平行流动等多维向度。传统应急治理已经强调社会的参与和协同作用，数字出版应急治理同样需要政府、出版机构、平台运营商、版权持有者、技术专家等多元主体合作，协同应对复杂的减缓、准备、响应、恢复四个过程的非结构性突发事件，形成紧密的合力,① 以推进应急工作的规范化、制度化、法治化，充分实现科学应急、智慧应急，形成共建共治共享的应急治理新格局。

基于此，我们推导出数字出版应急治理的内涵，数字出版应急治理，是指数字出版治理主体在防范和应对风险、危机和突发事件中所形成的管理和服务数字出版活动的治理方法、行为和措施的总和。作为创新治理手段，数字出版应急治理区别于规划治理、标准治理、财政治理等常规治理模式，是健全特殊的选题机制、编校机制、发行机制等的重要途径，是指引公众科学合理应对突发事件的重要手段，是提高主管部门治理数字出版领域突发事件能力的重要方式，更在于形成科学、合理、高效的政府、市场、数字出版主体良性互动的治理格局。

24.1.2　数字出版应急治理的具体类型

依据不同的分类方法，数字出版应急治理可划分为不同的类型，它们扮演着不同的治理角色，并发挥不同的职能。

依据数字出版应急治理时期不同，可划分为数字出版酝酿期应急治理、数字出版暴发期应急治理以及数字出版缓解期应急治理。酝酿期应急治理是指在突发事件之前制定相应应急治理预案，建立健全各种突发事件的预防策略和措施；暴发期应急治理是指针对突发事件成为新闻舆论焦点期间所采取的管理服务措施；缓解期应急治理是指突发事件的社会影响力有所缓和期间所进行的管理服务。数字出版酝酿期应急治理，可以依据国家新闻出版署2019年印发的《图书、期刊、音像制品、电子出版物重大选题备案办法》的12

---

① 程惠霞．"科层式"应急管理体系及其优化：基于"治理能力现代化"的视角[J]．中国行政管理，2016(3)：86-91.

种重大选题模块，构建完善应急举措，确保政治方向、出版导向、价值取向正确，不断满足人民群众数字化、个性化、高品位的美好精神文化生活需要。数字出版暴发期应急治理，则有针对性地突出加强数字出版政府、社会、市场、公民等多元主体在应急数字出版选题策划、应急数字出版物、应急数字出版技术、应急数字出版流程管理等方面的应急治理能力，做好"硬知识"的知识服务传播。数字出版缓解期应急治理，以经验总结、反思沉淀为主，针对评估反馈不断改进，为下一次突发事件做好理论与实践的双重准备，具有借鉴意义。数字出版酝酿期应急治理，提供宏观指导与支持，以使数字出版治理主体能够承受重大突发事件的冲击，第一时间进入风险评估阶段；数字出版暴发期应急治理，是治理的关键点，是考验治理体系是否完善、治理能力是否完备的关键，需要汲取过往经验，强化风险意识，起到抵御风险的作用；数字出版缓解期应急治理，则需要缓解诸如新冠疫情等重大突发事件所造成的影响，化危为机，可持续、健康、稳定发展。

依据数字出版应急治理程度不同，可分为数字出版常态应急和数字出版非常态应急。数字出版常态应急治理较之非常态应急治理更为常见，如在内容呈现方面，由于数字出版的去中心化、传播碎片化、传播扩大化、传播快速化、空间隐匿性等特点，出现意识形态导向偏离主线，传播一些质疑权威或负面的观点，以期对主流意识形态施加影响与冲击；[1] 在技术应用层面，如区块链技术应用存在篡改威胁等风险，大数据技术应用带来的数据滥用、隐私泄露等风险，人工智能技术带来的著作权等风险，基于深度学习的深度伪造等风险；在信息数据层面，对出版社门户网站漏洞攻击和篡改网页、进行网站伪造和网站克隆、攻击出版社内部财务、管理数据，如某出版社官网被篡改为非法网页等。[2] 数字出版非常态应急治

① 张滢. 数字出版中的意识形态安全保障机制建构[J]. 哈尔滨师范大学社会科学学报，2020，11(4)：149-152.
② 周映，汪鑫. 数字出版技术安全的现状与优化路径分析[J]. 出版广角，2022(23)：78-82.

理，发生的频率相对来说较低，如有关党和国家重要文件、文献选题，涉及党和国家领导人讲话、著作、文章及其工作和生活情况，涉及党史、中华人民共和国历史上重大事件等问题。① 再者，如2003年发生的"非典"事件、2020年的"新型冠状病毒疫情"事件。

从数字出版应急治理构成内容来看，可分为数字出版产品应急治理、数字出版技术应急治理、数字出版运维应急治理等。数字出版产品应急治理，是专门针对突发事件，在特殊时期，在确保质量的前提下，尽快出版线上线下相结合的产品，以满足人民群众的学习阅读需求。如在新冠疫情突发事件下，科学出版社、浙江教育出版社、江苏凤凰科学技术出版社、辽宁科学技术出版社、天津科学技术出版社、中国人口出版社、黑龙江科学技术出版社等多家出版社都推出了各具特色的疫情防控出版物和宣传手册，免费开放了数百种数据库、专题知识库、数字图书馆网站。2020年1月29日，中国中医药出版社与天津市委网信办、微医互联网总医院联合推出兼具"科普+问诊"两项功能的数字出版物《新型冠状病毒感染的肺炎防治知识问答》；② 2020年1月30日，中国疾病预防控制中心与人民卫生出版社昼夜奋战推出了《新型冠状病毒感染的肺炎公众防护指南》融媒体图书、电子书、网络版读物。③ 数字出版技术应急治理，即面临数字出版技术突发事件或危机时，综合采取各种物理的、在线的措施，解决数字出版技术事故，恢复至正常状态；措施可包括建设面向应急出版的智能选题策划、智能审校纠错、智能排

---

① 关于印发《图书、期刊、音像制品、电子出版物重大选题备案办法》的通知［EB/OL］.［2019-12-11］. https：//www. nppa. gov. cn/nppa/contents/279/74480. shtml.

② 《新型冠状病毒感染的肺炎防治知识问答》出版发行［EB/OL］.［2020-01-29］. https：//baijiahao. baidu. com/s？ id. = 1657506171745891458&wfr = spider &for = pc.

③ 多家科技社出书助力抗"疫"［EB/OL］.［2020-02-03］. https：//www. nppa. gov. cn/nppa/contents/280/45516. shtml.

版印制和智能发行系统,① 充分运用 5G、大数据、云计算、物联网、区块链、人工智能等新技术,构建智能服务平台,创建智库等成果,最大程度实现数字出版应急治理所需的信息交换、资源整合和知识支撑。数字出版运维应急治理,指针对突发事件对数字出版市场营销、发行与传播、渠道建设等方面进行的应急管理和服务,如在数字出版物营销过程中,由营销人员发现和识别了产品瑕疵、技术漏洞、内容质量错误等问题,及时反馈给研发部门、技术部门以尽快纠正和改进。

　　从数字出版应急治理层级维度来看,可分为数字出版国家级应急治理、行业级应急治理、地方级应急治理和企业级应急治理。该种分类是依据所面临的数字出版风险、危机和突发事件是属于国家级层面、行业层面、地方级层面抑或企业级层面所进行的划分。企业级应急治理,是数量最多、最为常见的,如在用户反馈数字图书馆无法打开、网站服务崩溃、数字出版机房应急报警等情况下采取的应急管理措施;行业级应急治理,伴随数字出版产业的持续发展时有发生,并且一旦出现就会引发很大的舆情和公众关注,如面对众多出版机构数字出版集合性产品的侵权盗版而采取的应急管理举措。值得注意的是,数字出版风险、危机和突发事件,是容易蔓延、升级的,如若不及时加以纠正或管理,则容易从低程度向高程度、企业级向行业级、地方级向国家级扩散。实践中,数字教材或教辅中出现的增值知识服务网络链接被篡改为非法内容,如不加以及时回应、反馈和处理,则容易酿成更大舆情,引发影响更坏、范围更广、性质更严重的事件。

24.1.3　数字出版应急治理的基本特征

　　在界定数字出版应急治理内涵的基础上,本书认为,数字出版应急治理特征主要表现为突发紧急性、融合协同性、时效专业性、社会价值性四个方面。

---

　　① 刘华东,马维娜,张新新."出版+人工智能":智能出版流程再造[J].出版广角,2018(1):14-16.

其一，数字出版应急治理的突发性与紧急性。数字出版应急治理往往伴随重大事件的不确定性、破坏性、社会性等特性开展相应应急性、工具性活动。具体来讲，首先，作为数字出版应急治理对象的危机、风险、事件具有突发性和紧急性。数字出版风险治理，属于前期治理的对象，是指当发现影响数字出版公共利益、存在与数字出版相关的公共安全的潜在风险时，所采取的风险识别、风险评估以及延缓、预防、减少或消除等处理措施。数字出版应急管理，是指面对突发事件（灾害），所进行的准备、响应和恢复等处理措施，例如，数字出版机房高温报警、数字出版知识库服务器无法启动等情形。数字出版危机治理，往往是指非常严重的应急治理举措，出现影响意识形态安全、文化安全、整个数字出版产业安全等情形时，所进行的调查、问责和改进等举措。其次，数字出版应急治理潜在波及数字出版的整体流程，如产品应急、技术应急、运维应急等。换言之，数字出版产业链的每个环节，都有可能成为应急治理的对象，或曰数字出版产品应急治理、技术应急治理、运维应急治理都不仅有理论可能性，也客观存在着事实可能性。例如，出版社的专题知识库被勒索病毒攻击并锁定，出版社主要数字出版技术被攻破、损毁或突发故障，以及数字出版运营过程中发现产品质量问题或侵权盗版问题等。最后，数字出版应急治理已从被动应急走向主动作为，亟须第一时间采取措施，以满足民众迫切信息需求、抚平民众情绪、恢复社会正常秩序为目的。如 2020 年初暴发的新冠疫情，电子书、有声书、音像制品等数字化产品的推广，充分决定了出版企业能否在此次应急治理"战疫"中抓住机遇、脱颖而出，以更好地满足特殊时期人民群众的医学、健康等领域的知识需求。

其二，数字出版应急治理的融合性与协同性。数字出版应急治理首要注重的是融合与协同发展理念的应用，[①] 包括理念融合、内容融合、技术融合、渠道融合等。在理念融合与协同方面，数字出

---

① 张新新，于晓华. 融合与协同服务理念下应急出版知识服务策略 [M]. 长春：吉林人民出版社，2021：67-73.

版应急预案制定、应急预案实施、应急预案监督评估等要综合考虑政治、文化、经济、技术等各方面因素，要做到标准治理、法律治理等常规型治理方式，与安全治理、智库治理等创新型治理方式相得益彰，以确保数字出版应急治理预案的科学性、合理性和适度性，提升应急治理预案实施的质量和水平。须知，数字出版应急治理是集跨行业、跨部门、多领域、多主体协同发展的一项活动。在内容资源融合与协同方面，数字出版应急治理需要实现电子书、有声读物、音像制品等多产品结构的优质内容资源的协同。在技术资源融合与协同方面，需要加强以 5G、区块链、大数据、人工智能等为代表的新一轮信息技术资源的融合，加强数字技术作用于应急治理的规划、研发与应用，构建数字出版应急治理技术服务平台；需要多方应急集成平台共同对突发事件进行监测监控、综合研判，采集有价值性的多源数据，提供合理、科学、弹性的应急预案体系。在智力资源融合与协同方面，需要不同专业领域的专家、科普作家、编辑室、排版部、市场部、电子部和发行部等人员共同协作，共同对抗突发事件的影响。

其三，数字出版应急治理的时效性与专业性。时效性即在某一段时间内才有效，专业性则指具备扎实的专业素养。数字出版应急治理的时效性与专业性，是指数字出版应急治理要以最快的速度提供最专业、最适配、最准确的动态信息内容，否则应急出版的价值也会流失。最典型的一个事例：2020 年前半年，全国出版机构"转变图书选题策划方式，融合出版创新理念方法，形成 700 多种抗疫图书生产阵势，全方位地支持、支援、支撑抗疫斗争"，并由此引发了出版界对于增强忧患意识提高防控风险能力的思考。抗疫过程中，在宏观层面，出版业主管部门及时制定出一系列疫情防控相关的政策和文件，有序统筹疫情防控和出版生产工作。如国家新闻出版署发布《关于支持出版物发行企业抓好疫情防控有序恢复经营的通知》，随后，各地宣传思想文化主管部门陆续下发了相关政策文件，如湖北省委宣传部《关于支持全省印刷发行企业抓好疫情防控有序恢复经营的通知》、甘肃省委宣传部《关于支持文化企业复工复产、达产达标的通知》、青海省新闻出版局《关于支持印刷发行企业有序复工复产的通知》等。在微观层面，各出版企业积极攻坚克难，提升企业法人治理的应急能力和水平，数百家数字出版相关企业迅速研发疫情防控知识图书，采用数字出版形态，对电子书、数据库、专题知识库、在线课程等免费开放，有效地助力了疫情防控工作的有序开展。例如，中国大地出版社（地质出版社）免费开放自然资源数字图书馆、知识库等产品使用；中华医学会杂志社自2020 年 1 月 31 日起，开放 41 种期刊全部文献供读者免费阅读，了解新冠肺炎。①

其四，数字出版应急治理的意识形态性、文化性与技术性。数字出版应急治理作为一种数字出版治理活动，是数字出版治理这一基本范畴在数字出版管理活动中的具体呈现和细化体现。应该说，数字出版所具备的意识形态性、文化性、经济性和技术属性都能够在数字出版应急治理活动中得到体现，并且作用于数字出版应急治理的具体领域。较之于数字出版其他治理形式，数字出版应急治理，往往更多与意识形态、文化、技术等相关，如涉及意识形态斗争、多元意识形态、网络意识形态的数字出版风险、危机和事件等，往往是数字出版应急治理的主要内容；而除了意识形态之外的文化安全、文化传承、文化创新等过程中的风险、危机和事件，也是和应急治理密不可分的。最后，人与物、自然、技术关系中的安全，尤其是技术安全，更是传统出版应急治理所鞭长莫及的，需要数字出版应急治理予以统筹、考量、评估、实施和处置。所以，数字出版应急治理具有鲜明的文化性、技术性与意识形态性特征，这也是文化领域的应急治理与经济领域应急治理的明显差别。

24.2　数字出版应急治理的现状与成效

自 2005 年国务院发布《国家突发公共事件总体应急预案》起，我国应急平台构建了以国务院应急平台为支点，以省级和地方应急

---

① 沈锡宾，刘红霞，等. 突发重大公共事件下科技期刊数字出版平台的社会责任与使命担当[J]. 科技与出版，2020(4)：26-34.

平台为分支，形成多方协同的国家应急平台体系。2006 年，数字出版被写入国家级规划，数字治理体系逐步健全，应急治理体系基本形成。

首先，数字出版应急治理多元主体面对重大突发事件时积极应对，但有各自为战的趋势。以疫情防控为例，在新冠疫情的背景下，政府、地方、出版企业等主体第一时间组织专家、作者以及编辑，出版相关防疫类电子图书、手册指南。如湖北科学技术出版社联合武汉市疾病预防控制中心编撰出版《新型冠状病毒肺炎预防手册》，江苏凤凰科学技术出版社邀请南京鼓楼医院感染病学科专家编撰出版《新型冠状病毒感染的肺炎防护手册》，科学出版社第一时间转发应急总医院发布的《新型冠状病毒感染的肺炎防控知识手册》；天津市委网信办、微医互联网总医院联合中国中医药出版社共同编写《新型冠状病毒感染的肺炎防治知识问答》；四川科学技术出版社出版了全国第一本针对疫情的心理防护图书《新型冠状病毒大众心理防护手册》等。但是，上线的绝大多数读物以大众防护为主，内容差异化较小，存在一定同质化、浅层化现象，呈现数字出版应急治理多元主体主动担当、积极作为但略显各自为政的状态。数字出版主体各自抓住机遇以取得出版数字化转型，实现高质量发展，却无法实现资源的有效整合、联动，无法实现"超级传播"为数字出版产品提质增效，减少公众获取正确信息动态的时间。

其次，自建有完整产业链的数字出版企业，数字出版应急治理体系较为完善。数字出版企业的完整产业链即对数字内容的选题策划、编辑审校、线上销售等出版环节全部在出版社内完成，连成一个整体的功能网链结构模式。在新冠疫情突发事件中，拥有自建完整产业链的数字出版企业在极短的时间内快速响应，开展有声书、知识库等应急数字出版资源的免费供给活动，以更好地满足特殊时期人民群众精神文化生活的需要。如 2020 年 1 月 29 日，上海交通大学出版社首批开放自有 App"慕知悦读"平台上的 300 多本电子书资源；2020 年 1 月 30 日，人民文学出版社推出"人文读书声"为读者提供免费经典名著有声版；2020 年 2 月 6 日，中国出版集团为读者免费提供一批优质的电子书、有声书和网上书城免费资源，其旗下中版集团数字传媒有限公司"去听"阅读平台，免费开放《茶馆》《黄金时代》等1000余部优质有声书；① 湖北长江传媒数字出版有限公司第一时间利用自有平台、新媒体、分发渠道，组织成立"内容+技术+运营"应急工作组。据统计，截至2020年2月6日，超过150家出版社、数字出版企业免费开放了全媒体素材数字知识资源，包含数字图书、数据库、专题知识库、数字视频、数字音频、在线课程等。② 从中可以看出，拥有产品、技术、运维相对完整产业链的数字出版企业，在重大突发事件的情况下响应速度明显快于第三方平台，其构建了一套完整的应急数字出版快速反应机制。

最后，以数字出版应急治理为契机，通过"走出去"的方式协助国际社会处理疫情应急治理活动。重大突发事件下给数字出版业提供了契机，多社成功输出抗疫图书版权，协助其他国家开展知识抗疫、疫情科普活动。如浙江教育出版集团、杭州阿优动画公司同浙江传媒学院共同推出《打造生命防线——新冠病毒预防漫画手册（多语言版）》已成功走出国门；2020年2月8日推出《张文宏教授支招防控新型冠状病毒》数字版；2020年2月中旬，山东文艺出版社推出的公益电子书《新冠肺炎防护手册（漫画版）》已推广至全球英语、阿拉伯语、意大利语、西班牙语地区；2020年2月13日，中国少年儿童新闻出版总社推出的专业少儿防疫科普图画电子书《新型冠状病毒走啦!》实现了12个语种的国际版权输出，其中包括英文版、韩文版、德文版、法文版、意大利文版、波兰文版、西班牙文版、葡萄牙文版、希腊文版、泰文版等；中文传媒旗下出版社推出《守望春天——抗击新冠疫情儿童书画作品集》《站住！病毒

① 《出版声音品牌借"耳朵经济"势起》[EB/OL]．[2020-07-09]．中国财富网，https：//baijiahao. baidu. com/s？id=1671723028959373296&wfr=spider&for=pc.

② 张新新．传统出版与新兴出版深度融合，推进数字出版高质量发展——2019年度中国数字出版盘点[J]．科技与出版，2020（3）：13-27.

怪——新型冠状病毒儿童科普绘本》等作品，授权国家包括印度、越南、罗马尼亚、韩国等多个国家和地区。通过国内各方数字出版治理主体与公众反馈精选出能够传递中国声音、讲述中国故事、分享中国方案的精品佳作，致力于推动国际社会共同携手抗疫，协助其他国家开展疫情应急治理活动。

24.3　数字出版应急治理存在的问题

根据上文对数字出版应急治理现状以及取得成效的概述，可以肯定的是，数字出版应急治理体系和治理能力建设尽管取得了一定的成绩，但同时数字出版应急治理仍然存在一些有待改进提升的地方。

一则，数字出版应急法律法规框架制定有待进一步优化。数字出版应急法律法规框架制定，是预警预案部署实施、监测评估的前提和基础。而数字出版应急法律法规的制定，宜在对数字出版应急管理的全流程、全方位、立体化维度上构建，规避"墙壁上的法制"现象，进而明确数字出版多元应急治理主体在突发事件中的职权、职责，有效控制突发事件的法律秩序，以确保数字出版应急治理的科学性、合理性，保证数字出版应急工作的规范化、制度化、法治化。

二则，数字出版应急治理多元主体危机防范体制机制要进一步完善。数字出版应急治理多元主体，即国家应急管理机构、地方应急管理机构、行业应急管理机构以及企业应急管理机构，政府与社会组织综合协调在突发事件酝酿期实施制定预警预案机制，暴发期实施制定指挥协调机制、社会动员机制等，缓解期实施制定监测评估机制、应急保障机制等，由此，数字出版应急治理的主体宜协同常规型治理主体共建内容资源储备库、技术资源储备库、集成平台资源储备库、人才资源储备库等，以防范突发事件的发生，降低数字出版领域风险、事件和危机所造成的损失。基于新冠疫情中的应急出版来看，医学卫生类专业期刊最早启动应急出版措施预案，科技部、卫健委、中国科协、中华医学会共同将中华医学期刊网作为专门学术交流网络平台，采取对专稿择优审稿、先行出版的形式，于 2020 年 1 月起出版相关研究成果；而除医学类期刊以外的其他科技期刊响应程度普遍较低，且国内科技期刊大多在 2020 年 2 月下旬才陆续开始启动相关选题策划，可以窥见中国科技期刊面临重大突发事件时应急出版资源库缺失缺位，多方治理主体在信息、资源和人力调动上不能共享和协同，难以有效整合，出现各自为战的状态，无法在面对突发事件时及时供给足够丰富和高质量的数字内容产品和服务。

三则，数字出版应急决策咨询机构予以高度重视。数字出版应急治理工作涉及多领域、多专业、多平台的突发性、综合性、强专业性的"集中力量办大事"的有机结合。例如，数字出版应急治理涉及预防预警、引导社会舆论、缓解公众情绪、应急产品落地、应急共性关键技术实施、应急集成平台、应急救援队伍等。由此，一方面，如果缺少应急决策咨询机构的服务支撑，那么，应急治理的突发严重性特征缺乏保障，其综合协同性、时效专业性、社会价值性将会实实在在地降低。另一方面，实践中应急决策咨询机构的"轻制定、轻实施"现象在实践中较常见，也导致了数字出版应急治理的效果不尽如人意，尚属于较薄弱的领域，但这也是数字出版应急治理路径优化的重要方向之一，是数字出版应急治理主体应对突发事件的快速高效处置的首要条件。

24.4 数字出版应急治理的路径优化分析

要解决上述法律法规制定、危机防范体制机制以及应急决策机构三个方面的问题，数字出版应急治理可参照其他领域，实行"一案三制"的综合协同应急管理体系，即构建完善的应急预案、应急法制、应急体制和应急机制。

24.4.1 完善数字出版应急治理法治体系

"紧急不避法治。"数字出版应急治理的高质量实施，使突发公共事件的应急处置走向规范化、制度化和法治化轨道，明确政府、公民以及相关企业等多元治理主体在突发事件中的权利与义务，共同维护国家利益和社会利益，使公民基本权益得到最大限度地保障，离不开法治体系的建设。法律法规是出版业各治理主体的行为准则和底线要求，完善数字出版应急治理法治体系是提升国家治理能力的有效路径。只有形成完善的法律法规，建立数字出版应急预案体系，为行业处理重大社会事件划定具体行动范围，才能有效解决多元治理主体在治理过程中的困境壁垒，同时不断进行治理模式的调整与完善。

由此，数字出版应急治理体系的建构，先应完善数字出版应急治理法律体系，一则，确立《突发事件应对法》作为数字出版应急治理法律体系的核心，同时结合《国家安全法》《数据安全法》《网络安全法》《著作权法》等法律，探索健全和完善数字出版应急治理的法律渊源；二则，结合《出版管理条例》《计算机软件保护条例》《网络出版服务管理规定》《电子出版物出版管理规定》等法规规章，构建和完善适应数字出版产品、数字出版技术、网络出版、电子出版等领域的应急治理法规规章体系；三则，进一步推动优化和完善上述应急治理的法律法规，吸收和采纳最新的应急治理领导体制、管理经验、成功做法等，从源头上提升应急治理的法治水平。

24.4.2 优化数字出版应急治理体制机制

鉴于应急数字出版的突发严重性、时效专业性以及社会价值性等特征，数字出版应急治理的进一步优化应全面建立和优化出版安全危机预警体制、建立健全快速反应机制以及建立完善信息收集和发布制度等核心体制机制，以协调处理出版业在重大突发事件中应承担的社会责任、重大政策的制定和网络舆情危机处理等，以不断提升数字出版应急治理能力的现代化。

数字出版应急预案体系，是由总体预案、分项预案、重大活动预案、部门预案等构成的预案体系，是涵盖横向到边、纵向到底的完整体系，覆盖数字出版产品、技术、运维产业链全环节，涉及数字专业出版、数字大众出版、数字教育出版、数字学术出版各领域，渗透于数字出版调节和数字出版治理两大基本范畴。数字出版应急预案体系具备应急规划、纲领和指引的功能，是构建应急管理体系的核心，旨在作为应急管理理念的承载体，也是实施"一案三制"的初始要点。在应急行动中，其扮演着宣导书、动员令和冲锋号的角色；同时，出版安全危机预警体制还充当应急治理主体，是进行应急教学、防范、引导和操作等一系列治理工作的强力"抓手"。通过制定危机预案，将非常态应急中的潜在常态要素显性化，并将规律性的社会发展经验进行归纳、总结和提升，将体系内部的规律性转化为外部的必然性，并为建立更具约束力的制度性条文奠定基础。危机预案为应急指挥和出版人员在紧急情况下行使权利和采取行动提供了明确的方向，有助于降低因突发公共事件的不确定性而失去对关键时机和环节的掌握，避免资源的浪费。

数字出版应急管理体制，是包含数字出版应急治理的组织架构、权限范围及其相互关系之间的制度总和。数字出版应急管理体制，涵盖多种治理主体，应以应急管理全过程为主线，确立一整套数字出版应急出版工作流程，涵盖酝酿期、暴发期和缓解期等各个时间段，涵盖预防预警、指挥协调、监测评估等多个环节；应加强宏观管理，优化资源配置，最大限度地发挥各数字出版治理主体的长处，实现资源和内容的有效集中，产生最大的社会效益。以应急出版指挥协调体制为例，应急指挥最根本的作用在于综合协调各参与主体的应急出版活动，有效地整合各参与主体的力量，使各参与部门既充分发挥自身的功能，又能相互配合，提高整体效能。在应急出版管理中，有两个重要方面需要特别强调。首先，必须强调前期的指挥部署，要求指挥者亲临现场以获得全面的情况了解，并且及时增强对各级紧急出版行动的组织协调，优化对具体问题的决策指导，以提高决策效率为目标。其次，需要确保层级责任的有效执行，明确各层级的职责和权限，以确保各级能够根据任务要求充分发挥各自的职能，有效地组织和推动应急出版工作的展开。最后，数字出版应急治理领导者应建设一个完整的、涵盖生产链各环节的队伍体系，能够及时地处理数字出版产品应急问题、技术应急问题、运维应急问题、涉外应急问题等。

数字出版应急治理机制，是指协调数字出版应急治理各要素之间关系以更好地发挥作用的具体运行方式，包括资源应急机制、产品应急机制、技术应急机制、人才应急机制、项目应急机制等。这里仅就快速反应机制、信息收集和发布机制加以说明。

建立健全快速反应机制。在突发公共事件后，数字出版治理主体应启动相应数字出版应急团队，对不同程度的应急情况进行分级管理，建立全媒体应急出版流程，即编、绘、审、校、排同步进行，确保数字出版物内容的权威性和实效性；根据全媒体的传播形式，全团队团结协作，相互配合，协同分工，快速处理，用最快的出版速度，最优的出版质量，完成应急选题、撰写、审定，并借助数字化新媒体传播平台，迅速展开应急出版内容的传播，以应对政府、媒体和公众对其相关内容的需求，并正确引导社会舆论。

建立完善信息收集和发布机制。在突发危机事件发生时，数字出版治理主体应在第一时间收集相关信息，通过相关渠道予以全面真实地发布，并由专人负责此事、及时更新相关数据，充分利用门户网站、广播电视等平台公开信息，最大程度避免出现公众的慌乱。同时要建立跨省区的信息协调机制，保证信息的及时沟通和传递，以便于专家组织对信息及时、准确、全面地把握，有利于专家组织及时为数字出版治理主体提供相关专业性和权威性的信息。

24.4.3　着力提升数字出版应急治理能力

提升数字出版应急治理能力，是推动数字出版治理能力现代化的必然要求，也是实施数字出版治理体系现代化的题中应有之义。数字出版应急治理能力，按照风险、突发事件和危机等治理对象的不同，遵循应急治理的规律，可大致划分为数字出版风险防范能力、数字出版应急管理能力以及数字出版危机处理能力三种。

面向事前管理的数字出版风险防范能力。"上工治未病，不治已病，此之谓也。"数字出版风险防范，或曰数字出版风险事先治理，即在数字出版风险外化之前就着手治理规划，预先采取抽象行政行为或具体行政行为，来实现对数字出版风险、可能出现的突发事件或即将产生的危机，进行未雨绸缪的预研、预判和提前治理。

面向事中管理的数字出版应急管理能力，是指突发事件出现以后，进行及时、有效地管理和把控，做到充分准备，及时响应，通过人力、财力、物力和智力资源的综合运用和调度，保障数字出版发展和治理处于不受威胁的状态，使数字出版秩序、状态或事物尽可能恢复到突发事件以前的情形。数字出版应急管理的价值和作用往往体现在事中管理过程中，是事中管理的重要组成部分。如何在数字出版突发事件的第一时间进行应急反应，并从快、从急、从权处理，使得事故的负面影响最小，是应急管理的要义。需要注意的是，应急管理也要遵循"紧急不避法治的原则"，要依法、依规地进行应急管理，做到程序正当、实体处置合理。

面向事后管理的数字出版危机处理能力，是指数字出版突发事件的出现，导致了数字出版系统、生态、秩序出现了异常，走到了数字出版安全的对立面，如经营秩序异常、产业链系统混乱等。此时，要进行数字出版应急治理的调查、问责和改进工作，在全面充分调查的基础上，明确责任归属，最终制定出系统、专业的改进方案，以防止类似危机再次出现。数字出版危机处理，要及时总结事故教训并提出整改措施，要力求降低事件的影响，将影响缩至最小化，以尽可能减少事故带来的物质和精神损失。良好的危机处理方案，甚至可以做到化危为机、化大为小的效果，推动数字出版调节、数字出版治理向着更完善、更高质量的方向转化和迈进。

24.4.4　建立健全应急决策咨询组织

要确保数字出版应急治理质量，提升数字出版应急治理水平，推进数字出版应急治理体系和治理能力现代化，还需要借助"智囊团"，即数字出版应急决策咨询机构，或曰数字出版应急智库。充分发挥智库等新型组织工具的作用，成为提升数字出版应急治理水平的重要举措。

公共突发情况往往不局限于一个专业领域。在今天这个知识爆炸的时代，我们的专业领域也越分越细，如果想要报道专业性、权威性更强的信息数据，可将涉及专业性强的问题，交付拥有专业性研究的智囊团，在多元的立体化的应急处理研究中产出成果，为政府处置突发性公共事件提供科学决策的依据。专家拥有该专业领域最先进的知识，能够根据突发事件的具体情况提供最权威有效的信息和解决方案。专家人群代表的是数字出版治理的权威性、规范性和专业性，是数字出版治理中的关键，因此针对进入数字出版应急智库的专家群体，就必须建立规范、严格、有效、合理的指标评估体系，以保证所入选专家的权威性、专业性和规范性。入选数字出版应急智库专家的能力素质和主要指标应包括"数字出版、应急管理"两个基本维度；同时要对所入选的专家开展动态考核，以确保专家队伍的稳定性、创造性、引领性以及决策的指导性。

数字出版应急治理，是指数字出版治理主体在防范和应对风险、危机和突发事件中所形成的管理和服务数字出版活动的治理方法、行为和措施的总和，具有突发性与严重性、综合性与协同性、时效性与专业性以及意识形态、文化性与技术性等主要特征。作为一种创新型治理手段，需与多方治理主体，如规划治理、标准治理、安全治理、智库治理等手段融合，共同应对突发事件，以提高抗击风险的能力，进而推动数字出版高质量、可持续发展。

在重大突发事件的外部环境冲击下，数字出版行业的优势得到凸显。尽管数字出版应急治理实施过程中还存在法治体系不完善、应急治理多元主体危机防范体制机制不健全、应急决策咨询机构不重视等方面的问题，但随着对数字出版预案体系、应急法制、应急体制、应急机制的不断深入把握，不断探寻和优化治理模式，不断提升应急治理效能，相信数字出版应急治理体系和治理能力现代化的水平也将不断提升。

第二十五章　数字出版智库治理

　　数字出版智库治理是数字出版治理内容的重要组成部分，本章主要研究数字出版智库治理的内涵、外延与主要功能，提出数字出版智库治理是指通过建设或引进数字出版智库，用好外部创意、发挥"第四部门"的作用，来管理和服务数字出版活动的治理方法、行为和措施的总和；总结了数字出版智库治理的智慧融汇、智慧扩容特征与价值引导、文化凝聚、精神推动特征；分析了数字出版智库治理的现状成效以及存在问题；提出"明确智库战略定位、平衡智库结构布局、创新智库资金筹募机制、完善智库人才管理和培养机制、拓展智库营销和成果传播渠道、促进智库的国际交流合作"六个方面的对策建议。

　　智库建设是推进国家治理体系和治理能力现代化的重要内容。自 2012 年 11 月党的十八大报告首次提出"思想库"这一说法以来，智库建设已在"摸着石头过河"中走过整整十年的风雨历程。追溯至 2013 年，智库发展就已被提升至国家战略高度，且党的十八届三中全会《关于全面深化改革的若干重大问题的决定》首次提出"加强中国特色新型智库建设，建立健全决策咨询制度"作为完整协商民主体系的重要组成部分，更是对智库建设提出了"特"和"新"的适应中国实际情况的更高要求。① 2015 年，中共中央办公厅、国务

---

　　① 中共中央关于全面深化改革若干重大问题的决定［EB/OL］.［2013-11-27］. http：//www.npc.gov.cn/zgrdw/npc/xinzhuanti/xxgcsbjszqhjs/2013-11/27/content_1814720.htm.

院办公厅印发《关于加强中国特色新型智库建设的意见》，并要求有关部门结合实际、按照意见精神制定具体办法，① 体现了国家层面对中国特色新型智库建设的持续关注和高度重视，也为智库行业发展统领了大局与方向。

　　而聚焦于出版这一领域，出版与智库有着颇深的渊源，因此我国对出版智库的高质量建设给予密切的关注与持续引导。2018 年，原国家新闻出版广电总局印发《关于加快新闻出版行业智库建设的指导意见》，要求"构建布局科学、结构合理、规模适度、定位清晰的行业特色新型智库体系"。② 2021 年，全国政协委员魏玉山、阎晓宏、孙寿山、吴尚之在全国两会联合带来《关于加快新闻出版行业智库建设的提案》，提出"建设出版强国需要有行业高端智库的支撑"。同年年底，国家新闻出版署印发《出版业"十四五"时期发展规划》，文件明确提出"推进出版高端智库建设"，并要求在打造出版高端智库的同时加强出版智库后备力量建设。③ 继 2022 年首次遴选出 16 家机构后，2023 年国家新闻出版署发布《关于实施 2023 年度出版智库高质量建设计划的通知》，计划按照遴选培育、研讨交流、行业参考"一体三翼"的整体布局展开工作，以持续深化出版行业智库建设；④ 并于近日公布本年度入选机构 27 家，涵盖出版智库类型进一步丰富，出版智库高质量建设规模进一

---

　　① 　关于加强中国特色新型智库建设的意见［EB/OL］．［2015-03-26］．http：//www. scio. gov. cn/zhzc/8/5/Document/1397284/1397284. htm.

　　② 　国家新闻出版广电总局关于印发《关于加快新闻出版行业智库建设的指导意见》的通知［EB/OL］．［2018-03-21］．https：//www. nppa. gov. cn/nppa/contents/279/1211. shtml.

　　③ 　国家新闻出版署关于印发《出版业"十四五"时期发展规划》的通知［EB/OL］．［2021-12-30］．https：//www. nppa. gov. cn/nppa/contents/279/102953. shtml.

　　④ 　国家新闻出版署关于实施 2023 年度出版智库高质量建设计划的通知［EB/OL］．［2023-02-02］．https：//www. nppa. gov. cn/nppa/contents/279/106124. shtml.

步扩大。①

　　由近年来我国出版智库高质量建设稳步推进的进程观之，以完备的出版智库体系对出版业进行有效治理已是实现出版业高质量发展、出版强国建设的必由路径之一。作为其中新兴而发展态势最盛的数字出版，其产值爆发式增长、创新性技术赋能背后的诸多问题和隐患亟须多元主体的全方位治理，数字出版智库治理毋庸置疑也成为数字出版治理体系中特殊而又重要的组成部分，且归属于创新型治理体系。② 虽还不成熟、完备，却有必要及时对数字出版智库治理的情况进行充分地思考、总结与展望，以期推动数字出版治理工作的深入开展。

25.1　数字出版智库治理的本体与功能

　　作为中国特色数字出版治理体系的重要组成部分之一，数字出版智库治理又因"智库"与"出版""治理"之间的密切关联而具有特殊地位。为实现对数字出版智库治理的深入探究，这里先对其本体所包含的内涵、外延以及价值层面的主要功能加以分析。

25.1.1　数字出版智库治理的内涵

　　西汉刘向曾道："智士者国之器；国有智士，则无诸侯之忧。"在21世纪，人才成为毋庸置疑的第一资源。国之忧患虽不可在俯仰之间消除殆尽，事实上矛盾也将存在于一切事物发展的全过程，人却能够通过充分发挥主观能动性以发现、分析问题，从而解决问题、改善现状。智库则是将人才进行汇集以充分发挥集体智慧，进而向组织外部提供智力支撑的智识、智慧、智力等的多重集合体。

---

　　① 国家新闻出版署关于公布2023年度出版智库高质量建设计划入选机构名单的通知[EB/OL].［2023-07-21］. https：//www. nppa. gov. cn/xxfb/tzgs/202307/t20230721_728297. html.

　　② 张新新，袁宜帆. 中国式现代化视域下数字出版治理体系和治理能力研究[J]. 中国编辑，2023(5)：28-33.

"智库"更通俗的名称为"思想库"和"智囊团",同时它也被称为独立于政府决策大脑的"外脑"与继立法、行政和司法之后的"第四部门",以及位列媒体之后的"第五权力中心"。根据《2013年中国智库报告》,智库主要是指"以公共政策为研究对象,以影响政府决策为研究目标,以公共利益为研究导向,以社会责任为研究准则的专业研究机构",这也是我国智库界约定俗成的说法。

"出版"与"智库"的有机结合可谓强强联手、相辅相成:一方面,出版业天然具备影响决策的属性,[①] 与智库的功能存在高度一致性;另一方面,作为我国重要的意识形态阵地,出版业需要智库的力量以提升出版治理能力与文化治理能力。与此同时,两者又以知识、思想为纽带产生日益紧密的关联:出版业深厚的内容积淀能够为智库建设提供众多前人的实践经验、学术成果作为研究基础;而数字化时代背景下的数字出版亟须智库为更高质量的知识传播行为提供智慧支撑和智力支持,这个过程也是生产知识、生成智力成果、传递思想的过程,智库提供的产品和服务也可能归属于出版与数字出版的范畴,从而又增加了出版的厚度,例如,美国智库在行政管理机构下设立了出版部门。出版与智库的高协同性也催生了智库出版和出版智库两种智库建设实践路径。[②] "智库"与"治理"之间存在高度的内在一致性与契合度,智库的建设目的一定程度上就在于实现各对应领域现实问题的有效治理,特别之处在于,智库本身并没有实际意义上的决策权,只能通过间接的方式参与治理。

由此,将"数字出版""智库""治理"这几个高度相关的语词进行贯穿连接,便形成了"数字出版智库治理"这一概念。数字出版智库治理的内涵具有双重性,是治理方式与治理对象的统一:一方面,对于数字出版这一治理对象而言,智库是治理手段和工具,是以智库治理数字出版;另一方面,数字出版智库又是需要被治理的

---

① 聂震宁. 我国出版行业智库建设的历史与现实研究[J]. 出版参考,2018(9):5-6.

② 翁昌寿. 比较优势视角下出版业智库的建设路径[J]. 出版广角,2022(10):46-50.

治理对象，也就是对数字出版智库进行治理，其具体过程则需通过行政、经济、法律等其他各类治理方式。两者共同构成了数字出版智库治理的丰富内涵，由于篇幅限制，本书所指称的"数字出版智库治理"为前者的狭义数字出版智库治理概念。

狭义的数字出版智库治理，即治理方式维度的数字出版智库治理，是指通过建设或引进数字出版智库，用好外部创意、发挥"第四部门"的作用，来管理和服务数字出版活动的治理方法、行为和措施的总和。具体而言，指数字出版智库以独立于政府和数字出版产业链的外部组织定位和排除自身利益关系的客观立场，以公共利益为研究导向，充分运用科学的数字出版研究方法、利用多元主体的集体智慧，对政府关于数字出版的政策决策和数字出版产业发展、企业提质增效提供建议，以期协调政府对数字出版的管理行为和各协会对数字出版的服务行为，提升数字出版决策的科学性、合理性，从而助力数字出版行业高质量发展的一系列方法、行为和措施。下文将以此内涵为基础展开对数字出版智库治理外延、主要功能、特征、现状、问题和对策的具体研究。

广义的数字出版智库治理还包括对数字出版智库这一治理对象的治理，即在党的全面领导下，政府、社会、市场等多元主体通过完善、执行数字出版智库相关体制机制，以促进、实现数字出版智库的高水平建设，进而有效提升管理和服务数字出版活动能力，也就是通过广义概念又进一步助推实现狭义的数字出版智库治理概念。其中，智库治理的元主体是党和政府，内在驱力是智库本身的自我治理，外在动力是第三方评价等社会机构，多方协同治理建设智库治理体系。①

25.1.2　数字出版智库治理的外延

数字出版智库治理的外延包括所有为数字出版治理提供服务的数字出版智库所形成的数字出版治理格局，具体可体现为三组基本

---

① 吕青，蒋岩桦．构建中国特色新型智库评价体系的思考［J］．智库理论与实践，2018（6）：20-24.

范畴：官方智库与民间智库；国家智库、行业智库与企业智库；高校智库与科研院所智库。但就目前而言，专门针对数字出版展开研究的数字出版智库暂未形成规模，但是，几乎所有出版智库的智能职责都与数字出版相关，涵盖了数字出版研究的内容，如武汉大学数字出版研究所、北京师范大学数字出版与数字人文研究中心、浙江大学数字出版研究中心等高校智库，开卷公司等企业智库以及出版业科技与标准重点实验室、融合发展重点实验室等实验室类型智库。以下将以国内主流出版智库为例加以说明。

　　从所有制角度来看，绝大部分出版智库带有官方或半官方性质，占据主流位置。官方智库区别于其他智库的最明显特征在于接受国家财政拨款而开展运营活动，是具有事业单位性质的研究机构，① 其主要职责是开展出版领域重大战略问题和公共政策研究，具备前瞻性的宏观视角和示范引领作用，数字出版信息、数据收集渠道和智库成果转化渠道较其他智库而言更通畅。例如，隶属于国家新闻出版署的中国新闻出版研究院国民阅读研究与促进中心，已就数字化阅读、元宇宙出版与阅读等具有广泛影响力的前沿方向开展了大量研究。与此相对，民间智库大多是以政策研究和决策咨询为主要业务的咨询公司，资金来自民间资本和社会力量，因而更具独立性、创新性，能够激发市场的活力，例如，北京开卷信息技术有限公司凭借 20 余年在图书行业提供信息服务积累了良好的口碑，成为国内图书产业市场信息和咨询服务的第一提供商，且较其他智库而言更注重新媒体运营与研究成果的传播。半官方智库则介于上述两者之间，成为衔接政府与企业的桥梁，如中国音像与数字出版协会以及各地方数字出版协会等。

　　从服务对象来看，数字出版智库服务政府管理决策、推动行业发展、促进企业提质增效的三大主要功能也对应着国家智库、行业智库与企业智库三类智库。在宏观层面，国家智库与官方智库具有较高的重合度，例如，作为官方智库的中国新闻出版研究院国民阅

---

① 栗宁远. 我国官方智库影响力提升对策研究[D]. 哈尔滨：黑龙江大学，2018.

读研究与促进中心同属于国家智库，且中国新闻出版研究院是我国唯一的国家级新闻出版专业研究机构，着眼于国家层面的战略规划，承担政府管理部门委托的各项工作任务，因此也肩负着助力我国出版强国、文化强国建设的关键责任与使命。在中观层面，行业智库致力于推动新闻出版行业尤其是数字出版业的高质量发展，在数量上涵盖大部分数字出版智库，例如，中国音像与数字出版协会、中国人民大学出版研究中心、中南出版传媒集团股份有限公司产业研究院等，智库母体类型更加多元化，且都能为智库建设提供强有力的经济与体制机制保障。在微观层面，企业智库具有更丰富的出版实践经验，主要是以报告、咨询及调研服务为主要业务的咨询企业和数字出版基地等，以促进数字出版企业提质增效为目的，因此更偏向于营利性和产业性，例如，中国建筑工业出版社的建设发展研究院，推动出版社由书库向智库转型，依托专职研究队伍、专业编辑队伍、知名作者群体，持续推出智库专报、课题成果和开展智库讲座，进而持续发挥智库提升生产力的作用。

此外，高校智库与科研院所智库是数字出版智库中极具专业性和公信力的两类相辅相成的重要智库，发展态势最盛，且知识分子出身的研究人员往往拥有为社会服务的使命感。[①] 高校智库总体上分为两类：一类是高校专门成立的研究中心或研究院，如武汉大学数字出版研究所、南开大学出版研究院等；另一类是高校原本就设立的出版院系，如武汉大学信息管理学院出版科学系、上海理工大学出版印刷与艺术设计学院等。前者大多为顺应新时代发展、满足新时代对出版研究需要而组建，此类组织多为跨部门、跨学科、跨领域的综合性学术研究机构，依托于所属高校的其他科研资源形成学科间的有机连接，也较为注重国际的合作交流。后者多为在出版学科建设方面拥有深厚积淀且以出版为优势学科的高校院系，多年来不仅着力于出版学术研究、出版人才培养，也自觉承担起关乎出版行业发展的社会责任。此外，值得关注的是，高校智库对智库的

① 文少保. 高校智库服务政府决策的逻辑起点、难点与策略——国家治理能力现代化的视角[J]. 中国高教研究，2015(1)：34-38，44.

治理对象和功能进行了更为精细化的把控，设立了北京师范大学数字出版与数字人文研究中心、浙江大学数字出版研究中心等立足于数字出版融合发展和"新文科"建设的专门数字出版智库，这是凭借其他类型的智库难以拥有的综合性资源和前瞻性视野所作出的安排。

综上所述，各类数字出版智库、出版智库为数字出版的科学治理群策群力，作为不可或缺的一环发挥着各自不同的功能，共同形成了数字出版智库治理新格局，构成了数字出版智库治理的外延。

25.1.3　数字出版智库治理的主要功能

国内外智库实践表明，智库一般应具有的主要功能大致包括"理论研究、咨政献言、舆论引导、社会服务、公共外交"五个方面；作为中国特色新型智库之一，数字出版智库也就应当具有上述功能，只不过应更聚焦于守正创新，服务出版中心工作，服务数字出版管理决策，推动数字出版行业发展以及促进数字出版企业提质增效。数字出版智库治理的主要功能具体如下：

其一，理论创新，提供新思想，提供战略思维服务。这是数字出版智库存在的先决条件，是建言资政的基础，是参与公共决策的前提。数字出版智库作为思想库，如果不能提出有关数字出版发展、治理的新观点、新知识和新理论，从根本意义上而言，就丧失了智库的理论品格和智囊资格。事实上，围绕数字出版的发展战略、数字化战略落实、出版深度融合发展、出版国际化高质量发展、双效统一机制、数字连接、数字信任、数字包容、数字素养与技能以及出版国际标准组织的话语权等核心议题，数字出版智库应及时进行知识创新、理论创新和方法创新，从而夯实建言资政、推动行业发展的牢固基础。

其二，建言资政，参与公共决策。建言资政、决策咨询或参与公共决策，是智库的核心功能，是任何领域、任何级别、任何性质的智库都要全力予以实现的价值。而在建言资政、参与公共决策过程中，智库独特的价值在于整合智力资源、集合智慧资源，从而提升决策的科学性、合理性和民主性，进而提升治理体系和治理能力现代化水平。于数字出版而言，主管部门关于数字出版的决策同样需要广开言路，尤其需要包含政用产学研各界专家的思想库为其出谋划策、提供全方位的外部智力支撑；数字出版智库能够通过决策咨询和决策评估两方面工作加强系统谋划，力争全面参与政府决策过程。① 数字出版智库作用的真正发挥，需要建立在"谋断互动机制"②改革的基础之上，一方面，决策体系的相对封闭（"断"），需要有意识地吸收和采纳最优秀、最睿智、最杰出的策略建议和思想观点；另一方面，智库须保持独立性，发挥智慧集聚、智力资源整合的作用，不断提供前沿、创新、务实的理论知识和政策建议（"谋"），唯有做到谋断协同、谋断互动，方可切实发挥数字出版智库的作用和价值，方可真正通过智库来提升数字出版治理体系和治理能力的现代化水平。须知，"谋断协同"，政府是"断"，智库是"谋"，后者和前者之间没有议价能力，唯有保持开放式智库格局、开放式智库文化，才能确保汇聚集体决策、科学决策的磅礴智慧，否则，智库将是形同虚设、花样文章。

其三，引导舆论，担任决策部门和决策对象之间的桥梁。数字出版智库的另一项功能在于上情下达，成为决策部门和决策对象之间的桥梁，一方面，通过论文、专著、讲座、报告等形式把政策传输给从业者，传送给民众，以切实提升政策文件、决策部署的接受度和执行力；另一方面，通过对治理对象、公民大众的意见和建议进行反馈和收集，进一步推动未来决策更加科学、民主和合理，从而协助完善治理体系，协助提升治理能力。

其四，基于旋转门机制，储备、培育和输送数字出版人才。数字出版智库本身也是思想库、人才库和智囊库，通过对前沿核心议题、重大现实问题的研究和分析，运用科学的研究方法和工具，旨

① 王化冰. 推动智库全面参与政府决策过程[N]. 中国社会科学报，2021-09-09(2).

② 王文. 对中国特色新型智库几个重大问题的思考[J]. 智库理论与实践，2016(1)：24-30.

在培育和锻造一批真正理解数字出版运行规律、谙熟数字出版发展机理、掌握数字出版治理规律的高端人才，并通过"旋转门"机制，为数字出版主管部门、企业行业、科研机构，选择和提供最合适的人才，充当高端人才的蓄水池和引力场。

其五，树立全球战略眼光，积极开展国际交流。国内外高端智库的另一项职能在于公共外交，在于推进国际交流，从而在国际层面提升话语权。应该说，这是目前数字出版智库比较缺乏和不足的一项功能。国际出版业发展态势如何，是如何经营的，如何治理的；国际数字出版和我国数字出版有何不同，调节体系如何建构，治理体系如何自治，这些基本问题都需要出版智库、数字出版智库去了解、分析和研究，否则只能是自说自话、坐井观天、井底之蛙的视野。例如，2021年，我国图书、音像和电子出版物版权首次实现贸易顺差，在版权贸易层面已经有所起色，但是接下来如何稳定保持顺差并提高顺差幅度，这个议题就应该成为出版智库关注和研究的重要议题，也是事关我国出版国际话语权的重大现实问题之一。

其六，就推动和引领数字出版企业行业发展而言，数字出版行业的高质量发展仅依靠政府层面的战略布局是远远不够的，且数字出版工作点多面广，相较于传统出版具有产业链长、主体复杂的特征；而数字出版智库既能够着眼于数字出版行业的整体情况，又为数字出版的各个环节提供实践指导，助力推动数字出版行业发展。同时，置身于瞬息万变的数字化时代，传统出版企业在数字化转型过程中、新兴数字出版企业在兴起探索过程中，在一定程度上都需要外界的技术支持以获取所需信息和解决方案等，从而避免数字出版平台重复搭建等资源浪费问题和市场垄断的消极发展态势；数字出版智库能够通过提供决策咨询等主要业务，促进数字出版企业提质增效。

25.2 数字出版智库治理的特征分析

相较于数字出版治理体系中的其他形式，数字出版智库治理存在一些不同之处，即智库的一般性特征在数字出版领域中的表现。一则，是广泛性，从主体而言，数字出版智库母体覆盖了各种类型的单位且各有侧重，能够从不同的层次和视角为数字出版建言献策、提供服务。二则，是全局性，从客体而言，数字出版智库的研究范围应当涵盖数字出版的方方面面，既包括数字出版本身的内部生产管理流程、外部产品服务，也包括如何以规划、财政、税收、法律、应急、安全、数字、标准等形式对数字出版进行有效治理，在进行研究活动的时候应当从战略性的全局视角综合考虑数字出版的各种因素，从而得出较优方案。三则，是非强制性，从中介手段而言，数字出版智库参与政府的政策决策或提供其他服务，只给可供参考的备选方案，相对而言较温和，仅仅起到助力提升数字出版治理科学性的作用。四则，是灵活性，在时间维度上，数字出版智库治理是一个长期的、持续改进的过程，数字出版智库应当根据数字出版瞬息万变的发展态势和行业的新需求不断提供更新的服务，以持续提升数字出版治理的科学性，呈现不同于法律、规划等治理方式稳定性的日新月异的特点。

在中国特色新型智库体系之中，数字出版智库又有其特殊性。从属种关系来看，数字出版智库是种，新闻出版智库是属，其又归属于文化产业智库，应当能够提供强大的价值引导力、文化凝聚力和精神推动力。[①] 同时，数字出版智库的细分对象是数字出版，工作须服务于数字出版的四种基本属性，即意识形态属性、文化属性、产业属性和数字技术属性，[②] 相较于其他智库，其意识形态属性和文化属性尤为特殊。

综上，可从数字出版智库治理概括出以下四点特征。

[①] 习近平在中国文联第十一次全国代表大会、中国作协第十次全国代表大会开幕式上发表重要讲话［EB/OL］.［2021-12-14］. https：//www. gov. cn/xinwen/2021-12/14/content_5660777. htm？eqid = 8b4aea8a0000f7d000000004646dd12d.

[②] 张新新. 论数字出版的性质［J］. 出版与印刷，2021(2)：27-34.

25.2.1　智力融汇、智慧扩容特征

毋庸置疑，对于数字出版智库治理的特征分析，先要着眼于其中的"智库"一词。智库，作为独立于政府决策大脑的"外脑"，继立法、行政和司法之后的"第四部门"，本身就是作为补充官方部门、组织机构的外部存在，能够以相对而言较开放的方式汇聚各类英才，将行业领军人物和杰出人才为我所用，从而融合、迸发出思想的火花，扩充一个国家、一个民族最宝贵的智力资源，极大程度上弥补了体制内的人才、智慧缺口，即表现出明显的智慧融汇、智慧扩容特征。在智库的基础上，才有细分行业的出版智库、数字出版智库，因此可进一步衍生出数字出版智库治理的价值引导特征、文化凝聚特征和精神推动特征。

25.2.2　价值引导特征

出版具有价值引导功能，① 须把握正确价值导向，坚持弘扬主旋律、传播正能量，积极培育和践行社会主义核心价值观，增强主流意识形态认同；而数字出版是直面互联网前沿的意识形态阵地，② 更要牢牢掌好价值之舵，尤其要谨防藏身于数字技术背后高度隐蔽、强效煽动、快速传播的反动势力作祟。此外，数字出版通过价值引导的方式实现价值，"数字出版价值引导可分为立法行为对行政行为的引导、抽象行政行为对具体行政行为的引导、治理主体对市场主体的引导、群体对个体的价值引导、整体价值体系对价值构成要素的引导，等等"。③ 作为治理数字出版的数字出版智库，其必然具有明显的价值引导特征，表现为通过价值引导的方式指导数字出版活动，从而助推数字出版实现其引导社会舆论、传播主流

---

① 方卿，许洁. 论出版的价值引导功能[J]. 出版科学，2015，23（4）：8-10.

② 张新新，张莉婧. 中国特色数字出版学科体系建设的思考[J]. 编辑之友，2021（5）：89-97.

③ 张新新，龙星竹. 数字出版价值论（下）：价值定位到价值实现[J]. 出版科学，2022，30（2）：24-31.

价值观、引领前进方向的价值引导功能，这是其他智库无法比拟的。

25.2.3　文化凝聚特征

文化属性是中国特色数字出版的固有属性。数字出版有效推动了知识在更深层次的传递、文化在更广范围的传播，其高质量发展能够为文化自信、文化自强起到重要的支撑作用，中华民族的文化认同也是文化凝聚力、民族凝聚力、国家凝聚力的不竭源泉，做到以文立心，以文铸魂。数字出版智库呈现文化凝聚特征，作为数字出版领域的专门智库，是文化行业智库建设的领头羊，也是文化建设的重要渠道，旨在通过治理活动逐级提升数字出版、出版、文化工作的科学性，进而更好地承担起统一思想、凝聚力量的重要使命任务。

25.2.4　精神推动特征

中华文明是中华民族独特的精神标识，数字出版通过先进数字技术，对中华优秀传统文化、革命文化和社会主义先进文化进行创造性转化、创新性发展，传承、展现并传播中华文明、中华文化在新时代的精神气象。数字出版工作应当为社会主义精神文明建设服务，应当弘扬中国精神，即以爱国主义为核心的民族精神和以改革创新为核心的时代精神，将文化和科技深度融合而发展的数字出版正是体现时代精神的典型案例，能够激励社会主义现代化建设中的各行各业。因此，数字出版智库致力于保障数字出版工作、加强精神文明建设，具备精神驱动特征。

25.3　数字出版智库治理的现状梳理

历经十余年历程，我国现已成为世界第二智库大国；出版高端智库建设、出版智库高质量建设计划也正井然有序地开展。从2022 年到 2023 年，国家新闻出版署连续两年组织实施出版智库高质量建设计划，2023 年入选的出版智库数量增至 27 家，且层次更加丰富、特色更加鲜明。目前，出版行业已建成了一定规模的出版智库群，尤其是针对数字出版领域，2016 年由 2 家国有出版社和 1 家数字出版技术商联合成立的融智库，旨在打造首个数字出版专业高端智库，以此填补数字出版领域专门智库的空白。在各方的共同努力下，数字出版智库治理能力不断提升，取得了可观的成效，也具备持续完善的空间和实力。

其一，数字出版智库助力数字出版决策，推动数字出版发展。数字出版智库通过承接国家新闻出版主管部门的课题等方式，推出大量研究成果，为政府关于数字出版的决策建言献策、提供参考。且数字出版智库通过向全国发布课题等方式，就区块链、人工智能、虚拟仿真等新技术新业态与关乎新闻出版业发展的前沿课题展开探索，致力于推动数字出版行业的发展。通过行使其主要功能，数字出版智库已逐渐成为出版业深度融合发展、转型升级的内驱力。

其二，数字出版智库培育大批数字出版人才。一方面，数字出版智库内部具有旋转门机制、会议论坛机制等人才交流机制，以及专门的智库专家管理办法，能够使智库专家得到系统化的培养，从而积累大量专家资源。另一方面，数字出版智库也致力于智库外部人才储蓄池的建设：既通过承接高峰论坛、骨干培训班等高端培训和向国家新闻出版培训机构输送培训专家，培训大量学员；又通过企业培训等方式提升服务对象的数字出版知识与素养，培养融合人才；还通过公开招标重点课题等方式，挖掘专业领域人才，进行数字出版领域研究的合作。

其三，数字出版智库推出大量智库成果。近年来，出版专业智库已形成以智库为核心的知识服务模式，知识服务内容包括政策研究型、资源主导型、专题热点研究型，通过公共政策服务、培训服务、举办会议论坛、资源公开服务等形式提供知识服务，且服务成果包括皮书、期刊和研究报告、数据库、网络平台、服务开展标准研制和宣传等。[①] 例如，中国新闻出版研究院发布的《2021—2022

---

① 王磬音. 出版行业智库建设与高质量发展思考［J］. 中国出版，2022（15）：65-68.

中国数字出版产业年度报告》在一定程度上延续了"中国数字蓝皮书"课题组历年来的研究特点和内容，对数字出版产业进行了深入分析；数字出版企业智库发布了《数字出版前瞻领域研究蓝皮书》《AR技术在出版业的应用研究蓝皮书》等权威报告，参与《知识资源建设与服务工作指南》《数字出版业务流程与管理规范》等国家标准、行业标准、企业标准的研制。

其四，数字出版智库注重组织间的交流协作，成立智库联盟，举办一系列高端会议论坛。新闻出版产业新型智库联盟成立于2017年，为国内新闻出版行业首个以产业研究为研究方向的新型智库联盟，立足于政、产、学、研之间，共建合作机制，由各跨界出版机构充分发挥自身的细分优势，努力破解互联网条件下新闻出版业转型升级融合发展的瓶颈问题，共同致力于以出版智库实现对出版尤其是数字出版活动的治理。在会议论坛方面，一系列高端行业盛会为数字出版领域人士提供了丰富的交流平台，也愈发成为数字出版智库治理的重要途径。例如，"出版视点"活动是从2022年开始搭建的出版行业常态化研讨交流平台，也是出版智库高质量建设计划的重要组成部分，仅当年就举办活动共11场；再如，建设发展智库，已主办多届建筑出版领域的高端会议，论坛规模宏大、议题丰富。

25.4　数字出版智库治理的问题剖析

数字出版智库治理向好的现状背后也隐藏着数字出版智库治理的问题，因此需审慎看待并对其进行深入分析挖掘。数字出版智库治理的问题主要有：数字出版智库治理仍处于探索期，体制机制不完善；数字出版智库自主投入不足，"等靠要"心态盛行；数字出版智库缺乏足够的专职人员，无法满足数字出版治理需要；数字出版智库高水平成果缺位且传播渠道不完善，治理效果不显著等。

25.4.1 数字出版智库治理仍处于探索期，体制机制 不完善

智库运行机制是数字出版智库建设、发展与壮大的内在逻辑主线，也是智库进行独立评价、担任高端人才蓄水池的制度保障。我国新闻出版智库运行机制包括成员管理机制、成果推广机制、资金筹募机制、旋转门机制和智库评价机制等；其中，代表性机制包括专家管理和专家助理机制、规范的智库成果推广机制、政府购买服务的资金筹募机制、人才交流的旋转门机制等。① 目前，仅仅是在会议论坛等浅层次机制方面表现抢眼，但是深层次的成果推广、资金筹募、旋转门以及评价机制等尚未真正发挥作用。然而，数字出版与数字出版智库均属于数字化时代催生的新生事物，数字出版行业虽已拥有强劲的发展态势，数字出版智库却仍处于建设的萌芽探索期。例如，其中的"旋转门机制"，在法律领域已形成以最高人民法院、最高人民检察院、咨询委员会等为重要环节的稳健旋转门；而在出版行业，与主管部门直接联系的特聘专家定期交流制度尚需进一步加强，政用产学研各方力量也无法有效打通。数字出版智库体制机制并不完善且标准滞后，各方面资源的欠缺也无法保障完整机制体系的顺利运行；各数字出版智库也未根据自身情况形成更具体的、可执行性更高的规范与措施。没有强大稳固的制度支撑，数字出版智库的建设也必然难以成熟，无法保障由其系统外化而成的数字出版智库产品和服务的质量，数字出版智库治理的效果将大打折扣。可以说不完善的体制机制是数字出版智库治理问题的根源。

25.4.2 数字出版智库自主投入不足，"等靠要"心态仍然 存在

独立性是智库治理能力的内在表现。② 然而，数字出版智库绝

---

① 张新新．新闻出版智库运行机制研究［J］．科技与出版，2019（10）：35-40.

② 刘海峰，刘畅，曹如中．智库治理能力的内涵与机理研究：基于智库服务政府决策视角［J］．情报杂志，2018，37（3）：193-199.

大多数是偏官方性质的，数字出版智库的资金筹募主要来自政府购买服务、企业捐赠、经营收入以及其他合法性收入，对绝大部分数字出版智库而言，国家财政支持都是极为重要的资金来源，内在机制导致其可能受制于多股社会力量，处于一个相对被动的"附属"地位，不能排除数字出版智库事先定下基调以迎合政府或是开展研究时向国家政策有意识地靠拢的可能，也就无法充分保证其研究成果如报告、建议的客观性。与此同时，由于大部分数字出版智库的官方属性与公信力，政府等用户往往主动向目标智库委托科研项目，并未形成良性的竞争市场而导致外在驱动力不足，数字出版智库对已承接项目缺乏精益求精的紧迫感；数字出版智库自设项目较少，缺乏活力与创造力，没有自觉发掘数字出版领域问题并主动进行研究的意识，这在一定程度上也是因为非营利目的的智库自研项目投入产出比、科研成果受重视程度与成果转化率相对而言都较低。因此，仅有个例自拨经费开发自研项目，如北京印刷学院数字出版与传媒研究院自主研究、发布了《数字出版趋势》报告。[1] 长此以往，数字出版智库自主投入不足、"等靠要"心态盛行的问题将限制数字出版智库治理的可持续性和切实发挥其应有功能。

25.4.3 数字出版智库缺乏足够专职人员，无法完全满足数字出版治理需要

提升智库治理能力的决定因素是智库研究力量和专业人才的强化。[2] 对于数字出版智库而言，专家人员在智库的工作大多为兼职：政府智库，如新闻出版研究院的专家学者一般都有国家编制，身处以为人民服务为使命担当的工作岗位，属于"内部人员"；高校智库的理论学者往往为从事高校一线出版教育事业的教授，需要承担培养人才与学科建设、理论研究等多方面的学术职责，也无法

---

① 廉强. 我国出版行业智库知识服务现状研究[J]. 智库理论与实践，2020(3)：68-74.

② 向洪，曹如中，郭华. 智库治理能力研究：内涵解读、动力机制与提升策略[J]. 现代情报，2017，37(11)：40-45.

聚焦于数字出版政府决策与公共事务等领域的钻研；企业智库的实务型专家、行业人士更是有着出版社、出版公司、科技公司等企业经营管理和商业运营的需求。以上数字出版智库人员虽因其不同身份而拥有我国数字出版业相关的全面而准确的信息、最为前沿的数字出版理论视角、贴近数字出版最新发展实践的经验等优势，却也分身乏术，无法保证能够将足够多的时间、精力投入数字出版智库的工作，也就无法保障能够产出满足当前数字出版智库治理需要的智库成果。

25.4.4　数字出版智库高水平成果缺位且传播渠道不完善，治理效果不太显著

高质量和影响力都是智库追求的核心价值，而这两者正是智库建设成果的集中体现。高水平成果包括影响最顶层决策咨询的研究成果、推动行业重大发展的成果、推进治理体系和能力显著提升的成果、切实有利于提高出版国际话语权和国际传播效能的成果等。高质量的思想产品是数字出版智库的价值和影响力所在，也是评价智库水平的重要依据之一。但目前而言，数字出版并没有形成专门的数字出版智库体系，尤其是具有特色与优势的数字出版专业细分智库。原因就在于数字出版智库高水平成果缺位且视野在时间与空间上的广度都有所欠缺，各智库尚未拥有彰显其科研能力、行业洞察力的"代表作"。数字出版智库的高水平成果是提高数字出版智库影响力的前提，而完善的传播渠道使公众获取、了解、认同，并成为数字出版智库研究成果进一步扩大影响范围的途径。数字出版高端智库建设可采取"线上+线下"的互动模式。① 在线上方面，数字出版智库大多忽视媒体建设尤其是最基础的网站建设，主要表现为门户网站数量少且总体质量差，功能单一、内容更新延迟；在线下方面，数字出版智库往往以较高价格提供咨询服务、提供个性化产品等，运营生态较为封闭；且线上、线下两方面并未实现通畅连

---

① 张新新. 数字出版高端智库建构综述［J］. 科技与出版，2017（1）：17-23.

接。由此可见，数字出版智库的高质量发展，依托智库的数字出版现代化治理，仍然是任重道远，须上下求索。

25.5　数字出版智库治理的优化路径

要解决数字出版智库治理存在的问题，并使中国特色数字出版智库体系持续优化改良，可以从以下六个方面着手。

25.5.1　明确数字出版智库战略定位，紧扣数字出版发展与治理核心议题

数字出版智库治理，首要在于明确数字出版智库战略功能定位，紧紧围绕数字出版发展与治理的核心议题展开。一则，中国特色数字出版新型智库的建设与发展，须坚持推进知识创新、理论创新和方法创新，为数字出版发展、治理提供新思路、新观点，围绕数字出版发展的重大现实问题提供战略性思维服务。二则，保持自身独立性，遵循科学逻辑，探索数字出版发展、治理机理规律，以高水平、高质量的智库成果建言资政，参与公共决策，整合智力资源和智慧成果，协助完善数字出版治理体系，助力提升数字出版治理能力，不断推动数字出版治理体系和治理能力现代化。三则，成为数字出版决策部门和决策对象之间的桥梁，提升数字出版治理效能，提升数字出版治理的科学性、民主性和合理性。四则，致力于高端数字出版人才培育，推动高端人才在数字出版政产学研之间的"旋转"和流动。五则，着眼长远，关注国际出版业、国际数字出版发展的核心议题和前沿议题，提升国际数字出版发展的议程设置能力，积极参与国际数字出版组织，提升我国数字出版国际传播效能和国际话语权。

25.5.2　调整、平衡数字出版智库结构布局

应当完善数字出版智库的整体结构布局，针对尤为突出的数字出版智库中官方与民间力量失衡的现象，政府可采取必要的宏观调控措施以引导和帮扶民间数字出版智库的成长，加强培育扶持力

度，营造独立开展智库研究的氛围，并通过引领示范带动一定区域内、一定细分领域内民间数字出版智库的发展；同时鼓励市场自由竞争和共同进步。此外，也要促进各数字出版智库之间的交流合作，使其以各自的研究优势互为补充，进而弥补数字出版智库治理的缺口，实现数字出版智库治理整体的良好态势。

对于数字出版智库结构中不同类型的智库，应当意识到其特殊性问题，并有意识地采取整改措施，多方努力促进其优化。其一，官方智库宜强化科学性建设，注重对出版、数字出版发展规律、治理规律的探索与研究，以高质量智库成果服务出版中心工作。其二、高校数字出版智库需避免出版研究成果曲高和寡而被束之高阁、可执行性低且成果转化率和建议采纳率低的情况，应当积极主动了解数字出版领域实际需要，提升数字出版科研成果的转化能力和推动生产力进步的效果。其三，企业数字出版智库的研究可向经营、治理两侧延伸，推动数字出版在文化自信、高质量增长、技术赋能领域三位一体的创新协同发展，切实以提质增效为己任，以数字出版的国际化发展推动国际化研究成为常态,① 形成不同于其他类型的开放优势。

25.5.3 完善、创新数字出版智库资金筹募机制

融资能力是智库可持续发展的根本保证。针对目前数字出版智库过度依赖政府委托及其财政拨款而自主投入不足的问题，应当创新数字出版智库资金筹募机制，拓宽融资渠道，采取跨所有制、跨领域、跨地域融资方式并使其保持市场化运作方式，有条件的智库可以股份制充分吸纳社会资本和技术资本力量，充分发挥文化与资本融合的优势。在企业捐赠方面，数字出版智库可通过发展一般、核心会员单位的形式接受捐赠和赞助，也可通过举办会议论坛的方式收取承办单位的赞助费，从而以智库捐赠机制减少智库对其他外部资金的依赖性，也有助于保持研究立场的独立性；在经营收入方

---

① 柯银斌，马岩. 企业智库的战略定位[J]. 智库理论与实践，2017(2)：84-91.

面，数字出版智库可通过对研究成果的出版、销售和信息服务、咨询服务等方式，不断提升自主盈利水平和能力，在解决资金问题的同时推动高质量研究成果的传播，并进一步打造数字出版智库的口碑与形象。

25.5.4　完善数字出版智库人才管理和培养机制

数字出版智库应当成为数字出版领域的人才蓄水池和引力场。① 专家是智库发展的核心竞争力，要吸引更多数字出版行业专家投身于数字出版智库的建设，填补智库专职人员的缺失，并以完善的管理机制尽可能排除其进行数字出版政策研究活动的阻力。还应当完善数字出版智库的培养机制以进一步提高人才素质，充分发挥产、学、研共同作用，积极开展有组织科研，培养战略科学家型人才，培养跨学科、跨专业、国际化人才，切实实施内外部"旋转门"机制，从而组成分工合理的数字出版智库研究团队。

此外，数字出版智库应当高度注重后备青年人才的培养与扶持，以新鲜血液释放团队活力，保障智库健康、可持续发展。据统计，目前全国共有70所高校设编辑出版学本科专业、21所设置数字出版本科专业，每年培养出版专业的本科生、硕士生、博士生分别为约5000名、2000名、60名，且2022年"出版"已由附表进入新版学科专业目录，不久的将来，出版专业人才培养可授予出版博士专业学位。出版学科建设已步入发展的快车道，然而出版业岗位少、薪资低的普遍现象所导致的出版人才流失问题，也造成了极大程度的学科资源浪费，将高素质科研人才引入数字出版智库建设或成为实现多方共赢的出路。

25.5.5　拓展数字出版智库营销和成果传播渠道

数字出版智库是投入大量人力、财力、物力等资源而形成的研究成果，若无法得到相关部门的充分重视与采纳、公众的广泛关注

---

① 范军，欧阳敏. 试论中国特色新型出版智库的内涵、功能及展望[J]. 现代出版，2018(4)：5-9.

与认同，也难以实现数字出版智库研究成果的使用价值或是发挥数字出版智库自身的价值，更难以实现数字出版智库治理的目的，因此，要重视数字出版智库营销、注重拓展数字出版智库成果传播渠道。首先，数字出版智库应当认清自身的组织定位，通过建立门户网站等方式向公众提供了解、查询其相关信息的平台；其次，数字出版智库可公开目前研究领域、未来研究方向、能够提供的产品和服务等信息，从而打造机构的形象与口碑，吸引目标客户；最后，设立窗口展示数字出版智库已承担的国家重点研发计划、国家社科基金重大项目等各类国家、省部级科研项目和教学项目，通过媒体矩阵传播数字出版智库研究成果，在实现数字出版智库治理的同时也实现知识的传播。

25.5.6　促进数字出版智库的国际交流合作

作为新型开放大国，我国坚持实行积极主动、高水平的开放战略，并逐渐形成了更大范围、更宽领域、更深层次的对外开放格局。一方面，可以打通行业的国际学术交流渠道，了解、学习和辨析国外智库、出版智库、数字出版智库治理的先进经验，形成适合中国现代社会发展的、本土化的数字出版智库治理理论与方法；另一方面，应当充分借助数字出版"走出去"战略以培养数字出版智库的战略思维和世界眼光，[①] 形成国际性和前瞻性的高质量数字出版智库研究成果，扩大数字出版智库治理的全面性。与此同时，中国也是负责任的泱泱大国，数字出版智库应当将在世界范围内的中国文化、中华文明传播与知识普及、文化普惠纳入研究视野，不断增强国家文化软实力，提升我国出版业的国际话语权和国际传播效能。

作为国家软实力的重要组成部分和国家治理的重要支撑力量，智库在我国现代化建设进程中的受重视程度和建设力度日益提升。而作为数字出版治理内容的重要组成部分和一种创新型的数字出版

---

① 廉强，刘春艳. 基于 SWOT 分析的我国数字出版智库建设战略研究 [J]. 智库理论与实践，2018，3(5)：34-40.

治理方式，数字出版智库治理必将为数字出版的政府决策和行业发展提供不可忽视的智力支撑，从而助力出版业高质量发展、文化高质量建设。数字出版智库治理依旧任重而道远，仍需多元主体付诸上下而求索的不懈追求与艰苦奋斗；同时也应当统筹兼顾数字出版治理体系中的各要素，全面实现数字出版治理能力现代化。

结论：数字出版调治论的实践表达
——数字出版业态政府与市场的关系

新闻出版业在我国新时代文化建设中具有举足轻重的作用，也是国民经济的重要组成部分。近年来，随着互联网技术、移动互联网技术的快速发展和应用水平的不断提高，我国新闻出版业正处于急剧变革的关键时期，以数字出版为代表的新兴数字内容产业蓬勃发展，已成为当前文化和数字经济领域创新活跃、增长迅猛、市场广阔、潜力巨大的战略性新业态和前沿性新产业。党的十八大以来，新闻出版业坚持党的全面领导，贯彻落实党管出版原则，把党的领导落实在出版工作的方方面面，积极顺应数字化发展趋势，主动开展数字化转型升级工作，已经聚集起相当规模的数字内容资源，推出了一批优秀的数字内容产品，研发了一批支持数字化转型升级的基础技术装备与标准，建设了一批数字化运营服务平台，形成了一批示范性知识服务产品矩阵，内容生产、传播、消费和服务模式不断优化，数字化转型升级取得初步成绩，带动新闻出版业快速增长，为国民经济各行业的发展提供了必要的知识支持和智慧保障，为满足人民群众过上美好生活提供了较丰富的精神食粮。但与此同时，我国新闻出版业落实数字化战略仍处于起步阶段，企业活力仍未充分激发，市场潜力仍未充分释放，发展不平衡不充分的问题仍然存在，支撑国民经济和社会发展的作用发挥得还不充分，在数字内容产业和数字经济中的贡献占比还有很大提升空间。在我国数字出版产业中，如何在党的全面领导下，使市场在资源配置中起决定性作用和更好发挥政府作用，成为推动和促进数字出版健康、稳定、可持续发展的重要问题。

关于更好发挥政府作用：政府主要起着引导、扶持和有效干预的作用。在引导方面，主管部门基于规划治理和智库治理的方式，引导出版企业树立正确的数字出版方向，主导数字出版行业规则、规章制度的建立，推动传统出版单位的业态升级和转型；在扶持方面，主要是运用财政治理、税收治理等方式，通过示范评比、人才调训、项目建设等，为出版单位提供资金和政策方面的各项支持；在有效干预方面，有关主管部门不断推动数字出版意识形态治理、安全治理、应急治理、法律治理体系和治理能力现代化，主要致力于维护健康的数字出版市场秩序，确保国有资产的保值增值，优化数字内容供给结构侧改革，维持数字出版市场的整体供需平衡。

关于市场在资源配置中起决定性作用。从长远来看，在数字出版产业中，市场起着最终的决定性作用；数字内容产品能否经得住市场检验？数字出版技术应用是否成功？数字出版的个人市场和机构市场是否畅通？这些问题都需要在社会主义市场经济中得到解答和回应。国家有关主管部门在职权职责范围内，在特定的历史阶段，给予数字出版业资金、政策等方方面面的支持和鼓励，主要是为了培养传统出版单位在媒体融合时代背景下的综合竞争力和国际竞争力。

作为数字出版主体的传统出版单位应该保持清醒的头脑，抓住国家大力推动文化产业大发展、大繁荣的有利契机，自觉用好各项政策资金支持，充分发挥市场主体的主观能动性：全面引入和推行数字化的技术、流程，生产出数字化的产品和服务，建立起数字化的渠道网络，使得作为数字出版"国家队"的传统出版社能够在国内外激烈的市场竞争中脱颖而出，成长为能够适应现代复合出版业态竞争格局下的领军企业和行业领跑者，不断提升核心竞争力，不断增强话语权，不断提高国际传播能力。

2013 年，我国数字出版业是"村村点火、户户冒烟"，西方国家数字出版则是"静悄悄"的"润物细无声"式地发展。这种比喻，反映出目前阶段中西方国家数字出版业的发展模式、主导力量和机遇挑战等方面的不同，同时也体现了我国文化产业领域社会主义公有制集中力量办大事的制度优势。①

在我国出版业发展方式和业态转型的过程中，"创新驱动发展"和"重大文化产业项目带动"战略起着重要的助跑、推动和催化作用。无论是发展较快、效益较高的数字出版转型示范单位，还是处于调整战略、提升速度阶段的其他传统出版单位，均已经、正在或者即将获得国家有关主管部门的政策和资金扶持。

然而，传统出版社在申报和实施政府项目的过程中，有着各种各样的心态和打算：有些出版单位纯粹是"等、靠、要"的姿态，没有国家资金和政策的支持，本单位的数字出版便不发展或者作为职能部门对待，或者是因为有了国家项目的支持，才成立数字出版相关部门以应景；有些出版单位是"重项目申报、轻项目实施"，在申报项目的过程中积极踊跃，而国家的项目资金到位后，不组织足够的力量认真开展和实施，直到项目接近结项时，才慌张应对以"对付"验收。当然，真正意识到战略机遇期重要性的出版社，则是本着抓住机会、自觉发展、内涵式扩张的方针，在自力更生发展数字出版业务的同时，充分用好国家资金和政策支持的历史性机遇：以创新作为高质量发展驱动，以项目培养数字化队伍，以项目推动技术升级，以项目促进产品研发，以项目实现在数字出版市场的"跑马圈地"（如图 1）。

---

① 笔者曾赴英国考察出版技术，咨询国外出版社的发展，发现西方国家仅仅是在税收方面对出版社进行调控，未见主动拿出财政资金扶持出版社的发展；相比之下，我国的出版单位有着政府资金、政策方面支持的强力后盾，在竞争前提上就占据了优势，如果这样还竞争不过西方的出版社，则需要我们深刻、冷静地加以思考。

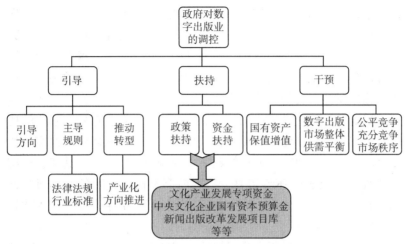

图 1　政府在数字出版领域的宏观调控

1　政府治理的引导作用

对政府与市场的基本关系理解，通论是政府是有形的手，市场是无形的手。在现代市场经济体系下，市场调节与政府干预，自由竞争与宏观调控，互为补充，相得益彰，缺一不可。在我国不断建设责任型政府、法治型政府、服务型政府的当今时代，数字出版领域同样存在政府的主导作用和市场的决定性作用之界分，同样存在政府通过规则的设立、宏观调控方向的指引，引导数字出版业态向着健康、快速、稳健的方向发展，指引数字出版业向着规模化、产业化的趋势迈进。

1.1　引导正确的方向

在政府的引导作用方面，责任型政府要求政府及相关部门对行政相对人的正当诉求进行及时回应和满足。在数字出版领域，需要主管部门以及行业协会在发展方向上进行指引和指导。举旗定向，数字出版是意识形态阵地的前沿阵地，直面互联网这个最大变量，需要不断巩固和加强马克思主义的指导地位；数字出版从业者需要高度重视数字出版的意识形态属性，做到守土有责、守土负责、守土尽责，多出精品力作，弘扬主旋律，传播正能量。谋篇布局，数字出版产业发展的初级阶段是转型升级，更高阶段是融合发展，最高阶段是整个出版产业呈现出数字化的策划编辑、数字化的生产管理流程以及数字化的运营渠道体系。

目前各个传统出版单位面临着诸多问题：如何运用数字化的技术？如何研发数字化的产品？如何打造数字化的人才？如何实现数字化的盈利？如何提升编辑的数字素养和技能？等等。其实，这些问题按照产业链的环节和数字出版内部架构进行区分无非四个方面：数字出版产品体系、数字出版技术体系、数字出版盈利模式和数字出版队伍体系。

从近几年新闻出版主管部门所开展的各方面培训、座谈、现场会等工作来看，有关部门和协会已经在有意识地组织行业协会、技术企业、示范单位等方面的力量对传统出版社的数字出版从业者们进行介绍和分享数字出版的心得与经验。最典型的如2013年"部分图书出版单位数字出版业务负责人岗位调训"活动，2017年"数字出版高级人才研修班"活动，这次培训在数字出版界有"黄埔一期"的开创性意义，从趋势、产品、技术、人才等各个方面为参训单位进行了讲解和介绍。①

在不久的将来，建议党和政府主管部门深入组织数字出版、出版深度融合发展各个方面的专项培训，如人才培训、产品培训、技术培训、商业模式培训等。只有这样，通过给予方向性的指引，才能够促进传统出版单位尽快实现数字化的转型，加速推进传统出版和新兴出版融合发展，尽快步入数字出版产业化时代。

1.2 主导规则的建立

法治型政府要求政府及所属部门充分扮演好"裁判"的角色，

---

① 2013年8月，原新闻出版广电总局数字出版司组织了第一次全国范围内的数字出版业务负责人调训，这也是全国数字出版业务负责人第一次进行全面、充分和广泛的业务交流和经验分享活动，通过调训，极大地增强了数字出版从业者的学习意识、交流意识和责任意识。

让市场主体以"运动员"的身份参与市场竞争，主导竞争规则的建立，构建公平公正公开的竞争秩序，推动国家标准、行业标准、项目标准和技术应用规范的形成，确立好合理的利益分配规则，通过法律、法规、政策、标准和规范为数字出版产业的健康、有序和快速发展保驾护航。

在数字出版领域，首先，主管部门需要做的是制定和完善相关的法律法规和规章制度。我国的数字出版立法主要是在行政法规和部委规章层面，存在立法层级不高、法律效力不高、规章制度滞后于时代发展等诸多问题。具体来看，主管部门需要在数字出版市场准入、数字出版版权保护、数字出版职称序列、数字出版技术应用规范等方面进行明晰和界定。对于已经过时、陈旧的相关规章，需要及时进行更新和修订，以确保法治环境与数字出版实务相匹配。值得欣慰的是，《中华人民共和国文化产业促进法（草案送审稿）》规定了数字出版发展相关的诸多内容，包括直接提出"国家鼓励和支持培育基于大数据、云计算、物联网、人工智能等新技术的新型文化业态，发展数字创意、网络视听、数字出版、数字娱乐、绿色印刷等新兴文化产业，推动与相关新兴产业相互融合"。《数据安全法》《网络安全法》《互联网信息服务管理办法》《网络信息内容生态治理规定》《互联网信息服务算法推荐管理规定》等和数字出版紧密相关的法律法规、部委规章陆续出台，意味着数字出版治理的视野也将逐步扩大。这也表征着，作为我国数字出版治理依据的法律规范性文件将会逐步健全和完善。

其次，需要研制和宣传前瞻合理的各项标准。第一，要重视国际标准的研制工作，注重提升国际标准化组织的话语权。目前，我国在 ISO/TC46 等国际标准组织中并没有担任分会主席职务，由此导致的问题是，在相关国际组织中我国只能做信息资源管理领域话语的追随者而非主导者和引领者，不利于讲好中国故事、传播中国好声音；并且，这与我国的经济实力、综合国力是不相称的，与国际话语权的提升、国际传播效能的提升是不适配的。因此，以后我们须多选派既精通语言又精通技术的专家，通过语言专家和技术专家的深度融合，通过国际组织专家自身语言能力与专业能力的深度融合，在国际组织这个阵地，不断提升我们的话语权。国际标准建设方面，2015 年由我国自主研制的国际标准——《国际标准关联标识符（ISLI）》，由国际标准化组织（ISO）予以正式发布。该项标准的公布，使得我国关于数字产品描述属性体系的构建，由数字资源自身内部属性的描述，扩展到了数字资源相互之间关联关系的描述领域。第二，要不断建立和健全数字出版国家标准体系，其中包括国家项目标准体系、数字产品标准体系、数字出版技术标准体系、数字出版格式标准体系等，并且要在适当时机将我国的国家标准上升到国际标准的层面，以提高我国新闻出版业在国际竞争格局中的话语权。经过四年多的努力，《新闻出版知识服务系列国家标准》共计 7 项标准已经正式发布实施。第三，要不断推动数字出版行业标准的出台和完善，综合考虑强制性标准和推荐性标准的合理比例和推行范围。近年来，我国数字出版产业的快速发展，不断强化技术的赋能作用，不断探索和完善数字出版生产管理流程，先后发布了《数字出版业务流程与管理规范》《出版物 AR 技术应用规范》《出版物虚拟现实（VR）技术应用要求》等行业标准。同时，我国新闻出版业通过国家级重大工程的实施、行业级数字出版工程的实施，先后形成和确立了大量的项目标准。如国家数字复合出版重大工程的 38 项项目标准、新闻出版知识服务的 9 项国家标准、数字版权保护技术工程的系列标准等。出版业的标准化工作，全面征集了业内专家、技术企业、出版企业等各方的意见，由出版局携手发行标准委员会共同开展，是政府主管部门及行业协会在数字出版业态中启动标准化工作的一个重要里程碑。紧随其后的是，国家数字复合出版系统工程在标准化方面，成立了项目管理办公室（PMO）、标准工作组、测试工作组以及 38 项标准的起草组。这些项目标准对下可以指导新闻出版企业制定相应的企业标准，对上可以在适当的时机上升到行业标准乃至国家标准的高度。第四，要强化团体标准意识，加快推进团体标准体系的建立和完善。2019 年 5 月 31 日，中国音像与数字出版协会团体标准化技术委员会（以下简称"团标委"）在京成立，负责推动开展新闻出版行业团体标准化工作。2019 年 7 月 12 日，第一期团体标准培训工作会在京顺利召开，培训会后团标委面向全国开展了第一批团体标准的征集工作。相信在不久的将来，数字出版的团体标准数量将会不断扩大，质量将会不断提升，进而成为推动数字出版高质量发展的又一剂良方。最后，要鼓励数字出版企业创新和提高企业标准，在相关领域的国家标准、行业标准未出台以前，实行企业标准先行，也为国家标准、行业标准提供参考。实践证明，在中央文化企业数字化转型升级期间，各出版单位累计制定了 200 多项出版数字化转型的企业标准。

1.3　推动市场主体转型

服务型政府要求政府及相关部门，从公权力服务于私权利的角度，能够为市场主体提供一系列市场准入、公平竞争、法制环境、人才评价等公共产品。在数字出版业态中，服务型政府的引导作用体现在：确立数字出版企业的市场准入机制，推动传统出版单位的市场主体地位升级与提升，促进出版企业以更加先进的技术装备、更加顺畅的流程机制、更加适销对路的数字产品，融入数字出版新业态，实现整个出版业态的转型与升级。

以"基建数字化、资源数字化、运营数字化"为标志的中央文化企业数字化转型升级项目，率先在 61 家中央级的出版社中进行了数字化全流程出版机制创新与运行，进而在技术层面为传统出版单位转型升级打下了牢固的基础，并且为传统出版社生产出适销对路的数字产品提供了有力的工具。2014 年以来，政府主管部门面向全行业，开展了推动传统出版单位深化转型升级工作，发布了《关于推动新闻出版业数字化转型升级的指导意见》。2016 年，北京市原新闻出版广电局率先在全国设立了数字编辑职称，为数字出版人才成长、培养、评价提供了"通行证件"和法定认可，造福了千千万万的数字出版从业者。2017 年，国家级出版职称序列增设"数字编审、数字副编审"，也为全国范围内的广大出版从业者提供了政策红利。2021 年年底发布的《出版业"十四五"时期发展规划》规定"深化出版专业技术人员职称制度改革，推进实施完善职业技能等级认定工作，支持举办全国行业职业技能大赛，畅通数字出版从业人员职业资格考试渠道，健全完善继续教育培训和职称评定的长效机制"。这些都体现了数字出版主管部门在法治型政府、责任型政府方面的积极作为。

2　政府治理的扶持作用

作为战略性新兴业态，数字出版是政府扶持发展的文化产业的重要组成部分，代表着先进的文化传播趋势和方向，代表着出版业转型与升级的方向和未来。在西方出版业数字化、信息化浪潮的冲击下，我国出版业的转型与升级面临着严峻的竞争态势。在这种大的时代背景和国际背景下，相关主管部门出台了文化产业发展资金、国有资本经营预算金、数字化转型升级项目等一系列政策，在资金、政策、项目等方面给予传统出版单位以强有力的支持，扶持传统出版单位更好适应日渐严峻的国内、国际竞争形势，从而促使我国数字出版业尽快实现规模化和产业化。

2.1　政策扶持：示范单位、转型升级、融合发展

近年来，主管部门对数字出版业的扶持力度明显高于传统的图书出版。从发布主体角度，中宣部、国家新闻出版署、财政部、科技部、工信部等多个部委均出台了扶持出版业转型、促进数字出版发展的相关政策；在政策内容方面，有平台建设、技术更新、人才培养、项目驱动等各个领域；在资金力度方面，政府扶持数字出版、出版融合发展的资金额度和频率明显高于单纯的图书出版。

例如，2013 年 7 月，原国家新闻出版广电总局公布了全国首批 70 家数字出版转型示范单位，包括出版集团 5 家、图书出版社 20 家；报业集团 5 家、报社 20 家和期刊社 20 家，占全部申报单位的 16.3%、全国出版单位的 0.56%。通过示范评比，遴选了一批在数字出版业务领域起步较早、思路清晰、成效明显的传统出版单位，通过树立典型、交流借鉴和推广实践经验，探索开辟传统出版业升级转型之路，为广大传统出版单位的数字化转型提供可资借鉴的经验。经过评估入选的示范单位，原国家新闻出版广电总局将在资金、政策等方面给予优先扶持。

　　同时，为推动传统出版单位数字出版转型升级工作向更大范围、更高层次发展，在 2014 年开展省一级转型示范评估的基础上，2015 年 2 月，政府主管部门启动了"第二批"转型示范评估工作。经过单位申报、资格审查、数据采集转换、专家评估、主管部门审核等流程，在遵循评估标准同时适当兼顾区域性差异的基础上，确定了"第二批"100 家转型示范单位名单，包括 10 家报业集团、30 家报纸单位、29 家期刊单位、5 家出版集团、26 家图书（含音像电子）出版单位，占全部申报单位的 31.8%。① 在经过上述第一批、第二批数字出版转型示范单位的遴选工作以后，政府主管部门根据"能进能出、能上能下"的原则，对已经入选的转型示范单位进行了动态评估，以确保示范单位的先进性和示范性，同时为"后发型"的出版单位提供进入示范单位的相应通道。

　　再如，在出版融合发展方面，2022 年发布的《关于推动出版深度融合发展的实施意见》指出，到"十四五"末期，出版深度融合发展取得明显成效，"融为一体、合而为一"的体制机制更加健全，"内容建设为根本、先进技术为支撑、创新管理为保障"的数字时代新型出版传播体系更加完善。对数字出版产业链基本环节建设，规定：强化内容建设，扩大优质内容供给，创新内容表达形式，重点领域打造内容精品；发挥技术支撑，在坚持主流价值导向驾驭技术的前提下，通过前沿技术和成熟技术的探索应用，健全出版科技创新体系；建强出版融合队伍，发挥企业主体作用，夯实人才培养基础，强化高层次人才的价值实现。应该说，出版深度融合发展示范单位在未来将是政府主管部门对数字出版、新媒体领域实施扶持的重要抓手和关键举措。数字出版企业应该牢牢抓住媒体深度融合的战略机遇期，在内容建设、技术应用、平台终端、经营管理等方面加速融合进程，深度开展文化与科技融合、出版与影视融合、出版与资本融合，推动数字出版和传统出版的深度融合，推进数字出版的高质量发展。

---

　　①　总局第二批 100 家转型示范单位今起公示［EB/OL］.［2015-10-01］. http：//www. gapp. gov. cn/news/1656/255555. shtml.

2.2 资金扶持：文化产业发展资金、国有资本金、专项资金

对传统出版单位而言，实现数字化转型升级，大力发展数字出版，无论是产品、技术，还是渠道、人才建设，政府扶持最直接和最有效的便是资金的扶持。自 2011 年以来，主管部门先后启动了文化产业发展资金、国有资本金、数字化转型升级项目资金、文化产业投资引导基金等一系列扶持资金，其中高新技术、数字出版、数字化转型升级、媒体融合等始终是支持的重点方向和领域。

2.2.1 文化产业发展专项资金扶持情况

2013 年，国家财政共计拨付文化产业发展专项资金 48 亿元，比 2012 年增加 41.18%。[①]

2014 年，财政部下达文化产业发展专项资金 50 亿元，比 2013 年增加 4.2%，共支持项目 800 个（其中：中央 191 个，地方 609 个），与 2013 年基本持平。[②]

2015 年 9 月底，财政部下达 2015 年度文化产业发展专项资金 50 亿元，支持项目 850 个，较 2014 年增长 6.25%。[③]

2016 年下达文化产业发展专项资金 44.2 亿元，支持项目 944 个，其中 2016 年文化产业发展专项资金支持市场化配置资源部分的金额为 141000 万元。28.6 亿元全部投入重大项目，聚焦媒体融合、文化创意、影视产业、实体书店等 8 个方面，着力提高财政推动文化领域供给侧结构性改革贡献度。[④]

---

① 数据来源：财政部网站及相关报道。

② 财政部：2014 年度文化产业发展专项资金达 50 亿元［EB/OL］.［2015-10-04］. http：//news. xinhuanet. com/fortune/2014-11/15/c _ 127214187. htm.

③ 财政部下达 50 亿文化产业发展资金比上年增 4.2%［EB/OL］.［2015-10-01］. http：//money. 163. com/15/0930/15/B4P6 H18B00252G50. html.

④ 财政部下达 44.2 亿元文化产业发展专项资金［EB/OL］.［2016-08-05］. http：//whs. mof. gov. cn/pdlb/gzdt/201608/t20160805_2376596. html.

2017 年文化产业发展专项资金在重大项目方面投入 186588 万元，市场化配置方面 139000 万元，总计约 32.56 亿元。①

2018 年，财政部向地方下达 2018 年文化产业发展专项资金（重大项目方面）预算资金 19854 万元。②

2019 年，财政部向地方下达文化产业发展专项资金（重大项目方面）7700 万元。③

一直以来的文化产业发展专项资金政策，对于扶持新闻出版业数字化转型升级，促进数字出版的起步、发展与壮大，可谓厥功至伟；也是切实推进文化强国建设的有力举措，对于传统出版与新兴出版的融合发展、整体转型起到了实实在在的助力和驱动作用。

2.2.2 中央文化企业国有资本经营预算金扶持情况

以 2013 年为例，为发挥财政资金杠杆作用，支持中央文化企业做大做强，中央财政下达 2013 年中央文化企业国有资本经营预算资金 8.3 亿元，共支持 39 家由财政部代表国务院履行出资人职责的中央文化企业实施的 55 个项目。2011—2013 年，中央财政已累计安排国有资本经营预算资金 18.9 亿元，共支持了 65 家企业实施 107 个项目，切实发挥了财政资金的引导和撬动作用，有效缓解了中央经营性文化单位转企后的发展资金缺乏问题，在促进企业资源整合、实现传统产业升级和推动中国文化走出去等方面发挥了重要作用。

2014 年年底，中央财政下达 2014 年中央文化企业国有资本经营预算资金 10 亿元，共支持 72 家由财政部代表国务院履行出资人

---

① 财政部：中央对地方转移支付管理平台［EB/OL］.［2019-10-06］. http：//www. mof. gov. cn/zhuantihuigu/cczqzyzfglbf/zxzyzf_7788/whcyfzzxzj/.

② 财政部：中央对地方转移支付管理平台［EB/OL］.［2019-10-06］. http：//www. mof. gov. cn/zhuantihuigu/cczqzyzfglbf/zxzyzf_7788/whcyfzzxzj/.

③ 财政部：中央对地方转移支付管理平台［EB/OL］.［2019-10-06］. http：//www. mof. gov. cn/zhuantihuigu/cczqzyzfglbf/zxzyzf_7788/whcyfzzxzj/.

职责的中央文化企业实施的 118 个项目。①

2015 年度，中央财政下达国有资本经营预算资金 7.31 亿元，支持 67 家由财政部代表国务院履行出资人职责的中央文化企业实施的 96 个项目。②

2016 年，中央财政安排国有资本经营预算资金 11.53 亿元，支持 54 家中央文化企业联合重组和促进传统产业转型升级。③

2017 年，财政部以国有资本金注入方式向 58 家中央文化企业增资 12 亿元，其中，推进文化领域供给侧结构性改革等投入 8.7 亿元；支持企业兼并重组等投入 2.9 亿元；解决企业历史遗留问题等投入 0.4 亿元。按照党中央决策部署，在财政收支压力不断增加的情况下，国资预算调整投入结构，加大对文化领域的倾斜力度，从 2011 年的 5.6 亿元增加到 2017 年的 12 亿元，投入翻了一番，推动中央文化企业实现跨越式发展。④

2018 年，中央财政向中央文化企业注资 15 亿元，比上年增长 25%，支持中国出版集团公司等一批中央文化企业增加国家资本金。支持的方向主要包括：落实国家重点文化发展战略，支持企业走自主创新之路，调整文化领域国有资本布局结构。⑤

国有资本经营预算金从"项目制"改为"规划制"，更加注重被支持单位的绩效考核，充分发挥了财政资金杠杆作用，有力地支持

① 中央财政安排 10 亿支持 72 家中央文化企业发展［EB/OL］.［2015-10-01］. http://news.cnstock.com/news/sns_bwkx/201412/3278810.htm.

② 中央财政安排 7.31 亿元国有资本经营预算支持中央文化企业发展［EB/OL］.［2017-10-07］. http://whs.mof.gov.cn/pdlb/gzdt/201511/t20151118_1568452.html.

③ 中央财政安排 11.53 亿元资金支持中央文化企业发展［EB/OL］.［2017-10-07］. http://whs.mof.gov.cn/pdlb/gzdt/201609/t20160902_2410280.html.

④ 中央文化企业国有资本经营预算改革工作顺利推进［EB/OL］.［2019-10-06］. http://whs.mof.gov.cn/pdlb/gzdt/201709/t20170911_2696204.html.

⑤ 财政部向中央文化企业注资 15 亿元 推动企业做强做优做大［EB/OL］.［2019-10-06］. http://whs.mof.gov.cn/pdlb/gzdt/201811/t20181127_3077013.html.

了文化体制改革和文化产业发展，直接推动了我国出版业的转型升级与创新发展，也旗帜鲜明地体现了我国社会主义体制宏观调控集中力量办大事的优势所在。

2.3　区别性扶持与针对性发展

政府的政策扶持、项目扶持和资金扶持过程中，我们看到，政府主管部门采取了"扶强扶优"与"救急救穷"相结合的办法，对传统出版单位采取区别性扶持和针对性发展的原则。一方面，重点扶持在数字出版领域起步早、见成效、有一定发展速度和规模的出版单位；另一方面，针对起步较晚、技术装备较落后的出版企业，主管部门通过特定的项目和资金进行针对性地扶持和推动发展。例如，文化产业发展资金和国有资本金政策，主要用于支持项目创新点突出、社会效益和经济效益显著的项目；而中央文化企业数字化转型升级项目则主要是扶持起步较晚、技术装备较落后的出版单位。

同时，在政府主管部门的扶持政策中，我们还能够看到政策相互之间体现了较高的衔接性、协同性，发挥了政府具体行政行为和抽象行政行为相结合的优势互动功能。例如，近几年，原国家新闻出版广电总局的新闻出版改革发展项目库工作与财政部的文化产业发展专项资金工作正在进行有效衔接和横向互动，一般来说，进入改革发展项目库重点库的项目同时获批文化产业发展专项资金支持的概率更大。

3　政府治理的有效干预

在一个产业处于新生、发展阶段时，政府除了要重点进行引导和扶持之外，还要进行必要的监督和干预，以确保该产业能够沿着健康、快速、规范的方向前进。前述国家有关部门对数字出版业进行了各个方面的引导和扶持，在此基础上必然形成主管部门对数字出版的各个领域进行必要的干预和督促。

3.1 确保国有资产保值增值

确保国有资产保值增值是国家财政资金使用的首要原则，也是政府对数字出版有效干预的起点和底线。在数字出版业态中，各个出版单位申报了大批效益好、技术高、创新点突出的国家项目，在项目的开展和实施过程中、在项目的验收和收益过程中，主管部门都会进行监督和考核，同时要求各申报单位必须出台相应的国有资金使用监管规范。只有严格监督和验收，采取政府检查和企业自查相结合的方式，才能够确保财政资金用到"刀刃"上，做到专款专用，确保财政资金真正在出版业转型升级过程中发挥推动和引导作用。

数字出版主管部门曾多次联合组织中央文化企业数字化转型升级项目政策与项目管理实践培训班，其中针对各个传统出版单位社领导、财务负责人和项目负责人分别进行相关方面的培训，主要目的就是规范国家项目的实施、监管和验收。

如前所述，国家财政支持出版企业项目，主要是运用资金扶持的方式，解决出版社在数字产品研发、数字出版平台建设、数字出版技术引入等方面的资金不足问题，协助出版社尽快实现出版流程和出版方式的变革和创新。主管部门以项目补贴或者资本金注入的方式扶持出版单位，其根本目的是推动文化体制改革，促进文化产业发展和繁荣，实现国有资产保值和增值。所以，确保财政资金专款专用、实现国有资产保值增值是主管部门监督出版企业、履行政府干预职能的最重要方面，也是各个出版单位实施国家项目、迎接主管部门验收最重要的环节之一。

3.2 维持数字出版市场整体供需平衡

政府宏观调控的重要目标之一在于维持市场的总体供需平衡，这一点在数字出版领域也得到了充分体现。在数字出版产品供给远远小于市场需求的当下，无论是财政部主管司局，还是新闻出版政府主管部门，对各个出版企业均采取项目的方式进行扶持；项目的内容或有差异，但是均是围绕数字出版产品的内容研发、技术平台和渠道建设展开。

在数字出版方兴未艾的当今时代，大多数数字出版企业的当务之急便是如何研发数字产品，如何整合有效的存量资源，将之转化、加工和生产出适合读者需求的数字化产品。打造数字产品的四要素，有效的存量资源、精细的内容设计、支撑内容的技术平台、实现价值的渠道建设，均需要进行大量的资本投入。而一旦涉及资金投入，各个出版社便显得力不从心，鲜有出版单位愿意将客观的资金投入尚且看不到价值收回期限的数字出版领域。这便是市场经济主体的自身不足造成的市场失灵表现之一，这个时候也是政府宏观调控重要作用发挥的最佳时机，是体现政府治理水平现代化的重要时刻。

一个值得国内数字出版界深思的问题是：相关统计数据显示，国内的高校图书馆采购数字化的图书、数据库的比例已经超过纸质产品，而采购国外数字产品的比例普遍高达 70%以上，国内数字内容供应商的产品供给能力还需要大大提高，数字内容产品的供给侧结构性改革需要深入推进。

但是，我们应该看到，无论是新闻出版改革发展项目库、国有资本金支持项目，还是文化产业发展资金支持项目，均在其重点支持的领域，将维持数字出版整体市场的产品供给作为重要方向之一，这种支持具体又细化为上述所说的资源整合、平台建设、渠道开拓等方面。

3.3 维护健康的市场秩序

政府对市场的有效干预，在维持公平、健康的市场秩序方面也得到了充分的体现。在数字出版领域，政府主管部门对市场秩序的调控，体现在打造公平竞争、充分竞争的市场环境和建立健全完善的市场主体准入和退出机制等方面。

第一，政府需要营造一个充分竞争的市场业态。要鼓励和培养一大批合格的数字出版市场主体，让大量的传统出版单位在业态转型升级中脱颖而出，以崭新的数字产品提供商的身份加入市场竞争，生产出品种丰富、规模庞大、符合国民阅读需求的数字化阅读产品。

第二，需要打造公平竞争的市场秩序。主管部门及数字出版协会需要在数字出版公平交易、公平竞争方面加大力度，尽早发现、纠正数字出版领域的盗版、侵权行为，使出版单位的合法权益得到有效保障。据笔者所知，数字出版领域的盗版较传统出版而言，有盗版成本低、盗版速度快、盗版后消除证据容易等特点，这一方面鼓励了盗版者的违法行为；另一方面对出版者的权益损害更大。目前，国内的数字出版单位已经展开了相应的维权行动，多家出版社自开展数字出版业务以来，已经成功展开了多次诉讼，及时遏制了相关企业的盗版行为，获得了合理的损害赔偿。但是，还有很多的出版单位，被不法企业、不法分子损害数字权益，并没有或者不能开展相关的维权行为，这就需要我们的主管部门和行业协会，展开相应的培训，对不法企业进行相应的行政处罚，以确保市场竞争秩序的公平、公正和公开。

第三，作为行业性自治组织的数字出版相关行业协会，也应该充分发挥行业自律的作用，推动辖下的法律工作部积极、及时维护出版社的合法权益，在打击盗版和法律培训等方面积极作为，督促各成员单位在法律的框架下有序发展数字化业务。

4　市场机制的决定性作用

十八届三中全会首次提出市场在资源配置中起决定性作用，进而改变了近二十年来市场在资源配置中起基础性作用的提法。市场的决定性作用，提醒正在形成和不断发展的数字出版市场：作为市场主体，必须充分发挥自身在数字出版业态中的主人翁、决定性身份的角色，尽早适应和融入真正意义上的市场竞争，甚至走出国门，与国外的数字出版商进行竞争；不断培育和发展自身的用户市场，在完善的产品供给、先进的技术布局和有实际掌控力的渠道建设方面真正成长和成熟起来。数字出版主管部门将会在促进数字出版产业化、规模化、市场化方面加强工作，指导和督促出版单位参加、融入市场竞争。

4.1 政府扶持的限度与长度

应该说，我们的数字出版企业较西方国家出版商而言，有着非常大的优势——政府的资金、项目和政策扶持。西方国家的出版商所进行的出版行为，无论是纸书的出版，还是数字出版，都是市场化的方式；政府只是充当"裁判"的角色，并不会对个体的市场主体进行资金和政策方面的直接引导和支持。

但是，我们的出版单位应该保持清醒的头脑：在可以预见的将来，政府的资金、政策扶持终有"断奶"的一天，扶持的限度是一定的，时间也是一段的。政府扶持的初衷在于，协助解决当下数字出版企业所面临的资金、人才、技术等方面的困难；归宿在于促进出版单位尽快实现数字化的转型和升级，能够适应来自国内外的竞争和挑战，成为数字出版领域的中坚力量。

一旦将来政府的资金和政策扶持结束，那么出版单位只能"自救"，依靠在市场中扎根立足，找寻属于自己的定位，通过消费者的交易行为实现企业自身的正常经营和运转，出版单位将迎来真正的挑战。实践证明，曾经一度中央文化产业发展专项资金支持的力度逐步收缩，从以前的50亿元规模到后来的2亿元规模再到改为文化产业投资引导基金的形式，就是财政扶持的边界效应的体现；而国有资本经营预算金尽管支持总额不断增加，但是由"项目扶持"改为"扶持规划"，从一般性扶持改为支持做大做强、扶优扶强，这便是政府扶持方向和重点发生变化的重大政策信号。

4.2 用户市场的培育与成长

出版单位开展数字出版，要想获得大的发展和繁荣，真正迎来提质增效，实现产业化、规模化的效益，要想提高数字出版在整个出版业中的收入比例，必须创造"为有源头活水来"的局面，有海量的用户作为支撑。

"活水"在哪里？在用户那里，在市场那里。只有不断培养和扩大自身的用户市场，让越来越多的消费者认同和消费自己的数字产品，出版单位才在市场经济的层面上实现了转型。

我国出版社最容易在数字出版领域取得突破的是专业性出版社，因为专业性出版社往往背靠一个特定的行业，提供专业化的知识服务。在数字出版时代，专业化的知识服务结合便捷的传播途径、强大的功能体验，更能抓住特定行业群体的知识需求；而行业市场一旦打开，至少数字出版的生存压力将会减少，甚至会实现初步的盈利。真正的发展阶段在于实现对行业市场的有效掌控，当出版单位在特定行业的渠道占有大多数的市场以后，其数字出版的经济效益和社会效益将相当可观。

同时，不能忽视的是，个人市场的培养和扩大，要高度重视B2C商业模式的运用。尽管在相当一段时间内，B2C业务几乎不可能成为支撑出版单位数字出版运营的核心业务，但是，伴随数字阅读群体成长为社会的主流消费群体，伴随数字阅读成为社会的主流阅读方式，在可以看见的将来，数字出版的个人消费必将成为拉动阅读数字化、信息化的中流砥柱。所以，着力挖掘"90后""00后"等互联网原住民用户，注重个人消费市场的培养和开拓，也是出版单位必须完成的艰巨任务。在B2C业务开拓方面，国内如商务印书馆的"新华字典App"、人民法院出版社的法信平台，走在了全行业的前列，充分展示了B2C模式的引领示范效应。

4.3　国外竞争的强烈态势

强调市场的决定性地位，以市场需求为导向研发数字图书、数据库等产品，其更加宏观的战略意义在于应对来自国际方面的数字出版商挑战。我国的数字出版消费市场潜力是巨大的，正因为这一点，国外的出版商纷纷以各种形式、各种产品入驻中国。如West Law、Lexis Nexis等出版商纷纷在中国推广自己的数据库产品，涉及医疗、商业、法律等各个行业，后者甚至推出了全球首个面向法律界的类ChatGPT生成式AI平台——Lexis+AI™。

如果我们的出版单位，连国内市场都保不住，连自己的"一亩三分地"都种不出庄稼来，还谈何"走出去"，谈何出版业国际化高质量发展？所以，掌握并运用最前沿的数字技术，如区块链、元宇宙、大数据、分析式人工智能和生成式人工智能等，在采集用户数据的基础上，深入研究用户的消费频次、知识构成、消费领域、阅读偏好等特点和规律，基于内容检索或内容生成的方式，研发适销对路的数字出版产品，提供"私人订制"式的数字出版服务，这样才能一方面抓住国内市场；另一方面进军国际市场，把中国的数字内容产品和服务推向国际社会。

4.4 传统出版单位与新兴技术企业的竞争格局

关于数字出版的发展方式，长期以来有两种说法：其一，依托于传统出版单位，促使其实现技术升级、产品创新，进而达到全行业的业态创新；其二，"腾笼换鸟"，由新兴的技术公司、市场主体取而代之。无疑，从意识形态阵地的角度和目前的产业政策来看，还是主要支持传统出版单位尽快实现产业升级、业态更新和出版融合。

客观地说，为数众多的新兴企业在数字出版领域确实正在或者已经取得了相当不错的社会效益和经济效益，如掌阅、喜马拉雅、咪咕阅读等，它们并没有出版单位的行业渠道优势、品牌价值优势，也没有政府主管部门的资金政策扶持，但是却在数字出版的若干领域取得了突飞猛进的突破。

在法律出版领域，国内的技术企业，如北大法宝、北大法意、中国知网、方正阿帕比等，均在政法院校、公检法司律等行业系统内开拓了非常广阔的市场渠道，它们的数据库较之出版社而言，有着内容、技术、功能等多方面的优势。这些企业并没有政府的资金和政策的支持，没有行业渠道的先天性优势，但是却在数字出版领域开辟了一片新天地。中文在线、掌阅科技甚至已经走向了资本市场，借助资本的力量，以上市公司的身份来继续开展数字出版业务。

应该说，作为出版社，坐拥专业权威的内容资源优势，具有长期积累的品牌优势，掌握着专业化的内容人才，拥有着行业市场的天然优势，长期受益于政府主管部门的推动和引导，完全具备将数

字出版做大做强、提升数字出版话语权、提升新兴出版影响力的潜
力和实力（如图2）。

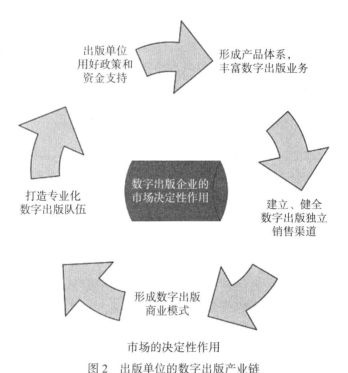

图2　出版单位的数字出版产业链

5　抓住政府推动的良好机遇，有效提高市场占有率

　　综上所述，在数字出版领域，一方面，党和政府主管部门正在
或者已经在引导、扶持和干预方面开展了相应的工作，以推动传统
出版单位的数字化转型升级，推进传统出版与新兴出版融合发展；
另一方面，作为市场主体的传统出版单位应该抓住政府促进文化大
发展、大繁荣的有利契机，充分运用好政府提供的各项政策、资金
支持，尽快建立和丰富自己的数字产品体系，以适销对路的数字产

品服务打开销售渠道，抢占数字出版市场，最终在市场竞争中占有一席之地。

5.1 用好各项国家政策

如前所述，出版单位应该结合本出版社的资源优势和实际状况，进行深入的市场调研，结合用户的实际需求，策划设计出优秀的项目，分别申请新闻出版改革发展项目库、文化产业发展专项资金等国家政策支持，或者纳入国有资本经营预算支出规划。机不可失，时不再来，传统出版企业要牢牢抓住国家宏观调控的政策机遇期，真正按照扶持政策的要求，科学策划项目、认真实施项目、严格管理项目、及时验收项目、加快项目成果转化；要将财政资金用于数字内容产品研发、高新技术应用、数字渠道建设完善、专业化人才引进培养等方面，唯有如此，才能真正实现出版业的转型升级与提质增效。

5.2 丰富数字出版产品体系

各出版单位借助国家资金支持，通过项目的研发和实施，当务之急是尽快建立自身的数字化产品体系，健全自身的数字出版业务体系。因地制宜，因"社"制宜，有所侧重的在数字图书、碎片化数据库、移动阅读、终端阅读、网络出版等领域取得突破和进展。

2015年9月，财政部文资办下发了中央文化企业申报数字内容运营平台项目的通知，其中涉及行业级数字内容运营平台的建构。所申报的中央文化企业中，凡是申报行业级数字内容运营平台的，都是以丰富、专业、海量的"产品集群"作为业务支撑，"产品集群"大致包括了电子图书、数字图书馆、专业数据库、知识库、数字视听库、数字动漫库和数字游戏产品库等数字出版界的主流产品。

令人欣慰的是，经过近十年发展，出版企业已经建成一大批数字图书馆、专题知识库、AR资源库、VR视频课、数字短视频、出版大数据等产品矩阵，另外，在"出版＋人工智能"、"出版＋5G"、生成式智能出版等方面也在积极研究和研发新产品，不断推动数字出版产品体系的优化和完善。

5.3 抢占数字出版市场

借助丰富的数字产品和业务体系，出版单位宜采取传统渠道转化、自建渠道、委托代理等多种方式，打开销售渠道，最终形成一支独立的销售渠道。在建立销售渠道的过程中，一方面，可以借助传统出版发行渠道的力量，采用"旧瓶装新酒"的方式，对传统发行渠道予以扬弃；另一方面，可以跨界，独立于传统渠道，开拓全新的数字出版市场空间。

5.4 打造高质量数字出版编辑队伍

无论是项目申报、产品研发，还是销售渠道的建立，都离不开专业化的数字出版人才队伍。"致天下之治者在人才"，数字出版要实现规模化、产业化的目标，必须有独立的、专业化的人才队伍体系，打造政治素质、专业能力、数字素养与技能三位一体的数字出版编辑队伍，形成包含领军人才、骨干人才、内容人才、技术人才、销售人才、管理人才等在内的全方位、立体化、多层次的人才体系。

出版单位不能仅仅依靠少部分人试图开展数字出版、完成出版转型，这一方面，表明战略规划缺位、顶层设计不佳，管理层没有引起足够的重视，没能认清数字出版是大势所趋；另一方面，注定了该单位的数字出版仅仅是昙花一现、转型升级也只是"小打小闹"，难以有所作为，遑论数字出版的大发展、大繁荣，遑论传统出版与新兴出版的深度融合。

在政府主管部门大力推动数字出版规模化、产业化的时代背景下，传统出版单位必须重视并用好这次重要的战略机遇期，切实制定并遵循创新驱动发展战略和项目驱动发展战略：在顶层设计层面，出版单位领导层必须予以充分的重视，通过建立和优化体制机制，落实到经营管理实践；在中坚力量层面，必须打造一支包含领军、骨干、一线、内容、技术、销售、管理等全方位、多角度、梯次配置的人才体系；在运营管理层面，必须尽快建立健全产品体系，以产品和业务体系为核心竞争力，开拓占领市场渠道；在商业模式方面，因地制宜地采用公司制或者部门制的发展路径模式，综合运用 B3G、B2B、B2C 等业务模式，不断提高数字出版收入在出版业态的贡献比例，不断提升数字出版的话语权，加速推进新旧出版动能的接续转换，最终迎来出版业态的转型和升级，迎来数字出版和出版业的高质量发展。

花未全开月未圆，人生最好是小满。数字出版市场方兴未艾，步入高质量发展的新阶段，用好数字出版调节范式，方可不断提升数字出版产品、技术、运维各环节的发展质量；数字出版治理体系的建构和完善，需要常规治理体系和创新治理体系的优化，需要"五位一体"的数字出版治理能力提升，从而推动数字出版治理体系和治理能力步入现代化新征程。

参考文献

1 专著

[1][英]托尼·本尼特：文化与社会[M]. 王杰，等，译. 桂林：广西师范大学出版社，2007.

[2]《逻辑学辞典》编辑委员会. 逻辑学辞典[M]. 长春：吉林人民出版社，1983.

[3]《马克思恩格斯文集》第5卷[M]. 北京：人民出版社，2009.

[4]北京大学互联网发展研究中心. 游戏学[M]. 北京：中国人民大学出版社，2019.

[5]陈作平. 新闻理论新思路——新闻理论范式的转型与超越[M]. 北京：中国传媒大学出版社，2006.

[6]方卿，曾元祥，敖然. 数字出版产业管理[M]. 北京：电子工业出版社，2013.

[7]方卿，许洁，等. 出版学基础[M]. 武汉：武汉大学出版社，2022.

[8]方卿. 出版业产业链研究[M]. 北京：高等教育出版社，2011.

[9]房国志. 数字电子技术[M]. 北京：高等教育出版社，2019.

[10]高清海. 高清海哲学文存(第2卷)[M]. 长春：吉林人民出版社，1997.

[11]郭海英. 传媒行业政府规制体制研究[M]. 北京：中国广播影视出版社，2018.

[12]郭明飞. 网络发展与我国意识形态安全[M]. 北京：中国社会科学出版社，2009.

[13]郭晓天，司晓，马化腾，等. 数字经济：中国创新增长新动能

[M]. 北京：中信出版社，2017.

[14]国家原新闻出版广电总局出版专业资格考试办公室. 数字出版基础(2015 年版)[M]. 北京：电子工业出版社，2015.

[15]郝振省. 2005—2006 中国数字出版产业年度报告[M]. 北京：中国书籍出版社，2007.

[16] Haken H. Synergetic：An Introduction[M]. Berlin：Springer-Verlag，1997.

[17]黄力之. 先进文化论[M]. 上海：上海三联书店，2002.

[18]季正矩，王瑾. 国家至要：当代国家政治安全新论[M]. 重庆：重庆出版社，2006.

[19][日]鹫尾贤也. 编辑力：从创意、策划到人际关系[M]. 陈宝莲，译. 北京. 北京联合出版公司，2017.

[20]李德顺. 价值论——一种主体性的研究(第 3 版)[M]. 北京：中国人民大学出版社，2020.

[21]李新祥. 出版学核心：基于学科范式的范畴、方法与体系研究[M]. 北京：中国书籍出版社，2010.

[22]梁志文. 数字著作权论——以《信息网络传播权保护条例》为中心[M]. 北京：知识产权出版社，2007.

[23]刘杲，石峰. 新中国出版五十年纪事[M]. 北京：新华出版社，1999.

[24]刘九洲. 新闻学范畴引论[M]. 武汉：华中师范大学出版社，1995.

[25]刘银娣. 数字出版概论[M]. 广州：华南理工大学出版社，2018.

[26]罗紫初，吴赟，王秋林. 出版学基础[M]. 太原：山西人民出版社，2005.

[27]苗东升. 系统科学原理[M]. 北京：中国人民大学出版社，1990.

[28]彭建炎. 出版学概论[M]. 长春：吉林大学出版社，1992.

[29]全球治理委员会. 我们的全球伙伴关系[M]. 伦敦：牛津大学出版社，1995.

[30]尚书[M]. 顾迁, 译注. 北京：中华书局, 2016.

[31]数字编辑专业技术资格考试委员会. 数字编辑基础与实务(初级)[M]. 北京：北京联合出版公司, 2015.

[32]孙广芝, 邢立强, 张保玉. 数字出版元数据基础[M]. 北京：电子工业出版社, 2013.

[33][美]维克托·迈尔-舍恩伯格, 肯尼思·库克耶. 大数据时代[M]. 盛杨燕, 周涛, 译. 杭州：浙江人民出版社, 2013.

[34]吴平, 芦珊珊, 张炯. 编辑学原理(第二版)[M]. 武汉：武汉大学出版社, 2011.

[35]吴平. 编辑本论[M]. 武汉：武汉大学出版社, 2005.

[36]习近平. 论党的宣传思想工作[M]. 北京：中央文献出版社, 2020.

[37]夏一璞. 互联网的意识形态属性[M]. 北京：首都经济贸易大学出版社, 2015.

[38]肖东发. 出版营销管理[M]. 北京：北京大学出版社, 2008.

[39]谢新洲. 数字出版技术[M]. 北京：北京大学出版社, 2002.

[40]徐丽芳, 刘锦宏, 丛挺. 数字出版概论[M]. 北京：电子工业出版社, 2013.

[41]徐明星, 刘勇, 等. 区块链：重塑经济与世界[M]. 北京：中信出版集团, 2016.

[42]叶再生. 编辑出版学概论[M]. 武汉：湖北人民出版社, 1988.

[43]雍琦. 法律逻辑学[M]. 北京：法律出版社, 2004.

[44]余潇枫. 传统安全概论[M]. 杭州：浙江人民出版社, 2006.

[45]袁亮. 出版学概论[M]. 沈阳：辽海出版社, 2000.

[46]国家新闻出版广电总局数字出版司. 新闻出版业科技十三五时期发展规划预研究成果汇编[M]. 北京：中国书籍出版社, 2015.

[47]Rogers P, Hall A W. Effective Water Governance[M]. Sweden：Elenders Novuml, 2003.

[48]张立. 2014—2015 年中国数字出版产业年度报告[M]. 北京：中国书籍出版社, 2015.

[49]张文俊，倪受春，许春明. 数字新媒体版权管理[M]. 上海：复旦大学出版社，2014.

[50]张文显. 法哲学范畴研究[M]. 北京：中国政法大学出版社，2001.

[51]张新新. 智能出版：现代出版技术原理与应用[M]. 北京：人民出版社，2021.

[52]张新新. 变革时代的数字出版[M]. 北京：知识产权出版社，2016.

[53]张新新. 吉光片羽：人工智能时代的出版转型[M]. 北京：清华大学出版社，2019.

[54]周荣庭. 网络出版[M]. 北京：科学技术出版社，2004.

[55]Swan M. Blockchain：Blueprint for a New Economy[M]. USA：O'Reilly Media Inc，2015.

2 论文

[1]安虹谕. 探究出版直播营销的可能性与前景[J]. 科技传播，2019，11(20)：63-64.

[2]白龙，骆正林. 欧美数字出版的区块链创新治理实践启示[J]. 出版发行研究，2020(5)：59-65.

[3]包国宪，郎玫. 治理、政府治理概念的演变与发展[J]. 兰州大学学报(社会科学版). 2009，37(2)：1-7.

[4]包韫慧，何静. 我国出版政策法规40年回顾[J]. 出版广角，2018(17)：15-19.

[5]鲍静，贾开. 数字治理体系和治理能力现代化研究：原则、框架与要素[J]. 政治学研究，2019(3)：23-32.

[6]鲍娴，管慧勇. 基于SWOT分析的数字藏品在出版领域的发展策略[J]. 出版发行研究，2022(9)：5-11.

[7]本刊记者. 数字出版标准，真的要来了[J]. 编辑之友，2013(4)：8-13.

[8]本刊评论员. "法治"的生命力在于"依法治理"——学习贯彻党的十九届六中全会精神[J]. 智慧中国，2022(2)：4-5.

［9］曹丹. 读书微视频的发展与传播营销策略［J］. 现代出版，2016
　　（2）：34.

［10］曹景林，霍艳. 数字化税收治理的多样性探索［J］. 甘肃社会
　　科学，2022（4）：227-236.

［11］曾伟，霍思远. 数字出版版权保护存在的问题及对策研究［J］.
　　新闻界，2015（3）：50-53，57.

［12］陈秉钊. 从远景规划到概念规划［J］. 城市规划学刊，2003
　　（2）：1-4.

［13］陈丹，宋佳庚. 构建中国特色出版学体系理论思考和现实期
　　待——增设出版学一级学科的必要性与可行性分析［J］. 中国
　　出版，2020（4）：8-11.

［14］陈佳璇. 引导出版产业发展的财税政策研究［D］. 湘潭：湘潭
　　大学，2019.

［15］陈洁，吴申伦. 面向数字化的编辑出版学转型——21世纪以
　　来数字出版研究综述［J］. 出版广角，2019（18）：32-36.

［16］陈金钊. 制度实施能力的提升［J］. 东岳论丛，2020，41（4）：
　　114-125，192.

［17］陈进华. 治理体系现代化的国家逻辑［J］. 中国社会科学，
　　2019（5）：23-39.

［18］陈矩弘. 美国图书出版业短视频营销探析——以哈珀·柯林斯
　　出版集团为例［J］. 出版发行研究，2019（2）：47.

［19］陈昭翼. 新时代我国互联网意识形态安全问题与对策研究［J］.
　　广西科技师范学院学报，2020，35（4）：65-68.

［20］成军. 范畴化及其认知模型［J］. 四川外语学院学报，2006
　　（1）：65-70.

［21］程恩富，王朝科. 中国政治经济学三大体系创新：方法、范畴
　　与科学［J］. 政治经济学研究，2020（1）：10-13.

［22］程恩富. 经济组合经济体制经济调节［J］. 探索与争鸣，1990
　　（5）：6-9.

［23］迟亮. EPUB 3.1数字出版技术研究［J］. 电脑知识与技术，
　　2018，14（19）：239，242.

[24] 丛挺，高远卓. 数字化战略背景下专业出版发展研究——基于《出版业"十四五"时期发展规划》的思考[J]. 出版广角，2022(5)：51-55.

[25] 邓纯东. 当代中国文化治理体系和治理能力现代化的理论反思[J]. 湖湘论坛，2018，31(6)：13-22，2.

[26] 邓乔茜，王丞，周志民. 社会化媒体营销研究述评[J]. 外国经济与管理，2015，37(1)：32.

[27] 董晓辉. 活动理论视角下高校教育数据治理体系构成要素研究[J]. 中国电化教育，2021(3)：79-87.

[28] 杜方伟，张新新. 数字出版精品化发展战略的结构视域与行动框架[J]. 出版发行研究. 2021(11)：60-66.

[29] 杜晓沫. 我国电子书市场的五种经营模式[J]. 出版参考，2012，687(31)：14.

[30] 范军，欧阳敏. 试论中国特色新型出版智库的内涵、功能及展望[J]. 现代出版，2018(4)：5-9.

[31] 范军. 出版智库的"为"与"不为"[J]. 出版科学，2017，25(4)：1.

[32] 方卿，王一鸣. 40年新闻出版事业与产业发展[J]. 中国出版，2018(22)：3-7.

[33] 方卿，张新新. 推进出版业高质量发展的几个面向[J]. 科技与出版，2020(5)：6-13.

[34] 方卿，王一鸣. 论出版的知识服务属性与出版转型路径[J]. 出版科学，2020，28(1)：22-29.

[35] 方卿. 关于出版学学科本体的思考[J]. 科技与出版，2022(1)：6-13.

[36] 方卿. 关于出版学"学科范式"的思考[J]. 出版发行研究，2020(5)：5-13.

[37] 方卿. 关于出版学学科性质的思考[J]. 出版科学，2020(3)：5-12.

[38] 方卿. 关于出版学研究对象的思考[J]. 中国出版，2020(6)：15-23.

[39]方卿.加强出版学科建设应提上议事日程[J].出版科学,
2020(1):1.

[40]方卿.资源、技术与共享:数字出版的三种基本模式[J].出
版科学,2011,19(1):28-32.

[41]方兴东.中国互联网治理模式的演进与创新——兼论"九龙治
水"模式作为互联网治理制度的重要意义[J].人民论坛·学
术前沿,2016(6):56-75.

[42]冯宏良.意识形态安全与马克思主义大众化[J].探索,2010
(4):9-13.

[43]冯宏声.新闻出版业"十三五"时期的科技工作思考[J].科技
与出版,2016,258(6):28-35.

[44]冯雯璐.虚假新闻智能化治理的合法性与合理性[J].青年记
者,2021(15):75-78.

[45]付国乐,苏磊,薛陶,颜帅.助力数字出版产业基地建设[J].
科技与出版,2013(10):3.

[46]付瑀,李美玲.新型政党制度塑造制度认同的应然之义与实践
路向[J].甘肃理论学刊,2022(2):47-54.

[47]高小平.中国特色应急管理体系建设的成就和发展[J].中国
行政管理,2008(11):18-24.

[48]葛存山,张志林,黄孝章.数字出版的概念和运作模式分析
[J].北京印刷学院学报,2008(5):1-4.

[49]关爽.数字技术驱动社会治理共同体建构的逻辑机理与风险治
理[J].浙江工商大学学报,2021(4):153-161.

[50]郭爱军,刘涛.作业成本法的实践与创新——以G出版社为
例[J].商业会计,2021(18):85-88.

[51]郭全中.股权激励制度推动国有文化企业发展,打造利益共同
体[J].中国报业,2014(7).

[52]韩德明.法律因何合法、怎样合理?——法律商谈论语境中的
考察[J].法制与社会发展,2006(2):104-116.

[53]韩业江,董颖,等.基于情境感知技术的智慧图书馆服务策略
研究[J].情报科学,2019,37(8):87-91.

[54]韩兆柱，马文娟. 数字治理理论研究综述[J]. 甘肃行政学院学报，2016(1)：23-35.

[55]韩中节，国有资本运营的法律治理研究[D]. 成都：西南政法大学，2009.

[56]郝婷. 我国数字出版标准化工作现状及对策研究[J]. 出版参考，2016(8)：16-18.

[57]郝阳. 新时期出版企业经营管理"五全"模式探讨与实践[J]. 科技与出版，2014(12)：34-37.

[58]何哲. 国家数字治理的宏观架构[J]. 电子政务，2019(1)：32-38.

[59]侯欣洁. 数字出版概念界定的再认识[J]. 现代出版，2014(5)：44-46.

[60]胡凤，朱寒冬. "一带一路"倡议下数字出版"走出去"的关键性问题研究[J]. 出版广角，2021(24)：16-20.

[61]胡海峰. 对法国调节学派及其理论的分析[J]. 教学与研究，2005(3)：79-84.

[62]胡钰，虞鑫. 中国特色新闻学话语体系论纲：概念、范畴、表述[J]. 全球传媒学刊，2018，5(1)：1-18.

[63]胡誉耀. 我国出版集团公司治理研究[D]. 武汉：武汉大学，2010.

[64]华夏. 数字出版标准建设发展研究[D]. 北京：北京印刷学院，2014.

[65]黄建军. 中国国家治理体系和治理能力现代化的制度逻辑[J]. 马克思主义研究，2020(8)：43-51.

[66]黄明东，陶夏. 高等教育评估模式构建中必须厘清的几个问题——基于教育治理现代化的视角[J]. 教师教育论坛，2017，30(9)：33-38.

[67]黄先蓉，贺敏. 意识形态安全视域下我国出版政策法规及其优化路径[J]. 出版与印刷，2020(4)：22-31.

[68]黄宗忠. 关于图书馆学研究对象、定义、功能的新思考(上)[J]. 图书馆论坛，2003(6)：4-12，25.

[69]贾根良. 法国调节学派制度与演化经济学概述[J]. 经济学动态，2003(9)：56-59.

[70]姜富强，张雨. 多媒体融合背景下数字出版发展现状及对策[J]. 科技创业月刊，2020，33(1)：15-19.

[71]蒋海. 区块链：开启价值交换新时代[J]. 金融科技时代，2016(7)：27-29.

[72]蒋志臻. 当代中国出版问题的伦理审视[D]. 长沙：湖南师范大学，2014.

[73]解学芳，张佳琪. "智能+"时代现代文化产业体系的健全逻辑：要素协同与数字治理[J]. 学术论坛，2022，45(3)：110-122.

[74]金胜勇，刘志辉. 图书馆学研究对象析论[J]. 图书馆理论与实践，2007(1)：4-7.

[75]金雪涛. 党的十九大以来我国数字出版产业的转型发展研究[J]. 编辑之友，2022(4)：28-35.

[76]景小勇. 国家文化治理体系的构成、特征及研究视角[J]. 中国行政管理，2015(12)：51-56.

[77]Jessop Bob. Regulation Theories in Retrospect and Prospect[J]. Economy and Society，1990(19)：155.

[78]柯银斌，马岩. 企业智库的战略定位[J]. 智库理论与实践，2017，2(2)：84-91.

[79]兰舟.《数字出版内容卫星传输规范》行业标准研制工作启动[J]. 出版发行研究，2013(10)：92.

[80]黎娟. 数字出版概念研究[J]. 新闻传播，2011(8)：116-118.

[81]李艾蕾. 新时代加强出版阵地建设确保意识形态安全[J]. 今传媒，2022，30(7)：5-7.

[82]李风华. 治理理论：渊源、精神及其适用性[J]. 湖南师范大学社会科学学报，2003(5)：45-51.

[83]李梁栋. 方法、逻辑与视域：调节理论对构建中国特色社会主义政治经济学的启示[J]. 政治经济学报，2022(2)：117-131.

[84]李敏. 多媒体融合视角下数字出版发展现状及策略研究[J].

文化产业，2022(5)：19-21.

[85]李频. 论出版学的核心与边界[J]. 陕西师范大学学报(哲学社会科学版)，2009(4)：31-41.

[86]李其庆. 法国调节学派评析[J]. 经济社会体制比较，2004(2)：123-134.

[87]李琴萍. 探讨数字出版标准化工作的策略[J]. 新闻传播，2014(18)：16，18.

[88]李青青. 从"一五"至"十四五"：中国规划治理的历程、经验与优势[J]. 中共山西省委党校学报，2022，45(1)：52-58.

[89]李晓锋，孙燕. 数字教材的属性特征及标准规范体系研究[J]. 出版科学，2021，29(3)：42-49.

[90]李晓青，杨京钟. 基于新兴出版业态培育的财税激励政策研究[J]. 出版发行研究，2016(10)：29-32.

[91]李晓燕. 大数据时代维护我国意识形态安全的思考[J]. 党建研究，2017(6)：43-46.

[92]李杨. 数智时代出版专业主义的核心内涵建构[J]. 编辑之友，2022(7)：83-89.

[93]李臻. 文化治理视域下的公共数字文化服务标准体系研究[J]. 大学图书情报学刊，2020，38(4)：50-54，77.

[94]立言. 文化治理：制度体系与实践要求[J]. 中国井冈山干部学院学报，2020，13(4)：102-118.

[95]廉强，刘春艳. 基于SWOT分析的我国数字出版智库建设战略研究[J]. 智库理论与实践，2018，3(5)：34-40.

[96]廉强. 我国出版行业智库知识服务现状研究[J]. 智库理论与实践，2020，5(3)：68-74.

[97]梁冬冬，高晓波，王露露，等. 大型体育场馆服务中制度失效及对策研究[J]. 体育学刊，2020，27(1)：60-65.

[98]梁夏怡. 浅析我国版权代理制度建设[J]. 现代视听，2018(10)：73-76.

[99]廖文峰，张新新. 数字出版发展三阶段论[J]. 科技与出版，2015(7)：87-90.

［100］林聪.“互联网+”时代背景下数字出版产业的软法秩序构建
［J］. 出版广角，2017（1）：28-30.

［101］林坚. 推进文化治理现代化的路径探析［J］. 国家治理，2015
（25）：43-48.

［102］林穗芳. 明确“出版”概念　加强出版学研究［J］. 出版发行
研究，1990（6）：13-20，1，12.

［103］凌取智. 新时代意识形态治理的总体性特征探析［J］. 重庆科
技学院学报（社会科学版），2021（4）：1-6.

［104］刘爱芳. 传统出版单位数字出版项目策划与申报［J］. 科技与
出版，2016（2）：79-80.

［105］刘海峰，刘畅，曹如中. 智库治理能力的内涵与机理研究：
基于智库服务政府决策视角［J］. 情报杂志，2018，37（3）：
193-199.

［106］刘金鹏. 充分世界化与民族复兴［J］. 湖南科技大学学报（社
会科学版），2010（3）：41-46.

［107］刘利成. 支持文化创意产业发展的财政政策研究［D］. 北京：
财政部财政科学研究所，2011.

［108］刘濛，隅人. 抗疫图书生产与出版高质量发展［J］. 科技与出
版，2020（5）：35-41.

［109］刘能，陆兵哲. 契合与调适：数字化治理在乡村社会的实践
逻辑——浙江德清数字乡村治理的个案研究［J］. 中国农业
大学学报（社会科学版），2022，39（5）：25-41.

［110］刘涛. 新概念　新范畴　新表述：对外话语体系创新的修辞
学观念与路径［J］. 新闻与传播研究，2017（2）：6-19.

［111］刘晓妹. 党史教育出版的内容升级和体验式营销赋能［J］. 出
版广角，2021（12）：40-42.

［112］刘元发. 促进我国文化产业发展的财税政策研究［D］. 北京：
财政部财政科学研究所，2014.

［113］刘云. 社会治理共同体法治建构的逻辑理路与优化路径［J］.
行政与法，2022（11）：29-38.

［114］柳斌杰. 坚定自信，走进出版强国新时代［J］. 现代出版，

2018(1)：5-10.

[115]柳斌杰. 开拓中国出版业高质量发展新时代[J]. 中国出版，2020(22)：6-10.

[116]龙丽佳. 广西区本级财政专项资金支持民族文化产业投融资现状[J]. 现代经济信息，2019(15)：484，487.

[117]芦珊珊，黄芙蓉. 知识服务语境下应急出版的特征与发展思路研究——兼谈新冠肺炎防治类读物的出版[J]. 新闻前哨，2020(7)：31-32.

[118]罗秉雪. 数字出版：新语境下的概念演变与界定[J]. 出版发行研究，2016(1)：26-29，22.

[119]罗智芸. 国家治理能力研究：文献综述与研究进路[J]. 社会主义研究，2020(5)：156-163.

[120]吕青，蒋岩桦. 构建中国特色新型智库评价体系的思考[J]. 智库理论与实践，2018，3(6)：20-24.

[121]吕守军，严成男. 法国调节学派及其理论创新研究[J]. 上海交通大学学报(哲学社会科学版)，2013(3)：33-40.

[122]吕守军. 法国调节学派的制度理论[J]. 上海交通大学学报(哲学社会科学版)，2009，17(6)：23-28.

[123]吕守军. 国际马克思主义经济学调节学派最新发展述评[J]. 毛泽东邓小平理论研究，2015(12)：82-88.

[124]吕守军. 抓住中间层次剖析当代资本主义——法国调节学派理论体系的演进[J]. 中国社会科学，2015(6)：62-77.

[125]马符讯，张照生. 新兴产业的政府数字治理研究——以新能源汽车国家监测与管理平台为例[J]. 管理评论，2021，33(11)：94-105.

[126]马航，祝侃. 与创意产业结合的珠三角地区旧工业区再利用研究[J]. 华中建筑，2010，28(12)：49-52.

[127]马恒通. 知识传播论——图书馆学研究对象新探[J]. 图书馆，2007(1)：15-21.

[128]马全中. 治理概念的再认识——基于服务型政府的视角[J]. 中共天津市委党校学报，2014(5)：99-105.

［129］Mcclelland D C. Testing for Competence Rather than for "Intelligence"［J］. American Psychologist，1973（28）：1-14.

［130］孟磊. 区块链技术在版权登记中的应用难题与对策［J］. 中国出版，2020（17）：58-61.

［131］孟天广. 政府数字化转型的要素、机制与路径——兼论"技术赋能"与"技术赋权"的双向驱动［J］. 治理研究，2021，37（1）：5-14，2.

［132］孟小峰，慈祥. 大数据管理：概念、技术与挑战［J］. 计算机研究与发展，2013，50（1）：146-169.

［133］孟轶，李景玉. 基于创新视角的高质量出版人才能力体系建设——以数字经济和数字素养为视角［J］. 出版广角，2022（2）：11-16.

［134］苗国厚. 中国网络意识形态治理研究［D］. 成都：电子科技大学，2017.

［135］苗守艳. 基于语义学视角对"数字出版"的再认识［J］. 河北民族师范学院学报，2019，39（4）：50-56.

［136］聂静. 基于区块链的数字出版版权保护［J］. 出版发行研究，2017（9）：33-36.

［137］聂震宁. 数字出版：距离成熟还有长路要走［J］. 出版科学，2009（1）：5-9，77.

［138］聂震宁. 我国出版行业智库建设的历史与现实研究［J］. 出版参考，2018（9）：5-6.

［139］戚骥. 支持文化产业发展的财政支出政策探析［J］. 宏观经济管理，2018（7）：59-65.

［140］祁庭林. 传统出版该如何应对数字出版的挑战［J］. 编辑之友，2007（4）：4-6.

［141］钱广华. 康德的范畴理论［J］. 安徽大学学报，2001（3）：1-7.

［142］钱继磊. 试论法理作为法理学的元范畴——一种法理学学科的维度［J］. 北方法学，2020（3）：111-123.

［143］沙德春，胡鑫慧. 政策驱动型创业生态系统：概念内涵与理

论特质[J]. 创新科技, 2022, 22(2): 11-19.

[144]申蔷. 浅谈数字出版环境下的项目管理编辑的职责和素质[J]. 中国编辑, 2018(4): 69.

[145]深化改革增动力　服务大局促发展　高质量推进税收治理体系和治理能力现代化[J]. 中国机构改革与管理, 2021(2): 19-22.

[146]沈水荣. 数字出版项目成败揭秘——谈谈相关法规制度若干缺陷及其正确执行问题[J]. 现代出版, 2014(5): 11.

[147]施勇勤, 王飞扬. 美国书业研究会对我国数字出版标准化工作的启示[J]. 科技与出版, 2015(2): 31-35.

[148]石佑启, 杨治坤. 中国政府治理的法治路径[J]. 中国社会科学, 2018(1): 66-89, 205-206.

[149]时玲玲. 公共突发事件中的应急出版[J]. 新闻研究导刊, 2020, 11(11): 160-161.

[150]苏君阳. 新时代教育治理体系现代化: 内涵、特征及其实现路径[J]. 教育研究, 2021, 42(9): 120-130.

[151]孙鲁燕. 有关出版学研究的回顾[J]. 出版发行研究, 2000(2): 20-21.

[152]孙伟平. 哲学转向与哲学范畴的变迁[J]. 求索, 2004(1): 128-130.

[153]孙洲. 新时代中国意识形态风险防控研究[D]. 南京: 南京师范大学, 2021.

[154]汤俏. 网络文学"IP 热"研究[J]. 当代文坛, 2018(5): 147-153.

[155]唐沱, 陈丹. 传统出版的数字化和数字化出版的比较研究[J]. 陕西广播电视大学学报, 2011(2): 70-73.

[156]唐正东. 法国调节学派的后马克思主义经济哲学方法[J]. 南京社会科学, 2003(12): 16-21.

[157]童之磊. 全媒体出版[J]. 印刷技术, 2011(S1): 10-11.

[158]万安伦, 庞明慧. 比较视域下的中国特色出版学科体系建设[J]. 科技与出版, 2020(6): 5-14.

[159] 万安伦，王剑飞. 虚拟出版消费模式重构：产品转型、场景重塑、路径变迁[J]. 科技与出版，2019(11)：100-103.

[160] 汪曙华. 也谈数字出版的概念界定和发展路径选择[J]. 怀化学院学报，2008(12)：155-157.

[161] 王飚，毛文思. 出版强国建设背景下数字出版高质量发展前瞻——"十四五"时期数字出版发展重点解析[J]. 中国出版，2022(15)：16-23.

[162] 王伯鲁. 马克思技术决定论思想辨析[J]. 自然辩证法通讯，2017，39(5)：126-135.

[163] 王东琦，马蓝. 我国城市突发公共事件应急管理体系研究[J]. 商业观察，2021(30)：69-71.

[164] 王关义，胥力伟. 推动传统出版与新兴出版融合发展的财税政策研究[J]. 中国出版，2015(17)：14-18.

[165] 王光海. 迎接智能出版时代——正确认识和处理智能出版的五个关系[J]. 科技与出版，2021(4)：40-45.

[166] 王恒利，张铁民，肖坤鹏. 内涵、困局与纾困：地方政府体育软治理的多维分析[J]. 沈阳体育学院学报，2021，40(6)：49-55.

[167] 王佳隽，吕智慧，吴杰，钟亦平. 云计算技术发展分析及其应用探讨[J]. 计算机工程与设计，2010，31(20)：4404-4409.

[168] 王建新. 综合治理：网络内容治理体系的现代化[J]. 电子政务，2021(9)：13-22.

[169] 王金山. 托尼·本尼特与"文化治理"观念[J]. 内蒙古财经大学学报，2019，17(2)：121-125.

[170] 王军峰. 作为突发事件应急处置的应急出版：理论阐释与社会价值[J]. 编辑之友，2020(7)：38-44.

[171] 王璐. 浅析我国中小微传媒企业的融资现状[J]. 今日财富，2021(10)：31-32.

[172] 王萌. 国外财政扶持出版数字化转型的问题与启示[J]. 出版发行研究，2015(5)：79-81.

[173] 王平，侯俊军，梁正. 标准治理的基本逻辑研究[J]. 标准科学，2019(11)：27-34.

[174] 王清. 一枝一叶间　雀鸣争执何——中国版权制度十年发展综述[J]. 编辑之友，2012(1)：103-108.

[175] 王磬音. 出版行业智库建设与高质量发展思考[J]. 中国出版，2022(15)：65-68.

[176] 王天成. 从传统范畴论到先验范畴论——康德的先验逻辑对传统形而上学范畴论的批判改造[J]. 社会科学战线，2004(2)：34.

[177] 王伟域，辛浩. 大数据驱动下税收治理创新的理论基础与未来发展趋势[J]. 税务与经济，2021(5)：34-41.

[178] 王锡锌，章永乐. 我国行政决策模式之转型——从管理主义模式到参与式治理模式[J]. 法商研究，2010，27(5)：3-12.

[179] 王晓升. 论本体以及对本体的研究方法——从哲学研究对象的视角看马克思思想中是否包含哲学[J]. 山西师大学报(社会科学版)，2021(11)：12-20.

[180] 王宇红，刘盼盼，倪玉莎. 我国数字出版产业版权保护体系的构建与完善[J]. 科技管理研究，2012，32(8)：184-188.

[181] 王振宇. 强化出版领域意识形态阵地建设的时代内蕴[J]. 出版参考，2021(3)：57-59，45.

[182] 王资博. 出版强国建设的新时代机遇与创新发展[J]. 中国出版，2018(12)：27-31.

[183] 魏佳，李慧. 从《费晓雾的奇幻天空》数字版权纠纷谈数字出版著作权法律保护问题[J]. 出版广角，2022(10)：88-91.

[184] 文少保. 高校智库服务政府决策的逻辑起点、难点与策略——国家治理能力现代化的视角[J]. 中国高教研究，2015(1)：34-38，44.

[185] 翁昌寿. 比较优势视角下出版业智库的建设路径[J]. 出版广角，2022(10)：46-50.

[186] 翁士洪，顾丽梅. 治理理论：一种调适的新制度主义理论[J]. 南京社会科学，2013(7)：49-56.

[187]Wright V. Reshaping the State: The Implications for Public Administration[J]. Western European Politics, 1994(3).

[188]吴江文. 我国数字出版产业政策内涵与体系[J]. 科技与出版, 2016(9): 32-36.

[189]吴诺曼, 黄毕惠. 有声阅读热潮下对有声书元数据著录方案的分析与设计[J]. 图书馆杂志, 2022, 41(9): 59-65.

[190]吴平. 媒介融合背景下的理性思考: 编辑是什么——2016年编辑学研究回顾[J]. 出版科学, 2017, 25(2): 41-46.

[191]吴燕, 岑励. 中国网络文学版权开发困境及对策建议[J]. 中国编辑, 2016(5): 38-44.

[192]吴志刚, 林宁. 信息共享、业务协同的前提——数据标准化[J]. 信息技术与标准化, 2003(Z1): 43-44.

[193]夏春玉. 零售业态变迁理论及其新发展[J]. 当代经济科学, 2002(4): 70-77.

[194]夏晓勤. 国家治理现代化原则下的中国出版人才发展指标体系构建[J]. 中国出版, 2015(11): 15-18.

[195]向洪, 曹如中, 郭华. 智库治理能力研究: 内涵解读、动力机制与提升策略[J]. 现代情报, 2017, 37(11): 40-45.

[196]邢小强, 周平录, 张竹, 汤新慧. 数字技术、BOP商业模式创新与包容性市场构建[J]. 管理世界, 2019, 35(12): 116-136.

[197]胥力伟, 丁芸. 助推数字文化产业高质量发展的税收政策优化[J]. 税务研究, 2021(11): 115-118.

[198]胥力伟. 加快数字出版产业发展的财税政策研究[J]. 科技与出版, 2016(11): 81-84.

[199]徐歌. 税务数据资产助力数字经济税收治理研究——一个逻辑架构及优化路径[J]. 山西财政税务专科学校学报, 2022, 24(5): 10-14.

[200]徐丽芳. 数字出版: 概念与形态[J]. 出版发行研究, 2005(7): 5-12.

[201]徐晓冬. 制度体系现代化: 理论经纬和技术细节——宏观、

中观和微观分层研究框架[J]．人民论坛，2013(34)：44-46.

[202]许洁，田继宇．科技期刊产业链的数字化融合发展：目标与路径[J]．中国编辑，2022(5)：81-85.

[203]许洁，王嘉昀．基于区块链技术的学术出版信任建设[J]．出版科学，2017，25(6)：19-24.

[204]阎晓宏．关于出版、数字出版和版权的几个问题[J]．现代出版，2013(3)：5-9.

[205]杨鸿瑞．大数据背景下我国出版业数据安全问题探讨[J]．中国出版，2019(16)：22-25.

[206]杨虎涛．马克思经济学对法国调节学派的影响[J]．马克思主义研究，2009(9)：121-126，160.

[207]杨丽梅．原型范畴理论视野下的词汇教学实践[J]．天中学刊，2010，25(2)：121-123.

[208]杨青峰，李晓华．数字经济的技术经济范式结构、制约因素及发展策略[J]．湖北大学学报(哲学社会科学版)，2021(1)：126-136.

[209]杨庆国，张颖．基地集群数字出版产业融合再造研究[J]．科技与出版，2016(3)：41-44.

[210]杨皖宁．应建构数字出版的文化安全观[J]．科技与出版，2020(5)：121-125.

[211]杨晓新，杨海平．AR出版物标准体系建设[J]．中国出版，2018(8)：12-15.

[212]杨学科．数字私权力：宪法内涵、宪法挑战和宪制应对方略[J]．湖湘论坛，2021，34(2)：86-98.

[213]杨滟，田吉明．基于科技与人文融合的数字文化治理体系建设研究[J]．现代情报，2020，40(10)：43-51.

[214]姚忠将，葛敬国．关于区块链原理及应用的综述[J]．科研信息化技术与应用，2017，8(2)：3-17.

[215]叶翠，方卿．论财政支出对出版价值的引导[J]．中国出版，2015(24)：11-15.

[216]叶明．技术创新理论的由来与发展[J]．软科学，1990(3)：

7-10.

[217] 易雪玲，邓志高，欧阳育良. 关于职业教育双主体办学治理理论问题的思考［J］. 中国职业技术教育，2017(18)：20-27.

[218] 殷克涛. 数字出版生态链研究——构建、资源流转及生态效率［D］. 武汉：武汉大学，2016.

[219] 于殿利. 论出版企业意识形态管理与国家治理体系与治理能力现代化［J］. 现代出版，2021(6)：38-45.

[220] 于正凯. 再谈数字出版的概念及融合发展的关键［J］. 传媒，2017(23)：70-72.

[221] 余江，孟庆时，张越，靳景. 数字创业：数字化时代创业理论和实践的新趋势［J］. 科学学研究，2018，36(10)：1801-1808.

[222] 余敏. 共建中国数字出版平台——在首届数字出版博览会新闻发布会上的讲话［J］. 传媒，2005(5)：26-27.

[223] 余晓青. 意识形态网络舆情的内涵及其治理的特征分析［J］. 大连海事大学学报(社会科学版)，2020，19(2)：79-83.

[224] 俞可平. 推进国家治理体系和治理能力现代化［J］. 前线，2014(1)：5-13.

[225] 禹建湘. 网络文学产业化的三种形态［J］. 广西师范学院学报(哲学社会科学版)，2018，39(4)：8-13.

[226] 郁义鸿. 产业链类型与产业链效率基准［J］. 中国工业经济，2015(11)：35-42.

[227] 袁学术，宋良，郑思萱. 我国作品登记工作的成效与问题研究［J］. 南京理工大学学报(社会科学版)，2017，30(5)：12-15，51.

[228] 袁毅. 国家数字出版基地治理的特征及问题研究［J］. 出版发行研究，2017(10)：19-23.

[229] 袁勇，王飞跃. 区块链技术发展现状与展望［J］. 自动化学报，2016，42(4)：481-494.

[230] Yoo Y. Computing in everyday life：A call for research on experimental computing［J］. MIS Quarterly，2010：213-231.

[231] 张爱军. 文化产业发展财政支持研究[J]. 行政事业资产与财务, 2022(5): 51-53.

[232] 张大伟. 数字出版即全媒体出版论——对"数字出版"概念生成语境的一种分析[J]. 新闻大学, 2010(1): 113-120.

[233] 张焕国, 韩文报, 来学嘉, 等. 网络空间安全综述[J]. 中国科学(信息科学), 2016, 46(2): 125-164.

[234] 张建明. 论数字出版泛化的出版概念对出版产业的影响[J]. 出版发行研究, 2009(3): 52-54.

[235] 张立. 数字出版相关概念的比较分析[J]. 中国出版, 2006(12): 11-14.

[236] 张莉婧, 张新新. 基于人工智能技术的出版流程智能再造——智能出版研究述略[J]. 出版与印刷, 2020(3): 1-11.

[237] 张廉奉, 徐莹, 郭炜, 蒋阿简. 我国数字出版产业如何实现华丽转身[J]. 出版广角, 2018(19): 12-15.

[238] 张良. 论国家治理现代化视域中的文化治理[J]. 社会主义研究, 2017(4): 73-79.

[239] 张梅, 翁志辉, 林海清. 科技期刊数字出版一体化平台构建研究[J]. 出版广角, 2021(21): 62-64, 87.

[240] 张茉楠. 全球数字治理: 分歧、挑战及中国对策[J]. 开放导报, 2021(6): 31-37.

[241] 张姝, 蒋玉涵. 总体国家安全视域下的意识形态安全[J]. 思想政治教育研究, 2019, 35(6): 52-57.

[242] 张双梅. 中国文化产业发展之财政促进制度研究[J]. 广东经济, 2021(7): 62-69.

[243] 张文显. 论法学范畴体系[J]. 江西社会科学, 2004(4): 22-30.

[244] 张筱荣, 王习胜. 意识形态安全的内涵揭示及与其他安全的关系辨析[J]. 南昌航空大学学报(社会科学版), 2017, 19(1): 22-28.

[245] 张新新, 杜方伟. 科技赋能出版: "十三五"时期出版业数字技术的应用[J]. 中国编辑, 2020(12): 4-11.

[246]张新新,龙星竹.数字出版价值论(下):价值定位到价值实现[J].出版科学,2022,30(2):24-31.

[247]张新新,张莉婧.中国特色数字出版学科体系建设的思考[J].编辑之友,2021(5):89-97.

[248]张新新,陈奎莲.数字出版特征理论研究与思考[J].中国出版,2021(2):8-14.

[249]张新新,陈奎莲,倪薇钧.新时代数字出版人才创新机制研究[J].出版广角,2020(4):29-33.

[250]张新新,陈奎莲.坚持出版导向,引领5G时代数字出版新变化[J].出版发行研究,2020(3):38-44.

[251]张新新,刘一燃.编辑数字素养与技能体系的建构——基于出版深度融合发展战略的思考[J].中国编辑,2022(6):4-10.

[252]张新新,张璐颖.智能出版:研究对象、内容与边界[J].中国传媒科技,2022(10):7-11.

[253]张新新,钟惠婷.出版业高质量发展的战略协同机制思考——基于协同论的视角[J].出版广角,2022(9):60-66.

[254]张新新,钟慧婷.出版营销理论的坚守、变革与拓展——以图书网红直播营销为视角[J].出版与印刷,2022(1):51-58.

[255]张新新."十四五"教育出版落实文化产业数字化战略思考——基于发展与治理向度[J].出版广角,2021(24):32-39.

[256]张新新.传统出版与新兴出版深度融合,推进数字出版高质量发展——2019年度数字出版盘点[J].科技与出版,2020(3):13-27.

[257]张新新.基于出版业数字化战略视角的"十四五"数字出版发展刍议[J].科技与出版,2021(1):65-76.

[258]张新新.论数字出版的性质[J].出版与印刷,2021(2):27-34.

[259]张新新.数字出版方法论:研究价值与范式创新[J].科技与

出版，2021（8）：5-18.

[260]张新新. 数字出版概念述评与新解——数字出版概念 20 年综述与思考[J]. 科技与出版，2020（7）：43-56.

[261]张新新. 数字出版价值论（上）：价值认知到价值认同[J]. 出版科学，2022（1）：5-14.

[262]张新新. 数字出版调控与市场的二元互动——"十三五"时期数字出版述评与盘点[J]. 科技与出版，2020（9）：43-56.

[263]张新新. "十三五"的数字出版人才政策与实践研究——以政产学研一体化为视角[J]. 出版广角，2016（19）：18-20.

[264]张新新. 编辑数字素养与技能体系的建构——基于出版深度融合发展战略的思考[J]. 中国编辑，2022（6）：4-10.

[265]张新新. 出版转型的体系性思考与理论建构[J]. 中国编辑，2020（9）：54-59.

[266]张新新. 论中国特色数字出版范畴体系[J]. 编辑之友，2022（10）：79-87，112.

[267]张新新. 全方位布局与培养数字出版人才[J]. 出版参考，2016（6）：5-7.

[268]张新新. 数字出版编辑论：概念特征范畴[J]. 科技与出版，2022（9）：19-27.

[269]张新新. 数字出版高端智库建构综述[J]. 科技与出版，2017（1）：17-23.

[270]张新新. 数字出版业态中政府与市场的关系——以传统出版单位为视角[J]. 出版广角，2014（6）：12-17.

[271]张新新. 数字出版营销能力、策略及渠道[J]. 中国出版，2020（16）：33-38.

[272]张新新. 我国数字编辑职业化历程回顾与价值分析[J]. 出版广角，2016（5）：17-19.

[273]张新新. 新闻出版业智能机器人的应用原理与场景分析[J]. 科技与出版，2018（11）：43-48.

[274]张新新. 新闻出版智库运行机制研究[J]. 科技与出版，2019（10）：35-40.

[275] 张新新. 中国特色数字出版话语体系初探：实践与框架——2020 年中国数字出版盘点 [J]. 科技与出版，2021（3）：86-97.

[276] 张新新. 中国特色数字出版学研究对象：研究价值、提炼方法与多维表达 [J]. 编辑之友，2020（11）：5-11，30.

[277] 张旭. 调节学派的比较资本主义研究及其启示 [J]. 山东社会科学，2016（2）：40-47.

[278] 张学文. 从"相加"到"相融"：数字出版规范的破局与立新 [J]. 现代出版，2022（5）：92-100.

[279] 张养志. 出版业高质量发展中的意识形态主阵地建设 [J]. 北京印刷学院学报，2021，29（1）：1-4.

[280] 张养志. 新时代马克思主义出版观中国化的新论述 [J]. 科技与出版，2021（10）：5-20.

[281] 张窈，储鹏. 我国数字出版政策工具选择体系及其优化策略研究 [J]. 科技与出版，2021（2）：31-42.

[282] 张燚. 道器并重：当代中国国家意识形态安全的维护 [J]. 社会主义研究，2017（3）：87-94.

[283] 张滢. 数字出版中的意识形态安全保障机制建构 [J]. 哈尔滨师范大学社会科学学报，2020，11（4）：149-152.

[284] 张颖，陆自荣，张新新. 数字出版发展模式梳理与展望 [J]. 科技与出版，2016（10）：36-40.

[285] 张志强，杨阳. 时代之需：出版学设为一级学科的必要性与可行性 [J]. 中国出版，2020（4）：3-8.

[286] 张志强，尹召凯. 中国特色新型出版智库建设：经验坐标与核心要义 [J]. 现代出版，2020（1）：41-46，84.

[287] 章华，金雪军. 制度演化分析的两种范式比较——新制度经济学与演化经济学评析 [J]. 经济学家，2005（5）：11-17.

[288] 章礼强. 出版法若干问题探正 [J]. 编辑之友，1999（2）：55-57.

[289] 赵国锋，陈婧，韩远兵，徐川. 5G 移动通信网络关键技术综述 [J]. 重庆邮电大学学报（自然科学版），2015，27（4）：

441-452.

[290]赵欢春."总体国家安全"框架下的意识形态安全风险预警探
究[J].马克思主义研究,2015(11):92-100.

[291]赵维贤.选择研究的客体、对象、问题和目的[J].教育科学
研究,1991(4):37-39,23.

[292]郑吉峰.国家治理体系的基本结构与层次[J].重庆社会科
学,2014(4):18-25.

[293]郑甜.制度经济学视域下主题出版与国家治理体系和治理能
力现代化[J].中国出版,2021(8):22-26.

[294]郑重.日本著作权法柔性合理使用条款及其启示[J].知识产
权,2022(1):112-130.

[295]中国数字出版产业年度报告课题组,张立,王飚,李广宇.
2020—2021年中国数字出版年度发展报告(摘要)——"十三
五"收官之年的中国数字出版[J].出版发行研究,2021
(11):35-40.

[296]钟岑岑.中小学数字教材元数据相关标准比较研究[J].出版
参考,2017(11):42-44.

[297]周华清,郑骋.基于新型冠状病毒的突发公共事件应急出版
思考[J].出版发行研究,2020(4):5-10.

[298]周华清.重大突发事件下的科技期刊应急学术出版思考[J].
新闻知识,2021(5):27-32.

[299]周慧萍.美菲非传统安全合作及其对美国重返东南亚战略的
影响[D].湘潭:湘潭大学,2016.

[300]周莉.论数字出版法律制度的构建及文化安全[J].法制与社
会,2014(6):36-37.

[301]周蔚华,杨石华.出版与国家治理体系和治理能力现代化
[J].中国出版,2020(8):27-33.

[302]周蔚华."十三五"时期我国出版管理发展回顾[J].科技与
出版,2020(9):6-17.

[303]周毅.现代化理论学派及其利弊分析[J].上饶师范学院学
报,2003(4):36-42.

[304] 朱晨晨. 基层协商民主的制度认同研究[D]. 南京：南京师范大学，2017.

[305] 朱成燕，徐晓林. 中国网络安全治理中的协调机制[J]. 电子政务，2019(1)：40-47.

[306] 朱红艳，蒋鑫. 国内数字素养研究综述[J]. 图书馆工作与研究，2019(8)：52-59.

[307] 朱静雯. 面向新世纪的出版学研究[J]. 出版发行研究，1999(5)：19-20.

[308] 朱诠，李中. 转型时期出版科技创新的基础——出版元数据标准化[J]. 编辑之友，2008(1)：16-18.

[309] 朱荣贤. 现代化理论研究综述[J]. 学术论坛，2005(10)：14-17.

[310] 祝萍. 全媒体时代图书编辑的必备意识和能力探讨[J]. 科技传播，2019，11(23)：166-167.

[311] 孜里米拉·艾尼瓦尔. 聚焦"5G+智能"时代：数字出版著作权法治理困境及应对[J]. 科技与法律(中英文)，2022(2)：88-97.

[312] 左美丽. ISLI 在出版领域的应用综述[J]. 出版参考，2016(8)：9-11.